中国工业经济统计年鉴

1989

国家统计局工业交通统计司 编

中国统计出版社

编委会和编辑人员名单

主　　编：卢春恒

副 主 编：李玲先

编委委员：（以姓氏笔划为序）

卢春恒　李玲先　刘富江　张守清　温　烈

编辑人员：（以姓氏笔划为序）

王　辉　王晓辉　方　健　李　荔　邢俊玲　刘富江　张　昕　张守清　聂　鹏　温　烈

封面题字：温　烈

中国工业经济统计年鉴

1989

国家统计局工业交通统计司编

*

中国统计出版社出版

新华书店北京发行所发行

中国科学院印刷厂印刷

*

787×1092毫米　16开本　28.5印张　69万字

1989年12月第1版　1989年12月北京第1次印刷

印数　1-3 000

ISBN 7-5037-0235-4/F·129

定价：21.00元

编 者 说 明

一、《中国工业经济统计年鉴—1989》是全面反映中华人民共和国工业经济发展情况的资料性年刊。全书内容分为综合、中国工业经济的发展、中国工业经济的行业结构、中国工业经济的地区布局、中国工业的规模经济、中国农村工业经济、中国知名工业企业名录等七个部分，另外附有国外主要工业经济指标，篇末附有主要统计指标解释等，并对主要统计指标的含义、统计范围、统计分类、统计方法的变动情况，作了简要说明。本年鉴可供各级领导、广大经济工作者、经济理论研究人员、企业管理人员了解和研究我国工业经济发展情况时使用和参考。

二、本年鉴继承和保留了《中国工业经济统计年鉴—1988》的许多特色和编排形式。在内容上作了进一步的充实，新增加了十一个大类行业的主要经济指标及这些行业的地区经济指标；增列了历年产品产量以及海南省、西藏自治区工业经济主要指标；补充了历年各种经济类型的工业总产值、构成及指数资料；增补了行业总产值构成、历年按轻重工业划分的基本建设投资、工业总产值构成、工业净产值及物质消耗资料；充实了国外工业经济主要指标；调整了部分指标的计算口径；增加了统计口径注释说明等，进一步提高了本年鉴的全面性、系统性、规范性和实用性。

三、本年鉴中的全国性统计数字，均未包括台湾省、香港及澳门地区。

四、“…”表示数据不足本表最小单位数；“　”表示其中的主要项。

目　录

四、中国工业经济的地区布局

一、综　　合

1988 年全部工业主要指标

指　标	绝对数	比 重 (%)	1988年为1987年 (%)
一、工业企业单位(万个)	810.56	100.0	108.4
全民所有制工业	9.91	1.2	101.5
集体所有制工业	185.30	22.9	101.9
其中：乡办工业	23.77	2.9	99.9
村办工业	73.38	9.1	103.6
个体工业	614.80	75.8	110.7
其他经济类型工业	0.54	0.1	138.5
其中：中外合营工业(个)	1 084	…	155.3
华侨或港澳工商业者经营工业(个)	125	…	235.8
外资经营工业(个)	33	…	165.0
轻工业	550.86	68.0	104.9
重工业	259.71	32.0	116.7
二、年末从业人数(万人)	11 569.49	100.0	105.2
全民所有制工业	4 256.65	36.8	103.1
集体所有制工业	5 610.09	48.5	103.5
其中：乡办工业	1 462.56	12.6	103.2
村办工业	1 841.61	15.9	106.1
个体工业	1 585.11	13.7	117.1
其他经济类型工业	117.64	1.0	129.5
三、固定资产原值(亿元)	11 153.13	100.0	116.9
全民所有制工业	8 795.20	78.9	114.6
集体所有制工业	2 187.61	19.6	124.9
其他经济类型工业	170.31	1.5	157.0
四、流动资金年末占用数(亿元)	7 283.05	100.0	128.0
全民所有制工业	4 392.69	60.3	124.9
集体所有制工业	2 553.77	35.1	129.9
个体工业	120.63	1.7	138.7
其他经济类型工业	215.95	3.0	177.4
五、全部资金(亿元)	11 992.67	100.0	118.6
全民所有制工业	8 603.36	71.7	115.4
集体所有制工业	3 042.92	25.4	125.4
其中：乡办工业	1 009.31	8.4	132.6
村办工业	649.72	5.4	137.3
个体工业	120.63	1.0	138.7
其他经济类型工业	225.74	1.9	161.4
六、工业总产值(亿元)	18 224.57	100.0	120.8
全民所有制工业	10 351.28	56.8	112.6
集体所有制工业	6 587.49	36.1	128.2
其中：乡办工业	1 846.69	10.1	135.2
村办工业	1 703.63	9.3	136.9
个体工业	790.48	4.3	147.3
其他经济类型工业	495.32	2.7	161.5
其中：中外合营工业	160.33	0.9	202.7
华侨或港澳工商业者经营工业	13.57	0.1	190.4
外资经营工业	8.89	…	116.2
轻工业	8 979.24	49.3	122.1
重工业	9 245.35	50.7	119.4
七、工业净产值(亿元)	5 432	100.0	117.4
轻工业	2 429	44.7	119.9
重工业	3 003	55.3	115.3
八、产品销售收入(亿元)	16 675.94	100.0	131.5
全民所有制工业	9 815.99	58.9	124.6
集体所有制工业	5 677.00	34.0	139.4
个体工业	790.48	4.7	157.3
其他经济类型工业	392.48	2.4	172.4
九、利润和税金总额(亿元)	2 541.36	100.0	122.5
全民所有制工业	1 774.87	69.8	117.2
集体所有制工业	685.77	27.0	135.0
个体工业	25.05	1.0	140.7
其他经济类型工业	55.68	2.2	159.7
十、上交税金、所得税和利润总额(亿元)	1 696.78	100.0	112.0
全民所有制工业	1 301.52	76.7	108.0
集体所有制工业	344.70	20.3	126.8
个体工业	25.05	1.5	140.7
其他经济类型工业	25.51	1.5	130.0

注：本表价值量指标均按当年价格计算，工业总产值、净产值的发展速度按可比价格计算。

1988年工业经济主要指标(一)

指　　　　标	计算单位	1987年	1988年	1988年为1987年(%)
一、工业企业单位	万个	747.41	810.56	108.4
二、年末从业人数	万人	10 993.29	11 569.49	105.2
三、职工工资总额	亿元	857.3	1 062.5	123.9
四、全社会工业固定资产投资	亿元	1 768.44	2 216.16	125.3
全民所有制单位	亿元	1 407.15	1 709.09	121.5
集体所有制单位	亿元	346.62	482.77	139.3
个体投资	亿元	14.67	24.30	165.6
五、工业物资消费总值	亿元	5 528.1	6 963.6	126.0
六、工业总产值	亿元	13 812.99	18 224.57	120.8
轻工业	亿元	6 656.44	8 979.24	122.1
重工业	亿元	7 156.57	9 245.35	119.4
七、主要工业产品产量				
布	亿米	173.1	187.9	108.5
机制纸及纸板	万吨	1 141	1 270	111.3
糖	万吨	506	461	91.1
自行车	万辆	4 116.7	4 140.1	100.6
缝纫机	万架	970.0	983.2	101.4
手　表	万只	6 142.4	6 661.6	108.5
家用电冰箱	万台	401.34	757.63	188.8
电视机	万台	1 934.37	2 505.07	129.5
彩　电	万台	672.72	1 037.66	154.2
家用洗衣机	万台	990.2	1 046.8	105.7
录放音机	万台	1 978.0	2 540.4	128.4
照相机	万架	256.70	312.26	121.6
原　煤	亿吨	9.28	9.80	105.6
原　油	万吨	13 414	13 705	102.2
发电量	亿千瓦小时	4 973	5 452	109.6
钢	万吨	5 628	5 943	105.6
成品钢材	万吨	4 386	4 689	106.9
水　泥	万吨	18 625	21 014	112.8
木　材	万立方米	6 408	6 218	97.0
金属切削机床	万台	17.22	19.17	111.3

注：工业企业单位、工业总产值、净产值均包括村及村以下工业；本表按当年价格计算；工业总产值、净产值的发展速度按可比价格计算。　职工工资总额、工业物资消费总值为区县以上全民和集体所有制独立核算工业企业的数字。

1988年工业经济主要指标(二)

指　　　　标	计算单位	1987年	1988年	1988年为1987年(%)
八、工业净产值	亿元	4 262	5 432	117.4
九、全员劳动生产率	元/人·年	13 961	15 835	113.4
全民所有制工业	元/人·年	16 671	18 056	108.3
十、工业商品购进额	亿元	3 810.3	4 985.5	130.8
十一、工业企业零售额	亿元	537.1	686.1	127.7
十二、工业制成品进口额	亿美元	363.01	451.84	124.5
十三、工业制成品出口额	亿美元	262.06	331.19	126.4
十四、主要财务指标				
固定资产原值	亿元	9 158.2	10 641.1	116.2
固定资产净值	亿元	6 346.8	7 420.3	116.9
年末流动资金占用数	亿元	5 222.4	6 638.9	127.1
定额流动资金占用数	亿元	3 351.6	4 184.3	124.8
全部资金	亿元	9 490.1	11 148.6	117.5
产品销售收入	亿元	10 890.1	14 001.2	128.6
利润和税金总额	亿元	1 893.4	2 288.8	120.9
利　润	亿元	1 005.0	1 189.9	118.4
税　金	亿元	888.4	1 098.9	123.7
企业留利	亿元	343.6	429.9	125.1
上交利税费	亿元	545.7	488.9	89.6
每百元固定资产原值实现产值	元	124.3	137.1	110.3
每百元固定资产原值实现利税	元	20.7	21.5	103.9
每百元工业总产值占用流动资金	元	27.6	25.6	92.8
每百元销售收入实现利润	元	9.2	8.5	92.4
资金利税率	%	20.0	20.5	
产值利税率	%	16.6	15.7	
固定资产折旧率	%	4.57	4.70	
平均每一职工占有的固定资产	元	12 905	14 554	112.8
平均每一职工创造的工业净产值	元	4 915	5 883	119.7
平均每一职工创造的利润和税金	元	2 668	3 130	117.3
平均每一职工上交的利税费	元	2 021	2 173	107.5
平均每一职工占有的企业留利	元	484	588	121.5

注：全员劳动生产率、主要财务指标为乡以上独立核算工业企业的数字；全员劳动生产率按1980年不变价格工业总产值计算。

国民经济各行业社会劳动者人数(一)

(年底数)　　单位：万人

年　份	合　计	农、林、牧、渔、水利业	工　业	地质普查和勘探业	建筑业	交通运输、邮电通讯业	商业、公共饮食业、物资供销和仓储业
1978	40 152	28 373	6 091	97	879	735	1 155
1979	41 024	28 692	6 298	99	943	765	1 248
1980	42 361	29 181	6 714	100	1 022	787	1 381
1981	43 725	29 836	6 975	99	1 058	824	1 511
1982	45 295	30 917	7 204	102	1 173	850	1 604
1983	46 436	31 209	7 397	103	1 314	907	1 762
1984	48 197	30 927	7 930	103	1 692	1 081	2 036
1985	49 873	31 187	8 349	106	2 069	1 222	2 363
1986	51 282	31 311	8 980	105	2 271	1 305	2 485
1987	52 783	31 720	9 343	107	2 419	1 373	2 655
1988	54 334	32 308	9 661	107	2 527	1 434	2 829
比重(%)							
1978	100	70.7	15.2	0.2	2.2	1.8	2.9
1979	100	69.9	15.4	0.2	2.3	1.9	3.0
1980	100	68.9	15.8	0.2	2.4	1.9	3.3
1981	100	68.2	16.0	0.2	2.4	1.9	3.5
1982	100	68.3	15.9	0.2	2.6	1.9	3.5
1983	100	67.2	15.9	0.2	2.8	2.0	3.7
1984	100	64.2	16.5	0.2	3.5	2.2	4.2
1985	100	62.5	16.7	0.2	4.1	2.5	4.7
1986	100	61.1	17.5	0.2	4.4	2.5	4.8
1987	100	60.1	17.7	0.2	4.6	2.6	5.0
1988	100	59.5	17.8	0.2	4.7	2.6	5.2
发展速度(%)							
1988为1978	135.3	113.9	158.6	110.3	287.5	195.1	244.9
1988为1980	128.3	110.7	143.9	107.0	247.3	182.2	204.9
1988为1987	102.9	101.9	103.4	100.0	104.5	104.4	106.6

注：1. 从1978年起村及村以下办工业劳动力已由农业划归工业。
　　2. 1978—1984年分行业数是按新的行业分类标准调整的数字。

国民经济各行业社会劳动者人数(二)

(年底数)

单位：万人

年　份	房地产管理、公共事业、居民服务和咨询服务业	卫生、体育和社会福利事业	教育、文化艺术和广播电视事业	科学研究和综合技术服务事业	金融、保险业	国家机关、政党机关和社会团体	其他
1978	210	363	1 093	92	76	467	521
1979	244	386	1 131	100	86	505	527
1980	313	389	1 147	113	99	527	583
1981	343	375	1 095	127	107	556	819
1982	360	399	1 128	132	113	611	702
1983	403	415	1 151	133	117	646	879
1984	474	435	1 204	137	127	743	1 305
1985	437	467	1 273	144	138	799	1 319
1986	504	482	1 324	152	152	873	1 338
1987	540	496	1 375	158	170	925	1 502
1988	577	508	1 403	161	193	971	1 655
比重(%)							
1978	0.5	0.9	2.7	0.2	0.2	1.2	1.3
1979	0.6	0.9	2.8	0.2	0.2	1.2	1.3
1980	0.7	0.9	2.7	0.3	0.2	1.2	1.4
1981	0.8	0.9	2.5	0.3	0.2	1.3	1.9
1982	0.8	0.9	2.5	0.3	0.2	1.3	1.5
1983	0.9	0.9	2.5	0.3	0.3	1.4	1.9
1984	1.0	0.9	2.5	0.3	0.3	1.5	2.7
1985	0.9	0.9	2.6	0.3	0.3	1.6	2.6
1986	1.0	0.9	2.6	0.3	0.3	1.7	2.6
1987	1.0	0.9	2.6	0.3	0.3	1.8	2.8
1988	1.1	0.9	2.6	0.3	0.4	1.8	3.0
发展速度(%)							
1988为1978	274.8	139.9	128.4	175.0	253.9	207.9	317.7
1988为1980	184.3	130.6	122.3	142.5	194.9	184.3	281.5
1988为1987	106.9	102.4	102.0	101.9	113.5	105.0	110.2

国营企业年底固定资产原值

单位：亿元

年份	总计	工业	农业	建筑业（施工）	运输和邮电	商业粮食外贸	城市公用事业
1952	240.6	107.2		1.8	115.2	11.5	4.9
1957	522.9	272.2		21.7	182.7	33.9	10.6
1962	1 209.3	782.4		30.4	299.2	73.7	20.0
1965	1 445.8	961.0		22.9	337.9	91.0	24.1
1970	1 967.7	1 355.6		25.9	438.2	107.2	29.2
1975	3 414.3	2 290.3	90.8	47.5	672.0	209.6	37.6
1976	3 728.1	2 494.5	103.2	59.5	712.1	242.7	40.8
1977	4 052.9	2 722.2	114.3	64.4	748.8	276.9	43.5
1978	4 438.2	3 002.2	126.8	72.6	824.1	315.8	52.3
1979	4 892.5	3 248.5	146.5	80.4	890.2	358.7	59.1
1980	5 311.1	3 465.2	167.5	136.4	943.3	409.6	55.2
1981	5 769.2	3 748.5	171.8	174.6	994.2	464.1	77.9
1982	6 258.8	4 074.9	189.3	176.3	1 041.6	532.6	86.5
1983	6 833.3	4 465.7	199.3	189.0	1 110.8	596.5	95.1
1984	7 370.5	4 806.4	203.5	203.1	1 201.2	653.2	107.6
1985	8 004.9	5 307.1	214.4	224.3	1 327.8	566.7	123.9
1986	9 041.8	5 871.7	375.7	269.1	1 464.0	640.4	142.1
1987	10 200.5	6 627.7	415.0	300.0	1 679.3	672.8	169.4
1988	11 787.1	7 579.9	460.9	330.1	1 861.9	786.5	200.3
比重（%）							
1952	100	44.6		0.7	47.9	4.8	2.0
1957	100	52.1		4.1	34.9	6.5	2.0
1962	100	64.7		2.5	24.7	6.1	1.7
1965	100	66.5		1.6	23.4	6.3	1.7
1970	100	68.9		1.3	22.3	5.4	1.5
1975	100	67.1	2.7	1.4	19.7	6.1	1.1
1978	100	66.9	2.8	1.6	18.4	7.0	1.2
1980	100	65.2	3.2	2.6	17.8	7.7	1.0
1981	100	65.0	3.0	3.0	17.2	8.0	1.4
1982	100	65.1	3.0	2.8	16.6	8.5	1.4
1983	100	65.4	2.9	2.8	16.3	8.7	1.4
1984	100	65.2	2.8	2.8	16.3	8.9	1.5
1985	100	66.3	2.7	2.8	16.6	7.1	1.5
1986	100	64.9	4.2	3.0	16.2	7.1	1.6
1987	100	65.0	4.1	2.9	16.5	6.6	1.7
1988	100	64.3	3.9	2.8	15.8	6.7	1.7
发展速度（%）							
1988为1952	4 899.0	7 070.8		18 338.9	1 616.2	6 839.1	4 087.8
1988为1978	2 626.2	252.5	363.5	454.7	225.9	249.1	383.0
1988为1980	221.9	218.7	275.2	242.0	197.4	192.0	362.9
1988为1987	115.6	114.4	111.1	110.0	110.9	116.9	118.2

注：本表是财政部数字，按企业主管部门划分，1985 年后，工业中的森林工业企业划入农业。（下表同）

国营企业年底占用定额流动资金

单位：亿元

年 份	总 计	工 业	农 业	建筑业（施工）	运输和邮电	商业粮食外贸	物资供销
1952	171.7	33.0		3.7	7.1	123.2	4.3
1957	401.8	69.9		19.5	9.4	290.1	19.4
1962	739.0	208.4		15.8	26.8	392.8	93.9
1965	915.9	230.4		18.0	20.7	493.4	152.3
1970	1 469.8	482.0		16.0	35.5	747.0	186.9
1975	2 298.6	770.8	47.0	30.8	61.9	1 060.9	299.3
1976	2 384.7	844.5	60.4	35.0	67.7	1 052.7	294.4
1977	2 569.1	892.5	64.0	35.5	71.1	1 165.3	308.4
1978	2 853.4	959.4	122.4	38.6	72.2	1 300.0	326.0
1979	3 060.5	988.8	129.8	41.0	75.8	1 394.6	354.3
1980	3 222.8	997.0	123.9	57.6	69.1	1 509.6	346.4
1981	3 402.8	1 052.1	117.4	68.6	65.2	1 643.8	335.8
1982	3 635.4	1 104.3	120.2	75.3	62.2	1 818.5	329.2
1983	3 749.4	1 143.2	112.8	82.1	64.0	1 886.3	328.5
1984	3 915.1	1 288.3	92.7	100.6	70.1	1 840.7	384.0
1985	3 969.8	1 533.5	102.7	130.3	87.0	1 416.0	542.4
1986	4 566.5	1 805.7	152.8	169.6	101.6	1 619.1	543.2
1987	5 005.6	2 008.1	186.7	188.3	107.3	1 717.8	536.3
1988	5 990.1	2 432.1	224.9	210.2	102.0	2 068.2	587.1
比 重（%）							
1952	100	19.2		2.2	4.1	71.8	2.5
1957	100	17.4		4.9	2.3	72.2	4.8
1962	100	28.2		2.1	3.6	53.2	12.7
1965	100	25.2		2.0	2.3	53.9	16.6
1970	100	32.8		1.1	2.4	50.8	12.7
1975	100	33.5	2.0	1.3	2.7	46.2	13.0
1978	100	33.6	4.3	1.4	2.5	45.6	11.4
1980	100	30.9	3.8	1.8	2.1	46.8	10.7
1981	100	30.9	3.5	2.0	1.9	48.3	9.9
1982	100	30.4	3.3	2.1	1.7	50.0	9.1
1983	100	30.5	3.0	2.2	1.7	50.3	8.8
1984	100	32.9	2.4	2.6	1.8	47.0	9.8
1985	100	38.6	2.6	3.3	2.2	35.7	13.7
1986	100	39.5	3.3	3.7	2.2	35.5	11.9
1987	100	40.1	3.7	3.8	2.1	34.3	10.7
1988	100	40.6	3.8	3.5	1.7	34.5	9.8
发展速度（%）							
1988为1952	3 488.7	7 370.0		5 681.1	1 436.6	1 678.7	13 653.5
1988为1978	209.9	253.5	183.7	544.6	141.3	159.1	180.1
1988为1980	185.9	243.9	181.5	364.9	147.6	137.0	169.5
1988为1987	119.7	121.1	120.5	111.6	95.1	120.4	109.5

社会总产值

计算单位：亿元

年　份	社会总产值	农　业	工　业	建筑业	运输业	商　业
1952	1 015	461	349	57	35	113
1957	1 606	537	704	118	60	187
1962	1 800	584	920	74	62	160
1965	2 695	833	1 402	177	91	192
1970	3 800	1 021	2 117	271	117	274
1975	5 379	1 260	3 207	437	160	315
1978	6 846	1 397	4 237	569	205	438
1980	8 535	1 923	5 155	767	250	440
1981	9 075	2 181	5 400	747	257	490
1982	9 966	2 483	5 811	912	286	474
1983	11 131	2 750	6 461	1 053	318	549
1984	13 171	3 214	7 617	1 263	388	689
1985	16 603	3 620	9 717	1 656	488	1 123
1986	19 085	4 013	11 194	2 038	598	1 242
1987	23 081	4 676	13 813	2 431	682	1 479
1988	29 847	5 865	18 225	2 967	830	1 961
比重（%）						
1952	100	45.42	34.38	5.62	3.45	11.13
1957	100	33.44	43.84	7.35	3.74	11.64
1962	100	32.44	51.11	4.11	3.44	8.89
1965	100	30.91	52.02	6.57	3.38	7.12
1970	100	26.87	55.71	7.13	3.08	7.21
1975	100	23.42	59.62	8.12	2.97	5.86
1978	100	20.41	61.89	8.31	2.99	6.40
1980	100	22.53	60.40	8.99	2.93	5.16
1981	100	24.03	59.50	8.23	2.83	5.40
1982	100	24.91	58.31	9.15	2.87	4.76
1983	100	24.71	58.05	9.46	2.86	4.93
1984	100	24.40	57.83	9.59	2.95	5.23
1985	100	21.80	58.52	9.97	2.94	6.76
1986	100	21.03	58.65	10.68	3.13	6.51
1987	100	20.26	59.85	10.53	2.95	6.41
1988	100	19.65	61.06	9.94	2.78	6.57
发展速度(%)						
1988为1952	2 105.3	364.9	5 525.6	2 914.6	1 945.6	974.7
1988为1978	289.9	182.6	333.0	297.8	277.6	282.7
1988为1980	246.5	167.5	280.2	227.2	230.4	243.6
1988为1987	115.8	103.9	120.8	107.3	112.7	108.4

注：本表按当年价格计算，村及村以下工业产值包括在工业总产值中，发展速度按可比价格计算。

工 农 业 总 产 值

计算单位：亿元

年　份	工农业总产值	农业总产值	工业总产值	轻工业总产值	重工业总产值
1952	810	461	349	225	124
1957	1 241	537	704	387	317
1962	1 504	584	920	434	486
1965	2 235	833	1 402	723	679
1970	3 138	1 021	2 117	976	1 141
1975	4 467	1 260	3 207	1 413	1 794
1978	5 634	1 397	4 237	1 826	2 411
1980	7 078	1 923	5 155	2 431	2 724
1981	7 581	2 181	5 400	2 781	2 619
1982	8 294	2 483	5 811	2 919	2 892
1983	9 211	2 750	6 461	3 135	3 326
1984	10 831	3 214	7 617	3 608	4 009
1985	13 336	3 619	9 717	4 610	5 107
1986	15 207	4 013	11 194	5 330	5 864
1987	18 489	4 676	13 813	6 656	7 157
1988	24 089	5 865	18 225	8 979	9 245
比重(%)					
1952	100	56.9	43.1	27.8	15.3
1957	100	43.3	56.7	31.2	25.5
1962	100	38.8	61.2	28.9	32.3
1965	100	37.3	62.7	32.3	30.4
1970	100	33.7	66.3	30.6	35.7
1975	100	28.2	71.8	31.6	40.2
1978	100	24.8	75.2	32.4	42.8
1980	100	27.2	72.8	34.3	38.5
1981	100	28.8	71.2	36.7	34.5
1982	100	29.9	70.1	35.2	34.9
1983	100	29.9	70.1	34.0	36.1
1984	100	29.7	70.3	33.3	37.0
1985	100	27.1	72.9	34.6	38.3
1986	100	26.4	73.6	35.0	38.6
1987	100	25.3	74.7	36.0	38.7
1988	100	24.3	75.7	37.3	38.4
发展速度(%)					
1988为1952	2 261.8	364.9	5 525.4	4 055.6	8 085.8
1988为1978	290.5	182.6	333.1	403.5	280.8
1988为1980	249.0	167.5	280.2	308.5	255.2
1988为1987	117.3	104.0	120.8	122.1	119.4

注：本表按当年价格计算，发展速度按可比价格计算，村及村以下办工业产值包括在工业总产值中。

国 民 收 入

计算单位：亿元

年份	国民收入	农业	工业	建筑业	运输业	商业
1952	589	340	115	21	25	88
1957	908	425	257	45	39	142
1962	924	444	303	32	38	107
1965	1 387	641	505	53	58	130
1970	1 926	778	789	80	74	205
1975	2 503	946	1 152	113	96	196
1978	3 010	986	1 487	125	118	294
1980	3 688	1 326	1 804	185	126	247
1981	3 940	1 509	1 840	193	130	268
1982	4 258	1 723	1 948	209	147	231
1983	4 736	1 921	2 136	259	166	254
1984	5 652	2 251	2 516	303	205	377
1985	7 040	2 492	3 163	409	259	717
1986	7 899	2 720	3 573	514	320	772
1987	9 361	3 154	4 262	637	365	943
1988	11 770	3 818	5 432	783	438	1 299
比重（%）						
1952	100	57.73	19.52	3.57	4.24	14.94
1957	100	46.81	28.30	4.96	4.30	15.63
1962	100	48.06	32.79	3.46	4.11	11.58
1965	100	46.22	36.41	3.82	4.18	9.37
1970	100	40.39	40.98	4.15	3.84	10.64
1975	100	37.79	46.03	4.51	3.84	7.83
1978	100	32.76	49.40	4.15	3.92	9.77
1980	100	35.95	48.90	5.02	3.42	6.70
1981	100	38.30	46.70	4.90	3.30	6.80
1982	100	40.47	45.75	4.91	3.45	5.43
1983	100	40.56	45.10	5.47	3.51	5.36
1984	100	39.83	44.52	5.36	3.63	6.67
1985	100	35.40	44.93	5.81	3.68	10.18
1986	100	34.43	45.23	6.51	4.05	9.77
1987	100	33.69	45.53	6.80	3.90	10.07
1988	100	32.44	46.15	6.65	3.72	11.04
发展速度(%)						
1988为1952	1 095.1	279.4	4 765.0	1 884.0	1 413.6	760.8
1988为1978	241.5	173.3	283.8	328.5	258.5	256.7
1988为1980	212.1	165.9	236.7	248.6	242.1	238.6
1988为1987	111.1	102.2	117.4	108.0	111.3	106.4

注：本表按当年价格计算，村及村以下工业净产值包括在工业净产值中，发展速度按可比价格计算。

工业主要指标在国民经济中的比重(一)

计算单位：%

年　份	工业部门职工人数占国民经济各部门职工人数比重	全民所有制工业部门职工工资总额占全民所有制各部门职工工资总额比重	工业物资消费总值占工业、交通运输和基建单位物资消费总值比重	工业部门用电量占国民经济各部门用电量比重	工业基本建设投资占国民经济基本建设投资总额比重
1952	33.3	36.2			38.8
1957	33.0	32.5			50.5
1962	37.0	40.6			56.3
1965	35.1	36.8			49.5
1970	41.4	42.7			
1975	45.8	43.8			56.5
1978	44.8	43.5			54.5
1980	44.8	42.9		80.2	49.3
1981	44.8	42.5		79.5	48.8
1982	44.6	41.9	88.4	79.3	46.9
1983	44.5	41.1	88.2	79.5	47.5
1984	44.3	43.2	87.6	79.4	46.0
1985	45.0	43.2	86.9	79.7	41.6
1986	45.1	43.2	87.3	81.0	45.2
1987	45.2	43.6	87.6	80.4	50.8
1988	45.3	43.8	88.8	80.3	52.2

工业主要指标在国民经济中的比重(二)

计算单位：%

年　份	工业基建新增固定资产占国民经济基建新增固定资产比重	工业品购进额占商品购进总额比重①	工业企业零售额占社会商品零售总额比重	工业制成品出口额占出口总额比重	工业净产值占工农业净产值比重
1952	36.3	48.3	13.7		34.1
1957	48.3	57.8	7.1		37.7
1962	49.8	66.3	4.6		40.6
1965	50.2	60.5	3.6		44.1
1970		65.6	3.2		50.4
1975	55.9	69.6	4.8		54.9
1978	51.2	72.6	4.7		60.1
1980	48.3	69.3	7.7		57.6
1981	50.2	68.3	8.3	53.4	54.9
1982	42.7	66.6	8.4	55.0	53.1
1983	42.1	65.1	8.8	56.7	52.6
1984	41.0	65.1	9.3	54.3	52.8
1985	39.2	69.7	9.3	49.4	55.9
1986	46.0	70.0	9.2	63.6	56.8
1987	50.0	71.8	9.2	66.5	57.5
1988	50.0	72.7	9.2	69.7	58.7

注①：1986年及以前各年为全民所有制商业和供销合作社数字。1987年以后为社会商业数字。

工业经济主要比例关系

计算单位：%

指　　标	1952年	1957年	1978年	1980年	1987年	1988年
一、工农业总产值中农轻重比例						
农　业	56.9	43.3	24.8	27.2	25.3	24.3
轻工业	27.8	31.2	32.4	34.3	36.0	37.3
重工业	15.3	25.5	42.8	38.5	38.7	38.4
二、工业总产值中各种经济类型工业比例						
全民所有制工业	76.2	80.1	77.6	76.0	59.7	56.8
集体所有制工业	3.3	19.0	22.4	23.5	34.6	36.1
# 乡办工业			4.4	5.5	9.3	10.1
村办工业			4.0	5.0	8.4	9.3
个体工业	20.6	0.8		…	3.6	4.3
其他经济类型工业				0.5	2.0	2.7
# 中外合营工业				…	0.5	0.9
华侨或港澳工商业者经营工业				…	…	0.1
外资经营工业				…	…	…
三、工业总产值中轻重工业比例						
轻工业	64.5	55.0	43.1	47.2	48.2	49.3
重工业	35.5	45.0	56.9	52.8	51.8	50.7
四、工业总产值中轻工业内部比例						
以农产品为原料	87.5	81.6	68.4	68.5	66.9	65.0
以工业品为原料	12.5	18.4	31.6	31.5	33.1	35.0
五、工业总产值中重工业内部比例						
采掘工业	15.3	13.1	12.0	11.3	10.3	9.5
原料工业	42.8	39.5	35.5	37.8	35.4	33.8
制造工业	41.9	47.4	52.5	50.9	54.2	56.7
六、工业总产值中能源、原材料工业比例						
能源工业	4.4	4.9	12.3	11.3	9.6	8.9
原材料工业	15.2	16.7	20.3	20.1	17.8	16.8
七、基本建设投资中农轻重投资比例						
农　业	13.4	8.3	10.6	9.3	3.1	3.0
轻工业	9.3	7.7	5.8	9.1	7.4	7.4
重工业	29.5	42.8	48.7	40.2	43.5	44.8
八、工业基建投资中轻重工业投资比例						
轻工业	24.0	15.2	10.7	18.5	14.5	14.1
重工业	76.0	84.8	89.3	81.5	85.5	85.9
九、工业基建投资中能源、原材料工业投资比例						
能源工业	10.2	15.7	22.9	20.7	25.3	26.9
原材料工业			39.9	37.0	57.0	57.9
十、能源生产弹性系数		1.14	0.99	−0.20	0.35	0.44
十一、电力生产超前系数		1.11	1.02	1.03	0.81	0.84
十二、运输弹性系数(按货物运输量计算)	1.17	0.90	0.91	−0.4	0.20	0.11

注：第四、五、六项不包括村及村以下工业。并按不变价格计算，其他各项均按当年价格计算。

国 家 财 政 收 入

计算单位：亿元

年份	总计	工业部门	轻工业	重工业	建筑部门	农业部门	交通运输部门	商业部门	其他部门
1952	183.72	62.24	42.39	19.85	0.85	37.06	9.54	41.73	32.30
1957	310.19	152.57	83.00	69.57	1.46	39.69	25.87	73.00	17.60
1962	313.55	180.81	94.73	86.08	−1.33	29.81	33.01	51.96	19.29
1965	473.32	347.40	142.46	204.94	0.63	34.30	42.16	31.61	17.22
1970	662.90	484.47	197.00	287.47	−0.58	34.89	48.94	82.55	12.63
1975	815.61	626.72	260.09	366.63	−1.13	30.00	64.34	68.86	26.82
1978	1 121.12	845.07	336.17	508.90	1.89	31.65	81.50	137.09	23.92
1980	1 085.23	897.35	375.77	521.58	1.03	33.11	70.34	16.47	66.93
1981	1 089.46	892.36	412.59	479.77	−1.08	38.76	62.76	3.23	93.38
1982	1 123.97	944.19	424.27	519.92	1.45	49.32	51.54	-41.83	119.30
1983	1 248.99	1 074.55	426.30	648.25	11.47	67.57	71.18	-99.31	123.53
1984	1 501.86	1 169.11	450.73	718.38	6.40	61.07	124.47	-12.54	153.35
1985	1 866.40	1 194.66	491.93	702.73	7.52	87.38	131.33	143.62	301.89
1986	2 260.26	1 267.60	509.73	757.87	24.42	80.37	122.77	331.22	433.88
1987	2 368.90	1 348.52	623.33	725.19	8.74	120.80	123.47	272.79	494.58
1988	2 628.02								
比重(%)									
1952	100	33.9	23.1	10.8	0.5	20.2	5.2	22.7	17.5
1957	100	49.2	26.8	22.4	0.5	12.8	8.3	23.5	5.7
1962	100	57.7	30.2	27.5	−0.4	9.5	10.5	16.6	6.1
1965	100	73.4	30.1	43.3	0.1	7.3	8.9	6.7	3.6
1970	100	73.1	29.7	43.4	−0.1	5.3	7.4	12.4	1.9
1975	100	76.8	31.9	44.9	−0.1	3.7	7.9	8.4	3.3
1978	100	75.4	30.0	45.4	0.2	2.8	7.3	12.2	2.1
1980	100	82.7	34.6	48.1	0.1	3.0	6.5	1.5	6.2
1981	100	81.9	37.9	44.0	−0.1	3.5	5.8	0.3	8.6
1982	100	84.0	37.7	46.3	0.1	4.4	4.6	−3.7	10.6
1983	100	86.0	34.1	51.9	0.9	5.4	5.7	−7.9	9.9
1984	100	77.8	30.0	47.8	0.4	4.1	8.3	−0.8	10.2
1985	100	64.0	26.4	37.6	0.4	4.7	7.0	7.7	16.2
1986	100	56.1	22.6	33.5	1.0	3.6	5.4	14.7	19.2
1987	100	56.9	26.3	30.6	0.4	5.1	5.2	11.5	20.9
1988	100								

注：分部门数包括各部门上交的利润、折旧、事业收入、各项税收以及能源交通重点建设资金收入；其他部门还包括债务收入数。由于预算编制的变化和债务收入的增加，使近年工业所占比重降低。

各部门物质消耗占总产值的比重

（以总产值为100） 单位：%

年份	物质生产部门合计	农业	工业	建筑业	运输业	商业
1952	42.0	26.2	67.0	63.2	28.6	22.1
1957	43.5	20.9	63.5	61.9	35.0	24.1
1962	48.7	24.0	67.1	56.8	38.7	33.1
1965	48.5	23.0	64.0	70.1	36.3	32.3
1970	49.3	23.8	62.7	70.5	36.8	25.2
1975	53.5	24.9	64.1	74.1	40.0	37.8
1976	55.3	25.3	66.3	72.4	40.6	45.0
1977	56.0	27.1	66.1	73.2	40.8	38.0
1978	56.0	29.4	64.9	78.0	42.4	32.9
1979	56.2	27.8	65.2	79.8	42.1	40.1
1980	56.8	31.4	65.0	75.9	49.0	43.9
1981	56.6	30.8	65.9	74.2	48.8	45.3
1982	57.2	30.5	66.5	77.1	47.6	51.3
1983	57.5	30.1	66.9	75.4	48.7	53.7
1984	57.1	30.0	67.0	76.0	47.0	45.3
1985	57.6	31.1	67.4	75.3	47.0	36.2
1986	58.6	32.2	68.0	74.8	46.8	37.8
1987	59.7	32.6	69.1	74.6	47.1	37.6
1988	60.6	34.9	70.2	73.6	47.2	33.8
“一五”时期平均	44.3	26.2	65.6	64.4	33.6	23.4
“二五”时期平均	50.8	24.0	65.4	67.0	36.0	24.6
1963—1965年平均	48.6	23.6	64.5	66.4	38.4	36.0
“三五”时期平均	48.1	23.7	63.6	69.6	37.8	26.2
“四五”时期平均	51.8	24.5	63.5	72.9	38.9	31.0
“五五”时期平均	56.1	28.5	65.4	76.2	43.4	39.7
“六五”时期平均	57.3	30.5	66.9	75.6	47.7	44.5

注：1.本表按当年价格计算，村及村以下办工业包括在工业中。

2.物质消耗的高低，除受经济效益好坏影响外，还受部门结构和技术条件变化等因素制约，不可简单进行比较。

工业职工平均每天创造的财富

	单位	1952年	1965年	1978年	1980年	1987年	1988年
工业总产值(当年价格)	亿元	1.0	3.8	11.6	14.1	37.8	49.9
工业净产值(当年价格)	亿元	0.3	1.4	4.1	4.9	11.7	14.9
利润和税金(独立核算工业企业)	亿元			2.5	2.9	5.2	6.3
纱	万吨	0.18	0.36	0.65	0.80	1.20	1.28
布	亿米	0.10	0.17	0.30	0.37	0.47	0.51
毛线	吨	5	30	104	157	561	617
呢绒	万米	1.16	11.62	24.34	27.66	72.70	78.38
丝织品	万米	17.8	93.7	167.4	207.9	438.9	462.1
机制纸及纸板	万吨	0.10	0.47	1.20	1.47	3.13	3.48
缝纫机	万架	0.02	0.34	1.33	2.10	2.66	2.69
自行车	万辆	0.02	0.50	2.34	3.57	11.28	11.34
手表	万只		0.28	3.70	6.07	16.83	18.25
原盐	万吨	1.36	3.14	5.35	4.73	4.83	6.20
糖	万吨	0.12	0.40	0.62	0.70	1.39	1.27
卷烟	万箱	0.73	1.31	3.24	4.16	7.89	8.48
罐头	万吨	…	0.03	0.13	0.16	0.44	0.61
收音机	万部	…	0.22	3.20	8.23	4.83	4.24
电视机	万部			0.14	0.68	5.30	6.86
录音机	台		13	130	2 037	54 192	69 601
家用电冰箱	台		8	76.7	134.2	10 995.6	20 757
家用洗衣机	台			1.1	672.1	27 128.8	28 680
电风扇	万台			0.38	1.98	10.03	12.32
照相机	架		47	490	1 021	7 033	8 555
原煤	万吨	18	64	169	170	254	268
原油	万吨	0.12	3.10	28.51	29.03	36.75	37.55
天然气	亿立方米	…	0.03	0.38	0.39	0.38	0.39
发电量	亿千瓦小时	0.20	1.85	7.03	8.24	13.62	14.94
生铁	万吨	0.53	2.95	9.53	10.42	15.08	15.63
钢	万吨	0.37	3.35	8.71	10.17	15.42	16.28
成品钢材	万吨	0.29	2.41	6.05	7.44	12.02	12.85
水泥	万吨	0.78	4.48	17.87	21.88	51.03	57.57
平板玻璃	万重量箱	0.54	1.64	4.89	6.76	15.90	19.98
木材	万立方米	3.38	10.90	14.14	14.68	17.56	17.03
硫酸	万吨	0.05	0.64	1.81	2.09	2.67	3.04
纯碱	万吨	0.05	0.24	0.36	0.44	0.65	0.71
烧碱	万吨	0.02	0.15	0.45	0.53	0.75	0.82
农用化肥	万吨	0.01	0.47	2.38	3.38	4.58	4.77
金属切削机床	台	38	108	502	366	472	525
汽车	辆		111	408	609	1 293	1 766
拖拉机(14.7千瓦及以上)	台		26	311	268	102	129
小型拖拉机	台		10	888	597	3 030	3 659

按人口平均的工业总产值、净产值和主要产品产量

（按当年价格计算）

年份	工业总产值（元）	轻工业总产值	重工业总产值	工业净产值（元）	布（米）	糖（公斤）	原煤（吨）	原油（公斤）	发电量（万千瓦）	钢（公斤）
1952	61	39	22	20	6.7	0.8	0.11	0.8	12.7	2.3
1953	77	48	29	27	8.0	1.1	0.12	1.1	15.6	3.0
1954	85	53	33	29	8.7	1.1	0.14	1.3	18.3	3.7
1955	87	51	35	29	7.1	1.2	0.16	1.6	20.0	4.6
1956	102	59	43	34	9.2	1.3	0.18	1.8	26.4	7.1
1957	109	60	49	40	7.8	1.3	0.20	2.3	29.9	8.3
1958	164	76	88	61	9.8	1.4	0.41	3.4	41.7	12.1
1959	221	92	129	78	11.3	1.6	0.55	5.6	62.9	20.6
1960	247	83	165	85	8.2	0.7	0.60	7.9	89.7	28.2
1961	161	68	93	52	4.7	0.6	0.42	8.1	72.9	13.2
1962	137	64	72	45	3.8	0.5	0.33	8.5	68.1	9.9
1963	144	64	79	49	4.8	0.6	0.31	9.4	70.8	11.0
1964	165	73	92	60	6.7	1.5	0.30	12.0	79.4	13.7
1965	193	100	94	70	8.7	2.0	0.32	15.6	93.2	16.9
1966	218	107	111	81	9.8	2.1	0.34	19.5	110.7	20.6
1967	181	96	85	66	8.6	1.9	0.27	18.2	101.4	13.5
1968	164	88	76	57	8.2	1.9	0.28	20.4	91.2	11.5
1969	206	104	103	73	10.2	1.5	0.33	26.9	116.5	16.5
1970	251	116	135	95	11.0	1.6	0.43	36.9	139.7	21.4
1971	283	122	162	105	9.9	1.7	0.46	46.2	162.4	25.0
1972	294	126	168	108	9.6	1.8	0.47	52.4	174.8	26.8
1973	313	136	177	114	9.8	2.1	0.47	60.1	187.0	28.3
1974	307	137	171	112	8.9	2.0	0.45	71.4	185.8	23.2
1975	347	153	194	125	10.2	1.9	0.52	83.4	211.9	25.9
1976	350	155	195	118	9.4	1.8	0.52	93.0	216.7	21.8
1977	392	172	220	133	10.7	1.9	0.58	98.6	235.2	25.0
1978	440	190	250	154	11.5	2.4	0.64	108.1	266.6	33.0
1979	480	210	270	167	12.5	2.6	0.65	108.8	289.1	35.3
1980	522	246	276	183	13.6	2.6	0.63	107.3	304.5	37.6
1981	540	278	262	184	14.3	3.2	0.62	101.1	309.1	35.6
1982	572	287	285	192	15.1	3.3	0.67	100.5	322.6	36.6
1983	629	305	324	208	14.5	3.7	0.70	103.2	341.9	38.9
1984	733	347	386	242	13.2	3.7	0.76	110.3	362.9	41.8
1985	925	439	486	301	14.0	4.3	0.83	118.9	391.0	44.5
1986	1 051	500	550	336	15.5	4.9	0.84	122.7	422.0	49.0
1987	1 278	616	662	393	16.0	4.7	0.86	124.1	460.2	52.1
1988	1 663	819	843	496	17.1	4.2	0.89	125.0	497.4	54.2

二、中国工业经济的发展

各种经济类型的工业企业单位数

计算单位：万个

年份	企业单位数	#大中型企业	1.全民所有制	2.集体所有制	#乡办工业	3.其他经济类型工业
1957	16.95		4.96	11.99		
1958	26.30		11.90	14.40		
1959	31.84		9.88	21.96		
1960	25.40		9.60	15.80	11.70	
1961	21.71		7.06	14.65	4.54	
1962	19.74		5.30	14.44	2.46	
1963	17.02		4.73	12.29	1.07	
1964	16.11		4.51	11.60	1.06	
1965	15.77		4.59	11.18	1.22	
1970	19.51	0.40	5.74	13.77	4.47	
1971	21.04	0.45	6.42	14.62	5.31	
1972	21.96	0.47	6.80	15.16	5.60	
1973	23.08	0.50	6.94	16.14	5.96	
1974	24.11	0.53	7.16	16.95	6.47	
1975	26.29	0.57	7.50	18.79	7.74	
1976	29.36	0.60	7.83	21.53	10.62	
1977	32.27	0.66	8.21	24.06	13.30	
1978	34.84	0.44	8.37	26.47	16.41	
1979	35.50	0.45	8.38	27.12	17.15	
1980	37.73	0.47	8.34	29.35	18.66	0.04
1981	38.15	0.50	8.42	29.68	18.55	0.05
1982	38.86	0.54	8.60	30.19	18.58	0.07
1983	39.25	0.59	8.71	30.46	18.61	0.08
1984	43.72	0.63	8.41	35.21	21.72	0.10
1985	46.32	0.79	9.37	36.78	21.71	0.17
1986	49.93	0.88	9.68	40.01	24.60	0.24
1987	49.36	0.99	9.76	39.21	23.79	0.39
1988	50.00	1.08	9.91	39.54	23.77	0.55

注：1.1978年大中型企业标准提高，与以前各年大中型企业的口径不完全可比(下同)。

2.其他经济类型工业是指全民与集体、全民与私人、集体与私人、中外合营、华侨港澳工商业者经营、外资经营和其他等工业（下同)。

3.本表为乡以上工业企业的数字(下同)。

工业企业单位数中各种经济类型所占比重

计算单位：%

年份	企业单位数	#大中型企业	1.全民所有制	2.集体所有制	#乡办工业	3.其他经济类型工业
1957	100		29.3	70.7		
1958	100		45.2	54.8		
1959	100		31.0	69.0		
1960	100		37.8	62.2	46.1	
1961	100		32.5	67.5	20.9	
1962	100		26.8	73.2	12.5	
1963	100		27.8	72.2	6.3	
1964	100		28.0	72.0	6.6	
1965	100		29.1	70.9	7.7	
1970	100	2.1	29.4	70.6	22.9	
1971	100	2.1	30.5	69.5	25.2	
1972	100	2.1	31.0	69.0	25.5	
1973	100	2.2	30.1	69.9	25.8	
1974	100	2.2	29.7	70.3	26.8	
1975	100	2.2	28.5	71.5	29.4	
1976	100	2.0	26.7	73.3	36.2	
1977	100	2.0	25.4	74.6	41.2	
1978	100	1.3	24.0	76.0	47.1	
1979	100	1.3	23.6	76.4	48.3	
1980	100	1.2	22.1	77.8	49.5	0.1
1981	100	1.3	22.1	77.8	48.6	0.1
1982	100	1.4	22.1	77.7	47.8	0.2
1983	100	1.5	22.2	77.6	47.4	0.2
1984	100	1.5	19.2	80.6	49.7	0.2
1985	100	1.7	20.2	79.4	46.9	0.4
1986	100	1.8	19.4	80.1	49.3	0.5
1987	100	2.0	19.8	79.4	48.2	0.8
1988	100	2.2	19.8	79.1	47.5	1.1

工业职工人数和工资总额

年份	年末职工人数（万人）	#全民所有制工业	城镇集体所有制工业	工资总额（亿元）	#全民所有制工业	城镇集体所有制工业
1952	533	510.3	23	25.4	24.6	0.8
1953	624	594.1	30	34.1	33.0	1.1
1954	731	609.5	121	38.7	35.2	3.5
1955	801	580.4	221	42.9	35.1	7.8
1956	1 051	717.0	334	58.1	43.4	14.7
1957	1 022	747.5	274	67.5	50.7	16.8
1958	2 516	2 315.5	200	87.4	76.1	11.3
1959	2 268	1 993.2	275	113.4	102.7	10.7
1960	2 482	2 144.4	338	127.3	114.0	13.2
1961	1 994	1 597.5	397	118.8	104.3	14.5
1962	1 597	1 178.2	419	103.6	86.9	16.7
1963	1 542	1 118.8	423	97.6	82.0	15.6
1964	1 605	1 159.0	446	99.9	84.4	15.5
1965	1 743	1 238.0	505	105.1	86.4	18.7
1966	1 868	1 324.0	544	111.8	89.9	21.9
1967	1 904	1 382.0	522	118.8	94.9	23.9
1968	1 942	1 492.0	450	119.9	99.0	20.9
1969	2 188	1 630.0	558	128.2	106.6	21.6
1970	2 575	1 959.0	616	141.9	118.7	23.2
1971	2 924	2 232.7	691	160.4	133.0	27.4
1972	3 159	2 350.0	809	183.1	149.0	34.1
1973	3 338	2 397.2	941	196.1	154.2	41.9
1974	3 480	2 494.4	986	202.7	161.0	41.7
1975	3 754	2 691.2	1 063	214.5	169.1	45.4
1976	3 942	2 865.9	1 076	226.5	178.2	48.3
1977	4 155	3 012.8	1 142	238.8	187.0	51.8
1978	4 354	3 139	1 215	268.0	209.6	58.4
1979	4 536	3 208	1 328	304.2	236.5	67.6
1980	4 762	3 334	1 428	360.0	275.5	84.6
1981	4 983	3 488	1 495	379.9	286.9	93.0
1982	5 115	3 582	1 533	401.3	303.0	98.3
1983	5 205	3 632	1 573	418.2	313.6	104.6
1984	5 343	3 669	1 641	516.8	385.2	128.4
1985	5 557	3 815	1 705	624.6	459.7	159.9
1986	5 781	3 955	1 781	749.7	557.0	186.1
1987	5 971	4 086	1 828	857.3	636.1	211.4
1988	6 158	4 229	1 850	1 062.5	792.3	253.4

注：1978 及以后各年是按新的标准行业分类调整的数字，且工资总额中包括肉食补贴。本表为区县以上工业企业的数字，不包括乡办工业企业。

工业职工人员分类、年龄、文化程度和技术职称情况

（1985年）

计算单位：万人

项　　目	总　计	按企业规模分组		按经济类型分组		
		大型企业	中型企业	全民所有制工业	集体所有制工业	其他经济类型工业
一、年末职工人数	6 604.50	1 228.03	978.73	3 858.19	2 689.26	57.05
其中：少数民族	168.18	28.17	26.12	109.50	57.71	0.97
女　　性	2 653.06	391.07	350.74	1 326.35	1 301.56	25.15
实行计件工资的人员	1 642.85	146.80	118.33	515.03	1 120.13	7.69
工　　人	4 802.26	777.04	658.02	2 615.16	2 145.52	41.58
学　　徒	191.96	24.07	23.39	93.02	97.08	1.86
工程技术人员	182.39	69.89	41.62	155.52	25.00	1.87
管理人员	694.14	118.77	101.40	415.99	271.89	6.26
二、年末固定合同制职工人数	5 810.61	1 156.00	868.77	3 272.95	2 500.80	36.86
按年龄分组：						
20岁及以下	538.73	68.56	58.14	212.63	323.15	2.95
21—35岁	3 210.24	600.06	461.66	1 715.63	1 471.81	22.80
36—50岁	1 699.86	398.06	290.06	1 114.65	576.14	9.07
51—55岁	254.36	69.45	44.42	173.85	79.09	1.42
56—60岁	85.75	18.37	13.17	50.81	34.37	0.57
61岁以上	21.67	1.49	1.31	5.37	16.25	0.05
按文化程度分组：						
大专以上	169.93	76.15	41.05	154.00	14.61	1.32
中　　专	202.69	78.61	49.37	182.60	18.87	1.22
技　　工	143.80	64.53	35.85	134.33	8.67	0.80
高　　中	1 026.36	202.74	166.09	606.25	412.71	7.40
初　　中	2 718.07	506.93	390.04	1 455.53	1 242.42	20.12
小　　学	1 314.90	201.86	167.49	655.60	654.04	5.26
不识字或识字不多	234.85	25.17	18.89	84.65	149.48	0.72
按技术职称分组：						
高级技术职称人员	0.86	0.58	0.11	0.79	0.07	…
中级技术职称人员	51.60	29.52	11.82	49.12	2.18	0.30
一般技术职称人员	142.96	56.81	34.08	127.33	14.67	0.96
按操作形式分组：						
手工操作工人	842.95	166.96	143.36	600.12	234.93	7.90
半机械化操作工人	775.10	130.43	140.26	527.05	240.21	7.84
机械化操作工人	414.68	107.44	91.76	329.64	81.07	3.97
自动控制作业工人	29.86	12.60	8.37	27.68	1.99	0.19

注：按操作形式分组的数字为县以上全民与集体所有制工业的数字。

工 业 固 定 资 产 投 资

计算单位：亿元

年　　份	固定资产投资	#基本建设	轻工业	重工业	更新改造
1952		16.89	4.06	12.83	
1953		28.34	4.98	23.36	
1954		38.37	6.74	31.63	
1955		42.95	5.27	37.68	
1956		68.20	9.44	58.76	
1957		72.40	11.04	61.36	
1958		173.00	21.80	151.20	
1959		208.85	23.05	185.80	
1960		229.57	20.85	208.72	
1961		76.79	7.72	69.07	
1962		40.09	3.17	36.92	
1963		49.16	3.60	45.56	
1964		72.06	5.86	66.20	
1965		88.96	7.01	81.95	
1966					
1967					
1968		541.51	42.62	498.89	
1969					
1970					
1971					
1972		746.94	79.90	667.04	
1973					
1974					
1975		231.03	23.13	207.90	
1976		208.73	18.39	190.34	
1977		217.36	27.07	190.29	
1978		273.16	29.30	243.86	
1979		256.85	30.60	226.25	
1980		275.61	50.89	224.72	113.89
1981	380.43	216.01	43.38	172.63	142.97
1982	467.43	260.60	46.45	214.15	170.84
1983	546.62	282.28	38.75	243.53	207.46
1984	653.52	341.59	42.43	299.16	225.43
1985	913.65	446.49	63.44	383.05	351.05
1986	1 159.82	531.64	82.25	449.39	479.16
1987	1 407.15	682.79	99.12	583.68	584.62
1988	1 709.09	796.09	112.63	683.47	774.01

注：固定资产投资为全民所有制单位数字。"三五"、"四五"时期数字为估算数。

	计算单位	1952年	1957年	1962年	1965年	1970年
一、黑色金属工业						
平　　炉	座	26	42	82	84	91
	公称吨				14 275	15 815
	平方米	726	1 684	3 730	3 849	4 291
其中：500吨及以上	座			10	9	
	公称吨					
	平方米			944.5	851	
转　　炉	座	27	75	679	390	240
	公称吨			2 160	1 429	1 631
其中：氧气顶吹	座				7	64
	公称吨				79	947
电　　炉	座	79	142	658	818	1 068
	公称吨			1 794	1 849	2 738
	万千伏安				106.1	158.2
高　　炉	座	34	126	1 159	351	1 016
	立方米	5 179	15 735	63 437	46 707	66 110
其中：1 000立方米以上	座				7	14
	立方米				9 416	19 384
轧钢设备	套				430	493
二、电力工业						
发电设备装机容量	万千瓦	196	464	1 304	1 508	2 377
其中：水电	万千瓦	19	102	238	302	624
火电	万千瓦	177	362	1 066	1 206	1 753
三、煤炭工业						
提升绞车	台	437	239	451	452	766
主要排水泵	台		1 409	3 349	3 683	4 467
压风机	台	594	1 313	3 061	3 304	3 035
主要扇风机	台		623	1 679	1 893	1 774
滚筒式采煤机	台					275
刨煤机	台					69
联合采煤机	台	4	109	283	361	190

注：煤炭工业1978年以前为统配煤矿数，1978年括号内及以后各年为县营及以上煤矿数。

生产设备拥有量（一）

1975年	1978年	1980年	1981年	1982年	1983年	1984年	1987年
96	98	94	94	93	90	89	73
17 188	17 063	16 633	16 633	15 993	15 645	15 635	13 040
4 649	4 766	4 642	4 642	4 558	4 474	4 373	3 661
13	10	10	10	10	10	11	10
6 500	5 000	5 000	5 000	5 000	5 000	5 500	5 000
1 239	955	955	955	955	955	1 050	955
283	276	229		196		175	184
2 716	3 034	3 130		3 069		3 200	3 466
92	119	123	123	115	119	119	132
1 954	2 454	2 698	2 698	2 728	2 790	2 989	3 247
1 537	1 678	1 645	1 645	1 572	1 552	1 601	1 427
3 803	4 156	4 163	4 163	4 222	4 354	4 510	4 714
230.6	265.4	270.2	270.2	275.3	283.1	297.1	305.2
965	982	833	833	511	475	487	1 011
83 113	87 204	86 331	86 331	81 507	81 036	81 488	91 936
22	25	26	26	26	26	25	25
30 998	35 948	37 275	37 275	37 097	37 097	35 997	36 205
685	784	868	868	951	1 023	1 043	1 141
4 341	5 712	6 587	6 900	7 236	7 644	8 012	10 269
1 343	1 728	2 032	2 193	2 296	2 416	2 560	3 008
2 998	3 984	4 555	4 707	4 940	5 228	5 452	7 261
753	749（2 849）	2 344	2 434	2 612	2 703	2 731	3 271
4 670	5 642(12 813)	12 197	13 342	13 542	13 741	13 377	15 800
3 960	4 837（8 634）	8 365	9 074	8 492	8 522	8 663	9 043
2 108	2 293（6 167）	5 453	6 087	5 994	7 075	6 497	6 771
760	1 377（1 498）	1 809	1 994	1 665	5 932	1 688	2 259
108	91（102）	77	61	88	53	32	35
83	21（28）	24	34	11	21	14	80

全国工业主要专业

	计算单位	1952年	1957年	1962年	1965年	1970年
截煤机	台	181	446	569	672	592
液压支架	架					
单体液压支柱	根					
联合掘进机	台					
四、石油工业						
蒸馏设备	套	6	8	18	22	33
	万吨/年	99	245	625	1 423	4 402
裂化设备	套	3	6	9	18	22
	万吨/年	23	65	164	521	1 011
加氢设备(包括加氢精制和加氢裂化)	套			4	5	12
	万吨/年	1.7	17.1	23	52	163
焦化设备	套	2	7	11	12	11
	万吨/年	18	42	59	191	341
脱蜡设备	套	2	4	15	20	28
	万吨/年	70	76	130	174	292
五、化学工业						
硫酸接触转化器	座	9	21	159	217	
	吨/昼夜	432	1 264	4 070	7 158	
烧碱电解槽	台	1 211	2 208	7 795	6 257	
	吨/昼夜	149	436	1 162	1 640	
纯碱炭化塔	台	14	22	94	40	
	吨/昼夜	880	1 717	2 537	3 039	
合成氨合成塔	台		10	78	167	
	吨/昼夜		817	2 127	5 673	
六、建筑材料工业						
水泥回转窑	座	44	59	104	105	
	吨/小时		666	1 212	1 301	
水泥机械化立窑	台					
	吨/小时					
水泥磨	台	52	84	769	682	
	吨/小时		1 131	3 414	3 897	
七、森林工业(森工企业)						
油　锯	台		174	4 034	6 131	
电　锯	台		274	320	892	

生产设备拥有量（二）

1975年	1978年	1980年	1981年	1982年	1983年	1984年	1987年
376	158(303)	278	175	141	229	201	150
5 246	8 590(9 139)	24 684	29 401	27 444	29 865	26 946	45 753
3 247	12 835(18 555)	47 169	76 485	149 966	176 772	246 966	939 233
22	31(26)	91	121	119	126	126	270
51	65	66	70	71	70	74	76
6 764	9 291	9 386	9 867	9 913	10 368	10 484	11 048
35	48	48	50	50	54	55	70
1 720	2 578	2 692	2 813	2 843	2 987	3 011	3 756
6	17	19	24	28	19	28	35
285	329	390	448	639	466	574	596
12	12	12	13	13	13	13	17
506	485	508	548	548	540	588	226
38	39	41	32	42	41	43	44
481	520	607	639	651	662	717	671
80	89	91	90	85	81	89	106
13 931	15 713	15 906	16 285	15 597	14 588	15 740	15 916
10 576	13 259	12 981	11 905	11 958	12 489	12 988	14 287
4 524	5 861	6 934	6 454	6 679	6 774	7 307	8 003
45	56	57	63	65	64	68	91
3 994	5 219	5 055	5 964	6 102	6 158	5 918	9 376
81	100	107	109	108	112	115	117
11 605	21 235	27 276	27 446	27 598	28 637	30 301	30 170
192	247	305	349	369	433	451	538
2 549	2 954	3 278	3 532	3 852	4 363	4 763	5 963
175	331	467	620	793	1 048	1 317	2 333
1 086	1 896	2 822	3 517	4 312	5 596	6 996	12 695
3 119	3 717	4 372	4 578	4 767	4 918	5 119	4 645
10 692	14 236	18 385	19 006	19 345	21 051	23 448	29 681
19 180	16 893	15 575	14 396	13 313	11 966	16 263	10 534
2 653	2 177	2 184	2 331	2 240	2 160	3 109	2 023

	计算单位	1952年	1957年	1962年	1965年	1970年
森铁机车	台	270	286	612	731	
森铁车辆	台	9 257	14 800	28 474	31 281	
集材拖拉机	台	143	888	1 120	2 313	
运材汽车	辆	42	706	2 584	4 092	
起重机	台	5	165	171	325	
八、纺织工业						
粘胶纤维纺丝机	锭					
	台					
合成纤维纺丝机	头					
	台					
棉纺锭	万锭	561.0	755.6	969.6	980.1	1 294.4
棉布织机	万台		42.14	30.22	30.92	37.85
其中：自动织机	万台		9.51	14.40	16.13	24.54
毛纺锭	万锭	12.31	15.62	24.72	27.98	31.37
毛织机	台	1 909	1 830	3 396	4 040	4 551
麻纺锭	万锭					
麻织机	台	1 212	1 418	2 362	2 174	3 628
其中：麻袋织机	台	1 042	1 196	2 125	1 821	3 185
桑蚕缫丝机	万绪	16.72	20.56	25.31	26.52	47.63
柞蚕缫丝机	万绪			3.03	3.55	4.33
丝织机	万台	4.42	3.09	2.66	2.67	3.03
九、轻工业						
机制纸浆蒸煮器	台	324	365	1 057	1 107	
	万吨/年	77.4	116.4	174.5	200.6	
造纸机	台	331	417	1 514	1 241	
	万吨/年	66.5	118.5	210.6	213.0	
其中：长网多缸造纸机	台	51	65	118		
	万吨/年	23.8	42.5	73.8		
甘蔗压榨机(处理原料量)	部	45	127	469	675	
	吨/日	6 926	22 471	88 675	99 755	
甜菜连续浸出器(处理原料量)	台		117	169	170	
	吨/日			13 250	13 862	

注：麻织机1975年及以前年份数字为黄麻织机拥有量。麻袋织机中1978年及以后各年不包括聚烯烃编织袋织机。

生产设备拥有量（三）

1975年	1978年	1980年	1981年	1982年	1983年	1984年	1987年
882	878	878	858	869	786	724	740
27 469	28 647	24 427	24 282	27 423	26 169	20 558	11 691
6 268	6 564	6 390	6 333	6 225	6 314	6 488	6 528
12 331	13 735	15 107	15 686	15 033	14 438	18 804	15 090
663	622	840	949	1 292	625	1 115	673
32 686	46 652	47 189	46 909	47 882	47 566	59 036	83 092
749	747	767	764	780	779	1 020	1 513
4 070	5 616	6 784	7 998	8 120	9 292	10 289	21 720
274	567	501	574	603	674	667	1 180
1 408.7	1 561.9	1 779.7	1 893.5	2 019.0	2 140.6	2 219.7	2 603
45.39	49.65	53.91	57.06	59.50	62.47	63.35	74.60
34.48	40.07	44.06	46.65	50.40	53.11	54.32	61.98
42.05	47.81	60.05	74.44	88.88	100.53	120.52	199.20
5 983	7 120	8 332	10 024	12 446	14 650	17 121	29 171
13.36	15.00	18.14	19.58	23.72	29.05	19.05	56.98
4 978	8 098	9 516	11 726	12 491	14 700	15 754	21 970
4 436	4 657	5 534	6 861	7 476	8 256	9 317	12 331
61.92	72.23	88.70	103.57	109.13	116.39	123.80	157.76
5.28	6.86	8.99	9.19	8.21	8.54	7.34	6.32
3.54	4.54	6.03	6.59	7.34	7.96	9.84	16.14
2 560	3 100	3 688	3 900	4 049	4 100	4 147	4 717
390.8	460.7	549.0	586.0	609.0	632.9	649.2	842
2 818	3 389	4 109	4 347	4 445	4 586	4 808	6 000
424.3	516.1	613.9	659.6	713.4	757.9	805.2	1 097
318	339	368	405	438	438	459	844
147.6	164.0	176.5	190.8	206.0	210.9	226.3	351
480	381	444	450	464	500	535	527
138 712	172 815	195 860	222 845	253 675	288 045	322 065	414 490
330	256	194	148	152	134	127	116
27 541	32 271	40 322	45 510	52 070	60 210	63 691	76 810

全国工业设备、电子计算机拥有量及工业设备自动化、半自动化状况

（1985年） 计算单位：亿元

项目	总计	按企业规模分组		按经济类型分组		
		大型企业	中型企业	全民所有制工业	集体所有制工业	其他经济类型工业
一、年末已安装设备合计	3 177.87	1 363.63	694.35	2 718.34	434.66	24.87
按出厂年限分组：						
80年代	1 237.37	435.80	23.12	960.96	259.63	16.78
70年代	1 365.86	612.94	29.10	1 205.83	153.24	6.79
60年代	354.72	171.09	105.39	337.30	16.40	1.02
50年代	195.58	130.55	46.39	191.19	4.20	0.19
建国以前	24.33	13.24	6.36	23.06	1.19	0.08
按使用情况分组：						
使用	3 007.80	1 302.90	658.85	2 576.08	407.96	23.76
未使用	170.07	60.73	35.50	142.26	26.70	1.11
在合计中：待报废	42.47	14.81	9.25	37.61	4.67	0.19
在合计中：进口设备	578.89	410.38	91.01	534.62	35.43	8.84
其中：80年代	234.08	140.09	38.57	197.71	29.02	7.35
70年代	212.24	175.33	22.82	205.59	5.32	1.33
二、年末未安装设备合计	101.30	36.65	25.02	85.93	14.30	1.07
其中：进口设备	29.01	11.25	7.33	22.16	6.19	0.66
三、年末已安装电子计算机合计	21 402	14 908	6 494	21 161	138	103
按技术性能分组：						
大型计算机	7	7		7		
中型计算机	83	74	9	83		
小型计算机	728	640	88	725		3
微型计算机	20 584	14 187	6 397	20 346	138	100
按使用情况分组：						
用于生产	3 304	2 266	1 038	3 258	28	18
用于管理	11 620	7 848	3 772	11 462	92	66
用于科研	3 236	2 386	850	3 212	11	13
用于其他	3 242	2 408	834	3 229	7	6
四、年末未安装电子计算机合计	1 807	1 165	642	1 785	12	10
其中：国外制造	1 223	803	420	1 208	9	6
五、机器设备固定资产原值	2 909.74			2 909.74		
其中：自动化生产线	13.59			13.59		
其中：电子计算机控制的	7.95			7.95		
半自动化生产线	58.32			58.32		
其中：电子计算机控制的	17.40			17.40		
机械手（个）	2 401			2 401		

全国工业总产值

年份	绝对数（亿元）			构成(%)		指数（以上年为 100）		
	全部工业总产值	轻工业	重工业	轻工业	重工业	全部工业总产值	轻工业	重工业
1949	140	103	37	73.6	26.4			
1950	191	135	56	70.7	29.3	136.4	130.1	154.1
1951	264	179	85	67.8	32.2	138.2	133.6	149.1
1952	349	225	124	64.5	35.5	129.9	123.5	143.5
1953	450	282	168	62.7	37.3	130.3	126.7	136.9
1954	515	317	198	61.6	38.4	116.3	114.3	119.8
1955	534	316	218	59.2	40.8	105.6	100.0	114.5
1956	642	370	272	57.6	42.4	128.1	119.7	139.7
1957	704	387	317	55.0	45.0	111.5	105.7	118.4
1958	1 083	503	580	46.4	53.6	154.8	133.7	178.8
1959	1 483	616	867	41.5	58.5	136.1	122.0	148.1
1960	1 637	547	1 090	33.4	66.6	111.2	90.2	125.9
1961	1 062	451	611	42.5	57.5	61.8	78.4	53.5
1962	920	434	486	47.2	52.8	83.4	91.6	77.4
1963	993	445	548	44.8	55.2	108.5	102.3	113.8
1964	1 164	516	648	44.3	55.7	119.6	117.8	121.0
1965	1 402	723	679	51.6	48.4	126.4	147.7	110.2
1966	1 624	796	828	49.0	51.0	120.9	114.5	127.5
1967	1 382	733	649	53.0	47.0	86.2	92.9	80.0
1968	1 285	690	595	53.7	46.3	95.0	95.1	94.9
1969	1 665	837	828	50.3	49.7	134.3	125.2	143.9
1970	2 080	960	1 120	46.2	53.8	130.7	118.1	142.3
1971	2 414	1 037	1 377	43.0	57.0	116.4	108.0	122.9
1972	2 565	1 100	1 465	42.9	57.1	106.9	106.3	107.3
1973	2 794	1 212	1 582	43.4	56.6	109.5	110.7	108.7
1974	2 792	1 241	1 551	44.4	55.6	100.6	102.9	98.8
1975	3 207	1 413	1 794	44.1	55.9	115.5	113.4	117.2
1976	3 278	1 448	1 830	44.2	55.8	102.4	103.4	101.7
1977	3 725	1 638	2 087	44.0	56.0	114.6	114.6	114.5
1978	4 237	1 826	2 411	43.1	56.9	113.6	110.9	115.6
1979	4 681	2 045	2 636	43.7	56.3	108.8	109.9	108.0
1980	5 155	2 431	2 724	47.2	52.8	109.3	119.0	101.9
1981	5 400	2 781	2 619	51.5	48.5	104.3	114.3	95.4
1982	5 811	2 919	2 892	50.2	49.8	107.8	105.8	109.9
1983	6 461	3 135	3 326	48.5	51.5	111.2	109.3	113.1
1984	7 617	3 608	4 009	47.4	52.6	116.3	116.1	116.5
1985	9 717	4 610	5 107	47.4	52.6	121.4	122.7	120.2
1986	11 194	5 330	5 864	47.6	52.4	111.7	112.2	111.1
1987	13 813	6 656	7 157	48.2	51.8	117.7	118.6	116.7
1988	18 225	8 979	9 245	49.3	50.7	120.8	122.1	119.4

注：本表包括村及村以下工业，工业总产值按当年价格计算，发展速度按可比价格计算。

各种经济类型的工业总产值

计算单位：亿元

年 份	全民所有制工业	集体所有制工业	城乡个体工业	其他经济类型工业
1949	107.14	0.70	32.16	
1950	139.26	1.49	50.25	
1951	200.38	3.41	60.22	
1952	265.83	11.38	71.79	
1953	345.92	17.42	86.67	
1954	395.47	27.45	97.08	
1955	414.60	40.48	78.93	
1956	524.84	109.59	7.58	
1957	564.19	133.97	5.84	
1958	965.71	117.29		
1959	1 313.20	169.80		
1960	1 483.12	153.88		
1961	939.98	122.02		
1962	807.76	112.24		
1963	887.05	105.95		
1964	1 042.25	121.75		
1965	1 262.78	139.22		
1966	1 464.52	159.48		
1967	1 222.52	159.48		
1968	1 136.20	148.80		
1969	1 477.02	187.98		
1970	1 854.70	262.30		
1971	2 073.87	340.13		
1972	2 177.17	387.83		
1973	2 347.52	446.48		
1974	2 300.89	491.11		
1975	2 600.56	606.44		
1976	2 567.66	710.34		
1977	2 869.37	855.63		
1978	3 289.18	947.82		
1979	3 673.60	1 007.70		
1980	3 915.60	1 213.36	0.81	24.49
1981	4 037.10	1 329.38	1.90	31.40
1982	4 326.00	1 442.42	3.40	39.40
1983	4 739.40	1 663.14	7.50	50.40
1984	5 262.70	2 263.09	14.80	76.70
1985	6 302.12	3 117.19	179.75	117.41
1986	6 971.12	3 751.54	308.54	163.06
1987	8 250.09	4 781.74	502.39	278.77
1988	10 351.28	6 587.49	790.49	495.32

注：本表按当年价格计算，并包括村及村以下工业。（下同）

工业总产值中各种经济类型所占比重

计算单位：%

年　份	全民所有制工业	集体所有制工业	城乡个体工业	其他经济类型工业
1949	76.53	0.50	22.97	
1950	72.91	0.78	26.31	
1951	75.90	1.29	22.81	
1952	76.17	3.26	20.57	
1953	76.87	3.87	19.26	
1954	76.79	5.33	17.88	
1955	77.64	7.58	14.78	
1956	81.75	17.07	1.18	
1957	80.14	19.03	0.83	
1958	89.17	10.83		
1959	88.55	11.45		
1960	90.60	9.40		
1961	88.51	11.49		
1962	87.80	12.20		
1963	89.33	10.67		
1964	89.54	10.46		
1965	90.07	9.93		
1966	90.18	9.82		
1967	88.46	11.54		
1968	88.42	11.58		
1969	88.71	11.29		
1970	87.61	12.39		
1971	85.91	14.09		
1972	84.88	15.12		
1973	84.02	15.98		
1974	82.41	17.59		
1975	81.09	18.91		
1976	78.33	21.67		
1977	77.03	22.97		
1978	77.63	22.37		
1979	78.47	21.53		
1980	75.97	23.54	0.02	0.47
1981	74.76	24.62	0.04	0.58
1982	74.44	24.82	0.06	0.68
1983	73.36	25.74	0.12	0.78
1984	69.09	29.71	0.19	1.01
1985	64.86	32.08	1.85	1.21
1986	62.27	33.51	2.76	1.46
1987	59.73	34.62	3.64	2.02
1988	56.80	36.15	4.34	2.72

注：本表按当年价格计算。

各种经济类型的工业总产值指数

（比上年增长）　　　　计算单位：%

年　份	全民所有制工业	集体所有制工业	城乡个体工业	其他经济类型工业
1949				
1950	129.92	214.29	156.21	
1951	143.47	226.67	119.48	
1952	130.75	329.41	117.47	
1953	131.40	154.46	121.95	
1954	116.15	160.12	107.90	
1955	106.74	150.18	87.30	
1956	135.02	288.70	10.23	
1957	109.21	124.23	78.31	
1958	171.61	85.76		
1959	135.20	143.98		
1960	113.76	91.29		
1961	60.35	75.50		
1962	82.74	88.56		
1963	110.33	94.89		
1964	119.94	117.28		
1965	127.10	119.93		
1966	121.11	119.65		
1967	84.56	101.33		
1968	94.93	95.23		
1969	134.72	130.91		
1970	130.96	145.55		
1971	114.02	119.32		
1972	105.59	114.70		
1973	108.38	115.67		
1974	98.68	110.77		
1975	113.71	123.87		
1976	98.89	117.68		
1977	112.70	121.48		
1978	114.44	110.58		
1979	108.88	108.57		
1980	105.61	119.24		
1981	102.53	109.01	234.57	131.60
1982	107.05	109.54	178.95	127.73
1983	109.39	115.53	220.59	133.90
1984	108.92	134.85	197.33	156.81
1985	112.94	132.69	1 190.41	139.54
1986	106.18	117.97	167.57	134.16
1987	111.30	123.24	156.59	166.39
1988	112.61	128.16	147.34	161.53

注：本表按可比价格计算。

主要工业产品产量(一)

年 份	化学纤维（万吨）	纱（万吨）	布（亿米）	毛 线（万吨）	呢 绒（万米）	毛 毯（万条）	麻 袋（亿条）	丝（万吨）	丝织品（亿米）	机制纸及纸板（万吨）
1949		32.7	18.9	0.18	544	22	0.10	0.18	0.50	11
1950		43.7	25.2	0.13	488	49	0.15	0.34	0.52	14
1951		48.7	30.6	0.08	402	108	0.39	0.47	0.63	24
1952		65.6	38.3	0.20	423	72	0.67	0.56	0.65	37
1953		74.5	46.0	0.37	623	39	0.59	0.66	0.74	43
1954		83.4	52.3	0.33	782	71	0.59	0.67	0.78	52
1955		72.0	43.6	0.37	1 027	78	0.53	0.77	0.94	58
1956		95.2	57.7	0.57	1 427	92	0.79	0.94	1.19	73
1957	0.02	84.4	50.5	0.57	1 817	86	0.83	0.99	1.45	91
1958	0.30	126.2	64.6	1.00	2 674	143	1.20	1.13	2.03	122
1959	0.54	153.1	75.7	0.88	3 385	170	1.07	1.02	2.78	170
1960	1.06	109.3	54.5	0.95	3 646	206	0.86	0.83	2.83	180
1961	0.53	66.9	31.1	0.53	3 092	162	0.59	0.52	2.53	110
1962	1.36	54.8	25.3	0.78	3 242	191	0.44	0.47	2.25	112
1963	1.89	67.8	33.4	0.80	4 369	189	0.50	0.47	2.46	128
1964	3.21	97.0	47.1	0.96	4 809	208	0.86	0.71	2.77	145
1965	5.01	130.0	62.8	1.10	4 240	242	1.25	0.91	3.42	173
1966	7.58	156.5	73.1	1.25	4 383	267	1.46	1.18	3.79	209
1967	5.22	135.2	65.6	1.11	3 577	280	1.24	1.13	3.24	196
1968	3.60	137.7	64.3	1.21	3 976	300	1.08	0.93	2.86	177
1969	6.66	180.5	82.1	1.70	4 975	360	1.48	1.30	3.55	217
1970	10.09	205.2	91.5	2.17	5 776	445	1.84	1.67	4.32	241
1971	11.99	190.0	84.2	2.35	6 153	399	1.81	1.93	4.48	263
1972	13.73	188.6	83.5	2.21	6 046	383	1.32	1.95	4.48	282
1973	14.88	196.7	87.1	2.32	6 211	435	1.69	2.11	4.60	313
1974	14.26	180.3	80.8	2.36	6 357	486	1.68	1.82	4.22	299
1975	15.48	210.8	94.0	2.66	6 943	513	1.91	2.31	4.54	341
1976	14.61	196.0	88.4	2.78	7 072	506	1.88	2.28	4.60	341
1977	18.98	223.0	101.5	3.11	7 840	539	2.45	2.69	5.29	377
1978	28.46	238.2	110.3	3.78	8 885	625	2.90	2.97	6.11	439
1979	32.63	263.5	121.5	4.44	9 017	690	3.44	2.97	6.63	493
1980	45.03	292.6	134.7	5.73	10 095	884	4.10	3.54	7.59	535
1981	52.73	317.0	142.7	7.65	11 308	1 067	4.29	3.74	8.35	540
1982	51.70	335.4	153.5	9.25	12 669	1 379	5.00	3.71	9.14	589
1983	54.07	327.0	148.8	10.21	14 291	1 622	5.51	3.69	9.99	661
1984	73.49	321.9	137.0	11.00	18 049	1 745	5.48	3.76	11.78	756
1985	94.78	353.5	146.7	12.59	21 816	2 015	6.27	4.22	14.49	911
1986	101.73	397.8	164.7	14.91	25 187	2 422	7.60	4.72	14.99	999
1987	117.50	436.8	173.1	20.47	26 537	3 019	8.59	5.19	16.02	1 141
1988	130.12	465.7	187.9	22.50	28 609	3 516	9.31	5.10	16.87	1 270

主要工业产品产量(二)

年份	缝纫机 (万架)	自行车 (万辆)	表 (万只)	#手表	日用精铝制品 (万吨)	灯泡 (亿只)	合成洗涤剂 (万吨)	原盐 (万吨)	糖 (万吨)	卷烟 (万箱)
1949		1.4				0.13		299	20	160
1950		2.1				0.14		246	24	185
1951		4.4				0.21		435	30	200
1952	6.6	8.0				0.26		495	45	265
1953	5.4	16.5				0.29		357	64	355
1954	15.6	29.8				0.36		489	69	373
1955	15.3	33.5				0.42		754	72	357
1956	20.6	64.0				0.55		494	81	391
1957	27.8	80.6	0.04	0.04	0.28	0.69		828	86	446
1958	64.0	117.4	1.65	1.65	0.31	1.24		1 040	90	475
1959	65.1	133.2	8.44	8.35	0.32	1.79	0.6	1 106	110	550
1960	88.0	176.5	50.8	50.5	0.32	2.19	1.0	1 287	44	449
1961	61.1	74.4	64.6	62.2	0.79	2.12	1.1	1 113	39	254
1962	77.9	137.1	81.8	76.1	0.92	2.20	2.4	994	34	244
1963	93.1	148.9	91.8	84.1	1.35	2.22	2.2	1 056	44	323
1964	102.3	170.5	101.5	93.5	1.21	2.02	2.3	501	107	413
1965	123.8	183.8	108.3	100.8	1.14	1.92	3.0	1 147	146	478
1966	142.4	205.3	137.4	128.9	1.04	2.37	4.2	998	159	540
1967	126.3	177.1	145.0	134.5	0.86	1.65	3.7	1 043	148	490
1968	139.2	201.1	183.8	168.0	1.09	1.65	4.2	1 325	151	521
1969	192.2	292.1	268.6	246.1	1.55	2.55	6.2	966	121	677
1970	235.2	368.8	358.1	347.6	1.91	3.86	9.3	1 109	135	783
1971	249.9	412.6	429.2	422.8	2.03	4.36	10.9	1 235	141	701
1972	263.2	440.4	491.7	483.8	2.22	4.72	15.2	1 386	155	745
1973	293.6	496.8	573.2	562.2	2.64	5.03	17.9	1 076	191	846
1974	318.9	519.6	673.5	656.4	3.23	4.38	19.3	1 456	184	872
1975	356.7	623.2	809.0	782.2	3.98	5.20	22.3	1 481	174	992
1976	363.8	668.1	949.6	911.4	4.10	5.03	21.7	1 401	165	982
1977	424.2	742.7	1 152.8	1 104.3	5.24	6.17	25.7	1 710	182	1 211
1978	486.5	854.0	1 410.8	1 351.1	5.65	7.59	32.4	1 953	227	1 182
1979	586.8	1 009.5	1 750.4	1 707.0	5.49	8.50	39.7	1 477	250	1 303
1980	767.8	1 302.4	2 267.5	2 215.5	5.80	9.46	39.3	1 728	257	1 520
1981	1 039.1	1 754.3	2 906.6	2 872.4	5.68	9.66	47.8	1 832	317	1 704
1982	1 286.0	2 420.0	3 313.2	3 301.0	6.01	10.73	56.9	1 638	338	1 885
1983	1 087.2	2 758.2	3 478.1	3 469.0	6.78	12.49	67.7	1 613	377	1 938
1984	934.9	2 861.4	3 807.1	3 798.2	7.34	14.12	81.0	1 642	380	2 132
1985	991.2	3 227.7	5 447.1	5 431.1	7.26	15.33	100.5	1 479	451	2 370
1986	989.4	3 568.3	7 332.0	7 317.4	8.79	16.09	117.5	1 761	525	2 596
1987	970.0	4 116.7	6 159.4	6 142.4	10.58	16.83	119.2	1 764	506	2 881
1988	983.2	4 140.1	6 788.9	6 661.6	8.99	18.27	131.9	2 264	461	3 096

主要工业产品产量(三)

年　份	罐　头 (万吨)	乳制品 (万吨)	啤　酒 (万吨)	家用电冰　箱 (万台)	家用洗衣　机 (万台)	电风扇 (万台)	录放音机 (万台)	收音机 (万台)	电视机 (万台)	#彩电
1949								0.4		
1950								0.7		
1951								1.1		
1952	1.3							1.7		
1953	2.8							2.7		
1954	2.4							4.7		
1955	3.0			…				9.1		
1956	4.9			0.03				17.1		
1957	6.2	1.27	5	0.16			0.11	35.2		
1958	12.9	1.97	6	0.26			0.35	127.4	0.02	
1959	16.0	1.88	11	0.34			3.07	141.9	0.31	
1960	11.8	1.93	15	0.36			4.58	158.7	0.79	
1961	7.2	0.65	12	0.11			0.27	62.0	0.15	
1962	7.3	0.76	10	0.09			0.01	90.3	0.36	
1963	7.3	1.33	9	0.14			0.01	80.9	0.26	
1964	10.1	1.76	8	0.17			0.12	78.3	0.21	
1965	12.2	2.12	9	0.30			0.46	81.5	0.44	
1966	14.1	2.35	9	0.54			0.66	83.7	0.51	
1967	12.2	2.31	11	0.59			0.86	91.3	0.51	
1968	13.1	2.31	12	0.67			0.88	117.6	0.20	
1969	15.2	2.62	15	0.66			1.02	257.0	0.10	
1970	19.3	2.96	16	0.52			1.37	323.1	1.05	…
1971	20.0	3.03	18	0.61			1.54	240.3	1.78	0.02
1972	24.1	3.40	20	0.76			1.58	273.9	3.23	0.01
1973	28.4	3.45	23	1.00			1.74	502.8	7.58	0.07
1974	32.2	3.53	23	1.34			2.37	723.0	10.18	0.24
1975	35.1	3.66	27	1.80			3.17	935.6	17.78	0.29
1976	35.3	3.67	30	2.12			4.07	969.1	18.45	0.28
1977	44.2	3.92	35	2.46			4.99	1 049.4	28.46	0.25
1978	48.8	4.65	40	2.80	0.04	137.8	4.73	1 167.7	51.73	0.38
1979	50.1	5.36	52	3.18	1.81	233.1	16.49	1 380.7	132.85	0.95
1980	57.2	6.32	69	4.90	24.53	723.7	74.34	3 003.8	249.20	3.21
1981	68.4	7.91	91	5.56	128.08	1 049.9	154.59	4 057.2	539.41	15.21
1982	78.5	9.97	117	9.99	253.26	918.6	347.09	1 723.9	592.01	28.81
1983	84.5	11.22	163	18.85	365.86	1 045.7	497.66	1 998.9	684.01	53.11
1984	109.0	13.02	224	54.74	578.06	1 770.7	776.42	2 220.3	1 003.81	133.95
1985	142.5	16.37	310	144.81	887.2	3 174.6	1 393.1	1 600.3	1 667.66	435.28
1986	164.1	22.58	413	225.02	893.4	3 528.7	1 756.8	1 589.5	1 459.40	414.60
1987	161.5	27.22	540	401.34	990.2	3 660.7	1 978.0	1 763.8	1 934.37	672.72
1988	220.9	29.53	656	757.63	1 046.8	4 495.5	2 540.4	1 548.9	2 505.07	1 037.66

主要工业产品产量(四)

年 份	单相空调器(万台)	吸尘器(台)	电熨斗(万只)	电饭锅(万个)	塑料制品(万吨)	日用搪瓷制品(万吨)	日用陶瓷器(亿件)	皮鞋(万双)	服装(亿件)	地毯(万平方米)
1949										
1950					0.1					
1951					0.1					18.0
1952					0.2	0.9		1 200		15.2
1953					0.4	1.3		1 423		10.6
1954					0.7	1.6	9.9	1 518		17.3
1955					0.8	2.5	13.8	1 473		15.0
1956					0.9	2.8	15.9	1 916		22.5
1957					1.4	1.8	20.2	2 529		26.0
1958					2.4	3.1	13.5	2 908		37.3
1959					4.4	3.9	16.0	4 176		62.4
1960					5.8	3.6	18.6	4 740		52.9
1961					4.2	2.9	18.0	3 206	1.99	76.3
1962					4.8	4.1	18.8	2 500	2.35	54.4
1963					6.1	4.9	19.2	2 635	2.56	42.3
1964					9.2	5.0	20.3	2 114	3.07	35.9
1965					13.0	5.0	19.7	1 808	3.85	34.7
1966					17.6	4.8	18.3	1 970	4.41	38.2
1967					17.8	3.5	15.0	2 023	4.08	36.0
1968					17.1	3.2	13.5	2 204	3.25	35.0
1969					24.6	5.5	16.0	2 883	3.54	43.0
1970					32.8	6.9	19.3	4 729	3.66	40.0
1971					32.5	6.3	22.2	4 710	4.14	41.3
1972					39.3	6.7	23.9	4 647	4.86	51.3
1973					50.7	7.5	25.7	5 468	5.47	76.0
1974					52.1	7.8	25.6	5 794	5.68	97.2
1975					60.7	9.5	29.2	6 646	6.73	128.8
1976					64.2	9.8	29.8	7 382	7.18	139.5
1977					76.8	11.5	33.3	9 119	7.17	164.5
1978	0.02	4 136	91.11	3.64	92.3	12.9	34.7	10 053	6.73	179.9
1979	0.86	5 656	243.98	7.29	94.9	14.4	32.1	11 608	7.44	195.1
1980	1.32	14 816	501.32	20.36	114.4	15.1	34.8	15 745	9.45	229.0
1981	1.40	17 264	407.11	42.16	138.4	14.0	36.0	20 239	10.08	276.3
1982	2.44	22 342	460.60	135.76	166.1	13.4	38.6	18 661	9.85	322.6
1983	3.45	44 281	706.31	243.06	191.2	14.1	37.8	18 361	10.04	335.8
1984	6.12	91 004	1 039.29	278.83	215.3	14.7	36.2	19 676	11.06	375.1
1985	12.35	88 245	1 191.00	511.85	248.0	15.5	36.4	23 162	12.67	578.8
1986	9.65	84 012	1 143.90	711.41	274.5	16.5	43.0	26 440	27.00	576.5
1987	13.22	353 391	1 223.97	1 078.74	297.8	17.3	47.3	30 910	23.00	1 327.5
1988	25.91	1 829 276	2 186.60	604.97	334.6	17.1	53.2	34 720	29.11	1 807.2

主要工业产品产量（五）

年份	漆器工艺品（万元）	照相机（万架）	原煤（亿吨）	原油（万吨）	天然气（亿立方米）	发电量（亿千瓦小时）	#水电	生铁（万吨）	钢（万吨）	成品钢材（万吨）
1949			0.32	12	0.07	43	7	25	15.8	13
1950			0.43	20	0.07	46	8	98	61	37
1951			0.53	31	0.03	57	9	145	90	67
1952			0.66	44	0.08	73	13	193	135	106
1953			0.70	62	0.11	92	15	223	177	147
1954			0.84	79	0.15	110	22	311	223	172
1955			0.98	97	0.17	123	24	387	285	216
1956			1.10	116	0.26	166	35	483	447	314
1957		0.01	1.31	146	0.7	193	48	594	535	415
1958		2.10	2.70	226	1.1	275	41	1 369	800	591
1959		10.17	3.69	373	2.9	423	44	2 191	1 387	897
1960		17.31	3.97	520	10.4	594	74	2 716	1 866	1 111
1961	157	7.28	2.78	531	14.7	480	74	1 281	870	613
1962	480	2.05	2.20	575	12.1	458	90	805	667	455
1963	547	1.22	2.17	648	10.2	490	87	741	762	533
1964	527	1.08	2.15	848	10.6	560	106	902	964	688
1965	672	1.72	2.32	1 131	11.0	676	104	1 077	1 223	881
1966	918	2.79	2.52	1 455	13.4	825	126	1 334	1 532	1 035
1967	382	4.40	2.06	1 388	14.6	774	131	963	1 029	718
1968	494	4.45	2.20	1 599	14.0	716	115	857	904	666
1969	589	4.98	2.66	2 174	19.6	940	160	1 280	1 333	926
1970	644	4.04	3.54	3 065	28.7	1 159	205	1 706	1 779	1 188
1971	674	4.48	3.92	3 941	37.4	1 384	251	2 100	2 132	1 389
1972	1 204	5.80	4.10	4 567	48.4	1 524	288	2 355	2 338	1 561
1973	1 647	7.69	4.17	5 361	59.8	1 668	389	2 490	2 522	1 684
1974	1 844	11.10	4.13	6 485	75.3	1 688	414	2 062	2 112	1 466
1975	2 242	18.49	4.82	7 706	88.5	1 958	476	2 449	2 390	1 622
1976	2 074	22.50	4.83	8 716	101.0	2 031	456	2 233	2 046	1 466
1977	2 524	24.66	5.50	9 364	121.2	2 234	476	2 505	2 374	1 633
1978	2 935	17.89	6.18	10 405	137.3	2 566	446	3 479	3 178	2 208
1979	3 718	23.81	6.35	10 615	145.1	2 820	501	3 673	3 448	2 497
1980	4 728	37.28	6.20	10 595	142.7	3 006	582	3 802	3 712	2 716
1981	4 995	62.30	6.22	10 122	127.4	3 093	655	3 417	3 560	2 670
1982	4 475	74.23	6.66	10 212	119.3	3 277	744	3 551	3 716	2 902
1983	4 253	92.56	7.15	10 607	122.1	3 514	864	3 738	4 002	3 072
1984	4 142	126.18	7.89	11 461	124.3	3 770	868	4 001	4 347	3 372
1985	5 177	178.97	8.72	12 490	129.3	4 107	924	4 384	4 679	3 693
1986	6 056	202.54	8.94	13 069	137.6	4 495	945	5 064	5 220	4 058
1987	9 026	256.70	9.23	13 414	138.9	4 973	1 000	5 503	5 628	4 386
1988	11 367	312.23	9.80	13 705	142.6	5 452	1 092	5 704	5 943	4 689

主要工业产品产量(六)

年份	铁合金（万吨）	铁矿石（万吨）	焦炭（万吨）	水泥（万吨）	平板玻璃（万重量箱）	木材（万立方米）	硫酸（万吨）	纯碱（万吨）	烧碱（万吨）	合成氨（万吨）
1949	0.1	59	54	66	91	567	4.0	8.8	1.5	0.5
1950	1.4	235	150	141	129	664	6.9	16.0	2.3	1.1
1951	1.8	270	203	249	173	764	14.9	18.5	4.8	2.5
1952	1.7	429	289	286	198	1 233	19.0	19.2	7.9	3.8
1953	2.9	582	355	388	233	1 754	26.0	22.3	8.8	5.3
1954	3.8	723	450	460	292	2 221	34.4	30.9	11.5	7.4
1955	4.8	960	548	450	313	2 093	37.5	40.5	13.7	8.7
1956	7.4	1 548	637	639	284	2 105	51.7	47.6	15.6	12.8
1957	10.5	1 937	830	686	430	2 787	63.2	50.6	19.8	15.3
1958	18.8	7 500	2 174	930	484	3 579	74.4	64.7	27.4	24.3
1959	54.3	9 659	4 504	1 227	532	4 518	106.1	80.8	37.2	33.4
1960	80.5	11 279	5 647	1 565	567	4 129	133.0	81.5	40.7	44.0
1961	46.8	5 159	2 809	621	293	2 194	90.4	48.6	27.7	30.4
1962	19.7	2 578	1 342	600	367	2 375	96.8	51.9	29.0	48.3
1963	22.5	2 422	1 106	806	497	3 250	130.6	66.4	33.8	64.4
1964	26.2	2 674	1 113	1 209	539	3 800	170.4	69.5	41.1	93.1
1965	33.9	3 149	1 333	1 634	599	3 978	234.0	88.2	55.6	148.4
1966	48.7	3 929	1 634	2 015	719	4 192	290.9	106.6	69.3	212.4
1967	42.5	2 962	1 102	1 462	578	3 250	198.3	91.5	57.8	152.1
1968	28.8	2 679	1 098	1 262	573	2 791	141.5	70.1	49.6	103.4
1969	46.6	4 333	1 676	1 829	807	3 283	234.3	89.4	70.4	160.3
1970	59.5	6 422	2 330	2 575	928	3 782	291.4	107.7	89.2	244.5
1971	67.0	8 146	3 023	3 158	1 051	4 067	357.9	115.5	105.5	310.0
1972	75.7	8 460	3 437	3 547	1 048	4 253	400.5	119.7	111.5	395.6
1973	85.0	9 164	3 451	3 731	1 042	4 467	468.1	120.4	121.0	474.4
1974	69.1	8 681	3 104	3 709	1 024	4 607	442.7	110.6	112.6	452.5
1975	76.9	9 693	3 680	4 626	1 262	4 703	484.7	124.3	128.9	607.7
1976	65.9	8 970	3 570	4 670	1 261	4 573	450.8	111.7	121.5	618.5
1977	73.2	9 384	3 929	5 565	1 481	4 967	537.5	107.7	138.6	870.4
1978	93.9	11 779	4 690	6 524	1 784	5 162	661.0	132.9	164.0	1 183.5
1979	117.3	11 876	4 583	7 390	2 083	5 439	699.8	148.6	182.6	1 348.2
1980	99.4	11 259	4 343	7 986	2 466	5 359	764.3	161.3	192.3	1 497.4
1981	79.9	10 459	3 895	8 290	2 701	4 942	780.7	165.2	192.3	1 483.3
1982	88.9	10 732	4 019	9 520	3 154	5 041	817.5	173.5	207.3	1 546.3
1983	108.8	11 339	4 220	10 825	3 647	5 232	869.6	179.3	212.3	1 677.1
1984	127.5	12 670	4 557	12 302	4 190	6 385	817.2	188.0	222.2	1 837.4
1985	149.4	13 819	4 802	14 595	4 942	6 323	676.4	201.1	235.3	1 718.8
1986	159.7	14 751	5 276	16 606	5 202	6 502	763.1	214.6	251.8	1 672.9
1987	184.6	16 143	5 795	18 625	5 803	6 408	983.8	236.3	273.9	1 940.6
1988	208.4	16 854	6 108	21 014	7 293	6 218	1 111.3	260.9	300.5	1 986.3

注：1984年以后木材产量包括乡村集体生产建设用材和社员经批准在集体林中砍伐的建房等用材，故数字与以前各年不可比。

主要工业产品产量（七）

年份	农用化肥（万吨）	#氮肥	磷肥	化学农药（万吨）	乙烯（万吨）	电石（万吨）	塑料（万吨）	合成橡胶（万吨）	轮胎外胎（万条）	油漆（万吨）
1949	0.6	0.6				0.3			3	0.50
1950	1.5	1.5		0.1		0.8	0.1		7	1.40
1951	2.8	2.8		0.1		2.4	0.1		23	1.50
1952	3.9	3.9		0.2		1.1	0.2		42	2.70
1953	5.0	5.0		0.5		1.7	0.4		49	3.60
1954	6.7	6.7		1.0		2.7	0.7		70	4.47
1955	7.9	7.8	0.1	2.6		2.9	0.8		59	4.75
1956	11.1	9.7	1.4	5.5		3.1	0.9		78	6.55
1957	15.1	12.9	2.2	6.5		4.9	1.3		88	6.34
1958	19.4	15.1	4.2	8.6		7.4	1.8	…	174	11.23
1959	26.6	16.4	9.0	13.7		13.5	3.8	0.02	181	15.26
1960	40.5	19.6	19.3	16.2	0.07	24.3	5.4	0.36	198	15.79
1961	29.7	17.3	12.2	9.2	0.01	19.5	3.5	0.04	122	4.51
1962	46.4	33.8	12.6	8.8	0.08	19.4	4.0	0.13	128	4.16
1963	64.8	45.8	18.9	10.8	0.18	25.4	4.8	0.69	167	7.16
1964	100.8	67.5	33.2	12.9	0.20	32.6	6.4	0.94	202	11.46
1965	172.6	103.7	68.8	19.3	0.30	44.0	9.7	1.59	232	16.12
1966	240.9	146.1	94.6	26.2	0.54	56.1	13.9	3.06	262	20.23
1967	164.1	101.5	62.2	22.4	0.36	42.3	11.0	1.90	238	17.13
1968	110.9	68.4	42.2	17.1	0.37	36.0	10.6	1.47	247	13.96
1969	174.9	102.3	72.3	26.2	0.51	55.9	15.1	1.85	310	18.28
1970	243.5	152.3	90.7	32.1	1.51	69.6	17.6	2.54	425	18.38
1971	299.4	190.4	107.8	38.7	3.19	78.0	21.6	3.54	474	19.15
1972	370.1	244.4	124.9	40.2	4.44	81.3	24.8	3.57	525	21.02
1973	459.2	299.6	158.9	45.6	5.10	89.6	29.5	4.09	578	23.52
1974	422.2	282.7	139.0	37.1	6.10	91.3	30.4	4.73	553	24.10
1975	524.7	370.9	153.1	42.2	6.47	98.3	33.0	5.67	700	26.97
1976	524.4	381.5	141.8	39.1	13.35	96.3	34.5	5.99	676	26.14
1977	723.8	550.9	170.8	45.7	30.27	98.9	52.4	7.76	772	28.48
1978	869.3	763.9	103.3	53.3	38.03	123.8	67.9	10.19	936	34.36
1979	1 065.4	882.1	181.7	53.7	43.49	140.7	79.3	12.06	1 169	42.64
1980	1 232.1	999.3	230.8	53.7	48.99	152.0	89.8	12.30	1 146	48.01
1981	1 239.0	985.7	250.8	48.4	50.48	151.3	91.6	12.49	729	47.76
1982	1 278.1	1 021.9	253.7	45.7	56.49	167.5	100.3	13.60	864	52.97
1983	1 378.9	1 109.4	266.6	33.1	65.37	180.8	112.1	16.89	1 271	61.17
1984	1 460.2	1 221.0	236.0	29.9	64.80	184.6	118.0	17.41	1 569	72.57
1985	1 322.2	1 143.8	176.0	21.1	65.21	195.3	123.4	18.11	1 926	78.18
1986	1 395.7	1 159.2	234.0	20.3	69.52	215.0	132.1	18.84	1 924	75.52
1987	1 672.2	1 342.3	325.9	16.1	93.72	241.2	152.6	21.87	2 333	82.85
1988	1 740.2	1 365.6	369.2	17.9	123.21	225.6	190.4	25.76	2 991	87.11

主要工业产品产量（八）

年份	染料（万吨）	化学药品（万吨）	纺织机械（万吨）	轻工机械（万吨）	矿山设备（万吨）	冶金设备（万吨）	石油设备（万吨）	化工设备（万吨）	发电设备（万千瓦）	交流电动机（万千瓦）
1949	0.52			0.02	0.07			0.02		
1950	1.24			0.02	0.24	0.02		0.04		20
1951	1.31			0.03	0.21	0.02		0.01	0.2	23
1952	1.64	0.01	1.99	0.03	0.18	0.02		0.10	0.6	64
1953	2.19	0.02	2.32	0.09	0.82	0.03		0.26	2.2	92
1954	3.34	0.03	3.71	0.04	0.87	0.37	0.03	0.79	0.8	96
1955	2.50	0.09	2.75	0.35	1.12	0.44	0.07	0.21	6.2	61
1956	2.34	0.15	5.14	1.03	3.09	1.60	0.31	0.36	20.1	107
1957	3.42	0.22	4.33	1.60	5.29	1.38	0.59	0.72	19.8	146
1958	3.72	0.33	6.29	3.00	9.56	15.10	0.84	3.11	110.0	605
1959	3.95	0.65	8.19	3.60	22.98	28.38	1.70	5.68	242.3	1 250
1960	4.18	0.75	11.81	3.05	25.19	23.23	2.08	9.15	338.8	1 401
1961	1.94	0.47	3.98	1.30	9.03	4.61	0.71	2.75	67.9	656
1962	2.94	0.71	2.23	0.35	3.45	2.22	0.51	1.55	15.2	343
1963	4.27	0.77	2.47	0.34	2.20	1.22	0.86	2.15	40.4	313
1964	5.45	0.85	4.78	0.89	2.82	0.88	1.80	2.69	44.0	308
1965	6.76	1.05	8.63	1.86	4.00	1.74	1.29	3.42	68.3	405
1966	7.83	1.45	10.68	3.20	5.19	3.49	2.14	4.75	132.3	615
1967	5.39	1.30	5.72	2.75	3.77	1.71	1.23	1.81	61.9	496
1968	4.51	1.18	6.28	2.56	2.93	1.33	1.50	2.30	137.5	460
1969	7.26	1.67	8.70	3.68	6.16	2.40	1.74	4.10	203.1	810
1970	8.79	2.15	11.47	4.69	9.63	7.25	3.23	5.90	291.8	1 456
1971	9.48	2.56	12.01	5.51	17.23	11.12	4.60	6.03	353.3	1 831
1972	9.73	2.75	11.13	6.03	19.53	10.47	5.16	7.20	432.5	2 195
1973	9.33	2.90	11.27	7.34	20.15	9.65	5.82	6.57	501.8	2 717
1974	6.89	2.51	11.18	7.70	18.99	7.78	5.96	6.51	461.6	2 626
1975	7.32	3.05	11.92	8.27	19.61	8.21	6.32	7.59	496.5	2 799
1976	5.89	3.12	10.53	7.11	16.15	6.15	6.87	6.05	400.2	2 609
1977	6.75	3.52	12.08	7.85	18.45	4.85	7.26	6.52	318.1	2 696
1978	8.29	4.07	19.25	9.12	24.29	6.82	8.29	6.75	483.8	3 195
1979	7.17	4.17	18.72	10.67	26.37	7.29	9.30	6.64	621.2	3 563
1980	6.50	4.01	24.04	13.20	16.25	4.10	5.71	6.98	419.3	2 570
1981	7.66	3.73	27.34	14.08	11.49	3.51	9.77	5.46	139.5	2 126
1982	8.56	4.22	31.64	15.47	15.82	3.82	9.32	6.32	164.5	2 420
1983	7.49	4.80	32.70	16.44	20.16	3.88	10.07	6.96	274.0	2 868
1984	7.48	5.35	28.65	20.32	25.81	4.97	12.23	9.30	467.4	3 051
1985	9.15	15.77	34.24	20.40	31.43	5.12	16.69	11.39	563.6	3 484
1986	10.74	15.14	38.12	21.90	30.06	4.82	18.11	11.54	722.4	3 967
1987	11.59	18.05	46.56	24.70	29.72	8.79	20.72	13.30	941.1	4 172
1988	12.96	20.72	68.60	33.30	37.09	11.93	20.77	18.11	1 109.3	4 511

注：冶金设备1985年以后为冶炼设备与金属轧制设备之和。
化学药品1970年以前为七大类药品，1975—1984年为十二大类药品，1985年以后为二十四大类药品。

主要工业产品产量(九)

年份	锻压设备(万台)	滚动轴承(万套)	金属切削机床(万台)	汽车(万辆)	拖拉机(14.7千瓦及以上)(万台)	小型拖拉机(万台)	内燃机(商品量)(万千瓦)	铁路机车(台)	铁路客车(辆)	铁路货车(万辆)
1949	0.03	14	016				0.74		23	0.14
1950	0.06	41	0.33				0.74		2	0.07
1951	0.08	37	0.59				2.21			0.29
1952	0.11	118	1.37				2.94	20	6	0.58
1953	0.25	218	2.05				10.30	10	209	0.45
1954	0.25	358	1.59				12.51	52	443	0.54
1955	0.25	405	1.37	0.01			18.40	98	541	0.93
1956	0.24	770	2.59	0.17			48.58	184	311	0.71
1957	0.29	1 060	2.80	0.79			50.78	167	454	0.73
1958	0.88	2 975	8.00	1.60	0.10		204.61	342	970	1.10
1959	1.34	4 075	11.55	1.96	0.29	0.21	325.31	532	422	2.01
1960	2.46	4 771	15.35	2.26	1.16	0.12	386.40	804	818	2.61
1961	1.17	2 103	5.67	0.36	0.69	0.05	124.38	143	256	0.49
1962	0.39	1 671	2.25	0.97	0.71	0.01	92.74	1	70	0.16
1963	0.42	1 908	2.22	2.06	0.87	0.02	94.94	20	341	0.14
1964	0.61	2 053	2.81	2.81	0.98	0.09	131.01	59	321	0.24
1965	0.75	3 080	3.96	4.05	0.96	0.36	205.34	146	160	0.29
1966	0.85	4 786	5.49	5.59	1.18	1.16	283.36	353	114	0.50
1967	0.59	3 758	4.07	2.04	0.85	0.97	198.72	269	87	0.56
1968	0.65	3 321	4.64	2.51	0.89	1.11	204.61	280	117	0.64
1969	0.89	6 130	8.56	5.31	1.34	1.94	299.55	397	284	0.99
1970	2.17	10 773	13.89	8.72	3.19	5.14	539.49	573	576	1.38
1971	2.98	13 447	14.57	11.10	4.45	8.09	796.35	598	674	1.44
1972	3.34	14 902	16.22	10.82	4.93	8.95	978.14	595	672	1.35
1973	4.35	15 482	18.33	11.62	5.79	11.93	1 218.08	665	829	1.87
1974	3.92	14 596	16.45	10.48	6.27	13.80	1 340.99	573	635	1.65
1975	4.47	16 273	17.49	13.98	7.84	20.94	1 728.13	526	804	1.57
1976	3.74	13 983	15.70	13.52	7.37	24.00	1 715.62	327	556	0.80
1977	4.91	16 478	19.87	12.54	9.93	32.05	2 017.38	293	538	0.64
1978	3.75	17 932	18.32	14.91	11.35	32.42	2 074.05	521	784	1.70
1979	3.60	21 518	13.96	18.57	12.56	31.75	2 140.29	573	856	1.60
1980	4.84	22 755	13.36	22.23	9.77	21.79	1 868.70	512	1 002	1.06
1981	5.16	21 817	10.26	17.56	5.28	19.89	1 474.94	398	1 159	0.88
1982	4.62	25 624	9.98	19.63	4.03	29.83	1 689.86	486	1 153	1.06
1983	4.38	27 790	12.10	23.98	3.70	49.77	2 133.66	589	1 230	1.58
1984	4.81	29 265	13.35	31.64	3.97	68.86	2 996.99	658	1 200	1.81
1985	6.69	32 687	16.72	43.72	4.50	82.25	4 082.59	746	1 447	1.93
1986	6.50	36 219	16.37	36.98	2.86	77.45	3 625.54	818	1 522	2.06
1987	7.56	41 136	17.22	47.18	3.71	110.60	4 335.84	909	1 791	2.16
1988	9.10	48 350	19.17	64.47	4.72	133.57	5 832.08	844	1 980	2.33

主要工业产品产量与解放前最高年产量比较

产品名称	计算单位	解放前最高年产量		指数（以解放前最高年产量为100）		
		年份	产量	1949年	1952年	1988年
纱	万吨	1933	44.5	73.5	147.4	1 046.5
布	亿米	1936	27.9	67.7	137.3	673.5
火柴	万件	1937	860	78.1	105.9	345.3
原盐	万吨	1943	392	76.3	126.3	577.6
糖	万吨	1936	41	48.8	109.8	1 124.4
卷烟	万箱	1947	236	67.8	112.3	1 311.9
原煤	亿吨	1942	0.62	51.6	106.5	1 580.6
原油	万吨	1943	32	37.5	137.5	42 826.9
发电量	亿千瓦小时	1941	60	71.7	121.7	9 086.7
钢	万吨	1943	92.3	17.1	146.3	6 438.8
生铁	万吨	1943	180	13.9	107.2	3 168.9
水泥	万吨	1942	229	28.8	124.9	9 176.4
平板玻璃	万重量箱	1941	129	70.5	153.5	5 653.5
硫酸	万吨	1942	18.0	22.2	105.6	6 173.9
纯碱	万吨	1940	10.3	85.4	186.4	2 532.5
烧碱	万吨	1941	1.2	125.0	658.3	25 038.3
金属切削机床	万台	1941	0.54	29.6	253.7	3 550.0

我国工业主要产品产量居世界位次的变化

	1949年	1957年	1965年	1978年	1980年	1985年	1986年	1987年	1988年
钢	26	9	8	5	5	4	4	4	4
煤	9	5	5	3	3	2	2	1	1
原油	27①	23	12	8	6	6	4	5	5
发电量	25	13	9	7	6	5	5	4	4
水泥		8	8	4	3	1	1	1	1
硫酸		14	3	3	3	3	3	3	3
化肥		33	8	3	3	3	3	3	3
化学纤维		26②		7	5	5	4	4	4
布		3	3	1	1	1	1	1	1
糖			8	8	10	6	6	6	5
电视机				8	5	3	3	1	2

注：① 1950年数字。 ② 1960年数字

工　业　新　产　品

（重点工业企业，1985年）

	企业单位数（个）	新产品品种数（种）	工业总产值（现价：万元）	新产品价值（万元）	新产品价值占工业总产值比重（%）
总　　计	3 556	7 329	17 770 150	2 212 596	12.45
煤炭工业	44	68	387 106	22 669	5.86
电力工业	46	151	60 276	14 109	23.41
黑色金属工业	44	209	3 314 939	80 110	2.42
有色金属工业	35	96	412 411	19 585	4.75
石油化学工业	38	164	2 585 628	80 958	3.13
化学工业	377	509	1 648 182	177 862	10.79
建筑材料工业	105	74	233 863	42 191	18.04
森林工业	11	15	12 513	592	4.73
机械工业	746	3 053	3 227 757	616 766	19.11
其中：铁路运输设备制造工业	44	39	273 224	80 077	29.31
地质专用设备制造工业	13	26	14 041	2 058	14.66
电子工业	389	1 752	1 150 044	390 821	33.98
其中：通讯设备制造工业	55	267	86 183	21 705	25.18
军工各部合计（民用产品）	149	415	615 515	181 203	29.44
兵器工业	18	30	145 145	31 356	21.60
船舶工业	45	136	204 110	73 416	35.97
航空工业	23	53	78 947	18 613	23.58
核工业	11	98	47 648	3 287	6.90
航天工业	52	98	139 665	54 531	39.04
轻工业	872	191	1 800 523	420 658	23.36
纺织工业	273	112(大类)	1 450 190	84 453	5.82
丝绸工业	102	36	331 646	23 294	7.02
医药工业	325	484	539 557	57 325	10.62

注：本表煤炭工业、电力工业均为机电产品。

主要工业产品质量

（重点工业企业，按价值量计算）

	企业单位数（个）	1985年第四季度主要产品产值（万元）				比重（%）		
		合计	优等品	一等品	合格品	优等品	一等品	合格品
总计	8 012	5 113 189	672 602	1 112 114	3 328 473	13.15	21.75	65.10
煤炭工业	181	260 346	41 511	89 915	128 920	15.94	34.54	49.52
电力工业	13	1 612	579	74	959	35.92	4.59	59.49
黑色金属工业	156	1 291 817	90 872	229 291	971 654	7.03	17.75	75.22
有色金属工业	68	254 081	140 519	35 761	77 801	55.31	14.07	30.62
石油化学工业	59	511 218	83 450	117 814	309 954	16.32	23.05	60.63
化学工业	1 834	433 643	79 098	228 627	125 918	18.24	52.72	29.04
建筑材料工业	2 248	263 803	25 969	58 816	179 018	9.84	22.30	67.86
森林工业	131	8 973	1 038	2 570	5 365	11.57	28.64	59.79
机械工业	1 218	387 799	25 085	144 483	218 231	6.47	37.26	56.27
其中：铁路运输设备制造工业	16	32 638		20 339	12 299		62.32	37.68
地质专用设备制造工业	16	2 129	55	1 015	1 059	2.58	47.68	49.74
电子工业	542	1 232 356	26 194	118 450	1 087 712	2.13	9.61	88.26
其中：通讯设备制造工业	56	14 061	3 386	5 321	5 354	24.08	37.84	38.08
军工各部合计（民用产品）	59	120 229	89 349	17 446	13 434	74.32	14.51	11.17
船舶工业	18	92 913	85 701	6 540	672	92.24	7.04	0.72
航空工业	5	6 762	1 885	4 763	114	27.88	70.43	1.69
核工业	5	1 761	873	198	690	49.58	11.24	39.18
航天工业	31	18 793	890	5 945	11 958	4.74	31.63	63.63
纺织工业	673	250 398	9 409	54 719	186 270	3.76	21.85	74.39
丝绸工业	291	36 477	14 472	11 859	10 146	39.67	32.51	27.82
医药工业	545	60 437	45 057	2 289	13 091	74.55	3.79	21.66

注：本表电力工业是机电产品，煤炭工业除洗选煤外，也是机电产品。

全国工业净产值

计算单位：亿元

年份	工业净产值	#轻工业	重工业	净产值占总产值比重(%)	#轻工业	重工业
1949	45			32.14		
1950	60			31.41		
1951	84			31.82		
1952	115	66	49	32.95	29.33	39.52
1953	156	88	68	34.67	31.21	40.48
1954	174	97	77	33.79	30.60	38.89
1955	179	96	83	33.52	30.38	38.07
1956	212	111	101	33.02	30.00	37.13
1957	257	127	130	36.51	32.82	41.01
1958	401	168	233	37.03	33.40	40.17
1959	527	199	328	35.54	32.31	37.83
1960	565	181	384	34.51	33.09	35.23
1961	345	137	208	32.49	30.38	34.04
1962	303	131	172	32.93	30.18	35.39
1963	337	140	197	33.94	31.46	35.95
1964	422	176	246	36.25	34.11	37.96
1965	505	251	254	36.02	34.72	37.41
1966	606	286	320	37.32	35.93	38.65
1967	505	261	244	36.54	35.61	37.60
1968	449	236	213	34.94	34.20	35.80
1969	587	287	300	35.26	34.29	36.23
1970	789	353	436	37.93	36.77	38.93
1971	891	374	517	36.91	36.07	37.55
1972	942	397	545	36.73	36.09	37.20
1973	1 020	437	583	36.51	36.06	36.85
1974	1 015	447	568	36.35	36.02	36.62
1975	1 152	500	652	35.92	35.39	36.34
1976	1 106	451	655	33.74	31.15	35.79
1977	1 263	511	752	33.91	31.20	36.03
1978	1 487	577	910	35.10	31.60	37.74
1979	1 628	632	996	34.78	30.90	37.78
1980	1 804	753	1 051	35.00	30.97	38.58
1981	1 840	853	987	34.07	30.67	37.69
1982	1 948	872	1 076	33.52	29.87	37.21
1983	2 136	921	1 215	33.06	29.38	36.53
1984	2 516	1 037	1 479	33.03	28.74	36.89
1985	3 163	1 310	1 853	32.55	28.42	36.28
1986	3 573	1 524	2 049	31.98	28.59	34.94
1987	4 262	1 840	2 422	30.85	27.64	33.84
1988	5 432	2 429	3 003	29.81	27.05	32.48

注：本表指标按当年价格计算，并包括村及村以下工业。

全国独立核算工业企业主要财务指标

计算单位：亿元

年份	固定资产原值	固定资产净值	产品销售税金	亏损企业亏损总额	利润总额	利润和税金总额
1949	124.0					
1950	130.0					
1951	141.0					
1952	149.2				28.3	
1953	176.2				41.4	
1954	220.2				47.9	
1955	250.2				52.7	
1956	286.1				60.1	
1957	339.6				79.5	
1958	443.1					
1959	584.0					
1960	736.0					
1961	816.7					
1962	872.7					
1963	908.1					
1964	971.4					
1965	1 064.1				233.0	
1966	1 148.2					
1967	1 204.6					
1968	1 258.2					
1969	1 329.6					
1970	1 507.5					
1971	1 673.2					
1972	1 900.4					
1973	2 143.2					
1974	2 325.3					
1975	2 577.5	1 828.5		56.8	428.7	
1976	2 825.0				387.1	
1977	3 114.2	2 173.1	416.5	63.0	470.9	752.3
1978	3 477.6	2 423.7	316.7	45.1	599.3	916.0
1979	3 803.8	2 629.7	339.8	40.2	654.3	994.1
1980	4 134.0	2 830.2	368.5	38.8	692.3	1 060.8
1981	4 506.7	3 063.6	398.6	53.5	682.4	1 081.0
1982	4 926.7	3 322.0	437.4	55.8	704.2	1 141.6
1983	5 399.4	3 623.7	463.9	37.6	772.1	1 236.0
1984	5 916.0	3 935.6	533.9	34.2	852.4	1 386.3
1985	6 885.9	4 664.3	719.9	40.5	944.1	1 664.0
1986	7 921.4	5 416.8	787.5	72.4	877.6	1 665.1
1987	9 158.2	6 346.8	888.4	84.7	1 005.0	1 893.4
1988	10 641.1	7 420.3	1 098.9	106.6	1 189.9	2 288.8

全民所有制独立核算工业企业主要财务指标

计算单位：亿元

年份	固定资产原值	固定资产净值	定额流动资金年平均余额	亏损企业亏损总额	利润总额	利润和税金总额	全部商品产品总成本
1952	148.8	100.8	46.0		28.2	37.3	69.7
1953	175.7	120.4	57.6		41.2	54.2	99.7
1954	219.5	151.9	59.8		47.6	64.3	118.9
1955	249.5	171.3	64.8		52.1	70.9	130.6
1956	282.5	197.7	72.5		59.5	86.8	159.6
1957	334.6	239.8	90.5		78.8	114.4	173.9
1958	435.6	330.6	139.0		160.6	218.5	397.8
1959	571.9	447.1	217.4		234.1	323.8	600.6
1960	721.8	570.8	303.7		285.2	381.6	774.7
1961	800.8	624.9	291.6		82.8	145.6	552.8
1962	855.4	657.3	235.3		76.3	135.0	485.3
1963	889.6	670.7	231.4		121.0	185.0	455.24
1964	951.7	709.7	238.6		166.1	243.8	525.50
1965	1 040.0	777.2	260.1		217.0	309.2	634.30
1966	1 120.0	828.9	290.5		271.0	386.4	747.61
1967	1 176.0	854.1	359.7		165.0	263.8	650.46
1968	1 229.0	884.4	407.2		129.0	223.6	626.68
1969	1 294.0	919.1	443.3		219.0	345.0	857.06
1970	1 462.0	1 033.3	511.8		311.0	472.1	1 005.40
1971	1 610.0	1 156.9	582.5		336.1	522.4	1 181.25
1972	1 806.9	1 301.1	673.5	32.25	355.1	546.2	1 251.24
1973	2 033.6	1 459.0	741.1	39.93	369.2	566.8	1 367.03
1974	2 196.1	1 561.2	801.9	61.77	316.3	512.7	1 376.03
1975	2 428.3	1 716.3	852.7	55.07	363.4	582.7	1 724.03
1976	2 621.8	1 846.4	928.0	76.87	317.1	535.5	1 717.77
1977	2 882.2	2 011.3	973.9	60.70	384.5	633.9	1 944.07
1978	3 193.4	2 225.7	1 047.3	42.06	508.8	790.7	2 208.39
1979	3 466.7	2 378.6	1 109.0	36.38	562.8	864.4	2 479.96
1980	3 730.1	2 528.0	1 135.7	34.30	585.4	907.1	2 681.11
1981	4 032.3	2 709.3	1 163.7	45.96	579.7	923.3	2 771.02
1982	4 375.0	2 914.0	1 231.9	47.57	597.7	972.2	3 020.61
1983	4 767.8	3 161.0	1 291.5	32.11	640.9	1 032.8	3 301.54
1984	5 170.0	3 395.5	1 359.6	26.61	706.2	1 152.8	3 717.48
1985	5 956.2	3 980.8	1 623.3	32.44	738.2	1 334.1	4 585.06
1986	6 744.8	4 543.8	1 951.8	54.49	689.9	1 341.4	5 242.43
1987	7 677.9	5 242.4	2 215.0	61.04	787.0	1 514.1	6 246.95
1988	8 795.2	6 040.4	2 563.0	81.92	891.9	1 774.9	7 893.28

注：1. 本表1952—1957年资料中包括公私合营和私营工业。

2. 1958—1960年的利润和税金总额数字不实，有些偏高。

全民所有制独立核算工业企业主要财务分析指标

年　份	每百元固定资产原值实现的产值（元）	每百元固定资产原值实现的利税（元）	资金利润率（%）	资金利税率（%）	产值利税率（%）	每百元工业总产值占用流动资金（元）	可比产品成本降低率（%）
1952	134.1	25.1	19.2	25.4	18.7	23.1	2.3
1953	147.4	30.8	23.1	30.4	20.9	22.2	3.1
1954	136.3	29.3	22.5	30.4	21.5	20.0	6.2
1955	131.1	28.4	22.1	30.0	21.7	19.8	7.0
1956	151.4	30.7	22.0	32.1	20.3	17.0	8.8
1957	139.3	34.2	23.9	34.6	24.5	19.4	3.8
1958	179.3	50.2	34.2	46.5	28.0	17.8	8.3
1959	187.7	56.6	35.2	48.7	30.2	20.3	6.6
1960	171.9	52.9	32.6	43.6	30.7	24.5	2.8
1961	91.9	18.2	9.0	15.9	19.8	39.6	−13.9
1962	71.1	15.8	8.5	15.1	22.2	38.7	4.2
1963	75.1	20.8	13.4	20.5	27.7	34.6	9.5
1964	84.3	25.6	17.5	25.7	30.4	29.7	8.6
1965	98.1	29.7	20.9	29.8	30.3	25.5	8.8
1966	110.4	34.5	24.2	34.5	31.3	23.5	8.9
1967	88.7	22.4	13.6	21.7	25.3	34.5	−2.6
1968	81.0	18.2	10.0	17.3	22.5	40.9	−2.5
1969	104.1	26.7	16.1	25.3	25.6	32.9	6.3
1970	117.1	32.3	20.1	30.6	27.6	29.9	9.3
1971	123.2	32.4	19.3	30.0	26.3	29.4	3.5
1972	115.4	30.2	18.0	27.7	26.2	32.3	1.7
1973	110.3	27.9	16.8	25.8	25.3	33.0	0.9
1974	100.8	23.3	13.4	21.7	23.2	36.2	−2.6
1975	105.2	24.0	14.1	22.7	22.8	33.4	3.9
1976	95.9	20.4	11.4	19.3	21.3	36.9	−2.3
1977	98.8	22.0	12.9	21.2	22.3	34.2	4.6
1978	102.6	24.8	15.5	24.2	24.1	32.0	4.6
1979	103.1	24.9	16.1	24.8	24.2	31.0	0.3
1980	101.2	24.3	16.0	24.8	24.0	30.1	−1.1
1981	95.7(96.1)	22.9	15.0	23.8	23.9	30.2(30.0)	−1.2
1982	94.8	22.2	14.4	23.4	23.4	29.7	−0.4
1983	95.1	21.7	14.4	23.2	22.8	28.5	0.2
1984	96.1	22.3	14.9	24.2	23.2	27.4	−2.0
1985	95.0	22.4	13.2	23.8	23.6	28.7	−7.7
1986	89.0	19.9	10.6	20.7	22.3	32.5	−7.3
1987	87.1	19.7	10.6	20.3	22.6	33.1	−7.0
1988	85.1	20.2	10.4	20.6	23.7	34.3	−15.6

注：1980年括号数及以后各年按1980年不变价格工业总产值计算，其他各年均按1970 年不变价格工业总产值计算。

全国独立核算工业企业全员劳动生产率

计算单位：元/人·年

年份	全部工业	全民所有制工业	集体所有制工业	其他经济类型工业
1952	2 081	4 200		
1953	2 580	4 540		
1954	2 735	5 104		
1955	2 860	5 608		
1956	3 829	6 672		
1957	4 270	6 376		
1958	3 155	5 834		
1959	3 423	5 397		
1960	4 740	5 880		
1961	3 300	4 188		
1962	3 644	4 830		
1963	4 655	6 121		
1964	5 584	7 350		
1965	6 666	8 995		
1966	7 468	10 171		
1967	6 109	8 222		
1968	5 638	7 633		
1969	7 006	9 035		
1970	7 888	10 167		
1971	7 761	10 080		
1972	7 429	9 537		
1973	7 603	9 853		
1974	7 220	9 347		
1975	7 722	10 035		
1976	7 132	9 172		
1977	7 701	9 914		
1978	8 458	11 131	5 733	
1979	8 706	11 838	5 868	
1980	8 952	12 081	6 549	
1981	8 946	11 863	6 697	
1982	9 364	12 133	6 969	
1983	10 151	13 049	7 611	
1984	11 190	14 070	9 227	
1985	12 372	15 080	8 206	22 752
1986	12 609	15 451	8 600	22 009
1987	13 961	16 671	9 979	26 203
1988	15 835	18 056	12 195	32 893

注：全员劳动生产率是按指数换算成1980年价格计算的。

集体所有制工业全员劳动生产率1984年以前为城镇集体所有制工业的数字，1985年以后为乡以上工业的数字。

三、中国工业经济的行业结构

主要工业行业的工业企业单位数（一）

计算单位：个

年份	总计	冶金工业	电力工业	煤炭及炼焦工业	石油工业	化学工业	机械工业	建筑材料工业
1957	169 478	2 200	1 506	1 808	45	4 423	35 589	5 994
1962	197 362	1 693	3 228	3 702	219	5 612	57 143	8 231
1965	157 654	1 049	3 683	2 122	80	3 689	42 193	8 467
1970	195 151	2 488	4 759	6 265	80	7 039	45 101	11 516
1975	262 885	3 497	5 652	7 274	170	15 202	82 096	23 122
1978	348 447	4 934	8 262	9 827	250	22 393	103 753	44 118
1980	377 255	4 968	9 780	8 732	360	23 608	107 284	48 911
1981	381 543	4 602	10 295	8 460	348	23 844	104 112	48 547
1982	388 621	4 631	10 923	8 568	324	24 338	102 286	50 298
1983	392 545	4 793	11 118	8 824	324	25 217	101 649	51 904
1984	437 207	5 747	12 241	10 479	365	28 711	107 570	59 105
1985	463 210	7 205	13 173	10 767	487	33 797	110 950	63 249
1986	499 284	8 621	13 946	11 531	609	36 162	116 270	70 142
1987	493 573	8 920	13 896	11 126	774	38 806	119 068	69 920
1988	499 996	9 548	13 601	10 931	852	42 267	120 993	69 890

主要工业行业的工业企业单位数（二）

计算单位：个

年份	森林工业	食品工业	纺织工业	缝纫工业	皮革工业	造纸工业	文教艺术用品工业	其他工业
1957	25 829	28 651	13 945	22 382	4 121	1 884	6 894	12 304
1962	26 317	23 998	9 962	23 252	3 106	3 196	6 772	20 931
1965	13 790	23 109	8 471	18 845	2 663	1 853	6 588	21 106
1970	6 204	21 949	9 583			2 104		
1975	9 287	31 529	9 964	16 912	2 954	2 189	7 349	45 688
1978	12 128	40 953	12 145	19 829	3 500	3 648	9 905	52 802
1980	16 795	51 774	15 314	22 061	5 174	4 350	13 720	44 423
1981	17 477	55 627	17 068	23 089	6 306	4 690	15 325	41 753
1982	18 265	60 107	18 116	23 026	6 491	4 680	16 603	39 965
1983	18 251	62 547	18 404	22 159	6 390	4 504	16 988	39 473
1984	21 344	74 010	19 681	23 503	6 895	4 439	18 699	44 418
1985	24 658	79 750	21 961	23 545	7 735	4 551	24 311	3 706
1986	26 608	85 533	23 714	23 551	8 505	4 819	26 596	42 677
1987	25 223	81 187	25 972	21 614	8 883	5 126	29 365	33 693
1988	24 826	79 111	27 278	20 893	9 001	5 432	30 643	34 730

注：本表为乡以上工业企业的数字。（下同）

主要工业行业

年份	总计	冶金工业	电力工业	煤炭及炼焦工业	石油工业	化学工业	机械工业
(按1952年不变价格计算)							
1952	343	20.2	4.3	9.1	1.8	16.6	39.0
1953	447	27.6	5.1	10.1	2.1	22.6	60.8
1954	520	33.6	6.2	12.2	3.1	28.7	71.9
1955	549	41.9	7.0	14.3	4.5	32.0	80.6
1956	703	59.4	9.3	16.7	6.5	47.2	125.2
1957	784	72.6	10.9	20.1	7.4	64.6	143.0
(按1957年不变价格计算)							
1957	704	60.0	11.7	23.1	8.0	48.2	119.0
1958	1 090	110.2	16.0	45.6	12.4	83.9	234.3
1959	1 484	161.0	26.1	63.1	19.1	119.3	360.7
1960	1 650	205.2	37.8	71.0	23.8	142.7	492.8
1961	1 019	114.3	31.1	48.8	18.5	102.7	237.0
1962	850	85.7	30.0	37.2	21.8	94.3	171.7
1963	922	95.3	32.1	37.0	24.0	108.1	189.8
1964	1 103	117.9	36.3	34.4	33.2	137.5	227.7
1965	1 394	149.5	43.1	37.9	45.1	179.4	310.2
1966	1 686	181.0	53.0	41.0	62.0	253.0	420.0
1967	1 453	133.0	49.0	30.0	54.0	222.0	312.0
1968	1 380	107.0	47.0	32.5	62.0	194.0	272.0
1969	1 853	166.0	64.0	40.5	69.0	298.0	433.0
1970	2 421	228.1	74.5	56.9	105.3	399.2	647.9
1971	2 782	272.3	88.4	65.4	127.3	467.6	834.2
(按1970年不变价格计算)							
1971	2 380	265.9	88.5	82.7	109.9	260.0	605.1
1972	2 547	280.2	97.2	85.6	125.2	286.8	638.5
1973	2 780	300.4	106.1	85.5	137.8	318.3	710.0
1974	2 796	262.8	107.2	82.5	157.0	308.0	743.5
1975	3 219	288.3	124.7	97.6	179.8	364.5	890.5
1976	3 262	265.5	129.4	98.2	201.4	360.2	897.7
1977	3 728	290.5	141.4	111.5	226.8	423.7	1 037.1
1978	4 231	368.9	161.4	126.7	233.3	525.0	1 155.5
1979	4 591	410.3	176.7	128.2	249.6	561.8	1 244.8
1980	4 992	430.3	188.4	124.0	252.3	622.3	1 273.6
1981	5 197	415.4	194.1	122.1	245.4	651.3	1 226.2
(按1980年不变价格计算)							
1981	5 176	456.7	194.9	157.3	282.1	591.4	1 080.0
1982	5 574	485.2	207.1	166.3	288.0	659.0	1 225.1
1983	6 157	523.7	220.2	178.3	310.1	741.1	1 440.5
1984	7 015	579.4	235.6	194.7	334.1	830.3	1 757.1
1985	8 261	664.0	272.7	208.5	372.6	926.7	2 235.1
1986	8 979	749.93	292.19	215.55	405.21	1 039.50	2 372.44
1987	10 307	822.36	322.79	224.76	434.67	1 217.05	2 887.10
1988	12 127	885.39	356.06	241.47	472.26	1 468.83	3 608.91

注：本表包括乡及乡以上全部独立核算工业企业和非独立核算工业生产单位。

工业总产值

计算单位：亿元

建筑材料工业	森林工业	食品工业	纺织工业	缝纫工业	皮革工业	造纸工业	文教艺术用品工业	其他工业
（按1952年不变价格计算）								
10.3	22.3	82.8	94.3	15.2	4.7	7.6	7.0	
14.3	30.4	103.5	115.0	21.3	5.6	8.8	10.7	
15.7	35.9	118.7	126.7	22.0	5.7	10.0	12.5	
16.0	32.4	130.1	121.7	22.0	5.6	11.2	14.0	
22.5	40.0	140.6	147.0	30.7	7.2	14.4	17.8	
25.6	42.4	153.6	142.5	30.5	8.7	18.2	17.4	19.4
（按1957年不变价格计算）								
22.7	40.6	138.4	143.6	30.8	8.9	15.4	15.1	18.5
40.7	48.8	169.5	199.6	36.6	11.9	20.6	20.1	
68.5	57.1	192.0	252.9	57.3	17.2	28.8	28.6	32.0
77.7	60.4	172.5	202.7	34.9	18.3	30.5	34.7	
30.9	36.2	141.6	136.2	33.5	12.0	18.0	23.5	
18.0	31.6	126.9	122.3	32.1	9.0	17.4	20.4	31.8
23.1	33.6	131.6	136.9	30.8	8.2	19.8	22.4	
31.1	37.7	152.9	175.8	34.1	8.4	22.0	24.1	
39.6	39.9	175.5	220.7	37.1	9.2	24.5	29.6	52.5
54.0	41.0	160.0	240.0			25.0		
43.0	35.0	157.0	219.0			23.0		
36.0	28.0	157.0	205.0			20.0		
51.0	34.0	164.0	263.0			26.0		
62.1	36.3	197.9	324.2			28.8		
71.5	38.8	218.5	312.9			30.6		
（按1970年不变价格计算）								
66.8	45.6	284.8	311.0			32.2		
77.6	51.6	316.6	313.6	54.3	21.3	34.4	40.3	124.4
83.6	56.0	348.9	349.2	60.0	20.3	38.3	48.6	125.7
83.2	57.2	358.5	346.0	63.3	21.4	36.1	53.0	116.6
100.0	61.1	386.1	396.1	72.9	24.9	41.4	60.7	130.5
109.8	65.7	388.6	394.1	78.5	26.9	41.5	62.9	141.9
133.3	70.0	435.7	460.7	88.8	31.2	47.5	71.2	158.9
153.9	77.4	471.7	529.1	90.8	33.9	53.8	83.1	166.3
167.3	84.8	518.7	593.1	101.0	37.8	60.3	96.5	159.8
181.5	86.7	568.0	735.5	134.7	50.9	64.1	112.1	167.3
180.9	86.2	640.2	868.3	153.4	57.8	64.0	121.5	170.3
（按1980年不变价格计算）								
195.1	104.9	690.1	856.0	147.2	58.6	69.4	121.8	170.4
222.6	112.3	755.5	866.9	141.9	55.7	74.0	129.4	185.3
245.4	116.1	794.3	956.0	153.5	57.0	81.4	134.1	205.2
287.3	126.8	865.8	1 082.9	178.7	62.2	92.2	151.9	236.0
350.6	133.1	951.7	1 273.2	199.3	76.5	107.7	213.2	276.1
408.19	142.74	1 032.55	1 351.31	209.33	89.60	120.31	227.24	322.68
459.57	157.50	1 147.79	1 512.87	242.83	104.34	138.21	276.99	358.32
533.39	177.14	1 324.13	1 700.85	290.57	122.16	160.57	332.26	452.73

主要工业行业

年 份	总 计	冶金工业	电力工业	煤炭及炼焦工业	石油工业	化学工业	机械工业
(按1952年不变价格计算)							
1952	100	5.9	1.3	2.4	0.5	4.8	11.4
1953	100	6.2	1.1	2.1	0.5	5.1	13.6
1954	100	6.5	1.2	2.1	0.6	5.5	13.8
1955	100	7.6	1.3	2.4	0.8	5.8	14.7
1956	100	8.4	1.3	2.2	0.9	6.7	17.8
1957	100	9.3	1.4	2.3	0.9	8.2	18.2
(按1957年不变价格计算)							
1957	100	8.5	1.7	2.9	1.1	6.8	16.9
1958	100	10.1	1.5	3.8	1.1	7.7	21.5
1959	100	10.8	1.8	3.9	1.3	8.0	24.3
1960	100	12.4	2.3	3.9	1.4	8.6	29.9
1961	100	11.2	3.1	4.5	1.8	10.1	23.3
1962	100	10.1	3.5	4.2	2.6	11.1	20.2
1963	100	10.3	3.5	3.9	2.6	11.7	20.6
1964	100	10.7	3.3	3.0	3.0	12.5	20.6
1965	100	10.7	3.1	2.6	3.2	12.9	22.3
1966	100	10.7	3.1	2.3	3.7	15.0	24.9
1967	100	9.2	3.4	2.0	3.7	15.3	21.5
1968	100	7.8	3.4	2.2	4.5	14.1	19.7
1969	100	9.0	3.5	2.1	3.7	16.1	23.4
1970	100	9.4	3.1	2.3	4.3	16.5	26.8
1971	100	9.8	3.2	2.3	4.6	16.8	30.0
(按1970年不变价格计算)							
1971	100	11.1	3.7	3.3	4.6	10.9	25.3
1972	100	11.0	3.8	3.1	4.9	11.3	25.1
1973	100	10.8	3.8	2.8	4.9	11.4	25.5
1974	100	9.4	3.8	2.7	5.6	11.0	26.6
1975	100	9.0	3.9	2.8	5.6	11.3	27.7
1976	100	8.1	4.0	2.8	6.2	11.0	27.5
1977	100	7.8	3.8	2.8	6.1	11.4	27.8
1978	100	8.7	3.8	2.8	5.5	12.4	27.3
1979	100	8.9	3.8	2.6	5.4	12.2	27.1
1980	100	8.6	3.8	2.3	5.1	12.5	25.5
1981	100	8.0	3.7	2.3	4.7	12.5	23.6
(按1980年不变价格计算)							
1981	100	8.8	3.8	3.0	5.5	11.4	20.9
1982	100	8.7	3.7	3.0	5.2	11.8	22.0
1983	100	8.5	3.6	2.9	5.0	12.0	23.4
1984	100	8.3	3.4	2.8	4.8	11.8	25.0
1985	100	8.0	3.3	2.5	4.5	11.2	27.1
1986	100	8.4	3.3	2.4	4.5	11.6	26.4
1987	100	8.0	3.1	2.2	4.2	11.8	28.0
1988	100	7.3	2.9	2.0	3.9	12.1	29.8

工业总产值构成

计算单位：%

建筑材料工业	森林工业	食品工业	纺织工业	缝纫工业	皮革工业	造纸工业	文教艺术用品工业	其他工业
(按1952年不变价格计算)								
3.0	6.5	24.1	27.5	4.4	1.4	2.2	2.0	
3.2	6.8	23.2	25.7	4.8	1.3	2.0	2.4	
3.0	6.9	22.8	24.4	4.2	1.1	1.9	2.4	
2.9	5.9	23.7	22.2	4.0	1.0	2.0	2.6	
3.2	5.7	20.0	20.9	4.4	1.0	2.0	2.5	
3.3	5.4	19.6	18.2	3.9	1.1	2.3	2.2	2.5
(按1957年不变价格计算)								
3.2	5.8	19.7	20.4	4.4	1.3	2.2	2.1	2.6
3.7	4.5	15.6	18.3	3.4	1.1	1.9	1.8	
4.6	3.8	12.9	17.0	3.9	1.2	1.9	1.9	2.2
4.7	3.7	10.5	12.3	2.1	1.1	1.8	2.1	
3.0	3.6	13.9	13.4	3.3	1.2	1.8	2.3	
2.1	3.7	14.9	14.4	3.8	1.1	2.0	2.4	3.7
2.5	3.6	14.3	14.8	3.3	0.9	2.1	2.4	
2.8	3.4	13.9	15.9	3.1	0.8	2.0	2.2	
2.8	2.9	12.6	15.8	2.7	0.7	1.8	2.1	3.8
3.2	2.4	9.5	14.2			1.5		
3.0	2.4	10.8	15.1			1.6		
2.6	2.0	11.4	14.9			1.4		
2.8	1.8	8.8	14.2			1.4		
2.6	1.5	8.2	13.4			1.2		
2.6	1.4	7.9	11.2			1.1		
(按1970年不变价格计算)								
2.8	1.9	11.9	13.0			1.3		
3.0	2.0	12.4	12.3	2.1	0.8	1.4	1.6	4.9
3.0	2.0	12.5	12.5	2.2	0.7	1.4	1.7	4.5
3.0	2.0	12.8	12.4	2.3	0.8	1.3	1.9	4.2
3.1	1.9	12.0	12.3	2.3	0.8	1.3	1.9	4.1
3.4	2.0	11.9	12.1	2.4	0.8	1.3	1.9	4.4
3.6	1.9	11.7	12.4	2.4	0.8	1.3	1.9	4.3
3.6	1.8	11.1	12.5	2.1	0.8	1.3	2.0	3.9
3.6	1.8	11.3	12.9	2.2	0.8	1.3	2.1	3.5
3.6	1.7	11.4	14.7	2.7	1.0	1.3	2.2	3.4
3.5	1.7	12.3	16.7	3.0	1.1	1.2	2.3	3.3
(按1980年不变价格计算)								
3.8	2.0	13.3	16.5	2.8	1.1	1.3	2.4	3.3
4.0	2.0	13.6	15.6	2.5	1.0	1.3	2.3	3.3
4.0	1.9	12.9	15.5	2.5	0.9	1.3	2.2	3.3
4.1	1.8	12.3	15.4	2.5	0.9	1.3	2.2	3.4
4.2	1.6	11.5	15.4	2.4	0.9	1.3	2.6	3.3
4.5	1.6	11.5	15.0	2.3	1.0	1.3	2.5	3.6
4.5	1.5	11.1	14.7	2.4	1.0	1.3	2.7	3.5
4.4	1.5	10.9	14.0	2.4	1.0	1.3	2.7	3.7

主要工业行业主要财务指标（一）

单位：亿元

年份/行业	固定资产原值	固定资产净值	利润总额	利润和税金总额	亏损企业亏损额
总　　计					
1978	3 477.63	2 225.65	599.35	916.01	45.13
1979	3 803.80	2 629.66	654.29	994.13	40.17
1980	4 134.00	2 830.24	692.33	1 060.78	38.81
1981	4 506.73	3 063.59	639.21	1 081.02	53.54
1982	4 926.66	3 321.99	628.29	1 114.06	55.82
1983	5 399.42	3 623.67	753.17	1 209.09	37.60
1984	5 916.04	3 935.56	837.82	1 363.25	34.24
1985	6 885.85	4 664.27	944.09	1 664.03	40.52
1986	7 921.41	5 416.81	877.58	1 665.09	72.42
1987	9 158.24	6 346.78	1 004.96	1 893.36	84.68
1988	10 641.14	7 420.28	1 189.91	2 288.79	106.57
一、冶金工业					
1978	502.43	347.79	47.86	69.62	11.86
1979	551.10	394.50	59.20	82.17	9.91
1980	582.09	411.15	70.54	95.08	5.21
1981	609.30	421.52	63.36	93.74	4.99
1982	637.76	434.06	63.56	103.33	4.30
1983	689.41	466.88	86.14	119.18	1.91
1984	746.90	496.00	98.16	138.89	1.10
1985	843.58	557.93	109.84	174.55	0.97
1986	998.57	682.58	113.76	190.36	2.26
1987	1 112.26	761.23	123.41	212.71	3.06
1988	1 269.98	877.51	151.41	260.40	3.31
二、电力工业					
1978	374.32	255.79	50.79	70.78	0.79
1979	433.64	304.55	56.16	77.15	0.62
1980	473.02	333.76	58.12	80.78	0.53
1981	516.20	358.39	55.40	84.82	0.48
1982	578.92	399.84	49.99	88.05	1.41
1983	620.93	426.75	62.56	91.08	0.69
1984	671.99	459.23	58.46	93.49	0.58
1985	862.92	607.06	51.92	107.86	1.23
1986	985.72	704.24	54.34	117.52	2.13
1987	1 107.09	796.26	64.04	136.14	2.70
1988	1 268.61	909.01	56.52	130.91	7.09
三、煤炭及炼焦工业					
1978	305.73	251.14	3.57	12.09	7.71
1979	323.83	221.69	9.25	18.94	7.53
1980	363.79	238.65	7.26	17.68	9.97
1981	396.91	260.25	0.10	14.14	13.39
1982	432.22	275.91	−0.24	12.34	14.23
1983	472.83	299.62	2.29	13.80	13.50
1984	519.58	331.56	3.21	14.17	13.63
1985	605.71	390.05	0.63	8.83	16.22
1986	674.51	441.92	−8.47	0.32	22.88
1987	757.74	507.10	−12.01	−2.15	27.33
1988	849.56	574.92	−11.89	0.57	32.56

注：本表包括乡及乡以上全部独立核算工业企业。固定资产净值1978年为全民独立核算工业企业数字。

主要工业行业主要财务指标（二）

单位：亿元

年份/行业	固定资产原值	固定资产净值	利润总额	利润和税金总额	亏损企业亏损额
四、石油工业					
1978	186.42	101.92	96.13	120.96	0.03
1979	212.91	118.60	95.72	122.52	0.05
1980	244.81	132.34	96.10	123.41	0.07
1981	276.64	150.57	90.74	119.24	0.31
1982	302.13	157.83	85.13	117.06	0.17
1983	350.83	179.50	85.91	120.56	0.13
1984	408.50	194.98	98.03	141.47	0.01
1985	471.42	274.30	80.82	152.06	0.02
1986	558.64	323.40	76.93	151.30	0.27
1987	666.28	412.87	84.43	161.60	2.00
1988	862.46	571.27	61.34	150.44	11.44
五、化学工业					
1978	369.15	244.16	73.55	111.91	10.84
1979	395.88	284.11	78.55	119.22	9.38
1980	429.28	306.35	83.64	126.67	6.02
1981	466.74	328.88	76.62	126.93	6.29
1982	506.33	353.49	85.87	141.59	5.03
1983	541.69	370.34	105.79	161.17	2.20
1984	683.97	395.66	110.80	174.27	1.76
1985	661.20	468.41	96.93	176.36	6.09
1986	759.50	515.45	90.28	182.63	9.79
1987	869.59	590.92	122.11	229.76	4.91
1988	1 015.22	689.58	162.76	301.86	5.38
六、机械工业					
1978	967.92	564.02	161.48	209.17	7.12
1979	1 035.98	706.93	167.12	218.71	6.31
1980	1 144.67	773.72	148.01	200.64	10.12
1981	1 210.99	812.83	113.66	174.54	17.17
1982	1 282.67	852.61	129.95	200.40	16.75
1983	1 354.65	887.79	187.13	254.59	7.07
1984	1 424.86	926.56	232.48	315.54	4.44
1985	1 550.59	1 008.09	308.00	431.31	4.67
1986	1 728.36	1 123.29	253.58	372.71	14.45
1987	1 961.65	1 285.03	271.80	412.04	16.92
1988	2 202.86	1 441.29	335.55	515.87	15.95
七、建筑材料工业					
1978	157.69	87.89	18.67	30.46	2.27
1979	175.21	127.28	22.95	35.27	1.72
1980	198.62	144.23	26.39	39.97	1.48
1981	221.98	160.46	22.56	37.94	2.37
1982	248.68	177.88	29.75	45.52	1.84
1983	277.36	197.25	35.98	52.17	1.57
1984	311.21	220.55	37.91	56.87	1.78
1985	383.77	273.90	50.53	76.58	1.99
1986	453.42	323.69	55.48	85.92	3.58
1987	534.78	385.16	50.75	86.42	5.64
1988	624.67	450.62	63.43	109.99	5.54

主要工业行业主要财务指标（三）

单位：亿元

年份/行业	固定资产原值	固定资产净值	利润总额	利润和税金总额	亏损企业亏损额
八、森林工业					
1978	87.40	66.10	8.05	12.77	0.25
1979	94.75	77.83	9.13	14.36	0.24
1980	97.43	76.04	11.42	17.49	0.30
1981	107.81	78.78	12.16	19.13	0.72
1982	120.49	87.67	12.74	20.83	0.91
1983	131.74	95.85	14.34	22.21	0.78
1984	141.40	99.77	14.44	22.99	0.55
1985	155.30	109.17	15.79	25.42	0.58
1986	171.68	119.63	14.18	24.69	1.17
1987	195.33	139.54	23.32	37.87	1.14
1988	218.64	157.67	25.67	42.66	1.40
九、食品工业					
1978	119.14	80.29	22.19	89.81	2.22
1979	133.98	95.87	26.15	99.35	2.04
1980	154.10	111.88	32.23	109.69	2.46
1981	182.32	133.13	35.47	131.29	3.40
1982	218.83	163.24	36.04	141.09	4.54
1983	254.04	190.73	37.12	142.91	4.58
1984	297.33	224.52	46.12	164.67	4.85
1985	366.09	279.71	55.23	202.67	4.10
1986	448.60	346.13	54.01	231.14	6.33
1987	550.81	428.45	63.04	278.09	8.75
1988	665.32	557.30	84.59	359.94	10.22
十、纺织工业					
1978	168.31	96.46	68.43	118.36	0.54
1979	184.73	118.78	78.02	130.85	0.62
1980	209.84	138.58	101.39	165.45	0.46
1981	254.72	174.60	113.98	193.51	0.85
1982	300.69	210.47	81.82	157.40	2.10
1983	376.75	278.15	75.15	138.36	1.86
1984	442.34	328.36	73.07	139.65	2.50
1985	529.68	371.44	89.84	176.68	1.91
1986	606.28	451.87	91.14	173.72	4.18
1987	766.79	575.58	121.80	189.34	4.98
1988	915.66	683.85	147.22	231.76	5.10
十一、缝纫工业					
1978	11.47	3.46	5.40	8.16	0.17
1979	12.45	8.65	6.32	9.23	0.06
1980	15.55	11.07	9.94	14.29	0.07
1981	20.62	15.03	10.53	15.70	0.19
1982	24.90	18.29	8.59	13.54	0.58
1983	29.17	21.35	9.76	14.85	0.33
1984	33.70	24.29	11.02	16.84	0.35
1985	42.50	30.51	13.28	21.02	0.41
1986	52.09	38.16	10.24	18.26	1.30
1987	65.18	48.13	11.96	20.27	1.37
1988	79.95	58.71	15.43	25.61	1.41

主要工业行业主要财务指标（四）

单位：亿元

年份/行业	固定资产原值	固定资产净值	利润总额	利润和税金总额	亏损企业亏损额
十二、皮革工业					
1978	10.49	3.12	2.98	4.47	0.10
1979	11.32	7.74	3.53	5.43	0.06
1980	14.21	9.98	5.49	7.84	0.09
1981	17.69	12.60	5.11	7.81	0.18
1982	20.66	14.87	3.15	5.79	0.64
1983	22.94	16.38	3.48	6.16	0.54
1984	25.13	17.75	3.77	6.78	0.41
1985	30.29	21.32	6.34	10.55	0.21
1986	35.82	25.47	6.72	11.28	0.44
1987	43.39	31.16	6.96	11.95	0.71
1988	51.96	37.57	6.97	12.23	1.10
十三、造纸工业					
1978	45.29	24.34	7.16	11.79	0.32
1979	50.64	32.51	9.96	15.56	0.24
1980	56.53	37.41	9.24	15.10	0.52
1981	62.03	41.62	6.78	13.34	1.10
1982	67.46	45.21	6.26	13.60	1.33
1983	73.41	49.16	8.00	15.12	0.72
1984	80.55	54.26	9.21	17.36	0.42
1985	90.42	60.94	12.97	23.69	0.27
1986	106.62	71.57	12.99	25.26	0.49
1987	125.03	86.20	15.62	30.42	0.80
1988	146.80	102.29	22.24	40.86	0.88
十四、文教艺术用品工业					
1978	33.87	19.27	11.96	15.95	0.08
1979	36.65	25.58	13.04	17.63	0.19
1980	42.28	29.61	15.44	20.42	0.13
1981	49.25	34.33	16.03	21.84	0.31
1982	56.50	39.18	18.79	23.13	0.36
1983	63.02	43.77	18.03	24.06	0.26
1984	70.54	49.24	18.00	24.83	0.39
1985	86.96	62.04	23.51	33.74	0.37
1986	105.36	75.85	23.07	34.67	0.52
1987	130.44	95.40	26.68	40.27	0.77
1988	151.44	109.54	29.77	45.27	1.08
十五、其他工业					
1978	137.99	79.91	21.14	29.71	0.86
1979	150.73	105.02	19.22	27.77	1.19
1980	107.78	75.47	17.12	26.27	1.38
1981	113.53	80.62	16.72	27.06	1.79
1982	128.44	91.44	18.88	30.36	1.65
1983	140.64	100.13	21.50	32.87	1.45
1984	158.04	112.82	23.14	35.43	1.46
1985	205.42	149.41	28.47	42.71	1.48
1986	236.24	173.36	29.33	45.31	2.63
1987	271.85	203.77	31.06	48.65	3.57
1988	318.02	239.14	38.88	60.42	4.11

主要工业行业全部商品产品总成本构成项目（一）

（全民所有制独立核算工业）　　　　　　计算单位：亿元

行　　业	全部商品产品总成本							
	合　计	原材料	燃料和动力	工　资	提取的职工福利基金	废品损失	车间经费	企业管理费
总　　计								
1980年	2 664.28	1 743.08	236.32	136.43	11.13	7.03	326.06	204.26
1984年	3 758.98	2 431.91	345.73	169.15	15.73	10.04	468.11	318.31
1985年	4 539.39	2 949.34	407.11	203.91	18.69	6.19	556.10	398.05
轻工业								
1980年	1 083.40	864.57	44.30	40.74	3.00	1.63	73.73	55.45
1984年	1 551.55	1 192.76	70.05	53.10	5.16	2.29	111.95	96.24
1985年	1 844.34	1 433.74	84.90	64.54	6.28	−2.90	134.32	123.45
重工业								
1980年	1 580.88	878.51	192.03	95.69	8.13	5.40	252.32	148.80
1984年	2 227.43	1 239.15	275.68	116.05	10.57	7.75	356.16	222.07
1985年	2 695.05	1 515.60	322.21	139.37	12.41	9.09	421.78	274.60
煤炭采选业								
1980年	105.55	34.61	9.78	26.48	2.29	0.01	18.39	14.00
1984年	139.56	41.72	11.70	34.21	2.83	0.03	28.14	20.92
1985年	177.07	49.75	13.37	42.46	3.21	0.03	39.35	28.91
石油和天然气开采业								
1980年	60.62	22.29	4.65	3.19	0.31	0.02	23.90	6.26
1984年	80.87	30.29	7.12	2.78	0.27	0.04	32.23	8.15
1985年	96.14	36.18	8.24	3.45	0.34	0.03	40.45	7.44
黑色金属矿采选业								
1980年	5.91	2.58	0.82	0.41	0.04	…	1.17	0.89
1984年	7.61	3.29	1.00	0.51	0.05	0	1.51	1.25
1985年	9.76	4.15	1.39	0.62	0.06	…	1.98	1.56
有色金属矿采选业								
1980年	14.75	5.64	1.91	1.40	0.13	…	3.07	2.60
1984年	19.63	7.15	2.42	1.70	0.16	…	4.46	3.73
1985年	23.41	8.60	2.83	1.99	0.20	…	5.29	4.50
建筑材料及其他非金属矿采选业								
1980年	7.58	1.91	0.81	1.27	0.12	…	2.24	1.23
1984年	10.06	2.53	1.06	1.57	0.14	0.01	2.98	1.77
1985年	11.12	2.72	1.24	1.77	0.16	…	3.15	2.07

主要工业行业全部商品产品总成本构成项目(二)

计算单位：亿元

行业	全部商品产品总成本							
	合计	原材料	燃料和动力	工资	提取的职工福利基金	废品损失	车间经费	企业管理费
采盐业								
1980年	4.67	0.64	0.88	0.68	0.07	…	1.71	0.68
1984年	5.58	0.94	1.28	0.65	0.07	…	1.73	0.92
1985年	6.07	0.99	1.36	0.69	0.07	…	1.92	1.05
木材及竹材采运业								
1980年	33.34	15.76	1.62	3.37	0.33	0.04	8.98	3.24
1984年	44.84	21.74	1.99	3.84	0.37	0.12	12.20	4.59
1985年	46.71	23.01	2.11	4.01	0.39	0.14	12.15	4.91
自来水生产和供应业								
1980年	6.04	0.75	2.22	0.44	0.04	…	1.97	0.61
1984年	9.67	1.58	3.03	0.65	0.06	…	3.25	1.10
1985年	11.48	1.81	3.59	0.76	0.08	…	3.87	1.38
食品制造业								
1980年	221.13	188.79	7.42	6.62	0.64	0.15	9.72	7.81
1984年	350.26	297.87	12.55	9.29	0.90	0.16	15.69	13.80
1985年	415.68	351.91	15.41	10.94	1.05	0.17	18.74	7.46
饮料制造业								
1980年	39.79	29.45	2.26	1.78	0.17	0.01	3.20	2.92
1984年	72.39	52.44	4.33	2.84	0.27	0.04	6.01	6.46
1985年	87.79	62.66	5.22	3.48	0.33	0.04	7.42	8.63
烟草加工业								
1980年	28.86	26.35	0.33	0.63	0.05	…	0.69	0.80
1984年	56.96	51.69	0.69	0.93	0.09	…	1.58	1.97
1985年	78.45	71.42	0.89	1.27	0.12	0.01	2.01	2.73
饲料工业								
1980年	0.93	0.82	0.02	0.03	…	0	0.03	0.03
1984年	8.27	7.50	0.08	0.14	0.01	…	0.26	0.28
1985年	15.65	14.15	0.16	0.23	0.02	…	0.52	0.57
纺织业								
1980年	418.14	352.45	11.53	14.43	0.80	0.02	22.29	16.62
1984年	489.51	389.56	17.34	18.53	1.82	0.04	33.62	28.59
1985年	548.51	425.43	21.12	23.06	2.27	0.09	40.37	36.16
缝纫业								
1980年	19.26	16.74	0.11	0.67	0.04	…	1.01	0.69
1984年	20.89	17.23	0.16	0.82	0.06	…	1.56	1.06
1985年	25.71	21.03	0.20	1.00	0.09	0.01	1.93	1.45

主要工业行业全部商品产品总成本构成项目(三)

计算单位：亿元

行业	全部商品产品总成本							
	合计	原材料	燃料和动力	工资	提取的职工福利基金	废品损失	车间经费	企业管理费
皮革、毛皮及其制品业								
1980年	19.71	15.59	0.35	0.91	0.08	0.01	1.55	1.22
1984年	22.47	16.97	0.50	1.06	0.10	0.01	2.07	1.77
1985年	29.00	22.22	0.61	1.26	0.12	0.01	2.50	2.28
木材加工及竹、藤、棕、草制品业								
1980年	15.81	11.69	0.81	0.92	0.08	…	1.30	1.00
1984年	23.09	17.17	1.26	1.15	0.11	0.01	1.80	1.60
1985年	25.03	18.23	1.50	1.27	0.12	0.01	2.00	1.88
家具制造业								
1980年	3.26	2.14	0.09	0.19	0.02	…	0.19	0.17
1984年	4.63	3.11	0.12	0.37	0.04	…	0.57	0.42
1985年	5.41	3.63	0.14	0.44	0.04	…	0.64	0.51
造纸及纸制品业								
1980年	47.85	32.37	5.50	0.06	…	…	0.16	0.07
1984年	64.92	43.20	7.97	2.28	0.22	0.04	5.59	5.62
1985年	78.95	51.90	9.73	2.83	0.27	0.06	7.03	7.13
印刷业								
1980年	20.00	12.54	0.37	2.14	0.18	0.01	2.63	2.11
1984年	25.83	15.66	0.55	2.53	0.25	0.04	3.79	3.01
1985年	32.19	19.68	0.67	2.96	0.29	0.06	4.65	3.87
文教体育用品制造业								
1980年	8.35	6.10	0.14	0.41	0.03	0.01	1.08	0.58
1984年	11.00	7.79	0.19	0.47	0.05	0.03	1.52	0.97
1985年	12.79	8.91	0.22	0.53	0.06	0.02	1.85	1.19
工艺美术品制造业								
1980年	3.33	1.93	0.05	0.29	0.02	0.01	0.60	0.43
1984年	4.16	2.51	0.08	0.37	0.03	0.01	0.73	0.43
1985年	6.57	4.58	0.10	0.43	0.04	0.01	0.77	0.64
电力、蒸汽、热水生产和供应业								
1980年	108.32	6.46	49.26	5.51	0.35	…	40.24	6.50
1984年	173.98	9.40	79.49	7.34	0.77	0.01	66.20	10.78
1985年	203.61	10.98	91.34	8.65	0.92	0.01	78.62	13.09
石油加工业								
1980年	102.28	88.59	3.39	0.34	0.03	…	6.23	3.70
1984年	134.48	114.84	5.09	0.38	0.04	…	8.51	5.62
1985年	150.24	127.61	6.11	0.47	0.05	…	9.59	6.42

主要工业行业全部商品产品总成本构成项目(四)

计算单位：亿元

行业	全部商品产品总成本							
	合计	原材料	燃料和动力	工资	提取的职工福利基金	废品损失	车间经费	企业管理费
炼焦、煤气及煤制品业								
1980年	11.43	8.74	0.56	0.32	0.03	…	1.18	0.59
1984年	14.90	11.13	0.81	0.40	0.04	…	1.56	0.98
1985年	18.21	13.80	0.96	0.48	0.04	…	1.83	1.11
化学工业								
1980年	243.76	159.36	32.43	6.73	0.57	0.07	26.81	17.79
1984年	353.24	227.53	47.48	8.59	0.81	0.06	39.90	28.87
1985年	376.45	240.92	50.06	9.38	0.88	0.08	41.18	33.94
医药工业								
1980年	46.26	35.02	2.65	1.37	0.11	0.02	3.52	3.56
1984年	74.83	56.12	4.49	1.89	0.19	0.02	5.72	6.41
1985年	84.35	62.39	5.14	2.22	0.22	0.03	6.30	8.04
化学纤维工业								
1980年	27.43	19.86	2.81	0.36	0.02	0.69	2.52	1.17
1984年	47.61	34.62	4.57	0.54	0.05	0.08	4.74	2.28
1985年	62.77	52.35	5.64	0.74	0.07	－4.73	5.58	3.12
橡胶制品业								
1980年	46.55	37.94	1.75	1.31	0.08	0.02	3.12	2.33
1984年	62.13	49.21	2.55	1.60	0.15	0.06	4.54	4.02
1985年	73.65	57.87	3.20	2.00	0.19	0.08	5.30	5.00
塑料制品业								
1980年	18.82	15.25	0.50	0.57	0.04	0.01	1.36	1.08
1984年	28.90	23.04	0.84	0.77	0.08	0.02	2.06	2.09
1985年	33.43	25.94	1.06	0.90	0.09	0.02	2.65	2.75
建筑材料及其他非金属矿物制品业								
1980年	97.78	39.30	19.63	9.75	0.89	0.54	17.13	10.54
1984年	141.48	55.97	31.81	11.90	1.14	0.88	23.54	16.24
1985年	174.85	69.12	39.46	14.30	1.34	1.00	28.85	20.77
黑色金属冶炼及压延加工业								
1980年	224.71	139.31	39.97	6.09	0.28	0.02	27.80	11.25
1984年	284.54	174.86	50.66	7.25	0.48	0.04	35.92	15.31
1985年	364.19	228.44	62.69	9.81	0.73	0.03	42.32	20.17

主要工业行业全部商品产品总成本构成项目(五)

计算单位：亿元

行业	全部商品产品总成本							
	合计	原材料	燃料和动力	工资	提取的职工福利基金	废品损失	车间经费	企业管理费
有色金属冶炼及压延加工业								
1980年	72.37	49.78	9.40	1.65	0.13	0.03	7.44	3.93
1984年	94.99	64.09	12.07	2.03	0.20	0.01	10.34	6.26
1985年	110.20	72.88	14.09	2.55	0.24	0.01	12.67	7.76
金属制品业								
1980年	36.11	23.69	1.68	2.20	0.17	0.19	4.97	3.21
1984年	45.58	29.65	2.21	2.50	0.25	0.31	6.11	4.55
1985年	56.90	37.51	2.77	2.93	0.29	0.37	7.33	5.72
机械工业								
1980年	278.17	161.68	11.66	18.58	1.64	3.09	42.47	39.05
1984年	413.65	255.96	16.43	21.30	2.12	4.32	56.23	57.29
1985年	531.74	340.58	20.11	25.23	2.52	5.07	66.03	72.21
交通运输设备制造业								
1980年	121.74	77.61	5.49	6.04	0.56	1.01	17.09	13.93
1984年	180.87	122.53	6.69	7.06	0.63	1.27	22.14	20.55
1985年	226.44	158.41	8.00	8.10	0.73	1.38	25.51	24.30
电气机械及器材制造业								
1980年	76.50	56.12	1.97	3.18	0.28	0.32	6.77	7.87
1984年	109.24	81.05	2.84	3.73	0.37	0.51	8.97	11.78
1985年	139.98	104.58	3.44	4.54	0.44	0.61	10.88	15.49
电子及通信设备制造业								
1980年	44.27	29.65	1.02	2.56	0.24	0.49	4.07	6.25
1984年	94.42	70.41	1.64	3.23	0.32	0.94	6.48	11.40
1985年	149.54	118.09	2.11	3.94	0.39	1.30	8.54	15.18
仪器仪表及其他计量器具制造业								
1980年	19.79	11.22	0.44	1.53	0.13	0.13	2.70	3.63
1984年	27.82	16.47	0.56	1.75	0.17	0.20	3.49	5.19
1985年	33.21	20.15	0.67	1.95	0.20	0.21	3.75	6.28
其他工业								
1980年	3.11	2.36	0.05	0.16	0.01	…	0.31	0.22
1984年	4.10	3.08	0.09	0.22	0.02	0.01	0.39	0.30
1985年	6.15	4.78	0.12	0.26	0.02	0.01	0.58	0.38

煤炭工业主要技术经济指标(一)

年 份	商品煤灰分(%)	商品煤含矸率(%)	每万吨原煤生产耗坑木(立方米)	原煤综合耗电(千瓦小时/吨)	洗精煤回收率(%)	洗精煤灰分(%)	原煤生产全员效率(吨/工)	回采工效率(吨/工)
1952			244.1				0.661	2.341
1953	20.43		251.2			9.43	0.736	2.916
1954	18.83		255.7			9.49	0.789	3.133
1955	20.07		251.8			9.76	0.850	3.129
1956	19.46		259.2			9.72	0.943	3.693
1957	20.57		248.1		50.22	9.59	0.978	3.545
1958	20.46		224.3		54.63	10.53	1.304	4.167
1959	21.52		219.6		53.30	10.94	1.117	3.677
1960	21.68	2.13	184.3		53.58	11.62	1.059	3.471
1961	23.26	3.02	233.6		48.93	11.77	0.739	2.847
1962	23.17	2.29	253.7	29.69	49.78	11.35	0.655	2.807
1963	21.51	1.27	225.1	30.40	51.67	10.68	0.663	2.998
1964	20.01	0.77	200.8	30.37	56.28	10.32	0.769	3.493
1965	19.56	0.64	167.5	28.19	59.25	9.73	0.863	3.821
1966	20.15	0.62	145.3	26.34	60.74	9.62	0.950	3.906
1967	21.05		149.2		60.72	9.87	0.720	2.895
1968	21.79		169.8		62.12	9.71	0.732	2.838
1969	22.29		160.1		58.24	11.32	0.792	2.915
1970	22.87	1.03	133.3	25.62	55.77	10.28	0.910	3.074
1971	22.92	0.96	130.8	26.17	55.62	11.53	0.915	3.0[illegible]0
1972	22.87	0.87	127.4	28.05	55.77	10.22	0.881	3.080
1973	23.41	0.83	130.3	30.23	56.42	10.61	0.847	3.214
1974	23.59	0.97	134.4	31.59	53.33	10.80	0.794	2.985
1975	23.54	1.02	127.4	30.25	54.86	10.79	0.901	3.513
1976	23.27	1.06	122.5	31.62	56.41	10.67	0.849	3.322
1977	23.41	1.10	120.3	31.92	56.27	10.76	0.871	3.479
1978	22.91	0.90	109.9	31.45	56.87	10.50	0.931	3.698
1979	22.05	0.64	100.7	32.08	56.66	10.30	0.965	4.076
1980	21.58	0.51	90.4	34.34	56.16	10.27	0.912	4.129
1981	21.17	0.46	86.8	35.68	54.65	10.34	0.870	4.040
1982	20.91	0.45	80.2	35.88	52.49	10.32	0.873	4.094
1983	20.31	0.40	73.2	36.35	54.08	10.31	0.891	4.229
1984	20.05	0.39	67.7	36.68	54.37	10.30	0.903	4.292
1985	19.78	0.33	62.71	37.29	55.01	10.27	0.939	4.405
1986	19.77	0.25	58.39	39.12	52.94	10.28	1.001	4.544
1987	19.19	0.19	53.20	39.55	53.30	10.27	1.053	4.881
1988	18.82	0.15	47.56	40.89	52.98	10.15	1.092	5.158

注：主要技术经济指标均为各部重点工业企业的数字。(下同)

煤炭工业主要技术经济指标(二)

年 份	掘进工效率(米/工)	回采工作面平均个数(个)	回采工作面平均月产量(吨/个)	掘进工作面平均月进度(米/个·月)	采煤机械化程度(%)	开拓煤量可采期(年)	准备煤量可采期(月)	回采煤量可采期(月)
1952			4 331					
1953		658	4 253					
1954		658	4 935	59.7				
1955	0.255	821	4 968					
1956	0.307	977	5 130	97				
1957	0.277	1 156	5 137		4.12			
1958	0.296	1 496	6 194	102.6				
1959	0.236	1 664	7 051	106.1				
1960	0.216	1 867	7 313	115.3	9.67			
1961	0.164	1 900	5 541	88.4				
1962	0.161	1 782	5 167	83.0				
1963	0.176	1 841	5 332	83.2				
1964	0.193	1 678	6 016	92.0				
1965	0.196	1 707	6 646	100.6	9.34			
1966	0.193	1 702	7 342	116.7	14.34			
1967	0.133	1 559	5 800	94.0	15.85			
1968		1 627	6 370					
1969		1 762	7 079		14.28			
1970		1 982	7 931		18.43			
1971	0.126	2 141	8 039		19.91			
1972	0.121	2 209	7 941	109.3	20.17			
1973	0.123	2 131	8 177	112.9	21.90			
1974	0.107	2 064	8 153	130.8	23.59			
1975	0.122	2 024	9 658	122.8	27.78	6.56	32.78	7.42
1976	0.113	1 978	9 633	117.2	28.00	6.04	31.14	6.80
1977	0.115	1 986	10 356	120.4	27.53	6.91	35.88	7.88
1978	0.122	2 167	10 989	119.4	32.52	6.79	34.53	7.11
1979	0.134	2 212	11 220	116.8	32.34	6.45	33.57	7.31
1980	0.125	2 167	11 032	107.9	37.06	7.19	36.90	7.90
1981	0.115	2 134	10 908	99.7	39.77	7.59	38.65	8.12
1982	0.113	2 166	11 150	101.0	39.99	7.80	39.85	8.36
1983	0.113	2 148	11 643	102.4	41.79	8.16	43.03	8.46
1984	0.114	2 314	11 555	105.0	42.62	8.23	44.42	8.48
1985	0.116	2 341	11 728	104.2	44.98	8.35	47.25	8.75
1986	0.114	2 292	12 197	104.1	44.98	8.10	46.66	8.60
1987	0.117	2 171	13 082	107.1	54.48	8.22	49.21	8.87
1988	0.118	2 094	13 941	111.2	58.02	8.29	52.78	9.44

电力工业主要技术经济指标

年　份	发电设备平均利用小时(500千瓦以上电厂)(小时)			发电厂用电率(%)			线路损失率(%)	发电标准煤耗(克/千瓦小时)	供电标准煤耗(克/千瓦小时)
		#水电	火电		#水电	火　电			
1952	3 800	7 000	3 457	6.17	0.22	7.42	11.29	727	
1953	4 400	5 898	4 181	5.99	0.23	7.16	10.29	693	
1954	4 530	6 249	4 235	5.66	0.18	7.08	9.56	678	
1955	4 510	5 033	4 377	5.89	0.166	7.27	8.59	655	
1956	4 760	5 847	4 913	6.12	0.175	7.13	8.81	625	
1957	4 794	5 105	4 659	5.99	0.142	7.17	8.61	604	
1958	5 518	3 871	5 963	6.31	0.169	7.00	7.57	559	601
1959	6 076	3 407	6 678	6.67	0.187	7.17	7.35	551	594
1960	5 800	4 415	6 080	7.12	0.132	7.85	7.11	553	600
1961	3 822	3 566	3 872	8.09	0.167	9.17	7.41	568	625
1962	3 554	3 843	3 490	7.87	0.200	9.31	8.73	549	605
1963	3 736	3 625	3 761	7.69	0.196	8.92	8.37	520	571
1964	4 228	4 126	4 250	7.18	0.18	8.47	8.10	497	543
1965	4 920	3 728	5 217	6.98	0.207	7.98	7.31	477	518
1966	5 350	3 832	5 756	6.55	0.183	7.50	7.73	461	498
1967	4 448	3 539	4 694	(6.70)	(0.184)	(7.72)	(8.60)	(463)	(502)
1968	3 972	3 862	4 207	(6.75)	(0.219)	(7.71)	(9.00)	(464)	(503)
1969	4 760	3 451	5 163	(6.65)	(0.211)	(7.80)	(9.43)	(464)	(503)
1970	5 526	3 790	6 100	(6.54)	(0.172)	(7.78)	(9.22)	(463)	(502)
1971	5 810	3 795	6 540	6.68	0.171	7.89	9.48	465	505
1972	5 746	3 700	6 536	6.68	0.173	7.88	9.43	464	504
1973	5 530	4 305	6 030	6.26	0.146	7.83	9.53	457	496
1974	5 010	4 050	5 400	6.19	0.161	7.87	9.91	450	488
1975	5 197	4 147	5 631	6.23	0.154	7.91	10.21	450	489
1976	4 869	3 565	5 413	6.34	0.173	7.88	10.32	449	487
1977	4 947	3 512	5 522	6.41	0.190	7.83	10.19	446	484
1978	5 149	2 941	6 018	6.61	0.210	7.71	9.64	434	471
1979	5 175	3 112	5 956	6.54	0.195	7.63	9.24	422	457
1980	5 078	3 293	5 775	6.44	0.190	7.65	8.93	413	448
1981	4 955	3 520	5 511	6.40	0.197	7.76	8.98	407	442
1982	5 007	3 708	5 542	6.32	0.209	7.71	8.64	404	438
1983	5 101	4 104	5 513	6.21	0.234	7.78	8.53	400	434
1984	5 190	3 860	5 748	6.28	0.250	7.70	8.28	398	432
1985	5 308	3 853	5 893	6.42	0.28	7.78	8.18	398	431
1986	5 388	3 882	5 974	6.54	0.28	7.83	8.15	398	432
1987	5 392	3 771	6 011	6.66	0.31	7.88	8.48	398	432
1988	5 313	3 710	5 907	6.69	0.34	7.94	8.18	397	431

注：(1) 发电厂用电率及发、供电标准煤耗1971年以前为500千瓦以上电厂数，1971年及以后为6000 千瓦以上电厂数。
(2) 括号内系估计数。

石油及石油加工业主要技术经济指标

年　份	油　井利用率(%)	外运原油含水率(%)	企业原油自用率(%)	石油产品质　量合格率(%)	加工一吨原油耗电(千瓦小时)	加工一吨原油耗燃料油(公斤)	原油加工损失率(%)	企业原油损耗率(%)	生产一吨原油耗电(千瓦小时)	石油产品综合商品总收率(%)
1952	78.8						12.97			
1957	84.0						4.64			
1960	80.8		2.64		48.86	78.94	2.35	5.26		
1962	69.3		2.14		46.73	144.99	2.44	2.08		
1965			1.18	99.99	43.54	79.00	1.92	2.03		
1966	75.5		0.68	100	46.47	46.30	1.51	1.45		
1967	69.4		1.11		47.89	63.32	1.66	1.48		
1968	60.3		1.43		37.29	56.65	2.00	1.51		
1969	71.6		0.94		48.80	65.29	2.00	1.71		
1970	81.3		1.34		36.80	52.40	1.30	1.89		88.40
1971	82.1		1.01		34.50	57.60	1.20	2.12		88.90
1972	80.8	1.66	1.22	99.90	37.82	53.95	2.23	2.90	32.70	87.90
1973	81.8	1.66	1.34	99.90	37.69	48.76	2.11	2.55	24.60	83.71
1974	80.2	1.57	1.22	99.95	35.38	44.30	2.06	2.64	24.70	89.58
1975	82.7	1.53	1.25	99.99	37.32	43.62	2.03	2.93	25.73	89.94
1976	82.5	1.02	1.68	99.99	35.85	42.42	2.14	2.58	28.80	89.88
1977	82.5	0.87	1.56	99.98	33.80	41.90	2.08	2.65	32.55	90.04
1978	86.0	0.69	1.74	99.99	39.23	38.43	2.05	2.37	35.01	90.28
1979	90.3	0.48	1.84	100	40.16	33.66	2.09	2.49	40.82	91.03
1980	89.6	0.34	1.64	99.93	39.44	29.21	0.90	2.27	38.84	91.81
1981	89.8	0.37	1.54	99.99	39.77	26.13	0.84	2.30	39.82	92.16
1982	91.1	0.37	1.50	99.99	39.49	22.57	0.77	2.29	42.96	92.74
1983	92.0	0.32	1.50	100	34.59	19.24	1.09	2.30	45.08	92.98
1984	92.8	0.34	1.46	99.99	40.69	18.59	0.73	2.03	47.24	93.46
1985	86.22	0.36	1.52	99.99	41.86	18.73	0.80	1.65	51.58	93.32
1986	86.70	0.41	1.55	99.99	42.29	19.71	0.86	1.57	59.39	91.30
1987	86.67	0.40	1.64	100	41.73	20.02	0.90	1.55	64.50	92.11
1988	85.05	0.43	1.70	100	44.34	20.53	1.15	1.90	73.27	91.83

冶金工业主要技术经济指标(一)

年份	铁矿采矿工人实物劳动生产率（采剥总量吨/人·年）		铁矿选矿（%）				
	露天	坑下	原矿品位	精矿品位	尾矿品位	选矿金属回收率	选矿工人实物劳动生产率（吨/人·年）
1952			43.48	64.54	11.21	90.47	
1957	2 404	430	36.01	61.09	12.35	80.82	1 946
1960	2 523	374	34.89	61.91	15.17	70.05	3 148
1962	2 188	214	34.92	60.79	13.35	75.37	1 609
1965	5 221	341	32.95	60.82	10.08	83.51	2 481
1966	5 791	343	33.11	60.65	10.63	83.20	2 557
1970	3 960	317	33.17	59.93	12.07	77.43	2 548
1971	4 100	350	32.97	59.93	12.53	77.77	2 620
1972	3 859	354	32.45	60.51	12.07	77.99	2 549
1973	3 861	296	32.02	60.02	11.40	78.80	2 591
1974	3 733	293	31.17	60.11	11.43	76.66	2 459
1975	3 866	337	31.78	59.77	11.81	77.45	2 487
1976	3 547	334	31.50	60.05	11.72	76.41	2 230
1977	3 447	303	31.42	60.52	11.85	76.81	2 032
1978	5 309	390	31.47	61.12	11.82	76.43	2 484
1979	4 992	369	31.57	62.45	11.62	77.02	2 674
1980	4 858	405	31.72	62.89	11.35	77.09	2 684
1981	4 677	392	31.49	62.66	11.44	76.66	2 499
1982	4 796	387	31.16	62.52	11.66	75.57	2 379
1983	4 879	418	31.30	62.13	12.02	75.17	2 417
1984	5 694	445	31.38	62.06	11.84	75.57	2 586
1985	5 661	477	32.29	62.44	11.80	75.71	2 700
1986	6 218	443	32.12	62.69	11.59	75.62	2 841
1987	6 883	496	31.78	62.89	11.33	76.22	3 116
1988	6 979	490	30.82	62.93	11.22	76.11	3 206

冶金工业主要技术经济指标(二)

年份	高炉炼铁					平炉炼钢			
	利用系数(吨/立方米·昼夜)	入炉焦比(公斤/吨)	生铁合格率(%)	入炉矿石品位(%)	工人实物劳动生产率(吨/人·年)	利用系数(吨/平方米·昼夜)	钢锭合格率(%)	钢铁料消耗(公斤/吨)	炉顶寿命(次)
1952	1.02	976	99.28			4.78	95.43	1 072	
1957	1.32	768	99.44	50.85		7.21	99.03		
1960	1.33	783	86.64	50.15		7.64	96.35	1 055	
1962	0.98	756	97.86	48.42	465	7.04	97.76	1 039	244
1965	1.44	586	99.85	49.67	1 574	8.07	98.47	1 014	832
1966	1.50	558	99.79	49.66	1 930	8.48	98.80	1 016	700
1970	1.25	632	95.47	48.70		7.34	97.59	1 052	360
1971	1.131	641	94.74	49.04	783	7.52	97.16	1 058	370
1972	1.135	629	95.96	49.65	742	7.47	97.22	1 062	369
1973	1.167	609	98.21	49.50	842	7.54	96.69	1 061	369
1974	1.031	632	96.59	49.63	708	5.83	95.76	1 078	319
1975	1.090	638	94.18	49.87	802	6.32	95.06	1 107	264
1976	0.994	640	94.64	50.00	700	5.83	94.52	1 135	289
1977	1.100	623	96.29	50.68	750	6.36	95.32	1 114	268
1978	1.429	562	99.41	52.80	1 100	8.22	97.24	1 081	359
1979	1.282	553	99.81	53.72	1 196	8.53	98.40	1 070	382
1980	1.555	539	99.92	53.75	1 302	8.77	98.76	1 079	418
1981	1.471	540	99.94	53.33	1 225	8.26	98.62	1 090	393
1982	1.548	538	99.94	52.52	1 282	8.37	97.95	1 095	390
1983	1.591	535	99.95	52.26	1 387	8.90	98.37	1 095	377
1984	1.649	524	99.95	52.38	1 413	9.67	98.84	1 092	373
1985	1.688	565	99.78		1 466	10.40	98.77	1 105	363
1986	1.738	571	99.87	53.61	1 614	10.99	98.88	1 120	338
1987	1.7	592	99.79	53.44	1 645	11.43	98.83	1 113	351
1988	1.83	557	99.86	53.53	1 651	11.84	98.93	1 117	309

冶金工业主要技术经济指标(三)

年 份	平炉炼钢		侧吹转炉炼钢					
	平均冶炼时间(时:分)	工人实物劳动生产率(吨/人·年)	利用系数(吨/公称吨·昼夜)	钢锭合格率(%)	钢铁料消耗(公斤/吨)	炉衬寿命(次)	平均每炉冶炼时间(分)	工人实物劳动生产率(吨/人·年)
1952			13.11	95.87				
1957			39.82	98.90	1 174			
1960			11.86	87.37	1 518			
1962	9:52	294	13.47	97.45	1 279	78	33	137
1965	8:33	635	22.02	98.79	1 226	137	36.5	305
1966	8:28	758	25.55	98.23	1 229	163	33	
1970			21.98	97.98	1 268	129		
1971	11:00	441	24.93	98.11	1 268	128	36	275
1972	9:31	460	27.06	98.26	1 267	134	35	271
1973	9:15	463	28.56	98.07	1 278	134	34.4	379
1974	9:18	394	23.15	97.62	1 281	119	36	300
1975	9:05	371	24.97	97.19	1 310	122	37.2	277
1976	9:17	299	22.02	95.45	1 356	144	37	180
1977	8:47	382	24.29	95.52	1 309	139	36.8	257
1978	8:13	497	28.44	97.60	1 247	161	35.1	299
1979	7:43	555	30.62	99.00	1 205	168	34	334
1980	7:21	569	31.20	99.26	1 190	184	33	354
1981	7:26	515	33.79	99.22	1 186	168	33	338
1982	7:25	506	35.59	99.20	1 173	260	48	269
1983	7:15	534	35.20	99.26	1 171	323	48	266
1984	7:00	527	32.10	99.19	1 171	283	49	261
1985	6:49	490	31.12	99.14	1 177	246	53	261
1986	6:22	556	33.9	99.29	1 173	281	51	288
1987	6:00	577	35.53	99.34	1 157	291		324
1988	6:01	591	35.14	99.31	1 152	308	39	342

注：侧吹转炉各项指标1982年及以后均为唐钢数，其他钢铁厂已不用此法生产。

冶金工业主要技术经济指标(四)

年份	顶吹转炉炼钢						电炉炼钢		
	利用系数(吨/公称吨·昼夜)	钢锭合格率(%)	钢铁料消耗(公斤/吨)	炉衬寿命(炉)	平均每炉冶炼时间(分)	工人实物劳动生产率(吨/人·年)	利用系数(吨/百万伏安·昼夜)	钢锭合格率(%)	钢铁料消耗(公斤/吨)
1952							7.40	96.93	1 205
1957							18.62	98.58	
1960							20.28	94.66	1 138
1962							14.42	96.77	1 098
1965	12.74	99.02	1 116	319	29.7	380	18.51	98.13	1 074
1966	18.79	99.27	1 118	226	31		19.06	98.59	1 062
1970	16.99	97.78	1 148	199			19.04	97.37	1 102
1971	16.21	97.21	1 161	154	32	329	19.70	97.54	1 095
1972	19.21	96.80	1 178	197	30.8	362	20.43	97.88	1 089
1973	13.13	96.08	1 191	239	32.7	397	20.16	98.25	1 084
1974	9.48	96.22	1 189	200	33	366	17.83	97.37	1 093
1975	11.32	95.07	1 198	206	34.4	430	17.96	97.14	1 096
1976	10.04	94.45	1 213	197	33.6	345	14.23	96.82	1 097
1977	12.07	94.94	1 220	241	34.4	379	13.06	96.86	1 090
1978	14.27	96.93	1 184	398	34.5	572	15.79	98.45	1 057
1979	15.29	98.43	1 152	542	34	594	16.57	99.36	1 043
1980	16.54	98.63	1 152	560	35	575	16.58	99.45	1 042
1981	16.31	98.38	1 150	501	35	604	16.01	99.40	1 046
1982	16.94	98.45	1 148	521	34	619	16.50	99.41	1 037
1983	18.08	98.72	1 143	541	34	635	17.88	99.43	1 034
1984	20.30	99.03	1 137	570	34	675	17.83	99.51	1 037
1985	19.82	99.33	1 133	606	34	688	17.32	99.45	1 040
1986	19.46	99.12	1 126	655	32	741	17.73	99.41	1 029
1987	20.64	99.07	1 125	725	33	751	17.15	99.49	1 022
1988	21.26	99.13	1 122	794	34	749	15.02	99.45	1 020

冶金工业主要技术经济指标(五)

年份	电炉		轧钢材合格率(%)	焦炭结焦率(%)	有色金属选矿回收率(%)				
	冶炼电耗(千瓦小时/吨)	平均每炉冶炼时间(时:分)			铜	铅	锌	镍	钨
1952					88.61	77.07	71.73		67.51
1957					90.99	89.42	82.97		72.64
1960					80.29	83.14	78.98	68.43	79.19
1962	844	4:54	98.16	78.05	82.72	81.74	82.19	79.54	77.67
1965	696	4:08	98.39	75.60	88.73	87.95	85.39	73.80	84.22
1966	692	4:14	98.42	75.33	90.95	89.30	86.22	74.04	85.44
1970	696		97.70	78.24	85.80	82.97	83.52	66.58	83.31
1971	700	4:04	97.80	76.39	85.72	84.48	84.37	68.24	83.61
1972	691	3:59	97.90	75.76	85.60	85.05	85.00	67.50	83.39
1973	668	3:58	98.00	75.94	87.56	85.20	83.20	69.51	83.54
1974	691	3:54	98.10	76.19	87.50	82.35	86.00	70.38	83.30
1975	698	3:58	97.90	76.33	87.50	82.69	87.31	69.79	83.75
1976	710	4:01	97.59	75.78	87.10	84.80	85.68	70.95	84.06
1977	702	3:58	97.96	76.34	88.28	82.95	80.63	69.84	85.64
1978	677	4:04	98.53	76.66	88.75	83.75	87.32	70.07	87.53
1979	659	3:59	99.06	76.82	88.50	85.00	86.60	69.80	87.40
1980	647	3:55	99.04	76.64	88.30	85.30	88.20	69.30	85.80
1981	651	3:52	98.75	76.89	88.00	86.20	89.10	73.30	85.10
1982	643	3:52	98.73	76.99	86.30	86.40	88.40	74.40	83.90
1983	625	3:48	98.98	77.08	87.10	86.00	88.50	82.20	83.70
1984	919	3:46	99.01	76.77	87.40	84.70	87.70	82.30	81.40
1985	626	3:45	98.86	76.81	85.8	83.1	88.1	82.2	81.6
1986	607	3:40	98.70	76.58	86.10	84.10	88.10	82.10	81.70
1987	590	3:40	98.86	77.23	85.62	83.86	87.18	83.12	82.04
1988	594	3:38	98.70	77.00	85.35	83.14	88.32	83.11	82.85

冶金工业主要技术经济指标(六)

年份	选矿回收率(%)		有色金属精矿品位(%)					粗铜冶炼回收率(%)	电解铝耗直流电(千瓦小时/吨)
	锡	钼	铜	铅	锌	镍	锡		
1952	64.57	90.34	10.94	55.20	50.98		61.67	93.75	
1957	63.09	86.78	10.34	54.91	51.05		61.46	95.60	16 511
1960	58.15	79.65	14.50	58.00	49.57	3.34	57.48	92.25	18 181
1962	58.88	78.69	14.23	59.49	50.42	4.04	54.78	94.34	16 614
1965	63.67	85.88	15.67	64.04	50.86	4.69	51.35	96.95	16 080
1966	65.26	86.03	15.75	64.65	51.83	4.82	47.06	97.20	15 723
1970	58.20	86.31	13.51	54.44	46.49	3.48	45.76	94.42	19 210
1971	59.70	82.02	14.69	57.77	47.55	3.75	43.64	95.68	19 028
1972	60.60	84.94	15.20	55.20	47.80	3.77	44.50	95.99	17 142
1973	59.89	84.68	15.27	56.80	47.76	4.03	44.37	96.41	16 575
1974	60.00	84.36	15.30	55.80	48.00	4.02	42.60	96.19	16 798
1975	58.23	83.60	15.73	55.83	48.44	3.92	42.79	96.69	17 260
1976	57.02	82.37	15.58	50.36	44.37	3.97	42.26	95.77	16 941
1977	56.27	79.20	16.40	58.55	50.95	3.95	43.50	96.38	16 879
1978	59.95	82.64	18.31	56.98	50.80	4.15	45.28	96.61	16 059
1979	60.60	87.30	20.00	58.20	50.60	4.30	44.50	96.86	15 820
1980	61.00	84.80	21.60	62.00	50.30	4.50	50.00	97.05	15 432
1981	58.10	84.10	22.70	61.10	50.30	4.70	44.30	96.90	15 730
1982	56.80	84.30	22.50	59.90	49.90	4.93	43.10	97.06	16 108
1983	58.60	83.80	22.50	59.60	49.90	5.38	44.20	97.15	15 633
1984	57.00	80.20	22.80	61.00	50.20	5.66	43.89	97.20	15 456
1985	58.3	80.24	21.60	60.30	50.50	5.74	42.40	97.27	15 047
1986	54.60	82.02	21.44	60.70	50.50	5.86	41.40	97.16	15 294
1987	56.80	82.56	21.91	61.08	49.96	5.97	44.47	97.30	15 378
1988	58.61	83.03	21.88	61.49	48.36	5.99	46.87	97.39	15 250

化学工业主要技术经济指标

年　份	合成氨耗电（千瓦小时/吨）	电石耗焦炭（公斤/吨）	电石耗电（千瓦小时/吨）	硫酸耗硫铁矿（公斤/吨）	纯碱耗原盐（公斤/吨）	电解烧碱耗直流电（隔膜法液碱）（实耗）（千瓦小时/吨）	电解烧碱耗直流电（水银法液碱）（千瓦小时/吨）	合成氨耗焦、白煤（公斤/吨）
1952	2 453	631		1 091	1 931	3 382		焦 1 538 白煤 1 561
1957	2 168	661	3 637	1 037	1 511	3 080		焦 1 356 白煤 1 259
1960	2 111	705	3 624	1 193	1 644	2 723		焦 1 795 白煤 1 455
1962	2 038	666	4 086	1 110	1 571	2 635		焦 1 572 白煤 1 361
1965	1 572	590	3 878	983	1 433	2 318	3 200	1 263
1966	1 567	574	3 272	982	1 400	2 353	3 188	焦 1 271 白煤 1 283
1970	1 743	689	3 468	1 038	1 510	2 522	3 572	焦 1 383 白煤 1 540
1971	1 719	578	3 519	1 062	1 504	2 543	3 679	焦 1 399 白煤 1 532
1972	1 663	580	3 555	1 042	1 477	2 547	3 607	1 476
1973	1 644	587	3 569	1 027	1 469	2 516	3 767	1 444
1974	1 660	593	3 603	1 035	1 504	2 516	3 775	1 531
1975	1 619	598	3 663	1 034	1 512	2 536	3 847	1 513
1976	1 640	618	3 725	1 036	1 474	2 568	4 048	1 665
1977	1 603	613	3 842	1 018	1 517	2 572	3 958	1 540
1978	1 516	598	3 626	1 005	1 487	2 546	3 478	1 448
1979	1 466	595	3 598	994	1 469	2 497	3 404	1 362
1980	1 441	587	3 584	992	1 465	2 449	3 082	1 326
1981	1 445	580	3 558	994	1 460	2 465	3 274	1 321
1982	1 434	575	3 518	988	1 457	2 448	3 200	1 314
1983	1 406	558	3 479	987	1 447	2 397	3 182	1 301
1984	1 352	561	3 450	987	1 449	2 393	3 214	1 281
1985	1 385	557	3 468	994	1 452	2 359	3 307	1 283
1986	1 418	560	3 472	980	1 467	2 356	3 256	1 262
1987	1 260	558	3 418	992	1 462	2 344	3 238	1 346
1988	1 423	558	3 324	983	1 459	2 348	3 217	1 297

机械工业主要技术经济指标

年　份	铸铁件废品率（%）	铸钢件废品率（%）	机械加工件废品率（%）	金属切削机床利用率（%）	钢材利用率（%）	轴承钢利用率（%）
1952						
1957	7.9	4.5	2.1			
1960	12.5	7.0	1.5			
1962	11.2	9.0	2.1			
1965						
1966						
1970						
1971	11.2	5.5	2.6	68.9		
1972	11.9	5.5	2.1	67.4		
1973	14.4	5.4	2.4	63.9		
1974	14.0	7.3	1.9			
1975	13.0	7.8	2.45	59.91		
1976	14.2	6.26	3.27	57.45		
1977	13.6	8.12	3.18	54.61	62.6	39.8
1978	11.1	6.35	2.01	55.56	65.8	37.5
1979	10.7	5.19	1.82	52.13	67.4	41.0
1980	10.3	4.70	1.50	49.10	67.8	33.9
1981	10.1	5.00	2.20	45.20	66.9	40.9
1982	8.6	5.08	2.11	49.10	65.4	42.3
1983	10.0	4.85	1.92	48.20	65.8	43.3
1984	7.8	6.31	2.03	48.20	65.8	43.8
1985	8.9	4.6	1.85	50.30	67.5	43.6
1986	9.27	4.41	1.67	48.4	67.4	44.3
1987	9.93	4.24	1.96	49.6	68.5	45.9
1988	9.66	3.90	1.60	49.9	73.9	45.3

建筑材料工业主要技术经济指标

年 份	出厂水泥合格率(%)	水泥平均标号(号)	回转窑运转率(%)	水泥熟料耗标准煤(公斤/吨)	水泥综合耗电(千瓦小时/吨)	平板玻璃一级品率(%)	每重量箱平板玻璃耗标准煤(公斤)	每重量箱平板玻璃耗纯碱(公斤)
1952			73.49	278.5		84.48	39.80	10.32
1957		412	86.25	247.0		89.96	29.51	10.05
1960		402	74.93	278.2		79.10	39.50	9.86
1962		470	39.43	239.9		82.97	43.70	9.89
1965	99.99	483	84.50	221.8		84.49	32.90	10.11
1966	99.99	488	89.20	216.3	87.86	69.10	31.53	10.2
1970	99.80	479	81.20	223.1	91.20	73.42	36.43	9.89
1971	99.71	482	82.17	224.2	94.06	71.90	35.59	9.63
1972	99.78	485	75.79	223.6	93.44	68.06	34.81	9.64
1973	99.88	484	78.32	215.1	95.41	56.02	43.92	9.90
1974	99.91	490	67.99	216.2	96.81	61.72	40.15	10.09
1975	99.80	483	76.82	215.9	95.86	61.60	41.01	9.94
1976	99.79	486	68.43	215.3	99.15	62.37	44.26	10.26
1977	99.76	479	73.33	214.3	98.25	56.02	38.32	9.96
1978	99.94	493	79.97	211.2	96.70	65.12	35.09	9.95
1979	99.97	502	84.12	207.16	96.00	72.86	32.39	9.75
1980	99.99	448	85.27	206.54	96.65	77.78	30.85	9.76
1981	99.99	452	84.51	207.53	98.62	79.80	30.67	9.81
1982	99.97	449	83.26	207.62	100.00	78.94	30.55	9.73
1983	99.96	484	83.62	206.01	100.90	82.50	30.10	9.72
1984	100.00	472	82.67	205.85	102.39	83.31	29.88	9.78
1985	99.99	604	84.07	201.10	103.93	82.25	30.76	10.12
1986	99.99	611	81.34	198.15	105.59	75.56	31.04	10.03
1987	100	618	80.77	193.30	106.23	69.49	32.66	10.12
1988	100	614	78.40	191.20	107.31	68.54	31.56	10.26

森林工业主要技术经济指标

年　份	平均每台拖拉机年集材量（立方米）	平均每辆汽车年运材量（立方米）	平均每台森铁机车年运材量（立方米）	木材采运工人实物劳动生产率（立方米/人）	锯材出材率（%）	胶合板一、二等品率（%）
1957	6 019	6 063	29 078		69.1	
1960	5 830	7 382	39 041		70.5	
1962	3 530	4 175	18 816		67.6	
1965	5 452	5 482	34 949		70.2	
1966	5 891	6 402	39 142		69.5	
1970						
1971	5 174	5 228	35 747		69.2	
1972	4 806	5 027	35 308		68.8	
1973	5 083	5 500	36 745		69.1	
1974	4 920	5 389	34 439		68.7	
1975	5 138	5 533	35 073		68.9	
1976	5 030	5 561	34 058		68.1	
1977	4 902	5 636	33 135		68.1	
1978	4 772	5 824	33 902		69.4	
1979	4 755	5 825	34 703		68.2	
1980	4 492	5 431	32 128		69.5	
1981	4 395	4 983	29 805		69.2	
1982	4 401	4 607	29 330		69.6	
1983	4 503	4 985	29 505		70.2	
1984	4 418	5 038	24 159		71.9	
1985	4 284	4 804	26 442	134.9	71.4	86.6
1986	4 355	4 754	26 110	134.6	70.1	78.3
1987	4 261	4 654	27 446	136.0	67.5	85.9
1988	4 070	4 456	24 813	128.7	67.9	83.7

注：锯材一等品率从1965年到1979年的数字，除1975年外均为锯材一、二等品率。

纺织工业主要技术经济指标（一）

年份	纱一等一级以上品率（%）	每千锭时平均产纱量（公斤）	每吨纱通扯净用棉量（公斤）	每吨纱耗电量（千瓦小时）	棉纺锭设备利用率（%）	布入库一等品率（%）	棉布织机每台时产量（米）
1952			199.0		89.2		3.99
1957	65.2	20.7	193.6		82.7		4.07
1960	86.2	23.4	193.0	254	74.0	90.8	3.83
1962	93.3	18.3	192.6	276	50.4	95.2	3.38
1965	88.1	22.3	192.9	277	89.5	97.4	4.06
1966	90.8	24.5	192.8		91.6	94.8	4.19
1970	90.1	28.8	193.3			82.5	4.33
1971	91.2	27.8	193.2	253		86.9	4.31
1972	94.9	27.3	192.7	263	84.1	91.7	4.20
1973	94.7	26.8	192.1	278	92.0	92.0	4.10
1974	95.2	26.0	192.4	288	89.5	88.5	3.90
1975	93.8	26.4	192.7	293	96.6	84.4	3.90
1976	92.1	25.7	193.1	303	93.0	85.7	3.80
1977	89.9	26.2	193.2	305	94.7	84.5	3.90
1978	96.7	26.5	(192.0) 1 070	(314) 1 750	95.2	92.7	4.15
1979	98.57	25.8	1 068	1 778	102.9	95.6	4.21
1980	98.38	24.8	1 065	1 827	102.4	96.7	4.15
1981	98.59	23.9	1 064	1 888	101.0	96.0	3.99
1982	98.86	24.7	1 067	1 862	97.8	95.9	3.97
1983	98.77	24.1	1 067	1 894	94.7	95.52	3.84
1984	98.95	22.8	1 063	1 943	94.0	95.53	3.65
1985	98.49	22.41	1 064	1 983	96.36	94.89	3.57
1986	98.77	21.27	1 068	1 914	98.18	95.33	3.59
1987	98.82	22.48	1 068	1 946	99.45	95.78	3.57
1988	99.09	22.24	1 070	1 969	96.09	96.25	3.53

注：1. 每吨纱通扯净用棉量1978年括号内及以前年份的数字均为每件棉纱通扯净用棉量。 2. 每吨纱耗电量1978年括号内及以前各年的数字均为每件棉纱耗电量。

纺织工业主要技术经济指标（二）

年　　份	每百米棉布用纱量（公斤）	每百米棉布用电量（千瓦小时）	棉布织机设备利用率（%）	印染布入库一等品率（%）	粘胶纤维		每吨粘胶纤维用浆粕（吨）
					正品率（%）	一等品率（%）	
1952	13.9		89.4				
1957	13.4		72.9		36.2		1.22
1960	14.4	12.5	69.1	93.3	84.7		1.23
1962	15.6	14.1	46.0	93.7	90.4		1.11
1965	15.8	14.8	88.5	94.5	96.0	70.0	
1966	16.1		92.5	93.3	89.7	55.6	1.06
1970	16.7				76.5		1.06
1971	16.9	16.9			74.3		1.10
1972	16.8	17.4	81.6	87.6	80.7	60.2	1.09
1973	16.7	18.5	88.6	87.2	84.3	52.0	1.11
1974	16.5	19.0	82.2	84.4	77.2	44.4	1.13
1975	16.4	19.2	93.5	82.4	76.9	37.7	1.14
1976	16.4	19.6	90.8	81.1	77.3	41.2	1.15
1977	16.6	19.4	93.1	81.7	82.4	48.0	1.12
1978	16.3	19.6	92.2	87.6	91.3	60.9	1.10
1979	16.1	20.4	98.3	90.1	96.24	78.40	1.10
1980	16.1	20.3	99.5	90.7	98.40	87.16	1.08
1981	15.8	21.1	99.9	88.8	98.43	89.10	1.08
1982	15.6	21.0	99.0	88.9	98.58	89.93	1.08
1983	16.6	21.7	96.3	87.7	98.76	90.01	1.07
1984	18.8	22.7	93.4	86.2	99.07	90.81	1.06
1985	16.17	23.07	97.54	84.93	98.60	92.15	1.05(短纤) 1.11(长丝)
1986	16.30	23.02	96.42	83.78	99.06	90.73	1.05(短纤) 1.13(长丝)
1987	16.70	23.44	96.84	84.56	98.48	89.75	1.05(短纤) 1.17(长丝)
1988	16.29	23.69	94.17	85.57	98.13	86.83	1.06(短纤) 1.16(长丝)

纺织工业主要技术经济指标（三）

年份	每吨粘胶纤维耗硫酸（吨）	每吨粘胶纤维耗烧碱（吨）	每吨粘胶纤维耗电（千瓦小时）	每吨粘胶纤维耗标准煤（吨）	合成纤维	
					正品率（%）	一等品率（%）
1952	1.40	0.87				
1957	1.48	0.92				
1960	1.45	0.83	4 408	4.90		
1962	1.12	0.71	4 780	5.2	94.7	91.0
1965	1.05	0.68	4 349	4.62		
1966	1.11	0.74			92.0	
1970	1.10	0.74			97.5	
1972	1.10	0.75	3 813		98.4	90.7
1973	1.13	0.75	3 966		98.9	88.0
1974	1.14	0.77	3 897		98.4	87.0
1975	1.16	0.78	4 036	5.30	97.1	84.7
1976	1.14	0.78	3 722	5.10	97.1	83.9
1977	1.10	0.75	3 761	4.70	94.5	80.0
1978	1.06	0.72	3 600	4.27	96.25	81.34
1979	1.05	0.72	3 927	4.61	98.29	87.42
1980	1.03	0.71	3 676	4.25	99.11	94.20
1981	1.04	0.69	3 448	4.06	97.98	89.75
1982	1.02	0.70	3 608	3.92	98.49	90.04
1983	1.03	0.70	3 786	4.28	98.97	91.78
1984	1.01	0.69	4 240	4.05	99.14	91.43
1985	0.92(短纤) 1.33(长丝)	0.65(短纤) 0.84(长丝)	1 967(短纤) 9 205(长丝)	2.34(短纤) 9.23(长丝)	98.91	89.91
1986	0.90(短纤) 1.37(长丝)	0.65(短纤) 0.85(长丝)	1 917(短纤) 9 514(长丝)	2.20(短纤) 8.21(长丝)	98.41	89.13
1987	0.90(短纤) 1.44(长丝)	0.64(短纤) 0.86(长丝)	1 948(短纤) 10 060(长丝)	0.22(短纤) 0.92(长丝)	98.11	90.32
1988	0.92(短丝) 1.40(长丝)	0.64(短丝) 0.85(长丝)	2 067(短纤) 9 865(长丝)	0.23(长丝) 0.86(短丝)	98.13	89.54

轻工业主要技术经济指标（一）

年　份	机制纸及纸板成品率（%）	#新闻纸成品率（%）	凸板纸成品率（%）	缝纫机质量分（分）	自行车质量分（分）	手　表质量分（分）	原盐优等、一等品率（%）
1952							
1957							
1960							
1962							
1965							
1966							
1970	85.9	64.0	83.0				
1971	87.8	89.3	84.2	72.8	74.3		
1972				82.1	77.4		87.9
1973	88.5	88.9	86.9	80.1	81.5		69.1
1974	87.1	87.5	80.8	77.5	82.8	84.9	81.8
1975	85.0	86.8	75.6	73.4	73.4		83.6
1976	83.8	86.2	71.9	77.3	76.8		91.6
1977	85.7	86.0	75.7	75.5	73.4	78.0	82.3
1978	89.3	88.9	81.1	80.3	80.4	81.0	81.0
1979	92.6	92.3	88.5	83.8	76.2	83.6	80.9
1980	92.6	92.7	87.8	90.3	81.9	88.1	83.6
1981	91.6	92.1	86.3	87.2	85.7	84.7	93.5
1982	91.7	92.7	86.8	88.9	89.0	90.4	95.2
1983	91.7	92.5	87.7	89.5	91.4	91.3	95.8
1984	94.6	93.0	97.5	91.6	93.3	90.0	94.6
1985	92.30	92.90	90.60	91.86	94.18	114.8	95.40
1986	92.30	92.90	88.40	91.30	93.76	94.32	86.00
1987	92.30	91.90	89.80	92.03	93.19	92.78	87.20
1988	93.00	94.10	90.10	91.14	90.85	91.64	88.40

注：1985年手表质量分满分为130分。

轻工业主要技术经济指标（二）

年　　份	甘蔗产糖率（%）	甜菜产糖率（%）	每吨本色化学木浆耗木材（立方米）	每架家用缝纫机耗生铁（公斤）	每辆28″载重自行车耗钢材（公斤）	每箱卷烟耗烟叶（公斤）
1952						
1957						
1960						
1962						
1965						
1966						
1970	10.4	12.4	4.6			60.4
1971	12.0	13.0	5.2			60.7
1972	11.8	13.4	5.0	32.0		60.4
1973	12.0	12.9	5.1	31.1		59.7
1974	11.9	12.3	5.0	33.4		58.2
1975	11.5	12.1	5.2	33.0		58.4
1976	10.9	13.6	5.1	33.1		57.7
1977	11.7	13.6	4.9	33.2		58.8
1978	12.0	12.8	4.9	32.7		59.2
1979	12.0	13.3	4.9	32.6		58.4
1980	11.9	12.2	4.7	33.0		57.7
1981	11.5	11.2	4.7	32.9		57.0
1982	11.0	11.9	4.6	32.8		57.1
1983	10.1	11.9	4.6	32.3		56.9
1984	10.6	11.7	4.6	31.7	29.7	56.6
1985	11.1	11.8	4.6	31.6	29.9	56.8
1986	11.1	11.9	4.7	31.7	29.5	56.4
1987	11.1	11.9	4.7	31.41	29.2	55.2
1988	10.6	11.3	4.7	31.58	29.4	54.1

按行业分组的工业

(1988年)

行业	工业企业单位数（个）	年末职工人数（万人）	固定资产投资（亿元）	固定资产原值（亿元）
总计	420 929	7 518.08	1 709.90	10 641.14
煤炭采选业	9 230	565.25	106.70	795.87
石油和天然气开采业	30	75.19	196.89	617.89
黑色金属矿采选业	1 264	29.52	9.93	40.71
有色金属矿采选业	2 233	65.18	20.62	113.41
建筑材料及其他非金属矿采选业	9 971	92.49	9.10	65.88
土砂石开采业	7 658	57.77		26.25
化学矿采选业	795	16.46		23.49
采盐业	605	23.74	4.56	30.95
其他矿采选业	24	0.18	0.07	0.07
木材及竹材采运业	1 154	116.24	12.85	129.25
自来水生产和供应业	2 981	23.42	17.06	113.22
食品制造业	42 755	350.55	56.00	406.27
粮食加工业	13 250	61.10		65.66
饮料制造业	14 406	130.30	37.94	180.83
烟草加工业	298	28.43	20.38	53.27
饲料工业	3 878	14.04	4.63	18.44
纺织业	24 017	896.32	109.47	740.43
棉纺织业	8 537	472.42		408.48
毛纺织业	2 046	90.86		98.10
丝绢纺织业	3 397	122.05		80.86
缝纫业	18 017	216.72	2.68	79.95
皮革、毛皮及其制品业	7 929	98.53	4.67	51.96
木材加工及竹、藤、棕、草制品业	11 000	85.32	5.29	60.58
锯材加工业	2 639	31.73		22.21
人造板制造业	726	18.44		24.55
家具制造业	10 891	67.53	1.86	33.11
木制家具制造业	8 779	50.10		24.68
造纸及纸制品业	10 182	156.96	25.95	170.16
造纸业	5 030	109.23		145.61
纸制品业	5 085	46.92		23.36
印刷业	10 732	101.71	5.48	85.21
文教体育用品制造业	3 897	46.17	3.10	25.03
工艺美术品制造业	10 671	129.72	1.89	41.20
电力、蒸汽、热水生产和供应业	11 293	145.63	279.89	1 268.61
电力生产业	9 280	82.54		830.60
水力发电业	8 580	33.48		323.54
电力供应业	1 973	61.33		428.02

注：本表为乡以上独立核算工业企业的数字。价值指标均按当年价格计算。全员劳动生产率按1980年不变价格工业总产

经济主要指标（一）

流动资金年末占用数（亿元）	工业总产值（亿元）	全员劳动生产率（元/人·年）	工业净产值（亿元）	利润总额（亿元）	利润和税金总额（亿元）	企业留利（亿元）
6 638.89	**14 568.45**	**15 835**	**4 301.43**	**1 189.91**	**2 288.79**	**429.91**
131.26	309.48	3 937	129.12	−12.84	−2.18	2.75
88.95	302.31	25 319	151.92	11.22	33.16	1.00
12.82	26.15	6 579	10.09	3.33	4.18	1.36
33.82	70.90	7 393	26.68	9.87	11.91	4.40
29.69	63.02	5 738	25.82	6.19	9.08	2.79
14.62	36.44	5 422	14.77	3.15	4.62	1.29
7.01	12.05	5 686	5.13	1.49	2.08	0.78
10.75	31.30	11 515	20.17	3.22	5.20	1.36
0.05	0.08	3 954	0.04	0.01	0.01	
53.49	104.85	3 671	62.16	14.49	23.95	6.92
13.62	31.76	10 684	11.99	5.78	6.81	2.95
345.33	1 038.50	22 130	166.98	56.68	84.44	22.58
41.22	287.74	37 234	32.14	18.03	19.73	6.95
193.28	306.60	15 974	98.91	19.87	62.90	6.53
143.34	367.98	90 483	222.24	5.69	209.91	3.09
24.62	88.59	51 017	10.98	5.38	6.19	3.21
729.04	1 728.16	17 223	407.33	120.72	193.85	41.22
298.28	929.54	18 559	218.99	72.32	106.90	23.64
129.35	217.90	18 707	57.10	14.12	32.84	5.29
95.59	221.56	13 975	47.01	13.07	21.02	4.81
140.43	285.98	13 276	73.61	15.43	25.61	5.66
93.16	150.20	12 175	34.07	6.97	12.23	2.47
51.80	100.19	8 321	26.37	7.40	11.72	3.09
20.55	39.52	7 208	9.00	2.99	4.63	1.22
14.50	28.26	10 431	7.55	2.41	3.68	0.95
43.10	77.00	10 814	21.57	4.00	7.16	1.59
29.83	50.41	9 443	14.99	2.63	4.71	1.05
108.30	309.91	14 758	83.82	26.06	47.47	9.20
80.52	233.84	14 807	67.37	22.17	40.76	7.63
27.16	74.40	14 667	16.19	3.82	6.61	1.53
60.54	138.56	11 519	40.69	14.08	19.63	5.22
33.94	66.87	13 491	21.08	6.62	10.14	2.33
72.44	138.32	10 214	44.06	9.07	15.50	3.05
119.76	431.19	24 293	173.65	56.52	130.91	14.59
54.24	311.20	30 309	97.50	29.16	71.27	6.52
15.08	63.68	17 496	38.45	18.39	27.54	2.44
63.46	116.50	16 595	75.44	27.21	59.32	7.91

值计算。固定资产投资为全民所有制企业的数字。（下同）

按行业分组的工业

（1988年）

行　　业	工业企业单位数（个）	年末职工人数（万人）	固定资产投资（亿元）	固定资产原值（亿元）
石油加工业	690	39.66	40.95	244.57
炼焦、煤气及煤制品业	2 235	22.60	19.09	57.15
化学工业	17 864	397.43	178.34	741.94
基本化学原料制造业	4 294	82.32		130.88
有机化学产品制造业	5 774	91.84		174.67
日用化学产品制造业	2 729	38.30		45.63
医药工业	2 802	80.28	24.08	99.15
化学纤维工业	494	38.68	22.61	175.23
橡胶制品业	3 740	87.31	11.01	80.77
塑料制品业	14 065	138.77	4.91	131.97
建筑材料及其他非金属矿物制品业	55 859	751.35	70.96	648.93
水泥制造业	5 342	162.47		257.50
黑色金属冶炼及压延加工业	3 015	301.74	151.87	864.13
有色金属冶炼及压延加工业	2 158	93.14	40.93	251.73
金属制品业	29 841	289.92	9.95	182.30
日用金属制品业	6 002	73.51		44.84
机械工业	43 059	980.07	84.28	1 089.26
工业专用设备制造业	6 569	204.75		246.06
日用机械制造业	1 670	71.22		71.15
自行车制造业	829	34.84		31.65
缝纫机制造业	320	12.33		10.92
钟表制造业	440	21.06		25.36
照相机制造业	81	2.99		3.22
交通运输设备制造业	10 368	300.99	48.52	406.20
铁路运输设备制造业	265	26.73		42.61
汽车制造业	3 673	126.22		157.74
电气机械及器材制造业	14 118	262.72	22.56	252.76
日用电器制造业	2 520	48.94		55.30
洗衣机制造业	142	6.72		10.58
电冰箱制造业	222	8.74		21.82
电热器具制造业	486	7.45		3.94
电子及通信设备制造业	4 159	151.47	33.64	196.32
日用电子器具制造业	867	31.78		35.21
电视机制造业	296	13.45		20.72
收音机、录音机制造业	534	17.29		13.80
仪器仪表及其他计量器具制造业	3 460	77.56	6.54	74.85
其他工业	5 544	45.24	1.85	21.61

经济主要指标(二)

流动资金年末占用数(亿元)	工业总产值(亿元)	全员劳动生产率(元/人.年)	工业净产值(亿元)	利润总额(亿元)	利润和税金总额(亿元)	企业留利(亿元)
74.08	392.33	74 541	140.47	50.12	117.28	5.68
16.01	42.00	11 786	6.58	0.63	2.59	2.40
393.01	1 091.91	20 589	312.01	107.20	202.45	36.76
61.59	191.22	15 254	60.35	20.50	38.76	7.14
123.58	343.60	30 030	107.26	34.62	79.76	9.64
54.48	136.85	29 159	36.05	12.41	22.70	4.72
126.66	289.11	34 743	80.17	35.48	48.05	13.49
70.63	172.06	48 373	51.19	26.50	37.91	4.71
81.91	207.15	23 161	56.07	9.93	34.50	3.40
144.63	324.49	18 963	73.36	22.06	34.43	6.30
341.90	752.91	6 864	260.10	65.05	115.99	24.84
89.59	244.00	7 334	83.23	29.02	45.69	9.42
345.42	931.06	19 607	273.50	109.06	194.98	48.34
140.20	352.40	25 759	80.24	29.15	49.33	8.67
214.37	411.51	12 693	117.99	31.41	50.10	11.38
58.78	119.24	14 418	34.20	9.02	15.21	2.93
1 004.65	1 554.31	14 136	472.79	139.08	213.98	54.44
240.28	317.78	13 680	104.01	33.38	49.27	12.07
69.58	169.67	23 279	49.43	13.77	29.04	3.89
36.34	105.99	25 618	26.27	7.89	16.28	1.88
8.78	23.26	17 011	6.47	2.22	3.38	0.79
21.07	35.02	23 943	14.77	2.90	8.42	0.99
3.39	5.40	17 277	1.93	0.76	0.96	0.25
361.45	574.45	16 734	156.84	53.19	75.56	23.49
19.54	47.43	15 661	12.15	4.17	5.96	1.87
168.63	334.48	22 601	88.77	36.68	51.76	14.21
375.91	665.76	22 897	176.28	55.69	93.22	18.19
109.33	225.79	47 523	53.16	21.39	32.67	6.65
16.27	41.36	62 853	7.34	2.38	3.91	0.71
41.95	93.76	97 575	23.75	14.42	18.79	4.35
9.59	15.89	24 978	4.03	0.99	1.72	0.23
301.54	497.45	38 235	126.66	44.76	65.93	14.63
124.24	237.28	86 177	46.64	16.54	27.09	5.07
74.82	171.04	147 034	33.30	13.94	22.07	4.34
47.95	64.76	43 742	12.95	2.53	4.89	0.70
82.10	101.05	12 949	38.17	10.93	16.38	4.22
30.85	58.60	11 669	15.67	3.90	6.35	1.60

按行业分组的工业

(1988年)

行　　　业	每百元固定资产原值实现产值(元)	每百元固定资产原值实现利税(元)	每百元工业总产值占用流动资金(元)	每百元销售收入实利润(元)
总　　　计	137.08	21.51	25.56	8.50
煤炭采选业	38.89	−0.27	21.05	−3.47
石油和天然气开采业	48.93	5.37	14.94	5.58
黑色金属矿采选业	64.25	10.28	27.57	13.67
有色金属矿采选业	62.51	10.50	27.54	14.31
建筑材料及其他非金属矿采选业	95.65	13.78	21.35	11.09
土砂石开采业	138.83	17.61	17.31	10.02
化学矿采选业	51.29	8.86	26.76	13.18
采盐业	101.13	16.80	18.47	16.32
其他矿采选业	113.87	19.82	28.78	13.80
木材及竹材采运业	81.12	18.53	21.25	12.89
自来水生产和供应业	28.06	6.01	11.28	18.58
食品制造业	255.62	20.79	15.87	5.75
粮食加工业	438.26	30.06	5.43	6.96
饮料制造业	169.55	34.78	38.25	6.48
烟草加工业	690.82	394.08	18.28	1.54
饲料工业	480.40	33.57	12.62	6.02
纺织业	233.40	26.18	24.54	7.61
棉纺织业	227.56	26.17	19.39	8.20
毛纺织业	222.11	33.47	36.18	7.35
丝绢纺织业	274.00	26.00	25.50	6.81
缝纫业	357.71	32.03	28.03	6.03
皮革、毛皮及其制品业	289.09	23.54	37.50	5.04
木材加工及竹、藤、棕、草制品业	165.40	19.34	27.44	7.43
锯材加工业	177.91	20.87	27.08	7.18
人造板制造业	115.14	15.00	28.24	8.65
家具制造业	232.59	21.62	32.21	5.63
木制家具制造业	204.26	19.09	34.55	5.81
造纸及纸制品业	182.13	27.90	18.47	8.65
造纸业	160.60	27.99	18.74	9.70
纸制品业	318.42	28.28	17.58	5.38
印刷业	162.61	23.04	25.81	11.93
文教体育用品制造业	267.17	40.50	29.30	10.47
工艺美术品制造业	335.74	37.62	29.84	7.57
电力、蒸气、热水生产和供应业	33.99	10.32	6.87	10.97
电力生产业	37.47	8.58	6.29	10.29
电力供应业	27.22	13.86	8.27	11.95

经济主要指标（三）

资金利税率（%）	产值利税率（%）	固定资产折旧率（%）	平均每一职工占有的固定资产（元）	平均每一职工创造的工业净产值（元）	平均每一职工创造的利润和税金（元）	平均每一职工上交的利税费（元）	平均每一职工占有的企业留利（元）
20.53	15.69	4.7	14 554	5 883	3 130	2 172	588
—0.37	—0.71	4.34	14 496	2 352	—40	351	50
7.44	10.97	4.54	85 816	21 100	4 606	5 753	139
12.33	16.00	5.70	14 123	3 502	1 452	803	471
12.97	16.79	4.15	17 666	4 156	1 855	776	685
15.30	14.41	5.01	7 288	2 856	1 004	508	308
18.82	12.68	5.65	4 647	2 615	818	400	228
10.43	17.27	4.07	14 680	3 207	1 300	637	487
18.76	16.62	4.53	13 151	8 568	2 210	1 297	578
21.30	17.40	4.93	3 763	2 215	746	368	153
20.78	22.84	3.62	11 453	5 508	2 122	1 567	613
7.39	21.42	3.19	50 083	5 305	3 010	1 646	1 304
17.84	8.13	4.75	12 304	5 057	2 557	1 429	684
29.89	6.86	4.54	11 132	5 450	3 346	1 381	1 179
23.88	20.52	4.92	14 169	7 750	4 929	4 088	512
186.95	57.04	4.28	19 842	82 781	78 192	79 803	1 152
22.93	6.99	4.90	13 687	8 152	4 594	1 205	2 379
19.96	11.22	5.14	8 645	4 756	2 263	1 310	481
22.70	11.50	4.95	9 048	4 851	2 368	1 287	524
21.10	15.07	5.25	11 257	6 552	3 768	2 761	607
17.86	9.49	5.59	6 811	3 960	1 771	999	405
18.44	8.95	6.34	3 815	3 512	1 222	692	270
13.03	8.14	5.75	5 379	3 527	1 266	773	256
16.29	11.69	5.12	7 452	3 243	1 441	869	381
17.62	11.73	5.12	7 567	3 067	1 579	985	417
13.74	13.02	4.93	13 560	4 173	2 034	1 190	524
14.91	9.29	5.79	5 034	3 280	1 088	642	242
13.52	9.35	5.62	5 072	3 081	969	561	215
26.83	15.32	5.30	11 201	5 518	3 125	2 097	605
28.07	17.43	5.12	13 777	6 375	3 856	2 638	722
21.67	8.88	6.48	5 142	3 563	1 454	862	336
20.31	14.17	5.31	8 496	4 057	1 957	1 084	521
27.28	15.16	6.08	5 569	4 691	2 256	1 364	519
21.42	11.21	6.50	3 276	3 503	1 232	718	243
13.95	30.36	3.69	89 927	12 309	9 279	8 066	1 034
11.50	22.90	3.75	104 054	12 214	8 929	7 746	816
19.13	50.92	3.57	71 877	12 669	9 962	8 687	1 328

按行业分组的工业

(1988年)

行　　业	每百元固定资产原值实现产值(元)	每百元固定资产原值实现利税(元)	每百元工业总产值占用流动资金(元)	每百元销售收入实现利润(元)
石油加工业	160.41	47.95	9.32	13.00
炼焦、煤气及煤制品业	73.50	4.53	13.00	1.46
化学工业	147.17	27.29	19.85	10.13
基本化学原料制造业	146.11	29.62	16.81	11.12
有机化学产品制造业	196.72	45.67	19.73	10.26
日用化学产品制造业	299.89	49.75	21.81	9.59
医药工业	291.58	48.46	23.75	13.30
化学纤维工业	98.20	21.64	23.03	13.76
橡胶制品业	256.48	42.72	22.79	4.83
塑料制品业	245.88	26.09	23.72	7.30
建筑材料及其他非金属矿物制品业	116.02	17.87	23.52	9.03
水泥制造业	94.76	17.74	18.62	11.92
黑色金属冶炼及压延加工业	107.75	22.56	23.24	11.80
有色金属冶炼及压延加工业	139.99	19.59	23.36	10.67
金属制品业	225.73	27.48	29.03	8.15
日用金属制品业	265.90	33.92	26.84	7.92
机械工业	142.69	19.64	41.51	9.33
工业专用设备制造业	129.15	20.02	48.71	10.97
日用机械制造业	238.47	40.82	24.31	8.24
交通运输设备制造业	141.42	18.60	38.91	9.38
铁路运输设备制造业	111.33	13.99	28.83	8.82
汽车制造业	212.05	32.81	27.23	10.95
电气机械及器材制造业	263.39	36.88	31.12	8.69
日用电器制造业	408.32	59.08	21.62	9.51
电子及通信设备制造业	253.39	33.58	31.49	9.21
日用电子器具制造业	673.94	76.94	23.06	7.13
仪器仪表及其他计量器具制造业	135.00	21.88	53.23	11.28
其他工业	271.18	29.40	28.09	6.73

经济主要指标（四）

资金利税率（%）	产值利税率（%）	固定资产折旧率（%）	平均每一职工占有的固定资产（元）	平均每一职工创造的工业净产值（元）	平均每一职工创造的利润和税金（元）	平均每一职工上交的利税费（元）	平均每一职工占有的企业留利（元）
56.54	29.89	4.68	63 460	36 448	30 431	25 112	1 474
5.06	6.17	3.58	26 040	2 997	1 180	1 607	1 095
28.63	18.54	5.26	19 375	8 148	5 287	3 477	960
32.37	20.27	5.49	16 622	7 665	4 923	3 073	907
43.02	23.21	5.48	19 769	12 140	9 028	6 643	1 091
36.19	16.59	4.84	12 239	9 669	6 089	4 070	1 267
34.76	16.62	5.57	12 784	10 336	6 195	3 149	1 739
21.50	22.03	5.51	46 469	13 575	10 054	6 564	1 249
33.35	16.66	5.17	9 614	6 675	4 107	3 366	404
19.48	10.61	6.43	9 813	5 455	2 560	1 297	469
17.92	15.41	5.32	8 614	3 453	1 540	1 002	330
19.45	18.72	5.28	16 300	5 268	2 892	1 775	596
23.54	20.94	3.88	29 454	9 322	6 646	4 446	1 648
19.80	14.00	4.02	27 464	8 754	5 382	3 334	946
20.55	12.17	5.72	6 435	4 165	1 768	1 027	402
24.06	12.76	5.81	6 212	4 737	2 107	1 296	406
15.97	13.77	4.84	11 365	4 933	2 233	1 292	568
16.03	15.51	4.94	12 361	5 206	2 466	1 363	604
32.00	17.12	5.35	10 171	7 067	4 152	3 274	557
15.61	13.15	4.61	13 795	5 327	2 566	1 382	798
14.30	12.57	3.63	16 243	4 630	2 273	1 550	713
26.81	15.47	5.88	12 861	7 238	4 220	2 175	1 158
24.41	14.00	5.48	9 875	6 887	3 642	2 126	711
34.82	14.47	6.22	11 946	11 483	7 058	3 322	1 437
22.36	13.25	5.73	13 269	8 560	4 456	2 210	989
33.24	11.42	6.28	11 508	15 243	8 855	4 943	1 656
16.06	16.21	4.88	9 743	4 968	2 132	1 223	549
19.15	10.84	6.37	4 945	3 585	1 454	790	366

煤炭采选业主要经济指标

指　　标	计算单位	1988年	1987年
一、企业单位数	个	9 230	9 458
其中：亏损企业	个	1 954	2 658
二、年末职工人数	万人	565.25	553.30
三、固定资产投资	亿元	106.70	98.65
四、工业总产值	亿元	309.48	253.33
五、工业净产值	亿元	129.12	101.79
六、全员劳动生产率	元/人·年	3 937	3 768
七、主要产品产量			
原　煤	亿吨	9.80	9.28
洗精煤	万吨	7 433	7 230
八、主要财务指标			
固定资产原值	亿元	795.87	720.13
固定资产净值	亿元	531.73	478.27
流动资金年末占用数	亿元	131.26	115.91
产品销售收入	亿元	369.56	300.71
亏损企业亏损额	亿元	30.11	26.24
利润总额	亿元	−12.84	−14.08
利润和税金总额	亿元	−2.18	−5.63
企业留利	亿元	2.75	1.18
每百元固定资产原值实现产值	元	38.89	35.18
每百元固定资产原值实现利税	元	−0.27	−0.78
每百元工业总产值占用流动资金	元	21.05	24.59
每百元销售收入实现利润	元	−3.47	−4.68
资金利税率	%	−0.37	−1.04
产值利税率	%	−0.71	−2.22
固定资产折旧率	%	4.34	4.50
平均每一职工占有的固定资产	元	14 496	13 382
平均每一职工创造的工业净产值	元	2 352	1 891
平均每一职工创造的利润和税金	元	−40	−105
平均每一职工上交的利税费	元	351	293
平均每一职工占有的企业留利	元	50	22
九、主要技术经济指标			
采煤机械化程度	%	58.02	54.48
剥采比	立方米/吨	7.79	4.56
商品煤灰分	%	18.82	19.19
商品煤含矸率	%	0.15	0.19
洗精煤灰分	%	10.15	10.27
洗精煤水分	%	11.16	11.36
企业坑木消耗	立方米/万吨		57.60
原煤生产坑木消耗	立方米/万吨	47.56	53.20
原煤生产炸药消耗	公斤/万吨	2 536	2 565
原煤生产钢材消耗	吨/万吨	11.12	10.66
原煤综合电力消耗	千瓦小时/吨	40.89	39.55
原煤生产电力消耗	千瓦小时/吨	27.94	27.57
洗精煤回收率	%	52.98	53.3
原煤全员效率	吨/工	1.092	1.053
回采工效率	吨/工	5.158	4.881
掘进工效率	米/工	0.118	0.117

注：固定资产投资为全民所有制单位的数字；主要技术经济指标为各部重点工业企业的数字；其他指标均为乡以上独立核算工业企业的数字；本表价值指标均按当年价格计算；全员劳动生产率按1980年不变价格工业总产值计算。(下同)

石油和天然气开采业主要经济指标

指　　标	计算单位	1988年	1987年
一、企业单位数	个	30	29
其中：亏损企业	个	13	6
二、年末职工人数	万人	75.19	66.07
三、固定资产投资	亿元	196.89	166.21
四、工业总产值	亿元	302.31	292.17
五、工业净产值	亿元	151.92	174.28
六、全员劳动生产率	元/人·年	25 319	27 175
七、主要产品产量			
原　油	万吨	13 704.6	13 414.0
天然原油	万吨	13 685.3	13 393.0
人造原油	万吨	19.3	20.5
天然气	亿立方米	142.64	138.94
气田气	亿立方米	60.97	59.04
油田气	亿立方米	78.94	79.9
八、主要财务指标			
固定资原产值	亿元	617.89	507.71
固定资产净值	亿元	400.42	315.01
流动资金年末占用数	亿元	88.95	78.59
产品销售收入	亿元	201.05	179.13
亏损企业亏损总额	亿元	11.42	1.99
利润总额	亿元	11.22	32.63
利润和税金总额	亿元	33.16	52.20
企业留利	亿元	1.00	2.49
每百元固定资产原值实现产值	元	48.93	57.55
每百元固定资产原值实现利税	元	5.37	10.28
每百元工业总产值占用流动资金	元	14.94	14.26
每百元销售收入实现利润	元	5.58	18.21
资金利税率	%	7.44	14.64
产值利税率	%	10.97	17.87
固定资产折旧率	%	4.54	4.77
平均每一职工占有的固定资产	元	85 816	78 693
平均每一职工创造的工业净产值	元	21 100	27 012
平均每一职工创造的利润和税金	元	4 606	8 091
平均每一职工上交的利税费	元	5 753	6 677
平均每一职工占有的企业留利	元	139	386
九、主要技术经济指标			
油井综合利用率	%	85.05	86.67
注水井利用率	%	96.29	96.51
原油商品率	%	97.19	97.59
油田原油损耗率	%	1.90	1.55
原油统配商品率	%	95.21	95.71
油田企业原油自用率	%	1.70	1.64
油田外运原油含水率	%	0.43	0.40
气井利用率	%	87.15	83.58
采油时率	%	90.42	91.83
原油(天然气)生产用电单耗	千瓦小时/吨	73.27	64.50
原油(天然气)综合用电单耗	千瓦小时/吨	86.25	76.95

黑色金属矿采选业主要经济指标(一)

指标	计算单位	1988年	1987年
一、企业单位数	个	1 264	1 270
其中：亏损企业	个	105	120
二、年末职工人数	万人	29.52	29.36
三、固定资产投资	亿元	9.93	12.84
四、工业总产值	亿元	26.15	22.36
五、工业净产值	亿元	10.09	8.93
六、全员劳动生产率	元/人·年	6 579	6 071
七、主要产品产量			
铁矿石原矿量	万吨	16 854	16 143
铁精矿(实物量)	万吨	5 299	5 201
人造富铁矿	万吨	8 765	8 373
锰矿石	万吨	321.2	261.0
八、主要财务指标			
固定资产原值	亿元	40.71	36.93
固定资产净值	亿元	26.73	24.25
流动资金年末占用数	亿元	12.82	11.17
产品销售收入	亿元	24.37	20.65
亏损企业亏损总额	亿元	0.29	0.22
利润总额	亿元	3.33	3.12
利润和税金总额	亿元	4.18	3.87
企业留利	亿元	1.36	1.30
每百元固定资产原值实现产值	元	64.25	60.53
每百元固定资产原值实现利税	元	10.28	10.47
每百元工业总产值占用流动资金	元	27.57	28.73
每百元销售收入实现利润	元	13.67	15.13
资金利税率	%	12.33	13.60
产值利税率	%	16.00	17.29
固定资产折旧率	%	5.70	5.03
平均每一职工占有的固定资产	元	14 123	12 899
平均每一职工创造的工业净产值	元	3 502	3 118
平均每一职工创造的利润和税金	元	1 452	1 350
平均每一职工上交的利税费	元	803	770
平均每一职工占有的企业留利	元	471	455
九、主要技术经济指标			

黑色金属矿采选业主要经济指标(二)

指　　标	计算单位	1988年	1987年
露天采出矿石品位	%	31.70	31.78
露天输出矿石合格率	%	99.59	98.97
露天采矿炸药消耗	公斤/万吨	2 203	2 135
露天采矿电力消耗	千瓦小时/万吨	14 115	14 161
露天采矿全员实物劳动生产率	吨/人·年	5 028	4 943
露天采矿工人实物劳动生产率	吨/人·年	6 979	6 883
露天采矿钻机效率	米/台	14 027	14 473
露天采矿汽车效率	万吨/台·年	54	
露天采矿电机车效率	万吨、公里/台	72.09	
露天采矿采剥比	吨/吨	2.87	2.30
坑下采矿采出矿石品位	%	37.05	36.99
坑下采矿输出矿石合格率	%	94.78	94.08
坑下采矿炸药消耗	公斤/万吨	5 585	5 699
坑下采矿木材消耗	立方米/万吨	6.07	8.39
坑下采矿电力消耗	千瓦小时/吨	22.14	22.56
坑下采矿全员实物劳动生产率	吨/人	360	348
坑下采矿工人实物劳动生产率	吨/人	490	496
坑下采矿凿岩机采矿效率	米/台班	24.71	24.28
坑下采矿凿岩机掘进效率	米/台班	0.49	0.52
坑下采矿电机车效率	吨/台班·年	135.17	141.94
坑下采矿万吨掘进量	米/万吨	82.11	83.93
铁精粉品位	%	62.93	62.89
尾矿品位	%	11.22	11.33
选矿金属实际回收率	%	76.11	76.22
选矿钢球消耗	公斤/吨	1.28	1.30
选矿电力消耗	千瓦小时/吨	26.63	27.09
选矿比	倍	2.69	2.67
选矿全员实物劳动生产率	吨/人	2 381	2 278
选矿工人实物劳动生产率	吨/人	3 206	3 116
磨矿机利用系数	吨/立方米、台时	2.96	2.96
烧结铁矿合格率	%	91.54	90.05
烧结铁矿平均品位	%	52.27	52.17
烧结铁矿工人实物劳动生产率	吨/人·年	2 327	2 075
烧结机有效面积利用系数	吨/平方米、台时	1.355	1.35

建筑材料及其他非金属矿采选业主要经济指标

指　　标	计算单位	1988年	1987年	指　　标	计算单位	1988年	1987年
一、企业单位数	个	9 971	10 092	八、主要财务指标			
其中：亏损企业	个	842	1 191	固定资产原值	亿元	65.88	54.05
二、年末职工人数	万人	92.49	92.87	固定资产净值	亿元	45.91	36.63
三、固定资产投资	亿元	9.10	7.83	流动资金年末占用数	亿元	29.69	24.32
四、工业总产值	亿元	63.02	47.66	产品销售收入	亿元	55.81	42.44
五、工业净产值	亿元	25.82	20.10	亏损企业亏损总额	亿元	0.61	0.62
六、全员劳动生产率	元/人·年	5 738	4 766	利润总额	亿元	6.19	4.12
七、主要产品产量				利润和税金总额	亿元	9.08	6.28
耐火粘土成品矿	万吨	459.12	423.31	企业留利	亿元	2.79	1.78
硫铁矿生产量（折含硫35%）	万吨	1 119.26	1 087.00	每百元固定资产原值实现产值	元	95.65	88.18
其中：全民所有制企业	万吨	760.55	747.6	每百元固定资产原值实现利税	元	13.78	11.61
硫铁矿运出量（折含硫35%）	万吨	1 068.97	993.89	每百元工业总产值占用流动资金	元	21.35	24.16
其中：全民所有制企业	万吨	749.93	698.02	每百元销售收入实现利润	元	11.09	9.71
磷矿石生产量（折含$P_2O_5$30%）	万吨	1 823.66	1 516.54	资金利税率	%	15.30	13.04
其中：全民所有制企业	万吨	809.98	698.38	产值利税率	%	14.41	13.17
磷矿石运出量（折含$P_2O_5$30%）	万吨	1 807.75	1 526.32	固定资产折旧率	%	5.01	5.06
其中：全民所有制企业	万吨	852.70	717.97	平均每一职工占有的固定资产	元	7 288	5 921
硼矿（折$B_2O_3$12%）	万吨	78.56	63.60	平均每一职工创造的工业净产值	元	2 856	2 202
石棉	万吨	15.75	14.47	平均每一职工创造的利润和税金	元	1 004	688
石膏	万吨	933.04	695.2	平均每一职工上交的利税费	元	508	410
石墨	万吨	35.57	29.66	平均每一职工占有的企业留利	元	308	195
滑石	万吨	163.00	120.44	九、主要技术经济指标			
工业原料云母	吨	986	1 257	磷矿石精矿品位	%	29.43	29.09
铸石	万吨	5.25	4.38				

采盐业主要经济指标

指　　标	计算单位	1988年	1987年	指　　标	计算单位	1988年	1987年
一、企业单位数	个	605	607	每百元固定资产原值实现利税	元	16.80	17.53
其中：亏损企业	个	30	67	每百元工业总产值占用流动资金	元	18.47	20.30
二、年末职工人数	万人	23.74	23.35	每百元销售收入实现利润	元	16.32	14.82
三、固定资产投资	亿元	4.56	3.22	资金利税率	%	18.76	19.98
四、工业总产值	亿元	31.30	23.65	产值利税率	%	16.62	19.49
五、工业净产值	亿元	20.17	15.9	固定资产折旧率	%	4.53	4.34
六、全员劳动生产率	元/人·年	11 515	9 477	平均每一职工占有的固定资产	元	13 151	11 436
七、主要产品产量				平均每一职工创造的工业净产值	元	8 568	6 914
原盐	万吨	2 263.72	1 764.47	平均每一职工创造的利润和税金	元	2 210	2 004
其中：乡村工业产量	万吨	274.54	176.75	平均每一职工上交的利税费	元	1 297	1 506
八、主要财务指标				平均每一职工占有的企业留利	元	578	431
固定资产原值	亿元	30.95	26.3	九、主要技术经济指标			
固定资产净值	亿元	21.95	18.27	原盐优等、一等品率	%	88.4	87.2
流动资金年末占用数	亿元	10.75	7.99	原盐工人实物劳动生产率	吨/人·年	216.96	188.45
产品销售收入	亿元	19.74	16.23				
亏损企业亏损总额	亿元	0.14	0.16				
利润总额	亿元	3.22	2.41				
利润和税金总额	亿元	5.20	4.61				
企业留利	亿元	1.36	0.99				
每百元固定资产原值实现产值	元	101.13	89.91				

木材及竹材采运业主要经济指标

指　　标	计算单位	1988年	1987年
一、企业单位数	个	1 154	1 337
其中：亏损企业	个	65	77
二、年末职工人数	万人	116.24	118.78
三、固定资产投资	亿元	12.85	13.55
四、工业总产值	亿元	104.85	87.30
五、工业净产值	亿元	62.16	49.63
六、全员劳动生产率	元/人·年	3 671	3 646
七、主要产品产量			
木材（一本帐口径）	万立方米	6 217.55	6 407.86
原　木	万立方米	5 193.72	5 386.12
小规格材	万立方米	556.92	567.93
薪　材	万立方米	466.91	453.81
竹　材	万根	26211.29	11854.81
八、主要财务指标			
固定资产原值	亿元	129.25	118.32
固定资产净值	亿元	92.96	83.69
流动资金年末占用数	亿元	53.49	49.64
产品销售收入	亿元	112.38	102.77
亏损企业亏损总额	亿元	0.42	0.37
利润总额	亿元	14.49	13.62
利润和税金总额	亿元	23.95	22.03
企业留利	亿元	6.92	6.89
每百元固定资产原值实现产值	元	81.12	73.78
每百元固定资产原值实现利税	元	18.53	18.62

指　　标	计算单位	1988年	1987年
每百元工业总产值占用流动资金	元	21.25	23.36
每百元销售收入实现利润	元	12.89	13.25
资金利税率	%	20.78	21.16
产值利税率	%	22.84	25.23
固定资产折旧率	%	3.62	3.15
平均每一职工占有的固定资产	元	11 453	10 353
平均每一职工创造的工业净产值	元	5 508	4 343
平均每一职工创造的利润和税金	元	2 122	1 927
平均每一职工上交的利税费	元	1 567	1 479
平均每一职工占有的企业留利	元	613	603
九、主要技术经济指标			
每台集材拖拉机集材量	立方米/台	4 070	4 261
每台运材森铁机车运材量	立方米/台	24 813	27 446
每辆运材汽车运材量	立方米/辆	4 456	4 654
木材采运工人实物劳动生产率	立方米/人·年	128.7	136
贮木场原条出材率	%	90.3	90.5

自来水生产和供应业主要经济指标

指　标	计算单位	1988年	1987年	指　标	计算单位	1988年	1987年
一、企业单位数	个	2 981	2 836	原值实现利税			
其中：亏损企业	个	279	284	每百元工业总产值	元	11.28	12.66
二、年末职工人数	万人	23.42	22.14	占用流动资金			
三、固定资产投资	亿元	17.06	15.82	每百元销售收入	元	18.58	22.24
四、工业总产值	亿元	31.76	25.85	实现利润			
五、工业净产值	亿元	11.99	10.14	资金利税率	%	7.39	7.9
六、全员劳动生产率	元/人·年	10 684	9 958	产值利税率	%	21.42	24.93
七、主要产品产量				固定资产折旧率	%	3.19	3.14
自来水（供应量）	亿吨	184.27		平均每一职工占有	元	50 083	46 614
八、主要财务指标				的固定资产			
固定资产原值	亿元	113.22	100.20	平均每一职工创造	元	5 305	4 718
固定资产净值	亿元	88.49	78.31	的工业净产值			
流动资金年末	亿元	13.62	12.06	平均每一职工创造	元	3 010	2 998
占用数				的利润和税金			
产品销售收入	亿元	31.12	25.13	平均每一职工上交	元	1 646	1 520
亏损企业亏损总额	亿元	0.69	0.41	的利税费			
利润总额	亿元	5.78	5.59	平均每一职工占有	元	1 304	1 264
利润和税金总额	亿元	6.81	6.44	的企业留利			
企业留利	亿元	2.95	2.72	九、主要技术经济指标			
每百元固定资产	元	28.06	25.80	管网水质综合合格率	%		
原值实现产值				工业用水重复利用	%		
每百元固定资产	元	6.01	6.43	率			

食品制造业主要经济指标(一)

指　　标	计算单位	1988年	1987年
一、企业单位数	个	42 775	43 664
其中：亏损企业	个	4 403	5 958
二、年末职工人数	万人	350.55	345.29
三、固定资产投资	亿元	56.00	45.88
四、工业总产值	亿元	1 038.50	806.36
五、工业净产值	亿元	166.98	131.33
六、全员劳动生产率	元/人·年	22 130	20 167
七、主要产品产量			
食用植物油	万吨	480.05	478.03
糖	万吨	461.16	505.58
干蛋品	吨	1 723	1 186
乳制品	吨	295 295	272 173
罐　头	万吨	220.91	161.52
味　精	吨	179 556	128 228
柠檬酸	吨	71 333	48 223
八、主要财务指标			
固定资产原值	亿元	406.27	346.15
固定资产净值	亿元	308.46	263.84
流动资金年末占用数	亿元	345.33	245.61
产品销售收入	亿元	985.48	753.18
亏损企业亏损总额	亿元	5.36	6.02
利润总额	亿元	56.68	42.08
利润和税金总额	亿元	84.44	68.23
企业留利	亿元	22.58	17.67
每百元固定资产原值实现产值	元	255.62	232.95
每百元固定资产原值实现利税	元	20.79	19.71

食品制造业主要经济指标(二)

指标	计算单位	1988年	1987年
每百元工业总产值占用流动资金	元	15.87	15.71
每百元销售收入实现利润	元	5.75	5.59
资金利税率	%	17.84	17.47
产值利税率	%	8.13	8.46
固定资产折旧率	%	4.75	4.55
平均每一职工占有的固定资产	元	12 304	10 693
平均每一职工创造的工业净产值	元	5 057	4 057
平均每一职工创造的利润和税金	元	2 557	2 108
平均每一职工上交的利税费	元	1 429	1 405
平均每一职工占有的企业留利	元	684	546
九、主要技术经济指标			
菜籽出油率	%	32.31	33.03
大豆出油率	%	11.72	12.47
棉籽出油率	%	13.74	13.85
花生出油率	%	39.25	40.24
芝麻出油率	%	43.85	43.61
甘蔗产糖率	%	10.6	11.1
甘蔗糖成品合格率	%	97.3	97.7
甜菜产糖率	%	11.3	11.9
甜菜糖成品合格率	%	91.5	92.1
每百吨甘蔗糖耗用标准煤	吨	6.9	6.9
每百吨甜菜糖耗用标准煤	吨	9.6	8.8
甘蔗糖工人实物劳动生产率	吨/人·年	30.67	34.21
甜菜糖工人实物劳动生产率	吨/人·年	20.49	20.24
出口罐头合格率（硬包装罐头）	%	97.3	97
罐头工人实物劳动生产率	吨/人·年	7.69	6.55

饮料制造业主要经济指标

指　　标	计算单位	1988年	1987年
一、企业单位数	个	14 406	14 706
其中：亏损企业	个	2 752	3 272
二、年末职工人数	万人	130.30	123.42
三、固定资产投资	亿元	37.94	40.33
四、工业总产值	亿元	306.60	228.60
五、工业净产值	亿元	98.91	68.78
六、全员劳动生产率	元/人·年	15 974	14 013
七、主要产品产量			
饮料酒(混合量)	万吨	1 357.29	1 194.61
其中：啤　酒	万吨	656.43	540.43
无酒精饮料	万吨	315.35	246.64
八、主要财务指标			
固定资产原值	亿元	180.83	141.36
固定资产净值	亿元	146.18	114.63
流动资金年末占用数	亿元	193.28	148.99
产品销售收入	亿元	306.90	231.74
亏损企业亏损总额	亿元	2.77	2.34
利润总额	亿元	19.87	13.22
利润和税金总额	亿元	62.90	43.25
企业留利	亿元	6.53	4.73
每百元固定资产原值实现产值	元	169.55	161.72
每百元固定资产原值实现利税	元	34.78	30.60
每百元工业总产值占用流动资金	元	38.25	41.00
每百元销售收入实现利润	元	6.48	5.70
资金利税率	%	23.88	20.76
产值利税率	%	20.52	18.92
固定资产折旧率	%	4.92	4.72
平均每一职工占有的固定资产	元	14 169	11 755
平均每一职工创造的工业净产值	元	7 750	5 719
平均每一职工创造的利润和税金	元	4 929	3 596
平均每一职工上交的利税费	元	4 088	3 401
平均每一职工占有的企业留利	元	512	393
九、主要技术经济指标			
啤酒合格率	%	98.2	98
每吨啤酒耗麦芽	公斤	135	133
每吨啤酒耗大米(或杂粮)	公斤	60	62
每吨啤酒耗标准煤	公斤	178	175
啤酒工人实物劳动生产率	吨/人·年	81.68	64.27

烟草加工业主要经济指标

指　　　标	计算单位	1988年	1987年
一、企业单位数	个	298	304
其中：亏损企业	个	68	47
二、年末职工人数	万人	28.43	26.7
三、固定资产投资	亿元	20.38	13.49
四、工业总产值	亿元	367.98	277.12
五、工业净产值	亿元	222.24	170.74
六、全员劳动生产率	元/人·年	90 483	81 589
七、主要产品产量			
卷　烟	万箱	3 096.30	2 881.03
八、主要财务指标			
固定资产原值	亿元	53.27	41.97
固定资产净值	亿元	45.02	35.26
流动资金年末占用数	亿元	143.34	84.04
产品销售收入	亿元	369.12	281.20
亏损企业亏损总额	亿元	2.01	0.24
利润总额	亿元	5.69	6.15
利润和税金总额	亿元	209.91	164.15
企业留利	亿元	3.09	3.29
每百元固定资产原值实现产值	元	690.82	660.31
每百元固定资产原值实现利税	元	394.08	391.13
每百元工业总产值占用流动资金	元	18.28	18.03
每百元销售收入实现利润	元	1.54	2.19
资金利税率	%	186.95	192.65
产值利税率	%	57.04	59.23
固定资产折旧率	%	4.28	4.13
平均每一职工占有的固定资产	元	19 842	16 676
平均每一职工创造的工业净产值	元	82 781	67 844
平均每一职工创造的利润和税金	元	78 192	65 225
平均每一职工上交的利税费	元	79 803	68 996
平均每一职工占有的企业留利	元	1 152	1 309
九、主要技术经济指标			
卷烟合格率	%	88.3	88.9
每箱卷烟耗烟叶量	公斤	54.1	55.2
每箱卷烟耗标准煤	公斤	20.3	20.0
卷烟工人实物劳动生产率	箱/人·年	197.1	174.0

饲料工业主要经济指标

指　　标	计算单位	1988年	1987年	指　　标	计算单位	1988年	1987年
一、企业单位数	个	3 878	3 643	每百元工业总产	元	12.62	14.50
其中：亏损企业	个	172	286	值占用流动资金			
二、年末职工人数	万人	14.04	11.98	每百元销售收入	元	6.02	7.18
三、固定资产投资	亿元	4.63	3.95	实现利润			
四、工业总产值	亿元	88.59	51.09	资金利税率	%	22.93	21.04
五、工业净产值	亿元	10.98	6.59	产值利税率	%	6.99	7.78
六、全员劳动生产率	元/人·年	51 017	40 813	固定资产折旧率	%	4.90	4.68
七、主要产品产量				平均每一职工占	元	13 687	11 458
配混合饲料	万吨	2 014.23	1 889.04	有的固定资产			
八、主要财务指标				平均每一职工创	元	8 152	5 690
固定资产原值	亿元	18.44	13.28	造的工业净产值			
固定资产净值	亿元	15.81	11.48	平均每一职工创	元	4 594	3 429
流动资金年末占	亿元	24.62	15.33	造的利润和税金			
用数				平均每一职工上	元	1 205	772
产品销售收入	亿元	89.42	50.14	交的利税费			
亏损企业亏损总	亿元	0.06	0.06	平均每一职工占	元	2 379	1 870
额				有的企业留利			
利润总额	亿元	5.38	3.60	九、主要技术经济			
利润和税金总额	亿元	6.19	3.97	指标			
企业留利	亿元	3.21	2.17	配混合饲料：			
每百元固定资产	元	480.40	384.73	工人实物劳动生	吨/人·年	308	280
原值实现产值				产率			
每百元固定资产	元	33.57	29.93	单位产品耗电量	度/吨	10.33	10.12
原值实现利税				单位产品加工成本	元/吨	31.74	26.74
				原料损耗率	%	1.18	

纺织业主要经济指标(一)

指　　标	计算单位	1988年	1987年
一、企业单位数	个	24 017	23 026
其中：亏损企业	个	3 381	3 842
二、年末职工人数	万人	896.32	345.29
三、固定资产投资	亿元	109.47	73.24
四、工业总产值	亿元	1 728.16	1 373.49
五、工业净产值	亿元	407.33	321.83
六、全员劳动生产率	元/人·年	17 233	16 417
七、主要产品产量			
纱	万吨	465.73	436.81
其中：纯棉纱	万吨	343.05	311.74
布	亿米	187.86	173.05
其中：纯棉布	亿米	118.74	107.65
针棉织品(折用棉纱线量)	万吨	100.64	87.82
毛　巾	亿条	25.04	20.42
袜　子	万双	123 313	117 902
毛　线	万吨	22.50	20.47
其中：纯　毛	万吨	4.83	3.64
呢　绒	万米	28 609	26 537
其中：纯毛织品	万米	8 558	8 798
毛　毯	万条	3 515.58	3 018.53
麻　袋	万条	93 054	85 914
丝	吨	50 972	51 864
丝织品	万米	168 654	160 223
八、主要财务指标			
固定资产原值	亿元	740.43	613.34
固定资产净值	亿元	547.17	451.18
流动资金年末占用数	亿元	729.04	571.07
产品销收售入	亿元	1 587.03	1 258.19
亏损企业亏损总额	亿元	5.01	4.84
利润总额	亿元	120.72	99.98
利润和税金总额	亿元	193.85	158.37
企业留利	亿元	41.22	34.31
每百元固定资产原值实现产值	元	233.40	223.94
每百元固定资产原值实现利税	元	26.18	25.82
每百元工业总产值占用流动资金	元	24.54	25.33
每百元销售收入实现利润	元	7.61	7.95
资金利税率	%	19.96	19.80

纺织业主要经济指标(二)

指　　标	计算单位	1988年	1987年
产值利税率	%	11.22	11.53
固定资产折旧率	%	5.14	4.96
平均每一职工占有的固定资产	元	8 645	7 595
平均每一职工创造的工业净产值	元	4 756	3 985
平均每一职工创造的利润和税金	元	2 263	1 961
平均每一职工上交的利税费	元	1 310	1 234
平均每一职工占有的企业留利	元	481	425
九、主要技术经济指标			
纱一等一级以上品率	%	99.09	98.82
布入库一等品率	%	96.25	95.78
印染布入库一等品率	%	85.57	84.56
精纺毛织品入库一等品率	%	92.16	90.87
毛线入库一等品率	%	93.99	93.95
桑蚕丝正品率	%	98.84	98.99
丝织品入库一等品率	%	81.54	82.00
纱通扯净用棉量(包括化纤)	公斤/吨	1 070	1 068
棉纱耗电	千瓦小时/吨	1 969	1 946
棉布用纱量	公斤/百米	16.29	16.70
棉布耗电	千瓦小时/百米	23.69	23.44
印染布耗碱	公斤/百米	1.83	1.84
印染布耗标准煤	公斤/百米	42.59	43.33
棉纱工人实物劳动生产率	吨/工	29.64	29.58
棉布工人实物劳动生产率	万米/工	95.11	94.64
每千锭时平均产纱量(混合数)	公斤	22.24	22.48
棉纺锭设备利用率	%	96.09	99.45
棉布织机每台时产量(混合数)	米	3.53	3.57
棉布织机设备利用率	%	94.17	96.84
棉布织机设备运转率	%	93.58	93.85
毛线精纺锭千锭时产量	公斤	54.87	55.67
精梳毛织机每台时产量	米	2.02	2.08
粗梳毛织机每台时产量	米	2.61	2.63
提花毛毯织机每台时产量	米	1.18	1.20
麻袋织机每台时产量	米	23.40	23.76
苎麻织机每台时产量	米	2.32	2.64
丝织机每台时产量	米	2.09	2.07

缝纫业主要经济指标

指　　标	计算单位	1988年	1987年
一、企业单位数	个	18 017	18 965
其中：亏损企业	个	2 535	3 262
二、年末职工人数	万人	216.72	217.58
三、固定资产投资	亿元	2.68	2.17
四、工业总产值	亿元	285.98	227.51
五、工业净产值	亿元	73.61	61.30
六、全员劳动生产率	元/人·年	13 276	11 162
七、主要产品产量			
服　装	亿件	29.11	23.00
其中：革皮服装	万件	934.33	
毛皮服装	万件	387.95	
布　鞋	万双	70 817	
八、主要财务指标			
固定资产原值	亿元	79.95	65.18
固定资产净值	亿元	58.71	48.13
流动资金年末占用数	亿元	140.43	112.53
产品销售收入	亿元	255.79	203.60
亏损企业亏损总额	亿元	1.41	1.37
利润总额	亿元	15.43	11.96
利润和税金总额	亿元	25.61	20.27
企业留利	亿元	5.66	4.17
每百元固定资产原值实现产值	元	357.71	349.04
每百元固定资产原值实现利税	元	32.03	31.30
每百元工业总产值占用流动资金	元	28.03	29.25
每百元销售收入实现利润	元	6.03	5.87
资金利税率	%	18.44	17.67
产值利税率	%	8.95	8.91
固定资产折旧率	%	6.34	6.21
平均每一职工占有的固定资产	元	3 815	3 100
平均每一职工创造的工业净产值	元	3 512	2 915
平均每一职工创造的利润和税金	元	1 222	964
平均每一职工上交的利税费	元	692	600
平均每一职工占有的企业留利	元	270	198
九、主要技术经济指标			
内销成衣服装合格率	%	98.95	99.46
出口服装合格率	%	99.67	99.49
布鞋合格率	%	97.95	98.14

皮革、毛皮及其制品业主要经济指标

指　　标	计算单位	1988年	1987年
一、企业单位数	个	7 929	7 990
其中：亏损企业	个	1 119	1 345
二、年末职工人数	万人	98.53	97.58
三、固定资产投资	亿元	4.67	3.08
四、工业总产值	亿元	150.20	119.84
五、工业净产值	亿元	34.07	30.21
六、全员劳动生产率	元/人·年	12 175	10 741
七、主要产品产量			
鞣制皮革（折合牛皮）	万张	5 226.67	5 667.7
轻　革	万平方米	12 364	13 127
重　革	万吨	4.30	3.45
皮　鞋	万双	34 720	30 910
八、主要财务指标			
固定资产原值	亿元	51.96	43.39
固定资产净值	亿元	37.57	31.16
流动资金年末占用数	亿元	93.16	73.13
产品销售收入	亿元	138.28	109.71
亏损企业亏损总额	亿元	1.10	0.71
利润总额	亿元	6.97	6.96
利润和税金总额	亿元	12.23	11.95
企业留利	亿元	2.47	2.42
每百元固定资产原值实现产值	元	289.09	276.17
每百元固定资产原值实现利税	元	23.54	27.54
每百元工业总产值占用流动资金	元	37.50	37.22
每百元销售收入实现利润	元	5.04	6.34
资金利税率	%	13.03	15.78
产值利税率	%	8.14	9.97
固定资产折旧率	%	5.75	5.64
平均每一职工占有的固定资产	元	5 379	4 580
平均每一职工创造的工业净产值	元	3 527	3 188
平均每一职工创造的利润和税金	元	1 266	1 261
平均每一职工上交的利税费	元	773	823
平均每一职工占有的企业留利	元	256	256
九、主要技术经济指标			
重革合格率	%	99.5	99.5
轻革合格率	%	98.7	98.3
每吨重革耗牛皮	吨	0.94	0.92
每平方米轻革耗牛皮	公斤	2.69	2.57
每吨重革耗栲胶	吨	0.73	0.75
内销皮鞋合格率	%	98.7	99.1
出口皮鞋合格率	%	99.7	99.8
每万双胶粘皮鞋耗橡胶	吨	1.12	1.17

木材加工及竹、藤、棕、草制品业主要经济指标

指　　标	计算单位	1988年	1987年	指　　标	计算单位	1988年	1987年
一、企业单位数	个	11 000	10 989	每百元固定资产原值实现利税	元	19.34	19.65
其中：亏损企业	个	1 043	1 314				
二、年末职工人数	万人	85.32	84.14	每百元工业总产值占用流动资金	元	27.44	26.74
三、固定资产投资	亿元	5.29	4.29				
四、工业总产值	亿元	100.19	80.22	每百元销售收入实现利润	元	7.43	8.11
五、工业净产值	亿元	26.37	22.21				
六、全员劳动生产率	元/人·年	8 321	7 253	资金利税率	%	16.29	17.06
七、主要产品产量				产值利税率	%	11.69	12.48
锯　材	万立方米	1 468.42	1 471.91	固定资产折旧率	%	5.12	5.12
人造板	万立方米	289.88	247.66	平均每一职工占有的固定资产	元	7 452	6 339
其中：胶合板	万立方米	82.69	77.63				
木质纤维板	万立方米	148.41	120.65	平均每一职工创造的工业净产值	元	3 243	2 764
刨花板	万立方米	48.31	37.78				
八、主要财务指标				平均每一职工创造的利润和税金	元	1 441	1 246
固定资产原值	亿元	60.58	50.93				
固定资产净值	亿元	44.43	37.22	平均每一职工上交的利税费	元	869	830
流动资金年末占用数	亿元	51.80	40.95				
				平均每一职工占有的企业留利	元	381	351
产品销售收入	亿元	99.61	81.21				
亏损企业亏损总额	亿元	0.71	0.49	九、主要技术经济指标			
				锯材出材率	%	67.9	67.5
利润总额	亿元	7.40	6.59	胶合板一、二等品率	%	83.7	85.9
利润和税金总额	亿元	11.72	10.01				
企业留利	亿元	3.09	2.82	木质纤维板一、二等品率	%	87.0	84.8
每百元固定资产原值实现产值	元	165.40	157.50				

家具制造业主要经济指标

指　　标	计算单位	1988年	1987年
一、企业单位数	个	10 891	11 383
其中：亏损企业	个	1 222	1 580
二、年末职工人数	万人	67.53	70.35
三、固定资产投资	亿元	1.86	1.22
四、工业总产值	亿元	77.00	62.41
五、工业净产值	亿元	21.57	18.26
六、全员劳动生产率	元/人·年	10 814	8 702
七、主要产品产量			
家　　具	亿元	68.14	52.52
	万件	16 584	14 485
其中：木制家具	万件	9 529	7 055
钢木家具	万件	3 571	3 406
八、主要财务指标			
固定资产原值	亿元	33.11	29.61
固定资产净值	亿元	23.20	21.10
流动资金年末占用数	亿元	43.10	35.47
产品销售收入	亿元	71.01	56.04
亏损企业亏损总额	亿元	0.39	0.40
利润总额	亿元	4.00	3.18
利润和税金总额	亿元	7.16	5.93
企业留利	亿元	1.59	1.27
每百元固定资产原值实现产值	元	232.59	210.76
每百元固定资产原值实现利税	元	21.62	20.01
每百元工业总产值占用流动资金	元	32.21	33.70
每百元销售收入实现利润	元	5.63	5.68
资金利税率	%	14.91	14.06
产值利税率	%	9.29	9.50
固定资产折旧率	%	5.79	5.72
平均每一职工占有的固定资产	元	5 034	4314
平均每一职工创造的工业净产值	元	3 280	2661
平均每一职工创造的利润和税金	元	1 088	863
平均每一职工上交的利税费	元	642	548
平均每一职工占有的企业留利	元	242	185
九、主要技术经济指标			
木家具一次合格率	%	95.0	97.4
木家具板材利用率	%	61.11	61.0
木材综合利用率	%	53.25	52.6
金属家具合格率	%	98.2	97.3
金属家具钢材利用率	%	89.6	89.9

造纸及纸制品业主要经济指标(一)

指　　　标	计算单位	1988年	1987年
一、企业单位数	个	10 182	9 762
其中：亏损企业	个	1 643	1 750
二、年末职工人数	万人	156.96	149.19
三、固定资产投资	亿元	25.95	18.58
四、工业总产值	亿元	309.91	228.89
五、工业净产值	亿元	83.82	62.77
六、全员劳动生产率	元/人·年	14 758	13 322
七、主要产品产量			
纸　　浆	万吨	1 143.54	694.49
生打纸浆	万吨	270.95	174.06
机制纸及纸板	万吨	1 270.26	1 141.07
机制纸	万吨	746.41	661.76
其中：新闻纸	万吨	34.22	36.55
凸版纸	万吨	76.45	75.35
书写纸	万吨	33.26	38.91
有光纸	万吨	33.82	41.26
纸袋纸	万吨	53.66	48.79
牛皮纸	万吨	23.93	17.22
机制纸板	万吨	518.13	479.31
其中：油毯原纸	万吨	23.29	22.15
包装纸板	万吨	246.61	235.39
八、主要财务指标			
固定资产原值	亿元	170.16	144.04
固定资产净值	亿元	119.70	100.24
流动资金年末占用数	亿元	108.30	81.18
产品销售收入	亿元	301.11	223.99
亏损企业亏损总额	亿元	1.20	1.04

造纸及纸制品业主要经济指标(二)

指　　标	计算单位	1988年	1987年
利润总额	亿元	26.06	18.60
利润和税金总额	亿元	47.47	36.02
企业留利	亿元	9.20	6.10
每百元固定资产原值实现产值	元	182.13	158.91
每百元固定资产原值实现利税	元	27.90	25.00
每百元工业总产值占用流动资金	元	18.47	19.87
每百元销售收入实现利润	元	8.65	8.30
资金利税率	%	26.83	24.71
产值利税率	%	15.32	15.73
固定资产折旧率	%	5.30	4.98
平均每一职工占有的固定资产	元	11 201	10 058
平均每一职工创造的工业净产值	元	5 518	4 384
平均每一职工创造的利润和税金	元	3 125	2 515
平均每一职工上交的利税费	元	2 097	1 925
平均每一职工占有的企业留利	元	605	426
九、主要技术经济指标			
机制纸及纸板成品率	%	93.0	92.30
其中：新闻纸成品率	%	94.1	91.90
凸板纸成品率	%	90.1	89.80
每吨本色化学木浆用碱	公斤	463	473
每吨漂白稻麦草浆用碱	公斤	318	324
每吨甘蔗渣浆用碱	公斤	275	279
每吨本色化学木浆耗木材	立方米	4.69	4.66
每吨机械木浆耗木材	立方米	2.56	2.59
每吨机械木浆耗电	千瓦小时	1 588	1 544
每吨新闻纸耗电	千瓦小时	565	559
机制纸及纸板工人实物劳动生产率	吨/人·年	19.75	19.01

印刷业主要经济指标

指标	计算单位	1988年	1987年
一、企业单位数	个	10 732	10 538
其中：亏损企业	个	807	907
二、年末职工人数	万人	101.71	100.72
三、固定资产投资	亿元	5.48	6.07
四、工业总产值	亿元	138.56	111.93
五、工业净产值	亿元	40.69	34.68
六、全员劳动生产率	元/人·年	11 519	10 051
七、主要产品产量			
书刊印刷	万令	57 656	
胶印印刷（彩色印刷）	万对开色令	68 228	
八、主要财务指标			
固定资产原值	亿元	85.21	76.69
固定资产净值	亿元	60.89	55.72
流动资金年末占用数	亿元	60.54	46.98
产品销售收入	亿元	118.08	93.24
亏损企业亏损总额	亿元	0.34	0.27
利润总额	亿元	14.08	12.97
利润和税金总额	亿元	19.63	17.50
企业留利	亿元	5.22	5.03
每百元固定资产原值实现产值	元	162.61	145.95
每百元固定资产原值实现利税	元	23.04	22.82
每百元工业总产值占用流动资金	元	25.81	24.88
每百元销售收入实现利润	元	11.93	13.91
资金利税率	%	20.31	20.94
产值利税率	%	14.17	15.63
固定资产折旧率	%	5.31	5.06
平均每一职工占有的固定资产	元	8 496	7 761
平均每一职工创造的工业净产值	元	4 057	3 509
平均每一职工创造的利润和税金	元	1 957	1 771
平均每一职工上交的利税费	元	1 084	971
平均每一职工占有的企业留利	元	521	509
九、主要技术经济指标			
实物劳动生产率			
书刊排字	字/工日	2 248	
照像排字	字/工日	2 630	
书刊印刷	令/工日	3.97	
胶印印书	令/工日	6.70	
胶印印刷	色令/工日	5.33	5.7
书刊装订	令/工日	2.76	2.73

文教体育用品制造业主要经济指标

指标	计算单位	1988年	1987年
一、企业单位数	个	3 897	3 943
其中：亏损企业	个	453	425
二、年末职工人数	万人	46.17	47.20
三、固定资产投资	亿元	3.10	1.67
四、工业总产值	亿元	66.87	58.49
五、工业净产值	亿元	21.08	19.47
六、全员劳动生产率	元/人·年	13 491	12 162
七、主要产品产量			
自来水笔	万支	24 578	21 657
圆珠笔	万支	35 192	33 921
铅笔	亿支	38.18	36.76
皮制兰、排、足球	万个	468.96	474.3
乒乓球	万个	32 480	26 877
钢琴	架	68 119	47 747
电子琴	万架	34.91	48.82
中乐吹管乐器	万支	131.50	166.37
八、主要财务指标			
固定资产原值	亿元	25.03	21.44
固定资产净值	亿元	17.56	15.38
流动资金年末占用数	亿元	33.94	26.69
产品销售收入	亿元	63.27	55.66
亏损企业亏损总额	亿元	0.27	0.16
利润总额	亿元	6.62	6.54
利润和税金总额	亿元	10.14	10.28
企业留利	亿元	2.33	2.24
每百元固定资产原值实现产值	元	267.17	272.77
每百元固定资产原值实现利税	元	40.50	47.92
每百元工业总产值占用流动资金	元	29.30	26.13
每百元销售收入实现利润	元	10.47	11.75
资金利税率	%	27.28	33.51
产值利税率	%	15.16	17.57
固定资产折旧率	%	6.08	5.62
平均每一职工占有的固定资产	元	5 569	4 674
平均每一职工创造的工业净产值	元	4 691	4 244
平均每一职工创造的利润和税金	元	2 256	2 240
平均每一职工上交的利税费	元	1 364	1 445
平均每一职工占有的企业留利	元	519	488
九、主要技术经济指标			
每万只铅笔耗原木	立方米	0.34	0.34
密缝球一级品率	%	50.4	37.5
每万个乒乓球耗赛璐珞片	千克	40.15	39.81
绘图仪器一级品率	%	88.9	94.2
皮制篮球合格率	%	99.5	99.2
皮制排球合格率	%	98.1	99.1
皮制足球合格率	%	99.2	98.7
每万个皮制球耗皮革	平方米	2 067	2 189
钢琴一次合格率	%	96.6	96.5
百架钢琴耗木材	立方米	73.32	76.69

工艺美术品制造业主要经济指标

指标	计算单位	1988年	1987年	指标	计算单位	1988年	1987年
一、企业单位数	个	10 671	10 228	每百元固定资产原值实现产值	元	335.74	321.81
其中：亏损企业	个	1 266	1 348	每百元固定资产原值实现利税	元	37.62	38.65
二、年末职工人数	万人	129.72	131.51	每百元工业总产值占用流动资金	元	29.84	29.99
三、固定资产投资	亿元	1.89	0.97	每百元销售收入实现利润	元	7.57	7.82
四、工业总产值	亿元	138.32	103.97	资金利税率	%	21.42	22.51
五、工业净产值	亿元	44.06	35.44	产值利税率	%	11.21	12.01
六、全员劳动生产率	元/人·年	10 214	8 111	固定资产折旧率	%	6.50	6.49
七、主要产品产量				平均每一职工占有的固定资产	元	3 276	2 581
雕塑工艺品	万元	36 620	34 993	平均每一职工创造的工业净产值	元	3 503	2 832
金属工艺品	万元	15 177	15 850	平均每一职工创造的利润和税金	元	1 232	998
天然植物、纤维编织工艺品	万元	74 303	72 036	平均每一职工上交的利税费	元	718	618
画类工艺品	万元	10 681	10 481	平均每一职工占有的企业留利	元	243	188
漆器工艺品	万元	11 367	9 026	九、主要技术经济指标			
刺绣工艺品	万元	151 358	121 217	出口地毯合格率	%	98.8	98.8
抽纱工艺品	万元	152 478	112 278	地毯下机一等品率	%	87.8	86.3
八、主要财务指标				每平方米手工地毯耗用色毛纱	公斤	5.52	5.09
固定资产原值	亿元	41.20	32.31	每平方米手工地毯耗用色毛纱（机拉交90道5分厚）	公斤	6.51	6.56
固定资产净值	亿元	31.09	24.30	每平方米手工地毯耗用棉纱	公斤	1.53	1.56
流动资金年末占用数	亿元	72.44	53.30	K黄金损耗率	%	0.89	0.42
产品销售收入	亿元	119.76	91.64				
亏损企业亏损总额	亿元	0.50	0.34				
利润总额	亿元	9.07	7.17				
利润和税金总额	亿元	15.50	12.49				
企业留利	亿元	3.05	2.35				

电力、蒸气、热水生产和供应业主要经济指标(一)

指　　　　标	计算单位	1988年	1987年
一、企业单位数	个	11 293	11 407
其中：亏损企业	个	1 392	1 397
二、年末职工人数	万人	145.63	136.34
三、固定资产投资	亿元	279.89	235.54
四、工业总产值	亿元	431.19	362.27
五、工业净产值	亿元	173.65	157.62
六、全员劳动生产率	元/人·年	24 293	23 775
七、主要产品产量			
发电量	亿千瓦小时	5 452.08	4 972.66
水　　电	亿千瓦小时	1 091.52	1 000.07
火　　电	亿千瓦小时	4 360.56	3 972.59
在总计中：			
乡村办电站发电量	亿千瓦小时	109.14	94.91
在总计中：			
500千瓦及以上电厂	亿千瓦小时	5 347.08	4 883.82
水　　电	亿千瓦小时	1 023.36	936.80
火　　电	亿千瓦小时	4 323.72	3 947.02
蒸气供热量	万百万千焦	27 612	11 076.23
八、主要财务指标			
固定资产原值	亿元	1 268.61	1 107.09
固定资产净值	亿元	909.01	796.26
流动资金年末占用数	亿元	119.76	102.82
产品销售收入	亿元	515.10	457.33
亏损企业亏损总额	亿元	7.09	2.70
利润总额	亿元	56.52	64.04

电力、蒸气、热水生产和供应业主要经济指标(二)

指　　　　标	计算单位	1988年	1987年
利润和税金总额	亿元	130.91	136.14
企业留利	亿元	14.59	13.15
每百元固定资产原值实现产值	元	33.99	32.72
每百元固定资产原值实现利税	元	10.32	12.30
每百元工业总产值占用流动资金	元	6.87	7.67
每百元销售收入实现的利润	元	10.97	14.00
资金利税率	%	13.95	16.52
产值利税率	%	30.36	37.58
固定资产折旧率	%	3.69	3.43
平均每一职工占有的固定资产	元	89 927	84 023
平均每一职工创造的工业净产值	元	12 309	11 963
平均每一职工创造的利润和税金	元	9 279	10 332
平均每一职工上交的利税费	元	8 066	8 948
平均每一职工占有的企业留利	元	1 034	998
九、主要技术经济指标			
周波合格率	%	97.68	97.87
发电用标准煤耗(6 000千瓦以上)	克/千瓦小时	397	398
供电用标准煤耗(6 000千瓦以上)	克/千瓦小时	431	432
发电厂用电率(6 000千瓦以上)	%	6.60	6.66
水电厂用电率	%	0.34	0.31
火电厂用电率	%	7.94	7.88
线路损失率 (500千瓦以上)	%	8.18	8.48
发电设备容量平均利用小时(500千瓦以上)	小时	5 313	5 392
水电发电设备平均利用小时	小时	3 710	3 771
火电发电设备平均利用小时	小时	5 907	6 011

石油加工业主要经济指标(一)

指　　　　标	计算单位	1988年	1987年
一、企业单位数	个	690	626
其中：亏损企业	个	41	46
二、年末职工人数	万人	39.66	36.39
三、固定资产投资	亿元	40.95	26.19
四、工业总产值	亿元	392.33	338.71
五、工业净产值	亿元	140.47	129.94
六、全员劳动生产率	元/人·年	74 541	73 862
七、主要产品产量			
原油加工量	万吨	10 160.79	9 718.35
汽　　油	万吨	1 884.75	1 712.40
溶 剂 油	万吨	46.75	49.90
煤　　油	万吨	385.17	415.53
柴　　油	万吨	2 455.29	2 338.18
润 滑 油	万吨	216.47	179.04
燃 料 油	万吨	3 186.80	3 115.34
石 脑 油	万吨	353.78	354.09
石　　蜡	万吨	66.63	62.47
石 油 焦	万吨	122.44	116.84
石油沥青	万吨	366.61	264.88
洗涤剂原料	万吨	4.40	4.30
石油添加剂	万吨	4.31	3.99
八、主要财务指标			
固定资产原值	亿元	244.57	158.57
固定资产净值	亿元	170.85	97.86
流动资金年末占用数	亿元	74.08	48.26
产品销售收入	亿元	385.68	352.94
亏损企业亏损总额	亿元	0.02	0.01

石油加工业主要经济指标(二)

指　　　　标	计算单位	1988年	1887年
利润总额	亿元	50.12	51.80
利润和税金总额	亿元	117.28	109.40
企业留利	亿元	5.68	5.25
每百元固定资产原值实现产值	元	160.41	213.61
每百元固定资产原值实现利税	元	47.95	68.99
每百元工业总产值占用流动资金	元	9.32	8.26
每百元销售收入实现利润	元	13.00	15.89
资金利税率	%	56.54	86.94
产值利税率	%	29.89	32.30
固定资产折旧率	%	4.68	5.29
平均每一职工占有的固定资产	元	63 460	45 506
平均每一职工创造的工业净产值	元	36 448	37 292
平均均一职工创造的利润和税金	元	30 431	31 395
平均每一职工上交的利税费	元	25 112	28 433
平均每一职工占有的企业留利	元	1 474	1 507
九、主要技术经济指标			
汽、煤、柴、润总收率	%	49.47	49.57
石油产品综合商品收率	%	91.83	92.11
原油加工损失率	%	1.15	0.90
燃料油收率	%	30.31	31.11
燃料油商品率	%	92.48	92.76
石油产品质量合格率	%	100	100
优质产品产值率	%	58.94	44.98
生产一吨原油耗油页岩量	吨/吨	31.26	31.42
加工原油耗电	千瓦小时/吨	44.34	41.73
加工原油耗燃料油	公斤/吨	20.53	20.02
炼油工人实物劳动生产率	吨/人·年	931.24	923

炼焦、煤气及煤制品业主要经济指标

指　　标	计算单位	1988年	1987年
一、企业单位数	个	2 235	2 038
其中：亏损企业	个	336	395
二、年末职工人数	万人	22.60	20.64
三、固定资产投资	亿元	19.09	16.42
四、工业总产值	亿元	42.00	32.89
五、工业净产值	亿元	6.58	6.09
六、全员劳动生产率	元/人·年	11 786	11 369
七、主要产品产量			
焦炭	万吨	6 108.02	5 795.12
其中：机焦	万吨	4 542.38	4 374.80
其中：冶金焦	万吨	3 932.27	3 850.00
煤气	亿立方米	64.13	29.98
八、主要财务指标			
固定资产原值	亿元	57.15	40.61
固定资产净值	亿元	45.70	31.03
流动资金年末占用数	亿元	16.01	11.06
产品销售收入	亿元	43.11	34.01
亏损企业亏损总额	亿元	3.11	1.68
利润总额	亿元	0.63	1.81
利润和税金总额	亿元	2.56	3.32
企业留利	亿元	2.40	1.77
每百元固定资产原值实现产值	元	73.50	81.01
每百元固定资产原值实现利税	元	4.53	8.17

指　　标	计算单位	1988年	1987年
每百元工业总产值占用流动资金	元	13.00	13.79
每百元销售收入实现利润	元	1.46	5.32
资金利税率	%	5.06	9.32
产值利税率	%	6.17	10.08
固定资产折旧率	%	3.58	3.88
平均每一职工占有的固定资产	元	26 040	20 523
平均每一职工创造的工业净产值	元	2 997	3 077
平均每一职工创造的利润和税金	元	1 180	1676
平均每一职工上交的利税费	元	1 607	1 624
平均每一职工占有的企业留利	元	1 095	894
九、主要技术经济指标			
冶金焦灰分	%	13.81	14.05
冶金焦硫分	%	0.68	0.7
结焦率	%	77.0	77.23
冶金焦率	%	93.51	92.42
全焦耗湿煤	千克/吨		1 400
炼焦工人实物劳动生产率	吨/人·年	1 704	1 069

化学工业主要经济指标(一)

指　　　　标	计算单位	1988年	1987年
一、企业单位数	个	17 864	16 228
其中：亏损企业	个	2 217	2 479
二、年末职工人数	万人	397.43	375.33
三、固定资产投资	亿元	178.34	132.16
四、工业总产值	亿元	1 091.91	819.28
五、工业净产值	亿元	312.01	231.59
六、全员劳动生产率	元/人·年	20 589	18 706
七、主要产品产量			
硫　　酸	万吨	1 111.30	983.29
纯　　碱	万吨	260.85	236.31
烧　　碱	万吨	300.46	273.91
合 成 氨	万吨	1 986.34	1 940.56
农用化肥	万吨	1 740.19	1 672.16
其中：氮肥	万吨	1 365.59	1 342.31
磷肥	万吨	369.22	325.88
化学农药	万吨	17.91	16.12
乙　　烯	万吨	123.21	93.72
电石(折合量)	万吨	225.56	241.16
合成洗涤剂	万吨	131.91	119.21
肥　　皂	万吨	119.46	111.81
油　　漆	万吨	87.11	82.85
染　　料	万吨	12.96	11.59
八、主要财务指标			
固定资产原值	亿元	741.94	648.96
固定资产净值	亿元	490.49	429.87
流动资金年末占用数	亿元	393.01	294.44
产品销售收入	亿元	1 057.86	799.49
亏损企业亏损总额	亿元	3.38	3.29
利润总额	亿元	107.20	78.06
利润和税金总额	亿元	202.45	150.89
企业留利	亿元	36.76	25.32
每百元固定资产原值实现产值	元	147.17	126.24
每百元固定资产原值实现利税	元	27.29	23.25
每百元工业总产值占用流动资金	元	19.85	21.50
每百元销售收入实现利润	元	10.13	9.76
资金利税率	%	28.63	24.90
产值利税率	%	18.54	18.42
固定资产折旧率	%	5.26	5.04

注：农用化肥折有效成分100%计算。

化学工业主要经济指标(二)

指　　标	计算单位	1988年	1987年
平均每一职工占有的固定资产	元	19 375	17 804
平均每一职工创造的工业净产值	元	8 148	6 354
平均每一职工创造的利润和税金	元	5 287	4 140
平均每一职工上交的利税费	元	3 477	3 043
平均每一职工占有的企业留利	元	960	695
九、主要技术经济指标			
硫酸合格率	%	100	100
纯碱(氨碱法)合格率	%	99.84	99.97
普通过磷酸钙平均有效磷含量	%	14.82	14.77
尿素合格率	%	99.85	99.82
电石平均发气量	升/公斤	296	304
电解烧碱(隔膜法液碱)合格率	%	100	100
聚氯乙烯合格率	%	99.52	99.8
合成氨耗焦白煤(入炉84%)	公斤/吨	1 297	1 346
合成氨耗电	千瓦小时/吨	1 423	1 260
电石耗焦炭	公斤/吨	558	558
电石耗电	千瓦小时/吨	3 324	3 418
电解烧碱(隔膜法液碱)耗直流电	千瓦小时/吨	2 348	2 344
电解烧碱(水银法液碱)耗直流电	千瓦小时/吨	3 217	3 238
硫酸耗硫铁矿	公斤/吨	983	992
硫酸耗电	千瓦小时/吨	102.86	105
聚氯乙烯耗电石	公斤/吨	1 409	1 468
普通过磷酸钙耗磷矿	公斤/吨	3 696	2 232
普通过磷酸钙耗硫酸	公斤/吨	2 425	2 003
硫酸工人实物劳动生产率	吨/人·年	590.05	654
纯碱(氨碱法)工人实物劳动生产率	吨/人·年	412.8	421
纯碱(联碱法)工人实物劳动生产率	吨/人·年	346.89	480
电解烧碱(隔膜液碱100%)工人实物劳动生产率	吨/人·年	238.74	278
电解烧碱(水银液碱100%)工人实物劳动生产率	吨/人·年	251.05	242
合成氨工人实物劳动生产率	吨/人·年	193.23	231
硫酸(100%)触媒容积利用系数	吨/立方米·日	3.43	3.7
纯碱(氨碱法)炭化塔容积利用系数	吨/立方米·日	0.74	0.75
纯碱(联碱法)炭化塔容积利用系数	吨/立方米·日	0.50	0.48
合成氨造气炉利用系数	立方米/立方米·日	14 271	21 810
合成氨触媒容积利用系数	立方米/立方米·日	23.56	26
尿素合成塔利用系数	吨/立方米·日	7.52	7.74

医药工业主要经济指标(一)

指　　　标	计算单位	1988年	1987年
一、企业单位数	个	2 802	2 664
其中：亏损企业	个	139	176
二、年末职工人数	万人	80.28	72.48
三、固定资产投资	亿元	24.08	12.96
四、工业总产值	亿元	289.11	207.63
五、工业净产值	亿元	80.17	57.88
六、全员劳动生产率	元/人·年	34 743	30 029
七、主要产品产量			
化学原料药	吨	207 229	180 468
其中：抗感染药类	吨	31 157	28 660
其中：普鲁卡因青霉素	吨	132.4	155
氯霉素	吨	764.7	1 000
金霉素	吨	214.8	184
四环素	吨	2 812.1	2 754
土霉素	吨	7 575.9	6 270
红霉素	吨	187.50	269.00
消化系统用药	吨	862.1	747
解热镇痛药	吨	20 973.4	18 011
其中：阿斯匹林	吨	4 650	4 165
安乃近	吨	4 882.8	5 176
维生素	吨	6 386.8	5 852
其中：A	吨	69.7	74
B_1	吨	545.3	590
B_2	吨	103.5	87
C	吨	4 578.4	4 178.0
中成药	万吨	27.48	24.15
八、主要财务指标			
固定资产原值	亿元	99.15	80.90
固定资产净值	亿元	69.56	56.37

医药工业主要经济指标(二)

指　　　　标	计算单位	1988年	1987年
流动资金年末占用数	亿元	126.66	86.03
产品销售收入	亿元	266.71	198.87
亏损企业亏损总额	亿元	0.23	0.16
利润总额	亿元	35.48	27.16
利润和税金总额	亿元	48.05	36.62
企业留利	亿元	13.49	9.67
每百元固定资产原值实现产值	元	291.58	256.64
每百元固定资产原值实现利税	元	48.46	45.26
每百元工业总产值占用流动资金	元	23.75	24.74
每百元销售收入实现利润	元	13.30	13.66
资金利税率	%	34.76	33.99
产值利税率	%	16.62	17.64
固定资产折旧率	%	5.57	5.50
平均每一职工占有的固定资产	元	12 784	11 571
平均每一职工创造的工业净产值	元	10 336	8 278
平均每一职工创造的利润和税金	元	6 195	5 237
平均每一职工上交的利税费	元	3 149	2 900
平均每一职工占有的企业留利	元	1 739	1 312
九、主要技术经济指标			
青霉素钾盐优级品率	%	94.07	99.14
青霉素钾盐主要原料总单耗	公斤/十亿单位	16.52	18.29
氨苄青霉素钠优级品率	%	81.40	76
氨苄青霉素钠主要原料总单耗	公斤/十亿单位	1.63	1.713
硫酸链霉素优级品率	%	94.27	64.85
硫酸链霉素主要原料总单耗	公斤/十亿单位	12.81	13.32
维生素C优级品率	%	84.55	78.94
维生素C主要原料总单耗	公斤/公斤	4.948	
咖啡因优级品率	%	93.1	84.48
咖啡因主要原料总单耗	公斤/公斤	5.017	5.033

化学纤维工业主要经济指标(一)

指　　　　标	计算单位	1988年	1987年
一、企业单位数	个	494	435
其中：亏损企业	个	52	68
二、年末职工工人数	万人	38.68	35.77
三、固定资产投资	亿元	22.61	23.95
四、工业总产值	亿元	172.06	129.01
五、工业净产值	亿元	51.19	40.11
六、全员劳动生产率	元/人·年	48 373	43 234
七、主要产品产量			
化学纤维	万吨	130.12	117.5
人造纤维合计	万吨	17.66	19.3
在合计中：人造棉	吨	80 535	83 154
人造毛	吨	48 119	68 090
人造丝	吨	47 905	41 738
合成纤维合计	万吨	112.47	98.2
在合计中：短纤维	吨	685 528	645 474
长　丝	吨	431 343	331 409
综　丝	吨	5 827	4 949
在合计中：锦　纶	吨	108 980	90 954
涤　纶	吨	836 575	721 538
维　纶	吨	61 191	56 841
腈　纶	吨	76 576	74 722
氯　纶	吨	5 894	6 200
丙　纶	吨	34 568	31 070
八、主要财务指标			
固定资产原值	亿元	175.23	153.45
固定资产净值	亿元	136.68	124.40
流动资金年末占用数	亿元	70.63	53.73
产品销售收入	亿元	192.69	146.94
亏损企业亏损总额	亿元	0.09	0.14
利润总额	亿元	26.50	21.82
利润和税金总额	亿元	37.91	30.97
企业留利	亿元	4.71	3.49
每百元固定资产原值实现产值	元	98.20	84.08
每百元固定资产原值实现利税	元	21.64	20.18
每百元工业总产值占用流动资金	元	23.03	24.04
每百元销售收入实现利润	元	13.76	14.85
资金利税率	%	21.50	19.93
产值利税率	%	22.03	24.00
固定资产折旧率	%	5.51	4.85
平均每一职工占有的固定资产	元	46 469	44 420
平均每一职工创造的工业净产值	元	13 575	11 612

化学纤维工业主要经济指标(二)

指标	计算单位	1988年	1987年
平均每一职工创造的利润和税金	元	10 054	8 965
平均每一职工上交的利税费	元	6 564	7 246
平均每一职工占有的企业留利	元	1 249	1 009
九、主要技术经济指标			
粘胶纤维正品率	%	98.13	98.48
粘胶纤维一等品率	%	86.83	89.75
每吨粘胶短纤维用浆粕	公斤/吨	1 059	1 054
每吨粘胶长丝用浆粕	公斤/吨	1 156	1 165
每吨粘胶短纤维用硫酸量	公斤/吨	921.1	895
每吨粘胶长丝用硫酸量	公斤/吨	1 398.9	1 436
每吨粘胶短纤维用烧碱量	公斤/吨	641.8	637
每吨粘胶长丝用烧碱量	公斤/吨	854.5	856
每吨粘胶短纤维用电量	千瓦小时/吨	2 067	1 948
每吨粘胶长丝用电量	千瓦小时/吨	9 865	10 060
每吨粘胶短纤维用标准煤量	公斤/吨	2 354	2 201
每吨粘胶长丝用标准煤量	公斤/吨	8 615	9 204
合成纤维正品率	%	98.13	98.11
合成纤维一等品率	%	89.54	90.32
每吨锦纶用原料量	公斤/吨	1 145	
每吨锦纶用电量	千瓦小时/吨	3 361	3 336
每吨锦纶用标准煤量	公斤/吨	2 187	2 004
涤纶合格率	%	97.72	98.00
每吨涤纶短纤维用原料量	公斤/吨	1 016	
每吨涤纶短纤维用电量	千瓦小时/吨	765.3	708
每吨涤纶长丝用电量	千瓦小时/吨	2 871	2 856
每吨涤纶短纤维用标准煤量	公斤/吨	702.9	687
每吨涤纶长丝用标准煤量	公斤/吨	760.6	833
腈纶合格率	%	99.43	99.27
每吨腈纶用用原料量	公斤/吨	955.5	
每吨腈纶用电量	千瓦小时/吨	2 289	2 374
每吨腈纶用标准煤量	公斤/吨	4 983	5 083
维纶合格率	%	99.62	98.89
每吨维纶用原料量	公斤/吨	936	
每吨维纶用电量	千瓦小时/吨	2 377	2 491
每吨维纶用标准煤量	公斤/吨	2 397	2 510

橡胶制品业主要经济指标（一）

指　　标	计算单位	1988年	1987年
一、企业单位数	个	3 740	3 587
其中：亏损企业	个	525	571
二、年末职工人数	万人	87.31	80.97
三、固定资产投资	亿元	11.01	9.00
四、工业总产值	亿元	207.15	166.05
五、工业净产值	亿元	56.07	49.21
六、全员劳动生产率	元/人·年	23 161	21 200
七、主要产品产量			
轮胎外胎	万条	2 991.05	2 333.19
轮胎内胎	万条	3 172.01	2 493.45
手推车外胎	万条	2 283.60	2 483.58
手推车内胎	万条	4 763.86	3 288.24
自行车外胎	万条	12 158.22	11 888.7
自行车内胎	万条	15 401.76	14 044.67
运输带	万平方米	5 244.97	4 247.23
传送带	万平方米	1 180.85	1 245.72
胶　管	万英寸米	13 354.36	11 523.92
八、主要财务指标			
固定资产原值	亿元	80.77	66.75
固定资产净值	亿元	56.24	46.02
流动资金年末占用数	亿元	81.91	65.63
产品销售收入	亿元	205.81	160.22
亏损企业亏损总额	亿元	0.97	0.60
利润总额	亿元	9.93	10.76
利润和税金总额	亿元	34.50	30.93
企业留利	亿元	3.40	2.93

橡胶制品业主要经济指标(二)

指　　　标	计算单位	1988年	1987年
每百元固定资产原值实现产值	元	256.48	248.76
每百元固定资产原值实现利税	元	42.72	46.33
每百元工业总产值占用流动资金	元	22.79	23.72
每百元销售收入实现利润	元	4.83	6.71
资金利税率	%	33.35	36.21
产值利税率	%	16.66	18.62
固定资产折旧率	%	5.17	5.02
平均每一职工占有的固定资产	元	9 614	8 455
平均每一职工创造的工业净产值	元	6 675	6 233
平均每一职工创造的利润和税金	元	4 107	3 917
平均每一职工上交的利税费	元	3 366	3 386
平均每一职工占有的企业留利	元	404	371
九、主要技术经济指标			
轮胎合格率	%	99.75	99.72
轮胎耗生胶	公斤/条		
手推车外胎合格率	%		
手推车外胎耗生胶	公斤/条		
自行车外胎合格率	%		
自行车外胎耗生胶	公斤/条		
布面胶鞋合格率	%		
普通运输带合格率	%		
普通运输带耗生胶	公斤/条		
吸引胶管合格率	%		
吸引胶管耗生胶	公斤/英寸米		

塑料制品业主要经济指标(一)

指　　　　标	计算单位	1988年	1987年
一、企业单位数	个	14 065	13 234
其中：亏损企业	个	1 788	2 141
二、年末职工人数	万人	138.77	134.67
三、固定资产投资	亿元	4.91	5.17
四、工业总产值	亿元	324.49	207.90
五、工业净产值	亿元	73.36	51.71
六、全员劳动生产率	元/人·年	18 963	15 309
七、主要产品产量			
塑料制品	万吨	344.59	297.83
其中：聚氯乙烯制品	万吨	82.58	80.51
其中：薄膜	万吨	85.30	60.01
人造革	万吨	12.15	12.24
泡沫塑料	吨	55 450	49 796
聚乙烯制品	万吨	93.44	79.53
聚苯乙烯制品	万吨	3.90	3.56
酚醛制品	万吨	1.21	1.34
聚氨酯制品	万吨	5.09	4.09
聚丙烯制品	万吨	33.46	29.75
八、主要财务指标			
固定资产原值	亿元	131.97	110.82
固定资产净值	亿元	99.82	85.78
流动资金年末占用数	亿元	144.63	100.54
产品销售收入	亿元	302.24	199.94
亏损企业亏损总额	亿元	0.91	1.00
利润总额	亿元	22.06	14.50

塑料制品业主要经济指标(二)

指　　标	计算单位	1988年	1987年
利润和税金总额	亿元	34.43	23.98
企业留利	亿元	6.30	4.02
每百元固定资产原值实现产值	元	245.88	187.59
每百元固定资产原值实现利税	元	26.09	21.64
每百元工业总产值占用流动资金	元	23.72	26.27
每百元销售收入实现利润	元	7.30	7.25
资金利税率	%	19.48	17.08
产值利税率	%	10.61	11.54
固定资产折旧率	%	6.43	5.86
平均每一职工占有的固定资产	元	9 813	8 459
平均每一职工创造的工业净产值	元	5 455	3 947
平均每一职工创造的利润和税金	元	2 560	1 830
平均每一职工上交的利税费	元	1 297	1 076
平均每一职工占有的企业留利	元	469	307
九、主要技术经济指标			
聚氯乙烯全塑鞋合格率	%	98.0	96.9
聚氯乙烯压延薄膜一级品率	%	97.3	96.8
聚乙烯吹塑薄膜合格率	%	98.3	98.1
聚丙烯编织袋一级品率	%	97.3	96.9
每吨聚氯乙烯全塑鞋耗原料	吨	1.04	1.05
每吨聚氯乙烯压延薄膜耗树脂	吨	0.64	0.64
每吨聚氯乙烯压延薄膜耗增塑剂	吨	0.31	0.31
每吨聚乙烯吹塑薄膜耗树脂	吨	1.02	1.02

建筑材料及其他非金属矿物制品业主要经济指标(一)

指　　　　标	计算单位	1988年	1987年
一、企业单位数	个	55 859	55 837
其中：亏损企业	个	6 826	8 953
二、年末职工人数	万人	751.35	739.07
三、固定资产投资	亿元	70.96	69.26
四、工业总产值	亿元	752.91	593.22
五、工业净产值	亿元	260.10	212.93
六、全员劳动生产率	元/人·年	6864	6 010
七、主要产品产量			
水泥	万吨	14 394.79	18 624.93
平板玻璃	万重量箱	7 293.32	5 802.68
卫生陶瓷	万件	1 355.05	1 050.15
砖	亿块	4 688.20	3 990.71
瓦	亿片	580.02	448.27
日用陶瓷器	亿件	53.19	47.32
日用玻璃制品	万吨	530.19	503.33
八、主要财务指标			
固定资产原值	亿元	648.93	554.89
固定资产净值	亿元	470.77	401.13
流动资金年末占用数	亿元	341.90	277.90
产品销售收入	亿元	720.53	558.23
亏损企业亏损总额	亿元	6.64	6.65
利润总额	亿元	65.05	53.39
利润和税金总额	亿元	115.99	93.17
企业留利	亿元	24.84	20.55
每百元固定资产原值实现产值	元	116.02	106.91
每百元固定资产原值实现利税	元	17.87	16.79
每百元工业总产值占用流动资金	元	23.52	25.99

建筑材料及其他非金属矿物制品业主要经济指标(二)

指　　　　标	计算单位	1988年	1987年
每百元销售收入实现利润	元	9.03	9.56
资金利税率	%	17.92	16.78
产值利税率	%	15.41	15.71
固定资产折旧率	%	5.32	5.19
平均每一职工占有的固定资产	元	8 614	7 417
平均每一职工创造的工业净产值	元	3 453	2 846
平均每一职工创造的利润和税金	元	1 540	1 245
平均每一职工上交的利税费	元	1 002	889
平均每一职工占有的企业留利	元	330	275
九、主要技术经济指标			
出厂水泥合格率	%	100	100
熟料平均标号	号	614	618
每吨水泥综合能耗	公斤	199.82	202.29
每吨熟料烧成标准煤耗	公斤	191.20	193.30
每吨水泥综合电力消耗量	千瓦小时	107.31	106.23
回转窑小时产量	吨/小时	3 768.61	3 636
回转窑单位体积小时产量	公斤/立方米·小时	30.47	30.80
回转窑单位面积小时产量	公斤/平方米·小时	25.22	25.61
水泥磨小时产量	吨/小时	6 188	5 849
回转窑运转率	%	78.4	80.77
全员水泥实物劳动生产率	吨/人·年	260.01	255
平板玻璃一级品率	%	68.54	69.49
每重量箱平板玻璃综合能耗	公斤	34.48	35.36
每重量箱平板玻璃耗标准煤	公斤	31.56	32.66
每重量箱平板玻璃纯碱消耗量	公斤	10.26	10.12
每重量箱平板玻璃芒硝消耗量	公斤	1.43	1.64
每重量箱平板玻璃电力消耗量	千瓦小时	6.74	5.37
玻璃熔窑熔化能力	公斤/平方米·日	1 359.46	1 369
全员平板玻璃实物劳动生产率	重量箱/人·年	1 012	687.27
每吨日用陶瓷耗用标准煤	吨	1.30	1.29
每吨日用玻璃耗用标准煤	吨	0.67	0.67

黑色金属冶炼及压延加工业主要经济指标（一）

指　　　　标	计算单位	1988年	1987年
一、企业单位数	个	3 015	2 766
其中：亏损企业	个	334	479
二、年末职工人数	万人	301.74	285.33
三、固定资产投资	亿元	151.87	113.06
四、工业总产值	亿元	931.06	766.15
五、工业净产值	亿元	273.50	227.05
六、全员劳动生产率	元/人·年	19 607	19 160
七、主要产品产量			
钢	万吨	5 943.1	5 627.5
生铁	万吨	5 704.0	5 503.2
成品钢材	万吨	4 689.43	4 385.77
其中：优质型材	万吨	485.87	448.28
线材	万吨	798.24	691.65
特厚钢板	万吨	11.02	10.09
中厚钢板	万吨	589.72	568.01
薄钢板	万吨	515.73	393.75
硅钢片	万吨	60.28	67.88
钢带	万吨	138.76	121.09
无缝钢管	万吨	178.33	162.86
焊接钢管	万吨	223.82	244.76
铁合金	万吨	208.44	184.63
八、主要财务指标			
固定资产原值	亿元	864.13	758.22
固定资产净值	亿元	611.79	534.19
流动资金年末占用数	亿元	345.42	297.98
产品销售收入	亿元	924.15	749.78
亏损企业亏损总额	亿元	1.01	1.01
利润总额	亿元	109.06	89.47
利润和税金总额	亿元	194.98	161.45
企业留利	亿元	48.34	39.98
每百元固定资产原值实现产值	元	107.75	101.05
每百元固定资产原值实现利税	元	22.56	21.29
每百元工业总产值占用流动资金	元	23.24	26.04
每百元销售收入实现利润	元	11.80	11.93
资金利税率	%	23.54	22.00
产值利税率	%	20.94	21.07
固定资产折旧率	%	3.88	3.80

黑色金属冶炼及压延加工业主要经济指标（二）

指　　　　　　标	计算单位	1988年	1987年
平均每一职工占有的固定资产	元	29 454	27 192
平均每一职工创造的工业净产值	元	9 322	8 143
平均每一职工创造的利润和税金	元	6 646	5 790
平均每一职工上交的利税费	元	4 446	4 341
平均每一职工占有的企业留利	元	1 648	1 434
九、主要技术经济指标			
生铁合格率	%	99.86	99.79
综合焦比	公斤/吨	589	592
生铁消耗原料矿	公斤/吨	1 765	1 772
炼铁工人实物劳动生产率	吨/人·年	737	689
高炉有效容积利用系数	吨/立方米·昼夜	1.83	1.7
平炉钢锭合格率	%	98.93	98.83
平炉钢铁料消耗	公斤/吨	1 117	1 113
平炉工人实物劳动生产率	吨/人·年	591	577
平炉日历作业率	%	78.82	80.38
平炉每炉炼钢时间	时:分	6:01	6:00
侧吹转炉钢锭合格率	%	98.26	98.46
侧吹转炉钢铁料消耗	公斤/吨	1 256	1 251
侧吹转炉工人实物劳动生产率	吨/人·年	160	128
侧吹转炉日历作业率	%	44.99	46.59
顶吹转炉钢锭合格率	%	99.56	98.85
顶吹转炉钢铁料消耗	公斤/吨	1 135	1 135
顶吹转炉工人实物劳动生产率	吨/人·年	530	510
顶吹转炉日历作业率	%	50.21	51.16
顶吹转炉每炉炼钢时间	分钟	34	34
电炉钢锭合格率	%	97.42	98.91
电炉钢铁料消耗	公斤/吨	1 043	1 047
电炉工人实物劳动生产率	吨/人·年	162	166
电炉日历作业率	%	69.11	71.63
电炉每炉炼钢时间	时:分	3:39	3:41
钢材合格率	%	98.70	98.36
热轧轧机日历作业率	%	57.56	56.63

金属制品业主要经济指标(一)

指　　　标	计算单位	1988年	1987年
一、企业单位数	个	29 841	30 460
其中：亏损企业	个	3 364	3 894
二、年末职工人数	万人	289.92	288.87
三、固定资产投资	亿元	9.95	9.90
四、工业总产值	亿元	411.51	338.03
五、工业净产值	亿元	117.99	100.15
六、全员劳动生产率	元/人·年	12 693	11 028
七、主要产品产量			
刃具	万件	36 679.63	35 979.50
钢丝	万吨	55.25	71.85
钢丝绳	万吨	25.82	18.59
日用搪瓷器	万吨	17.11	17.26
其中：搪瓷面盆	万个	6 782	8 467
搪瓷口杯	万个	9 300	8 419
日用精铝制品	万吨	8.99	10.58
其中：铝锅	万口	4 456.0	5 000.1
高压锅	万口	755.48	654.0
烧水壶	万个	2 183.75	2 400
铝饭盒	万个	1 179.36	1 595.1
铸铁锅	万口	8 972.29	8 606
菜刀	万把	2 087.67	3 822
挂锁	万把	59 128.0	56 116.5
剪刀	万把	14 190.0	13 184.7
理发推子	万把	392.63	380.6
打火机	万个	12 284.8	12 953.8
煤油炉	万个	460.23	543
秋皮钉	吨	15 725	17 750
八、主要财务指标			
固定资产原值	亿元	182.30	156.65

金属制品业主要经济指标(二)

指　　　标	计算单位	1988年	1987年
固定资产净值	亿元	124.27	105.95
流动资金年末占用数	亿元	214.37	173.03
产品销售收入	亿元	385.29	309.17
亏损企业亏损总额	亿元	1.75	1.42
利润总额	亿元	31.41	29.18
利润和税金总额	亿元	50.10	45.08
企业留利	亿元	11.38	9.66
每百元固定资产原值实现产值	元	225.73	215.79
每百元固定资产原值实现利税	元	27.48	28.78
每百元工业总产值占用流动资金	元	29.03	29.91
每百元销售收入实现利润	元	8.15	9.44
资金利税率	%	20.55	21.77
产值利税率	%	12.17	13.34
固定资产折旧率	%	5.72	5.63
平均每一职工占有的固定资产	元	6 435	5 561
平均每一职工创造的工业净产值	元	4 165	3 555
平均每一职工创造的利润和税金	元	1 768	1 600
平均每一职工上交的利税费	元	1 027	987
平均每一职工占有的企业留利	元	402	343
九、主要技术经济指标			
搪瓷面盆一级品率	%	85.00	84.00
搪瓷口杯一级品率	%	78.4	78.70
日用搪瓷制品铁皮利用率	%	82.3	82.60
日用搪瓷工人实物劳动生产率	吨/人·年	3.77	3.52
铝锅一级品率	%	73.3	71.20
每口铝锅耗用铝材	公斤	0.78	0.80
铁包锁一等品率	%	93.5	94.4
铜包锁一等品率	%	94.1	94.0
铁锅合格率	%	93.4	92.8

机械工业主要经济指标(一)

指　　标	计算单位	1988年	1987年
一、企业单位数	个	43 059	42 412
其中：亏损企业	个	3 629	4 196
二、年末职工人数	万人	980.07	955.53
三、固定资产投资	亿元	84.28	72.96
四、工业总产值	亿元	1 554.31	1 233.03
五、工业净产值	亿元	472.79	388.72
六、全员劳动生产率	元/人·年	14 136	12 001
七、主要产品产量			
工业锅炉	台	39 289	35 356
	蒸发量吨	93 318	85 483
内燃机	万千瓦	8 496.19	6 437.13
发电设备（500千瓦及以上）	台（组）	760	1 205
	万千瓦	1 109.32	941.06
电站汽轮机（500千瓦及以上）	台	359	260
	万千瓦	832	728.88
电站锅炉	台	689	370
	蒸发量吨	45 713	37 614
金属切削机床	万台	19.17	17.22
锻压机械	万台	9.1	7.56
铸造机械	万台		0.60
起重设备	万吨	57.14	51.09
工矿电机车	台	4 647	2 688
泵	万台	411.47	332.02
风机	万台	54.82	44.60
气体压缩机	万台	6.77	4.46
滚动轴承	万套	48 350	41 136
高中压阀门	万吨	18.38	
标准紧固件	万吨	65.22	
矿山设备	万吨	38.36	29.72
冶炼设备	万吨	6.29	4.24
金属轧制设备	万吨	5.64	4.55
石油钻采设备	万吨	17.40	17.82
化工设备	万吨	18.11	13.30
纺织机械	万吨	68.6	
食品加工机械	万台	72.06	

机械工业主要经济指标(二)

指　　标	计算单位	1988年	1987年
橡胶加工机械	吨	18 580	18 895
塑料加工机械	吨	19 931	25 574
印刷工业专用设备	万吨	6.88	
大中型拖拉机	万台	4.72	3.71
小型拖拉机	万台	133.57	110.60
机引耕作机械	万台	39.18	27.80
种植机械	万台	11.68	10.89
手推胶轮车	万轮	979.0	1 036.87
中小农具	亿件	6.25	5.47
畜力胶轮车	万辆	16.91	30.42
医疗器械	亿元	12.48	10.58
电影机械	台	48 533	24 549
复印机械	台	19 371	18 059
自行车	万辆	4 140.12	4 116.68
缝纫机	万架	983.23	969.97
表	万只	6 788.85	6 159.36
钟	万只	3 381.61	2 853.7
照相机	万架	312.26	256.70
八、主要财务指标			
固定资产原值	亿元	1 089.26	988.77
固定资产净值	亿元	694.48	631.96
流动资金年末占用数	亿元	1 004.65	834.86
产品销售收入	亿元	1 491.42	1 175.41
亏损企业亏损总额	亿元	7.65	8.13
利润总额	亿元	139.08	122.29
利润和税金总额	亿元	213.98	183.14
企业留利	亿元	54.44	47.04
每百元固定资产原值实现产值	元	142.69	124.70
每百元固定资产原值实现利税	元	19.64	18.52
每百元工业总产值占用流动资金	元	41.51	45.42
每百元销售收入实现利润	元	9.33	10.40
资金利税率	%	15.97	15.36
产值利税率	%	13.77	14.85
固定资产折旧率	%	4.84	4.57
平均每一职工占有的固定资产	元	11 365	10 574
平均每一职工创造的工业净产值	元	4 933	4 157

机械工业主要经济指标(三)

指　　标	计算单位	1988年	1987年
平均每一职工创造的利润和税金	元	2 233	1 959
平均每一职工上交的利税费	元	1 292	1 253
平均每一职工占有的企业留利	元	568	503
九、主要技术经济指标			
铸铁件综合废品率	%	9.66	9.93
铸钢件综合废品率	%	3.90	4.24
机械加工件综合废品率	%	1.60	1.96
每吨锻锤能力产量	吨	209.21	242
每千吨锻造水压机能力产量	吨	1 869.14	1 932
金属切削机床利用率	%	49.91	49.6
每吨电炉钢冶炼耗电	千瓦小时/吨	748.60	965.1
化铁炉每吨金属炉料耗焦量	公斤	126.41	124.1
钢材利用率	%	73.85	68.5
其中：轴承钢利用率	%	45.33	45.94
硅钢片利用率	%	60.99	60.3
铜材利用率	%	81.38	85.02
铝材利用率	%	86.70	77.26
铸铁车间每平方米总面积产量	吨/平方米	0.46	0.43
铸铁车间每一职工产量	吨/人	13.54	12.20
铸钢车间每平方米总面积产量	吨/平方米	0.35	0.32
焊缝探伤一次合格率	%	97.54	91
焊接车间每平方米总面积产量	吨/平方米	0.37	0.54
每吨锻件加热炉耗煤量	公斤/吨	1 209.39	1 410.47
热处理件废品率	%	0.17	0.18
热处理设备利用率	%	50.20	49.23
自行车质量分	分	90 85	92.78
每辆28英寸载重自行车耗用钢材	公斤	29.39	29.2
自行车工人实物劳动生产率	辆/人·年	310	311
缝纫机质量分	分	91.14	92.03
每架家用缝纫机耗用生铁	公斤	31.53	31.41
家用缝纫机工人实物劳动生产率	架/人·年	193	179
手表质量分	分	91.64	92.78
手表工人实物劳动生产率	只/人·年	723	662
闹钟质量分	分	97.39	98.2
每万只闹钟耗铜及铜材	公斤	1 588	1 667
闹钟工人实物劳动生产率	只/人·年	1 191	1 173

交通运输设备制造业主要经济指标(一)

指　　　标	计算单位	1988年	1987年
一、企业单位数	个	10 368	10 227
其中：亏损企业	个	971	1 318
二、年末职工人数	万人	300.99	294.71
三、固定资产投资	亿元	48.52	40.35
四、工业总产值	亿元	574.45	425.96
五、工业净产值	亿元	156.84	119.06
六、全员劳动生产率	元/人·年	16 734	13 368
七、主要产品产量			
机车	台	844	909
蒸汽机车	台	228	365
内燃机车	台	443	402
电力机车	台	173	142
客车	辆	1 980	1 791
货车	辆	23 323	21 639
汽车	万辆	64.67	47.18
其中：载货汽车	万辆	40.33	29.84
越野汽车	辆	39 166	28 382
汽车底盘	辆	135 078	92 464
客　车	辆	29 123	14 653
轿　车	辆	29 605	17 860
改装汽车	辆	149 072	108 995
摩托车	万辆	117.18	73.77
民用钢质船舶	艘	9 060	9 777
机动渔船	艘	667	516
八、主要财务指标			
固定资产原值	亿元	406.20	368.87
固定资产净值	亿元	260.46	236.59
流动资金年末占用数	亿元	361.45	301.12
产品销售收入	亿元	567.25	424.00
亏损企业亏损总额	亿元	1.99	2.53
利润总额	亿元	53.19	38.87
利润和税金总额	亿元	75.56	55.30
企业留利	亿元	23.49	18.15

交通运输设备制造业主要经济指标(二)

指　　　　标	计算单位	1988年	1987年
每百元固定资产原值实现产值	元	141.42	115.48
每百元固定资产原值实现利税	元	18.60	14.99
每百元工业总产值占用流动资金	元	38.91	48.35
每百元销售收入实现利润	元	9.38	9.17
资金利税率	%	15.61	12.50
产值利税率	%	13.15	12.98
固定资产折旧率	%	4.61	4.41
平均每一职工占有的固定资产	元	13 795	12 719
平均每一职工创造的工业净产值	元	5 327	4 105
平均每一职工创造的利润和税金	元	2 566	1 907
平均每一职工上交的利税费	元	1 382	1 228
平均每一职工占有的企业留利	元	798	626
九、主要技术经济指标			
新造机车一等品率	%	100	100
新造客车一等品率	%	97.8	96.9
新造货车一等品率	%	97.5	96.4
新造机车返修率	%	6.2	6.5
新造客车返修率	%	0.1	0.1
新造货车返修率	%	0	0
船舶工业			
铸铁件综合废品率	%	5.96	6.35
铸钢件综合废品率	%	3.53	3.28
机械加工件综合废品率	%	0.52	0.55
每吨锻锤能力产量	吨	143.1	160
每千吨锻造水压机能力产量	吨	1 488	1 406
金属切削机床利用率	%	34.4	32.3
每吨电炉钢冶炼耗电	千瓦小时/吨	759	780
化铁炉每吨金属炉料耗焦量	公斤/吨	123.5	125

电气机械及器材制造业主要经济指标(一)

指　　标	计算单位	1988年	1987年
一、企业单位数	个	14 118	14 013
其中：亏损企业	个	1 471	1 973
二、年末职工人数	万人	262.72	252.87
三、固定资产投资	亿元	22.56	23.84
四、工业总产值	亿元	665.76	480.90
五、工业净产值	亿元	176.28	134.20
六、全员劳动生产率	元/人·年	22 897	19 071
七、主要产品产量			
交流电动机	万千瓦	4 511.06	4 171.79
直流电机	万千瓦	245.91	248.56
变压器	万千伏安	10 039.32	9 296.72
高压隔离开关	组	155 177	153 148
电力电容器	万千乏	1 714.85	1 608.36
电力电缆	万公里	34.70	12.15
干电池	亿只	59.93	56.05
绝缘材料	吨	49 386	55 757
电焊条	万吨	47.39	49.07
家用洗衣机	万台	1 046.82	990.16
家用电冰箱	万台	757.63	401.34
电风扇	万台	4 495.54	3 660.68
房间空气调节器	万台	25.91	13.22
电熨斗	万个	2 186.60	1 223.97
电吹风	万个	494.48	110.25
电灶	万个	4.57	5.06
电饭锅及电热蒸煮器具	万个	849.02	1 078.74
电热毯	万条	439.58	329.39
灯泡	亿只	18.27	16.83
电焊机	台	127 880	117 159

电气机械及器材制造业主要经济指标(二)

指　　标	计算单位	1988年	1987年
八、主要财务指标			
固定资产原值	亿元	252.76	204.44
固定资产净值	亿元	174.72	139.95
流动资金年末占用数	亿元	375.91	284.57
产品销售收入	亿元	641.08	449.05
亏损企业亏损总额	亿元	1.97	1.85
利润总额	亿元	55.69	41.61
利润和税金总额	亿元	93.22	70.60
企业留利	亿元	18.19	13.07
每百元固定资产原值实现产值	元	263.39	235.22
每百元固定资产原值实现利税	元	36.88	34.53
每百元工业总产值占用流动资金	元	31.12	36.68
每百元销售收入实现利润	元	8.69	9.27
资金利税率	%	24.41	22.32
产值利税率	%	14.05	14.68
固定资产折旧率	%	5.48	5.19
平均每一职工占有的固定资产	元	9 875	8 283
平均每一职工创造的工业净产值	元	6 887	5 437
平均每一职工创造的利润和税金	元	3 642	2 860
平均每一职工上交的利税费	元	2 126	1 952
平均每一职工占有的企业留利	元	711	530
九、主要技术经济指标			
台扇一次合格率	%	88.4	84.9
普通灯泡综合合格率	%	88.2	88.6
每万只 15-40 瓦普通灯泡耗钨丝	万米	1.33	1.3
灯泡工人实物劳动生产率	千只/人·年	22.14	24.9
单缸洗衣机一次合格率	%	92.2	92.9
双缸洗衣机一次合格率	%	89.5	88.9
洗衣机工人实物劳动生产率	台/人·年	524	404
家用电冰箱一次合格率	%	91.2	89.9
家用电冰箱工人实物劳动生产率	台/人·年	213	145

电子及通信设备制造业主要经济指标(一)

指　　　标	计算单位	1988年	1987年
一、企业单位数	个	4 159	4 043
其中：亏损企业	个	493	551
二、年末职工人数	万人	151.47	149.79
三、固定资产投资	亿元	33.64	22.56
四、工业总产值	亿元	497.45	339.01
五、工业净产值	亿元	126.66	88.96
六、全员劳动生产率	元/人·年	38 235	28 604
七、主要产品产量			
电视机	万台	2 505.07	1 934.37
其中：彩色电视机	万台	1 037.66	672.72
收音机	万台	1 548.94	1 763.82
录音机	万台	2 540.43	1 978.03
电子计算机	万部	0.05	0.02
电子计算器	万台	567.43	383.86
电话单机	万部	721.64	451.96
电子元件	亿只	214.81	152.04
半导体分立器件	亿只	19.77	15.14
八、主要财务指标			
固定资产原值	亿元	196.32	174.08
固定资产净值	亿元	138.19	125.19
流动资金年末占用数	亿元	301.54	220.14
产品销售收入	亿元	486.22	332.21
亏损企业亏损额	亿元	2.13	2.30
利润总额	亿元	44.76	29.46

电子及通信设备制造业主要经济指标(二)

指　　标	计算单位	1988年	1987年
利润和税金总额	亿元	65.93	42.86
企业留利	亿元	14.63	9.60
每百元固定资产原值实现产值	元	253.39	194.74
每百元固定资产原值实现利税	元	33.58	24.62
每百万工业总产值占用流动资金	元	31.49	38.70
每百元销售收入实现利润	元	9.21	8.87
资金利税率	%	22.36	16.72
产值利税率	%	13.25	12.64
固定资产折旧率	%	5.73	6.03
平均每一职工占有的固定资产	元	13 269	11 976
平均每一职工创造的工业净产值	元	8 560	6 120
平均每一职工创造的利润和税金	元	4 456	2 949
平均每一职工上交利税费	元	2 210	1 633
平均每一职工占有的企业留利	元	989	661
九、主要技术经济指标	%		
彩色显像管(18″、22″) 成品率		86.62	81.64
碳膜电阻(1/8W)合格率	%		90.52
铝电解电容器(300V)合格率	%		96.05
彩色电视机(14″、18″)合格率	%	99.0	98.31
黑白电视机(12″、14″)合格率	%	98.6	98.77
收录机(立体声)合格率	%	95.4	90.19

仪器仪表及其他计量器具制造业主要经济指标

指　　标	计算单位	1988年	1987年
一、企业单位数	个	3 460	3 434
其中：亏损企业	个	244	300
二、年末职工人数	万人	77.56	77.52
三、固定资产投资	亿元	6.54	5.3
四、工业总产值	亿元	101.05	81.53
五、工业净产值	亿元	38.17	31.72
六、全员劳动生产率	元/人·年	12 949	10 867
七、主要产品产量			
工业自动化仪表	万台(件)	1 447	1 406.54
电工仪器仪表	万台(只)	2 726.2	2 708.52
成分分析仪器	万台	6.17	6.22
光学仪器	万台	36.01	31.44
专用仪器仪表	万台	35.15	20.32
大型及专用衡器	台	558 436	232 401
八、主要财务指标			
固定资产原值	亿元	74.85	67.79
固定资产净值	亿元	48.20	44.44
流动资金年末占用数	亿元	82.10	69.35
产品销售收入	亿元	96.92	80.29
亏损企业亏损总额	亿元	0.43	0.65
利润总额	亿元	10.93	10.19
利润和税金总额	亿元	16.38	14.68
企业留利	亿元	4.22	3.56
每百元固定资产原值实现产值	元	135.00	120.26
每百元固定资产原值实现利税	元	21.88	21.65
每百元工业总产值占用流动资金	元	53.23	59.56
每百元销售收入实现利润	元	11.28	12.70
资金利税率	%	16.06	15.78
产值利税率	%	16.21	18.00
固定资产折旧率	%	4.88	4.49
平均每一职工占有的固定资产	元	9 743	8 872
平均每一职工创造的工业净产值	元	4 968	4 152
平均每一职工创造的利润和税金	元	2 132	1 921
平均每一职工上交的利税费	元	1 223	1 204
平均每一职工占有的企业留利	元	549	466
九、主要技术经济指标			
大型专用衡器成品一次合格率	%	96.2	95.9
每台15吨大型衡器耗用生铁	吨	0.98	1.01
每台30吨大型衡器耗用生铁	吨	1.75	1.77
每台15吨大型衡器耗用钢材	吨	2.97	2.99
每台30吨大型衡器耗用钢材	吨	7.32	7.37

四、中国工业经济的地区布局

东部、中部、西部地区工业经济主要指标(一)

年份	工业总产值(亿元)			化学纤维(万吨)			纱(万吨)		
	东部	中部	西部	东部	中部	西部	东部	中部	西部
1952	238.1	74.8	30.4				53.8	6.5	5.3
1957	516.7	177.2	90.0	0.02			59.7	14.5	10.2
1962	542.2	211.6	96.4	1.36			35.7	11.9	7.2
1965	818.1	414.2	161.6	3.96	1.05		83.4	29.0	17.6
1970	1 528.4	596.1	296.3	7.77	1.70	0.62	125.6	54.1	25.5
1975	1 963.3	850.8	404.7	11.27	3.27	0.94	124.2	59.4	27.2
1978	2 575.3	1 096.1	559.4	22.93	4.53	1.00	141.2	65.3	31.7
1980	3 069.7	1 301.9	620.0	32.75	9.01	3.27	168.6	87.4	36.6
1981	3 129.6	1 410.3	635.9	38.52	10.14	4.07	181.9	96.0	39.1
1982	3 331.7	1 539.0	703.3	37.55	10.23	3.92	191.0	102.6	41.8
1983	3 663.4	1 700.4	793.1	40.69	10.82	2.56	189.3	91.1	40.6
1984	4 194.5	1 914.8	905.8	55.24	14.49	3.76	191.5	93.0	37.4
1985	4 985.21	2 221.47	1 054.44	72.38	17.81	4.6	207.04	104.73	41.71
1986	5 446.74	2 410.74	1 121.24	78.25	19.08	4.38	233.67	118.52	45.60
1987	6 302.93	2 739.96	1 264.25	90.45	21.89	5.16	255.67	131.29	49.85
1988	7 522.45	3 139.43	1 465.25	101.22	22.68	6.22	276.56	138.92	50.55
比重%									
1952	69.36	21.79	8.86				82.01	9.91	8.08
1957	65.91	22.60	11.48	100.00			70.73	17.18	12.09
1962	63.77	24.89	11.34	100.00			65.15	21.72	13.14
1965	58.69	29.72	11.59	79.04	20.96		64.15	22.31	13.54
1970	63.14	24.62	12.24	77.01	16.85	6.14	61.21	26.36	12.43
1975	60.99	26.43	12.57	72.80	21.12	6.07	58.92	28.18	12.90
1978	60.87	25.91	13.22	80.57	15.92	3.51	59.28	27.41	13.31
1980	61.50	26.08	12.42	72.73	20.01	7.26	57.62	29.87	12.51
1981	60.47	27.25	12.29	73.05	19.23	7.72	57.38	30.28	12.33
1982	59.77	27.61	12.62	72.63	19.79	7.58	56.95	30.59	12.46
1983	59.50	27.62	12.88	75.25	20.01	4.73	57.89	29.69	12.42
1984	59.79	27.30	12.91	75.17	19.72	5.12	59.49	28.89	11.62
1985	60.35	26.89	12.76	76.36	18.79	4.85	58.57	29.63	11.80
1986	60.66	26.85	12.49	76.93	18.76	4.32	58.74	29.79	11.46
1987	61.15	26.58	12.27	76.98	18.63	4.39	58.53	30.06	11.41
1988	62.03	25.89	12.08	77.79	17.43	4.78	59.38	29.83	10.79

注：工业总产值1952年和1957年按1952年不变价格计算；1961年、1965年和1970年按1957年不变价格计算；1971年至1980年按1970年不变价格计算；1981年至1987年按1980年不变价格计算，本表为乡以上工业企业的数字。
东部地区指北京、天津、河北、辽宁、上海、江苏、浙江、福建、山东、广东、广西、海南等12省、区、市。
中部地区指山西、内蒙、吉林、黑龙江、安徽、江西、河南、湖北、湖南等9省区。
西部地区指四川、贵州、云南、西藏、陕西、甘肃、青海、宁夏、新疆等9省区。

东部、中部、西部地区工业经济主要指标(二)

年 份	布 (亿 米)			毛 线 (吨)			呢 绒 (万米)		
	东 部	中 部	西 部	东 部	中 部	西 部	东 部	中 部	西 部
1952	31.26	4.16	2.87	1 896	28	55	387	2	34
1957	36.64	7.42	6.44	5 084	301	267	1 665	33	119
1962	16.52	5.13	3.66	6 166	91.7	719	2 940	121	181
1965	41.00	12.95	8.85	8 288	1 431	1 241	3 550	282	408
1970	56.29	23.47	11.69	16 379	2 567	2 708	4 650	422	704
1975	56.46	25.54	12.01	18 104	3 867	4 656	5 504	593	846
1978	65.41	29.90	14.98	25 406	6 111	6 291	6 725	911	1 249
1980	77.23	39.93	17.54	37 476	11 268	8 565	7 503	1 223	1 369
1981	81.95	42.34	18.39	50 004	16 127	10 347	8 505	1 325	1 478
1982	87.96	45.86	19.69	59 106	20 892	12 486	9 560	1 558	1 551
1983	84.77	43.99	20.08	66 593	22 175	13 369	10 406	2 134	1 751
1984	81.23	37.61	18.12	72 236	23 571	14 228	12 857	3 034	2 158
1985	85.99	41.43	19.26	85 595	25 499	14 832	15 248	4 048	2 520
1986	96.01	47.48	21.24	102 193	30 304	16 555	17 752	4 600	2 835
1987	101.15	49.91	21.97	148 438	37 350	18 938	18 451	4 890	3 199
1988	110.96	53.99	22.91	165 012	38 737	21 279	20 405	4 927	3 277
比重(%)									
1952	81.64	10.86	7.50	95.81	1.41	2.78	91.49	0.47	8.04
1957	72.55	14.69	12.75	89.95	5.33	4.72	91.63	1.82	6.55
1962	65.27	20.27	14.46	79.03	11.75	9.22	90.68	3.73	5.58
1965	65.29	20.62	14.09	75.62	13.06	11.32	83.73	6.65	9.62
1970	61.55	25.66	12.78	75.64	11.85	12.51	80.49	7.31	12.19
1975	60.06	27.17	12.78	67.99	14.52	17.49	79.27	8.54	12.18
1978	59.31	27.11	13.58	67.20	16.16	16.64	75.69	10.25	14.06
1980	57.33	29.64	13.02	65.39	19.66	14.95	74.32	12.11	13.56
1981	57.44	29.67	12.89	65.38	21.09	13.53	75.21	11.72	13.07
1982	57.30	29.87	12.83	63.91	22.59	13.50	75.46	12.30	12.24
1983	56.95	29.56	13.49	65.20	21.71	13.09	72.82	14.93	12.25
1984	59.31	27.46	13.23	65.65	21.42	12.93	71.23	16.81	11.96
1985	58.62	28.25	13.13	67.97	20.25	11.78	69.89	18.56	11.55
1986	58.28	28.82	12.89	68.56	20.33	11.11	70.48	18.26	11.26
1987	58.46	28.84	12.70	72.51	18.24	9.25	69.52	18.43	12.05
1988	59.07	28.74	12.20	73.33	17.21	9.46	71.32	17.22	11.45

东部、中部、西部地区工业经济主要指标(三)

年份	丝（吨）			丝织品（万米）			机制纸及纸板（万吨）		
	东部	中部	西部	东部	中部	西部	东部	中部	西部
1952	5 042		545	5 572	375	529	25.95	9.25	1.98
1957	8 564	61	1 288	12 754	1 322	378	61.33	24.82	5.15
1962	3 466	207	994	20 382	1 182	936	69.61	32.83	9.16
1965	7 437	237	1 475	29 748	2 767	1 670	106.22	52.29	14.57
1970	14 380	659	1 703	37 535	3 667	1 972	150.22	74.03	17.24
1975	17 888	1 274	3 893	38 179	4 771	2 464	200.60	109.90	30.70
1978	22 527	1 597	5 575	51 309	6 502	3 241	249.27	142.63	46.82
1980	26 474	1 516	7 374	63 317	8 369	4 260	293.93	179.47	61.19
1981	26 238	1 742	9 409	69 753	9 265	4 455	300.80	177.51	62.06
1982	24 576	1 769	10 720	74 707	10 834	5 827	327.23	194.50	67.40
1983	23 809	1 647	11 442	81 291	12 350	6 271	358.37	226.35	76.55
1984	25 142	1 662	10 819	95 637	14 646	7 515	407.25	259.96	88.79
1985	28 536	1 846	11 817	117 932	22 935	9 052	472.03	329.51	109.61
1986	32 207	2 308	12 643	123 427	16 983	9 537	527.26	350.66	120.71
1987	35 220	2 583	14 061	130 850	16 061	11 312	611.40	397.32	132.35
1988	33 538	3 048	14 386	137 043	19 181	12 430	668.05	450.80	151.41
比重(%)									
1952	90.25		9.75	86.04	5.79	8.17	69.80	24.88	5.33
1957	86.34	0.62	12.99	88.24	9.15	2.62	67.17	27.19	5.64
1962	74.27	4.44	21.30	90.59	5.25	4.16	62.37	29.42	8.21
1965	81.29	2.59	16.12	87.02	8.09	4.89	61.37	30.21	8.42
1970	85.89	3.94	10.17	86.94	8.49	4.57	62.21	30.66	7.14
1975	77.59	5.53	16.89	84.07	10.51	5.43	58.79	32.21	9.00
1978	75.85	5.38	18.77	84.04	10.65	5.31	56.82	32.51	10.67
1980	74.86	4.29	20.85	83.37	11.02	5.61	54.98	33.57	11.45
1981	70.18	4.66	25.17	83.56	11.10	5.34	55.67	32.85	11.48
1982	66.31	4.77	28.92	81.76	11.86	6.38	55.54	33.01	11.44
1983	64.53	4.46	31.01	81.36	12.36	6.28	54.19	34.23	11.58
1984	66.83	4.42	28.76	81.19	12.43	6.38	53.87	34.39	11.74
1985	67.62	4.37	28.00	78.66	15.30	6.04	51.81	36.16	12.03
1986	68.30	4.89	26.81	82.31	11.33	6.36	52.80	35.11	12.09
1987	67.91	4.98	27.11	81.67	11.27	7.06	53.58	34.82	11.60
1988	65.80	5.98	28.22	81.26	11.37	7.37	52.59	35.49	11.92

东部、中部、西部地区工业经济主要指标(四)

年份	缝纫机(万架)			自行车(万辆)			手表(万只)		
	东部	中部	西部	东部	中部	西部	东部	中部	西部
1952	6.61			8.00					
1957	24.12	3.14	0.55	80.52	0.06		0.04		
1962	75.41	2.25	0.20	136.03	1.06	0.05	76.09		
1965	114.58	6.76	2.49	177.75	6.05		100.76		
1970	216.83	12.58	5.78	350.96	17.61	0.20	345.83	0.08	1.72
1975	296.37	28.81	31.54	587.87	34.78	0.59	734.76	6.39	41.06
1978	404.43	44.92	37.11	798.68	51.84	3.52	1 222.13	41.20	87.81
1980	595.10	113.41	59.30	1 148.83	131.86	21.67	1 883.26	180.16	152.09
1981	764.59	196.90	77.56	1 458.46	239.34	56.46	2 371.34	282.07	219.03
1982	926.24	257.36	102.36	1 905.19	415.62	99.19	2 745.13	336.73	219.12
1983	857.27	139.20	90.74	2 168.30	486.09	103.83	2 875.40	346.47	247.16
1984	802.64	53.08	79.13	2 291.08	457.84	112.44	3 145.97	396.52	255.72
1985	830.60	85.36	75.25	2 543.57	560.05	123.96	4 165.62	956.26	309.17
1986	818.20	93.26	77.95	2 712.45	707.05	148.76	6 078.53	868.73	370.11
1987	799.30	80.96	89.71	3 032.85	885.06	198.77	5 327.61	556.98	257.85
1988	792.42	104.96	85.85	3 092.83	855.02	192.27	5 777.57	649.50	234.49
比重(%)									
1952	100.00			100.00					
1957	86.73	11.29	1.98	99.93	0.07		100.00		
1962	96.85	2.89	0.26	99.19	0.77	0.04	100.00		
1965	92.53	5.46	2.01	96.71	3.29		100.00		
1970	92.19	5.35	2.46	95.17	4.78	0.05	99.48	0.02	0.49
1975	83.08	8.08	8.84	94.32	5.58	0.09	93.93	0.82	5.25
1978	83.14	9.23	7.63	93.52	6.07	0.41	90.45	3.05	6.50
1980	77.51	14.77	7.72	88.21	10.12	1.66	85.00	8.13	6.86
1981	73.59	18.95	7.46	83.14	13.64	3.22	82.55	9.82	7.63
1982	72.03	20.01	7.96	78.73	17.17	4.10	83.16	10.20	6.64
1983	78.85	12.80	8.35	78.61	17.62	3.76	82.89	9.99	7.12
1984	85.86	5.68	8.46	80.07	16.00	3.93	81.83	10.44	6.73
1985	83.80	8.61	7.59	78.81	17.35	3.84	76.70	17.61	5.69
1986	82.70	9.43	7.88	76.02	19.81	4.17	83.07	11.87	5.06
1987	82.40	8.35	9.25	73.67	21.50	4.83	86.73	9.07	4.20
1988	80.59	10.68	8.73	74.70	20.65	4.64	86.73	9.75	3.52

东部、中部、西部地区工业经济主要指标(五)

年　份	原　盐（万吨）			糖（万　吨）			卷　烟（万箱）		
	东　部	中　部	西　部	东　部	中　部	西　部	东　部	中　部	西　部
1952	424.7	9.2	60.6	31.36	5.48	8.28	158.44	93.83	12.73
1957	696.0	53.6	78.1	54.10	16.61	15.73	305.83	114.25	25.53
1962	844.2	11.2	138.4	26.08	2.48	5.81	122.52	83.75	37.41
1965	1 002.5	15.6	128.7	103.49	23.89	18.69	246.36	173.70	58.30
1970	888.6	19.2	201.1	89.51	26.51	18.98	387.87	311.35	83.93
1975	1 182.3	63.9	234.3	118.63	28.22	26.97	451.25	415.40	124.95
1978	1 540.6	86.3	326.6	166.34	30.82	29.51	527.77	470.03	183.94
1980	1 342.81	155.89	229.5	169.21	47.23	40.62	660.10	613.81	246.11
1981	1 463.86	152.85	215.68	208.52	66.48	41.61	722.02	710.09	271.91
1982	1 250.9	160.9	226.6	216.11	74.08	48.20	759.49	811.50	314.18
1983	1 193.7	181.5	237.5	245.52	76.82	54.80	731.68	842.74	363.16
1984	1 201.7	185.1	255.1	224.38	96.44	59.06	795.61	914.88	421.63
1985	1 027.63	189.18	262.04	292.26	92.03	67.04	848.35	1 005.98	515.42
1986	1 239.65	205.23	316.28	349.35	93.74	81.55	915.45	1 085.94	595.07
1987	1 098.56	217.75	448.16	342.58	76.24	86.76	976.16	1 180.51	724.36
1988	1 483.17	223.06	557.49	288.78	80.10	92.28	1 011.69	1 231.05	853.56
比重(%)									
1952	85.88	1.86	12.25	60.50	12.15	18.35	59.79	35.41	4.80
1957	84.09	6.48	9.44	62.59	19.22	18.20	68.63	25.64	5.73
1962	84.95	1.13	13.93	75.88	7.22	16.90	50.28	34.37	15.35
1965	87.42	1.36	11.22	70.85	16.36	12.80	51.50	36.31	12.19
1970	80.13	1.73	18.14	66.30	19.64	14.06	49.53	39.76	10.72
1975	79.86	4.32	15.83	68.25	16.24	15.52	45.51	41.89	12.60
1978	78.86	4.42	16.72	73.38	13.60	13.02	44.66	39.77	15.57
1980	77.70	9.02	13.28	65.83	18.37	15.80	43.43	40.38	16.19
1981	79.89	8.34	11.77	65.86	21.00	13.14	42.37	41.67	15.96
1982	76.35	9.82	13.83	63.86	21.89	14.24	40.29	43.05	16.67
1983	74.02	11.25	14.73	65.10	20.37	14.53	37.76	43.49	18.74
1984	73.19	11.27	15.54	59.07	25.39	15.55	37.32	42.91	19.78
1985	69.49	12.79	17.72	64.76	20.39	14.85	35.80	42.45	21.75
1986	70.39	11.65	17.96	66.59	17.87	15.54	35.26	41.82	22.92
1987	62.26	12.34	25.40	67.76	15.08	17.16	33.88	40.98	25.14
1988	65.52	9.85	24.63	62.62	17.37	20.01	32.67	39.76	27.57

东部、中部、西部地区工业经济主要指标(六)

年份	原煤(万吨)			原油(万吨)			发电量(亿千瓦小时)		
	东部	中部	西部	东部	中部	西部	东部	中部	西部
1952	2 926.7	3 111.0	611.5	23.4	0.6	19.6	46.2	23.0	3.4
1957	5 057	6 383	1 633	54.0	3.7	86.1	116.7	62.3	14.4
1962	7 742	10 984	3 229	46.9	358.7	169.0	250.6	152.3	54.9
1965	8 079	11 743	3 355	139.0	839.6	152.8	371.5	214.2	90.3
1970	12 662	17 000	5 737	619.7	2 212.2	232.8	610.5	367.0	181.1
1975	16 082	23 007	9 135	2 461.9	4 832.7	411.2	1 006.4	603.7	348.3
1978	19 837.2	29 994.4	11 952.8	4 405.7	5 495.7	503.8	1 318.8	787.6	459.1
1980	17 984	32 675	11 356	4 316.8	5 661.6	616.2	1 515.9	973.7	516.6
1981	17 095.5	33 604.0	11 464.0	3 704.8	5 808.7	608.6	1 547.05	1 028.88	516.76
1982	17 867.1	36 424.5	12 341.2	3 668.8	5 913.5	630.0	1 627.0	1 090.4	559.4
1983	18 768.5	39 361.1	13 323.6	3 890.3	6 057.3	659.2	1 730.5	1 183.2	600.7
1984	19 724.3	44 464.6	14 733.8	4 483.1	6 289.2	689.0	1 849.4	1 268.2	652.3
1985	20 938.7	49 710.8	16 579.2	5 101.25	6 638.55	749.72	2 018.32	1 381.81	706.76
1986	21 252.9	50 931.33	17 219.66	5 476.25	6 777.8	814.76	2 169.25	1 559.03	767.08
1987	21 750	52 559	18 488	5 672	6 876	865.0	2 397.44	1 739.77	835.45
1988	22 792	55 692	19 504	5 819.54	6 968.51	916.51	2 651.13	1 881.30	919.65
比重(%)									
1952	44.02	46.79	9.20	53.67	1.38	44.95	63.64	31.68	4.68
1957	38.68	48.83	12.49	38.41	2.54	59.05	60.34	32.21	7.45
1962	35.26	50.03	14.71	8.16	62.43	29.41	54.74	33.27	11.99
1965	34.86	50.67	14.48	12.29	74.21	13.51	54.96	31.69	13.36
1970	35.77	48.02	16.21	20.22	72.18	7.60	52.69	31.68	15.63
1975	33.35	47.71	18.94	31.95	62.72	5.34	51.39	30.83	17.78
1978	32.11	48.55	19.35	42.34	52.82	4.84	51.41	30.70	17.90
1980	29.00	52.69	18.31	40.75	53.44	5.82	50.43	32.39	17.18
1981	27.50	54.06	18.44	36.60	57.39	6.01	50.02	33.27	16.71
1982	26.81	54.66	18.52	35.93	57.91	6.17	49.65	33.28	17.07
1983	26.27	55.09	18.65	36.68	57.11	6.21	49.24	33.67	17.09
1984	24.99	56.34	18.67	39.12	54.87	6.01	49.06	33.64	17.30
1985	24.00	56.99	19.01	40.84	53.15	6.00	49.14	33.65	17.21
1986	23.77	56.97	19.26	41.90	51.86	6.23	48.26	34.68	17.06
1987	23.44	56.64	19.92	42.29	51.26	6.45	48.21	34.99	16.80
1988	23.26	56.84	19.90	42.46	50.85	6.69	48.63	34.51	16.87

东部、中部、西部地区工业经济主要指标(七)

年　份	钢（万　吨）			生　铁（万吨）			成品钢材（万吨）		
	东　部	中　部	西　部	东　部	中　部	西　部	东　部	中　部	西　部
1952	115.8	14.0	5.1	152.9	26.2	13.6	91.1	7.5	7.1
1957	442.0	54.3	38.7	478.6	75.6	39.4	341.2	33.9	40.0
1962	514.7	114.7	37.8	553.6	204.1	47.4	376.0	50.9	28.0
1965	885.5	271.4	66.1	766.6	267.6	42.5	692.0	127.8	61.2
1970	1 214.5	467.0	97.1	1 089.0	550.9	65.7	832.5	273.1	82.7
1975	1 617.9	550.7	221.8	1 522.8	713.5	212.8	1 128.4	343.8	149.8
1978	1 995.6	833.1	349.3	2 007.8	1 084.6	386.2	1 415.0	534.6	258.0
1980	2 225.3	1 032.0	454.8	2 173.3	1 170.2	458.9	1 710.5	717.5	288.2
1981	2 150.9	992.7	416.8	1 948.8	1 053.9	413.9	1 682.0	724.1	264.0
1982	2 175.9	1 077.5	462.4	2 010.9	1 095.7	444.2	1 792.0	804.5	305.5
1983	2 315.0	1 186.8	500.3	2 078.0	1 185.5	474.3	1 865.4	875.1	331.4
1984	2 483.0	1 316.2	548.3	2 207.0	1 275.4	518.7	2 012.2	986.3	373.8
1985	2 644.31	1 461.35	573.80	2 377.39	1 453.79	552.64	2 157.4	1 131.31	404.41
1986	3 059.40	1 537.74	622.57	2 751.83	1 655.60	656.41	2 356.74	1 270.55	430.82
1987	3 308.52	1 662.37	656.63	2 993.55	1 834.87	674.77	2 550.06	1 360.27	475.44
1988	3 473.13	1 760.60	709.32	3 122.94	1 885.23	695.79	2 719.20	1 446.88	523.35
比重(%)									
1952	85.84	10.38	3.78	79.35	13.60	7.06	86.19	7.10	6.72
1957	82.62	10.15	7.23	80.63	12.74	6.64	82.20	8.17	9.64
1962	77.14	17.19	5.67	68.76	25.35	5.89	82.66	11.19	6.16
1965	72.40	22.19	5.40	71.20	24.85	3.95	78.55	14.51	6.95
1970	68.28	26.26	5.46	63.85	32.30	3.85	70.06	22.98	6.96
1975	67.68	23.04	9.28	62.18	29.13	8.69	69.57	21.20	9.24
1978	62.79	26.21	10.99	57.72	31.18	11.10	64.10	24.22	11.69
1980	59.95	27.80	12.25	57.16	30.78	12.07	62.97	26.42	10.61
1981	60.41	27.88	11.71	57.04	30.85	12.11	62.99	27.12	9.89
1982	58.56	29.00	12.44	56.63	30.86	12.51	61.75	27.72	10.53
1983	57.84	29.65	12.50	55.59	31.72	12.69	60.72	28.49	10.79
1984	57.11	30.27	12.61	55.16	31.88	12.96	59.67	29.25	11.08
1985	56.51	31.23	12.26	54.23	33.16	12.61	58.41	30.64	10.95
1986	58.61	29.46	11.93	54.34	32.69	12.96	58.07	31.31	10.62
1987	58.79	29.54	11.67	54.40	33.34	12.26	58.14	31.02	10.84
1988	58.44	29.62	11.94	54.75	33.05	12.20	57.99	30.85	11.16

东部、中部、西部地区工业经济主要指标(八)

年份	水泥(万吨)			平板玻璃(万重量箱)			木材(万立方米)		
	东部	中部	西部	东部	中部	西部	东部	中部	西部
1952	226.9	53.3	5.9	213.2			227.7	923.4	82.1
1957	494.2	159.5	32.3	461.7			743.2	1 729.5	314.3
1962	346.1	174.7	79.0	398.0	1.4		430.5	1 652.7	291.4
1965	928.8	404.1	301.1	578.4	108.8		839.0	2 643.3	495.7
1970	1 428.7	703.1	443.1	737.2	249.8	66.2	668.4	2 570.8	542.6
1975	2 381.5	1 403.9	841.0	886.1	464.2	102.8	878.3	3 082.2	742.2
1978	3 261.1	2 048.9	1 213.6	1 286.4	588.2	129.8	1 055.0	3 232.5	874.5
1980	3 958.0	2 605.0	1 422.7	1 728.8	873.6	168.1	1 040.6	3 361.9	957.0
1981	4 241.5	2 710.7	1 337.5	1 918.3	925.7	220.4	977.2	3 183.0	782.1
1982	4 834.6	3 052.0	1 633.8	2 143.6	1 130.4	271.7	971.6	3 272.1	797.6
1983	5 471.8	3 470.4	1 883.0	2 487.5	1 411.2	268.7	1 064.9	3 356.1	811.3
1984	6 297.8	3 851.0	2 152.8	2 783.9	1 692.0	354.3	1 685.0	3 672.8	1 027.0
1985	7 511.26	4 533.53	2 549.99	2 950.76	1 623.69	368.0	1 604.45	3 641.1	1 077.98
1986	8 639.69	5 213.59	2 752.88	2 957.38	1 771.94	472.52	1 547.34	3 878.4	1 079.64
1987	9 852.94	5 741.42	3 030.57	3 277.22	1 910.82	614.64	1 461.56	3 874.1	1 072.09
1988	11129.72	6 492.06	3 391.81	4 255.00	2 285.36	752.96	1 311.25	3 831.93	1 074.37
比重(%)									
1952	79.31	18.63	2.06	100.00			18.46	74.88	6.66
1957	72.04	23.25	4.71	100.00			26.67	62.06	11.28
1962	57.70	29.13	13.17	99.65	0.35		18.13	69.60	12.27
1965	56.84	24.73	18.43	84.17	15.83	0.00	21.09	66.45	12.46
1970	55.49	27.31	17.21	70.00	23.72	6.29	17.67	67.98	14.35
1975	51.48	30.35	18.18	60.98	31.95	7.07	18.68	65.54	15.78
1978	49.99	31.41	18.60	64.18	29.35	6.48	20.44	62.62	16.94
1980	49.56	32.62	17.82	62.40	31.53	6.07	19.42	62.73	17.86
1981	51.17	32.70	16.13	62.60	30.21	7.19	19.77	64.40	15.82
1982	50.78	32.06	17.16	60.46	31.88	7.66	19.27	64.91	15.82
1983	50.55	32.06	17.39	59.69	33.86	6.45	20.35	64.14	15.51
1984	51.19	31.30	17.50	57.64	35.03	7.34	26.39	57.52	16.09
1985	51.47	31.06	17.47	59.70	32.85	7.45	25.37	57.58	17.05
1986	52.03	31.40	16.58	56.85	34.06	9.08	23.79	59.62	16.60
1987	52.90	30.83	16.27	56.48	32.93	10.59	22.81	60.46	16.73
1988	52.96	30.89	16.14	58.34	31.33	10.32	21.09	61.63	17.28

注：平板玻璃1985年以前按万标准箱计算。

东部、中部、西部地区工业经济主要指标(九)

年份	硫酸（万吨）			纯碱（万吨）			烧碱（万吨）		
	东部	中部	西部	东部	中部	西部	东部	中部	西部
1952	18.83	0.8	0.11	18.83		0.37	6.88	0.86	0.17
1957	61.23	0.87	1.07	50.10	0.12	0.42	18.16	0.61	1.01
1962	80.57	9.08	7.14	49.45	1.04	1.41	23.10	4.31	1.56
1965	173.95	40.10	19.99	83.21	0.04	4.93	44.05	8.61	2.89
1970	199.67	53.10	38.60	104.69	0.06	2.96	68.90	15.20	5.10
1975	318.96	96.96	68.75	121.03	1.80	1.45	96.11	24.66	8.17
1978	396.91	154.66	109.47	119.84	6.69	6.34	115.05	33.73	15.26
1980	448.22	190.36	125.67	141.21	10.76	9.31	133.94	39.41	18.92
1981	447.27	206.22	127.19	142.55	12.36	10.24	133.44	39.51	19.38
1982	461.48	224.71	131.28	144.65	16.53	12.31	141.78	44.63	20.91
1983	479.77	245.27	144.58	146.23	19.52	13.57	144.27	45.54	22.47
1984	441.72	234.82	140.63	152.58	21.41	14.04	149.86	47.96	24.41
1985	370.12	192.02	114.23	161.28	24.65	15.18	156.85	52.16	26.30
1986	385.54	233.69	143.88	167.43	29.80	17.40	165.27	58.73	27.80
1987	486.59	309.91	186.79	176.99	36.74	22.58	178.54	65.86	29.51
1988	562.51	341.60	207.19	188.72	44.76	27.37	193.73	72.35	34.38
比重(%)									
1952	99.00	0.42	0.58	98.07		1.93	86.98	10.87	2.15
1957	96.93	1.38	1.69	98.93	0.24	0.83	91.81	3.08	5.11
1962	83.24	9.38	7.38	95.28	2.00	2.72	79.74	14.88	5.38
1965	74.32	17.13	8.54	94.36	0.05	5.59	79.30	15.50	5.20
1970	68.53	18.22	13.25	97.20	0.06	2.75	77.24	17.04	5.72
1975	65.81	20.01	14.18	97.38	1.45	1.17	74.54	19.13	6.34
1978	60.04	23.40	16.56	90.19	5.03	4.77	70.14	20.56	9.30
1980	58.65	24.91	16.44	87.56	6.67	5.77	69.66	20.50	9.84
1981	57.29	26.42	16.29	86.32	7.48	6.20	69.38	20.54	10.08
1982	56.45	27.49	16.06	83.38	9.53	7.10	68.39	21.53	10.09
1983	55.17	28.20	16.63	81.55	10.89	7.57	67.96	21.45	10.59
1984	54.05	28.74	17.21	81.15	11.39	7.47	67.43	21.58	10.98
1985	54.72	28.39	16.89	80.19	12.26	7.55	66.66	22.17	11.18
1986	50.52	30.62	18.85	78.01	13.88	8.11	65.64	23.32	11.04
1987	49.49	31.52	19.00	74.90	15.55	9.56	65.18	24.04	10.77
1988	50.62	30.74	18.64	72.35	17.16	10.49	64.48	24.08	11.44

东部、中部、西部地区工业经济主要指标(十)

年份	农用化肥(万吨)			发电设备(万千瓦)			金属切削机床(万台)		
	东部	中部	西部	东部	中部	西部	东部	中部	西部
1952	3.87			0.30	0.28		1.26	0.10	0.01
1957	13.20	1.81	0.03	12.53	7.25		2.36	0.28	0.16
1962	24.35	14.76	7.27	8.16	6.92	0.13	1.73	0.35	0.17
1965	88.83	52.62	31.17	23.5	42.73	2.03	3.11	0.58	0.27
1970	128.58	74.69	40.20	130.70	117.00	44.10	9.55	2.87	1.47
1975	258.69	172.99	93.06	294.96	102.89	98.69	12.02	3.46	2.01
1978	425.30	252.20	191.80	233.54	130.56	119.73	11.85	4.13	2.34
1980	592.69	386.96	252.43	173.87	136.96	108.48	8.55	2.86	1.95
1981	585.30	399.38	254.30	65.48	34.47	39.59	7.12	1.90	1.24
1982	587.43	411.84	278.80	85.78	60.10	18.65	6.92	1.82	1.24
1983	623.54	471.61	283.70	153.58	84.35	36.05	8.24	2.35	1.51
1984	642.08	512.75	305.32	240.43	105.18	121.76	9.04	2.55	1.76
1985	564.83	468.64	288.76	294.65	143.68	124.94	11.13	3.44	2.15
1986	601.65	484.45	309.55	349.93	187.05	185.37	11.31	3.09	1.97
1987	721.71	600.93	349.52	450.20	310.74	180.12	12.25	3.07	1.89
1988	728.49	637.32	374.38	490.80	372.62	245.90	13.34	3.60	2.23
(比重)%									
1952	100.00			51.72	42.28		91.97	7.30	0.73
1957	87.77	12.03	0.20	63.35	36.65		84.29	10.00	5.71
1962	52.50	31.82	15.67	53.65	45.50	0.85	76.89	15.56	7.56
1965	51.46	30.48	18.06	34.43	62.60	2.97	78.54	14.65	6.82
1970	52.81	30.68	16.51	44.79	40.10	15.11	68.75	20.66	10.58
1975	49.30	32.97	17.73	59.40	20.72	19.88	68.72	19.78	11.49
1978	48.92	29.01	22.06	48.27	26.98	24.75	64.68	22.54	12.77
1980	48.10	31.41	20.49	41.47	32.66	25.87	64.00	21.41	14.60
1981	47.24	32.23	20.52	46.93	24.70	28.37	69.40	18.52	12.09
1982	45.96	32.22	21.81	52.14	36.53	11.34	69.34	18.24	12.42
1983	45.22	34.20	20.58	56.06	30.79	13.16	68.10	19.42	12.48
1984	43.97	35.12	20.91	51.44	22.50	26.05	67.72	19.10	13.18
1985	42.72	35.44	21.84	52.31	25.51	22.18	66.57	20.57	12.86
1986	43.11	34.71	22.18	48.44	25.89	25.66	69.09	18.88	12.03
1987	43.16	35.94	20.90	47.84	33.02	19.14	71.18	17.84	10.98
1988	41.86	36.62	21.51	44.24	33.59	22.17	69.59	18.78	11.63

东部、中部、西部地区工业经济主要指标(十一)

年　　份	汽　　车（万辆）			大中型拖拉机(台)			小型拖拉机（台）		
	东　部	中　部	西　部	东　部	中　部	西　部	东　部	中　部	西　部
1957		0.79							
1962	0.18	0.76	0.03	102	6 980	17	84		
1965	0.63	3.42		1 494	8 091		3 177	447	
1970	2.73	5.74	0.25	7 856	23 217	891	39 115	8 620	3 649
1975	6.06	7.50	0.42	38 811	37 765	1 865	126 432	52 649	30 319
1978	6.75	7.57	0.59	58 775	50 650	4 090	160 597	104 570	59 076
1980	9.87	11.66	0.70	51 928	41 654	4 070	132 583	60 866	24 441
1981	6.53	10.60	0.43	31 625	20 038	1 183	121 877	57 614	19 411
1982	7.09	12.07	0.47	26 208	13 315	817	180 966	79 904	37 393
1983	8.71	14.70	0.57	25 003	11 333	700	275 804	156 281	65 625
1984	12.02	18.68	0.94	25 639	13 554	534	365 763	239 751	83 118
1985	18.56	22.81	2.35	31 425	13 215	322	425 020	303 446	94 060
1986	17.71	17.61	1.65	17 345	11 280	16	428 453	271 776	74 263
1987	23.35	20.96	2.87	22 248	14 870	5	601 355	393 159	111 466
1988	31.98	27.97	4.52	29 254	17 920	12	781 252	423 532	130 927
(比重)%									
1957		100.00							
1962	18.56	78.35	3.09	1.44	98.32	0.24	100.00		
1965	15.56	84.44		15.59	84.41		87.67	12.33	
1970	31.31	65.83	2.87	24.58	72.63	2.79	76.12	16.78	7.10
1975	43.35	53.65	3.00	49.48	48.15	2.38	60.38	25.14	14.48
1978	45.27	50.77	3.96	51.78	44.62	3.60	49.53	32.25	18.22
1980	44.40	52.45	3.15	53.18	42.66	4.17	60.85	27.93	11.22
1981	37.19	60.36	2.45	59.84	37.92	2.24	61.27	28.97	9.76
1982	36.12	61.49	2.39	64.97	33.01	2.03	60.67	26.79	12.54
1983	36.32	61.30	2.38	67.51	30.60	1.89	55.41	31.40	13.19
1984	37.99	59.04	2.97	64.54	34.12	1.34	53.11	34.82	12.07
1985	42.45	52.17	5.38	69.89	29.39	0.72	51.67	36.89	7.00
1986	47.90	47.63	4.46	60.56	39.38	0.06	55.32	35.09	9.59
1987	49.49	44.43	6.08	59.93	40.06	0.01	54.37	35.55	10.08
1988	49.60	43.38	7.01	62.00	37.98	0.03	58.49	31.71	9.80

各地区煤炭采选业主要经济指标(一)

(1988年)

地区	工业企业单位数(个)	#亏损企业(个)	年末职工人数(万人)	基本建设投资(亿元)	更新改造投资(亿元)	工业总产值(亿元)	工业净产值(亿元)	全员劳动生产率(元/人·年)	原煤(万吨)	洗煤(万吨)
全国总计	**9 230**	**1 954**	**565.25**	**63.50**	**34.73**	**309.48**	**129.12**	**3 937**	**97987.65**	**11107.00**
北京	43	9	5.69	0.07	0.23	2.51	0.90	3 601	905.99	34.20
天津										
河北	290	41	38.59	4.05	3.23	21.34	8.51	4 015	6 433.79	1 671.46
山西	1 587	229	73.70	14.52	8.52	59.95	27.84	7 391	24647.52	1 821.88
内蒙古	349	44	20.95	4.72	1.08	9.01	3.00	3 703	3 734.48	240.43
辽宁	229	75	42.01	4.60	2.65	19.00	6.85	2 963	4 589.01	1 638.52
吉林	216	75	21.75	1.45	0.62	6.56	2.08	2 397	2 227.85	133.99
黑龙江	344	73	47.73	5.72	4.10	28.12	11.84	4 004	7 172.19	1 053.10
上海										
江苏	71	38	18.36	1.73	0.99	11.52	5.01	3 519	2 331.77	399.22
浙江	83	29	2.61	0.17	0.33	1.75	0.68	3 898	143.07	
安徽	123	14	26.51	5.34	0.92	15.13	5.67	3 220	3 052.37	557.72
福建	127	12	4.80	0.38	0.09	3.00	1.31	3 290	864.36	1.28
江西	373	108	19.65	0.98	0.43	9.28	3.31	2 693	2 049.19	167.17
山东	302	30	43.96	5.44	0.70	29.58	13.81	3 778	5 559.22	1 131.87
河南	284	76	45.74	3.78	3.09	25.59	11.55	4 115	8 245.20	722.07
湖北	371	60	6.23	0.15	0.13	2.72	1.17	2 810	1 001.31	2.35
湖南	800	220	26.02	0.79	0.73	12.77	4.55	2 446	3 561.64	138.49
广东	156	15	7.40	0.31	0.31	4.60	1.85	2 653	927.98	8.05
广西	103	27	6.26	0.44	0.07	3.28	1.26	2 309	1 035.37	
海南	1		0.09	0.01		0.04	0.02	1 517	1.38	
四川	1 748	479	49.46	2.84	2.54	18.23	7.77	2 713	6 707.17	686.88
贵州	478	46	11.39	0.89	0.69	4.94	1.63	3 444	3 210.04	270.03
云南	257	137	7.42	0.57	0.56	3.28	1.40	4 345	2 054.48	75.87
西藏									0.60	
陕西	364	50	16.13	2.30	0.97	5.58	1.80	3 248	2 765.44	49.45
甘肃	203	21	8.41	0.96	0.48	3.59	1.47	3 740	1 357.73	
青海	37	11	1.67	0.03	0.01	0.64	0.35	3 302	267.66	
宁夏	65	6	6.34	0.62	1.03	4.12	1.76	5 586	1 327.68	302.97
新疆	226	29	6.40	0.66	0.26	3.34	1.74	5 305	1 813.16	

注：基本建设和更新改造投资为全民所有制单位的数字，其他指标均为乡以上独立核算工业企业的数字。本表价 值指标均按当年价格计算，全员劳动生产率按1980年不变价格工业总产值计算(下同)

各地区煤炭采选业主要经济指标(二)

(1988年)

地　区	固定资产原值(亿元)	固定资产净值(亿元)	流动资金年末占用数(亿元)	产品销售收入(亿元)	亏损企业亏损总额(亿元)	利润总额(亿元)	利润和税金总额(亿元)	企业留利(亿元)	每百元固定资产原值实现产值(元)	每百元固定资产原值实现利税(元)
全国总计	795.87	531.73	131.26	369.56	30.11	-12.84	-2.18	2.75	38.89	-0.27
北　京	7.74	4.53	1.66	2.93	0.61	-0.55	-0.44	0.09	32.41	-5.71
天　津										
河　北	64.52	41.94	7.11	30.90	1.86	-1.20	-0.32	0.18	33.07	-0.50
山　西	129.26	88.00	25.29	61.54	1.24	5.20	7.18	0.11	46.38	5.55
内蒙古	39.96	29.57	5.72	11.56	1.79	-1.53	-1.21	-0.17	22.55	-3.03
辽　宁	69.74	42.03	8.97	28.14	3.92	-3.54	-2.83	0.11	27.24	-4.05
吉　林	23.28	14.61	4.71	8.29	3.03	-2.93	-2.67	0.02	28.18	-11.45
黑龙江	73.06	49.55	13.47	34.81	1.42	-0.83	0.07	0.10	38.49	0.09
上　海										
江　苏	31.53	21.27	3.82	13.57	0.74	-0.19	0.14	0.10	36.54	0.43
浙　江	3.30	2.31	0.85	1.54	0.06	0.01	0.05	0.11	53.02	1.59
安　徽	41.68	30.72	4.80	19.41	0.51	0.07	0.62	0.14	36.30	1.49
福　建	4.78	3.32	1.03	2.99	0.01	0.16	0.25	0.13	62.74	5.27
江　西	15.49	9.60	3.54	10.69	0.77	-0.46	-0.12	0.12	59.87	-0.80
山　东	62.97	44.91	10.04	36.72	1.38	1.20	2.20	0.43	46.98	3.49
河　南	57.98	37.26	10.72	33.02	1.72	0.07	0.98	0.01	44.13	1.69
湖　北	5.35	3.51	1.44	2.73	0.16	-0.03	0.06	0.09	50.87	1.15
湖　南	22.18	14.13	3.80	13.09	1.81	-1.08	-0.67	0.40	57.58	-3.02
广　东	7.39	4.09	1.44	4.66	0.28	-0.05	0.09	0.18	62.18	1.22
广　西	7.36	4.51	1.55	3.09	0.44	-0.38	-0.27	0.06	44.64	-3.74
海　南	0.07	0.04	0.02	0.03	…	…	…	…	57.95	3.33
四　川	41.10	26.91	7.25	21.24	3.06	-2.55	-1.92	0.25	44.35	-4.67
贵　州	18.90	12.62	2.97	6.84	1.12	-1.03	-0.85	0.03	26.12	-4.50
云　南	9.62	6.41	1.47	3.54	0.64	-0.22	-0.11	0.06	34.07	-1.13
西　藏										
陕　西	24.47	17.09	3.65	6.13	1.83	-1.67	-1.49	…	22.82	-6.07
甘　肃	11.10	7.52	1.99	3.38	0.77	-0.67	-0.55	0.06	32.37	-4.97
青　海	2.42	1.67	0.48	0.64	0.11	-0.10	-0.08	0.01	26.55	-3.34
宁　夏	11.59	7.51	1.97	4.81	0.49	-0.42	-0.29	0.03	35.58	-2.50
新　疆	9.01	5.92	1.52	3.27	0.33	-0.13	-0.01	0.10	37.12	-0.06

各地区煤炭采选业主要经济指标(三)

(1988年)

地　区	每百元工业总产值占用流动资金(元)	每百元销售收入实现利润(元)	资金利税率(%)	产值利税率(%)	固定资产折旧率(%)	平均每一职工占有的固定资产(元)	平均每一职工创造的工业净产值(元)	平均每一职工创造的利润和税金(元)	平均每一职工上交的利税费(元)	平均每一职工占有的企业留利(元)
全国总计	**21.05**	**−3.47**	**−0.37**	**−0.71**	**4.34**	**14 496**	**2 352**	**−40**	**351**	**50**
北　京	24.34	-18.63	−8.59	-17.62	3.77	13 843	1 616	−790	203	167
天　津										
河　北	18.74	−3.89	−0.70	−1.51	4.76	16 896	2 229	−84	424	47
山　西	23.94	8.45	7.01	11.97	5.33	18 335	3 948	1 018	1 170	16
内蒙古	33.07	-13.21	−3.70	-13.45	3.36	20 589	1 545	−625	156	−90
辽　宁	23.33	-12.59	−6.08	-14.87	3.51	17 544	1 724	−711	135	27
吉　林	32.31	-35.38	-15.94	-40.64	3.46	11 022	983	- 1 262	−425	10
黑龙江	21.92	−2.39	0.12	0.25	4.70	15 893	2 575	15	407	21
上　海										
江　苏	16.42	−1.37	0.58	1.18	4.78	17 425	2 768	75	422	58
浙　江	16.77	0.41	2.02	3.01	4.16	13 058	2 675	208	195	449
安　徽	17.33	0.38	1.86	4.10	3.70	16 345	2 222	243	505	54
福　建	12.51	5.41	6.83	8.40	7.31	10 117	2 766	533	264	279
江　西	18.04	−4.31	−1.11	−1.34	4.55	8 215	1 755	−66	22	65
山　东	14.08	3.26	4.48	7.44	4.43	14 598	3 202	510	451	99
河　南	22.98	0.23	2.28	3.84	4.75	12 866	2 563	218	566	2
湖　北	17.67	−0.94	1.54	2.25	4.58	8 905	1 941	102	195	147
湖　南	13.51	−8.23	−4.22	−5.24	4.55	8 667	1 780	−261	−116	157
广　东	13.50	−1.18	2.02	2.06	3.19	10 228	2 562	131	117	246
广　西	12.84	-12.20	−5.58	−8.37	3.57	12 047	2 057	−450	245	98
海　南	22.46	6.12	4.64	5.75	4.20	7 890	2 185	263	29	0
四　川	16.70	-12.00	−6.41	-10.54	3.75	8 551	1 616	−400	−93	53
贵　州	26.54	-15.01	−6.11	-17.24	2.89	16 632	1 433	−749	−119	30
云　南	18.91	−6.28	−1.55	−3.32	5.83	13 097	1 910	−148	443	76
西　藏										
陕　西	36.45	-27.33	−7.77	-26.62	3.11	14 996	1 105	−911	323	−2
甘　肃	28.80	-19.81	−6.45	-15.36	3.98	13 447	1 780	−669	−18	69
青　海	42.04	-15.75	−4.16	-12.56	3.40	14 584	2 133	−486	152	54
宁　夏	30.01	−8.79	−3.31	−7.02	3.94	18 284	2 770	−457	243	55
新　疆	22.80	−3.90	−0.08	−0.15	4.15	14 532	2 801	−3	335	162

各地区石油和天然气开采业主要经济指标(一)

(1988年)

地　区	工业企业单位数(个)	#亏损企业(个)	年末职工人数(万人)	基本建设投资(亿元)	更新改造投资(亿元)	工业总产值(亿元)	工业净产值(亿元)	全员劳动生产率(元/人·年)	原油(万吨)	天然气(亿立方米)
全国总计	30	13	75.19	61.08	27.64	302.31	151.92	25 319	13704.56	142.64
北　京										
天　津	1		2.78	8.54	2.01	7.19	2.21	23 761	462.79	3.91
河　北	3	1	3.68		0.11	9.66	0.28	22 521	630.52	2.23
山　西										
内蒙古										
辽　宁	1	1	5.76	7.60	3.63	24.21	6.59	28 819	1 267.29	18.97
吉　林	5	3	2.29	2.44	0.81	7.26	4.59	14 976	315.05	0.97
黑龙江	1		11.62	3.02	2.80	114.56	73.45	56 153	5 570.29	22.26
上　海				0.24	…					
江　苏	1	1	1.74	0.30	0.18	3.11	2.30	4 821	75.00	0.40
浙　江										
安　徽									2.50	
福　建										
江　西										
山　东	1	1	16.21	11.95	2.76	56.30	26.89	24 361	3 330.26	14.19
河　南	2	2	10.12	7.63	2.87	21.89	10.01	12 368	979.07	13.29
湖　北	1	1	3.11	0.28	0.56	7.17	2.14	20 095	101.60	0.60
湖　南				0.01						
广　东				1.92	0.54				44.68	
广　西									9.00	
海　南										
四　川	3	2	4.95	1.62	1.45	11.53	5.44	10 022	11.98	60.34
贵　州										
云　南										
西　藏										
陕　西	6		0.84	0.12	0.69	1.71	1.08	14 560	43.10	
甘　肃	2	1	5.52	0.51	0.11	9.76	3.07	11 658	148.27	0.27
青　海	1		0.31	4.83	0.22	2.61	1.98	35 044	64.02	0.33
宁　夏	1		0.51			1.11	0.39	11 456	32.14	0.08
新　疆	1		5.76	6.39	3.64	24.25	11.50	29 426	617.00	4.60

各地区石油和天然气开采业主要经济指标(二)

(1988年)

地区	固定资产原值(亿元)	固定资产净值(亿元)	流动资金年末占用数(亿元)	产品销售收入(亿元)	亏损企业亏损总额(亿元)	利润总额(亿元)	利润和税金总额(亿元)	企业留利(亿元)	每百元固定资产原值实现产值(元)	每百元固定资产原值实现利税(元)
全国总计	617.89	400.42	88.95	201.05	11.42	11.22	33.16	1.00	48.93	5.37
北京										
天津	27.54	12.44	3.18	7.07		0.45	0.96	0.11	26.09	3.50
河北	36.51	18.39	8.03	8.03	3.78	−3.23	−2.38	0.33	26.45	−6.52
山西										
内蒙古										
辽宁	67.98	45.01	7.39	19.54	1.63	−1.48	0.60	…	35.62	0.88
吉林	21.54	14.60	2.66	3.14	0.23	−0.16	−0.03	…	33.72	−0.15
黑龙江	126.04	85.66	16.64	71.20		17.00	25.10	−0.88	90.89	19.91
上海										
江苏	3.84	2.47	0.53	1.00	0.06	−0.06	−0.01	0.03	81.05	−0.25
浙江										
安徽										
福建										
江西										
山东	126.80	90.67	16.42	37.47	3.34	−0.63	4.03	0.41	44.40	3.18
河南	70.36	54.75	10.02	14.85	1.36	−0.97	0.58	0.11	31.11	0.82
湖北	14.33	8.09	7.04	5.79	0.09	−0.09	0.24	0.24	50.00	1.65
湖南										
广东										
广西										
海南										
四川	32.14	13.54	4.97	12.07	0.52	−0.51	0.17	…	35.86	0.54
贵州										
云南										
西藏										
陕西	3.14	2.32	0.46	1.73		0.40	0.81	0.16	54.32	25.74
甘肃	26.62	14.88	3.69	6.90	0.39	−0.21	0.47	0.25	36.68	1.76
青海	5.12	4.44	0.51	0.97		0.02	0.08	0.01	50.99	1.63
宁夏	4.16	2.80	0.25	0.96		0.09	0.16	…	26.64	3.84
新疆	51.76	30.38	7.14	10.33		0.60	2.39	0.23	46.84	4.61

各地区石油和天然气开采业主要经济指标(三)

(1988年)

地　区	每百元工业总产值占用流动资金(元)	每百元销售收入实现利润(元)	资金利税率(%)	产值利税率(%)	固定资产折旧率(%)	平均每一职工占有的固定资产(元)	平均每一职工创造的工业净产值(元)	平均每一职工创造的利润和税金(元)	平均每一职工上交的利税费(元)	平均每一职工占有的企业留利(元)
全国总计	**14.94**	**5.58**	**7.44**	**10.97**	**4.54**	**85 816**	**21 100**	**4 606**	**5 753**	**139**
北　京										
天　津	31.91	6.35	6.54	13.41	4.16	105 788	8 484	3 700	3 127	405
河　北	33.32	−40.22	−11.01	−24.63	6.45	102 512	798	−6 679	2 935	939
山　西										
内蒙古										
辽　宁	19.58	−7.55	1.20	2.47	6.63	121 465	11 783	1 067	3 985	0
吉　林	13.28	−5.00	−0.21	−0.45	3.70	94 903	20 225	−143	1 064	14
黑龙江	7.44	23.88	26.65	21.91	4.19	112 843	65 763	22 470	19 803	−791
上　海										
江　苏	7.27	−6.10	−0.35	−0.31	5.57	22 800	13 640	−57	310	195
浙　江										
安　徽										
福　建										
江　西										
山　东	14.80	−1.69	4.07	7.16	3.62	81 816	17 352	2 599	4 755	265
河　南	18.78	−6.55	0.99	2.65	3.37	72 290	10 279	596	1 950	110
湖　北	52.06	−1.49	2.00	3.30	4.98	55 225	8 241	910	1 342	920
湖　南										
广　东										
广　西										
海　南										
四　川	29.29	−4.23	1.02	1.49	5.61	65 100	11 018	349	2 062	5
贵　州										
云　南										
西　藏										
陕　西	15.96	23.16	31.16	47.38	19.40	40 400	13 878	10 398	8 156	2 101
甘　肃	24.63	−3.07	2.72	4.81	3.64	50 489	5 821	890	2 751	467
青　海	11.19	1.96	1.77	3.21	3.90	182 972	70 851	2 991	3 490	306
宁　夏	8.28	9.33	5.52	14.43	2.26	82 644	7 822	3 176	1 412	0
新　疆	10.65	5.77	7.24	9.85	4.64	93 794	20 830	4 326	3 686	418

各地区黑色金属矿采选业主要经济指标(一)

(1988年)

地区	工业企业单位数(个)	#亏损企业(个)	年末职工人数(万人)	基本建设投资(亿元)	更新改造投资(亿元)	工业总产值(亿元)	工业净产值(亿元)	全员劳动生产率(元/人·年)	铁矿石原矿量(万吨)	铁矿石成品矿(万吨)
全国总计	**1 264**	**105**	**29.52**	**4.70**	**3.20**	**26.15**	**10.09**	**6 579**	**16 853.72**	**8 208.06**
北京	6	1	0.12	0.30	…	0.17	0.04	14 099	1 975.23	605.13
天津										
河北	289	12	6.04	0.92	0.59	6.25	2.11	8 384	2 319.82	1 162.03
山西	73	6	1.05	0.03	0.03	0.75	0.27	6 370	1 127.19	725.86
内蒙古	28	2	0.26	0.42	0.05	0.24	0.08	6 368	800.10	293.64
辽宁	84	11	2.39	0.41	0.02	0.99	0.37	3 696	4 462.23	1 577.93
吉林	7	3	0.17			0.06	0.03	2 896	172.78	78.53
黑龙江	5	3	0.30		0.02	0.12	0.05	2 041	34.42	16.65
上海				0.03					165.28	105.29
江苏	12	6	1.36	0.01	0.02	0.54	0.14	2 927	122.09	51.22
浙江	8	2	0.39		…	0.35	0.12	6 272	146.92	49.49
安徽	74	8	1.38		0.03	0.61	0.24	3 472	905.96	444.09
福建	36		0.48	0.11	0.01	0.61	0.31	8 968	164.67	145.41
江西	11	3	0.55		0.10	0.32	0.12	3 968	174.29	90.69
山东	55	4	1.72		0.02	1.74	0.66	7 606	530.45	297.00
河南	12	2	0.23			0.17	0.05	7 789	125.14	73.21
湖北	52	6	0.78	1.98	0.58	0.43	0.16	4 983	709.79	507.32
湖南	124	8	2.78	0.02	0.17	2.09	0.62	4 973	109.85	65.84
广东	62	8	1.30	0.21	0.08	2.31	0.79	11 047	461.43	374.19
广西	104	8	1.57	0.06	0.33	1.67	0.67	6 628	68.53	68.53
海南	1		1.10		0.30	1.88	0.99	9 799	445.97	355.74
四川	70	2	3.28	0.10	0.39	3.33	1.58	7 974	954.61	528.76
贵州	59	1	0.65		0.02	0.29	0.14	4 020	123.40	83.18
云南	37	5	0.67	0.02	0.34	0.49	0.21	6 080	292.16	276.81
西藏	2		0.04	0.05		0.05	0.02	10 169	…	…
陕西	32	3	0.48	0.01	…	0.19	0.05	3 549	98.59	48.20
甘肃	12		0.09		0.02	0.06	0.02	6 894	291.80	119.93
青海	1				0.01	…	…	600	0.15	…
宁夏	4	1	0.03		…	0.01	0.01	3 065	3.92	…
新疆	4		0.34	0.02	0.06	0.46	0.23	6 527	66.95	63.39

各地区黑色金属矿采选业主要经济指标(二)

(1988年)

地区	固定资产原值(亿元)	固定资产净值(亿元)	流动资金年末占用数(亿元)	产品销售收入(亿元)	亏损企业亏损总额(亿元)	利润总额(亿元)	利润和税金总额(亿元)	企业留利(亿元)	每百元固定资产原值实现产值(元)	每百元固定资产原值实现利税(元)
全国总计	40.71	26.73	12.82	24.37	0.29	3.33	4.18	1.36	64.25	10.28
北京	0.28	0.26	0.14	0.14	…	0.02	0.02	0.01	59.54	6.80
天津										
河北	7.35	5.35	3.03	5.71	0.01	0.64	0.81	0.18	84.99	11.02
山西	1.09	0.95	0.50	0.69	…	0.06	0.08	0.02	68.28	7.58
内蒙古	0.38	0.34	0.17	0.18	…	0.02	0.03	0.01	61.62	6.89
辽宁	1.61	1.39	0.80	0.82	0.03	0.05	0.08	0.02	61.36	4.79
吉林	0.11	0.08	0.05	0.06	…	…	…	…	57.07	0.28
黑龙江	0.49	0.32	0.09	0.13	0.03	−0.02	−0.02	0.01	23.65	−4.68
上海										
江苏	2.13	1.00	0.04	0.52	0.12	−0.11	−0.11	0.01	25.20	−5.02
浙江	0.74	0.35	0.20	0.34	…	0.02	0.03	0.01	47.33	3.50
安徽	0.52	0.30	0.04	0.54	0.03	0.04	0.06	0.03	117.73	11.16
福建	0.71	0.41	0.25	0.57		0.14	0.16	0.02	85.59	22.71
江西	0.68	0.41	0.13	0.31	0.02	…	0.01	0.01	47.10	1.51
山东	2.68	1.39	0.80	1.59	0.01	0.26	0.31	0.08	64.91	11.41
河南	0.16	0.13	0.09	0.11	…	0.01	0.01	…	108.90	6.29
湖北	0.43	0.32	0.36	0.38	0.01	0.02	0.03	0.02	101.55	6.34
湖南	2.46	1.27	1.00	2.06	…	0.06	0.20	0.03	84.88	8.27
广东	2.24	1.47	0.84	1.98	0.01	0.38	0.44	0.07	102.88	19.67
广西	1.93	1.22	0.84	1.69	0.01	0.23	0.32	0.08	86.21	16.55
海南	3.45	2.21	0.69	1.84		0.51	0.56	0.14	54.43	16.36
四川	9.23	5.85	1.34	3.19	…	0.76	0.86	0.50	36.07	9.34
贵州	0.07	0.05	0.07	0.23	…	0.03	0.04	0.01	435.54	63.54
云南	0.50	0.36	0.22	0.50	…	0.07	0.10	0.02	98.00	20.06
西藏	0.01	0.01	0.03	0.05		0.01	0.01	…	377.22	70.27
陕西	0.45	0.39	0.15	0.21	…	0.03	0.03	0.03	41.14	6.62
甘肃	0.03	0.03	0.02	0.04		0.01	0.01	…	175.40	21.27
青海	…	…	…	…	…	…	…	…	…	…
宁夏	0.01	0.01	0.01	0.01	…	…	…	…	90.34	16.78
新疆	0.95	0.64	0.16	0.45		0.12	0.12	0.05	48.76	12.50

各地区黑色金属矿采选业主要经济指标(三)

(1988年)

地　区	每百元工业总产值占用流动资金(元)	每百元销售收入实现利润(元)	资金利税率(%)	产值利税率(%)	固定资产折旧率(%)	平均每一职工占有的固定资产(元)	平均每一职工创造的工业净产值(元)	平均每一职工创造的利润和税金(元)	平均每一职工上交的利税费(元)	平均每一职工占有的企业留利(元)
全国总计	27.57	13.67	12.33	16.00	5.70	14 123	3 502	1 452	803	471
北　京	28.18	10.46	6.16	11.42	3.27	26 671	4 069	1 814	381	612
天　津										
河　北	31.88	11.15	11.04	12.97	4.75	12 426	3 561	1 370	666	306
山　西	41.93	8.52	6.55	11.10	3.66	10 937	2 729	829	449	162
内蒙古	33.47	11.72	6.25	11.18	3.13	14 706	3 130	1 013	452	197
辽　宁	45.85	5.70	4.18	7.81	3.96	6 774	1 551	325	155	94
吉　林	29.76	−2.92	0.33	0.49	5.44	6 493	1 818	18	192	57
黑龙江	47.02	−18.87	−6.09	−19.79	1.53	15 768	1 655	−738	90	206
上　海										
江　苏	43.82	−22.00	−8.64	−19.92	13.77	15 899	1 049	−798	53	45
浙　江	35.98	6.83	5.44	7.40	10.71	19 195	3 210	672	207	376
安　徽	30.94	7.13	11.82	9.48	5.94	3 912	1 824	437	248	236
福　建	18.18	25.20	30.86	26.53	7.83	14 762	6 443	3 353	1 685	420
江　西	23.49	0.32	2.13	3.20	7.07	13 179	2 342	199	176	136
山　东	23.72	16.50	15.24	17.57	3.48	15 743	3 871	1 796	1 166	493
河　南	28.25	5.85	5.56	5.77	12.14	7 533	2 576	474	269	60
湖　北	45.23	4.15	5.27	6.24	5.70	5 771	2 107	366	249	205
湖　南	26.97	2.94	11.11	9.74	4.46	9 104	2 294	753	699	95
广　东	17.17	19.11	23.67	19.12	8.94	17 642	6 213	3 460	2 539	585
广　西	35.25	13.80	17.66	19.20	4.07	12 560	4 363	2 079	1 407	547
海　南	19.34	27.53	21.94	30.07	1.98	31 419	8 977	5 141	3 291	1 295
四　川	17.18	23.82	13.42	25.88	7.05	28 829	4 935	2 692	900	1 559
贵　州	11.33	13.45	48.72	14.59	6.24	1 013	2 193	643	297	134
云　南	29.47	14.34	19.70	20.47	5.18	8 087	3 367	1 622	705	386
西　藏	23.53	20.04	37.55	18.63	…	3 274	5 053	2 300	0	1 029
陕　西	42.41	13.05	6.42	16.08	4.29	10 600	1 215	701	25	587
甘　肃	19.61	12.83	17.15	12.13	6.12	4 394	3 203	935	394	326
青　海	8.33	8.33	…	…	…	50	450	100	50	50
宁　夏	34.16	21.14	14.51	18.57	5.59	4 953	2 651	831	137	191
新　疆	20.34	25.71	15.12	25.63	3.16	28 852	6 999	3 606	363	1 479

各地区建筑材料及其他非金属矿采选业主要经济指标(一)

(1988年)

地　区	工　业企　业单位数(个)	#亏损企业(个)	年末职工人数(万个)	基本建设投资(亿元)	更新改造投资(亿元)	工　业总产值(亿元)	工　业净产值(亿元)	全员劳动生产率(元/人·年)	耐火粘土成品矿(万吨)	硫铁矿生产量(万吨)	硫铁矿运出量(万吨)
全国总计	9 971	842	92.49	5.65	3.14	63.02	25.82	5 738	459.12	1 119.26	1 068.97
北　京	46	5	0.43	0.04	0.11	0.49	0.16	8 702	…	…	…
天　津	30	5	0.21		…	0.20	0.03	9 293	…	…	…
河　北	403	27	2.98	0.20	0.21	1.63	0.66	5 077	37.59	28.53	27.37
山　西	361	20	2.42	0.09	0.12	1.36	0.62	4 973	111.01	122.39	106.29
内蒙古	325	11	2.56	0.54	0.11	1.53	0.67	4 497	4.55	19.67	11.82
辽　宁	778	60	6.82	0.45	0.14	4.33	1.84	5 450	25.32	58.12	50.32
吉　林	469	32	2.50	0.01	0.01	1.64	0.65	5 303	9.70	…	…
黑龙江	407	26	2.98	0.13	0.06	2.24	0.84	6 328	0.95	4.67	4.99
上　海	4		0.09			0.07	0.05	5 631	…	9.44	9.44
江　苏	618	87	11.99	0.18	0.08	7.86	3.17	5 451	0.50	20.96	20.64
浙　江	856	84	8.07	0.04	0.20	5.62	2.76	5 429	1.14	13.63	13.85
安　徽	815	56	6.46	0.33	0.04	3.76	1.43	4 984	3.64	158.47	127.93
福　建	216	15	1.85	0.31	0.07	1.12	0.51	5 544	0.13	11.13	10.89
江　西	442	41	3.03		0.03	1.73	0.69	4 961	3.62	96.02	91.66
山　东	444	17	5.74	0.60	0.09	6.26	1.86	9 943	144.26	22.22	20.84
河　南	262	25	2.41	0.02	0.05	1.62	0.59	6 051	38.86	18.64	19.09
湖　北	572	73	5.72	0.43	0.25	4.39	1.62	6 367	6.68	65.32	63.33
湖　南	632	67	5.29	0.07	0.15	3.36	1.38	5 518	9.08	56.39	61.80
广　东	534	32	4.92	0.12	0.31	5.09	2.32	7 572	0.05	228.05	227.87
广　西	117	14	1.20	0.18	0.12	0.81	0.42	5 986	…	14.25	13.74
海　南	15	5	0.07		0.08	0.03	0.02	3 601	…	…	…
四　川	695	70	6.90	0.19	0.28	2.81	1.27	3 717	19.72	80.32	74.90
贵　州	109	9	1.81	0.21	0.20	1.09	0.54	4 031	23.61	17.96	12.97
云　南	93	11	1.33	0.15	0.08	0.88	0.38	5 707	5.00	11.14	10.57
西　藏	2	1	0.01			…	…	5 573	…	…	…
陕　西	234	22	1.33	0.02	0.07	0.70	0.27	4 319	6.49	27.29	24.52
甘　肃	222	11	1.56		0.16	1.02	0.42	5 551	3.40	30.57	61.60
青　海	48	4	0.61	1.21	0.09	0.62	0.27	9 288	…	4.00	2.46
宁　夏	74	2	0.38	0.01	0.01	0.19	0.09	4 338	…	…	…
新　疆	88	10	0.81	0.15	0.02	0.56	0.30	6 767	3.82	0.08	0.08

各地区建筑材料及其他非金属

(1988年)

地　区	磷矿石生产量（万吨）	磷矿石运出量（万吨）	固定资产原值（亿元）	固定资产净值（亿元）	流动资金年末占用数（亿元）
全国总计	1 823.66	1 807.75	65.88	45.91	29.69
北　京			0.59	0.31	0.18
天　津			0.79	0.68	0.07
河　北	3.28	2.60	1.76	1.06	0.72
山　西			1.81	1.26	0.78
内蒙古			2.38	1.90	0.88
辽　宁			4.51	3.18	2.39
吉　林			0.98	0.71	0.81
黑龙江			2.03	1.44	1.19
上　海			0.04	0.02	0.04
江　苏	23.01	21.84	7.27	4.69	3.15
浙　江	1.16	1.16	3.08	2.06	2.45
安　徽	4.52	4.52	2.30	1.33	0.96
福　建			0.59	0.45	0.45
江　西	8.99	8.24	1.27	0.79	0.70
山　东	1.63	1.76	4.88	3.30	2.70
河　南			1.38	1.04	0.89
湖　北	706.89	663.53	5.06	3.28	2.15
湖　南	137.71	132.66	3.30	2.16	1.42
广　东	1.14	1.14	8.18	6.70	2.06
广　西	6.95	6.00	0.61	0.43	0.27
海　南			0.05	0.03	0.02
四　川	264.47	261.17	4.32	2.69	1.75
贵　州	281.82	280.22	1.67	1.25	0.63
云　南	338.64	379.14	2.77	2.02	0.81
西　藏			0.05	0.05	
陕　西	41.82	43.09	1.35	1.00	0.41
甘　肃			0.81	0.64	0.71
青　海			1.25	0.93	0.42
宁　夏	1.63	0.68	0.21	0.19	0.07
新　疆			0.59	0.32	0.61

矿采选业主要经济指标(二)

产品销售收入(亿元)	亏损企业亏损总额(亿元)	利润总额(亿元)	利润和税金总额(亿元)	企业留利(亿元)	每百元固定资产原值实现产值(元)
55.81	**0.61**	**6.19**	**9.08**	**2.79**	**95.65**
0.46	…	0.06	0.08	0.02	83.02
0.12	0.01	…	…	…	25.50
1.44	0.02	0.19	0.25	0.08	92.67
1.24	0.02	0.12	0.19	0.05	75.41
1.47	0.01	0.22	0.30	0.08	64.12
3.78	0.04	0.55	0.78	0.21	95.90
1.31	0.01	0.16	0.23	0.07	166.82
1.84	0.01	0.18	0.27	0.07	110.49
0.07		0.02	0.02	0.01	203.39
6.83	0.09	0.33	0.67	0.18	107.98
5.46	0.01	0.82	1.13	0.29	182.67
3.28	0.04	0.26	0.39	0.15	163.32
1.02	…	0.12	0.16	0.03	188.19
1.55	0.01	0.14	0.21	0.04	136.73
4.71	0.02	0.52	0.76	0.20	128.34
1.38	…	0.15	0.21	0.07	117.30
3.70	0.02	0.42	0.59	0.23	86.67
3.18	0.04	0.28	0.45	0.10	101.66
4.75	0.05	0.74	0.96	0.40	62.24
0.79	0.01	0.15	0.20	0.05	132.72
0.03	…	…	…	…	64.79
2.58	0.12	0.13	0.27	0.11	65.19
1.06	…	0.19	0.24	0.13	65.18
0.98	0.01	0.18	0.22	0.07	31.64
					7.69
0.69	0.01	0.05	0.08	0.03	51.73
0.83	…	0.09	0.15	0.04	126.24
0.61	…	0.08	0.12	0.03	49.68
0.18	…	0.03	0.04	0.01	92.65
0.48	0.05	0.02	0.05	0.02	95.11

各地区建筑材料及其他非金属矿

(1988年)

地　　区	每百元固定资产原值实现利税(元)	每百元工业总产值占用流动资金(元)	每百元销售收入实现利润(元)	资金利税率(%)	产值利税率(%)
全国总计	13.78	21.35	11.09	15.30	14.41
北　京	14.28	17.42	13.07	21.17	17.20
天　津	0.46	17.63	0.21	0.50	1.79
河　北	14.41	22.14	13.23	17.81	15.55
山　西	10.69	26.12	9.79	12.00	14.18
内蒙古	12.70	33.95	14.77	12.53	19.81
辽　宁	17.28	26.02	14.50	18.09	18.02
吉　林	23.78	23.63	12.33	21.34	14.26
黑龙江	13.33	25.40	9.67	13.46	12.06
上　海	53.06	9.76	20.72	70.18	26.09
江　苏	9.18	16.93	4.88	11.10	8.50
浙　江	26.67	14.35	15.09	39.34	20.08
安　徽	17.02	12.55	7.87	21.78	10.42
福　建	27.40	13.46	11.40	27.33	14.56
江　西	16.64	16.62	8.91	19.54	12.17
山　东	15.67	21.74	11.05	16.40	12.21
河　南	15.44	29.40	10.57	14.05	13.16
湖　北	11.72	19.23	11.25	14.38	13.53
湖　南	13.68	21.59	8.71	15.64	13.46
广　东	11.73	17.76	15.54	12.62	18.85
广　西	33.03	12.07	19.36	38.58	24.89
海　南	5.83	18.56	6.39	6.79	9.00
四　川	6.21	25.54	5.09	7.86	9.52
贵　州	14.59	28.40	17.78	15.65	22.38
云　南	8.06	40.87	18.64	9.40	25.49
西　藏	−1.16	23.92	−19.33	−1.20	−15.07
陕　西	6.22	31.67	7.70	6.89	12.03
甘　肃	19.18	26.70	11.34	16.89	15.20
青　海	9.95	42.21	12.96	10.43	20.03
宁　夏	18.50	12.92	15.61	18.47	19.97
新　疆	9.22	68.38	4.49	7.74	9.70

采选业主要经济指标(三)

固定资产折旧率(%)	平均每一职工占有的固定资产(元)	平均每一职工创造的工业净产值(元)	平均每一职工创造的利润和税金(元)	平均每一职工上交的利税费(元)	平均每一职工占有的企业留利(元)
5.01	7 288	2 856	1 004	508	308
5.58	13 817	3 685	1 973	1 019	524
1.73	38 875	1 531	177	272	231
6.11	6 117	2 282	881	443	262
4.71	7 642	2 605	817	424	225
3.69	9 603	2 702	1 220	625	332
4.67	6 899	2 817	1 192	595	327
4.41	3 808	2 534	906	463	291
5.01	6 816	2 836	908	453	240
4.32	4 185	6 250	2 221	793	1 052
5.59	6 131	2 669	563	415	153
6.58	3 914	3 507	1 435	628	366
7.03	3 685	2 279	627	313	246
5.06	3 227	2 775	884	414	145
5.92	4 313	2 342	718	393	144
3.92	8 709	3 329	1 365	642	351
4.87	6 030	2 581	931	478	294
6.29	9 138	2 924	1 071	557	410
4.64	6 438	2 682	881	481	202
3.49	16 877	4 789	1 980	735	824
6.24	5 589	3 836	1 846	1 100	471
2.65	6 576	2 348	383	158	116
5.61	6 445	1 902	400	275	159
7.18	9 392	3 021	1 370	411	758
4.11	21 261	2 930	1 715	731	545
0.22	72 480	4 600	−840	80	40
3.73	10 371	2 043	646	363	268
5.42	4 969	2 575	953	502	222
5.31	21 020	4 508	2 091	1 031	527
8.99	5 299	2 360	980	535	192
5.12	7 043	3 576	650	818	206

各地区采盐业主要经济指标(一)

(1988年)

地区	工业企业单位数(个)	#亏损企业(个)	年末职工人数(万人)	基本建设投资(亿元)	更新改造投资(亿元)	工业总产值(亿元)	工业净产值(亿元)	全员劳动生产率(元/人·年)	原盐(万吨)	#乡村工业产量(万吨)
全国总计	**605**	**30**	**23.74**	**1.40**	**3.11**	**31.30**	**20.17**	**11 515**	**2 263.72**	**274.54**
北京										
天津	2		1.86	0.04	0.10	2.47	1.87	11 199	195.58	0.04
河北	33	1	1.66	0.36	0.14	2.64	1.98	12 771	254.00	18.43
山西										
内蒙古	8		0.42		0.16	1.16	0.95	27 059	55.83	0.11
辽宁	29	3	2.34	0.07	0.26	2.80	1.97	9 227	205.45	8.87
吉林										
黑龙江										
上海										
江苏	74	3	3.08	0.08	0.31	3.70	2.10	9 093	226.64	28.18
浙江	87		1.16	0.01	0.01	0.66	0.48	3 742	53.23	37.73
安徽				0.16						
福建	82	2	1.76		0.01	0.93	0.75	3 611	92.59	54.15
江西	13		0.23	0.01	…	0.29	0.08	11 416	16.94	6.61
山东	109		2.77	0.19	0.32	4.91	2.77	15 528	361.48	79.64
河南									0.03	
湖北	9	1	0.67		0.38	1.43	0.79	24 692	109.57	0.53
湖南	2		0.33		0.14	0.74	0.41	24 841	40.69	0.19
广东	39	4	1.08		0.02	0.67	0.45	4 301	44.78	13.43
广西	15	2	0.38		…	0.22	0.14	3 856	11.91	0.47
海南	13		0.53	0.01	0.03	0.58	0.46	6 377	37.51	0.85
四川	41	10	4.05	0.32	0.85	4.22	2.24	10 438	200.97	21.65
贵州										
云南	10	4	0.55		0.05	0.60	0.36	11 739	34.91	0.13
西藏									0.11	
陕西	5		0.06			0.07	0.05	15 283	7.40	0.70
甘肃	5		0.04		0.02	0.04	0.02	7 971	2.77	2.03
青海	9		0.22	0.01	0.09	1.10	0.97	53 670	110.49	
宁夏	3		0.01	0.01	0.03	…	…	1 786	0.14	0.03
新疆	17		0.57	0.11	0.20	2.07	1.35	28 187	200.70	0.77

各地区采盐业主要经济指标(二)

(1988年)

地　区	固定资产原值(亿元)	固定资产净值(亿元)	流动资金年末占用数(亿元)	产品销售收入(亿元)	亏损企业亏损总额(亿元)	利润总额(亿元)	利润和税金总额(亿元)	企业留利(亿元)	每百元固定资产原值实现产值(元)	每百元固定资产原值实现利税(元)
全国总计	**30.95**	**21.95**	**10.75**	**19.74**	**0.14**	**3.22**	**5.20**	**1.36**	**101.13**	**16.80**
北　京										
天　津	3.19	2.15	0.68	1.30		0.33	0.36	0.17	77.29	11.32
河　北	2.94	2.20	0.99	1.33	0.01	0.28	0.44	0.12	89.87	14.91
山　西										
内蒙古	0.94	0.66	0.39	0.55		0.21	0.23	0.07	123.43	24.37
辽　宁	3.14	2.22	0.81	1.49	0.04	0.24	0.28	0.21	89.20	8.83
吉　林										
黑龙江										
上　海										
江　苏	2.53	1.99	1.99	2.38	…	0.32	0.66	0.16	146.29	26.02
浙　江	0.86	0.71	0.35	0.64		0.10	0.20	0.05	76.07	23.03
安　徽										
福　建	0.67	0.50	0.32	0.62	…	0.07	0.17	0.04	138.50	25.26
江　西	0.34	0.26	0.09	0.27		0.02	0.04	0.01	86.52	12.27
山　东	4.95	3.93	1.91	3.18		0.75	0.82	0.14	99.17	16.55
河　南										
湖　北	1.92	1.32	0.46	1.28	0.01	0.14	0.58	0.03	74.78	29.99
湖　南	0.86	0.57	0.18	0.55		0.03	0.10	…	86.83	11.98
广　东	0.86	0.68	0.21	0.49	0.01	0.04	0.12	0.05	78.09	14.10
广　西	0.37	0.27	0.12	0.15	…	0.02	0.05	0.02	60.92	14.70
海　南	0.81	0.64	0.21	0.34		0.09	0.09	0.07	71.48	11.54
四　川	4.82	2.76	0.97	3.21	0.06	0.17	0.31	0.06	87.48	6.50
贵　州										
云　南	0.81	0.45	0.21	0.43	…	0.05	0.06	0.04	73.53	7.54
西　藏										
陕　西	0.03	0.02	0.05	0.07		0.01	0.04	…	250.95	141.58
甘　肃	0.01	0.01	0.01	0.02		…	0.01	…	300.41	97.03
青　海	0.29	0.20	0.34	0.51		0.16	0.25	0.05	382.68	87.18
宁　夏	0.01	0.01	0.01	…		…	…	…	11.46	3.96
新　疆	0.60	0.42	0.47	0.96		0.19	0.38	0.05	343.48	63.93

各地区采盐业主要经济指标(三)

(1988年)

地　区	每百元工业总产值占用流动资金(元)	每百元销售收入实现利润(元)	资金利税率(%)	产值利税率(%)	固定资产折旧率(%)	平均每一职工占有的固定资产(元)	平均每一职工创造的工业净产值(元)	平均每一职工创造的利润和税金(元)	平均每一职工上交的利税费(元)	平均每一职工占有的企业留利(元)
全国总计	**18.47**	**16.32**	**18.76**	**16.62**	**4.53**	13 151	8 568	2 210	1 297	578
北　京										
天　津	19.73	25.46	13.72	14.64	5.32	17 314	10 140	1 959	976	930
河　北	22.29	20.71	15.74	16.59	4.54	17 483	11 768	2 607	1 546	692
山　西										
内蒙古	22.07	39.27	25.02	19.74	5.65	22 529	22 631	5 490	3 660	1 660
辽　宁	17.24	16.21	10.27	9.90	3.56	13 163	8 276	1 163	262	879
吉　林										
黑龙江										
上　海										
江　苏	25.24	13.45	22.50	17.78	2.87	8 469	7 055	2 203	1 214	540
浙　江	22.59	14.94	23.06	30.28	2.97	7 584	4 205	1 747	1 176	466
安　徽										
福　建	17.02	10.76	25.98	18.24	2.99	3 860	4 291	975	647	213
江　西	15.83	9.12	13.70	14.18	5.76	14 762	3 601	1 811	1 001	303
山　东	19.78	23.44	16.71	16.69	4.32	18 880	10 552	3 125	835	551
河　南										
湖　北	20.58	11.00	35.70	40.11	5.40	30 190	12 395	9 055	8 837	533
湖　南	18.84	5.60	14.55	13.79	6.50	27 252	13 101	3 264	2 355	59
广　东	13.51	8.65	15.67	18.06	1.66	8 064	4 184	1 137	783	471
广　西	19.95	16.57	17.33	24.14	2.27	9 776	3 763	1 437	798	537
海　南	20.61	25.91	12.25	16.14	1.88	14 274	8 055	1 647	206	1 289
四　川	11.65	5.24	9.64	7.43	5.86	12 128	5 618	788	650	161
贵　州										
云　南	10.98	11.91	11.93	10.26	6.14	14 851	6 561	1 120	427	737
西　藏										
陕　西	46.99	15.27	81.57	56.42	2.59	5 247	4 050	7 428	6 922	642
甘　肃	7.80	7.78	105.66	32.30	2.06	2 900	4 266	2 813	2 419	117
青　海	19.39	30.84	60.48	22.78	6.84	10 897	36 529	9 501	6 096	1 870
宁　夏	143.88	17.48	3.91	34.53	0.99	14 440	1 250	571	274	298
新　疆	10.25	20.33	60.71	18.61	5.03	9 342	20 950	5 972	4 624	837

各地区木材及竹材采运业主要经济指标(一)

(1988年)

地 区	工业企业单位数(个)	#亏损企业(个)	年末职工人数(万人)	基本建设投资(亿元)	更新改造投资(亿元)	工业总产值(亿元)	工业净产值(亿元)	全员劳动生产率(元/人·年)
全国总计	1 154	65	116.24	5.40	2.34	104.85	62.16	3 671
北京								
天津								
河北	13	3	0.06			0.01	0.01	1 179
山西	4		0.33			0.14	0.09	2 076
内蒙古	23		14.22	1.08	0.08	11.22	7.37	3 734
辽宁	2		0.07			0.04	0.03	2 393
吉林	22		19.22	0.50	0.18	13.15	7.74	3 430
黑龙江	78	12	54.24	2.52	1.37	39.43	25.18	3 486
上海								
江苏								
浙江	6		0.01	0.01	0.04	0.01	0.01	4 655
安徽	29	2	0.34	0.03	…	1.14	0.25	8 710
福建	210	5	4.97	0.23	0.15	11.90	5.75	6 425
江西	145	4	5.69	0.04	0.03	6.35	2.66	2 937
山东								
河南	1		…			…	…	5 000
湖北	23	2	0.44	0.10	0.01	0.69	0.28	6 310
湖南	115	2	2.15	0.07	0.06	4.02	1.64	3 790
广东	40	6	0.91	0.09	0.03	1.19	0.53	4 318
广西	57		0.49	0.04	0.09	1.00	0.51	4 029
海南	16	9	0.67	0.02		0.26	0.17	883
四川	194	9	6.44	0.36	0.07	7.64	5.58	4 154
贵州	63	3	0.68	0.01	0.01	2.31	1.33	5 059
云南	66	5	2.37	0.10	0.16	2.24	1.53	3 610
西藏								
陕西	21	1	1.25	0.04	0.03	0.50	0.32	2 066
甘肃	7		1.25	0.03	0.03	1.07	0.85	3 003
青海	4		0.05			0.05	0.04	6 857
宁夏								
新疆	15	2	0.41	0.11	0.01	0.49	0.31	6 058

各地区木材及竹材采运业主要经济指标(二)

(1988年)

地区	木材(万立方米)	固定资产原值(亿元)	固定资产净值(亿元)	流动资金年末占用数(亿元)	产品销售收入(亿元)	亏损企业亏损总额(亿元)	利润总额(亿元)	利润和税金总额(亿元)	企业留利(亿元)	每百元固定资产原值实现产值(元)
全国总计	**6 217.55**	**129.25**	**92.96**	**53.49**	**112.38**	**0.42**	**14.49**	**23.95**	**6.92**	**81.12**
北京	4.60									
天津										
河北	24.72	0.02	0.02	0.01	0.01	…	…	…	…	65.19
山西	30.35	0.24	0.16	0.16	0.19		0.06	0.09	0.04	58.93
内蒙古	594.74	18.12	13.85	5.17	10.38		1.55	2.57	0.83	61.90
辽宁	68.51	0.03	0.03	0.04	0.03		0.01	0.01	…	119.49
吉林	639.10	23.74	18.15	6.54	16.25		1.61	2.94	0.92	55.37
黑龙江	1 877.71	63.08	43.93	18.84	39.15	0.21	3.73	6.92	1.88	62.52
上海										
江苏	5.08									
浙江	173.69	0.01	…	0.01	0.01		…	…	…	209.61
安徽	41.07	0.27	0.20	0.62	0.88	…	0.11	0.16	0.04	423.81
福建	556.70	3.47	2.01	6.50	13.87	…	1.79	2.97	0.54	342.90
江西	236.82	2.30	1.64	3.45	6.43	…	0.76	1.14	0.38	276.02
山东	7.80									
河南	16.04	…	…	…	…	…	…	…	…	…
湖北	104.66	0.45	0.36	0.54	0.75	…	0.08	0.14	0.05	153.58
湖南	291.44	1.32	0.98	3.30	6.98	…	0.64	1.13	0.33	303.85
广东	215.76	0.86	0.68	0.76	1.71	0.01	0.16	0.31	0.09	137.78
广西	234.10	0.34	0.26	0.30	1.01		0.26	0.36	0.09	294.02
海南	20.29	0.24	0.13	0.09	0.25	…	0.01	0.04	0.02	109.82
四川	450.91	6.69	4.68	3.51	7.12	0.12	1.53	2.15	0.74	114.25
贵州	87.93	0.52	0.35	0.94	2.47	…	0.54	0.79	0.22	440.64
云南	331.73	3.18	2.29	1.60	2.66	0.04	1.22	1.56	0.43	70.54
西藏	25.95									
陕西	75.99	1.75	1.37	0.28	0.47	0.03	0.07	0.14	0.08	28.61
甘肃	51.98	1.66	1.19	0.45	1.13		0.25	0.34	0.18	64.63
青海	7.45	0.07	0.05	0.01	0.05		0.01	0.02	0.01	76.07
宁夏	7.54									
新疆	34.89	0.90	0.62	0.36	0.58	…	0.10	0.15	0.05	54.04

各地区木材及竹材采运业主要经济指标(三)

(1988年)

地区	每百元固定资产原值实现利税(元)	每百元工业总产值占用流动资金(元)	每百元销售收入实现利润(元)	资金利税率(%)	产值利税率(%)	固定资产折旧率(%)	平均每一职工占有的固定资产(元)	平均每一职工创造的工业净产值(元)	平均每一职工创造的利润和税金(元)	平均每一职工上交的利税费(元)	平均每一职工占有的企业留利(元)
全国总计	**18.53**	**21.25**	**12.89**	**20.78**	**22.84**	**3.62**	**11 453**	**5 508**	**2 122**	**1 567**	**613**
北京											
天津											
河北	7.41	30.18	3.45	6.40	11.37	1.33	3 718	1 087	276	291	235
山西	36.22	24.00	32.29	44.74	61.47	3.46	7 198	2 790	2 608	1 420	1 265
内蒙古	14.17	22.93	14.94	15.64	22.89	3.60	13 357	5 435	1 893	1 412	610
辽宁	29.94	12.89	21.29	26.26	25.06	1.40	4 912	4 205	1 471	840	625
吉林	12.39	23.76	9.91	13.83	22.38	4.45	12 885	4 202	1 597	1 247	499
黑龙江	10.98	24.75	9.52	12.90	17.56	3.29	12 055	4 813	1 323	1 099	359
上海											
江苏											
浙江	37.13	3.11	14.15	51.12	17.72	5.70	4 149	3 892	1 541	872	338
安徽	59.87	12.04	12.59	48.04	14.13	3.65	8 011	7 352	4 796	2 327	1 330
福建	85.66	9.09	12.91	96.08	24.98	3.64	7 112	11 779	6 092	4 765	1 101
江西	49.76	23.98	11.76	36.17	18.03	5.67	4 331	5 004	2 155	1 505	722
山东											
河南	600.00	23.33	17.24	75.00	20.00		167	2 333	1 000	167	
湖北	32.02	20.56	10.28	28.72	20.85	4.23	10 589	6 535	3 391	2 231	1 126
湖南	85.52	32.08	9.12	49.81	28.14	4.15	6 263	7 794	5 356	3 807	1 569
广东	35.33	13.05	9.32	36.64	25.64	3.62	9 580	5 822	3 384	1 987	946
广西	107.27	11.70	26.16	95.98	36.48	3.01	7 322	10 994	7 854	4 025	2 032
海南	15.45	14.39	4.78	21.95	14.07	3.74	3 511	2 517	522	249	235
四川	32.09	13.82	21.52	37.42	28.09	4.28	9 530	7 956	5 058	1 870	1 056
贵州	151.21	20.32	21.72	96.19	34.32	3.56	7 873	19 936	11 905	8 244	3 232
云南	49.19	14.64	45.92	59.23	69.74	2.69	13 568	6 521	6 674	3 768	1 857
西藏											
陕西	7.96	20.81	14.72	9.41	27.83	1.86	13 490	2 446	1 074	802	627
甘肃	20.82	16.07	22.11	25.28	32.21	2.34	14 251	7 305	2 966	1 095	1 537
青海	28.29	32.24	27.17	29.65	37.19	8.07	13 382	7 426	3 785	1 315	2 096
宁夏											
新疆	16.50	31.77	17.06	19.15	30.54	2.82	21 131	7 227	3 488	4 853	1 157

各地区自来水生产和供应业主要经济指标(一)

(1988年)

地　区	工业企业单位数(个)	#亏损企业(个)	年末职工人数(万人)	基本建设投资(亿元)	更新改造投资(亿元)	工业总产值(亿元)	工业净产值(亿元)	全员劳动生产率(元/人·年)	自来水(供应量)(亿吨)
全国总计	2 981	279	23.42	11.62	5.28	31.76	11.99	10 684	184.27
北　京	2		0.37	0.23	0.15	1.15	0.37	19 744	4.70
天　津	1	1	0.50	0.08	0.14	1.08	0.04	12 885	5.28
河　北	42	3	0.65	0.11	0.10	0.91	0.29	11 019	5.36
山　西	84	8	0.64	0.13	0.05	0.77	0.25	7 481	4.96
内蒙古	38	14	0.41	0.13	0.05	0.36	0.12	6 478	2.22
辽　宁	52	22	2.60	2.60	0.30	2.67	0.91	5 204	12.97
吉　林	60	23	0.94	0.18		0.77	0.23	4 869	2.96
黑龙江	71	26	1.02	0.83	0.01	0.73	0.24	4 222	1.57
上　海	53	1	0.86	0.33	0.39	1.67	0.42	19 401	13.04
江　苏	282	21	1.82	0.85	0.37	2.37	0.93	11 787	14.69
浙　江	249	15	0.91	0.22	0.52	1.29	0.45	13 740	10.91
安　徽	107	5	0.65	0.44	0.03	0.87	0.36	11 877	6.49
福　建	119	5	0.64	0.42	0.12	0.80	0.32	10 184	5.42
江　西	99	8	0.63	0.16	0.07	0.72	0.32	9 776	4.54
山　东	113	9	1.70	0.45	0.21	1.72	0.55	8 648	7.73
河　南	80	10	1.15	0.13	0.25	1.17	0.37	7 998	7.63
湖　北	253	19	1.54	0.65	0.20	2.02	0.91	11 816	17.02
湖　南	119	4	0.90	0.52	0.18	1.65	0.74	16 048	11.08
广　东	285	18	1.81	0.46	1.10	4.31	2.08	15 546	18.17
广　西	178	5	0.54	0.07	0.20	0.91	0.49	22 135	5.91
海　南	24	3	0.16	0.15	0.02	0.18	0.08	5 563	0.62
四　川	336	22	1.32	0.63	0.38	1.56	0.62	10 767	8.08
贵　州	90	7	0.28	0.29	0.01	0.28	0.12	8 799	1.17
云　南	79	4	0.26	0.35	0.18	0.35	0.15	11 746	1.92
西　藏				0.06					0.01
陕　西	81	15	0.50	0.50	0.08	0.62	0.22	9 038	3.22
甘　肃	24	1	0.32	0.13	0.12	0.48	0.25	10 947	4.30
青　海	6		0.06	0.12	0.03	0.13	0.07	19 927	0.70
宁　夏	6		0.06	0.09		0.06	0.03	10 995	0.33
新　疆	48	10	0.21	0.31	…	0.19	0.07	7 755	1.28

各地区自来水生产和供应业主要经济指标(二)

(1988年)

地区	固定资产原值(亿元)	固定资产净值(亿元)	流动资金年末占用数(亿元)	产品销售收入(亿元)	亏损企业亏损总额(亿元)	利润总额(亿元)	利润和税金总额(亿元)	企业留利(亿元)	每百元固定资产原值实现产值(元)	每百元固定资产原值实现利税(元)
全国总计	113.22	88.49	13.62	31.12	0.69	5.78	6.81	2.95	28.06	6.01
北京	4.75	4.07	0.48	0.85		0.04	0.06	0.06	24.20	1.35
天津	5.29	4.71	0.46	1.05	0.12	−0.12	−0.09	0.07	20.40	−1.66
河北	3.75	3.00	0.20	0.94	0.01	0.17	0.19	0.08	24.27	5.12
山西	3.37	2.56	0.17	0.75	0.02	0.09	0.12	0.05	22.74	3.47
内蒙古	1.89	1.51	0.11	0.35	0.01	0.04	0.06	0.03	18.94	2.94
辽宁	11.37	7.93	1.09	2.76	0.29	0.40	0.49	0.15	23.50	3.52
吉林	3.63	2.87	0.28	0.77	0.06	…	0.03	0.04	21.21	0.83
黑龙江	4.15	3.44	0.40	0.73	0.03	0.05	0.08	0.03	17.69	1.82
上海	9.69	7.92	0.72	1.67	…	0.17	0.22	0.13	17.26	2.29
江苏	7.07	5.62	1.37	2.29	…	0.47	0.54	0.23	33.51	7.63
浙江	3.81	3.15	0.90	1.24	0.02	0.25	0.28	0.19	33.76	7.38
安徽	2.38	1.80	0.39	0.86	0.01	0.19	0.21	0.08	36.59	8.99
福建	2.78	2.30	0.39	0.78	…	0.16	0.19	0.05	28.61	6.70
江西	2.08	1.55	0.27	0.70	…	0.16	0.19	0.07	34.38	8.98
山东	7.78	6.33	0.91	1.72	0.08	0.19	0.24	0.14	22.07	3.11
河南	3.96	2.97	0.45	1.19	0.01	0.13	0.17	0.06	29.61	4.30
湖北	6.66	5.43	0.64	1.84	0.01	0.42	0.48	0.19	30.34	7.26
湖南	3.91	3.06	0.49	1.60	…	0.49	0.54	0.37	42.30	13.87
广东	7.50	5.36	2.18	4.40	0.01	1.31	1.45	0.35	57.39	17.45
广西	2.21	1.73	0.19	0.90	…	0.33	0.36	0.13	41.11	16.17
海南	0.43	0.36	0.10	0.17	…	0.04	0.05	0.02	40.91	11.34
四川	5.40	4.07	0.72	1.51	…	0.32	0.37	0.19	28.81	6.93
贵州	1.35	1.03	0.11	0.25	…	0.04	0.05	0.03	20.38	3.84
云南	1.45	1.15	0.16	0.34	…	0.11	0.12	0.08	23.84	8.20
西藏										
陕西	2.49	1.73	0.25	0.61	…	0.08	0.13	0.02	25.00	5.23
甘肃	2.06	1.24	0.03	0.48	…	0.16	0.17	0.07	23.33	8.37
青海	0.73	0.55	0.02	0.13		0.05	0.05	0.02	18.26	6.74
宁夏	0.25	0.20	0.03	0.05		0.01	0.02	0.01	24.00	6.39
新疆	1.04	0.86	0.11	0.19	0.01	0.03	0.03	0.02	18.43	3.25

各地区自来水生产和供应业主要经济指标(三)

(1988年)

地　　区	每百元工业总产值占用流动资金(元)	每百元销售收入实现利润(元)	资金利税率(%)	产值利税率(%)	固定资产折旧率(%)	平均每一职工占有的固定资产(元)	平均每一职工创造的工业净产值(元)	平均每一职工创造的利润和税金(元)	平均每一职工上交的利税费(元)	平均每一职工占有的企业留利(元)
全国总计	11.28	18.58	7.39	21.42	3.19	50 083	5 305	3 010	1 646	1 304
北　京	5.30	4.27	1.55	5.58	2.02	130 263	10 161	1 759	767	1 634
天　津	7.04	−11.58	−1.84	−8.14	1.18	107 041	834	−1 776	688	1 437
河　北	8.85	17.56	6.24	21.11	3.44	59 753	4 603	3 062	1 620	1 280
山　西	8.16	12.38	4.47	15.27	4.00	54 296	4 078	1 886	1 352	828
内蒙古	13.21	12.68	3.58	15.52	3.84	47 406	2 981	1 394	856	692
辽　宁	9.58	14.50	5.98	18.30	3.06	45 229	3 619	1 945	2 720	601
吉　林	12.90	0.62	1.01	3.90	1.95	39 686	2 531	328	571	436
黑龙江	12.53	7.25	2.14	10.30	1.87	41 417	2 368	755	781	289
上　海	8.40	10.13	2.75	13.27	1.40	115 070	5 006	2 634	844	1 540
江　苏	14.20	20.34	9.05	22.78	3.00	40 249	5 297	3 072	991	1 312
浙　江	19.22	20.15	8.28	21.87	5.12	44 333	5 197	3 273	834	2 205
安　徽	12.69	21.75	11.19	24.56	4.30	37 661	5 625	3 384	950	1 237
福　建	12.49	20.69	7.78	23.41	2.84	44 132	4 995	2 956	1 646	784
江　西	12.60	23.37	11.39	26.13	2.52	33 835	5 183	3 039	1 421	1 178
山　东	19.21	10.89	3.63	14.08	3.48	48 223	3 438	1 498	937	848
河　南	11.49	11.11	5.48	14.53	3.68	37 167	3 502	1 599	1 018	601
湖　北	8.79	23.03	8.63	23.94	2.97	45 268	6 171	3 288	1 183	1 263
湖　南	10.30	30.59	16.80	32.78	3.39	44 168	8 313	6 124	860	4 124
广　东	10.93	29.77	24.87	33.67	5.02	44 027	12 206	8 508	5 337	2 066
广　西	5.24	36.43	20.11	39.34	3.51	42 329	9 354	6 846	3 225	2 514
海　南	11.37	24.71	12.80	27.71	3.28	27 786	5 358	3 150	1 023	1 172
四　川	13.82	21.47	8.73	24.06	3.49	42 224	4 860	2 927	982	1 488
贵　州	11.94	17.72	4.90	18.84	4.45	48 916	4 420	1 877	650	1 051
云　南	12.14	31.52	9.94	34.40	2.35	60 598	6 163	4 970	1 442	3 421
西　藏										
陕　西	10.64	12.87	7.24	20.90	2.23	51 442	4 556	3 688	2 411	317
甘　肃	4.43	32.79	13.61	35.88	3.24	64 338	7 909	5 386	3 164	2 219
青　海	6.63	35.37	8.87	36.94	24.03	116 797	10 971	7 877	4 569	3 262
宁　夏	19.82	26.16	7.49	26.64	2.26	44 355	4 838	2 836	1 512	1 238
新　疆	19.19	14.05	3.76	17.63	4.69	50 936	3 503	1 655	1 057	971

各地区食品制造业主要经济指标(一)

(1988年)

地　区	工业企业单位数(个)	#亏损企业(个)	年末职工人数(万人)	基本建设投资(亿元)	更新改造投资(亿元)	工业总产值(亿元)	工业净产值(亿元)	全员劳动生产率(元/人·年)
全国总计	**42 755**	**4 403**	**350.55**	**14.26**	**41.18**	**1038.50**	**166.98**	**22 130**
北　京	324	40	6.67	0.69	0.23	29.86	5.20	30 517
天　津	306	13	5.60	0.19	0.64	20.29	3.61	26 941
河　北	2 022	124	12.43	0.15	1.20	35.45	5.28	20 269
山　西	1 024	86	6.49	0.19	0.27	15.30	2.25	17 805
内蒙古	815	61	8.25	0.40	1.01	20.14	3.91	18 342
辽　宁	1 301	139	15.74	0.39	2.11	53.88	8.35	22 226
吉　林	877	119	9.66	0.57	1.81	28.65	4.97	20 627
黑龙江	1 791	226	21.02	1.85	1.94	53.76	8.56	19 277
上　海	449	22	8.95	0.03	0.85	39.47	6.92	31 839
江　苏	2 850	296	30.27	0.56	2.79	106.83	12.63	25 554
浙　江	2 563	283	20.44	0.41	1.22	60.75	10.51	21 730
安　徽	3 749	265	16.22	0.16	1.51	45.48	5.24	20 786
福　建	1 161	106	15.42	0.27	1.19	32.59	6.92	18 098
江　西	1 689	185	10.07	0.34	0.86	27.17	4.11	20 910
山　东	2 782	193	26.54	0.86	3.48	91.96	13.59	25 817
河　南	1 938	226	14.06	0.66	1.45	40.67	5.85	20 848
湖　北	1 905	277	14.29	0.63	1.36	42.93	6.16	23 303
湖　南	1 902	220	10.32	0.63	0.95	37.98	5.18	25 836
广　东	1 689	204	25.57	1.17	5.65	71.03	14.79	21 976
广　西	996	170	14.98	1.34	4.24	32.69	7.91	19 569
海　南	109	41	2.68	0.19	0.45	3.89	0.97	12 515
四　川	6 136	679	28.76	0.56	2.62	80.71	11.55	20 399
贵　州	448	67	2.43	0.11	0.28	6.14	0.89	17 862
云　南	887	93	6.92	0.13	0.86	18.04	4.31	20 295
西　藏	6	1	0.03	0.03	0.03	0.06	0.01	10 865
陕　西	1 291	124	5.55	0.31	0.58	14.07	2.04	19 010
甘　肃	742	48	4.37	0.38	0.29	10.77	1.71	20 815
青　海	136	9	0.86	0.08	0.09	2.85	0.57	25 530
宁　夏	192	14	1.36	0.26	0.14	3.09	0.57	18 504
新　疆	675	72	4.57	0.73	1.08	11.99	2.43	20 520

各地区食品制造业主要经济指标(二)

(1988年)

地区	大米(万吨)	面粉(万吨)	食用植物油(万吨)	糖果(万吨)	糖(万吨)	乳制品(吨)	罐头(万吨)	固定资产原值(亿元)	固定资产净值(亿元)
全国总计	**4707.35**	**9396.73**	**480.05**	**137.40**	**461.16**	**295 295**	**220.91**	**406.27**	**308.46**
北京	6.04	109.01	2.74	2.92	…	9 721	1.09	10.34	7.35
天津	7.85	98.31	1.54	3.99	…	5 141	3.03	7.34	5.11
河北	22.71	381.26	22.08	1.51	0.59	10 635	13.29	12.81	10.01
山西	0.76	220.39	6.54	0.81	2.85	13 468	3.22	6.84	5.22
内蒙古	0.64	104.12	10.22	0.96	15.22	21 259	0.95	11.76	8.69
辽宁	139.11	163.42	19.42	1.71	2.83	4 761	10.62	18.24	13.74
吉林	17.02	95.74	19.31	1.32	7.21	6 906	1.50	11.05	9.07
黑龙江	64.86	202.96	31.27	6.39	35.91	97 463	2.67	27.31	2.16
上海	44.75	71.61	13.97	6.52	…	9 982	6.71	10.55	7.42
江苏	399.85	332.79	47.95	4.28	0.09	13 268	12.72	27.07	20.46
浙江	341.00	68.00	19.84	5.28	1.53	23 408	31.62	20.20	15.35
安徽	521.11	4600.13	35.72	3.68	…	2 223	5.46	12.54	9.34
福建	211.94	40.98	2.58	3.94	38.23	1 972	18.72	15.45	11.60
江西	451.79	32.12	8.41	1.76	12.23	3 133	3.76	9.98	7.51
山东	5.64	837.38	59.42	5.75	0.31	8 854	26.22	32.66	25.62
河南	16.49	357.08	31.92	2.26	…	5 651	6.97	13.43	10.18
湖北	629.94	234.05	27.19	3.71	1.07	9 251	5.14	14.83	11.50
湖南	267.78	39.90	18.96	3.73	5.61	1 400	5.24	13.25	9.92
广东	378.75	64.34	9.55	5.06	123.14	6 627	14.48	39.37	29.74
广西	158.87	30.84	2.86	9.44	101.76	1 750	16.19	19.05	14.37
海南	11.53	2.96	0.29	0.37	20.30	358	1.40	4.85	3.99
四川	586.54	311.33	43.54	11.28	15.41	3 206	22.37	25.81	18.88
贵州	108.36	46.92	9.84	0.38	0.92	504	0.21	2.62	2.01
云南	153.10	61.08	2.81	4.08	55.52	3 581	1.27	14.97	12.14
西藏		0.65	0.15					0.06	0.04
陕西	85.62	569.85	7.25	0.67	0.35	18 354	1.70	5.94	4.41
甘肃	0.07	134.68	7.43	43.00	6.08	1 240	1.17	5.77	4.55
青海		21.41	2.86	0.11	0.00	1 168	0.20	2.10	1.33
宁夏	4.51	24.23	0.82	0.27	3.23	3 518	0.28	2.30	1.77
新疆	10.72	139.19	13.57	2.22	10.77	6 493	2.71	7.77	5.97

各地区食品制造业主要经济指标(三)

(1988年)

地区	流动资金年末占用数(亿元)	产品销售收入(亿元)	亏损企业亏损总额(亿元)	利润总额(亿元)	利润和税金总额(亿元)	企业留利(亿元)	每百元固定资产原值实现产值(元)	每百元固定资产原值实现利税(元)	每百元工业总产值占用流动资金(元)
全国总计	**345.33**	**985.48**	**5.36**	**56.68**	**84.44**	**22.58**	**255.62**	**20.79**	**15.87**
北京	6.19	31.71	0.05	2.50	2.98	0.88	288.78	28.84	10.39
天津	5.22	20.86	0.02	1.59	2.06	0.63	276.49	28.09	14.20
河北	12.33	34.14	0.76	1.20	1.70	0.78	276.75	13.25	18.86
山西	6.07	13.10	0.14	0.56	1.10	0.29	223.89	16.04	18.08
内蒙古	8.27	20.54	0.05	1.77	2.28	0.41	171.18	19.40	19.35
辽宁	15.02	52.66	0.32	3.49	4.48	1.42	295.35	24.54	13.74
吉林	10.00	30.30	0.31	1.76	2.17	0.74	259.14	19.60	14.69
黑龙江	22.49	44.49	0.35	3.19	4.26	1.38	196.84	15.60	18.34
上海	10.77	39.71	0.07	3.60	4.44	1.51	374.17	42.07	12.40
江苏	31.04	97.81	0.26	4.31	5.85	1.69	394.63	21.63	13.93
浙江	20.94	59.80	0.24	3.48	5.06	1.35	300.71	25.07	18.08
安徽	13.00	41.23	0.33	1.59	2.09	0.81	362.72	16.68	13.82
福建	11.80	31.47	0.05	2.34	4.05	0.91	210.96	26.25	18.59
江西	7.92	26.13	0.28	1.11	1.90	0.46	272.18	18.99	14.55
山东	33.41	87.87	0.16	4.47	6.01	1.47	281.55	18.40	17.71
河南	15.61	38.80	0.12	1.87	2.51	0.67	302.80	18.69	17.85
湖北	12.98	37.49	0.26	2.06	2.61	0.86	289.57	17.61	14.58
湖南	11.42	37.85	0.20	1.61	2.31	0.75	286.74	17.44	17.27
广东	26.09	66.28	0.42	2.84	7.67	0.91	180.44	19.49	15.06
广西	12.76	32.88	0.34	2.14	5.21	0.89	171.62	27.37	16.62
海南	1.67	3.72	0.10	0.02	0.44	0.04	80.19	9.06	18.78
四川	26.87	73.47	0.24	4.13	5.81	1.54	312.69	22.50	16.39
贵州	2.07	5.51	0.05	0.32	0.44	0.18	233.74	16.66	13.54
云南	5.37	17.82	0.07	1.89	3.35	0.80	120.49	22.39	14.47
西藏	0.01	0.05	…	…	…	…	103.27	−0.12	13.01
陕西	4.56	13.61	0.06	0.68	0.92	0.36	236.81	15.41	15.46
甘肃	4.56	9.43	0.04	0.69	0.92	0.28	183.73	15.95	17.59
青海	1.20	2.87	…	0.26	0.32	0.12	135.80	15.28	15.50
宁夏	1.34	2.92	0.01	0.26	0.35	0.12	134.30	15.07	18.80
新疆	4.35	10.95	0.05	0.90	1.16	0.31	154.36	14.87	16.20

各地区食品制造业主要经济指标(四)

(1988年)

地　　区	每百元销售收入实现利润(元)	资金利税率(%)	产值利税率(%)	固定资产折旧率(%)	平均每一职工占有的固定资产(元)	平均每一职工创造的工业净产值(元)	平均每一职工创造的利润和税金(元)	平均每一职工上交的利税费(元)	平均每一职工占有的企业留利(元)
全国总计	**5.75**	**17.84**	**8.13**	**4.75**	**12 304**	**5 057**	**2 557**	**1 429**	**684**
北　京	7.88	28.51	9.99	6.63	15 477	7 785	4 463	2 041	1 314
天　津	7.63	25.78	10.16	5.32	13 264	6 526	3 726	2 097	1 146
河　北	3.52	10.17	4.79	4.49	10 393	4 288	1 377	802	633
山　西	4.29	13.72	7.16	4.35	10 971	3 613	1 760	1 234	467
内蒙古	8.64	18.13	11.34	4.15	15 470	5 145	3 002	1 258	544
辽　宁	6.63	21.18	8.31	4.81	11 696	5 355	2 870	1 446	913
吉　林	5.80	16.32	7.56	4.48	11 812	5 313	2 315	1 479	796
黑龙江	7.16	13.73	7.92	3.68	14 313	4 487	2 233	1 249	723
上　海	9.08	36.03	11.24	6.20	11 897	7 806	5 005	2 356	1 700
江　苏	4.41	16.56	5.48	5.14	9 262	4 323	2 003	906	578
浙　江	5.83	19.23	8.34	5.64	10 253	5 333	2 570	1 324	687
安　徽	3.86	13.39	4.60	5.26	8 193	3 422	1 366	659	527
福　建	7.45	22.96	12.44	4.42	11 818	5 296	3 102	1 891	700
江　西	4.26	16.53	6.98	4.36	10 721	4 411	2 036	1 120	493
山　东	5.09	14.34	6.45	5.08	12 900	5 369	2 374	1 075	579
河　南	4.82	14.40	6.17	4.46	10 039	4 370	1 876	904	503
湖　北	5.51	14.70	6.08	4.71	10 562	4 386	1 860	888	609
湖　南	4.26	14.02	6.08	4.76	13 375	5 229	2 333	1 293	752
广　东	4.29	18.97	10.80	4.45	17 628	6 622	3 436	2 649	406
广　西	6.25	26.33	15.95	4.21	14 884	6 176	4 073	3 408	697
海　南	0.57	9.30	11.25	2.58	20 088	4 039	1 819	1 728	186
四　川	5.62	18.08	7.19	5.64	9 752	4 364	2 194	1 056	584
贵　州	5.87	15.41	7.13	3.92	11 041	3 729	1 840	988	765
云　南	10.62	22.72	18.58	3.99	212 243	6 108	4 755	2 728	1 140
西　藏	−0.84	−0.14	−0.12	1.38	20 349	3 409	−25	270	263
陕　西	5.03	13.91	6.51	4.57	10 985	3 764	1 693	987	661
甘　肃	7.37	14.29	8.54	4.10	14 008	4 140	2 235	1 231	678
青　海	9.09	18.08	11.25	6.38	24 086	6 491	3 680	1 861	1 384
宁　夏	8.82	14.76	11.22	4.46	17 005	4 184	2 563	899	894
新　疆	8.26	14.60	9.63	4.38	17 503	5 484	2 603	1 382	709

各地区饮料制造业主要经济指标(一)

(1988年)

地区	工业企业单位数(个)	#亏损企业(个)	年末职工人数(万人)	基本建设投资(亿元)	更新改造投资(亿元)	工业总产值(亿元)	工业净产值(亿元)	全员劳动生产率(元/人·年)	饮料酒(万吨)	非酒精饮料(吨)
全国总计	14 406	2 752	130.30	12.70	24.86	306.60	98.91	15 974	1 357.29	3 153 536
北京	113	19	2.51	1.82	1.63	8.03	2.48	20 504	24.08	131 657
天津	67	10	1.11	0.16	0.11	3.51	1.08	19 478	10.96	60 175
河北	276	34	4.60	0.23	1.43	9.95	3.48	12 807	65.27	37 133
山西	138	14	2.08	0.26	0.29	5.65	2.72	14 421	13.71	19 049
内蒙古	150	17	2.55	0.26	0.52	4.29	1.70	11 063	23.71	14 637
辽宁	598	118	6.90	0.91	2.19	12.39	4.16	12 447	72.74	308 673
吉林	620	92	6.55	0.40	0.70	10.11	3.63	11 877	55.47	157 159
黑龙江	739	120	8.22	0.71	1.07	14.43	5.05	12 189	83.81	175 274
上海	106	4	2.26	0.10	0.56	9.81	2.52	29 628	29.87	172 084
江苏	509	96	8.44	0.61	1.74	21.53	6.43	17 880	101.96	111 535
浙江	1 102	164	9.62	0.47	1.10	25.16	7.73	18 510	165.91	141 095
安徽	606	125	7.11	0.55	1.33	14.27	4.75	12 311	57.09	42 661
福建	410	40	4.62	0.37	0.47	9.65	2.77	13 992	28.76	70 972
江西	452	72	3.91	0.16	0.47	6.69	2.59	12 131	29.85	44 951
山东	387	35	9.69	0.80	2.87	31.57	10.96	22 041	143.80	82 698
河南	337	54	6.15	0.17	1.18	13.81	4.29	15 314	64.47	61 801
湖北	869	153	6.42	0.78	0.65	11.91	3.40	14 815	61.74	260 935
湖南	863	125	5.02	0.51	0.54	10.23	2.39	15 265	39.39	34 957
广东	465	60	5.03	0.68	1.75	28.85	7.74	39 975	71.32	863 900
广西	361	63	2.30	0.24	0.33	5.38	1.47	17 831	21.15	76 459
海南	19	3	0.17	0.01	0.05	0.32	0.12	12 484	1.58	13 319
四川	3 932	1 047	14.14	0.82	1.23	26.65	8.45	12 148	107.30	168 504
贵州	430	104	3.84	0.31	0.82	9.00	3.80	11 575	21.46	6 024
云南	347	72	2.08	0.02	0.31	3.24	1.12	12 216	20.42	27 902
西藏				0.08						
陕西	280	69	2.43	0.70	0.89	5.33	2.21	11 841	17.22	32 226
甘肃	92	13	1.14	0.23	0.27	2.40	0.91	12 300	9.78	15 412
青海	25	7	0.21		…	0.40	0.17	11 250	2.11	3 927
宁夏	23	7	0.21	0.05	0.01	0.23	0.09	7 050	2.59	2 090
新疆	90	15	0.99	0.29	0.34	1.80	0.69	11 466	9.77	16 327

各地区饮料制造业主要经济指标(二)

(1988年)

地区	固定资产原值(亿元)	固定资产净值(亿元)	流动资金年末占用数(亿元)	产品销售收入(亿元)	亏损企业亏损总额(亿元)	利润总额(亿元)	利润和税金总额(亿元)	企业留利(亿元)	每百元固定资产原值实现产值(元)	每百元固定资产原值实现利税(元)	每百元工业总产值占用流动资金(元)
全国总计	**180.83**	**146.18**	**193.28**	**306.90**	**2.77**	**19.87**	**62.90**	**6.53**	**169.55**	**34.78**	**38.25**
北京	5.37	4.19	5.12	8.60	0.03	0.80	1.93	0.24	149.36	35.85	39.99
天津	2.16	1.65	1.84	3.63	0.02	0.34	0.77	0.18	162.45	35.71	32.78
河北	6.99	5.86	6.79	9.67	0.02	0.84	2.44	0.21	142.37	34.90	40.22
山西	3.38	2.83	3.04	6.47	0.04	1.45	2.86	0.42	167.03	84.67	33.79
内蒙古	3.44	2.83	2.76	4.25	0.02	0.28	1.30	0.10	124.71	37.76	41.65
辽宁	8.69	6.83	6.53	12.28	0.19	0.84	2.99	0.30	142.60	34.38	30.38
吉林	7.16	5.90	7.54	9.54	0.08	0.61	2.27	0.22	141.27	31.72	43.47
黑龙江	9.78	7.74	9.73	13.09	0.16	0.78	3.28	0.28	147.57	33.59	39.28
上海	3.93	2.93	4.24	9.34	…	0.98	1.78	0.28	249.73	45.34	18.37
江苏	10.81	8.98	11.22	21.15	0.17	1.04	4.54	0.28	199.16	42.00	35.70
浙江	12.40	10.02	17.82	27.79	0.17	1.28	4.63	0.45	202.92	37.32	46.77
安徽	8.61	6.76	8.47	15.60	0.46	0.25	2.53	0.28	165.83	29.40	38.57
福建	5.17	4.26	6.20	9.78	0.04	0.65	1.66	0.23	186.70	32.07	36.81
江西	3.97	3.19	4.32	7.38	0.09	0.49	1.68	0.15	168.66	42.42	38.78
山东	17.69	14.69	15.64	30.71	0.09	2.59	7.53	0.49	178.48	42.57	31.40
河南	7.83	6.28	9.21	13.34	0.09	0.52	2.68	0.19	176.29	34.17	39.32
湖北	8.27	6.38	8.66	10.92	0.12	0.36	1.70	0.18	143.94	20.54	40.37
湖南	6.02	4.48	6.30	10.26	0.15	0.21	1.06	0.12	169.93	17.52	39.23
广东	12.92	10.90	15.47	28.25	0.13	1.48	4.17	0.49	223.31	32.26	27.58
广西	2.25	1.72	3.24	5.09	0.06	0.14	0.76	0.06	239.19	33.88	33.54
海南	0.42	0.38	0.26	0.28	0.01	0.01	0.03		77.95	7.93	45.48
四川	16.75	13.38	21.20	27.47	0.42	1.70	4.47	0.76	159.06	26.71	50.45
贵州	5.78	4.94	6.75	7.39	0.09	0.93	2.55	0.27	155.76	44.11	46.43
云南	2.75	2.10	3.39	5.33	0.04	0.30	0.60	0.10	117.81	21.86	66.59
西藏											
陕西	3.69	3.23	3.76	4.84	0.05	0.58	1.48	0.09	144.56	40.19	41.00
甘肃	1.84	1.53	1.68	2.10	0.01	0.22	0.59	0.08	130.41	32.16	48.14
青海	0.28	0.21	0.32	0.45	…	0.01	0.12	0.01	143.36	42.49	49.12
宁夏	0.59	0.53	0.27	0.21	0.02	−0.01	0.03	0.01	39.94	5.39	84.62
新疆	1.90	1.49	1.50	1.68	0.01	0.17	0.46	0.07	94.76	24.48	49.02

各地区饮料制造业主要经济指标(三)

(1988年)

地　　区	每百元销售收入实现利润(元)	资金利税率(%)	产值利税率(%)	固定资产折旧率(%)	平均每一职工占有的固定资产(元)	平均每一职工创造的工业净产值(元)	平均每一职工创造的利润和税金(元)	平均每一职工上交的利税费(元)	平均每一职工占有的企业留利(元)
全国总计	6.48	23.88	20.52	4.92	14 169	7 750	4 929	4 088	512
北　　京	9.34	26.03	24.00	4.89	21 027	9 687	7 538	6 014	920
天　　津	9.48	27.59	21.98	6.16	18 440	9 192	6 585	4 617	1 542
河　　北	8.65	24.75	24.52	4.29	15 561	7 753	5 431	4 013	468
山　　西	22.35	60.40	50.69	3.81	17 257	13 892	14 612	10 029	2 127
内 蒙 古	6.69	28.12	30.28	3.86	13 958	6 910	5 271	4 480	414
辽　　宁	6.81	28.20	24.11	5.00	12 761	6 104	4 388	3 663	442
吉　　林	6.38	22.06	22.46	3.92	11 227	5 699	3 562	3 136	350
黑 龙 江	5.99	24.49	22.76	4.63	12 327	6 366	4 140	3 646	354
上　　海	10.51	37.67	18.16	6.23	17 152	11 000	7 777	5 569	1 212
江　　苏	4.94	27.25	21.09	5.30	13 095	7 794	5 500	4 931	334
浙　　江	4.61	21.24	18.39	5.51	12 852	8 009	4 797	3 990	464
安　　徽	1.62	20.64	17.73	4.78	11 887	6 559	3 495	3 883	387
福　　建	6.62	21.21	17.18	4.73	10 962	5 869	3 516	2 565	383
江　　西	6.60	29.12	25.15	4.90	10 617	6 916	4 504	3 728	411
山　　东	8.43	30.60	23.85	4.77	19 718	12 221	8 394	6 447	549
河　　南	3.92	22.86	19.38	4.40	13 590	7 448	4 643	4 115	337
湖　　北	3.33	15.19	14.27	4.84	13 158	5 403	2 702	2 469	285
湖　　南	2.08	12.42	10.31	4.83	12 045	4 779	2 111	1 899	240
广　　东	5.23	22.11	14.45	5.41	24 548	14 711	7 920	6 175	936
广　　西	2.76	21.62	14.17	4.14	9 885	6 468	3 349	3 358	280
海　　南	4.01	6.29	10.17	1.23	25 285	7 104	5 004	1 343	293
四　　川	6.20	16.68	16.79	6.13	12 119	6 116	3 237	2 473	547
贵　　州	12.63	27.96	28.32	3.72	15 657	10 297	6 906	6 122	721
云　　南	5.70	14.13	18.56	5.05	12 947	5 294	2 831	2 017	457
西　　藏									
陕　　西	11.96	27.39	27.80	3.46	16 722	10 031	6 720	6 294	429
甘　　肃	10.42	22.07	24.66	4.84	17 472	8 679	5 619	4 777	722
青　　海	3.00	29.09	29.64	4.40	13 958	8 447	5 930	6 122	325
宁　　夏	−3.09	4.32	13.49	8.53	28 306	4 157	1 525	2 010	281
新　　疆	10.28	19.61	25.83	4.35	20 115	7 348	4 924	3 961	745

各地区烟草加工业主要经济指标(一)

(1988年)

地区	工业企业单位数(个)	#亏损企业(个)	年末职工人数(万人)	基本建设投资(亿元)	更新改造投资(亿元)	工业总产值(亿元)	工业净产值(亿元)	全员劳动生产率(元/人·年)
全国总计	298	68	28.43	1.11	19.07	367.98	222.24	90 483
北京	2		0.15	0.04	0.46	1.46	1.00	55 683
天津	1		0.43	0.01	0.08	6.47	4.17	104 690
河北	4	1	0.76	0.04	0.51	9.02	5.63	85 710
山西	3	2	0.24		0.06	2.14	1.28	64 554
内蒙古	2		0.23		0.35	3.20	2.13	105 464
辽宁	4		0.58	0.07	0.25	6.15	3.58	79 460
吉林	5		0.58	0.04	0.42	8.90	5.03	96 355
黑龙江	16	2	0.84	0.03	0.60	8.75	4.91	62 463
上海	2		0.64	0.13	0.65	17.65	12.23	146 598
江苏	5	2	0.69	0.03	0.33	10.19	6.40	106 101
浙江	7		0.55		0.30	12.59	8.51	161 262
安徽	11		1.66	0.14	0.89	25.14	15.72	107 210
福建	17	4	0.51	0.07	0.73	7.76	4.74	111 810
江西	3		0.32		0.46	3.87	2.41	102 835
山东	15		1.97	0.06	0.69	23.14	13.67	74 497
河南	30	17	2.85	0.09	0.31	31.00	18.70	75 123
湖北	16	2	2.34	0.06	2.03	25.63	12.80	83 988
湖南	14	1	2.22	0.04	2.14	28.32	16.42	92 228
广东	37	11	1.20	0.05	1.79	20.04	9.87	111 919
广西	15	9	1.10	0.03	0.63	12.16	6.02	83 367
海南	1		0.06		0.01	0.72	0.27	78 279
四川	18	5	2.01	0.04	1.13	16.51	9.94	63 940
贵州	15	4	2.04	0.05	1.53	21.17	12.70	72 009
云南	19	2	2.41	0.02	1.78	51.02	34.83	141 987
西藏								
陕西	10	2	1.25	0.03	0.65	10.21	6.25	63 339
甘肃	11	1	0.33	0.03	0.19	3.02	1.87	62 160
青海	1	1	0.30			0.16	0.10	41 818
宁夏	1		0.04		0.01	0.28	0.17	49 597
新疆	13	2	0.13		0.08	1.31	0.88	74 850

各地区烟草加工业主要经济指标(二)

(1988年)

地区	卷烟（万箱）	固定资产原值（亿元）	固定资产净值（亿元）	流动资金年末占用数（亿元）	产品销售收入（亿元）	亏损企业亏损总额（亿元）	利润总额（亿元）	利润和税金总额（亿元）	企业留利（亿元）	每百元固定资产原值实现产值（元）
全国总计	3 096.30	53.27	45.02	143.34	369.12	2.01	5.69	209.91	3.09	690.82
北京	6.80	0.34	0.29	0.70	1.43		0.08	0.88	0.02	425.95
天津	43.63	0.88	0.67	2.77	6.46		0.05	4.04		735.98
河北	98.92	1.76	1.55	3.53	8.63	…	0.11	5.16	0.13	513.78
山西	19.37	0.41	0.34	0.96	1.98	0.01		1.12		524.69
内蒙古	27.73	0.79	0.73	0.80	3.15		0.05	1.94	0.02	405.88
辽宁	52.82	1.21	0.96	1.10	6.05		0.15	3.35	0.04	506.75
吉林	59.10	1.01	0.82	3.41	8.24		0.08	4.54	0.04	882.88
黑龙江	66.28	2.06	1.77	4.83	8.95	0.03	0.26	4.18	0.10	424.73
上海	90.00	1.11	0.91	0.85	17.37		0.81	11.48	0.48	1 590.70
江苏	93.10	1.08	0.91	1.36	9.80	0.17	−0.11	5.96		943.72
浙江	92.13	1.07	0.91	3.07	12.60		0.69	8.10	0.18	1 172.33
安徽	208.16	3.48	2.89	11.68	27.14		0.42	15.11	0.06	721.60
福建	63.12	1.84	1.66	2.89	7.53	0.01	0.04	4.22	0.04	421.78
江西	39.17	0.40	0.32	1.35	3.67		0.01	2.15		962.07
山东	245.93	3.56	2.84	11.68	26.10		0.73	12.85	0.19	650.01
河南	323.26	3.85	3.02	13.22	30.08	0.89	−0.69	16.44	0.06	805.33
湖北	239.16	4.22	3.61	11.67	24.45	0.03	0.21	13.22	0.11	607.32
湖南	248.82	3.60	3.12	10.24	28.30	0.08	0.31	15.45	0.05	786.80
广东	123.21	3.07	2.68	6.11	19.84	0.01	0.13	10.83	0.04	652.81
广西	98.09	1.75	1.56	3.88	12.34	0.54	−0.50	5.85		693.59
海南	3.94	0.18	0.17	0.28	0.72		0.01	0.26	0.01	390.34
四川	167.95	2.70	2.32	8.76	16.60	0.02	0.22	9.60	0.06	611.17
贵州	188.37	3.09	2.54	10.49	19.92	0.10	−0.01	11.90	0.07	685.30
云南	354.92	7.74	6.74	18.60	51.93	0.04	2.53	32.47	1.37	659.50
西藏										
陕西	102.71	1.37	1.13	5.46	10.85	0.06	0.04	5.85	0.02	747.29
甘肃	25.05	0.34	0.26	1.98	3.22	…	0.04	1.85	0.01	892.31
青海	2.02	0.05	0.04	0.11	0.14	0.01	−0.01	0.08		325.30
宁夏	2.51	0.10	0.08	0.11	0.28			0.16		292.06
新疆	10.03	0.21	0.17	0.43	1.33	…	0.04	0.85	0.01	626.12

各地区烟草加工业

（1988年）

地　区	每百元固定资产原值实现利税（元）	每百元工业总产值占用流动资金（元）	每百元销售收入实现利润（元）	资金利税率（%）	产值利税率（%）
全国总计	394.08	18.28	1.54	186.95	57.04
北　京	256.97	35.21	5.30	109.59	60.33
天　津	460.26	19.69	0.79	208.50	62.54
河　北	293.73	19.86	1.24	154.35	57.17
山　西	275.97	22.04	－0.04	138.19	52.60
内蒙古	246.79	17.66	1.63	149.83	60.80
辽　宁	276.24	5.44	2.41	258.18	54.51
吉　林	450.42	16.72	0.94	196.87	51.02
黑龙江	203.18	24.20	2.89	107.55	47.84
上　海	1 035.13	3.97	4.66	713.05	65.07
江　苏	552.35	4.06	－1.12	450.99	58.53
浙　江	753.55	13.89	5.50	304.90	64.28
安　徽	433.72	21.73	1.56	180.92	60.11
福　建	229.47	22.25	0.57	124.76	54.41
江　西	535.72	14.84	0.30	241.21	55.68
山　东	360.76	24.76	2.81	149.92	55.50
河　南	427.03	16.05	－2.29	205.59	53.03
湖　北	313.17	18.81	0.85	156.77	51.57
湖　南	429.26	17.98	1.10	188.05	54.56
广　东	352.89	17.89	0.66	173.01	54.06
广　西	333.64	12.89	－4.04	186.80	48.10
海　南	139.82	25.85	1.03	72.54	35.82
四　川	355.26	18.07	1.30	180.89	58.13
贵　州	385.17	23.44	－0.03	158.59	56.20
云　南	419.75	20.64	4.87	187.98	63.65
西　藏					
陕　西	428.17	22.56	0.38	170.49	57.30
甘　肃	546.61	30.39	1.30	156.59	61.26
青　海	162.41	36.34	－3.91	82.28	49.93
宁　夏	168.79	30.49	1.04	94.97	57.79
新　疆	407.14	21.82	2.70	188.75	65.03

主要经济指标(三)

固定资产折旧率(%)	平均每一职工占有的固定资产(元)	平均每一职工创造的工业净产值(元)	平均每一职工创造的利润和税金(元)	平均每一职工上交的利税费(元)	平均每一职工占有的企业留利(元)
4.28	19 842	82 781	78 192	79 803	1 152
2.80	24 201	70 328	62 189	59 686	1 073
4.11	20 190	95 734	92 925	93 123	0
3.35	24 255	77 776	71 246	70 021	1 802
3.57	16 975	53 139	46 847	47 395	29
1.47	36 379	98 557	89 778	87 811	871
3.31	21 901	64 678	60 500	59 076	796
3.72	16 894	84 265	76 095	75 152	652
4.18	23 582	56 265	47 913	47 055	1 103
52.1	17 644	194 435	182 637	173 377	7 685
4.49	16 419	97 312	90 690	93 044	23
4.82	20 194	159 983	152 168	147 959	3 402
4.15	22 089	99 681	95 805	95 149	358
3.56	37 153	95 688	85 255	124 580	756
4.33	14 827	89 079	79 431	79 403	1
4.28	17 221	66 117	62 125	60 263	928
5.04	13 258	64 396	56 615	68 316	202
3.76	19 078	57 861	59 746	59 908	500
3.67	17 476	79 743	75 015	75 151	244
4.20	25 931	83 352	91 509	91 191	362
3.80	17 509	60 123	58 418	63 802	0
2.68	31 436	46 687	43 954	43 041	913
3.95	15 242	56 117	54 148	54 209	342
6.28	15 620	64 230	60 163	67 615	345
4.89	37 343	168 108	156 749	149 338	6 597
4.41	12 421	56 756	53 144	53 247	149
3.87	10 958	60 634	59 895	59 226	242
3.35	16 768	32 862	27 232	29 259	0
2.67	24 008	42 287	40 657	40 096	290
3.47	18 226	76 456	74 206	71 832	695

各地区饲料工业主要经济指标(一)

(1988年)

地区	工业企业单位数（个）	#亏损企业（个）	年末职工人数（万人）	基本建设投资（亿元）	更新改造投资（亿元）	工业总产值（亿元）	工业净产值（亿元）	全员劳动生产率（元/人·年）	配混合饲料（万吨）
全国总计	3 878	172	14.04	1.92	2.66	88.59	10.98	51 017	2 614.23
北京	58	1	0.40	0.02	0.03	5.89	0.39	85 431	102.95
天津	51	2	0.28	0.02	0.20	3.43	0.42	109 175	60.46
河北	233	2	0.64	0.04	0.05	2.98	0.43	39 603	72.41
山西	89	3	0.23	0.11	0.03	0.86	0.14	33 598	28.86
内蒙古	125		0.42	0.07	0.10	1.19	0.23	24 554	36.20
辽宁	181	10	0.77	0.03	0.15	2.16	0.37	25 150	75.68
吉林	154	14	0.83	0.19	0.13	3.53	0.63	30 094	75.62
黑龙江	117	5	0.70	0.04	0.07	2.59	0.39	26 628	78.30
上海	83		0.47	0.01	0.15	6.16	0.48	136 708	165.78
江苏	228	19	0.85	0.10	0.32	5.20	0.45	48 502	244.36
浙江	260	9	0.77	0.04	0.07	6.10	0.53	64 858	150.72
安徽	165	4	0.63	0.06	0.04	2.58	0.37	41 998	159.99
福建	129	7	0.36	0.02	0.07	3.63	0.38	73 009	66.49
江西	291	14	0.56	0.04	0.05	2.48	0.35	38 697	120.67
山东	214	1	1.20	0.15	0.24	7.95	1.09	55 647	171.29
河南	145	5	0.82	0.14	0.29	3.06	0.53	29 269	84.26
湖北	142	14	0.73	0.22	0.09	2.46	0.39	40 483	189.27
湖南	290	13	0.61	0.06	0.08	5.80	0.79	80 278	196.36
广东	96	9	0.55	0.14	0.18	10.58	1.12	110 798	179.20
广西	73	7	0.23	0.13	0.01	0.84	0.11	27 497	27.43
海南	2	2	0.01			…	…	843	1.16
四川	369	19	1.08	0.07	0.16	4.36	0.75	39 433	146.78
贵州	86	3	0.21	0.02	0.06	1.15	0.19	45 759	30.91
云南	47	3	0.12	0.01	…	1.05	0.11	56 782	26.65
西藏	1		0.01			0.01	…	5 598	0.05
陕西	80	2	0.22	0.06	0.07	0.90	0.13	39 178	58.79
甘肃	69	3	0.13	0.09	0.01	0.46	0.08	35 818	16.32
青海	13		0.02		…	0.15	0.01	78 006	6.03
宁夏	24		0.05		0.01	0.25	0.03	47 231	6.61
新疆	63	1	0.16	0.01	0.01	0.77	0.11	41 616	34.63

各地区饲料工业主要经济指标(二)

(1988年)

地区	固定资产原值(亿元)	固定资产净值(亿元)	流动资金年末占用数(亿元)	产品销售收入(亿元)	亏损企业亏损总额(亿元)	利润总额(亿元)	利润和税金总额(亿元)	企业留利(亿元)	每百元固定资产原值实现产值(元)	每百元固定资产原值实现利税(元)
全国总计	18.44	15.81	24.62	89.42	0.06	5.38	6.19	3.21	480.40	33.57
北京	0.84	0.67	0.93	4.52	…	0.17	0.18	0.13	697.80	21.14
天津	0.45	0.36	0.98	3.39	…	0.30	0.33	0.21	763.66	72.73
河北	0.67	0.57	0.83	2.93	…	0.25	0.26	0.17	445.77	38.99
山西	0.22	0.20	0.33	0.84	…	0.05	0.07	0.02	396.68	34.22
内蒙古	0.52	0.45	0.45	1.23		0.12	0.12	0.04	230.38	23.49
辽宁	0.65	0.57	0.72	2.48	0.01	0.14	0.16	0.09	331.30	25.02
吉林	1.15	1.04	1.35	3.78	…	0.35	0.38	0.29	307.80	32.71
黑龙江	0.86	0.75	0.91	2.48	…	0.22	0.23	0.14	301.74	27.27
上海	0.61	0.48	0.73	10.89		0.31	0.33	0.15	1 006.10	54.26
江苏	0.87	0.76	1.23	4.04	…	0.18	0.22	0.12	599.15	25.10
浙江	0.83	0.68	1.19	5.47	0.01	0.26	0.31	0.15	730.75	37.70
安徽	0.76	0.65	0.93	2.39	…	0.17	0.23	0.13	340.53	29.96
福建	0.56	0.46	1.19	3.54	…	0.17	0.18	0.04	652.42	32.06
江西	0.61	0.54	0.77	2.49	…	0.16	0.18	0.08	403.26	28.74
山东	1.66	1.44	2.55	7.76	…	0.54	0.57	0.23	479.11	34.51
河南	0.74	0.67	1.15	2.83	0.01	0.19	0.21	0.12	411.62	27.83
湖北	0.94	0.83	0.81	2.35	…	0.16	0.21	0.07	261.18	22.74
湖南	1.23	1.07	1.38	5.73	…	0.37	0.52	0.30	471.32	42.06
广东	1.46	1.22	3.08	10.87	0.01	0.48	0.55	0.21	723.97	37.65
广西	0.43	0.38	0.24	0.67	…	0.05	0.06	0.04	197.24	13.83
海南	0.01	0.01	…	…	…	…	…	…	23.23	−0.08
四川	1.04	0.87	1.38	4.14	…	0.35	0.41	0.21	420.18	39.88
贵州	0.23	0.19	0.35	1.15	…	0.11	0.13	0.07	499.64	56.67
云南	0.28	0.24	0.39	1.07	…	0.08	0.09	0.05	380.81	31.00
西藏	0.03	0.03	…	0.01		…	…	…	22.34	5.82
陕西	0.29	0.24	0.31	0.83	…	0.07	0.08	0.05	310.73	27.01
甘肃	0.17	0.15	0.16	0.47	…	0.04	0.06	0.04	265.63	34.63
青海	0.03	0.02	0.03	0.05		0.01	0.01	…	577.23	38.18
宁夏	0.09	0.08	0.09	0.25		0.02	0.02	0.02	266.36	27.04
新疆	0.21	0.18	0.19	0.76	…	0.06	0.08	0.03	363.99	39.19

各地区饲料工业主要经济指标(三)

(1988年)

地　区	每百元工业总产值占用流动资金(元)	每百元销售收入实现利润(元)	资　金利税率(%)	产　值利税率(%)	固定资产折旧率(%)	平均每一职工占有的固定资产(元)	平均每一职工创造的工业净产值(元)	平均每一职工创造的利润和税金(元)	平均每一职工上交的利税费(元)	平均每一职工占有的企业留利(元)
全国总计	**12.62**	**6.02**	**22.93**	**6.99**	**4.90**	**13 687**	**8 152**	**4 594**	**1 205**	**2 379**
北　京	6.25	3.70	17.21	3.03	5.32	21 401	9 848	4 525	837	3 273
天　津	7.31	8.97	53.75	9.52	3.87	16 760	15 720	12 190	3 146	7 779
河　北	15.19	8.55	25.52	8.75	3.88	10 666	6 796	4 159	812	2 786
山　西	20.13	6.18	19.72	8.63	3.70	10 206	6 546	3 493	1 484	811
内蒙古	17.69	9.53	18.26	10.20	4.12	12 672	5 599	2 977	1 021	970
辽　宁	12.45	5.68	19.58	7.55	4.32	8 736	4 887	2 186	587	1 225
吉　林	14.98	9.29	23.98	10.63	3.74	14 189	7 829	4 641	527	3 598
黑龙江	14.97	8.83	20.48	9.04	4.35	10 793	4 884	2 943	730	1 796
上　海	3.94	2.86	45.79	5.39	5.19	13 819	10 746	7 498	1 220	3 277
江　苏	11.59	6.53	16.04	4.19	5.22	10 529	5 445	2 642	652	1 469
浙　江	8.86	4.74	25.69	5.16	5.78	11 110	7 010	4 189	1 277	2 026
安　徽	14.46	6.91	22.21	8.80	5.22	13 103	6 456	3 926	2 146	2 281
福　建	16.18	4.70	17.09	4.91	5.86	15 877	10 690	5 090	901	1 190
江　西	13.98	6.50	19.86	7.13	3.37	11 367	6 397	3 267	578	1 530
山　东	18.39	6.90	19.74	7.20	5.10	15 046	9 917	5 192	886	2 072
河　南	20.94	6.72	15.73	6.76	3.47	9 477	6 748	2 637	510	1 523
湖　北	13.44	6.99	18.43	8.71	4.23	15 748	6 593	3 581	1 147	1 093
湖　南	13.67	6.43	27.83	8.92	5.43	20 750	13 330	8 726	3 443	5 108
广　东	10.84	4.41	23.21	5.20	7.02	28 500	21 835	10 731	2 483	4 052
广　西	13.77	7.48	11.93	7.01	5.13	18 838	4 769	2 605	396	1 936
海　南	12.50	−1.71	−0.08	−0.35	…	24 314	2 039	−20	78	137
四　川	16.20	8.37	26.32	9.49	6.30	10 093	7 282	4 025	1 293	2 057
贵　州	8.31	9.43	46.05	11.34	4.17	11 404	9 212	6 463	2 143	3 541
云　南	15.63	7.03	21.05	8.14	3.40	22 870	9 446	7 089	2 765	3 897
西　藏	49.61	20.81	5.73	26.07	6.00	27 775	1 069	1 618	0	1 618
陕　西	14.35	8.87	21.01	8.69	3.98	13 736	5 962	3 710	548	2 313
甘　肃	18.21	9.41	25.30	13.04	2.70	14 385	6 594	4 982	3 149	3 016
青　海	5.52	22.14	39.62	6.61	3.70	17 141	8 487	6 545	160	1 276
宁　夏	26.40	9.00	16.78	10.15	2.74	21 014	7 900	5 683	664	3 872
新　疆	13.10	8.09	29.39	10.77	5.27	14 191	7 273	5 562	2 499	2 203

各地区纺织业主要经济指标(一)

(1988年)

地 区	工业企业单位数(个)	#亏损企业(个)	年末职工人数(个)	基本建设投资(亿元)	更新改造投资(亿元)	工业总产值(亿元)	工业净产值(亿元)	全员劳动生产率(元/人·年)
全国总计	24 017	3 381	896.32	22.74	85.63	1 728.16	407.33	17 223
北 京	279	17	13.30	0.25	1.13	34.79	9.22	20 894
天 津	376	52	21.93	0.06	1.40	47.76	11.15	19 680
河 北	1 473	59	44.10	1.36	5.57	84.03	19.42	17 725
山 西	366	24	15.04	0.17	0.57	22.46	5.91	11 383
内蒙古	230	18	9.03	0.75	0.78	20.43	5.48	13 935
辽 宁	863	90	43.01	0.95	6.14	72.77	17.39	14 964
吉 林	336	42	13.94	0.31	1.35	18.41	4.73	11 005
黑龙江	531	87	23.12	1.61	2.86	29.36	8.24	11 242
上 海	875	42	60.29	0.33	7.32	161.35	41.92	23 515
江 苏	3 947	648	144.92	2.41	8.76	325.70	62.11	21 668
浙 江	4 565	1 133	88.93	1.53	4.60	182.67	39.29	18 273
安 徽	945	91	31.43	0.82	2.94	50.28	12.46	13 664
福 建	365	38	12.00	0.54	1.14	18.96	4.86	14 971
江 西	472	63	15.89	0.35	1.80	21.51	5.54	12 029
山 东	1 824	90	80.41	1.41	7.42	172.24	38.20	19 958
河 南	979	109	41.61	0.46	4.34	61.27	16.15	13 072
湖 北	1 323	222	63.92	1.60	3.86	103.35	25.52	15 338
湖 南	582	87	24.76	0.88	2.71	36.89	11.03	12 661
广 东	1 225	208	36.44	1.31	9.71	81.75	19.21	19 083
广 西	220	28	10.85	0.02	3.01	19.32	5.15	16 624
海 南	19	7	0.81	0.02	0.07	0.98	0.25	10 761
四 川	1 071	148	48.95	1.70	3.58	70.11	18.26	10 674
贵 州	86	4	4.25	0.26	0.20	5.21	1.71	10 008
云 南	101	1	5.55	0.36	0.44	8.27	2.26	12 966
西 藏	3		0.01		0.02	0.01	…	4 348
陕 西	454	35	22.08	0.67	1.96	40.99	11.06	17 388
甘 肃	195	12	6.41	0.60	0.76	10.43	3.03	12 567
青 海	25	1	1.93	0.18	0.08	3.29	0.99	11 861
宁 夏	61	8	1.86	0.08	0.12	3.13	0.81	11 203
新 疆	226	17	9.55	1.74	0.99	20.40	5.96	14 249

各地区纺织业主要经济指标(二)

(1988年)

地区	纱(吨)	布(亿米)	毛线(吨)	呢绒(万米)	麻袋(万条)	丝(吨)	丝织品(万米)	固定资产原值(亿元)	固定资产净值(亿元)
全国总计	**4 657 255**	**187.86**	**225 028**	**28 608.56**	**93 054.30**	**50 972**	**168 653.97**	**740.43**	**547.17**
北京	81 347	3.23	10 393	1 633.50	227.60		886.50	15.85	10.07
天津	126 736	4.34	6 003	1 638.90	612.00		3 332.00	22.81	14.71
河北	312 996	12.73	9 056	543.76	1 547.98	25	3 919.42	36.68	27.55
山西	112 725	5.29	2 228	256.73	418.76	338	1 286.97	11.01	7.45
内蒙古	21 612	1.03	5 933	1 107.72	321.10	2	445.82	7.86	5.92
辽宁	236 335	7.10	6 888	1 693.49	2 715.20	2 264	8 549.55	40.72	29.94
吉林	56 501	2.07	3 294	647.80	2 424.60	21	1 810.54	9.81	7.43
黑龙江	94 380	2.78	3 788	756.76	863.32	166	795.40	21.61	16.52
上海	406 669	16.66	25 389	3 373.00	391.00	668	12 146.00	59.19	39.97
江苏	633 310	27.14	56 642	7 036.29	7 163.00	11 013	40 177.69	104.93	81.73
浙江	226 180	12.79	20 779	2 305.00	12 705.00	14 793	46 476.00	56.37	43.47
安徽	175 050	7.35	4 503	379.00	7 716.80	1 321	2 727.63	21.51	16.21
福建	63 784	2.24	3 542	93.24	1 144.25	8	1 636.45	9.11	6.97
江西	86 666	3.32	2 236	195.53	2 670.00	68	2 012.46	10.42	7.39
山东	505 758	19.28	16 139	1 893.78	12 321.00	1 980	8 293.34	67.28	50.74
河南	306 506	11.53	4 529	972.05	6 638.74	578	3 978.23	29.75	21.12
湖北	400 651	15.51	9 254	539.10	12 175.83	421	4 662.34	53.17	39.18
湖南	135 066	5.11	2 972	72.00	4 004.17	133	1 461.34	21.97	15.90
广东	109 591	3.49	8 371	136.94	4 896.49	1 938	10 487.91	41.03	32.78
广西	59 543	1.93	1 810	56.57	5 878.73	849	1 116.63	9.95	7.64
海南	3 395	0.04			254.31		22.22	1.45	1.17
四川	168 991	8.90	1 941	336.68	5 055.09	13 467	9 708.60	36.29	26.91
贵州	26 477	0.99	1 194	19.07	423.59	24	453.96	3.46	2.54
云南	42 211	1.78	805	59.06	231.63	159	563.61	5.17	3.71
西藏			211	12.05					
陕西	173 579	7.51	3 167	596.83	193.01	582	1 338.64	21.65	14.32
甘肃	17 131	0.70	6 514	854.17	61.00	40	72.72	5.69	4.10
青海	5 272	0.23	2 274	290.40				2.42	1.75
宁夏	4 911	0.14	2 131	97.14				2.28	1.82
新疆	63 882	2.66	3 042	1 012.00	0.10	114	292.00	10.99	8.15

各地区纺织业主要经济指标(三)

(1988年)

地区	流动资金年末占用数(亿元)	产品销售收入(亿元)	亏损企业亏损总额(亿元)	利润总额(亿元)	利润和税金总额(亿元)	企业留利(亿元)	每百元固定资产原值实现产值(元)	每百元固定资产原值实现利税(元)	每百元工业总产值占用流动资金(元)
全国总计	**729.04**	**1 587.03**	**5.01**	**120.72**	**193.85**	**41.22**	**233.40**	**26.18**	**24.54**
北京	15.6	32.03	0.01	3.41	5.05	0.99	219.53	31.87	29.43
天津	14.62	45.76	0.21	3.21	5.15	1.11	209.40	22.59	21.01
河北	32.93	74.38	0.08	7.46	10.49	2.18	229.08	28.58	22.03
山西	10.52	22.29	0.02	1.59	2.65	0.67	203.91	24.03	30.26
内蒙古	19.15	20.60	0.02	1.68	3.34	0.75	259.79	42.49	50.67
辽宁	34.26	70.83	0.37	3.88	6.88	1.18	178.70	16.89	30.63
吉林	11.90	18.40	0.07	1.21	2.39	0.53	187.64	24.34	37.22
黑龙江	23.27	28.09	0.24	1.65	3.38	0.44	135.86	15.62	46.87
上海	46.44	155.94	0.07	16.58	23.42	5.91	272.61	39.57	16.27
江苏	99.77	268.24	0.84	16.40	27.60	5.58	310.41	26.31	18.97
浙江	66.16	155.00	0.90	10.15	17.50	3.91	324.05	31.04	22.06
安徽	24.53	50.04	0.13	3.59	5.63	1.20	233.80	26.16	27.70
福建	7.90	17.78	0.06	1.64	2.47	0.55	208.02	27.12	26.22
江西	9.83	20.64	0.07	1.38	2.31	0.43	206.46	22.21	29.92
山东	84.33	165.99	0.14	10.80	16.58	2.78	256.01	24.65	21.66
河南	27.49	62.22	0.14	4.82	8.06	1.73	205.92	27.09	26.33
湖北	42.97	95.99	0.50	7.23	12.35	2.98	194.39	23.24	25.37
湖南	17.90	35.63	0.29	3.01	4.79	0.92	167.96	21.81	32.19
广东	39.74	71.79	0.48	4.61	7.40	1.80	199.26	18.05	24.50
广西	8.31	18.63	0.06	1.46	2.37	0.38	194.23	23.87	26.91
海南	1.12	1.15	0.06	−0.02	…	0.02	68.03	−0.11	70.10
四川	36.77	67.26	0.18	5.83	9.20	1.99	193.22	25.34	30.87
贵州	3.11	5.06	0.01	0.54	0.82	0.21	150.76	23.84	36.95
云南	4.06	8.68	…	0.87	1.35	0.25	160.02	26.16	34.65
西藏	0.01	0.01		…	…	…	109.65	55.70	64.40
陕西	18.49	39.20	0.03	4.16	6.13	1.22	189.37	28.34	27.64
甘肃	7.08	9.42	0.01	0.77	1.60	0.30	183.21	28.17	46.56
青海	3.32	3.56	…	0.42	0.87	0.16	135.98	35.98	57.71
宁夏	2.56	3.10	0.01	0.24	0.55	0.10	137.32	23.92	51.46
新疆	15.10	19.36	0.02	2.16	3.50	0.95	185.58	31.82	38.97

各地区纺织业主要经济指标(四)

(1988年)

地 区	每百元销售收入实现利润(元)	资金利税率(%)	产值利税率(%)	固定资产折旧率(%)	平均每一职工占有的固定资产(元)	平均每一职工创造的工业净产值(元)	平均每一职工创造的利润和税金(元)	平均每一职工上交的利税费(元)	平均每一职工占有的企业留利(元)
全国总计	**7.61**	**19.96**	**11.22**	**5.14**	**8 645**	**4 756**	**2 263**	**1 310**	**481**
北 京	10.64	24.86	14.52	5.40	11 870	6 909	3 783	2 282	738
天 津	7.01	20.82	10.79	4.21	10 510	5 140	2 374	1 405	513
河 北	10.04	22.77	12.48	4.74	9 045	4 787	2 585	1 440	539
山 西	7.12	18.58	11.78	4.85	7 551	4 053	1 814	1 151	460
内 蒙 古	8.17	20.54	16.36	4.68	8 938	6 233	3 798	2 294	853
辽 宁	5.48	13.17	9.45	4.62	9 724	4 152	1 642	954	282
吉 林	6.56	16.73	12.97	3.78	7 352	3 548	1 789	1 259	395
黑 龙 江	5.88	11.15	11.50	4.34	9 965	3 800	1 556	991	201
上 海	10.63	35.37	14.52	4.99	10 094	7 150	3 994	2 427	1 007
江 苏	6.11	19.23	8.47	5.72	7 640	4 523	2 010	1 135	406
浙 江	6.55	20.89	9.58	6.41	6 420	4 475	1 993	1 152	445
安 徽	7.17	18.67	11.19	5.08	7 247	4 199	1 896	968	406
福 建	9.21	20.70	13.04	5.54	7 875	4 199	2 136	1 042	473
江 西	6.66	16.74	10.74	4.82	6 867	3 648	1 526	1 013	283
山 东	6.51	18.84	9.63	4.97	9 199	5 223	2 267	1 213	380
河 南	7.74	21.64	13.16	4.56	7 572	4 111	2 052	1 248	439
湖 北	7.53	18.89	11.95	5.03	8 693	4 173	2 020	1 264	487
湖 南	8.44	17.25	12.99	5.27	9 224	4 630	2 012	1 139	385
广 东	6.42	14.02	9.06	5.62	11 498	5 383	2 075	1 114	505
广 西	7.85	18.50	12.29	5.25	9 486	4 915	2 265	1 296	363
海 南	−1.81	−0.08	−0.16	2.69	17 340	2 986	−19	237	223
四 川	8.67	18.94	13.12	5.37	7 813	3 931	1 980	1 055	429
贵 州	10.73	18.46	15.81	4.82	8 452	4 180	2 015	1 353	521
云 南	10.06	20.55	16.35	4.91	9 525	4 157	2 491	1 613	462
西 藏	50.80	34.05	50.80	2.19	3 965	2 087	2 209		
陕 西	10.61	23.92	14.96	4.52	10 300	5 262	2 919	1 518	580
甘 肃	8.15	17.91	15.38	4.43	9 223	4 904	2 598	1 931	482
青 海	11.77	23.87	26.46	4.57	12 954	5 321	4 661	3 467	869
宁 夏	7.61	15.89	17.42	3.58	12 843	4 563	3 072	2 090	590
新 疆	11.14	21.72	17.15	5.21	11 979	6 494	3 812	2 058	1 035

各地区缝纫业主要经济指标(一)

(1988年)

地区	工业企业单位数(个)	#亏损企业(个)	年末职工人数(万人)	基本建设投资(亿元)	更新改造投资(亿元)	工业总产值(亿元)	工业净产值(亿元)	全员劳动生产率(元/人·年)	服装(万件)	#革皮服装(万件)	布鞋(万双)
全国总计	18 017	2 535	216.72	1.00	1.65	285.98	73.61	13 276	291 059.25	934.33	70 816.57
北京	372	46	8.62		0.07	16.85	4.11	17 642	10 665.92	9.20	4 205.70
天津	371	66	7.07	0.17	0.03	9.65	2.28	13 526	16 196.54	12.11	1 629.35
河北	719	65	10.61	0.01	0.04	11.59	2.77	11 069	11 263.36	16.13	3 992.00
山西	377	38	3.21	0.01		3.13	0.86	10 474	2 301.51	9.14	2 273.06
内蒙古	347	29	2.86		0.02	2.76	0.73	9 065	1 086.20	16.37	1 282.45
辽宁	1 098	156	15.24	0.08	0.08	17.64	4.89	11 338	11 801.29	53.63	2 062.90
吉林	497	60	5.09		0.01	6.14	1.62	11 981	2 227.14	3.88	1 070.36
黑龙江	699	106	5.61	0.01	0.04	5.75	1.49	9 765	1 678.31	8.91	1 298.30
上海	569	49	14.81	0.13	0.61	33.77	8.58	21 589	28 220.56	23.48	2 152.24
江苏	1 719	331	24.32	0.19	0.10	34.29	8.42	13 997	26 551.99	364.56	3 222.02
浙江	1 673	241	14.46	0.02	0.05	21.87	5.77	15 123	24 568.00	147.00	4 653.00
安徽	599	98	5.40	0.02	0.05	5.27	1.21	10 143	4 654.94	12.07	1 612.72
福建	431	82	7.22	0.04	0.16	6.68	1.71	10 443	8 798.86	9.06	5 808.71
江西	391	57	3.41	0.01	0.01	7.07	1.73	19 670	2 972.44	2.47	442.48
山东	868	79	12.51	0.08	0.02	19.10	4.63	16 262	20 315.35	23.26	9 482.47
河南	611	99	6.51		0.02	6.90	1.65	11 153	16 736.48	15.41	5 183.83
湖北	1 052	201	12.69	0.02	0.04	16.87	3.73	14 977	16 632.03	25.91	3 178.29
湖南	613	101	5.04		…	5.32	1.41	10 826	3 497.64	21.51	2 112.53
广东	1 566	186	27.72	0.08	0.19	29.35	9.57	10 713	54 122.35	68.79	3 668.80
广西	313	37	2.31		0.02	2.58	0.62	11 295	2 756.35	16.91	514.15
海南	28	6	0.35	0.13		0.36	0.10	12 093	456.61		
四川	1 434	215	9.29		…	10.39	2.50	10 960	11 848.01	25.22	4 290.33
贵州	189	20	1.48		0.01	1.49	0.37	11 054	2 245.10	0.04	588.01
云南	348	35	2.32		0.02	2.08	0.55	10 598	2 170.91	5.19	1 324.64
西藏	21	1	0.10			0.04	0.02	5 134	5.30	0.79	
陕西	544	76	3.93		0.01	4.21	1.03	10 605	4 856.09	0.89	2 348.63
甘肃	241	18	1.87		0.01	1.79	0.42	10 461	1 000.87	6.92	1 076.63
青海	57	4	0.56		…	0.69	0.19	12 099	322.25	4.54	244.38
宁夏	59	5	0.48			0.47	0.15	10 910	221.00	1.72	335.86
新疆	211	28	1.64		0.03	1.85	0.50	10 932	885.85	29.22	762.73

各地区缝纫业主要经济指标(二)

(1988年)

地区	固定资产原值(亿元)	固定资产净值(亿元)	流动资金年末占用数(亿元)	产品销售收入(亿元)	亏损企业亏损总额(亿元)	利润总额(亿元)	利润和税金总额(亿元)	企业留利(亿元)	每百元固定资产原值实现产值(元)	每百元固定资产原值实现利税(元)
全国总计	**79.95**	**58.71**	**140.43**	**255.79**	**1.41**	**15.43**	**25.61**	**5.66**	**357.71**	**32.03**
北京	4.30	3.10	7.76	16.16	0.03	1.44	2.03	0.57	392.31	47.32
天津	2.76	2.00	4.31	8.12	0.12	0.47	0.78	0.21	348.99	28.06
河北	3.59	2.30	5.51	10.43	0.04	0.62	0.94	0.27	323.14	26.19
山西	1.19	0.86	2.08	2.63	0.01	0.18	0.28	0.08	264.03	23.36
内蒙古	0.88	0.65	1.68	2.16	0.01	0.08	0.17	0.04	312.97	19.63
辽宁	5.12	3.77	9.19	17.43	0.11	1.04	1.87	0.43	344.64	36.47
吉林	1.60	1.11	3.78	5.24	0.02	0.36	0.59	0.17	382.79	36.75
黑龙江	1.61	1.08	3.66	4.14	0.05	0.14	0.32	0.07	357.01	20.08
上海	5.88	4.39	17.51	35.88	0.06	3.19	4.32	0.36	573.82	73.38
江苏	8.33	6.46	13.63	30.96	0.18	1.45	2.60	0.46	411.41	31.19
浙江	4.19	3.42	11.12	21.65	0.13	1.20	2.11	0.43	521.43	50.30
安徽	1.69	1.28	3.37	4.69	0.04	0.14	0.34	0.07	311.85	19.91
福建	1.69	1.29	2.73	5.80	0.04	0.34	0.53	0.09	394.92	31.60
江西	1.16	0.90	4.77	5.62	0.02	0.28	0.47	0.04	609.34	40.08
山东	5.59	4.19	8.76	16.38	0.06	0.99	1.66	0.29	341.89	29.77
河南	2.24	1.61	3.94	5.87	0.07	0.21	0.44	0.10	307.94	19.77
湖北	5.02	3.38	8.14	12.54	0.10	0.62	1.07	0.32	335.93	21.23
湖南	1.81	1.21	3.27	4.92	0.05	0.16	0.37	0.09	293.55	20.34
广东	11.78	9.00	11.07	22.96	0.15	1.24	2.54	0.45	249.18	21.52
广西	0.90	0.59	1.12	2.06	0.01	0.09	0.19	0.03	286.41	21.24
海南	0.14	0.11	0.22	0.30	…	0.01	0.02	0.01	252.89	14.68
四川	3.52	2.52	5.91	9.08	0.07	0.54	0.91	0.30	294.80	25.72
贵州	0.57	0.39	0.80	1.30	0.01	0.08	0.12	0.04	260.45	21.74
云南	0.96	0.71	1.12	2.08	0.01	0.16	0.24	0.07	217.09	24.75
西藏	0.03	0.02	0.03	0.04	…	0.01	0.01	…	131.22	30.57
陕西	1.46	0.95	2.26	3.40	0.03	0.16	0.28	0.09	288.36	19.50
甘肃	0.60	0.41	1.00	1.32	…	0.06	0.11	0.03	300.43	18.97
青海	0.29	0.20	0.39	0.64	…	0.04	0.07	0.02	240.82	24.53
宁夏	0.27	0.21	0.26	0.43	…	0.02	0.04	0.01	177.50	13.72
新疆	0.76	0.58	1.06	1.56	…	0.12	0.19	0.05	243.90	25.62

各地区缝纫业主要经济指标(三)

(1988年)

地区	每百元工业总产值占用流动资金(元)	每百元销售收入实现利润(元)	资金利税率(%)	产值利税率(%)	固定资产折旧率(%)	平均每一职工占有的固定资产(元)	平均每一职工创造的工业净产值(元)	平均每一职工创造的利润和税金(元)	平均每一职工上交的利税费(元)	平均每一职工占有的企业留利(元)
全国总计	28.03	6.03	18.44	8.95	6.34	3 815	3 512	1 222	692	270
北京	27.58	8.90	26.23	12.06	6.28	4 951	4 739	2 343	1 222	652
天津	25.06	5.79	17.55	8.04	5.99	3 981	3 289	1 117	753	300
河北	29.06	5.96	16.57	8.11	6.59	3 503	2 704	917	500	266
山西	40.67	6.86	12.99	8.85	5.44	3 816	2 783	892	533	242
内蒙古	38.24	3.72	10.17	6.27	4.83	3 246	2 685	637	382	146
辽宁	29.50	5.98	20.80	10.58	5.88	3 407	3 256	1 243	731	284
吉林	36.39	6.78	17.65	9.60	5.66	3 281	3 314	1 206	690	341
黑龙江	41.08	3.34	9.39	5.63	5.85	2 974	2 762	597	434	127
上海	27.23	8.88	31.77	12.79	6.73	4 042	5 893	2 966	1 467	589
江苏	23.78	4.67	17.79	7.58	6.04	3 511	3 545	1 095	606	192
浙江	30.22	5.52	21.03	9.65	6.73	2 990	4 116	1 504	867	308
安徽	38.18	3.09	10.22	6.39	5.86	3 240	2 319	645	446	123
福建	23.40	5.94	18.74	8.00	7.17	2 606	2 631	823	389	140
江西	35.33	4.93	13.68	6.58	6.45	3 559	5 302	1 427	677	130
山东	26.52	6.04	17.97	8.71	6.43	4 686	3 880	1 395	766	245
河南	34.74	3.63	11.05	6.42	5.81	3 597	2 650	711	486	161
湖北	26.00	4.92	13.73	6.32	5.92	4 100	3 043	870	561	260
湖南	41.69	3.20	10.76	6.93	7.06	3 678	2 861	748	521	175
广东	15.23	5.39	18.82	8.64	6.84	4 482	3 642	965	577	172
广西	26.89	4.55	14.90	7.42	7.67	4 059	2 779	862	573	137
海南	31.31	3.52	9.34	5.81	6.08	4 329	2 893	636	316	161
四川	37.88	5.97	14.03	8.72	6.43	3 850	2 726	990	556	325
贵州	34.14	6.38	13.80	8.35	6.28	4 001	2 600	870	449	312
云南	34.51	7.75	16.56	11.40	5.57	4 270	2 453	1 057	429	319
西藏	38.21	14.05	25.30	23.30	1.92	4 442	2 191	1 358	577	155
陕西	32.97	4.64	12.19	6.76	5.82	3 870	2 742	755	611	232
甘肃	31.47	4.30	11.58	6.31	6.15	3 271	2 324	621	401	143
青海	35.91	6.91	15.71	10.18	12.92	5 129	3 327	1 258	826	443
宁夏	36.40	4.23	9.63	7.73	5.80	5 710	3 136	784	526	124
新疆	35.66	7.97	15.69	10.51	5.02	4 869	3 220	1 248	644	321

各地区皮革、毛皮及其制品

(1988年)

地　　区	工业企业单位数(个)	#亏损企业(个)	年末职工人数(万人)	基本建设投资(亿元)	更新改造投资(亿元)
全国总计	7 929	1 119	98.53	1.18	3.44
北　京	87	12	1.97		0.13
天　津	163	26	2.53	0.02	0.09
河　北	417	27	4.51	0.10	0.09
山　西	118	11	1.30		0.01
内蒙古	247	14	2.97	0.01	0.10
辽　宁	355	55	5.00	0.03	0.14
吉　林	189	27	2.56		0.02
黑龙江	293	33	3.60		0.04
上　海	160	19	3.95	0.02	0.39
江　苏	802	159	11.19	0.01	0.14
浙　江	1 035	98	7.25	0.01	0.20
安　徽	291	41	2.63	0.28	0.08
福　建	175	29	2.71	0.06	0.39
江　西	230	36	1.93		0.05
山　东	390	27	7.01		0.10
河　南	372	46	4.72	0.21	0.11
湖　北	383	87	3.91	0.03	0.15
湖　南	447	93	3.96	0.02	0.07
广　东	462	72	9.72	0.14	0.45
广　西	78	11	1.04		0.07
海　南	9	3	0.08		0.02
四　川	554	127	6.19	0.11	0.24
贵　州	106	17	1.04	0.01	0.02
云　南	83	5	1.08		0.02
西　藏	5	2	0.05		0.02
陕　西	129	18	1.33		0.03
甘　肃	109	8	1.37	0.09	0.05
青　海	32	1	0.42		0.01
宁　夏	44	2	0.34		…
新　疆	164	13	2.18		0.24

业主要经济指标(一)

工业总产值（亿元）	工业净产值（亿元）	全员劳动生产率（元/人·年）	鞣制皮革（折合牛皮）（万张）	轻革（万平方米）	重革（万吨）	皮鞋（万双）
150.20	**34.07**	**12 175**	**5 226.67**	**12 364.06**	**4.30**	**34 719.98**
5.03	1.26	17 783	97.80	179.77	0.03	899.22
5.52	1.07	16 316	116.57	339.36	0.06	2 752.76
6.24	1.58	11 470	297.41	468.20	0.08	914.57
1.61	0.40	10 120	38.99	104.78	0.01	377.29
3.48	0.96	8 717	80.15	198.79	0.09	309.43
6.17	1.68	9 467	272.65	733.00	0.21	1 592.66
3.07	0.76	7 964	74.40	212.90	0.90	530.20
4.39	1.09	9 848	124.10	320.10	0.13	796.38
11.87	2.08	21 347	297.77	679.41	0.23	2 414.88
18.34	3.95	13 943	665.82	1 835.65	0.65	3 839.10
12.79	2.84	13 373	359.00	938.00	0.03	2 905.00
4.04	0.90	11 193	132.42	299.34	0.10	389.57
3.39	0.81	11 855	100.23	253.93	0.03	1 656.41
1.89	0.48	8 206	88.94	172.58	0.03	405.55
12.66	2.91	16 274	394.51	1 256.07	0.08	4 202.78
8.23	1.62	12 305	322.65	718.50	0.12	810.00
3.91	0.68	9 268	173.18	403.64	0.07	1 004.14
4.93	1.01	10 018	344.89	705.85	0.14	1 260.38
14.57	3.42	13 552	250.93	447.37	0.52	3 671.64
1.58	0.37	11 590	111.04	224.23	0.08	301.47
0.05	0.01	7 015	5.88	7.19		8.08
6.01	1.42	7 619	423.89	850.34	0.41	2 050.00
0.83	0.24	6 539	34.12	92.33	0.06	269.96
1.29	0.38	9 148	73.83	120.84	0.07	384.78
0.04	0.02	6 947	3.26			4.29
1.63	0.41	9 640	72.81	163.50	0.07	301.24
1.90	0.49	9 977	89.56	204.95	0.06	190.09
0.74	0.15	12 900	44.96	114.67		96.22
0.48	0.13	10 627	11.59	20.38		69.64
3.36	0.94	9 727	123.32	298.39	0.04	312.25

各地区皮革、毛皮及其制品业主要经济指标(二)

(1988年)

地区	固定资产原值(亿元)	固定资产净值(亿元)	流动资金年末占用数(亿元)	产品销售收入(亿元)	亏损企业亏损总额(亿元)	利润总额(亿元)	利润和税金总额(亿元)	企业留利(亿元)	每百元固定资产原值实现产值(元)	每百元固定资产原值实现利税(元)
全国总计	51.96	37.57	93.16	138.28	1.10	6.97	12.23	2.47	289.09	23.54
北京	1.49	1.00	2.83	5.08	0.03	0.39	0.59	0.12	337.68	39.78
天津	1.58	1.08	2.57	5.17	0.13	0.20	0.38	0.16	349.36	24.12
河北	2.67	2.00	5.00	6.02	0.04	0.41	0.57	0.15	233.68	21.35
山西	0.71	0.50	1.61	1.53	0.01	0.05	0.11	0.03	227.91	16.23
内蒙古	1.91	1.36	3.50	3.21	0.02	0.14	0.30	0.06	182.14	15.89
辽宁	2.50	1.67	4.35	5.84	0.07	0.26	0.53	0.10	247.03	21.08
吉林	1.12	0.77	2.23	2.92	0.01	0.11	0.25	0.04	273.93	22.00
黑龙江	1.61	1.13	3.33	4.05	0.02	0.13	0.31	0.04	271.82	19.01
上海	2.41	1.71	6.23	12.98	0.04	1.17	1.62	0.36	491.75	67.39
江苏	4.30	3.39	9.37	15.57	0.12	0.61	1.21	0.23	426.03	28.11
浙江	2.78	2.15	6.23	11.38	0.05	0.64	1.12	0.22	459.76	40.22
安徽	1.31	0.94	2.43	4.03	0.06	0.12	0.28	0.05	308.94	21.04
福建	1.07	0.82	1.42	3.15	0.02	0.17	0.26	0.05	316.79	24.54
江西	0.74	0.51	1.30	1.71	0.01	0.05	0.13	0.02	255.54	16.96
山东	4.75	3.49	7.35	10.81	0.08	0.57	0.96	0.15	270.47	20.30
河南	2.74	1.95	5.56	7.31	0.03	0.28	0.54	0.12	300.21	19.86
湖北	1.81	1.30	2.99	3.34	0.05	0.06	0.18	0.05	215.60	10.06
湖南	2.05	1.33	3.05	4.62	0.03	0.22	0.37	0.09	240.93	18.17
广东	4.65	3.63	6.49	11.82	0.13	0.53	0.93	0.13	312.95	20.07
广西	0.59	0.41	0.78	1.51	…	0.10	0.15	0.03	262.90	24.87
海南	0.03	0.02	0.04	0.04	…	…	…	…	178.35	12.34
四川	3.11	2.15	5.11	6.04	0.12	0.19	0.39	0.07	193.02	12.52
贵州	0.51	0.33	0.63	0.81	…	0.03	0.07	0.01	163.24	13.17
云南	0.68	0.50	0.81	1.29	…	0.09	0.14	0.03	188.22	21.15
西藏	0.06	0.04	0.06	0.05	…	…	…	…	63.12	3.62
陕西	0.98	0.70	1.64	1.79	0.01	0.08	0.15	0.04	165.99	15.20
甘肃	1.18	0.78	1.87	2.01	0.01	0.07	0.15	0.04	160.67	12.70
青海	0.40	0.27	0.65	0.74	…	0.06	0.10	0.02	185.16	24.25
宁夏	0.29	0.24	0.49	0.47	…	0.02	0.05	0.01	163.50	17.52
新疆	1.90	1.39	3.23	3.08	0.01	0.23	0.38	0.06	176.94	19.77

各地区皮革、毛皮及其制品业主要经济指标(三)

(1988年)

地区	每百元工业总产值占用流动资金(元)	每百元销售收入实现利润(元)	资金利税率(%)	产值利税率(%)	固定资产折旧率(%)	平均每一职工占有的固定资产(元)	平均每一职工创造的工业净产值(元)	平均每一职工创造的利润和税金(元)	平均每一职工上交的利税费(元)	平均每一职工占有的企业留利(元)
全国总计	**37.50**	**5.04**	**13.03**	**8.14**	**5.75**	**5 379**	**3 527**	**1 266**	**773**	**256**
北京	34.54	7.65	21.61	11.78	5.10	7 418	6 265	2 950	1 751	592
天津	30.15	3.82	13.90	6.91	5.43	6 220	4 191	1 500	759	624
河北	50.41	6.79	11.09	9.14	4.91	6 138	3 636	1 311	621	335
山西	63.50	3.48	7.52	7.12	4.42	5 571	3 181	904	666	206
内蒙古	69.77	4.33	8.01	8.73	4.07	6 661	3 348	1 059	689	202
辽宁	49.52	4.48	11.15	8.53	5.12	4 996	3 361	1 053	691	209
吉林	45.59	3.61	11.36	8.03	4.78	4 365	2 947	960	686	152
黑龙江	48.25	3.32	9.46	6.99	5.67	4 610	3 120	876	603	121
上海	25.16	9.05	34.58	13.68	5.97	6 249	5 398	4 205	2 350	930
江苏	30.37	3.93	13.50	6.60	6.00	3 850	3 532	1 082	706	202
浙江	31.48	5.62	18.13	8.75	6.01	3 887	3 973	1 563	929	305
安徽	40.29	2.90	10.70	6.81	5.30	5 152	3 546	1 084	759	181
福建	24.52	5.44	15.86	7.75	6.00	4 708	3 072	1 001	534	175
江西	42.71	3.11	9.54	6.64	4.97	3 937	2 563	668	453	119
山东	34.80	5.25	12.11	7.50	6.52	6 943	4 251	1 409	757	226
河南	43.49	3.87	9.86	6.62	4.93	6 075	3 579	1 207	888	267
湖北	47.02	1.88	5.81	4.67	5.21	4 768	1 788	480	401	120
湖南	39.12	4.74	11.41	7.54	7.01	5 251	2 603	954	553	232
广东	17.01	4.48	15.28	6.41	7.06	4 865	3 578	976	502	140
广西	29.33	6.45	17.01	9.46	6.26	5 844	3 647	1 453	958	313
海南	57.55	4.71	6.47	6.92	2.64	3 910	2 032	483	264	144
四川	52.09	3.10	7.37	6.48	6.31	5 138	2 355	643	452	123
贵州	48.03	3.10	9.24	8.08	5.84	5 082	2 363	669	592	90
云南	39.60	7.05	14.31	11.24	5.29	6 586	3 704	1 393	662	306
西藏	71.44	−0.48	3.29	5.74	2.49	13 213	3 481	479	525	209
陕西	57.67	4.62	9.12	9.16	5.92	7 572	3 151	1 151	994	232
甘肃	69.00	3.54	7.18	7.91	5.10	8 985	3 706	1 141	1 046	277
青海	43.56	7.43	16.30	13.10	6.45	10 403	3 820	2 523	1 700	518
宁夏	67.22	5.19	9.13	10.72	4.23	8 602	3 846	1 507	915	271
新疆	64.28	7.40	10.56	11.17	5.48	9 180	4 556	1 814	1 083	288

各地区木材加工及竹、藤、棕、草制品业主要经济指标(一)

(1988年)

地区	工业企业单位数(个)	#亏损企业(个)	年末职工人数(万人)	基本建设投资(亿元)	更新改造投资(亿元)	工业总产值(亿元)	工业净产值(亿元)	全员劳动生产率(元/人·年)	锯材(万立方米)	人造板(万立方米)
全国总计	11 000	1043	85.32	2.64	2.60	100.19	26.37	8 321	1 468.42	289.88
北京	36	1	1.48	0.12	0.07	4.15	0.98	18 326	37.99	6.63
天津	59	9	0.97		0.02	2.22	0.51	10 185	18.74	2.60
河北	187	12	1.55	0.02	0.07	1.43	0.43	7 471	44.42	10.85
山西	84	5	0.44			0.32	0.09	6 515	5.19	2.25
内蒙古	227	31	2.50	0.06	0.07	1.76	0.62	5 073	66.83	6.31
辽宁	333	40	2.51	0.09	0.02	2.59	0.70	8 165	98.95	9.34
吉林	525	47	11.54	0.40	0.15	6.62	2.17	4 294	187.91	33.94
黑龙江	849	90	19.03	0.30	0.28	17.55	4.73	5 395	366.03	41.56
上海	92	7	1.97		0.13	6.01	1.32	19 406	62.87	14.45
江苏	381	48	3.14	0.01	0.08	5.65	1.17	12 244	64.71	9.44
浙江	1 228	110	3.92	0.02	0.20	5.25	1.47	11 138	57.84	11.13
安徽	850	70	2.72	0.19	0.05	2.76	0.71	7 261	38.61	5.35
福建	994	91	5.47	0.25	0.14	6.89	1.88	9 869	64.52	21.78
江西	1 032	84	4.86	0.19	0.17	5.13	1.46	7 492	18.32	12.87
山东	242	12	2.06	0.11	0.07	3.69	0.81	15 685	37.81	13.45
河南	190	18	1.35	0.01	0.02	1.35	0.37	8 155	23.06	5.50
湖北	509	55	2.66	0.09	0.13	3.45	0.74	9 694	20.98	14.17
湖南	714	74	3.27	0.07	0.16	3.07	0.89	7 325	12.84	15.35
广东	689	67	3.99	0.23	0.18	7.66	2.04	14 955	29.01	19.41
广西	424	35	1.57	0.01	0.11	2.47	0.59	7 711	17.00	4.68
海南	16	5	0.06	0.30	…	0.03	0.01	4 786	4.58	0.41
四川	566	70	3.54	0.11	0.20	4.62	1.06	8 762	54.18	9.28
贵州	112	10	0.54	0.01	0.03	0.44	0.14	5 709	8.32	0.99
云南	130	20	1.55	0.01	0.16	1.75	0.47	6 201	50.63	7.08
西藏	3		…			0.01	…	8 182	9.93	
陕西	346	22	1.49	0.03	0.02	1.44	0.41	8 440	26.13	6.19
甘肃	105	5	0.60	0.01	…	0.83	0.28	9 787	14.70	1.68
青海	11	2	0.15	0.01		0.38	0.08	13 270	4.48	0.47
宁夏	31		0.09		…	0.09	0.03	8 429	1.52	1.13
新疆	35	3	0.30	0.01	0.04	0.68	0.19	10 137	20.32	1.59

各地区木材加工及竹、藤、棕、草制品业主要经济指标(二)

(1988年)

地区	固定资产原值(亿元)	固定资产净值(亿元)	流动资金年末占用数(亿元)	产品销售收入(亿元)	亏损企业亏损总额(亿元)	利润总额(亿元)	利润和税金总额(亿元)	企业留利(亿元)	每百元固定资产原值实现产值(元)	每百元固定资产原值实现利税(元)
全国总计	60.58	44.43	51.80	99.61	0.71	7.40	11.72	3.09	165.40	19.34
北京	2.28	1.50	2.17	4.16	…	0.48	0.62	0.16	182.27	27.38
天津	1.25	0.93	1.36	3.20	0.01	0.29	0.37	0.13	178.32	29.34
河北	0.86	0.65	0.63	1.44	0.01	0.14	0.21	0.05	165.72	24.54
山西	0.36	0.29	0.20	0.29	…	0.02	0.03	0.01	88.77	9.62
内蒙古	1.14	0.88	1.31	1.76	0.01	0.16	0.24	0.06	154.48	20.78
辽宁	1.54	1.09	1.43	2.51	0.06	0.18	0.28	0.07	168.18	18.47
吉林	4.83	3.64	4.05	6.70	0.02	0.77	1.14	0.34	137.01	23.55
黑龙江	12.78	9.12	9.47	16.79	0.13	0.70	1.52	0.46	137.32	11.85
上海	2.21	1.52	2.68	5.70	…	0.57	0.81	0.16	271.86	36.67
江苏	1.78	1.30	2.30	5.19	0.01	0.34	0.50	0.11	316.57	27.98
浙江	2.33	1.71	2.84	6.44	0.01	0.50	0.73	0.14	224.93	31.41
安徽	1.29	0.90	1.04	3.02	0.01	0.19	0.32	0.10	213.60	24.48
福建	3.95	3.01	3.14	6.96	0.05	0.46	0.83	0.18	174.62	21.08
江西	2.73	1.99	2.63	4.78	0.03	0.39	0.63	0.16	187.95	23.25
山东	2.21	1.71	1.65	2.94	0.14	0.13	0.24	0.08	163.84	11.12
河南	0.85	0.65	0.96	1.13	0.02	0.06	0.11	0.03	158.97	12.77
湖北	1.88	1.37	1.91	3.20	0.01	0.23	0.34	0.10	183.09	18.01
湖南	3.38	2.80	1.89	3.33	0.02	0.21	0.37	0.09	90.75	11.09
广东	3.64	2.66	3.19	7.51	0.04	0.48	0.78	0.22	210.27	21.32
广西	1.26	0.91	1.28	2.61	0.07	0.11	0.22	0.07	196.78	17.59
海南	0.03	0.02	0.02	0.03	…	…	…	…	112.06	−4.82
四川	2.96	2.03	2.20	4.16	0.03	0.30	0.49	0.12	156.09	16.63
贵州	0.40	0.29	0.27	0.64	…	0.05	0.07	0.03	110.08	18.64
云南	2.14	1.65	1.33	2.02	0.01	0.30	0.38	0.08	81.41	17.78
西藏	…	…	…	…	…	…	…	…	653.93	80.90
陕西	1.37	1.00	0.97	1.29	…	0.12	0.18	0.05	105.50	12.97
甘肃	0.39	0.29	0.33	0.82	…	0.10	0.13	0.03	215.04	32.92
青海	0.23	0.18	0.20	0.22	…	0.04	0.05	0.02	165.92	20.79
宁夏	0.10	0.06	0.03	0.09		0.01	0.02	…	91.66	17.53
新疆	0.42	0.28	0.32	0.68	…	0.07	0.10	0.03	160.84	23.70

各地区木材加工及竹、藤、棕、草制品业主要经济指标(三)

(1988年)

地　　区	每百元工业总产值占用流动资金(元)	每百元销售收入实现利润(元)	资金利税率(%)	产值利税率(%)
全国总计	**27.44**	**7.43**	**16.29**	**11.69**
北　京	34.93	11.57	21.18	15.02
天　津	40.41	8.99	19.98	16.46
河　北	26.49	9.97	20.51	14.81
山　西	27.59	7.41	9.25	10.83
内蒙古	51.23	9.23	13.31	13.45
辽　宁	25.04	7.14	16.37	10.98
吉　林	25.89	11.46	21.26	17.19
黑龙江	29.92	4.16	10.54	8.63
上　海	21.45	10.03	28.86	13.49
江　苏	22.32	6.58	19.47	8.84
浙　江	28.89	7.79	22.73	13.97
安　徽	21.37	6.22	21.23	11.46
福　建	21.59	6.64	18.50	12.07
江　西	24.71	8.06	19.49	12.37
山　东	23.54	4.39	9.54	6.79
河　南	36.71	5.18	9.43	8.04
湖　北	26.29	7.05	14.87	9.84
湖　南	36.82	6.31	9.55	12.22
广　东	21.42	6.45	18.05	10.14
广　西	28.60	4.21	13.65	8.94
海　南	35.86	−6.88	−4.23	−4.30
四　川	23.94	7.32	15.70	10.65
贵　州	32.14	7.60	17.10	16.93
云　南	40.60	15.10	16.20	21.84
西　藏	20.62	8.20	41.62	12.37
陕　西	36.04	8.99	11.66	12.30
甘　肃	23.75	11.79	26.37	15.31
青　海	20.03	17.10	18.95	12.53
宁　夏	24.49	12.97	20.80	19.13
新　疆	36.20	10.26	18.84	14.73

各地区木材加工及竹、藤、棕、草制品业主要经济指标(四)

(1988年)

地　区	固定资产折旧率(%)	平均每一职工占有的固定资产(元)	平均每一职工创造的工业净产值(元)	平均每一职工创造的利润和税金(元)	平均每一职工上交的利税费(元)	平均每一职工占有的企业留利(元)
全国总计	**5.12**	7 452	3 243	1 441	**869**	381
北　京	3.13	15 320	6 600	4 194	2 685	1 090
天　津	5.40	12 555	5 159	3 684	2 403	1 268
河　北	5.73	5 711	2 851	1 401	693	350
山　西	5.33	8 490	2 162	816	521	308
内蒙古	5.78	5 039	2 725	1 047	506	257
辽　宁	4.85	6 287	2 883	1 161	727	279
吉　林	6.92	5 025	2 251	1 183	571	351
黑龙江	4.83	7 007	2 596	831	610	250
上　海	4.82	11 242	6 707	4 122	2 782	825
江　苏	5.59	5 651	3 700	1 581	826	358
浙　江	5.12	6 122	3 860	1 923	979	380
安　徽	5.29	4 843	2 668	1 185	630	366
福　建	5.83	7 380	3 517	1 556	1 054	334
江　西	5.03	5 865	3 133	1 364	878	354
山　东	6.35	11 079	4 099	1 232	930	422
河　南	4.31	6 189	2 691	791	520	206
湖　北	4.91	7 352	2 891	1 324	809	389
湖　南	4.02	10 806	2 837	1 198	692	291
广　东	6.67	9 338	5 232	1 991	1 098	575
广　西	3.87	8 081	3 801	1 422	1 076	422
海　南	3.84	4 384	1 362	−211	90	83
四　川	4.46	8 507	3 054	1 414	770	351
贵　州	4.53	7 343	2 646	1 369	726	495
云　南	3.92	13 797	3 010	2 454	1 267	489
西　藏	6.74	2 697	4 091	2 182	1 212	788
陕　西	4.26	9 540	2 849	1 238	775	369
甘　肃	5.23	6 638	4 830	2 186	942	557
青　海	3.68	15 869	5 787	3 298	1 950	1 419
宁　夏	4.89	10 810	3 880	1 895	1 077	486
新　疆	4.43	13 506	5 956	3 201	1 305	1 017

各地区家具制造业主要经济指标(一)

(1988年)

地　　区	工业企业单位数(个)	#亏损企业(个)	年末职工人数(万人)	基本建设投资(亿元)	更新改造投资(亿元)	工业总产值(亿元)	工业净产值(亿元)	全员劳动生产率(元/人·年)
全国总计	10 891	1 222	67.53	0.77	1.07	77.00	21.57	10 814
北　京	134	13	1.98		0.17	3.32	0.98	15 781
天　津	88	12	0.99		0.01	1.32	0.33	12 307
河　北	495	31	3.08		0.01	3.38	0.95	10 563
山　西	287	17	1.63		0.01	1.30	0.43	7 841
内蒙古	227	26	2.17		…	1.06	0.36	4 293
辽　宁	367	46	3.08		0.03	2.97	0.90	9 203
吉　林	329	40	2.42		0.18	2.08	0.72	8 082
黑龙江	432	61	4.69	0.28	0.19	3.35	1.03	6 722
上　海	110	7	1.69		0.07	3.67	0.99	19 872
江　苏	756	125	5.47		0.08	7.71	1.89	13 680
浙　江	698	88	3.50		0.01	4.97	1.33	13 540
安　徽	567	54	2.63		…	2.19	0.63	8 217
福　建	486	63	2.97		0.01	2.29	0.71	7 292
江　西	590	59	2.27		0.03	1.64	0.57	6 758
山　东	761	52	5.37		0.02	8.14	2.04	14 130
河　南	397	41	2.62		…	2.42	0.67	8 666
湖　北	724	115	3.99		0.04	4.82	1.20	12 195
湖　南	518	59	1.78			1.62	0.45	8 589
广　东	664	74	5.30	0.40	0.12	9.92	2.76	17 589
广　西	208	28	1.00		…	1.02	0.30	8 817
海　南	33	7	0.25	0.01	0.01	0.13	0.04	5 410
四　川	829	112	3.52	0.01	…	3.47	0.98	8 889
贵　州	112	13	0.57	0.04	…	0.34	0.11	5 797
云　南	213	23	0.91			0.80	0.26	7 965
西　藏	10		0.04			0.04	0.02	9 939
陕　西	466	39	1.80		0.04	1.34	0.42	7 177
甘　肃	190	6	0.90		0.04	0.73	0.22	7 737
青　海	40	3	0.20		…	0.16	0.05	6 472
宁　夏	61	2	0.24		…	0.24	0.08	9 226
新　疆	99	6	0.47		…	0.56	0.15	9 176

各地区家具制造业主要经济指标(二)

(1988年)

地　　区	家　　具 (万元)	#木制家具 (万元)	固定资产原值 (亿元)	固定资产净值 (亿元)	流动资金年末占用数 (亿元)
全国总计	681 401.46	446 261.16	33.11	23.20	43.10
北　京	29 466.90	16 293.00	1.62	1.14	2.00
天　津	16 704.36	8 423.66	0.74	0.49	0.66
河　北	28 333.28	15 856.81	1.46	0.99	1.79
山　西	13 168.11	8 490.51	0.81	0.55	0.91
内蒙古	6 982.41	5 620.72	0.69	0.48	0.88
辽　宁	21 237.84	14 256.16	1.28	0.85	1.90
吉　林	9 904.50	5 730.00	1.21	0.86	1.46
黑龙江	18 907.45	16 589.15	1.83	1.32	2.37
上　海	27 163.22	14 027.77	1.31	0.91	1.69
江　苏	57 742.73	38 419.46	2.24	1.60	3.89
浙　江	35 324.00	16 816.00	1.46	1.07	2.39
安　徽	28 971.70	23 179.08	0.85	0.59	1.08
福　建	13 619.71	10 321.59	0.93	0.60	1.19
江　西	14 232.83	10 903.60	0.75	0.51	0.89
山　东	76 112.47	64 742.44	3.96	2.94	3.80
河　南	20 313.00	12 109.00	1.12	0.75	1.62
湖　北	58 338.25	31 121.12	1.93	1.39	2.52
湖　南	15 925.83	12 102.17	0.91	0.55	0.94
广　东	89 991.94	51 194.06	3.29	2.39	5.70
广　西	5 910.58	4 710.23	0.56	0.38	0.63
海　南	1 374.30	1 055.66	0.12	0.09	0.09
四　川	47 941.71	31 477.70	1.47	1.01	1.92
贵　州	3 979.30	3 420.54	0.21	0.15	0.21
云　南	11 255.21	9 234.28	0.57	0.35	0.51
西　藏			0.05	0.04	0.03
陕　西	13 317.13	7 968.59	0.71	0.51	0.94
甘　肃	6 237.35	5 627.83	0.43	0.30	0.44
青　海	1 325.80	982.80	0.11	0.06	0.11
宁　夏	2 227.26	1 533.95	0.16	0.11	0.15
新　疆	5 392.29	4 053.28	0.32	0.22	0.36

各地区家具制造业主要经济指标(三)

(1988年)

地区	产品销售收入(亿元)	亏损企业亏损总额(亿元)	利润总额(亿元)	利润和税金总额(亿元)	企业留利(亿元)	每百元固定资产原值实现产值(元)	每百元固定资产原值实现利税(元)
全国总计	**71.01**	**0.39**	**4.00**	**7.16**	**1.59**	**232.59**	**21.62**
北京	3.16	0.01	0.37	0.53	0.13	204.56	32.86
天津	1.33	…	0.09	0.14	0.03	177.24	19.47
河北	3.04	0.01	0.21	0.33	0.09	231.76	22.85
山西	1.18	0.01	0.06	0.11	0.04	160.56	13.41
内蒙古	0.95	0.01	0.05	0.08	0.03	154.62	12.17
辽宁	2.91	0.02	0.20	0.34	0.08	233.10	26.61
吉林	2.02	0.02	0.15	0.26	0.05	171.12	21.47
黑龙江	2.84	0.03	0.12	0.26	0.09	182.65	13.96
上海	4.00	0.01	0.30	0.45	0.11	281.43	34.73
江苏	6.95	0.04	0.28	0.57	0.11	344.29	25.38
浙江	4.80	0.02	0.29	0.52	0.09	340.19	35.35
安徽	1.82	0.01	0.09	0.17	0.04	256.83	19.83
福建	2.15	0.01	0.08	0.19	0.04	246.57	20.04
江西	1.44	0.01	0.10	0.17	0.02	219.66	23.34
山东	6.72	0.01	0.45	0.73	0.10	205.38	18.50
河南	2.08	0.01	0.11	0.21	0.07	215.71	18.38
湖北	4.18	0.03	0.17	0.35	0.10	249.10	18.25
湖南	1.63	0.01	0.06	0.14	0.03	177.92	15.23
广东	9.55	0.06	0.35	0.73	0.12	301.57	22.05
广西	0.96	0.01	0.04	0.10	0.01	183.24	17.52
海南	0.11	…	…	…	…	114.11	2.16
四川	3.22	0.03	0.17	0.33	0.08	236.65	22.28
贵州	0.33	…	0.02	0.04	0.01	163.74	17.31
云南	0.79	0.01	0.05	0.09	0.03	141.41	16.31
西藏	0.01		…	0.01	…	79.36	11.67
陕西	1.25	0.01	0.06	0.12	0.04	186.96	16.67
甘肃	0.71	…	0.05	0.09	0.02	168.28	20.04
青海	0.15	…	…	0.01	…	141.01	12.34
宁夏	0.23	…	0.02	0.03	0.01	152.88	21.29
新疆	0.48	…	0.04	0.06	0.02	172.85	18.02

各地区家具制造业主要经济指标(四)

(1988年)

地区	每百元工业总产值占用流动资金(元)	每百元销售收入实现利润(元)	资金利税率(%)	产值利税率(%)	固定资产折旧率(%)	平均每一职工占有的固定资产(元)	平均每一职工创造的工业净产值(元)	平均每一职工创造的利润和税金(元)	平均每一职工上交的利税费(元)	平均每一职工占有的企业留利(元)
全国总计	32.21	5.63	14.91	9.29	5.79	5 034	3 280	1 088	612	242
北京	36.57	11.61	22.62	16.06	5.97	8 215	4 961	2 700	1 525	683
天津	32.09	6.70	15.92	10.98	5.32	7 483	3 291	1 457	916	338
河北	33.30	7.03	15.76	9.86	6.27	4 883	3 176	1 116	576	295
山西	42.17	4.74	9.87	8.35	4.66	5 043	2 687	676	441	235
内蒙古	48.22	4.83	8.45	7.87	4.55	3 288	1 713	400	212	149
辽宁	34.83	6.85	18.00	11.42	5.73	4 207	2 967	1 119	628	262
吉林	38.69	7.51	15.68	12.55	4.19	5 140	3 054	1 104	670	229
黑龙江	38.65	4.40	9.77	7.64	5.12	4 210	2 380	589	368	203
上海	26.51	7.45	24.10	12.34	5.53	7 633	5 809	2 651	1 642	615
江苏	29.80	4.03	14.57	7.37	5.63	4 117	3 480	1 045	665	197
浙江	27.91	6.09	21.04	10.39	6.05	4 360	3 963	1 541	877	278
安徽	29.29	5.07	13.74	7.72	5.61	3 381	2 492	670	366	171
福建	29.84	3.93	14.49	8.13	6.92	3 185	2 434	638	425	131
江西	29.44	7.15	17.48	10.62	4.94	3 341	2 528	780	368	110
山东	28.52	6.69	13.94	9.01	5.76	7 606	3 909	1 407	712	194
河南	40.22	5.44	11.98	8.52	5.45	4 457	2 644	819	452	267
湖北	28.46	3.99	12.80	7.33	7.16	4 933	3 055	900	637	255
湖南	32.54	3.73	12.85	8.56	6.74	5 228	2 610	796	543	147
广东	30.12	3.63	13.48	7.31	7.19	6 301	5 294	1 389	892	231
广西	31.95	4.66	13.84	9.56	5.10	5 725	3 081	1 003	634	131
海南	34.28	−0.54	1.84	1.89	2.59	4 975	1 880	107	141	58
四川	34.29	5.29	14.84	9.41	6.20	4 310	2 879	960	582	235
贵州	39.77	5.49	12.46	10.57	4.85	3 918	2 021	678	427	219
云南	34.81	6.68	14.81	11.54	4.72	6 385	2 886	1 042	532	301
西藏	28.66	12.65	11.51	14.70	2.14	13 005	4 379	1 517	249	247
陕西	40.92	5.04	11.28	8.92	4.49	4 084	2 404	681	380	214
甘肃	37.38	6.50	15.13	11.91	4.80	4 926	2 532	987	609	188
青海	55.89	2.63	9.24	8.75	4.98	5 658	2 775	698	555	110
宁夏	39.43	8.82	16.03	13.93	4.19	6 622	3 510	1 410	786	367
新疆	37.57	7.97	13.71	10.43	4.98	7 160	3 268	1 291	523	431

各地区造纸及纸制品业主要经济指标(一)

(1988年)

地区	工业企业单位数(个)	#亏损企业(个)	年末职工人数(万人)	基本建设投资(亿元)	更新改造投资(亿元)	工业总产值(亿元)	工业净产值(亿元)	全员劳动生产率(元/人·年)	机制纸及纸板(万吨)	#新闻纸(万吨)	凸版纸(万吨)
全国总计	10 182	1 643	156.96	6.73	18.98	309.91	83.82	14 758	1 270.26	34.22	76.45
北　京	106	15	2.13	0.01	0.15	6.68	1.79	22 718	23.29	0.01	
天　津	159	18	3.55	0.07	0.08	8.64	2.26	16 733	27.10		1.74
河　北	541	54	8.39	2.27	1.13	13.33	3.71	13 032	78.74		7.50
山　西	292	34	3.34	0.10	0.20	3.80	1.05	9 002	30.36		1.37
内蒙古	124	18	2.01	0.06	0.31	3.19	0.99	10 790	11.73		1.79
辽　宁	492	79	14.35	0.16	1.39	23.63	6.40	11 975	85.09	1.41	10.60
吉　林	345	42	7.62	0.43	0.82	15.02	4.96	13 986	58.32	5.25	0.89
黑龙江	310	47	6.99	0.18	1.60	15.21	4.87	14 282	51.18	2.94	1.69
上　海	207	14	4.96		0.48	19.96	4.83	29 616	45.54		0.94
江　苏	681	131	10.30	0.15	0.58	19.24	4.41	16 111	74.21	0.45	2.74
浙　江	782	122	7.78	0.22	0.66	18.04	5.08	18 090	72.89		1.26
安　徽	473	84	6.16	0.39	0.40	9.16	2.40	12 027	36.39		1.04
福　建	390	59	5.71	0.38	0.68	15.19	4.15	15 534	50.57	10.26	0.82
江　西	370	78	4.46	0.16	0.66	7.19	1.91	11 157	25.62	0.65	2.48
山　东	561	57	11.78	0.49	1.96	24.86	6.81	17 159	102.74	0.24	11.47
河　南	614	95	9.46	0.13	1.18	12.57	3.54	10 911	134.42		5.64
湖　北	516	143	6.99	0.41	0.66	12.17	3.05	14 307	44.04	0.15	4.65
湖　南	640	147	8.00	0.08	0.87	15.86	4.39	14 004	58.74	0.19	3.44
广　东	534	74	7.46	0.10	1.68	23.28	5.30	21 662	81.14	8.77	3.11
广　西	285	46	2.99	0.14	0.62	7.51	1.84	16 721	26.27		0.90
海　南	15	5	0.17		0.03	0.40	0.09	14 408	0.47		0.04
四　川	913	188	12.33	0.19	1.42	20.87	5.83	12 700	76.78	3.84	5.84
贵　州	108	11	1.39	0.01	0.12	2.11	0.59	10 809	5.61		0.31
云　南	95	5	1.48	0.01	0.39	2.97	0.94	14 627	14.49	0.06	0.59
西　藏											
陕　西	430	47	3.81	0.22	0.40	4.97	1.36	10 602	32.98		3.05
甘　肃	93	13	1.45	0.06	0.24	1.65	0.49	10 861	9.02		0.73
青　海	16	2	0.18		…	0.19	0.05	8 958	0.83		0.23
宁　夏	34	5	0.79	0.05	0.11	1.04	0.31	10 478	4.98		0.59
新　疆	56	10	0.93	0.27	0.14	1.19	0.42	9 599	6.72		1.00

各地区造纸及纸制品业主要经济指标(二)

(1988年)

地区	固定资产原值(亿元)	固定资产净值(亿元)	流动资金年末占用数(亿元)	产品销售收入(亿元)	亏损企业亏损总额(亿元)	利润总额(亿元)	利润和税金总额(亿元)	企业留利(亿元)	每百元固定资产原值实现产值(元)	每百元固定资产原值实现利税(元)
全国总计	170.16	119.70	108.30	301.11	1.20	26.06	47.47	9.20	182.13	27.90
北京	3.26	2.38	2.23	6.59	0.01	0.70	1.15	0.18	204.93	35.35
天津	4.04	2.40	2.33	7.99	0.04	0.73	1.33	0.23	214.07	32.82
河北	7.65	5.50	5.49	13.25	0.05	1.24	2.02	0.41	174.35	26.48
山西	2.81	1.90	1.54	3.68	0.03	0.20	0.46	0.07	135.18	16.42
内蒙古	2.55	1.94	1.20	2.98	0.01	0.33	0.53	0.10	125.11	20.74
辽宁	12.93	8.68	8.56	23.18	0.08	1.74	3.45	0.65	182.72	26.64
吉林	10.18	6.95	6.03	15.45	0.05	2.56	3.76	1.20	147.55	36.89
黑龙江	12.32	8.70	5.99	14.14	0.06	1.97	3.20	1.09	123.44	25.96
上海	6.50	4.69	4.50	20.25	0.01	2.27	3.49	0.47	307.20	53.65
江苏	7.99	5.86	6.21	18.62	0.08	0.90	2.01	0.27	240.68	25.09
浙江	7.41	5.07	6.18	17.47	0.05	1.46	2.90	0.49	243.66	39.18
安徽	5.25	3.60	3.31	8.81	0.05	0.42	1.15	0.16	174.64	21.92
福建	7.75	5.29	4.89	14.96	0.06	1.75	2.77	0.53	195.94	35.71
江西	4.02	2.76	2.93	6.89	0.04	0.53	0.99	0.16	178.58	24.69
山东	13.36	10.01	7.96	23.55	0.03	1.85	3.66	0.43	186.08	27.38
河南	7.48	5.60	4.45	12.15	0.08	0.99	1.95	0.39	168.13	26.13
湖北	7.28	5.30	4.70	11.25	0.08	0.68	1.42	0.34	167.19	19.46
湖南	10.65	7.69	5.84	15.40	0.11	1.10	2.33	0.37	148.83	21.89
广东	9.92	6.90	8.02	22.53	0.10	0.98	2.21	0.40	234.67	22.25
广西	3.71	2.73	2.48	7.51	0.02	0.65	1.13	0.18	202.63	30.61
海南	0.22	0.17	0.30	0.41	0.01	0.01	0.02	…	183.31	7.52
四川	12.34	7.94	7.68	20.17	0.08	1.68	3.23	0.55	169.02	26.20
贵州	1.31	0.89	0.73	2.06	…	0.16	0.31	0.07	161.94	23.45
云南	2.28	1.65	0.98	2.92	…	0.44	0.66	0.19	130.68	29.17
西藏										
陕西	3.20	2.25	2.05	4.86	0.02	0.39	0.73	0.15	155.40	22.73
甘肃	1.42	1.09	0.64	1.63	…	0.13	0.24	0.06	116.62	16.90
青海	0.22	0.15	0.08	0.20	…	0.02	0.03	0.01	87.13	11.27
宁夏	1.03	0.81	0.43	0.99	0.01	0.09	0.16	0.01	100.49	15.01
新疆	1.10	0.80	0.58	1.22	0.01	0.10	0.20	0.04	108.45	18.47

各地区造纸及纸制品业主要经济指标(三)

(1988年)

地　区	每百元工业总产值占用流动资金(元)	每百元销售收入实现利润(元)	资金利税率(%)	产值利税率(%)	固定资产折旧率(%)	平均每一职工占有的固定资产(元)	平均每一职工创造的工业净产值(元)	平均每一职工创造的利润和税金(元)	平均每一职工上交的利税费(元)	平均每一职工占有的企业留利(元)
全国总计	18.47	8.65	26.83	15.32	5.30	11 201	5 518	3 125	2 097	605
北　京	16.39	10.57	33.17	17.25	5.33	15 308	8 428	5 411	3 551	825
天　津	17.86	9.17	33.59	15.33	4.73	11 720	6 571	3 846	2 553	660
河　北	23.75	9.34	23.35	15.19	5.33	9 472	4 597	2 508	1 521	506
山　西	23.99	5.48	16.42	12.15	5.83	8 729	3 257	1 433	1 030	216
内蒙古	21.38	11.18	20.14	16.58	5.80	13 528	5 254	2 805	1 452	541
辽　宁	19.62	7.51	25.88	14.58	4.76	9 280	4 592	2 472	1 659	464
吉　林	19.94	16.59	37.76	25.00	4.29	13 776	6 708	5 081	3 033	1 629
黑龙江	18.17	13.91	27.89	21.03	5.36	18 137	7 171	4 708	2 867	1 601
上　海	10.96	11.19	50.70	17.47	6.78	13 573	10 099	7 283	5 583	976
江　苏	17.78	4.86	21.61	10.42	5.17	7 943	4 386	1 993	1 392	270
浙　江	19.96	8.33	33.47	16.08	5.44	9 836	6 749	3 854	2 668	649
安　徽	19.87	4.79	21.22	12.55	5.66	9 037	4 151	1 988	1 587	278
福　建	14.88	11.67	36.64	18.23	5.49	13 714	7 337	4 898	3 633	933
江　西	19.90	7.64	23.71	13.82	4.47	9 296	4 409	2 295	1 534	375
山　东	16.56	7.85	25.90	14.71	5.11	11 814	6 018	3 234	2 073	382
河　南	19.06	8.13	24.43	15.54	4.77	8 344	3 951	2 180	1 462	430
湖　北	19.76	6.05	18.38	11.64	5.02	10 806	4 525	2 103	1 519	510
湖　南	20.54	7.16	21.31	14.71	5.37	13 735	5 660	3 007	1 895	482
广　东	16.15	4.34	20.70	9.48	6.00	13 481	7 200	3 000	2 048	542
广　西	19.20	8.68	27.20	15.10	4.87	12 046	5 971	3 687	2 291	575
海　南	32.49	2.31	5.37	4.10	5.85	13 273	5 471	999	375	234
四　川	20.90	8.32	26.30	15.50	6.18	10 410	4 915	2 728	2 002	465
贵　州	20.29	7.90	23.15	14.48	5.30	9 595	4 372	2 250	1 625	509
云　南	17.74	15.07	30.47	22.32	5.07	15 704	6 480	4 580	2 427	1 290
西　藏										
陕　西	20.41	7.98	22.27	14.62	5.33	8 719	3 703	1 982	1 281	420
甘　肃	18.75	7.76	17.10	14.49	4.65	10 307	3 569	1 742	1 070	416
青　海	24.51	7.74	12.61	12.94	3.83	12 093	2 837	1 363	646	571
宁　夏	22.97	9.19	14.78	14.94	4.40	13 636	4 085	2 047	1 194	187
新　疆	24.60	8.45	18.66	17.03	4.89	12 321	4 705	2 276	1 494	451

各地区印刷业主要经济指标(一)

(1988年)

地　区	工业企业单位数(个)	#亏损企业(个)	年末职工人数(万人)	基本建设投资(亿元)	更新改造投资(亿元)	工业总产值(亿元)	工业净产值(亿元)	全员劳动生产率(元/人·年)	书刊印刷(万令)	胶印印刷(彩色印刷)(万对开色令)
全国总计	10 732	807	101.71	1.27	4.16	138.56	40.69	11 519	57 655.91	68 228.47
北　京	245	24	5.48	0.33	0.28	11.25	3.15	19 378	521.47	363.40
天　津	145	11	1.82		0.03	3.12	0.88	13 967	0.17	368.72
河　北	405	27	4.61	0.04	0.11	5.07	1.40	9 995	2 692.41	319.95
山　西	280	13	2.40		0.04	2.02	0.61	7 265	68.44	89.34
内蒙古	210	3	1.66	0.03	0.01	1.27	0.39	6 643	71.06	41.63
辽　宁	577	39	6.58	0.03	0.16	6.82	2.06	8 302	154.25	198.84
吉　林	562	43	4.71	0.02	0.05	4.45	1.46	7 689	322.78	448.58
黑龙江	421	46	4.20	0.04	0.04	3.37	1.04	6 551	111.87	76.17
上　海	215	16	4.32	0.12	0.43	11.17	3.57	18 913	147.20	274.20
江　苏	941	91	8.57	0.04	0.14	10.74	3.23	11 194	876.56	564.95
浙　江	936	83	5.00	0.03	0.22	7.98	2.34	12 802	356.00	2 798.00
安　徽	476	38	3.05	0.01	0.13	3.07	0.98	9 192	269.10	124.49
福　建	279	12	2.78	0.03	0.15	3.97	1.18	12 366	389.70	110.56
江　西	371	36	3.20	0.14	0.12	3.22	1.15	8 178	301.91	140.10
山　东	456	19	5.96	0.01	0.20	8.40	2.40	13 357	206.64	585.18
河　南	407	24	4.57	0.05	0.06	4.36	1.16	8 151	303.42	448.23
湖　北	525	51	5.25	0.08	0.25	6.75	1.83	11 036	20 767.12	245.07
湖　南	495	42	4.04	0.01	0.42	5.66	1.55	12 197	170.00	566.40
广　东	441	31	5.28		0.46	12.30	3.25	13 574	26 412.00	55 955.00
广　西	223	21	2.02	0.01	0.29	3.16	0.93	12 597	423.54	118.74
海　南	24	1	0.24		0.01	0.26	0.08	5 913	26.87	9.60
四　川	954	71	7.24	0.10	0.24	9.23	2.76	10 327	434.42	3 925.33
贵　州	204	15	1.37	0.07	0.07	1.56	0.46	10 127	308.53	59.18
云　南	190	7	1.53		0.14	2.73	0.75	17 465	40.83	171.69
西　藏	5	1	0.06			0.03	0.01	4 033	…	…
陕　西	398	28	2.85	0.05	0.06	3.42	1.07	9 747	2 141.58	100.36
甘　肃	136	4	1.21		0.02	1.42	0.41	8 243	53.41	49.40
青　海	44	1	0.29		0.01	0.28	0.10	7 703	9.02	8.60
宁　夏	45	3	0.37	0.01	0.01	0.42	0.12	11 211	10.13	12.79
新　疆	122	6	1.04	0.02	0.02	1.05	0.36	7 797	65.45	53.97

各地区印刷业主要经济指标(二)

(1988年)

地 区	固定资产原值(亿元)	固定资产净值(亿元)	流动资金年末占用数(亿元)	产品销售收入(亿元)	亏损企业亏损总额(亿元)	利润总额(亿元)	利润和税金总额(亿元)	企业留利(亿元)	每百元固定资产原值实现产值(元)	每百元固定资产原值实现利税(元)
全国总计	**85.21**	**60.89**	**60.54**	**118.08**	**0.34**	**14.08**	**19.63**	**5.22**	**162.61**	**23.04**
北 京	10.77	7.66	3.86	7.72	0.02	2.09	2.39	0.73	104.46	22.18
天 津	1.65	1.08	1.06	2.35	0.01	0.39	0.50	0.21	189.34	30.59
河 北	3.68	2.80	2.22	4.48	0.01	0.45	0.63	0.17	138.05	17.09
山 西	1.57	1.10	0.99	1.80	0.01	0.14	0.24	0.06	129.02	15.39
内蒙古	1.04	0.71	0.69	1.10	…	0.08	0.13	0.05	122.01	12.84
辽 宁	3.98	2.72	3.24	6.21	0.03	0.61	0.94	0.27	171.59	23.73
吉 林	2.47	1.72	2.42	3.94	0.01	0.38	0.60	0.17	180.46	24.24
黑龙江	2.38	1.60	2.05	3.21	0.03	0.20	0.35	0.11	141.49	14.78
上 海	5.39	4.01	3.69	8.36	0.02	1.94	2.30	0.60	207.11	42.69
江 苏	5.14	3.83	4.82	9.46	0.03	0.78	1.23	0.33	208.93	23.84
浙 江	3.17	2.36	3.05	7.28	0.02	0.69	1.05	0.26	251.94	33.17
安 徽	1.96	1.34	1.40	2.62	0.01	0.28	0.41	0.12	156.45	20.69
福 建	2.17	1.55	1.81	3.56	…	0.45	0.61	0.13	182.54	28.24
江 西	1.83	1.21	1.53	2.99	0.01	0.36	0.50	0.12	175.46	27.10
山 东	5.28	3.90	3.85	7.05	0.01	0.72	1.09	0.20	159.15	20.62
河 南	2.60	1.70	2.14	3.62	0.01	0.25	0.42	0.11	167.86	16.33
湖 北	4.13	2.88	3.23	5.94	0.01	0.48	0.76	0.20	163.53	18.39
湖 南	3.45	2.47	2.21	4.85	0.01	0.40	0.63	0.15	163.93	18.21
广 东	5.67	4.24	5.43	10.95	0.01	0.89	1.41	0.27	217.12	24.82
广 西	1.97	1.40	1.39	2.91	0.01	0.29	0.43	0.09	160.12	21.89
海 南	0.22	0.16	0.13	0.24	…	0.01	0.02	0.01	119.67	8.78
四 川	5.71	4.06	4.15	8.14	0.01	0.96	1.33	0.36	161.59	23.28
贵 州	1.06	0.72	0.73	1.33	0.01	0.12	0.20	0.06	147.94	18.56
云 南	1.87	1.38	1.10	2.06	…	0.34	0.44	0.12	146.08	23.70
西 藏	0.18	0.14	0.06	0.07	…	0.04	0.04	…	18.70	21.57
陕 西	2.72	1.97	1.59	2.96	0.05	0.46	0.57	0.19	125.89	20.99
甘 肃	1.31	0.89	0.77	1.26	0.01	0.12	0.17	0.06	108.25	13.25
青 海	0.32	0.21	0.16	0.27	…	0.02	0.04	0.01	89.28	11.72
宁 夏	0.31	0.22	0.20	0.37	…	0.04	0.05	0.01	134.27	16.71
新 疆	1.23	0.87	0.59	0.99	…	0.10	0.15	0.05	85.29	12.06

各地区印刷业主要经济指标(三)

(1988年)

地　区	每百元工业总产值占用流动资金(元)	每百元销售收入实现利润(元)	资金利税率(%)	产值利税率(%)	固定资产折旧率(%)	平均每一职工占有的固定资产(元)	平均每一职工创造的工业净产值(元)	平均每一职工创造的利润和税金(元)	平均每一职工上交的利税费(元)	平均每一职工占有的企业留利(元)
全国总计	25.81	11.93	20.31	14.17	5.31	8 496	4 057	1 957	1 084	521
北　京	20.34	27.13	24.01	21.24	5.27	19 487	5 706	4 323	2 675	1 316
天　津	22.34	16.50	28.34	16.16	5.47	9 075	4 875	2 776	1 317	1 162
河　北	25.45	10.09	15.36	12.38	5.19	8 234	3 144	1 407	630	375
山　西	30.63	7.90	14.06	11.93	4.53	6 666	2 584	1 026	629	254
内蒙古	32.50	7.09	11.88	10.52	4.24	6 371	2 408	818	425	278
辽　宁	26.36	9.83	20.88	13.83	5.17	6 063	3 144	1 439	759	418
吉　林	29.12	9.71	19.81	13.43	5.22	5 323	3 149	1 290	682	362
黑龙江	37.87	6.16	12.24	10.45	4.95	5 859	2 563	866	514	276
上　海	18.47	23.16	37.93	20.61	5.39	12 461	8 238	5 319	3 190	1 393
江　苏	27.01	8.27	18.21	11.41	5.45	6 105	3 834	1 455	741	387
浙　江	22.55	9.55	25.26	13.71	6.16	6 502	4 797	2 157	1 093	535
安　徽	27.33	10.67	18.59	13.22	4.92	6 493	3 239	1 343	596	394
福　建	26.58	12.54	23.60	15.47	5.47	8 002	4 342	2 260	1 115	463
江　西	28.34	12.13	23.45	15.44	5.29	5 827	3 643	1 579	973	374
山　东	28.45	10.15	17.29	12.96	5.46	9 236	4 198	1 950	1 015	350
河　南	30.15	6.98	14.08	9.73	5.06	5 880	2 624	960	547	241
湖　北	28.84	8.14	15.74	11.25	5.17	7 921	3 514	1 457	831	398
湖　南	25.47	8.18	16.09	11.11	5.19	8 652	3 885	1 576	935	375
广　东	21.93	8.09	20.27	11.43	6.13	10 984	6 305	2 726	1 350	529
广　西	28.24	10.11	18.79	13.67	4.89	9 793	4 623	2 144	1 077	458
海　南	34.47	4.89	7.69	7.34	3.72	8 995	3 193	790	402	249
四　川	28.45	11.77	19.88	14.40	5.53	7 984	3 865	1 858	976	502
贵　州	28.73	9.15	16.79	12.55	4.97	7 885	3 464	1 463	880	445
云　南	22.87	16.53	22.10	16.23	4.98	13 125	5 286	3 111	1 337	860
西　藏	101.31	54.78	22.87	115.37	3.90	29 575	1 825	6 381	5 895	540
陕　西	28.73	15.47	19.32	16.67	5.40	9 546	3 769	2 003	1 831	667
甘　肃	31.98	9.27	12.95	12.24	5.55	8 823	2 731	1 169	562	412
青　海	35.34	8.79	11.92	13.13	4.31	10 993	3 436	1 289	716	417
宁　夏	27.76	9.96	15.43	12.44	4.60	8 578	3 300	1 433	656	365
新　疆	33.81	10.58	12.08	14.15	3.98	11 922	3 464	1 438	663	514

各地区文教体育用品制造业主要经济指标(一)

(1988年)

地区	工业企业单位数(个)	#亏损企业(个)	年末职工人数(万人)	基本建设投资(亿元)	更新改造投资(亿元)	工业总产值(亿元)	工业净产值(亿元)	全员劳动生产率(元/人·年)	自来水笔(万支)	圆珠笔(万支)
全国总计	3 897	453	46.17	0.44	2.62	66.87	21.08	13 491	24 577.92	35 192.30
北京	92	7	2.44	0.01	0.25	4.96	1.42	18 011	1 150.00	241.40
天津	126	18	2.37		0.07	3.37	0.92	12 172	989.10	1 960.00
河北	103	11	0.89		0.05	0.66	0.20	7 450	35.11	35.00
山西	43	3	0.26	0.11	…	0.21	0.07	7 245	…	172.10
内蒙古	54	2	0.27			0.13	0.05	4 934	…	13.40
辽宁	111	11	1.68		0.28	2.23	0.83	10 845	2 016.00	686.10
吉林	97	9	0.81			0.79	0.25	8 653	…	129.00
黑龙江	110	11	1.19		0.03	1.10	0.40	8 555	1 099.60	757.60
上海	249	28	6.93	0.12	0.55	18.51	5.96	23 859	9 013.57	15 943.69
江苏	396	64	4.95		0.02	6.37	1.79	12 818	984.68	1 060.13
浙江	604	77	3.78	0.12	0.04	4.39	1.45	11 249	1 442.00	5 381.00
安徽	157	12	1.33	0.04	0.07	1.52	0.51	10 556	2 133.10	134.52
福建	151	21	1.13	0.01	0.03	1.48	0.45	12 332	…	1 829.04
江西	130	10	0.63			0.44	0.16	6 734	36.00	76.41
山东	146	13	1.39	0.02	0.02	1.80	0.49	12 810	385.53	615.92
河南	99	9	0.67		0.01	0.51	0.16	7 284	536.46	180.28
湖北	128	23	1.30		0.20	1.41	0.40	10 961	782.00	1 601.00
湖南	250	27	1.34		0.02	1.45	0.51	9 384	961.08	1 769.58
广东	400	53	10.31	0.01	0.98	13.00	4.24	12 236	1 368.70	1 849.00
广西	41	4	0.23			0.25	0.07	10 490	20.75	36.28
海南	4	1	0.03			0.01	…	2 505	…	…
四川	211	17	1.31		0.01	1.42	0.46	10 178	1 092.21	719.02
贵州	31	6	0.16		0.01	0.13	0.04	7 562	95.16	1.83
云南	22	1	0.14		…	0.15	0.06	9 358	…	…
西藏									…	…
陕西	80	9	0.32			0.30	0.10	8 361	415.76	…
甘肃	27	1	0.13		…	0.14	0.04	9 736	…	…
青海	6	2	0.02		…	0.02	0.01	7 167	…	…
宁夏	10		0.03			0.02	0.01	7 898	…	…
新疆	19	3	0.12			0.09	0.04	7 231	21.11	…

各地区文教体育用品制造业主要经济指标(二)

(1988年)

地 区	固定资产原值(亿元)	固定资产净值(亿元)	流动资金年末占用数(亿元)	产品销售收入(亿元)	亏损企业亏损总额(亿元)	利润总额(亿元)	利润和税金总额(亿元)	企业留利(亿元)	每百元固定资产原值实现产值(元)	每百元固定资产原值实现利税(元)
全国总计	25.03	17.56	33.94	63.27	0.27	6.62	10.14	2.33	267.17	40.50
北 京	3.11	1.97	3.57	5.16	…	0.61	0.86	0.21	159.67	27.77
天 津	1.47	0.94	1.74	3.18	0.02	0.24	0.41	0.10	229.12	27.90
河 北	0.34	0.26	0.49	0.57	0.02	0.03	0.05	0.02	192.05	15.93
山 西	0.15	0.11	0.16	0.17	…	0.01	0.02	…	139.28	15.16
内蒙古	0.08	0.06	0.10	0.13	…	0.01	0.01	…	158.12	17.09
辽 宁	1.12	0.84	1.41	2.26	0.01	0.28	0.45	0.09	198.39	40.25
吉 林	0.39	0.28	0.47	0.76	…	0.04	0.08	0.02	205.61	21.61
黑龙江	0.58	0.40	0.79	1.04	…	0.07	0.16	0.02	189.55	27.32
上 海	4.70	3.23	8.22	19.32	0.04	2.73	3.91	0.96	393.37	83.05
江 苏	1.71	1.36	2.95	5.63	0.04	0.35	0.63	0.12	372.54	36.58
浙 江	1.16	0.90	2.19	4.03	0.02	0.35	0.59	0.12	377.55	51.06
安 徽	0.57	0.44	0.63	1.34	…	0.13	0.24	0.03	265.93	42.44
福 建	0.48	0.35	0.71	1.32	0.01	0.14	0.20	0.03	309.17	41.77
江 西	0.18	0.13	0.25	0.40	…	0.02	0.04	0.01	242.07	22.83
山 东	0.61	0.43	1.41	1.53	0.01	0.17	0.25	0.05	294.65	40.07
河 南	0.22	0.15	0.36	0.53	…	0.04	0.07	0.01	231.46	30.37
湖 北	0.61	0.43	0.76	1.19	0.01	0.05	0.12	0.03	231.27	19.31
湖 南	0.58	0.34	0.76	1.37	0.01	0.13	0.22	0.05	247.89	37.65
广 东	5.58	4.04	5.44	10.67	0.06	1.01	1.45	0.33	233.22	25.92
广 西	0.11	0.08	0.17	0.24	0.01	…	0.02	…	229.82	21.60
海 南	…	…	…	0.01	…	…	…	…	151.18	7.96
四 川	0.74	0.46	0.83	1.57	0.01	0.13	0.22	0.08	192.99	30.50
贵 州	0.09	0.06	0.07	0.13	…	0.01	0.02	0.01	144.46	17.25
云 南	0.09	0.07	0.13	0.15	…	0.02	0.03	0.01	165.73	28.35
西 藏										
陕 西	0.16	0.12	0.17	0.25	…	0.02	0.04	0.01	186.63	24.60
甘 肃	0.07	0.04	0.07	0.14	…	0.01	0.02	…	211.00	29.29
青 海	0.01	0.01	0.02	0.02	…	…	…	…	166.53	47.37
宁 夏	0.02	0.01	0.01	0.03		…	…	…	160.07	17.07
新 疆	0.09	0.07	0.06	0.11	…	0.01	0.02	…	100.02	17.93

各地区文教体育用品制造业主要经济指标(三)

(1988年)

地区	每百元工业总产值占用流动资金(元)	每百元销售收入实现利润(元)	资金利税率(%)	产值利税率(%)	固定资产折旧率(%)	平均每一职工占有的固定资产(元)	平均每一职工创造的工业净产值(元)	平均每一职工创造的利润和税金(元)	平均每一职工上交的利税费(元)	平均每一职工占有的企业留利(元)
全国总计	29.30	10.47	27.28	15.16	6.08	5 569	4 691	2 256	1 364	519
北京	41.13	11.74	21.50	17.40	4.82	12 527	5 719	3 479	1 937	850
天津	35.84	7.59	19.06	12.18	4.87	6 225	3 878	1 737	1 172	419
河北	46.20	5.51	9.73	8.30	6.28	4 073	2 359	649	442	225
山西	36.74	7.37	12.09	10.89	6.90	5 750	2 504	872	554	173
内蒙古	43.96	5.83	12.43	10.81	4.53	3 416	2 059	584	318	145
辽宁	35.35	12.24	27.78	20.29	4.43	6 700	4 950	2 697	1 540	554
吉林	35.11	5.88	14.89	10.51	4.81	4 843	3 142	1 047	619	216
黑龙江	43.69	7.15	17.97	14.41	4.21	5 015	3 451	1 370	904	196
上海	25.45	14.11	49.23	21.11	5.73	6 865	8 691	5 701	3 975	1 406
江苏	28.17	6.25	19.84	9.82	5.84	3 473	3 636	1 270	715	247
浙江	28.46	8.74	27.66	13.52	6.48	3 105	3 876	1 585	845	312
安徽	26.29	9.94	28.87	15.96	6.06	4 508	4 065	1 913	1 028	254
福建	24.83	10.22	27.96	13.51	6.96	4 292	4 023	1 793	877	304
江西	32.49	5.61	15.46	9.43	6.02	2 971	2 587	678	388	171
山东	40.52	10.91	21.07	13.60	5.94	4 537	3 654	1 818	967	362
河南	44.68	6.72	17.93	13.12	6.64	3 342	2 497	1 015	609	216
湖北	32.15	4.48	13.33	8.35	7.17	4 773	3 106	921	781	243
湖南	29.77	9.37	28.63	15.19	6.59	4 459	3 902	1 679	922	363
广东	22.24	9.48	20.85	11.11	7.85	5 822	4 426	1 509	672	343
广西	41.34	2.06	13.13	9.40	6.80	4 875	3 178	1 053	1 228	185
海南	36.84	2.26	7.47	5.26	3.23	1 691	935	135	73	55
四川	37.61	8.09	22.47	15.80	5.77	5 787	3 592	1 765	1 026	598
贵州	36.19	6.76	14.18	11.94	5.85	5 674	2 694	979	643	335
云南	42.28	12.63	19.62	17.11	5.29	6 767	4 574	1 919	793	601
西藏										
陕西	33.53	7.88	18.03	13.18	5.22	5 064	3 205	1 246	729	254
甘肃	30.86	10.07	23.53	13.88	5.99	5 329	3 176	1 561	719	383
青海	53.85	19.72	29.43	28.44	4.27	4 303	2 996	2 038	607	410
宁夏	31.91	7.71	13.18	10.66	4.95	5 405	2 683	923	415	574
新疆	50.43	9.27	14.28	17.92	4.76	7 743	3 226	1 388	823	368

各地区工艺美术品制造业主要经济指标(一)

(1988年)

地区	工业企业单位数(个)	#亏损企业(个)	年末职工人数(万人)	基本建设投资(亿元)	更新改造投资(亿元)	工业总产值(亿元)	工业净产值(亿元)	全员劳动生产率(元/人·年)
全国总计	10 671	1 266	129.72	0.53	1.34	138.32	44.06	10 214
北京	242	10	3.93		0.07	7.72	2.53	18 172
天津	121	15	2.94	0.02	0.01	4.80	1.32	15 316
河北	766	44	7.58	0.07	0.28	6.00	1.86	8 136
山西	167	11	1.49			0.91	0.32	5 885
内蒙古	286	13	3.26		0.05	1.89	0.70	5 174
辽宁	336	47	3.18		0.01	2.59	0.91	7 802
吉林	146	15	1.17		…	0.87	0.30	7 015
黑龙江	190	19	1.74	0.01	0.01	1.30	0.45	7 831
上海	157	13	3.57		0.07	9.48	2.98	23 348
江苏	868	123	11.83	0.02	0.02	16.86	4.89	14 043
浙江	1 363	155	11.40		0.04	15.71	5.66	13 853
安徽	342	41	2.47		0.11	1.36	0.42	5 356
福建	438	59	7.31	0.01	0.01	8.15	1.56	7 445
江西	474	89	5.40	0.02	0.03	3.17	1.25	5 071
山东	758	45	12.06	0.01	0.10	17.57	5.07	15 944
河南	328	19	4.74	0.02	0.08	2.56	0.99	5 614
湖北	419	83	3.90	0.01	0.20	3.53	0.88	8 591
湖南	676	118	9.95	0.04		4.43	1.60	5 129
广东	1 097	127	17.47		0.14	20.88	7.15	10 653
广西	323	91	3.13	0.02		2.61	1.11	8 466
海南	12	3	0.15		…	0.10	0.04	6 506
四川	333	49	3.10	0.01	…	1.70	0.67	5 225
贵州	84	11	0.46	0.05		0.23	0.08	4 691
云南	64	5	0.55	0.04	0.02	0.35	0.17	6 462
西藏	21		0.13			0.07	0.03	5 721
陕西	240	20	1.70	0.03	…	0.74	0.29	4 918
甘肃	240	13	3.55		0.04	1.70	0.50	4 100
青海	51	15	0.60	0.01	0.01	0.30	0.11	5 233
宁夏	28	3	0.24		0.02	0.19	0.07	6 801
新疆	101	10	0.73	0.12	…	0.54	0.17	5 340

各地区工艺美术品制造业主要经济指标(二)

(1988年)

地　　区	雕塑工艺品(万元)	金属工艺品(万元)	天然植物、纤维编织工艺品(万元)	画类工艺品(万元)	漆器工艺品(万元)	刺绣工艺品(万元)	抽纱工艺品(万元)	固定资产原值(亿元)	固定资产净值(亿元)
全国总计	**36 620**	**15 177**	**74 303**	**10 681**	**11 367**	**151 358**	**152 478**	**41.20**	**31.09**
北　京	3 257	5 677		28	2 335	2 110	3 511	2.32	1.57
天　津	453	609	95	7	499	1 001	301	1.37	0.95
河　北	1 011	653	138	207	10	2 180	729	1.89	1.48
山　西	13	81		88	948	207	96	0.47	0.34
内蒙古	114	30	4	2		236	37	0.91	0.70
辽　宁	1 089		63	1 379		1 650	1 359	1.01	0.74
吉　林	128	549	10	16		738	2	0.41	0.32
黑龙江	359	150	12	340		1 471	870	0.64	0.50
上　海	1 629	2 953	364	86	591	22 066	18 695	1.96	1.45
江　苏	9 542	1 732	3 328	1 734	1 896	32 893	13 808	3.94	3.11
浙　江	2 708	533	11 153	513	27	7 019	18 012	3.48	2.74
安　徽	584	11	783	221	395	1 053	350	0.45	0.36
福　建	2 488	48	5 714	1 887	2 250	746	3 333	0.94	0.68
江　西	1 583	108	1 191	116	13	82		1.16	0.82
山　东	282	378	18 178	1 910	364	22 710	46 525	5.74	4.42
河　南	1 985	24	265	165	12	1 082	1 395	0.90	0.68
湖　北	1 274	77	1 798	705	135	4 733	4 840	1.40	1.07
湖　南	206	225	2 048	13	12	3 473	1 632	1.43	1.01
广　东	6 698	364	27 460	308	336	41 322	36 922	6.57	4.95
广　西	356		43	331		210		0.90	0.69
海　南	18	1	195	3				0.06	0.04
四　川	181	272	408	93	126	2 102	6	0.80	0.58
贵　州	98	124	368	84	34	464	28	0.14	0.10
云　南	164	476	59	140		159	13	0.19	0.14
西　藏								0.10	0.06
陕　西	205	81	294	301	727	1 131		0.40	0.30
甘　肃	112		332	4	657	1		0.90	0.72
青　海		19				293		0.24	0.18
宁　夏						13		0.10	0.07
新　疆	83	2				213	14	0.38	0.30

各地区工艺美术品制造业主要经济指标(三)

(1988年)

地区	流动资金年末占用数（亿元）	产品销售收入（亿元）	亏损企业亏损总额（亿元）	利润总额（亿元）	利润和税金总额（亿元）	企业留利（亿元）	每百元固定资产原值实现产值(元)	每百元固定资产原值实现利税(元)
全国总计	**72.44**	**119.76**	**0.50**	**9.07**	**15.50**	**3.05**	**335.74**	**37.62**
北京	4.42	7.92	…	1.08	1.49	0.40	332.45	64.02
天津	2.36	4.53	0.01	0.32	0.51	0.09	351.39	37.06
河北	3.41	5.56	0.01	0.55	0.75	0.24	318.09	39.58
山西	0.72	0.70	…	0.05	0.09	0.01	194.74	18.64
内蒙古	1.82	1.74	…	0.10	0.20	0.04	207.38	21.65
辽宁	2.06	2.61	0.02	0.23	0.40	0.10	257.67	39.34
吉林	0.61	0.78	0.01	0.06	0.11	0.03	211.61	27.36
黑龙江	0.97	1.15	0.01	0.07	0.17	0.03	202.86	25.79
上海	5.17	8.58	0.01	1.15	1.50	0.31	484.67	76.42
江苏	7.63	14.77	0.05	0.92	1.59	0.32	428.35	40.50
浙江	6.65	14.62	0.04	1.07	1.78	0.37	451.02	51.13
安徽	0.68	1.26	0.01	0.11	0.17	0.04	300.81	38.56
福建	1.90	3.87	0.02	0.36	0.52	0.15	863.29	54.71
江西	2.42	2.63	0.04	0.10	0.38	0.04	274.53	32.99
山东	7.53	15.17	0.01	1.15	1.82	0.22	306.34	31.78
河南	1.91	2.18	0.01	0.18	0.29	0.09	283.55	32.06
湖北	2.05	2.45	0.02	0.13	0.26	0.06	251.29	18.64
湖南	2.81	4.21	0.06	0.15	0.50	0.09	309.34	34.75
广东	10.68	17.17	0.08	0.83	1.80	0.24	317.66	27.34
广西	1.81	2.39	0.04	0.06	0.43	0.03	288.58	47.09
海南	0.11	0.09	…	…	0.01	…	169.42	9.69
四川	1.26	1.48	0.01	0.11	0.24	0.04	212.18	30.45
贵州	0.15	0.20	…	0.01	0.02	0.01	166.87	16.96
云南	0.23	0.38	…	0.04	0.08	0.02	180.42	41.18
西藏	0.04	0.08		0.01	0.01	…	75.62	10.63
陕西	0.71	0.73	…	0.05	0.09	0.02	186.26	23.93
甘肃	1.41	1.52	0.01	0.10	0.17	0.03	188.20	19.36
青海	0.31	0.27	…	0.02	0.03	0.01	126.27	13.70
宁夏	0.18	0.17	…	0.02	0.03	…	194.49	28.17
新疆	0.44	0.56	…	0.04	0.07	0.01	141.58	18.84

各地区工艺美术品制造业主要经济指标(四)

(1988年)

地区	每百元工业总产值占用流动资金(元)	每百元销售收入实现利润(元)	资金利税率(%)	产值利税率(%)	固定资产折旧率(%)	平均每一职工占有的固定资产(元)	平均每一职工创造的工业净产值(元)	平均每一职工创造的利润和税金(元)	平均每一职工上交的利税费(元)	平均每一职工占有的企业留利(元)
全国总计	29.84	7.57	21.42	11.21	6.50	3 276	3 503	1 232	718	243
北京	34.62	13.61	35.08	19.26	6.25	5 914	6 450	3 786	2 150	1 030
天津	28.21	7.03	21.97	10.55	5.03	4 738	4 584	1 756	1 035	316
河北	36.17	9.86	20.44	12.44	5.47	2 629	2 594	1 041	446	330
山西	48.43	6.58	11.15	9.57	5.90	3 308	2 242	617	369	96
内蒙古	53.69	5.60	11.52	10.44	5.19	3 017	2 323	653	381	123
辽宁	39.25	8.96	22.50	15.27	5.61	3 214	2 893	1 264	734	323
吉林	43.26	7.80	16.04	12.93	4.77	3 623	2 599	991	695	228
黑龙江	44.24	5.74	15.37	12.71	5.73	3 833	2 679	988	737	167
上海	32.09	13.40	33.28	15.77	6.90	5 569	8 470	4 256	2 208	895
江苏	27.53	6.23	20.56	9.45	6.24	3 409	4 230	1 380	788	277
浙江	23.92	7.30	27.41	11.34	5.88	3 127	5 081	1 599	878	328
安徽	25.78	8.37	24.56	12.82	6.46	1 953	1 806	753	348	193
福建	10.44	9.30	33.75	6.34	7.17	1 342	2 214	734	305	208
江西	40.99	3.91	17.94	12.02	6.61	1 837	1 980	606	514	67
山东	24.58	7.60	20.85	10.37	6.43	5 080	4 488	1 614	821	196
河南	43.16	8.18	16.26	11.31	5.65	1 978	2 163	634	323	205
湖北	30.01	5.49	12.31	7.42	6.75	3 651	2 292	681	445	153
湖南	40.25	3.59	17.84	11.23	7.60	1 596	1 789	555	440	104
广东	26.41	4.83	17.17	8.61	8.26	3 818	4 154	1 044	687	141
广西	43.11	2.54	23.43	16.32	6.57	3 023	3 718	1 424	1 404	109
海南	61.30	0.32	5.47	5.72	3.77	3 827	2 745	371	383	61
四川	43.81	7.75	18.36	14.35	6.55	2 722	2 278	829	509	127
贵州	35.60	5.04	12.58	10.17	6.04	3 082	1 863	523	383	131
云南	33.94	11.55	30.31	22.83	7.06	3 667	3 211	1 510	802	303
西藏	24.98	12.19	12.98	14.06	1.49	7 964	2 314	847	89	384
陕西	57.55	7.23	13.11	12.85	5.94	2 427	1 770	581	341	133
甘肃	51.89	6.34	10.90	10.29	5.49	2 659	1 475	515	319	95
青海	57.27	7.22	9.27	10.85	5.38	4 326	1 956	593	339	155
宁夏	35.68	11.23	20.25	14.48	6.09	4 201	3 091	1 183	413	135
新疆	43.83	7.22	13.38	13.31	5.04	5 426	2 391	1 022	493	121

各地区电力、蒸气、热水生产及供应业主要经济指标(一)

(1988年)

	工业企业单位数(个)	#亏损企业(个)	年末职工人数(万人)	基本建设投资额(亿元)	更新改造投资额(亿元)	工业总产值(亿元)	工业净产值(亿元)	全员劳动生产率(元/人·年)	发电量(亿千瓦小时)	水电(亿千瓦小时)	火电(亿千瓦小时)
全国总计	**11 293**	**1 392**	**145.63**	**248.30**	**28.78**	**431.19**	**173.65**	**24 293**	**5 452**	**1 092**	**4 361**
北　京	25	7	2.27	3.77	0.49	10.97	4.75	39 870	111	2	109
天　津	16	0	1.66	4.78	0.94	7.76	3.22	50 914	91		91
河　北	168	5	7.51	13.58	2.43	27.21	11.35	33 196	346	6	341
山　西	118	10	5.71	8.79	1.39	18.75	6.74	30 891	278	6	272
内蒙古	115	12	4.14	5.37	0.72	10.34	2.54	21 148	138	1	138
辽　宁	129	3	7.49	13.43	2.17	28.53	7.05	33 573	414	29	385
吉　林	132	16	4.65	7.56	0.59	16.29	7.81	26 012	166	59	107
黑龙江	134	22	7.50	11.44	0.76	17.98	5.24	21 420	247	5	242
上　海	17	4	2.78	13.18	1.41	18.58	8.24	52 444	281		281
江　苏	68	8	6.99	14.45	1.05	28.42	8.76	30 490	345	1	345
浙　江	825	139	4.81	12.65	1.43	17.01	7.06	27 783	190	56	135
安　徽	209	9	4.30	7.34	0.48	13.66	3.95	26 929	178	11	167
福　建	796	50	4.79	13.61	0.67	11.10	7.47	15 321	114	67	47
江　西	898	82	5.55	4.32	0.39	10.68	3.18	13 657	116	32	84
山　东	172	9	8.26	14.11	2.12	34.07	13.15	33 647	380		379
河　南	258	18	9.40	9.34	2.00	23.98	9.27	22 659	287	13	274
湖　北	582	111	8.34	11.06	1.41	20.77	10.72	23 273	299	209	90
湖　南	1 005	113	6.80	7.38	0.78	15.06	5.54	16 767	173	90	83
广　东	1 354	127	8.41	12.84	2.02	25.41	9.95	15 844	268	70	198
广　西	571	58	3.95	4.45	0.99	8.00	4.01	17 252	102	61	42
海　南	88	23	0.95	1.48	0.04	1.51	0.48	4 492	9	5	4
四　川	1 866	359	10.23	17.75	1.29	19.18	10.82	15 573	298	132	166
贵　州	464	50	2.98	4.43	0.46	6.38	3.55	19 433	93	49	44
云　南	509	87	4.22	6.00	0.72	7.07	3.52	15 577	102	48	54
西　藏	14	7	0.14	0.53	0.04	0.12	0.01	5 048	3	3	
陕　西	338	20	3.76	5.17	0.68	10.85	5.07	25 777	138	10	128
甘　肃	126	8	3.57	4.41	0.60	11.16	4.77	26 885	135	76	59
青　海	50	11	0.80	3.52	0.05	3.15	2.00	34 026	46	30	15
宁　夏	14	5	0.93	1.60	0.31	3.02	1.47	34 124	50	8	42
新　疆	232	19	2.73	3.71	0.37	4.16	1.99	10 608	55	12	43

各地区电力、蒸气、热水生产及供应业主要经济指标(二)

(1988年)

地区	固定资产原值(亿元)	固定资产净值(亿元)	流动资金年末占用数(亿元)	产品销售收入(亿元)	亏损企业亏损总额(亿元)	利润总额(亿元)	利润和税金总额(亿元)	企业留利(亿元)	每百元固定资产原值实现产值(元)	每百元固定资产原值实现利税(元)
全国总计	**1 268.61**	**909.01**	**119.76**	**515.10**	**7.09**	**56.52**	**130.91**	**14.59**	**33.99**	**10.32**
北京	30.07	18.67	3.32	16.78	0.15	−0.10	2.14	0.06	36.49	7.11
天津	21.92	15.05	3.38	12.04	0.00	0.49	2.29	0.02	35.42	10.46
河北	64.75	44.71	6.02	39.18	0.00	4.47	10.39	2.11	42.02	16.04
山西	63.71	40.83	3.54	22.48	0.56	2.00	6.19	0.24	29.43	9.72
内蒙古	39.21	29.91	2.35	12.66	0.02	1.38	2.80	0.32	26.36	7.15
辽宁	91.68	63.54	4.67	25.09	0.13	1.42	3.17	0.61	31.11	3.45
吉林	57.18	40.87	2.01	3.16	0.06	0.13	0.35	0.25	28.49	0.61
黑龙江	61.22	43.95	4.41	19.56	0.03	1.11	2.48	0.36	29.37	4.06
上海	30.52	16.68	3.52	23.79	0.32	3.37	7.32	0.11	60.86	23.98
江苏	58.95	41.51	8.94	35.03	0.22	2.05	7.65	0.20	48.20	12.97
浙江	46.29	35.56	5.24	26.61	0.06	2.44	6.26	0.36	36.75	13.52
安徽	34.55	23.92	4.49	16.43	0.00	0.51	3.48	0.21	39.54	10.08
福建	29.06	22.09	2.91	12.15	0.01	2.67	4.26	0.50	38.18	14.65
江西	31.06	22.52	3.96	12.16	1.34	0.15	1.86	0.31	34.39	5.97
山东	70.57	53.06	7.65	43.26	0.07	4.04	10.38	0.97	48.28	14.71
河南	68.35	51.40	7.71	30.72	0.34	1.83	6.65	0.80	35.08	9.73
湖北	91.89	72.79	7.63	26.92	0.05	4.25	9.00	0.56	22.60	9.80
湖南	52.14	38.22	4.35	15.28	0.60	2.51	5.25	0.49	28.89	10.06
广东	54.37	39.66	11.69	33.88	0.75	3.29	6.32	0.54	46.74	11.63
广西	27.69	21.09	2.21	10.02	0.39	1.63	3.12	0.32	28.90	11.26
海南	4.69	3.59	0.40	1.84	0.22	0.23	0.26	0.07	32.16	5.52
四川	60.77	42.81	6.22	26.64	1.24	7.41	10.72	2.93	31.56	17.64
贵州	26.53	16.69	2.24	6.59	0.09	1.52	2.92	0.35	24.06	11.00
云南	35.51	25.77	2.35	8.37	0.17	1.31	2.71	0.50	19.90	7.62
西藏	1.29	0.76	0.27	0.19	0.06	−0.04	−0.03	0.01	9.10	−2.01
陕西	34.96	23.61	2.82	10.75	0.07	1.50	3.91	0.28	31.05	11.18
甘肃	33.11	21.91	2.21	11.13	0.00	1.67	3.90	0.24	33.72	11.79
青海	18.78	17.08	0.86	4.55	0.01	2.23	2.60	0.54	16.79	13.83
宁夏	11.74	9.20	0.91	3.16	0.07	0.46	1.23	0.13	25.72	10.47
新疆	16.02	11.57	1.50	4.66	0.06	0.61	1.34	0.20	25.98	8.37

各地区电力、蒸气、热水生产及供应业主要经济指标(三)

(1988年)

地区	每百元工业总产值占用流动资金(元)	每百元销售收入实现利润(元)	资金利税率(%)	产值利税率(%)	固定资产折旧率(%)	平均每一职工占有的固定资产(元)	平均每一职工创造的工业净产值(元)	平均每一职工创造的利润和税金(元)	平均每一职工上交的利税费(元)	平均每一职工占有的企业留利(元)
全国总计	6.87	10.97	13.95	30.36	3.69	89 927	12 309	9 279	8 066	1 034
北京	4.69	−0.60	11.14	19.47	3.55	135 607	21 400	9 637	10 208	253
天津	5.36	4.06	14.83	29.54	3.16	166 369	24 413	17 410	24 836	121
河北	5.90	11.41	22.43	38.18	4.00	89 895	15 758	14 423	11 397	2 928
山西	6.48	8.90	14.73	33.03	3.77	114 753	12 148	11 154	8 413	434
内蒙古	10.41	10.87	9.05	27.12	4.02	100 555	6 501	7 187	4 495	815
辽宁	5.88	5.68	4.85	11.10	3.68	125 631	9 654	4 337	3 160	839
吉林	4.80	4.02	0.84	2.14	3.28	128 895	17 595	788	7 736	555
黑龙江	7.70	5.67	5.48	13.81	3.52	84 891	7 272	3 444	2 852	499
上海	4.72	14.15	41.70	39.40	3.96	112 225	30 284	26 911	32 906	404
江苏	6.34	5.84	17.65	26.91	4.23	87 054	12 930	11 291	9 578	299
浙江	6.50	9.18	17.07	36.78	3.38	97 045	14 799	13 119	10 185	759
安徽	7.74	3.12	13.95	25.49	4.20	82 371	9 408	8 304	13 837	511
福建	7.67	21.97	18.56	38.37	3.71	61 774	15 871	9 049	5 855	1 069
江西	10.80	1.20	7.84	17.37	3.68	56 940	5 831	3 401	3 325	562
山东	6.00	9.33	18.84	30.46	3.88	89 128	16 613	13 109	10 983	1 230
河南	8.68	5.94	12.44	27.73	3.91	75 259	10 204	7 323	8 457	884
湖北	6.73	15.79	12.13	43.34	2.98	113 546	13 246	11 123	9 139	697
湖南	7.23	16.44	13.34	34.83	3.19	78 244	8 309	7 872	6 073	732
广东	7.40	9.72	15.22	24.88	4.36	65 976	12 076	7 671	5 592	659
广西	7.04	16.25	14.41	38.97	3.26	71 763	10 385	8 083	5 835	825
海南	10.33	12.22	6.91	17.16	3.58	52 908	5 367	2 920	1 180	786
四川	8.62	27.82	24.11	55.89	3.78	61 183	10 889	10 792	4 484	2 953
贵州	7.39	23.07	17.01	45.73	2.72	91 540	12 266	10 073	8 364	1 191
云南	9.77	15.64	10.23	38.30	3.14	86 030	8 541	6 556	5 014	1 208
西藏	21.94	−19.16	−3.30	−22.06	9.45	91 166	473	−1 828	1 183	362
陕西	4.31	13.92	16.23	36.01	3.71	96 414	13 995	10 778	8 931	773
甘肃	5.68	14.98	17.31	34.95	6.07	94 741	13 662	11 166	15 675	690
青海	4.45	49.02	15.09	82.37	2.02	241 263	25 698	33 364	6 363	6 954
宁夏	7.84	14.53	13.04	40.73	3.70	130 603	16 304	13 679	11 425	1 501
新疆	13.53	13.03	11.06	32.23	3.37	59 806	7 409	5 009	4 351	730

各地区石油加工业主要经济指标(一)

(1988年)

地区	工业企业单位数(个)	#亏损企业(个)	年末职工人数(万人)	基本建设投资额(亿元)	更新改造投资额(亿元)	工业总产值(亿元)	工业净产值(亿元)	全员劳动生产率(元/人·年)	汽油(万吨)	煤油(万吨)	柴油(万吨)
全国总计	690	41	39.66	25.37	15.17	392.33	140.47	74 541	1 885	385	2 455
北京	7		0.22	3.58	0.30	1.44	0.38	42 286	120	3	88
天津	9		0.66	0.27	0.30	9.90	3.84	118 405	62	9	78
河北	82	3	1.37	0.63	0.64	13.87	4.32	65 637	81	5	78
山西	17	2	0.09	0.01	0.01	0.31	0.08	27 360			…
内蒙古	4	1	0.02			0.03	0.01	7 468			…
辽宁	119	13	7.04	3.97	3.56	80.75	36.44	93 023	351	102	576
吉林	49	2	1.18	0.03	1.48	6.94	2.22	38 831	97	…	70
黑龙江	94	5	5.13	0.68	1.47	45.01	16.01	66 410	127	24	243
上海	13		1.95	0.92	0.85	24.98	9.65	95 657	83	37	109
江苏	44	5	2.99	0.96	0.48	29.81	9.24	73 281	102	45	167
浙江	12	2	1.09	0.76	0.40	13.13	3.60	79 886	50	3	62
安徽	9	1	1.21	0.44	0.16	12.61	4.45	67 358	54		77
福建											
江西	5		0.47	0.39	0.19	8.14	1.45	87 299	43	1	40
山东	46		5.38	1.56	1.11	42.08	15.93	66 574	143	21	205
河南	62	4	1.33	1.51	0.37	9.21	1.82	57 113	72		63
湖北	18		1.91	0.41	0.45	20.44	6.66	81 868	116	21	124
湖南	10		1.13	1.12	0.19	13.64	5.16	92 509	74	8	93
广东	7		3.45	4.55	0.83	36.82	10.07	70 503	114	61	174
广西	8		0.09		0.23	0.35	0.21	17 524			1
海南											
四川	35	2	0.19	0.01	0.08	0.45	0.13	17 262	2	1	1
贵州											
云南											
西藏											
陕西	16		0.04		0.46	0.07	0.02	12 524	10	…	11
甘肃	9		1.75	0.25	0.89	14.56	4.84	67 042	76	34	74
青海	4	1	0.03			0.07	0.02	23 817	2		4
宁夏	5		0.01	0.45		0.01		11 132	3		3
新疆	6		0.93	2.86	0.73	7.69	3.92	58 395	104	10	116

各地区石油加工业主要经济指标(二)

(1988年)

地　区	固定资产原值(亿元)	固定资产净值(亿元)	流动资金年末占用数(亿元)	产品销售收入(亿元)	亏损企业亏损总额(亿元)	利　润总　额(亿元)	利润和税金总额(亿元)	企　业留　利(亿元)	每百元固定资产原值实现产值　(元)	每百元固定资产原值实现利税　(元)
全总计计	244.57	170.85	74.08	385.68	0.02	50.12	117.28	5.68	160.41	47.95
北　京	0.71	0.46	0.72	1.46		0.29	0.37	0.11	203.27	51.76
天　津	4.07	2.42	1.18	9.95		1.53	3.60	0.01	243.23	88.33
河　北	6.12	5.00	2.69	12.72		1.37	2.78	0.28	226.54	45.40
山　西	0.10	0.08	0.13	0.29		0.03	0.04	0.01	301.16	40.43
内蒙古	0.02	0.02	0.01	0.03					134.46	13.87
辽　宁	36.91	22.07	10.45	77.83		12.79	29.21	0.64	218.75	79.13
吉　林	2.69	1.57	1.54	6.91		0.94	1.90	0.18	257.83	70.73
黑龙江	46.87	35.40	11.36	43.79		6.44	14.51	0.63	96.04	30.96
上　海	9.24	5.39	3.58	24.53		4.04	8.53	0.34	270.27	92.23
江　苏	15.60	10.05	5.15	29.83		3.32	7.71	0.56	191.07	49.43
浙　江	8.93	6.96	2.65	13.93		1.64	3.15	0.28	146.98	35.26
安　徽	8.33	5.82	2.96	12.95		1.16	2.80	0.20	151.43	33.64
福　建										
江　西	3.03	2.36	1.70	8.29		0.53	1.34	0.05	268.38	44.11
山　东	44.79	38.62	10.69	40.28		5.64	13.59	0.62	93.94	30.35
河　南	4.70	3.74	2.76	8.52		0.90	1.88	0.29	195.96	39.95
湖　北	9.78	5.58	3.52	20.57		1.73	5.82	0.13	209.04	59.50
湖　南	5.29	2.50	2.77	13.50		1.79	4.57	0.29	257.77	86.40
广　东	20.06	11.76	6.07	36.27		3.54	9.16	0.78	183.52	45.65
广　西	0.23	0.15	0.15	0.35		0.13	0.18	0.02	150.51	77.21
海　南										
四　川	0.19	0.12	0.26	0.44		0.06	0.09	0.02	240.84	48.66
贵　州										
云　南										
西　藏										
陕　西	0.05	0.05	0.03	0.07			0.01		142.75	18.35
甘　肃	7.89	3.69	1.87	14.69		1.30	4.21	0.12	184.53	53.30
青　海	0.02	0.01	0.04	0.07		0.01	0.01		397.17	53.25
宁　夏	0.01			0.01					141.31	17.38
新　疆	8.92	7.03	1.79	8.20		0.91	1.82	0.13	86.25	20.46

各地区石油加工业主要经济指标(三)

(1988年)

地区	每百元工业总产值占用流动资金(元)	每百元销售收入实现利润(元)	资金利税率(%)	产值利税率(%)	固定资产折旧率(%)	平均每一职工占有的固定资产(元)	平均每一职工创造的工业净产值(元)	平均每一职工创造的利税(元)	平均每一职工上交的利税费(元)	平均每一职工占有企业留利(元)
全国总计	9.32	13.00	56.51	29.89	4.68	63 460	36 448	30 431	25 112	1 474
北京	26.47	19.86	43.48	25.46	6.78	34 781	18 862	18 001	12 080	5 291
天津	4.93	15.43	123.86	36.32	4.61	63 145	59 525	55 777	50 281	190
河北	8.26	10.79	45.21	20.04	4.52	46 979	33 167	21 328	12 829	2 141
山西	21.59	9.13	28.64	13.43	5.80	11 374	8 576	4 599	2 714	911
内蒙古	28.65	4.76	11.96	10.31	4.31	9 498	3 659	1 317	1 210	420
辽宁	7.14	16.44	104.95	36.17	4.57	53 333	52 648	42 202	37 267	925
吉林	11.06	13.66	81.25	27.43	6.36	23 339	19 258	16 508	11 220	1 602
黑龙江	12.48	14.70	35.38	32.24	5.76	93 978	32 099	29 096	23 973	1 257
上海	7.49	16.49	117.41	34.12	5.45	48 461	50 563	44 694	38 007	1 760
江苏	10.83	11.14	58.06	25.87	5.71	53 789	31 855	26 587	21 935	1 937
浙江	9.71	11.80	38.28	23.99	5.85	84 539	34 113	29 811	22 551	2 679
安徽	15.38	8.96	36.11	22.22	4.33	70 909	37 847	23 855	21 987	1 665
福建										
江西	7.95	6.44	44.48	16.44	5.96	65 961	31 599	29 097	19 219	1 157
山东	6.60	13.92	32.84	32.30	1.92	86 962	30 930	26 389	21 281	1 197
河南	14.15	10.60	37.25	20.39	5.72	37 789	14 588	15 095	9 117	2 311
湖北	7.57	8.41	81.61	28.46	5.90	52 447	35 722	31 206	25 008	711
湖南	8.92	13.22	122.96	33.52	5.10	47 086	45 942	40 685	34 848	2 589
广东	10.54	9.77	58.55	24.87	5.83	60 665	30 437	27 693	23 165	2 352
广西	7.66	38.45	100.16	51.30	8.46	27 704	24 915	21 390	11 141	1 851
海南										
四川	38.91	14.39	30.87	20.20	8.04	10 514	7 326	5 116	3 040	1 069
贵州										
云南										
西藏										
陕西	31.24	6.70	13.82	12.86	3.95	12 666	4 466	2 324	1 529	500
甘肃	8.75	8.87	84.80	28.89	4.93	46 632	28 625	24 856	20 947	686
青海	27.88	8.34	28.39	13.41	6.39	6 590	7 234	3 509	2 905	1 267
宁夏	26.47	6.50	15.10	12.30	12.23	8 294	3 559	1 441	721	441
新疆	14.77	11.13	22.34	23.72	3.92	89 490	39 375	18 308	10 484	1 318

各地区炼焦、煤气及煤制品业主要经济指标(一)

(1988年)

地区	工业企业单位数(个)	#亏损企业(个)	年末职工人数(万人)	基本建设投资额(亿元)	更新改造投资额(亿元)	工业总产值(亿元)	工业净产值(亿元)	全员劳动生产率(元/人·年)	焦炭(万吨)	煤气(万立方米)
全总计计	2 235	336	22.60	11.85	7.05	42.00	6.58	11 786	6 108	6 413 153
北京	11	7	1.47	0.51	1.17	5.60	0.84	20 659	340	718 914
天津	3	2	0.84		0.29	0.54	-0.07	5 280	115	21 110
河北	65	11	1.08	0.67	0.81	2.41	0.66	13 341	371	185 424
山西	213	16	2.44	0.99	0.17	3.57	0.96	12 244	1 051	357 827
内蒙古	17	4	0.33	0.12	0.06	0.43	0.13	9 210	229	491 878
辽宁	31	15	1.96	1.25	0.79	2.40	-0.17	8 274	783	2 281 982
吉林	14	7	0.53	0.66		0.50	-0.12	4 902	104	12 140
黑龙江	12	3	0.80	0.68	…	2.09	0.38	12 983	112	8 060
上海	21	3	1.77	1.23	0.98	6.99	1.07	20 357	416	344 422
江苏	247	26	2.42	0.28	0.20	3.47	0.55	9 508	126	87 039
浙江	197	32	0.71	0.16	0.03	1.08	0.19	11 413	36	1
安徽	142	23	0.69	0.35	0.64	1.40	0.26	11 470	248	585 379
福建	21	8	0.06	0.08	0.04	0.05		7 896	21	
江西	66	18	0.45	0.43	0.02	1.08	0.16	16 309	121	40 817
山东	177	11	1.63	0.75	0.55	3.41	0.61	12 965	275	25 008
河南	47	13	0.63	0.70	…	0.85	0.25	9 841	159	58 788
湖北	85	20	0.42	1.15	0.09	0.54	-0.11	11 162	324	954 426
湖南	55	14	0.35	0.45	0.07	0.45	0.11	8 891	174	73 220
广东	85	29	0.33	0.04	0.79	0.57	0.04	15 573	45	1 388
广西	24	11	0.07		0.02	0.13	0.02	10 545	29	
海南	5	1	0.01		…	0.01		7 035		
四川	372	30	1.34	0.50	0.19	1.52	0.35	8 842	382	66 301
贵州	190	8	0.94	0.15		0.37	0.16	4 739	200	
云南	11	7	0.31	0.12	0.06	0.65	-0.08	11 029	225	7 176
西藏										
陕西	86	10	0.64	0.27	0.04	1.34	0.26	12 910	76	10 635
甘肃	8		0.15	0.23	…	0.26	0.08	8 126	79	694
青海	13	2	0.02			0.03	0.01	5 637	1	
宁夏	9	1	0.13	0.08	0.03	0.21	0.06	11 422	13	
新疆	8	4	0.07	0.01		0.05	-0.01	8 134	56	80 525

各地区炼焦、煤气及煤制品业主要经济指标(二)

(1988年)

地　区	固定资产原值(亿元)	固定资产净值(亿元)	流动资金年末占用数(亿元)	产品销售收入(亿元)	亏损企业亏损总额(亿元)	利润总额(亿元)	利润和税金总额(亿元)	企业留利(亿元)	每百元固定资产原值实现产值(元)	每百元固定资产原值实现利税(元)
全总计计	57.15	45.70	16.01	43.11	3.11	0.63	2.59	2.40	73.50	4.53
北　京	9.96	7.74	1.35	6.01	0.49	0.48	0.82	0.72	56.26	8.20
天　津	4.72	4.22	0.31	0.90	0.25	-0.25	-0.24	0.01	11.41	-5.06
河　北	2.26	1.67	0.92	2.60	0.08	0.33	0.48	0.19	106.39	21.35
山　西	4.05	3.49	2.39	3.40	0.07	0.36	0.53	0.17	88.19	13.05
内蒙古	0.59	0.46	0.26	0.47	0.01	0.03	0.05	0.03	73.89	9.00
辽　宁	5.99	4.71	1.37	2.50	0.81	-0.75	-0.64	0.09	40.01	-10.60
吉　林	1.53	1.20	0.39	0.56	0.12	-0.12	-0.08	0.04	32.78	-5.18
黑龙江	2.79	2.18	0.84	2.06	0.08	0.12	0.24	0.13	74.88	8.69
上　海	7.58	5.96	1.67	7.28	0.08	0.38	0.68	0.44	92.12	8.96
江　苏	3.33	2.57	1.44	3.58	0.16	-0.03	0.08	0.11	104.30	2.51
浙　江	0.82	0.61	0.49	1.18	0.03	0.05	0.07	0.06	131.14	8.57
安　徽	1.25	0.98	0.40	1.37	0.04	0.05	0.11	0.03	112.33	8.87
福　建	0.03	0.02	0.02	0.05	0.01	-0.01	-0.01		168.32	-36.32
江　西	1.05	0.93	0.26	1.08	0.02	0.01	0.06	0.01	102.55	6.11
山　东	2.88	2.24	0.92	3.19	0.18	0.08	0.24	0.07	118.58	8.29
河　南	0.88	0.64	0.25	0.81	0.02	0.07	0.12	0.04	96.75	13.10
湖　北	0.83	0.64	0.39	0.47	0.27	-0.26	-0.26	0.01	65.06	-31.00
湖　南	0.28	0.21	0.13	0.40	0.01	0.03	0.05	0.01	163.27	16.94
广　东	0.50	0.37	0.27	0.74	0.08	-0.05	-0.04	0.04	114.13	-7.85
广　西	0.04	0.03	0.04	0.10					318.84	7.61
海　南	0.01	0.01		0.01					138.70	-54.80
四　川	1.17	0.89	0.67	1.46	0.02	0.12	0.18	0.09	130.02	15.54
贵　州	0.15	0.12	0.05	0.29		0.05	0.08	0.02	249.85	50.51
云　南	2.20	2.09	0.47	0.71	0.15	-0.15	-0.11	0.01	29.60	-5.10
西　藏										
陕　西	1.41	1.08	0.47	1.31	0.09	0.06	0.13	0.06	94.97	8.95
甘　肃	0.35	0.23	0.13	0.32		0.03	0.05	0.02	75.28	13.32
青　海	0.02	0.01	0.01	0.02					167.70	23.53
宁　夏	0.16	0.14	0.08	0.17	0.01	0.02	0.03	0.01	131.73	16.59
新　疆	0.34	0.26	0.05	0.05	0.03	-0.03	-0.03		15.19	-9.32

各地区炼焦、煤气及煤制品业主要经济指标(三)

(1988年)

地区	每百元工业总产值占用流动资金(元)	每百元销售收入实现利润(元)	资金利税率(%)	产值利税率(%)	固定资产折旧率(%)	平均每一职工占有的固定资产(元)	平均每一职工创造的工业净产值(元)	平均每一职工创造的利润和税金(元)	平均每一职工上交的利税费(元)	平均每一职工占有的企业留利(元)
全国总计	13.00	1.46	5.06	6.17	3.58	26 040	2 997	1 180	1 607	1 095
北京	6.89	8.04	10.04	14.57	2.90	70 404	5 962	5 771	5 902	5 125
天津	26.06	-27.73	-5.47	-44.32	1.15	56 069	-844	-2 835	128	74
河北	13.12	12.78	24.34	20.07	3.99	21 513	6 228	4 593	2 562	1 789
山西	21.02	10.63	12.46	14.80	6.02	17 280	4 083	2 255	1 282	722
内蒙古	18.19	6.21	9.86	12.18	3.15	18 371	3 959	1 654	754	887
辽宁	12.64	-29.97	-12.67	-26.48	3.86	31 320	-889	-3 317	1 415	482
吉林	17.69	-20.70	-6.12	-15.80	2.86	30 779	-2 360	-1 593	781	795
黑龙江	14.54	5.97	9.78	11.61	4.17	34 886	4 702	3 032	1 390	1 655
上海	8.05	5.21	10.42	9.72	2.50	45 051	6 383	4 035	2 956	2 599
江苏	17.18	-0.70	2.64	2.41	3.45	14 087	2 316	354	1 228	456
浙江	13.64	3.95	9.29	6.54	5.54	11 687	2 699	1 002	420	857
安徽	10.26	3.80	9.85	7.90	4.29	18 363	3 818	1 629	1 389	416
福建	14.51	-21.07	-32.92	-21.58	4.64	4 925	661	-1 788	148	402
江西	12.89	1.22	5.99	5.96	5.08	23 877	3 731	1 459	1 246	215
山东	12.84	2.37	8.90	6.99	3.94	18 514	3 949	1 536	1 367	420
河南	11.92	8.52	15.47	13.54	5.11	14 751	4 165	1 933	1 729	659
湖北	24.33	-55.33	-33.43	-47.65	2.71	19 535	-2 633	-6 055	239	163
湖南	14.09	6.68	17.43	10.37	5.08	8 717	3 365	1 476	784	468
广东	11.83	-7.07	-8.87	-6.88	5.24	14 828	1 054	-1 164	609	1 198
广西	4.33	0.13	7.56	2.39	5.65	5 776	3 013	439	470	233
海南	14.96	-43.76	-55.66	-39.51	6.97	5 667	325	-3 104	175	96
四川	11.80	8.37	17.07	11.95	6.43	8 954	2 676	1 391	607	694
贵州	2.86	16.95	58.21	20.22	6.43	1 659	1 730	838	356	177
云南	20.96	-20.87	-5.04	-17.22	4.60	70 866	-2 698	-3 611	1 169	298
西藏										
陕西	17.20	4.88	9.65	9.43	3.94	22 123	4 116	1 981	2 070	868
甘肃	24.86	9.04	15.68	17.70	3.89	22 702	5 088	3 025	1 436	1 597
青海	19.75	13.92	20.98	14.03	6.62	4 427	2 187	1 042	372	187
宁夏	22.89	10.29	13.97	12.59	6.59	12 752	5 010	2 115	1 747	1 025
新疆	23.40	-63.37	-11.31	-61.37	2.48	53 522	-1 149	-4 988	8	27

各地区化学工业主要经济指标(一)

(1988年)

地区	工业企业单位数(个)	#亏损企业(个)	年末职工人数(万人)	基本建设投资额(亿元)	更新改造投资额(亿元)	工业总产值(亿元)	工业净产值(亿元)	全员劳动生产率(元/人·年)
全国总计	17 854	2 217	397.43	93.59	82.97	1 091.91	312.01	20 589
北京	199	12	10.13	0.14	2.93	69.43	28.77	28 444
天津	250	30	10.86	1.90	1.28	46.46	14.50	27 753
河北	971	56	19.82	3.77	4.75	45.82	13.02	17 238
山西	572	48	18.23	0.58	2.86	29.63	8.34	11 836
内蒙古	207	26	5.41	0.18	0.99	8.79	2.65	10 422
辽宁	999	100	32.32	5.34	4.90	84.16	27.10	20 663
吉林	570	68	13.57	0.04	5.08	47.09	15.35	24 676
黑龙江	440	37	8.65	7.60	3.47	17.41	4.87	14 275
上海	433	23	14.19	9.10	3.88	82.59	24.75	45 740
江苏	2 121	293	42.34	22.15	6.22	126.17	29.91	24 241
浙江	1 235	194	16.64	0.48	1.37	47.83	12.63	22 380
安徽	770	74	13.27	0.75	3.30	30.93	7.22	15 247
福建	624	71	9.48	1.14	1.87	24.03	6.46	17 222
江西	517	74	8.23	0.81	1.67	15.94	4.25	13 028
山东	1 160	75	26.73	18.74	5.62	70.90	18.83	20 042
河南	834	85	21.26	3.40	3.05	42.87	11.81	13 498
湖北	1 031	197	19.41	1.76	2.83	46.02	11.57	18 280
湖南	1 038	197	20.34	1.18	5.26	51.15	13.75	18 228
广东	751	113	14.26	7.28	4.72	50.80	13.42	25 383
广西	399	57	7.72	0.05	1.33	21.18	5.32	15 855
海南	43	6	0.41	0.10	0.08	0.90	0.22	13 394
四川	1 262	177	30.40	1.78	6.65	62.71	17.80	15 048
贵州	228	33	4.88	0.12	0.99	9.19	2.62	13 561
云南	210	39	7.29	0.62	2.16	17.79	5.44	17 078
西藏	1		0.01		…	0.01		5 205
陕西	535	82	9.02	0.77	2.19	16.20	3.94	13 046
甘肃	241	16	7.19	2.13	2.31	18.31	5.02	20 361
青海	40	8	1.56	0.41	0.35	2.07	0.69	10 113
宁夏	79	6	1.66	1.15	0.38	2.45	0.69	11 026
新疆	104	15	2.15	0.09	0.47	3.10	1.11	10 596

各地区化学工业主要经济指标(二)

(1988年)

地区	硫酸 (万吨)	纯碱 (万吨)	烧碱 (万吨)	合成氨 (万吨)	农用化肥 (万吨)	#氮肥 (万吨)	磷肥 (万吨)	化学农药 (万吨)	乙烯 (吨)	电石 (万吨)
全国总计	1 111	261	300	1 986	1 740	1 366	369	18	1 232 109	226
北京	13		11	11	10	9	1		302 560	8
天津	8	55	25	10	8	7	1	2		6
河北	63	3	9	168	137	117	19	1		14
山西	38	3	7	87	68	57	11			31
内蒙古	5	2	5	17	13	12				8
辽宁	81	74	27	85	64	55	9	2	72 043	10
吉林	13	2	7	49	28	27	1		107 585	11
黑龙江	13		7	49	36	33	2		203 922	9
上海	39	4	28	35	23	20	4	1	149 856	9
江苏	108	6	30	158	138	107	31	4	217 662	10
浙江	28	8	14	81	67	58	9	2		9
安徽	49	3	8	107	91	76	15			8
福建	22	1	8	48	41	33	7			10
江西	40	1	5	26	30	17	13			5
山东	73	37	26	168	137	117	20	1	131 065	7
河南	32	10	11	152	129	105	24			8
湖北	81	20	9	123	129	89	40	1		7
湖南	71	4	13	121	114	87	27	2		8
广东	92		11	66	67	47	21	1	442	2
广西	32	1	5	33	36	22	14			4
海南	1				1		1			
四川	96	22	21	169	160	115	44	1		9
贵州	8		1	38	39	27	12			6
云南	32		2	61	73	44	29			5
西藏										
陕西	26	1	4	46	38	31	7			11
甘肃	35	4	3	32	24	18	5		46 965	5
青海	2		1	1	5		1			2
宁夏	4		1	12	10	8	2			2
新疆	4		1	35	26	25	1			1

各地区化学工业

（1988年）

地区	油漆（吨）	染料（吨）	固定资产原值（亿元）	固定资产净值（亿元）	流动资金年末占用数（亿元）	产品销售收入（亿元）
全国总计	871 074	129 561	741.94	490.49	393.01	1 057.86
北京	39 345	3 854	51.34	30.35	22.89	77.68
天津	46 644	17 333	24.33	15.41	12.51	45.78
河北	42 751	4 708	32.50	21.90	17.53	44.86
山西	12 192	2 406	30.61	19.64	12.32	29.66
内蒙古	12 186		7.84	5.80	4.32	8.60
辽宁	68 281	13 395	81.45	55.08	31.70	82.17
吉林	29 649	8 669	43.68	30.17	16.97	46.70
黑龙江	38 460		11.73	8.18	9.00	16.41
上海	62 226	13 957	25.67	15.54	23.26	79.65
江苏	75 490	20 163	54.25	36.76	38.74	114.10
浙江	36 438	4 273	21.53	14.01	17.70	45.79
安徽	18 764	2 945	19.07	11.65	10.18	29.43
福建	12 008	29	14.97	10.69	9.83	23.28
江西	11 783		10.05	6.67	6.44	15.38
山东	52 203	12 935	37.80	25.90	22.61	66.37
河南	26 775	6 351	31.11	20.56	17.10	41.09
湖北	57 322	4 361	31.19	21.75	17.66	43.14
湖南	26 543	2 518	37.64	24.96	18.08	50.28
广东	66 020	588	25.31	17.54	20.99	47.47
广西	12 190		12.90	9.12	7.48	20.63
海南	1 031		0.43	0.30	0.44	0.88
四川	46 079	3 296	52.38	32.96	24.56	61.15
贵州	8 342		11.18	7.50	4.20	8.82
云南	13 582		21.65	13.97	7.32	17.77
西藏			0.04	0.02	0.03	0.01
陕西	19 814	7 679	16.51	11.51	8.11	15.62
甘肃	23 211		25.06	16.16	7.03	17.63
青海	2 100		3.37	1.97	1.33	1.98
宁夏	2 520	101	2.68	1.85	1.11	2.55
新疆	7 125		3.67	2.57	1.57	3.01

主要经济指标(三)

亏损企业亏损总额（亿元）	利润总额（亿元）	利润和税金总额（亿元）	企业留利（亿元）	每百元固定资产原值实现产值（元）	每百元固定资产原值实现利税（元）
3.38	107.20	202.45	36.76	147.17	27.29
0.01	13.62	26.36	2.30	135.24	51.34
0.12	5.39	10.42	1.66	190.99	42.85
0.06	5.14	8.32	1.70	140.97	25.60
0.10	2.75	4.48	1.02	96.79	14.65
0.06	0.69	1.39	0.32	112.14	17.74
0.26	9.44	18.09	3.49	103.33	22.21
0.12	6.69	12.72	2.45	107.81	29.11
0.08	1.04	2.56	0.33	148.35	21.79
0.02	9.64	19.03	3.13	321.78	74.15
0.48	7.60	16.72	3.05	232.56	30.82
0.23	4.11	7.54	1.58	222.16	35.03
0.06	2.16	3.99	0.92	162.17	20.91
0.11	2.14	3.69	0.68	160.46	24.64
0.08	1.24	2.30	0.44	158.55	22.87
0.09	5.86	11.02	1.58	187.56	29.14
0.11	4.03	6.64	1.56	137.81	21.36
0.28	3.64	6.50	1.93	147.54	20.85
0.27	4.48	8.04	1.49	135.90	21.37
0.17	3.10	6.69	1.40	200.73	26.43
0.12	1.63	3.19	0.65	164.26	24.72
0.01	0.07	0.10	0.04	208.04	23.65
0.23	5.75	10.47	2.00	119.72	19.98
0.03	0.69	1.51	0.38	82.21	13.47
0.07	2.64	3.87	0.96	82.18	17.88
	0.03	0.03		15.60	72.50
0.16	1.12	2.02	0.57	98.08	12.22
0.01	1.74	3.41	0.67	73.07	13.59
0.02	0.21	0.37	0.14	61.45	10.91
	0.34	0.47	0.20	91.09	17.69
0.02	0.24	0.53	0.13	84.32	14.47

各地区化学工业主要经济指标(四)

(1988年)

地区	每百元工业总产值占用流动资金(元)	每百元销售收入实现利润(元)	资金利税率(%)	产值利税率(%)	固定资产折旧率(%)	平均每一职工占有的固定资产(元)	平均每一职工创造的工业净产值(元)	平均每一职工创造的利润和税金(元)	平均每一职工上交的利税费(元)	平均每一职工占有的企业留利(元)
全国总计	19.85	10.13	28.63	18.54	5.26	19 375	8 148	5 287	3 477	960
北京	17.65	17.53	61.86	37.96	5.67	51 380	28 790	26 377	18 617	2 299
天津	15.91	11.78	45.72	22.43	5.39	22 642	13 497	9 701	6 601	1 542
河北	22.08	11.46	25.99	18.16	5.23	17 035	6 822	4 360	2 313	889
山西	24.12	9.26	16.74	15.13	4.79	18 154	4 947	2 659	1 523	608
内蒙古	26.38	7.99	17.11	15.82	4.36	15 244	5 145	2 704	1 634	629
辽宁	21.65	11.49	24.67	21.49	5.06	25 717	8 556	5 711	4 077	1 102
吉林	18.46	14.32	32.72	27.00	5.40	33 038	11 610	9 619	6 610	1 851
黑龙江	28.08	6.36	19.56	14.69	4.44	14 220	5 898	3 098	2 116	399
上海	14.37	12.10	69.44	23.04	5.66	18 563	17 898	13 764	10 669	2 261
江苏	16.90	6.66	28.78	13.25	5.38	13 453	7 416	4 146	2 748	757
浙江	19.42	8.98	32.37	15.77	5.74	13 232	7 761	4 635	3 121	973
安徽	18.06	7.34	23.14	12.89	5.88	15 124	5 726	3 162	1 766	729
福建	21.49	9.20	23.27	15.36	4.89	16 082	6 942	3 963	2 487	731
江西	24.17	8.05	21.85	14.42	4.68	12 603	5 324	2 882	1 800	553
山东	17.65	8.82	28.68	15.54	5.54	15 343	7 642	4 471	2 601	642
河南	19.56	9.81	22.95	15.50	5.43	15 177	5 760	3 241	1 680	759
湖北	20.45	8.43	20.87	14.13	5.60	16 869	6 255	3 518	2 139	1 042
湖南	19.33	8.92	23.08	15.72	5.16	18 958	6 928	4 051	2 520	748
广东	21.55	6.53	23.48	13.17	5.69	18 058	9 575	4 773	3 173	1 000
广西	21.60	7.89	23.29	15.05	4.53	17 057	7 040	4 217	3 008	862
海南	32.60	7.61	17.06	11.37	5.96	10 967	5 620	2 593	961	1 050
四川	21.98	9.41	22.39	16.69	5.61	17 784	6 042	3 553	2 032	678
贵州	25.40	7.82	15.32	16.38	4.59	23 719	5 558	3 194	2 740	798
云南	25.16	14.89	20.98	21.76	4.92	30 633	7 698	5 477	3 067	1 361
西藏	1 089.90	274.54	31.35	464.66	2.24	35 134	3 313	25 473	54	750
陕西	30.67	7.16	12.25	12.46	5.16	18 819	4 487	2 300	1 385	647
甘肃	25.51	9.88	16.35	18.60	4.30	35 845	7 181	4 873	3 290	960
青海	38.81	10.69	13.26	17.75	3.33	22 742	4 652	2 481	2 014	936
宁夏	23.90	13.21	19.49	19.42	4.69	16 863	4 328	2 983	1 029	1 271
新疆	30.32	7.86	15.14	17.16	3.99	17 273	5 203	2 500	1 636	605

各地区医药工业主要经济指标(一)

(1988年)

地　区	工业企业单位数(个)	#亏损企业(个)	年末职工人数(万人)	基本建设投资额(亿元)	更新改造投资额(亿元)	工业总产值(亿元)	工业净产值(亿元)	全员劳动生产率(元/人·年)	化学药品(吨)	中成药(吨)
全国总计	2 802	139	80.28	4.76	19.08	289.11	80.17	34 743	207 229	274 772
北　京	42	3	1.96		0.40	9.83	2.89	44 857	4 342	15 319
天　津	42	1	1.99		0.30	8.20	2.71	40 488	2 158	3 629
河　北	120	2	3.96	0.51	1.37	15.35	5.42	33 781	16 651	8 332
山　西	71	3	2.14	0.04	0.33	6.04	1.38	25 046	1 615	3 177
内蒙古	50	3	1.11	0.01	0.15	2.93	0.94	18 145	688	2 674
辽　宁	181	8	5.61	0.26	2.19	20.16	6.09	36 226	16 722	6 039
吉　林	222	9	5.31	0.21	0.86	18.51	6.04	33 468	4 907	21 424
黑龙江	86	1	3.29	1.13	1.62	11.58	3.27	37 101	5 366	5 648
上　海	114	1	3.96	0.20	1.16	22.06	5.73	55 916	13 462	13 915
江　苏	264	13	7.30	0.20	1.13	27.64	6.36	38 378	20 304	13 054
浙　江	203	31	3.81	0.15	0.98	13.00	3.56	34 040	8 593	20 710
安　徽	110	9	2.23	0.14	0.58	7.39	1.61	34 083	6 266	9 374
福　建	51	1	1.65	0.07	0.22	5.25	1.64	30 779	3 910	3 962
江　西	120	6	2.79	0.13	0.69	9.42	2.75	32 367	11 334	12 104
山　东	101	1	4.37	0.06	0.76	13.62	3.68	30 166	18 049	8 603
河　南	133	5	4.53	0.31	0.82	12.21	3.12	28 367	5 989	12 874
湖　北	116	7	4.29	0.17	0.79	13.83	3.50	31 489	7 852	19 611
湖　南	110	8	2.29	0.05	0.57	7.17	2.00	28 237	7 293	8 807
广　东	171	5	6.38	0.08	1.80	29.49	7.46	43 935	20 080	43 653
广　西	69	2	1.74	0.02	0.29	5.75	1.70	27 816	4 197	17 510
海　南	5		0.13	0.01	0.03	0.83	0.20	67 724		428
四　川	198	6	4.44	0.25	1.09	15.56	4.43	34 048	20 061	12 138
贵　州	27	2	0.46		0.11	1.38	0.26	24 669	217	1 031
云　南	42	2	0.87		0.23	2.55	0.79	24 559	262	2 783
西　藏										48
陕　西	88	6	2.09	0.62	0.30	4.90	1.27	21 759	5 962	3 628
甘　肃	33	3	0.91	0.05	0.10	2.49	0.80	22 139	656	3 033
青　海	7		0.19		0.03	0.50	0.15	23 014	39	279
宁　夏	8	1	0.12		0.04	0.35	0.06	19 459	20	501
新　疆	18		0.37	0.08	0.14	1.12	0.37	24 305	234	466

各地区医药工业主要经济指标(二)

(1988年)

地　区	固定资产原　值（亿元）	固定资产净　值（亿元）	流动资金年末占用数（亿元）	产品销售收　入（亿元）	亏损企业亏损总额（亿元）	利润总额（亿元）	利润和税金总额（亿元）	企业留利（亿元）	每百元固定资产原值实现产值（元）	每百元固定资产原值实现利税（元）
全国总计	**99.15**	**69.56**	**126.66**	**266.71**	**0.23**	**35.48**	**48.05**	**13.49**	**291.58**	**48.46**
北　京	3.51	2.43	4.32	9.07	0.07	1.41	1.87	0.65	279.93	53.26
天　津	3.19	2.32	2.93	8.30	0.01	1.33	1.73	0.43	257.36	54.35
河　北	6.28	4.28	5.37	14.43		3.42	4.25	1.63	244.59	67.68
山　西	2.29	1.49	3.18	5.25		0.59	0.79	0.17	263.15	34.53
内蒙古	1.44	1.06	1.82	2.90		0.49	0.62	0.18	203.32	43.09
辽　宁	7.30	5.26	8.67	18.36		2.50	3.45	0.81	276.03	47.26
吉　林	5.11	3.99	10.37	15.31	0.02	2.32	3.20	1.02	362.10	62.54
黑龙江	3.91	2.86	6.14	9.94		1.15	1.64	0.31	296.09	42.03
上　海	6.71	4.32	7.60	22.77		3.67	4.78	1.51	329.00	71.28
江　苏	9.10	6.56	9.80	25.92	0.06	2.38	3.38	0.86	303.58	37.17
浙　江	3.46	2.53	5.11	12.27	0.01	1.48	1.97	0.52	376.18	56.86
安　徽	2.35	1.64	2.96	6.85		0.59	0.84	0.12	313.81	35.72
福　建	1.83	1.29	2.93	5.07		0.86	1.12	0.33	286.31	61.14
江　西	2.97	1.94	4.20	8.08	0.01	1.19	1.60	0.36	317.04	53.94
山　东	5.37	3.62	4.64	12.45		1.53	2.14	0.47	253.52	39.75
河　南	4.57	3.24	6.04	10.75		1.02	1.50	0.33	267.39	32.81
湖　北	4.66	3.20	6.48	12.32	0.01	1.34	1.88	0.56	297.04	40.35
湖　南	2.83	1.94	3.15	6.53	0.01	0.74	1.04	0.22	253.52	36.90
广　东	6.32	4.67	13.69	27.35		3.03	4.26	1.33	466.38	67.37
广　西	1.75	1.29	2.42	5.00		0.59	0.85	0.13	327.68	48.60
海　南	0.16	0.13	0.54	0.67		0.06	0.08	0.03	521.97	48.03
四　川	6.50	4.35	7.04	14.58		2.18	2.90	0.94	239.27	44.55
贵　州	0.50	0.34	0.81	1.29		0.13	0.20	0.06	276.53	39.77
云　南	1.22	0.84	1.37	2.32		0.34	0.45	0.14	208.30	37.10
西　藏										
陕　西	2.74	1.86	2.42	4.70	0.01	0.48	0.67	0.15	178.97	24.57
甘　肃	1.57	1.02	1.31	2.30		0.33	0.44	0.12	158.94	27.97
青　海	0.40	0.29	0.37	0.48		0.05	0.07	0.02	126.41	18.58
宁　夏	0.19	0.14	0.22	0.34	0.01	0.02	0.04	0.01	185.37	21.65
新　疆	0.91	0.67	0.77	1.12		0.23	0.28	0.06	122.72	30.55

各地区医药工业主要经济指标(三)

(1988年)

地区	每百元工业总产值占用流动资金(元)	每百元销售收入实现利润(元)	资金利税率(%)	产值利税率(%)	固定资产折旧率(%)	平均每一职工占有的固定资产(元)	平均每一职工创造的工业净产值(元)	平均每一职工创造的利税(元)	平均每一职工上交的利税费(元)	平均每一职工占有的企业留利(元)
全国总计	23.75	13.30	34.76	16.62	5.57	12 784	10 336	6 195	3 149	1 739
北京	26.90	15.52	36.85	19.03	5.78	18 513	15 245	9 860	5 378	3 413
天津	24.38	16.05	40.13	21.12	6.46	16 170	13 735	8 788	4 422	2 205
河北	20.36	23.68	57.37	27.67	5.69	16 364	14 119	11 075	5 178	4 241
山西	32.46	11.20	22.98	13.12	5.87	9 988	6 010	3 449	1 976	747
内蒙古	34.83	17.01	29.89	21.20	3.84	13 503	8 833	5 819	3 055	1 700
辽宁	22.81	13.64	35.01	17.12	5.10	13 639	11 374	6 446	3 062	1 513
吉林	25.62	15.18	36.60	17.27	4.98	9 919	11 723	6 204	3 395	1 983
黑龙江	28.18	11.58	26.82	14.19	5.36	12 956	10 833	5 445	2 506	1 028
上海	19.09	16.13	56.05	21.67	5.63	17 204	14 694	12 263	7 878	3 872
江苏	19.47	9.19	28.34	12.24	5.24	12 980	9 075	4 825	2 150	1 231
浙江	23.53	12.08	35.16	15.11	5.82	9 267	9 542	5 269	2 446	1 389
安徽	21.85	8.61	25.84	11.38	5.43	11 061	7 552	3 950	1 758	571
福建	27.25	16.97	41.24	21.35	5.18	11 483	10 279	7 021	3 945	2 094
江西	24.23	14.71	37.97	17.01	6.13	11 311	10 449	6 102	2 930	1 361
山东	19.89	12.30	33.74	15.68	5.35	13 243	9 079	5 264	2 733	1 149
河南	24.62	9.50	23.99	12.27	6.61	10 552	7 198	3 462	1 805	758
湖北	24.85	10.84	28.31	13.59	5.73	11 194	8 407	4 517	2 383	1 349
湖南	25.36	11.32	27.76	14.56	5.86	12 908	9 138	4 763	2 274	1 003
广东	20.62	11.09	39.64	14.45	6.78	10 231	12 062	6 803	3 025	2 148
广西	25.59	11.89	30.86	14.83	4.64	10 324	10 037	5 017	2 881	761
海南	36.20	9.16	17.79	9.20	4.47	12 378	15 872	5 945	1 621	2 378
四川	26.10	14.98	34.45	18.62	5.65	15 116	10 295	6 734	3 302	2 191
贵州	28.10	10.28	27.18	14.38	4.77	11 143	5 884	4 432	2 853	1 391
云南	33.76	14.51	26.73	17.81	5.32	14 362	9 240	5 329	2 884	1 668
西藏										
陕西	32.72	10.32	19.41	13.73	4.84	13 326	6 164	3 274	1 984	737
甘肃	33.22	14.34	23.70	17.60	4.94	17 631	8 955	4 931	2 267	1 403
青海	41.39	10.34	14.86	14.70	4.00	21 100	7 843	3 921	2 722	1 232
宁夏	43.44	7.39	14.04	11.68	4.20	15 183	4 891	3 287	2 607	1 039
新疆	35.43	20.26	26.04	24.89	4.78	24 572	9 963	7 506	2 738	1 547

各地区化学纤维工业主要经济指标(一)

(1988年)

地区	企业单位数(个)	#亏损企业(个)	年末职工人数(万人)	基本建设投资额(亿元)	更新改造投资额(亿元)	工业总产值(亿元)	工业净产值(亿元)	全员劳动生产率(元/人·年)	化学纤维(吨)	#合成纤维(吨)
全国总计	**494**	**52**	**38.68**	**13.37**	**9.02**	**172.06**	**51.19**	**48 373**	**1 301 210**	**1 124 650**
北京	10		0.82		0.11	3.63	0.65	42 676	40 283	40 283
天津	8	1	1.83	0.12	0.59	7.83	2.95	57 434	70 067	67 789
河北	19	1	1.35	0.23	0.43	3.59	1.40	21 936	18 673	8 769
山西	17	2	1.32		0.14	3.32	0.88	25 158	16 889	12 634
内蒙古	1		0.18	0.12	0.04	0.33	0.06	27 264	5 841	1 336
辽宁	39	2	2.57	1.71	1.57	8.84	2.29	35 041	134 877	119 288
吉林	8		1.36	0.19	0.26	5.51	1.86	25 866	21 284	8 795
黑龙江	4	1	0.71		0.16	3.92	0.57	67 336	49 456	40 251
上海	28		7.24	1.68	0.73	36.68	15.62	54 952	237 148	210 050
江苏	118	15	6.30	3.70	0.77	36.68	9.30	76 263	305 804	294 959
浙江	76	11	2.35	0.15	0.35	9.48	2.39	38 756	61 310	42 315
安徽	8	2	0.63	0.17	0.02	2.05	0.39	33 608	11 807	11 807
福建	9	2	0.94	0.32	0.15	3.70	0.92	43 567	26 215	22 690
江西	13	2	1.50	0.19	0.02	3.64	0.82	18 807	18 375	8 508
山东	20	2	1.23	2.07	0.38	4.20	0.83	31 042	24 220	18 137
河南	18	2	1.68	0.38	0.61	8.69	2.78	43 164	55 092	38 154
湖北	19	5	0.61	0.75	0.07	1.53	0.29	26 243	17 874	6 616
湖南	16	1	0.89	0.35	0.01	2.16	0.55	21 464	30 148	28 382
广东	32	1	1.64	0.55	1.10	14.55	3.56	101 223	73 283	67 228
广西	3		0.49		0.45	1.48	0.44	27 800	7 463	7 463
海南	4		0.22	0.01		2.18	0.43	137 379	12 855	12 855
四川	14	2	1.82	0.53	0.73	5.37	1.59	29 659	27 673	25 900
贵州	1		0.06		…	0.40	0.12	80 575	2 537	2 537
云南	2		0.31		0.01	0.51	0.09	10 082	5 162	2 843
西藏										
陕西	2		0.08		0.30	0.34	0.03	48 843	8 928	7 115
甘肃	3		0.40	0.12	…	0.77	0.17	17 155	13 684	13 684
青海										
宁夏	1		0.09		…	0.40	0.09	55 534	2 398	2 398
新疆	1		0.06	0.03		0.28	0.13	64 240	1 864	1 864

各地区化学纤维工业主要经济指标(二)

(1988年)

地 区	固定资产原值(亿元)	固定资产净值(亿元)	流动资金年末占用数(亿元)	产品销售收入(亿元)	亏损企业亏损总额(亿元)	利润总额(亿元)	利润和税金总额(亿元)	企业留利(亿元)	每百元固定资金原值实现产值(元)	每百元固定资产原值实现利税(元)
全国总计	**175.23**	**136.68**	**70.63**	**192.69**	**0.09**	**26.50**	**37.91**	**4.71**	**98.20**	**21.64**
北 京	2.81	1.85	1.91	3.80		0.36	0.52	0.09	129.18	18.33
天 津	16.38	12.21	3.75	12.52		0.96	1.85	0.17	47.80	11.27
河 北	4.18	2.31	1.36	3.67		0.73	0.98	0.16	85.83	23.52
山 西	3.28	2.59	1.71	3.24		0.31	0.50	0.07	101.51	15.18
内蒙古	0.13	0.08	0.09	0.32		0.03	0.04	0.01	250.88	26.86
辽 宁	7.85	6.17	3.71	8.99		1.07	1.54	0.22	112.56	19.57
吉 林	5.48	4.16	2.29	5.37		1.01	1.35	0.43	100.62	24.55
黑龙江	2.66	2.14	2.13	4.33		0.30	0.44	0.03	147.21	16.65
上 海	46.32	32.93	11.62	50.43		9.16	12.61	0.83	79.20	27.23
江 苏	22.11	19.31	12.40	36.62	0.03	5.52	7.82	1.42	165.92	35.35
浙 江	6.07	4.91	3.82	9.40	0.01	1.25	1.70	0.26	156.08	28.06
安 徽	2.44	1.90	0.80	2.10		0.15	0.26	0.03	84.13	10.67
福 建	4.53	3.60	1.96	4.18		0.62	0.87	0.03	81.66	19.16
江 西	3.73	3.17	1.82	3.85	0.02	0.31	0.51	0.11	97.59	13.55
山 东	3.47	3.10	1.31	4.21	0.02	0.30	0.46	0.06	120.77	13.12
河 南	7.41	5.84	3.51	8.83		1.82	2.28	0.21	117.27	30.79
湖 北	1.49	1.27	0.97	1.52	0.01	0.09	0.15	0.04	102.78	10.09
湖 南	2.54	2.00	1.07	2.15		0.20	0.32	0.06	84.76	12.55
广 东	11.30	9.07	8.24	15.93		1.31	2.04	0.18	128.72	18.02
广 西	2.34	2.15	0.66	1.43		0.12	0.21	0.03	63.53	8.80
海 南	2.15	1.65	1.26	2.05		0.17	0.27	0.02	101.25	12.36
四 川	11.16	9.33	2.85	4.83		0.48	0.84	0.13	48.09	7.56
贵 州	0.57	0.55	0.18	0.42		0.08	0.10	0.04	70.42	18.01
云 南	1.55	1.45	0.29	0.60		0.03	0.05	0.03	33.08	3.34
西 藏										
陕 西	0.20	0.13	0.18	0.33		0.01	0.02		173.61	8.26
甘 肃	1.72	1.44	0.44	0.82		0.01	0.06	0.03	44.72	3.28
青 海										
宁 夏	0.67	0.62	0.16	0.44		0.05	0.07	0.02	59.99	11.00
新 疆	0.68	0.68	0.13	0.27		0.07	0.09		41.13	12.49

各地区化学纤维工业主要经济指标(三)

(1988年)

地 区	每百元工业总产值占用流动资金(元)	每百元销售收入实现利润(元)	资金利税率(%)	产值利税率(%)	固定资产折旧率(%)	平均每一职工占有的固定资产(元)	平均每一职工创造的工业净产值(元)	平均每一职工创造的利润和税金(元)	平均每一职工上交的利税费(元)	平均每一职工占有的企业留利(元)
全国总计	23.03	13.76	21.50	22.03	5.51	46 469	13 575	10 054	6 564	1 249
北 京	31.89	9.58	17.14	14.19	4.62	35 050	8 089	6 425	3 794	1 076
天 津	30.38	7.66	12.65	23.58	5.44	90 466	16 288	10 196	6 542	945
河 北	26.74	19.85	30.04	27.40	5.45	31 264	10 508	7 353	4 388	1 184
山 西	30.20	9.58	13.84	14.96	4.84	24 702	6 672	3 751	1 836	531
内 蒙 古	7.70	8.48	33.38	10.71	4.61	7 608	3 470	2 044	583	714
辽 宁	23.72	11.86	18.60	17.39	4.98	30 591	8 916	5 988	2 839	851
吉 林	19.93	18.75	25.57	24.40	4.33	41 561	14 070	10 205	4 685	3 267
黑 龙 江	25.47	6.88	14.15	11.31	4.66	38 789	8 269	6 459	2 384	371
上 海	18.63	18.16	31.72	34.38	5.32	65 629	22 138	17 868	19 742	1 182
江 苏	17.23	15.06	30.50	21.31	5.76	36 814	15 489	13 015	4 764	2 373
浙 江	22.12	13.26	24.30	17.98	5.84	26 087	10 258	7 319	2 770	1 118
安 徽	20.66	7.02	10.81	12.68	4.58	38 944	6 190	4 155	2 024	434
福 建	38.79	14.85	17.25	23.46	8.80	48 392	9 823	9 271	3 145	357
江 西	26.07	8.09	12.28	13.88	3.79	25 038	5 483	3 392	1 517	745
山 东	18.52	7.17	11.75	10.87	3.32	30 923	7 347	4 058	2 002	548
河 南	18.82	20.61	30.52	26.26	4.67	44 923	16 837	13 834	3 459	1 297
湖 北	34.24	6.07	8.38	9.81	8.53	25 177	4 876	2 540	1 106	591
湖 南	27.34	9.35	12.31	14.80	4.86	29 281	6 295	3 674	1 604	707
广 东	31.03	8.21	14.99	14.00	8.89	71 344	22 480	12 858	6 686	1 134
广 西	38.11	8.36	7.57	13.86	2.37	47 038	8 926	4 141	2 280	688
海 南	22.27	8.52	12.47	12.21	13.04	101 882	20 361	12 596	4 383	968
四 川	34.92	9.76	7.54	15.73	4.57	64 400	9 165	4 871	2 684	735
贵 州	15.11	19.34	17.02	25.57	4.83	98 764	20 432	17 783	3 945	6 305
云 南	39.19	5.84	3.14	10.10	2.65	50 504	2 845	1 687	806	971
西 藏										
陕 西	36.19	2.62	6.35	4.76	5.05	25 018	4 424	2 068	1 651	554
甘 肃	45.15	1.34	3.16	7.34	3.50	44 778	4 452	1 470	−36	667
青 海										
宁 夏	24.29	11.46	10.31	18.34	5.75	69 185	9 574	7 611	2 446	1 575
新 疆	18.10	25.87	11.63	30.37		111 460	20 742	13 925	2 561	

各地区橡胶制品业主要经济指标(一)

(1988年)

地区	工业企业单位数(个)	#亏损企业(个)	年末职工人数(万人)	基本建设投资额(亿元)	更新改造投资额(亿元)	工业总产值(亿元)	工业净产值(亿元)	全员劳动生产率(元/人·年)	轮胎外胎(万条)	力车胎外胎(万条)
全国总计	3 740	525	87.31	1.31	9.59	207.15	56.07	23 161	2 991	14 447
北京	43	2	2.24		0.28	7.31	1.95	30 998	172	578
天津	82	15	3.14	0.05	0.43	8.92	1.80	26 377	49	1 589
河北	246	20	3.68	0.05	0.22	8.28	1.98	22 656	111	331
山西	104	9	1.77		0.07	3.43	0.93	18 439	41	124
内蒙古	43	8	0.68		…	0.88	0.24	11 725	16	…
辽宁	339	29	8.12	0.10	1.10	16.23	4.74	18 939	180	734
吉林	151	17	2.62		0.07	5.09	1.36	17 910	92	161
黑龙江	151	30	4.38	0.22	0.23	8.97	2.22	18 892	161	79
上海	126	11	6.06		1.24	21.96	6.64	34 300	279	1 530
江苏	440	85	10.25	0.07	0.46	18.82	5.05	18 677	180	1 654
浙江	424	62	5.05		0.02	10.71	2.90	21 058	59	1 540
安徽	156	26	2.76	0.07	0.33	6.14	1.65	21 334	103	347
福建	82	13	1.60	0.11	0.33	3.42	0.90	20 671	56	335
江西	83	15	1.97	0.01	0.17	3.32	0.90	16 312	44	160
山东	210	15	6.16	0.07	1.36	20.40	5.86	32 975	467	1 137
河南	123	18	3.22		0.35	8.07	2.10	24 771	169	647
湖北	156	27	4.19	0.08	0.42	9.55	2.57	24 552	137	437
湖南	108	22	2.64	0.01	0.15	6.00	1.51	20 410	37	271
广东	159	19	5.48	0.01	0.84	13.96	3.61	25 029	144	1 882
广西	37	4	1.72	0.01	0.66	4.43	1.34	24 412	74	232
海南	19	7	0.81	0.40	0.26	1.62	0.50	17 497	25	1
四川	202	41	3.30		0.16	6.65	1.81	20 191	157	138
贵州	38	3	1.00		0.12	2.95	0.78	30 599	40	…
云南	55	10	1.10	0.04	0.14	2.84	0.64	25 527	45	190
西藏										
陕西	91	10	1.46		0.02	2.50	0.72	16 309	57	267
甘肃	35	2	0.54		0.02	1.00	0.23	18 110	15	27
青海	10	2	0.11			0.14	0.05	13 249		17
宁夏	10		0.38	0.01	0.06	2.43	0.74	50 065	67	3
新疆	17	3	0.88		0.05	1.14	0.34	20 313	15	37

各地区橡胶制品业主要经济指标(二)

(1988年)

地区	固定资产原值(亿元)	固定资产净值(亿元)	流动资金年末占用数(亿元)	产品销售收入(亿元)	亏损企业亏损总额(亿元)	利润总额(亿元)	利润和税金总额(亿元)	企业留利(亿元)	每百元固定资产原值实现产值(元)	每百元固定资产原值实现利税(元)
全国总计	**80.77**	**56.24**	**81.91**	**205.81**	**0.97**	**9.93**	**34.50**	**3.40**	**256.48**	**42.72**
北京	2.64	1.76	2.64	7.33		0.42	1.37	0.13	276.81	51.99
天津	3.77	2.74	2.51	8.62	0.14		0.83	0.06	236.35	22.10
河北	3.00	2.01	3.19	8.43	0.02	0.53	1.29	0.18	275.98	42.91
山西	1.53	1.00	1.67	3.63		0.15	0.53	0.06	223.75	34.73
内蒙古	0.41	0.26	0.43	0.88	0.01	0.02	0.12	0.01	213.40	30.28
辽宁	7.10	4.73	6.90	16.21	0.06	0.81	2.98	0.34	228.59	42.00
吉林	2.09	1.39	2.73	5.02	0.05	0.10	0.70	0.03	243.60	33.49
黑龙江	3.93	2.39	4.83	9.15	0.12	0.16	1.38	0.06	228.05	35.11
上海	6.22	4.47	5.65	22.62	0.03	2.12	5.01	0.76	353.32	80.59
江苏	6.73	5.27	7.01	17.71	0.14	0.70	2.40	0.24	279.60	35.70
浙江	3.15	2.44	4.11	9.87	0.04	0.34	1.37	0.11	340.07	43.63
安徽	2.29	1.57	2.81	6.05	0.05	0.23	0.97	0.10	238.09	42.19
福建	1.41	1.00	1.67	3.42		0.16	0.51	0.04	243.02	36.31
江西	1.48	1.04	1.80	3.43	0.02	0.10	0.54	0.04	224.70	36.45
山东	6.85	4.74	6.78	19.89	0.02	1.40	3.96	0.24	297.92	57.81
河南	3.35	2.40	3.72	8.20	0.04	0.25	1.33	0.07	241.04	39.83
湖北	4.35	2.97	3.53	9.09	0.02	0.47	1.64	0.15	219.46	37.64
湖南	2.53	1.62	2.30	6.15	0.03	0.27	0.92	0.11	237.76	36.61
广东	5.32	3.75	5.82	13.59	0.06	0.51	1.88	0.22	262.56	35.31
广西	1.62	1.10	2.06	4.34	0.01	0.26	0.88	0.04	273.83	54.25
海南	1.06	0.87	1.09	1.71	0.04	0.05	0.26	0.02	153.91	24.46
四川	3.28	2.13	2.83	6.77	0.03	0.23	1.06	0.11	202.41	32.29
贵州	1.24	0.75	0.84	3.09		0.20	0.63	0.08	238.36	50.73
云南	1.44	1.03	1.27	2.93	0.01	0.10	0.45	0.03	196.89	31.29
西藏										
陕西	1.35	0.85	1.32	2.50		0.07	0.40	0.03	135.86	29.49
甘肃	0.50	0.40	0.55	1.07		0.06	0.16	0.04	133.83	26.68
青海	0.13	0.09	0.10	0.15			0.02		111.38	14.53
宁夏	0.95	0.67	1.17	2.75		0.20	0.70	0.06	254.67	73.28
新疆	0.97	0.82	0.60	1.19		0.03	0.21	0.03	117.27	21.48

各地区橡胶制品业主要经济指标(三)

(1988年)

地区	每百元工业总产值占用流动资金(元)	每百元销售收入实现利润(元)	资金利税率(%)	产值利税率(%)	固定资产折旧率(%)	平均每一职工占有的固定资产(元)	平均每一职工创造的工业净产值(元)	平均每一职工创造的利税(元)	平均每一职工上交的利税费(元)	平均每一职工占有的企业留利(元)
全国总计	22.79	4.83	33.35	16.66	5.17	9 614	6 675	4 107	3 366	404
北京	20.48	5.66	42.17	18.78	4.95	12 089	8 915	6 285	4 973	616
天津	19.55	−0.01	18.62	9.35	5.14	12 016	5 747	2 655	2 705	184
河北	23.14	6.25	32.81	15.55	5.61	8 625	5 704	3 701	3 015	517
山西	25.87	4.21	28.21	15.52	4.82	8 942	5 439	3 105	2 562	356
内蒙古	30.09	1.89	23.57	14.19	4.03	6 168	3 610	1 868	1 673	225
辽宁	24.36	4.97	34.34	18.37	5.45	9 000	6 012	3 780	2 940	436
吉林	29.77	1.95	24.10	13.75	4.73	7 961	5 198	2 666	2 461	104
黑龙江	29.95	1.76	27.21	15.40	5.12	9 217	5 211	3 236	3 172	139
上海	12.65	9.36	69.06	22.81	4.68	10 578	11 298	8 524	6 306	1 297
江苏	22.03	3.93	25.51	12.77	5.35	6 977	5 235	2 491	1 958	248
浙江	22.62	3.47	28.28	12.83	5.73	6 496	5 989	2 835	2 280	232
安徽	25.29	3.85	30.93	15.74	5.81	8 547	6 168	3 606	3 183	370
福建	27.08	4.55	26.49	14.94	5.49	9 406	6 011	3 415	2 667	263
江西	35.00	2.86	24.50	16.22	4.66	7 651	4 653	2 789	2 514	192
山东	19.47	7.04	45.46	19.41	4.86	11 635	9 965	6 727	5 238	414
河南	26.80	3.10	29.24	16.52	5.16	10 716	6 705	4 267	3 937	238
湖北	20.46	5.20	33.25	17.15	5.13	10 826	6 387	4 075	3 327	364
湖南	25.59	4.42	29.29	15.40	5.56	9 701	5 785	3 551	2 952	429
广东	22.93	3.74	27.03	13.45	5.97	10 078	6 849	3 559	2 835	423
广西	27.52	6.06	37.92	19.81	4.20	9 879	8 163	5 359	4 228	242
海南	31.28	2.65	18.71	15.89	3.19	13 602	6 473	3 327	2 885	202
四川	26.27	3.38	27.36	15.96	5.93	10 087	5 566	3 257	2 754	337
贵州	18.82	6.31	47.96	21.28	4.71	13 143	8 260	6 667	5 746	847
云南	24.49	3.56	26.16	15.89	4.77	13 504	6 033	4 225	3 692	267
西藏										
陕西	32.24	2.93	23.93	15.87	4.81	9 473	5 050	2 793	2 576	179
甘肃	29.96	5.16	22.56	15.81	4.65	11 145	4 315	2 974	2 470	768
青海	39.51	1.89	13.08	13.04	3.57	11 789	4 293	1 712	1 786	206
宁夏	28.06	7.40	51.62	28.78	4.73	21 905	17 055	16 053	14 356	1 389
新疆	32.75	2.75	17.56	18.32	4.17	20 036	6 977	4 304	3 806	593

各地区塑料制品业主要经济指标(一)

(1988年)

地区	工业企业单位数(个)	#亏损企业(个)	年末职工人数(万人)	基本建设投资额(亿元)	更新改造投资额(亿元)	工业总产值(亿元)	工业净产值(亿元)	全员劳动生产率(元/人·年)	塑料制品(吨)	#聚氯乙烯制品(吨)
全国总计	**14 065**	**1 788**	**138.77**	**1.65**	**3.22**	**324.49**	**73.36**	**18 963**	**3 445 887**	**825 839**
北　京	163	3	3.08		0.10	10.18	2.63	24 754	119 543	29 576
天　津	176	16	2.79	0.02	0.02	9.02	1.89	23 286	119 645	37 818
河　北	643	33	4.85		0.26	10.82	2.47	17 330	122 070	39 756
山　西	193	14	1.98	0.03	0.03	3.46	0.84	14 302	46 239	11 219
内蒙古	111	1	1.00		0.01	1.55	0.38	10 959	19 033	3 475
辽　宁	717	81	9.45	0.02	0.08	16.10	4.22	13 976	186 575	57 567
吉　林	408	48	4.07		0.09	7.18	1.81	13 368	78 700	32 222
黑龙江	362	31	4.09	0.26	0.27	8.64	2.16	14 867	95 887	18 498
上　海	423	32	7.77		0.30	23.49	5.63	24 587	220 792	41 420
江　苏	1 670	266	19.22	0.14	0.08	47.58	9.35	21 400	438 474	84 259
浙　江	2 645	355	16.61		0.10	38.15	8.76	19 522	376 170	58 618
安　徽	628	56	4.39	0.03	0.09	8.13	1.84	15 216	79 715	18 016
福　建	479	53	5.79	0.36	0.15	14.09	2.95	18 472	144 473	69 051
江　西	335	58	2.42	0.01	0.03	3.86	0.91	13 361	44 490	13 929
山　东	703	29	8.67	0.25	0.34	25.77	5.81	24 446	327 870	60 550
河　南	400	52	3.83	0.01	0.02	7.66	1.66	14 680	10 586	30 910
湖　北	676	145	6.53	0.06	0.04	12.53	2.61	16 575	131 935	34 600
湖　南	507	78	4.34		0.03	8.03	1.83	14 352	98 959	28 385
广　东	1 157	192	13.33	0.23	0.89	39.40	8.88	24 436	375 060	70 868
广　西	216	36	1.82		0.07	3.94	0.90	16 363	40 759	10 928
海　南	16	2	0.14	0.03	0.02	0.42	0.13	20 283	3 769	39
四　川	790	131	6.52		0.01	11.05	2.74	13 743	178 152	38 093
贵　州	89	12	0.74		…	1.19	0.29	12 853	16 645	2 977
云　南	99	10	1.08		0.04	2.93	0.69	19 262	43 283	11 437
西　藏	1	1						2 105	29	
陕　西	261	17	1.78	0.01	0.01	3.37	0.71	14 584	38 044	13 305
甘　肃	96	2	1.36	0.13	0.07	2.49	0.61	14 305	33 571	5 122
青　海	13		0.20		0.02	0.38	0.09	12 929	4 654	539
宁　夏	35	2	0.37		…	0.76	0.17	13 906	9 227	950
新　疆	53	2	0.57	0.03	0.02	2.31	0.41	29 330	41 538	1 712

各地区塑料制品业主要经济指标(二)

(1988年)

地区	固定资产原值(亿元)	固定资产净值(亿元)	流动资金年末占用数(亿元)	产品销售收入(亿元)	亏损企业亏损总额(亿元)	利润总额(亿元)	利润和税金总额(亿元)	企业留利(亿元)	每百元固定资产原值实现产值(元)	每百元固定资产原值实现利税(元)
全国总计	131.97	99.82	144.63	302.24	0.91	22.06	34.43	6.30	245.88	26.09
北京	5.67	3.99	4.92	9.63		1.21	1.64	0.30	179.73	28.97
天津	3.45	2.48	3.35	8.83	0.01	0.92	1.25	0.22	261.66	36.20
河北	4.67	3.56	4.79	9.84	0.01	1.00	1.33	0.37	231.89	28.41
山西	1.64	1.22	1.64	3.33		0.22	0.35	0.05	211.19	21.11
内蒙古	0.66	0.50	0.74	1.49		0.10	0.17	0.03	234.65	25.58
辽宁	7.84	5.91	8.46	15.38	0.04	1.34	2.05	0.44	205.33	26.16
吉林	3.10	2.45	4.14	6.79	0.01	0.60	0.92	0.17	231.47	29.69
黑龙江	4.63	3.52	6.50	8.16	0.02	0.71	1.05	0.19	186.71	22.72
上海	7.62	5.56	9.28	23.85	0.03	2.21	3.12	0.61	308.21	40.87
江苏	15.69	12.37	17.83	43.18	0.22	2.40	4.00	0.71	303.33	25.49
浙江	10.22	7.81	15.73	35.66	0.11	2.30	3.78	0.71	373.07	37.02
安徽	3.33	2.55	3.19	7.19	0.02	0.57	0.84	0.16	244.43	25.36
福建	5.10	3.82	5.75	13.04	0.04	0.96	1.50	0.28	276.17	29.37
江西	1.58	1.12	1.76	3.43	0.01	0.15	0.29	0.04	244.07	18.14
山东	13.48	10.43	10.04	22.65	0.02	2.01	3.04	0.48	191.10	22.58
河南	3.13	2.32	3.93	7.15	0.03	0.42	0.72	0.12	244.61	23.07
湖北	5.72	4.21	5.86	11.00	0.04	0.58	1.02	0.22	218.93	17.83
湖南	3.62	2.53	3.61	7.43	0.03	0.46	0.77	0.12	222.09	21.21
广东	16.27	12.59	18.59	37.16	0.18	1.85	3.35	0.47	242.25	20.61
广西	1.67	1.24	1.76	3.59	0.01	0.20	0.36	0.05	235.69	21.58
海南	0.26	0.22	0.31	0.33		0.04	0.05	0.01	161.12	19.35
四川	5.54	4.05	5.59	10.46	0.04	0.76	1.30	0.24	199.27	23.40
贵州	0.91	0.69	0.60	1.08	0.01	0.06	0.11	0.03	130.17	12.36
云南	1.61	1.22	1.37	2.82	0.01	0.27	0.40	0.07	182.77	24.75
西藏	0.02	0.01	0.01						17.04	−0.52
陕西	1.37	1.01	1.55	3.07	0.01	0.17	0.29	0.06	246.40	21.59
甘肃	1.40	1.02	1.26	2.64		0.24	0.35	0.09	177.50	24.72
青海	0.33	0.25	0.24	0.37		0.04	0.05	0.01	117.10	13.93
宁夏	0.52	0.43	0.57	0.71		0.06	0.09	0.01	145.70	17.19
新疆	0.93	0.71	1.27	1.98		0.19	0.24	0.05	248.42	26.32

各地区塑料制品业主要经济指标(三)

(1988年)

地区	每百元工业总产值占用流动资金(元)	每百元销售收入实现利润(元)	资金利税率(%)	产值利税率(%)	固定资产折旧率(%)	平均每一职工占用的固定资产(元)	平均每一职工创造的工业净产值(元)	平均每一职工创造的利税(元)	平均每一职工上交的利税费(元)	平均每一职工占有的企业留利(元)
全国总计	**23.72**	**7.30**	**19.48**	**10.61**	**6.43**	**9 813**	**5 455**	**2 560**	**1 297**	**469**
北京	29.16	12.61	23.57	16.12	4.86	18 367	8 537	5 321	2 779	964
天津	18.42	10.39	30.12	13.83	5.79	12 355	6 777	4 472	2 507	786
河北	21.86	10.21	22.37	12.25	7.00	9 891	5 231	2 810	1 129	775
山西	28.05	6.70	15.77	10.00	6.02	8 484	4 340	1 791	864	283
内蒙古	26.48	6.94	18.65	10.90	6.35	6 766	3 851	1 731	808	334
辽宁	26.23	8.70	20.24	12.74	5.24	8 962	4 827	2 344	1 180	505
吉林	27.10	8.81	20.94	12.83	5.51	7 994	4 663	2 373	1 361	437
黑龙江	30.47	8.70	17.09	12.17	5.86	11 731	5 462	2 665	1 198	475
上海	19.92	9.25	30.42	13.26	6.06	9 969	7 364	4 075	2 163	794
江苏	20.87	5.56	17.93	8.40	6.12	8 407	5 010	2 143	1 133	382
浙江	22.70	6.46	22.98	9.92	6.75	6 293	5 393	2 329	1 181	437
安徽	20.94	7.89	19.83	10.38	6.61	7 949	4 390	2 016	853	378
福建	22.78	7.36	21.32	10.63	7.52	8 386	4 846	2 463	1 265	465
江西	24.55	4.49	13.91	7.43	5.68	6 752	3 884	1 225	708	172
山东	22.71	8.87	18.70	11.81	6.11	16 461	7 093	3 717	1 558	587
河南	31.39	5.88	15.30	9.43	6.12	8 483	4 494	1 957	1 033	328
湖北	25.81	5.30	13.71	8.15	7.41	8 952	4 083	1 597	902	341
湖南	26.18	6.21	16.55	9.55	7.15	8 454	4 271	1 793	952	290
广东	22.67	4.97	15.57	8.51	7.87	13 012	7 103	2 681	1 440	378
广西	27.65	5.62	15.46	9.16	6.47	9 337	5 046	2 015	1 200	268
海南	39.24	12.91	13.13	12.01	3.92	18 996	9 227	3 675	803	511
四川	28.65	7.30	17.99	11.74	6.67	8 755	4 324	2 049	1 013	374
贵州	25.86	5.43	11.27	9.49	6.67	12 878	4 145	1 591	962	424
云南	23.11	9.68	20.95	13.54	6.21	14 938	6 406	3 696	1 559	631
西藏	213.69	−3.82	−0.45	−3.04	3.50	40 605	2 974	−210	132	
陕西	26.96	5.53	15.34	8.76	5.71	7 904	4 083	1 707	1 009	346
甘肃	26.17	9.15	20.71	13.93	6.52	10 631	4 636	2 628	1 446	666
青海	34.60	9.55	11.78	11.89	4.07	16 640	4 716	2 317	1 980	586
宁夏	39.79	8.19	12.28	11.80	4.64	14 372	4 769	2 471	1 076	388
新疆	31.01	9.81	17.09	10.60	5.50	17 372	7 578	4 573	1 901	843

各地区建筑材料及其他非金属矿物制品业主要经济指标(一)

(1988年)

地区	工业企业单位数(个)	#亏损企业(个)	年末职工人数(万人)	基本建设投资额(亿元)	更新改造投资额(亿元)	工业总产值(亿元)	工业净产值(亿元)	全员劳动生产率(元/人·年)
全国总计	**55 859**	**6 826**	**751.35**	**26.45**	**43.79**	**752.91**	**260.10**	**6 864**
北京	487	57	12.18	0.48	1.17	20.12	6.71	12 145
天津	344	39	8.38	0.34	0.38	10.84	3.49	8 752
河北	2 959	174	39.82	1.18	3.12	42.84	16.41	7 476
山西	1 443	113	16.31	0.83	1.26	11.76	4.64	5 678
内蒙古	1 071	110	10.76	0.75	0.83	7.68	3.18	4 461
辽宁	2 574	320	50.43	1.49	4.04	51.34	18.33	6 390
吉林	1 712	180	22.87	0.47	1.66	22.18	8.23	5 835
黑龙江	1 840	171	24.41	0.96	1.52	22.61	7.66	5 167
上海	515	57	15.80	0.44	2.48	29.53	9.60	13 905
江苏	5 842	1 085	100.79	1.06	2.19	95.68	29.44	7 138
浙江	3 974	668	49.86	0.46	1.20	51.75	17.88	6 816
安徽	4 698	408	48.04	0.68	1.11	30.79	10.51	4 651
福建	966	111	11.21	1.21	0.62	13.59	4.81	7 731
江西	2 155	236	24.92	0.40	1.54	18.79	6.70	5 452
山东	3 929	242	50.13	2.19	1.90	56.74	17.72	8 487
河南	2 966	258	38.50	2.04	1.25	34.90	12.21	6 624
湖北	3 023	479	42.64	0.85	1.59	36.49	11.90	6 486
湖南	3 191	383	36.26	0.41	3.01	34.71	12.12	6 629
广东	2 089	208	32.16	4.71	4.70	59.69	21.17	9 620
广西	1 094	122	13.81	0.20	3.13	15.12	6.19	5 913
海南	87	21	1.34	0.24	0.31	1.32	0.48	3 850
四川	4 312	763	48.51	1.18	1.65	39.33	13.63	6 098
贵州	598	99	7.92	0.38	0.47	6.92	2.68	5 788
云南	571	112	8.04	0.17	0.56	7.93	3.00	6 378
西藏	4		0.13	0.01		0.33	0.10	4 627
陕西	1 790	222	16.63	1.31	0.88	12.53	4.25	5 887
甘肃	736	62	9.56	1.05	0.57	8.85	3.74	6 056
青海	174	42	1.86	0.24	0.03	1.42	0.52	4 775
宁夏	230	25	2.19	0.45	0.22	1.69	0.73	5 433
新疆	485	59	5.88	0.29	0.39	5.47	2.09	5 525

各地区建筑材料及其他非金属矿物制品业主要经济指标(二)

(1988年)

地　　区	水泥（万吨）	平板玻璃（万重量箱）	卫生陶瓷（万件）	砖（亿块）	瓦（亿片）	日用陶瓷器（万件）	日用玻璃制品（万吨）	固定资产原值（亿元）	固定资产净值（亿元）
全国总计	**21 014**	**7 293**	**1 355**	**4 688**	**580**	**531 875**	**530**	**648.93**	**470.07**
北　京	334	169	18	60	1	962	18	20.46	13.82
天　津	129	179	15	59	1	71	9	9.58	6.55
河　北	1 427	978	493	361	7	46 225	21	37.40	27.71
山　西	567	98	31	167	25	19 237	12	13.98	10.15
内蒙古	240	119		59	2	902	5	10.76	8.02
辽　宁	1 321	828	51	165	2	7 363	25	50.36	35.05
吉　林	421	159	2	116	1	4 329	16	20.39	14.43
黑龙江	524	382	10	139	2	2 609	9	25.47	18.90
上　海	262	416	16	44	1		22	21.38	15.45
江　苏	1 661	332	53	530	16	21 660	53	53.19	37.94
浙　江	1 315	215	30	240	15	23 773	13	32.00	22.84
安　徽	926	103	36	268	12	13 339	21	26.53	19.88
福　建	453	98	7	51	29	23 693	7	12.30	9.22
江　西	503	29	1	85	31	44 092	9	15.69	11.35
山　东	1 865	553	140	610	39	43 048	92	42.71	31.98
河　南	1 164	878	143	549	79	35 259	25	28.86	19.82
湖　北	1 080	171	26	253	28	11 945	20	32.11	23.07
湖　南	1 066	347	35	137	66	72 202	19	31.43	22.40
广　东	1 746	372	143	183	50	81 006	37	41.85	31.80
广　西	573	115	13	63	28	23 330	14	14.67	10.98
海　南	45			7	1	678		1.82	1.43
四　川	1 405	161		232	99	31 315	58	40.41	29.09
贵　州	293	42		32	14	4 259	4	10.16	7.41
云　南	443	106	1	47	15	11 676	4	11.89	8.69
西　藏	9							0.08	0.03
陕　西	503	144	71	139	13	3 954	9	16.40	12.03
甘　肃	339	221	4	37	5	1 928	5	12.05	8.59
青　海	54	10		8		84		2.86	2.21
宁　夏	87	8	5	12	1	1 880	1	2.43	1.86
新　疆	257	61	12	36		1 045	3	9.70	7.38

各地区建筑材料及其他非金属矿物制品业主要经济指标(三)

(1988年)

地区	流动资金年末占用数(亿元)	产品销售收入(亿元)	亏损企业亏损总额(亿元)	利润总额(亿元)	利润和税金总额(亿元)	企业留利(亿元)	每百元固定资产原值实现产值(元)	每百元固定资产原值实现利税(元)
全国总计	**341.90**	**720.53**	**6.64**	**65.05**	**115.99**	**24.84**	**116.02**	**17.87**
北京	10.33	19.99	0.11	2.38	3.71	0.88	98.32	18.11
天津	4.77	10.33	0.08	0.94	1.52	0.35	113.24	15.87
河北	18.18	42.28	0.23	5.78	8.88	2.03	114.55	23.74
山西	6.96	11.01	0.07	1.30	2.09	0.42	84.13	14.94
内蒙古	4.54	7.73	0.07	0.84	1.38	0.33	71.30	12.84
辽宁	27.00	50.27	0.46	4.38	8.28	1.76	101.95	16.44
吉林	11.76	21.95	0.15	2.77	4.35	1.12	108.76	21.35
黑龙江	13.69	21.38	0.26	1.42	2.71	0.60	88.75	10.64
上海	12.90	29.85	0.26	3.47	5.00	1.59	138.13	23.39
江苏	45.47	87.81	0.93	3.99	9.91	1.69	179.86	18.64
浙江	22.67	50.23	0.39	4.19	7.91	1.45	161.70	24.73
安徽	11.02	28.71	0.22	2.21	4.07	0.95	116.08	15.36
福建	5.39	13.43	0.23	1.29	2.31	0.52	110.49	18.78
江西	8.03	18.69	0.24	1.35	2.62	0.53	119.72	16.68
山东	23.80	49.22	0.21	4.39	7.85	1.37	132.86	18.37
河南	15.71	31.85	0.21	3.26	5.69	1.29	120.92	19.71
湖北	16.11	32.66	0.47	2.30	4.47	1.04	113.61	13.92
湖南	13.14	34.08	0.29	3.18	5.54	1.14	110.45	17.63
广东	20.66	59.40	0.27	6.14	10.72	2.08	142.62	25.61
广西	6.82	15.18	0.06	2.28	3.55	0.67	103.03	24.21
海南	0.61	1.22	0.02	0.11	0.15	0.06	72.79	8.45
四川	18.58	38.63	0.68	2.71	5.58	1.17	97.32	13.82
贵州	3.45	6.71	0.08	0.71	1.29	0.27	68.11	12.66
云南	3.38	7.94	0.11	0.93	1.53	0.35	66.71	12.83
西藏	0.07	0.31		0.04	0.05	0.01	412.46	58.56
陕西	6.82	12.19	0.34	0.71	1.58	0.36	76.40	9.62
甘肃	4.67	8.95	0.05	1.30	1.97	0.54	73.45	16.35
青海	1.11	1.42	0.05	0.08	0.17	0.06	49.47	6.08
宁夏	0.95	1.63	0.02	0.19	0.31	0.08	69.42	12.74
新疆	3.30	5.49	0.08	0.43	0.79	0.14	59.42	8.18

各地区建筑材料及其他非金属矿物

(1988年)

地　区	每百元工业总产值占用流动资金（元）	每百元销售收入实现利润（元）	资金利税率（%）	产值利税率（%）	固定资产折旧率（%）
全国总计	**23.52**	**9.03**	**17.92**	**15.41**	**5.32**
北　京	28.08	11.91	19.04	18.42	4.95
天　津	25.06	9.06	16.39	14.01	5.67
河　北	24.01	13.68	23.37	20.73	5.06
山　西	33.93	11.79	14.77	17.75	4.55
内蒙古	33.48	10.87	13.05	18.01	3.78
辽　宁	27.83	8.71	16.78	16.13	4.46
吉　林	28.61	12.64	20.95	19.63	4.71
黑龙江	32.57	6.65	10.32	11.99	4.20
上　海	20.75	11.64	23.17	16.93	5.04
江　苏	23.15	4.54	16.50	10.36	5.98
浙　江	19.85	8.34	23.90	15.30	7.00
安　徽	18.47	7.69	15.93	13.23	6.11
福　建	20.83	9.59	19.17	17.00	5.65
江　西	24.19	7.21	16.47	13.93	5.12
山　东	22.86	8.92	17.46	13.83	5.71
河　南	24.31	10.23	20.10	16.30	5.22
湖　北	22.93	7.05	14.22	12.25	5.57
湖　南	22.31	9.34	18.38	15.96	5.50
广　东	15.77	10.33	26.01	17.95	6.04
广　西	18.78	14.99	25.71	23.50	4.83
海　南	22.90	9.40	8.86	11.61	3.95
四　川	22.99	7.00	14.64	14.20	6.01
贵　州	27.12	10.62	13.85	18.58	5.04
云　南	22.17	11.66	14.59	19.24	4.67
西　藏	15.54	13.05	54.62	14.20	5.75
陕　西	29.13	5.79	10.06	12.59	4.70
甘　肃	30.36	14.55	17.48	22.26	4.43
青　海	50.34	5.44	5.96	12.29	3.54
宁　夏	34.66	11.69	12.67	18.35	3.96
新　疆	32.61	7.74	8.65	14.50	4.05

制品业主要经济指标(四)

平均每一职工占有的固定资产(元)	平均每一职工创造的工业净产值(元)	平均每一职工创造的利润和税金(元)	平均每一职工上交的利税费(元)	平均每一职工占有的企业留利(元)
8 514	**3 453**	**1 540**	**1 002**	**330**
16 500	5 413	2 989	2 019	707
10 688	3 893	1 696	991	387
8 917	3 913	2 117	1 252	485
8 840	2 937	1 320	799	264
9 089	2 683	1 167	783	280
8 517	3 463	1 565	1 028	333
8 250	3 329	1 761	1 075	455
9 013	2 711	959	657	213
13 750	6 175	3 216	1 874	1 023
5 307	2 937	989	764	168
6 584	3 678	1 628	1 063	298
5 638	2 233	866	523	202
11 225	4 390	2 109	1 492	470
6 492	2 771	1 083	806	219
8 347	3 462	1 534	934	267
7 700	3 259	1 518	939	344
7 723	2 861	1 075	773	250
8 911	3 436	1 571	1 004	322
13 515	6 837	3 461	2 068	670
11 163	4 707	2 703	1 467	507
14 756	3 869	1 248	429	477
8 601	2 901	1 188	863	250
13 234	3 496	1 675	1 208	345
15 095	3 807	1 937	1 180	450
6 186	7 653	3 622	589	945
10 004	2 592	962	850	218
12 472	3 874	2 039	1 329	557
14 101	2 561	857	664	301
10 865	3 264	1 384	867	362
15 993	3 440	1 308	907	233

各地区黑色金属冶炼及压延

(1988年)

地区	工业企业单位数(个)	#亏损企业(个)	年末职工人数(万人)	基本建设投资额(亿元)	更新改造投资额(亿元)
全国总计	3015	334	301.74	60.95	89.39
北京	26	5	10.53	0.17	6.46
天津	43	2	5.81	2.25	1.10
河北	215	8	20.57	4.65	5.38
山西	292	37	17.41	0.69	2.87
内蒙古	52	2	10.19	0.82	2.07
辽宁	347	32	52.25	4.25	21.48
吉林	88	3	6.26	0.04	1.83
黑龙江	73	3	5.75	0.01	2.02
上海	72	3	18.17	36.14	4.89
江苏	299	47	15.13	0.06	3.18
浙江	121	16	4.74		0.99
安徽	81	12	11.07	1.38	2.40
福建	81	4	3.17	0.22	0.62
江西	37	2	7.21	0.01	1.12
山东	146	16	10.20	0.13	1.90
河南	105	11	8.44	0.12	1.59
湖北	138	29	23.73	1.81	5.14
湖南	92	11	8.30	0.32	1.27
广东	127	11	6.10	0.04	2.26
广西	40	9	3.39	0.45	1.11
海南	2	1	0.09		0.03
四川	272	38	27.41	5.05	11.79
贵州	56	8	5.20	0.43	2.50
云南	65	7	5.65	0.12	1.35
西藏					
陕西	65	11	4.30	0.53	1.67
甘肃	31	3	4.90	0.52	1.05
青海	8	1	1.56	0.34	0.56
宁夏	24	1	1.02		0.04
新疆	17	1	3.18	0.38	0.72

加工业主要经济指标(一)

工业总产值 (亿元)	工业净产值 (亿元)	全员劳动生产率 (元/人·年)	钢 (万吨)	生　铁 (万吨)
931.06	**273.50**	**19 607**	**5 943**	**5 704**
39.83	19.40	28 071	369	336
35.41	6.27	35 842	156	98
48.53	13.57	13 725	309	399
41.36	11.45	16 073	216	404
22.23	6.58	14 112	221	227
157.69	57.72	20 743	1 208	1 192
18.57	4.86	16 340	55	61
15.98	4.54	16 218	93	45
120.21	27.75	42 827	860	512
60.30	10.41	24 446	152	146
17.02	4.04	20 984	51	34
24.96	7.93	13 628	209	275
8.89	2.59	13 884	40	43
20.71	4.69	16 501	106	85
29.73	7.29	17 110	191	249
21.98	6.22	14 399	139	152
76.53	27.05	23 768	600	498
22.04	6.52	15 198	123	139
19.25	4.40	17 065	98	72
7.84	2.45	10 296	38	41
0.08	0.02	3 022		1
73.87	22.33	16 927	449	380
9.11	3.21	9 422	33	69
9.25	3.48	9 586	68	100
9.62	2.47	13 167	44	38
9.21	2.69	9 724	56	71
4.23	1.19	17 102	29	
2.46	0.75	12 884	2	4
4.18	1.63	7 119	27	35

各地区黑色金属冶炼及压延

（1988年）

地　　区	成品钢材（万吨）	铁合金（万吨）	固定资产原值（亿元）	固定资产净值（亿元）	流动资金年末占用数（亿元）	产品销售收入（亿元）
全国总计	**4 689**	**208**	**864.13**	**611.79**	**345.42**	**924.15**
北　京	315	2	40.65	26.77	12.71	44.72
天　津	180	1	15.06	10.63	8.96	33.54
河　北	248	5	34.17	24.42	16.82	47.98
山　西	128	16	37.37	24.26	16.75	41.21
内蒙古	138	4	34.10	23.87	10.50	22.85
辽　宁	904	13	173.09	107.77	55.02	159.62
吉　林	58	26	12.48	8.94	7.21	18.98
黑龙江	76	1	10.90	6.78	7.73	15.22
上　海	473	15	149.80	129.73	52.09	122.48
江　苏	189	3	21.93	15.98	17.74	47.33
浙　江	72	11	7.41	4.98	5.04	14.05
安　徽	170	2	30.64	20.54	8.32	26.17
福　建	44	2	5.76	4.06	2.75	8.92
江　西	94	18	12.60	8.49	7.40	20.89
山　东	141	2	19.68	13.60	8.36	29.19
河　南	119	5	17.54	13.12	8.86	22.97
湖　北	552	7	79.99	52.55	26.46	78.58
湖　南	110	13	18.38	12.80	7.27	22.30
广　东	110	2	11.15	7.61	7.09	19.39
广　西	41	7	6.25	4.44	2.82	6.95
海　南			0.19	0.14	0.08	0.12
四　川	337	15	61.84	43.59	30.96	73.08
贵　州	23	13	10.80	7.80	4.91	8.81
云　南	57	3	10.87	7.43	4.18	9.94
西　藏						
陕　西	29	3	9.40	7.14	5.51	8.92
甘　肃	29	9	19.18	15.07	3.99	9.21
青　海	23	3	4.56	3.42	2.69	4.00
宁　夏	4	5	2.05	1.56	0.97	2.63
新　疆	21	1	6.32	4.31	2.25	4.11

加工业主要经济指标(二)

亏损企业亏损总额(亿元)	利润总额(亿元)	利润和税金总额(亿元)	企业留利(亿元)	每百元固定资产原值实现产值(元)	每百元固定资产原值实现利税(元)
1.01	109.06	194.98	48.34	107.75	22.56
0.01	16.28	21.00	9.98	97.98	51.66
	1.98	3.78	0.50	235.13	25.08
0.02	4.80	8.98	2.01	142.01	26.28
0.07	3.22	7.46	0.88	110.68	19.96
	1.77	4.11	0.51	65.18	12.04
0.06	25.30	42.04	9.69	91.11	24.29
0.01	2.08	3.62	0.86	148.82	29.00
	1.36	2.66	0.43	146.61	24.41
0.01	10.80	21.30	4.99	80.24	14.22
0.16	2.84	5.43	1.43	274.97	24.75
0.02	1.33	2.49	0.52	229.75	33.64
0.10	2.97	5.61	0.73	81.48	18.32
	0.72	1.48	0.08	154.28	25.69
0.07	1.13	3.16	0.28	164.42	25.09
0.05	3.23	5.35	1.52	151.06	27.20
0.02	2.50	4.58	1.69	125.35	26.09
0.03	11.40	20.89	4.98	95.68	26.12
0.01	1.91	4.07	0.55	119.91	22.13
0.02	1.93	3.19	1.28	172.60	28.61
0.05	0.91	1.64	0.19	125.46	26.31
	0.01	0.01	0.01	42.11	5.50
0.20	6.16	13.39	3.57	119.47	21.66
0.01	1.05	1.80	0.31	84.32	16.63
0.04	1.26	2.25	0.51	85.14	20.67
0.03	0.64	1.30	0.25	102.35	13.82
	0.66	1.39	0.24	48.00	7.26
	0.16	0.68	0.08	92.75	14.99
	0.47	0.67	0.15	120.20	32.77
	0.21	0.65	0.10	66.12	10.36

各地区黑色金属冶炼及压延加工业主要经济指标(三)

(1988年)

地区	每百元工业总产值占用流动资金(元)	每百元销售收入实现利润(元)	资金利税率(%)	产值利税率(%)	固定资产折旧率(%)	平均每一职工占有的固定资产(元)	平均每一职工创造的工业净产值(元)	平均每一职工创造的利税(元)	平均每一职工上交的利税费(元)	平均每一职工占有的企业留利(元)
全国总计	**23.24**	**11.80**	**23.54**	**20.94**	**3.88**	**29 454**	**9 322**	**6 616**	**4 446**	**1 648**
北京	19.06	36.40	61.12	52.73	2.97	40 090	19 129	20 711	10 868	9 840
天津	16.86	5.90	22.75	10.67	4.31	26 242	10 927	6 581	4 419	863
河北	21.29	10.01	25.84	18.50	4.04	17 406	6 912	4 574	3 039	1 025
山西	24.40	7.82	21.71	18.03	4.07	22 145	6 783	4 420	2 901	523
内蒙古	31.04	7.73	13.34	18.47	3.24	34 410	6 640	4 143	2 622	515
辽宁	19.37	15.85	30.39	26.66	3.68	33 799	11 271	8 209	5 518	1 891
吉林	21.58	10.96	27.96	19.49	3.44	20 344	7 924	5 900	3 918	1 410
黑龙江	28.03	8.96	23.63	16.65	4.05	19 391	8 084	4 732	3 192	765
上海	27.26	8.82	13.11	17.72	3.36	83 231	15 420	11 833	8 870	2 773
江苏	18.52	6.00	20.00	9.00	5.09	15 275	7 250	3 781	2 299	999
浙江	18.96	9.44	30.35	14.64	5.45	16 122	8 784	5 424	3 767	1 137
安徽	23.55	11.36	21.25	22.48	4.85	28 521	7 386	5 225	3 731	680
福建	21.85	8.06	24.67	16.65	5.22	18 378	8 275	4 722	2 913	267
江西	24.78	5.40	23.20	15.26	3.70	17 934	6 681	4 499	3 876	397
山东	17.82	11.05	28.33	18.01	4.01	19 842	7 349	5 397	3 104	1 533
河南	26.89	10.89	24.05	20.82	4.17	21 390	7 585	5 581	3 236	2 066
湖北	23.00	14.50	29.78	27.30	4.84	35 149	11 885	9 181	6 413	2 188
湖南	24.75	8.54	22.28	18.46	4.29	22 846	8 101	5 057	3 636	683
广东	20.65	9.96	27.54	16.58	4.99	18 600	7 346	5 322	2 865	2 140
广西	24.32	13.03	25.93	20.97	3.71	18 738	7 334	4 931	4 172	578
海南	95.06	6.77	4.69	13.06	3.74	20 094	2 031	1 105	173	1 127
四川	25.53	8.43	21.44	18.13	4.04	23 106	8 345	5 004	3 680	1 332
贵州	34.87	11.91	16.37	19.73	3.49	21 522	6 396	3 530	2 633	627
云南	29.21	12.65	22.18	24.28	3.95	19 514	6 242	4 034	2 129	907
西藏										
陕西	41.70	7.15	11.65	13.51	3.32	22 654	5 959	3 132	1 925	614
甘肃	34.89	7.19	7.62	15.13	2.10	40 071	5 623	2 911	1 961	497
青海	41.35	3.96	13.21	16.16	5.30	49 914	7 805	4 485	7 248	552
宁夏	26.97	18.02	30.11	27.27	4.26	20 563	7 567	6 739	2 780	1 529
新疆	41.84	5.14	10.81	15.67	4.20	20 229	5 221	2 096	1 594	317

各地区金属制品业主要经济指标(一)

(1988年)

地区	工业企业单位数(个)	#亏损企业(个)	年末职工人数(万人)	基本建设投资额(亿元)	更新改造投资额(亿元)	工业总产值(亿元)	工业净产值(亿元)	全员劳动生产率(元/人·年)	日用搪瓷制品(吨)	搪瓷面盒(万个)	搪瓷口杯(万个)
全国总计	**29 841**	**3 364**	**289.92**	**2.07**	**7.78**	**411.51**	**117.99**	**12 693**	**171 059**	**6 782**	**9 300**
北　京	473	45	7.41		0.52	13.58	4.61	16 436	5 489	211	17
天　津	490	44	10.48	0.17	0.46	20.19	5.18	15 771	7 250	261	463
河　北	1 489	61	13.15	0.13	0.33	16.70	4.76	11 390	4 322	171	231
山　西	840	77	7.78		0.03	7.68	2.42	8 992	2 543	143	80
内蒙古	666	26	4.79	0.01	0.08	4.39	1.29	7 648	1 857	57	
辽　宁	1 782	207	25.93	0.33	0.36	29.75	9.35	9 807	9 211	354	345
吉　林	895	87	9.22	0.01	0.37	9.74	3.07	8 792	3 774	244	61
黑龙江	1 147	134	14.30	0.02	0.76	13.10	4.24	7 985	5 442	381	173
上　海	910	85	21.08		1.08	42.87	13.63	17 727	33 422	660	1 297
江　苏	3 043	570	33.62	0.01	0.61	51.25	12.88	14 446	17 825	245	425
浙　江	2 407	313	18.21	0.11	0.17	28.02	8.26	14 793	6 544	190	188
安　徽	1 396	111	8.26	0.10	0.32	9.32	2.52	9 874	4 831	220	209
福　建	607	69	4.31	0.04	0.04	4.74	1.22	10 319	4 004	195	402
江　西	791	77	4.67	0.03	0.08	4.63	1.35	8 862	2 716	181	277
山　东	1 506	119	19.26	0.04	0.20	31.43	8.10	15 072	11 115	834	299
河　南	1 007	89	10.03	0.04	0.20	9.77	2.70	8 445	5 405	162	799
湖　北	1 460	242	14.38	0.42	0.23	18.83	4.79	12 033	7 007	208	309
湖　南	1 172	169	7.39	0.01	0.16	9.90	2.65	11 275	4 019	184	227
广　东	1 734	188	17.40	0.28	0.68	38.82	11.54	21 343	8 601	487	2 037
广　西	858	72	3.80	0.02	0.06	4.52	1.38	10 186	2 277	48	169
海　南	60	9	0.54	0.05	0.04	0.40	0.10	6 608			
四　川	2 384	326	15.96	0.08	0.40	19.80	5.46	10 425	10 525	522	647
贵　州	287	36	2.59	0.02	0.18	2.98	0.84	8 962	915	59	91
云　南	534	63	3.21	0.01	0.05	5.06	1.23	11 982	3 072	153	103
西　藏	4		0.01			0.01		7 462			
陕　西	911	86	5.92	0.11	0.18	7.06	2.25	9 838	4 824	256	402
甘　肃	562	28	3.25	0.01	0.02	3.42	1.07	9 179	1 799	115	27
青　海	89	9	0.82	0.01	0.08	1.18	0.37	11 726	373	37	20
宁　夏	140	5	0.76	0.02	0.07	0.90	0.27	10 726	460	15	
新　疆	196	17	1.38		0.03	1.45	0.47	8 864	1 437	99	2

各地区金属制品业

(1988年)

地区	日用精铝制品(吨)	铝锅(万口)	固定资产原值(亿元)	固定资产净值(亿元)	流动资金年末占用数(亿元)	产品销售收入(亿元)
全国总计	89 890	4 456.04	182.30	124.27	214.37	385.29
北京	3 290	208.50	6.77	4.52	8.33	13.01
天津	5 131	231.42	9.26	6.02	9.65	19.32
河北	2 442	116.01	7.32	4.99	9.17	15.75
山西	1 365	54.62	4.58	3.06	4.96	7.18
内蒙古	506	7.88	2.44	1.65	2.46	4.32
辽宁	6 016	111.37	13.85	9.33	17.74	29.27
吉林	1 353	35.89	4.96	3.32	6.46	9.37
黑龙江	1 995	27.85	6.80	4.01	8.43	12.57
上海	5 068	472.79	17.46	11.86	20.27	42.65
江苏	5 871	329.76	17.88	13.24	23.51	45.08
浙江	10 890	472.61	9.33	6.95	13.21	26.76
安徽	1 814	206.00	3.76	2.57	3.85	8.32
福建	3 190	167.20	1.91	1.21	2.19	4.65
江西	1 710	45.96	2.08	1.29	2.20	4.23
山东	7 866	219.52	13.99	9.96	14.48	26.44
河南	2 892	32.30	5.08	3.43	5.73	9.28
湖北	4 512	720.49	8.35	5.77	9.66	16.04
湖南	3 420	185.07	4.30	2.64	4.63	9.53
广东	9 212	266.44	14.66	10.60	22.73	36.95
广西	2 374	131.21	2.32	1.42	2.03	4.26
海南	17	3.09	0.27	0.18	0.23	0.43
四川	2 548	151.98	10.35	6.71	10.11	19.40
贵州	993	48.56	2.30	1.57	1.33	2.90
云南	1760	79.44	2.59	1.54	2.72	4.22
西藏					0.01	0.01
陕西	634	38.63	5.13	3.42	4.09	6.67
甘肃	445	41.56	2.17	1.50	2.01	3.27
青海	2 003		0.92	0.59	0.75	1.13
宁夏	170	20.04	0.61	0.40	0.51	0.87
新疆	403	29.85	0.87	0.52	0.93	1.40

主要经济指标(二)

亏损企业亏损总额(亿元)	利润总额(亿元)	利润和税金总额(亿元)	企业留利(亿元)	每百元固定资产原值实现产值(元)	每百元固定资产原值实现利税(元)
1.75	**31.41**	**50.10**	**11.38**	**225.73**	**27.48**
0.05	1.57	2.18	0.64	200.59	32.22
0.09	1.73	2.53	0.57	218.08	27.30
0.03	1.37	2.06	0.57	228.08	28.16
0.04	0.54	0.89	0.18	167.83	19.47
0.01	0.29	0.50	0.12	179.64	20.26
0.15	2.65	4.26	0.98	214.78	30.75
0.05	0.70	1.20	0.27	196.56	24.29
0.08	0.90	1.58	0.34	192.80	23.25
0.11	5.96	8.20	1.61	245.58	46.95
0.30	2.34	4.39	0.80	285.73	24.57
0.12	2.07	3.46	0.72	300.32	37.04
0.04	0.61	1.01	0.27	247.90	26.88
0.03	0.22	0.43	0.09	247.91	22.73
0.03	0.22	0.42	0.10	222.17	20.36
0.05	2.27	3.52	0.59	224.75	25.18
0.02	0.58	1.05	0.21	192.18	20.59
0.11	0.98	1.75	0.49	225.60	20.92
0.05	0.62	1.07	0.21	230.21	24.83
0.17	2.36	4.02	1.22	264.81	27.42
0.02	0.26	0.48	0.09	195.05	20.73
0.02	0.01	0.02	0.01	149.68	5.69
0.10	1.38	2.32	0.56	191.28	22.45
0.01	0.21	0.34	0.07	129.67	14.98
0.01	0.40	0.59	0.17	195.36	22.88
				214.40	35.33
0.02	0.64	0.98	0.23	137.62	19.02
0.03	0.26	0.41	0.13	157.22	19.02
	0.08	0.15	0.05	128.96	16.00
	0.07	0.11	0.03	148.09	18.46
0.01	0.10	0.17	0.05	167.48	19.84

各地区金属制品业主要经济指标(三)

(1988年)

地区	每百元工业总产值占用流动资金(元)	每百元销售收入实现利润(元)	资金利税率(%)	产值利税率(%)	固定资产折旧率(%)	平均每一职工占有的固定资产(元)	平均每一职工创造的工业净产值(元)	平均每一职工创造的利润和税金(元)	平均每一职工上交的利税费(元)	平均每一职工占有的企业留利(元)
全国总计	**29.03**	**8.15**	**20.55**	**12.17**	**5.72**	**6 435**	**4 165**	**1 768**	**1 027**	**402**
北京	35.30	12.08	23.42	16.06	5.74	9 138	6 224	2 944	1 648	868
天津	26.16	8.93	22.37	12.52	5.19	8 864	4 954	2 420	1 383	547
河北	33.64	8.72	19.44	12.35	6.03	5 715	3 714	1 610	804	447
山西	39.03	7.56	14.71	11.60	5.22	6 063	3 211	1 180	651	241
内蒙古	34.04	6.62	15.75	11.28	4.34	5 255	2 775	1 065	585	267
辽宁	31.37	9.07	22.82	14.31	5.36	5 472	3 692	1 682	1 000	388
吉林	35.00	7.45	17.89	12.36	4.69	5 471	3 384	1 329	779	302
黑龙江	37.39	7.19	17.73	12.06	5.93	4 832	3 014	1 123	669	241
上海	24.97	13.99	36.32	19.12	5.65	8 372	6 534	3 931	2 392	772
江苏	26.95	5.20	16.24	8.57	6.05	5 457	3 932	1 341	831	245
浙江	25.11	7.72	24.72	12.33	6.44	5 238	4 640	1 940	1 101	402
安徽	23.34	7.38	21.30	10.84	6.11	4 671	3 129	1 255	672	332
福建	25.74	4.77	17.89	9.17	6.86	4 638	2 963	1 054	720	217
江西	27.32	5.22	16.63	9.16	5.50	4 556	2 957	928	594	208
山东	27.70	8.58	18.86	11.20	5.95	7 522	4 357	1 894	960	317
河南	36.11	6.21	15.05	10.72	4.98	5 252	2 789	1 082	653	215
湖北	27.01	6.10	16.09	9.27	5.87	5 937	3 406	1 242	788	349
湖南	26.94	6.53	20.10	10.78	6.61	5 922	3 647	1 470	899	287
广东	26.30	6.38	19.32	10.35	6.48	8 785	6 917	2 409	1 325	729
广西	27.02	6.20	18.22	10.63	5.50	6 272	3 722	1 300	841	248
海南	38.74	1.99	4.51	3.80	4.43	5 375	2 039	306	144	243
四川	32.48	7.11	17.69	11.74	5.72	6 596	3 477	1 481	897	357
贵州	26.55	7.18	14.55	11.55	4.61	9 055	3 322	1 357	823	284
云南	31.34	9.46	18.98	11.71	5.56	8 235	3 914	1 884	885	530
西藏	28.14	15.81	26.69	16.48	4.08	3 472	4 443	1 226	75	1 057
陕西	35.23	9.58	16.52	13.82	4.72	8 774	3 845	1 669	1 012	392
甘肃	36.80	8.02	15.02	12.10	4.55	6 790	3 334	1 292	704	421
青海	39.72	7.38	13.82	12.41	4.63	11 476	4 612	1 836	1 141	618
宁夏	37.53	7.67	15.24	12.46	4.81	7 994	3 583	1 476	893	344
新疆	33.89	7.07	16.90	11.85	5.49	6 421	3 478	1 274	740	396

各地区机械工业主要经济指标(一)

(1988年)

地区	工业企业单位数(个)	#亏损企业(个)	年末职工人数(万人)	基本建设投资额(亿元)	更新改造投资额(亿元)	工业总产值(亿元)	工业净产值(亿元)	全员劳动生产率(元/人·年)	工业锅炉(台)	内燃机生产量(万千瓦)	金属切削机床(台)
全国总计	**43 059**	**3 629**	**980.07**	**15.78**	**67.67**	**1 554.31**	**472.79**	**14 136**	**39 289**	**8 496.69**	**191 711**
北京	665	27	26.25	0.32	2.75	54.19	17.36	17 934	1 670	990.80	6 342
天津	721	66	26.20	0.08	1.94	53.60	16.50	18 039	357	194.05	2 319
河北	2 344	115	46.33	0.58	2.76	58.16	17.79	11 282	2 370	69.56	3 521
山西	1 122	72	31.72	0.60	1.80	35.08	10.03	9 579	1 183	35.24	1 678
内蒙古	556	38	13.56	0.16	0.77	13.48	3.73	9 139	933	16.55	1 669
辽宁	3 335	328	99.47	2.14	6.15	131.42	43.42	11 409	4 230	521.73	21 225
吉林	1 139	96	24.91	0.32	0.94	31.34	8.73	11 100	2 220	821.62	2 390
黑龙江	1 527	196	45.58	1.84	2.05	57.46	16.56	11 201	3 222	76.86	4 306
上海	1 641	80	67.16	1.04	9.13	165.52	55.12	21 525	2 648	501.29	14 855
江苏	4 633	507	105.22	0.76	5.70	200.38	55.09	17 593	5 193	1 051.17	21 101
浙江	6 011	529	52.01	0.56	2.32	85.51	27.56	15 430	1 107	240.58	32 788
安徽	1 605	126	23.08	0.16	1.69	31.47	9.23	12 212	766	165.32	4 420
福建	867	70	13.64	0.22	0.90	20.72	6.29	13 479	442	92.67	2 834
江西	1 288	102	20.84	0.37	1.28	23.68	7.38	10 506	417	166.76	6 875
山东	2 316	114	53.51	0.63	4.27	120.10	33.38	17 535	3 165	667.77	13 964
河南	1 837	128	52.43	1.34	2.30	73.99	21.32	12 315	1 928	286.22	3 317
湖北	1 661	205	42.50	0.82	3.14	58.86	18.25	12 906	1 239	1 339.75	7 906
湖南	1 725	162	33.76	0.49	2.83	47.32	14.70	12 070	1 180	303.74	3 401
广东	1 636	113	32.67	0.30	3.72	69.54	20.90	18 657	655	114.00	9 584
广西	695	45	12.23	0.07	1.39	22.80	7.07	16 131	644	157.68	4 959
海南	57	8	0.94	0.01	0.03	0.91	0.28	8 502			
四川	2 937	260	67.54	1.28	3.73	95.96	29.69	12 044	1 021	400.72	8 815
贵州	286	32	10.30	0.40	1.04	14.66	5.31	12 862	90	88.39	972
云南	330	26	11.13	0.15	0.97	17.14	5.59	13 505	186	69.84	3 975
西藏	4	1						3 235			
陕西	1 208	113	31.34	0.72	2.62	39.66	11.98	11 430	1 035	53.77	4 413
甘肃	400	18	12.34	0.19	0.52	14.65	4.48	10 783	609	36.92	685
青海	115	11	4.44	0.06	0.34	5.33	1.77	10 362	107	23.53	1 132
宁夏	144	7	4.24	0.06	0.36	5.12	1.46	10 006	41	10.16	1 747
新疆	255	34	4.77	0.11	0.25	6.25	1.83	10 692	631		518

各地区机械工业主要经济指标(二)

(1988年)

地区	锻压机械(台)	起重设备(吨)	输送机械(吨)	工矿电机车(辆)	泵(万台)	风机(万台)	气体压缩机(台)	滚动轴承(万套)	矿山设备(吨)	冶炼设备(吨)	金属轧制设备(吨)
全国总计	**90 952**	**571 352**	**256 335**	**4 647**	**411**	**55**	**67 653**	**48 350**	**383 631**	**62 862**	**56 415**
北京	1 065	31 209	6 384		9	5	547	441	21 809		3 631
天津	1 509	15 573	758		5	1	88	247	776	2 263	2 599
河北	1 069	11 221	39 507	408	33	3	1 335	1 727	11 613	8 143	
山西	1 474	9 874	11 580	301	5	3	1 081	801	16 351		3 367
内蒙古	413	2 277	2 393	50	6		273	225	2 415	584	
辽宁	4 440	77 515	31 674	72	42	6	6 037	2 591	45 459	21 079	3 502
吉林	79	10 831	11 306	67	9	2	618	525	11 929	1 630	1 186
黑龙江	1 498	6 887	4 678	1 322	5	1	525	5 004	5 436	4 590	12 438
上海	7 002	100 951	4 155		18	6	508	4 123	21 449	5 378	2 764
江苏	18 089	49 718	14 168	217	35	4	33 868	3 813	20 130	540	7 420
浙江	22 836	59 066	6 393		47	1	7 511	3 459	12 850	144	875
安徽	1 444	6 798	18 197	829	22	1	1 228	1 320	2 986		340
福建	3 257	4 383	2 858	54	16	2	122	1 209	724		
江西	1 127	2 519	1 940		11		1 284	825	8 738		
山东	4 823	28 629	10 876	64	25	7	3 296	2 204	10 762	614	924
河南	2 006	17 843	11 018		20	2	1 003	6 308	51 195	1 362	1 584
湖北	3 524	17 784	13 127		8	1	1 328	3 337	11 103	335	152
湖南	1 364	32 112	5 033	753	23	1	1 940	1 648	12 841	9 163	
广东	8 127	29 850	7 818	111	42	2	158	1 948	15 765	500	1 465
广西	1 414	9 137	9 332		2		2 439	340	9 771	995	
海南		12			1						
四川	2 988	20 873	7 867	35	14	4	1 339	2 558	13 154	2 613	8 480
贵州	330	1 354	1 064	364	3			1 282	27		
云南	26	5 620	5 751		1			553	8 642	125	1 513
西藏											
陕西	802	8 818	1 920		4	1	751	690	3 508	1 833	4 175
甘肃	246	1 075	1 608		3			759	63 268	111	
青海		645	96					214	671		
宁夏		8 716	24 464					105	243		
新疆		62	370		1		374	83	16	860	

各地区机械工业主要经济指标(三)

(1988年)

地区	石油钻采设备(吨)	化工设备(吨)	大中型拖拉机(台)	小型拖拉机(台)	机引耕作机械(台)	中小农具(万件)	医疗器械(万元)	缝纫机(万架)	自行车(万辆)	表(万只)	照相机(架)
全国总计	170 424	181 058	47 186	1 335 711	391 844	62 529	124 778	983	4 140	6 789	3 122 592
北京		10 799		12 922	2 739	138	14 558	32		135	158 090
天津		1 955	4 610	19 237	387	459	7 909	48	668	494	420 000
河北	1 987	10 713		99 572	63 319	2 192	3 380		81	50	
山西		3 550		19 989	15 411	970	585	13	44	148	
内蒙古		2 874		23 780	7 967	474	50		5		
辽宁	14 234	28 623	374	30 900	9 158	1 909	4 770	1	172	488	181
吉林	4 877	4 306	1 594	75 362	11 758	2 197	1 435		46	115	100
黑龙江	7 879	2 373	730	45 659	23 806	1 631	1 929		39	40	33 899
上海	4 725	5 183	10 530		4 045	111	27 477	321	697	1 362	482 484
江苏	3 424	11 319	602	178 912	53 315	4 546	15 842	97	447	448	476 888
浙江	1 864	2 127	1 205	54 577	274	1 753	5 424	59	235	31	14 573
安徽		4 289	200	59 145	317	3 812	564	20	127	91	
福建		402		40 317	120	2 370	1 778	17	65	35	38 323
江西	329	29 790		23 540	13 237	1 825	2 076	4	56	83	238 303
山东	5 731	10 515	11 933	226 247	34 322	8 755	9 313	41	271	506	171 068
河南	20 017	8 053	7 280	120 622	69 380	7 118	1 327	27	170	73	220 360
湖北	38 938	3 038	8 116	25 828	108 79	2 845	5 054	18	241	78	35 351
湖南		7 697		29 607	28 355	3 013	1 806	23	128	24	
广东	183	8 373		69 192	15 624	1 938	6 617	152	340	2 284	392 671
广西		4 292		45 826	2 082	1 057	1 106	23	118	71	15 768
海南				3 550		57					
四川	2 361	13 574		25 466	961	5 904	6 646	7	94	68	130 630
贵州		521		7 500	232	2 141	926			6	
云南		1 740		18 463		1 272	81	9	51	4	
西藏											
陕西	15 988	1 890		25 303	137	2 354	3 766	69	30	156	113 753
甘肃	37 387	3 062		23 001	17 669	1 511	269	1	4		180 150
青海	10 500		12			8					
宁夏				11 496	168	52					
新疆				19 698	6 182	119			14		

各地区机械工业主要经济指标(四)

(1988年)

地区	固定资产原值(亿元)	固定资产净值(亿元)	流动资金年末占用数(亿元)	产品销售收入(亿元)	亏损企业亏损总额(亿元)	利润总额(亿元)	利润和税金总额(亿元)	企业留利(亿元)	每百元固定资产原值实现产值(元)	每百元固定资产原值实现利税(元)
全国总计	1089.26	694.48	1004.65	1491.42	7.65	139.08	213.98	54.44	142.69	19.64
北京	40.01	23.98	39.21	53.23	0.10	7.09	9.38	2.93	135.46	23.44
天津	30.19	18.84	25.91	53.30	0.24	6.24	10.10	1.81	177.53	33.44
河北	44.93	29.55	37.95	56.86	0.35	4.89	7.18	2.04	129.44	15.99
山西	45.48	29.41	28.92	33.56	0.42	1.90	3.25	0.82	77.13	7.15
内蒙古	18.38	10.38	13.23	13.39	0.15	0.38	0.80	0.32	73.34	4.34
辽宁	105.44	65.13	96.37	127.18	0.96	10.59	17.85	4.19	124.64	16.93
吉林	25.95	17.02	23.30	30.99	0.37	1.75	3.03	0.93	120.77	11.66
黑龙江	60.01	35.94	54.69	54.47	1.27	2.10	4.49	1.80	95.75	7.48
上海	79.45	47.02	101.36	165.34	0.12	24.96	35.96	8.72	208.35	45.26
江苏	85.87	59.50	102.32	188.09	0.44	16.30	24.74	5.47	233.34	28.81
浙江	38.74	26.32	46.41	80.80	0.21	8.51	12.82	3.00	220.76	33.10
安徽	19.28	12.11	17.75	29.64	0.18	2.54	4.04	0.79	163.21	20.97
福建	11.70	7.15	12.67	20.24	0.11	1.59	2.54	0.64	177.03	21.67
江西	18.83	11.22	15.45	22.75	0.23	1.75	2.95	0.60	125.78	15.69
山东	64.83	42.72	61.11	108.22	0.29	9.72	15.05	2.69	185.27	23.21
河南	60.84	38.65	47.41	70.82	0.28	5.67	8.62	2.51	121.60	14.17
湖北	47.20	30.86	40.09	54.45	0.17	5.00	7.69	2.60	124.70	16.30
湖南	38.09	23.87	30.42	45.29	0.19	4.43	6.54	1.71	124.25	17.17
广东	32.33	21.86	40.60	68.75	0.11	4.87	8.25	1.92	215.12	25.51
广西	13.65	8.68	13.36	22.67	0.03	2.26	3.48	0.78	167.02	25.46
海南	0.97	0.66	0.67	0.84		0.05	0.07	0.04	94.03	7.34
四川	87.72	56.47	69.82	92.35	0.55	7.53	11.74	3.46	109.40	13.38
贵州	15.92	10.01	12.55	13.95	0.03	2.29	2.96	1.19	92.10	18.62
云南	16.62	11.14	12.21	16.83	0.02	2.06	2.81	1.20	103.14	16.93
西藏	0.01	0.01							16.20	-2.31
陕西	45.33	29.54	32.01	37.17	0.12	2.77	4.27	1.19	87.49	9.42
甘肃	18.23	11.54	13.62	13.91	0.21	1.22	2.04	0.50	80.32	11.19
青海	9.37	5.96	5.59	4.83	0.24	0.06	0.29	0.16	56.91	3.09
宁夏	6.67	4.22	4.57	5.01	0.07	0.30	0.53	0.19	76.78	7.92
新疆	7.25	4.73	5.09	6.48	0.18	0.27	0.51	0.24	86.23	7.09

各地区机械工业主要经济指标(五)

(1988年)

地区	每百元工业总产值占用流动资金(元)	每百元销售收入实现利润(元)	资金利税率(%)	产值利税率(%)	固定资产折旧率(%)	平均每一职工占有的固定资产(元)	平均每一职工创造的工业净产值(元)	平均每一职工创造的利税(元)	平均每一职工上交的利税费(元)	平均每一职工占有企业留利(元)
全国总计	41.51	9.33	15.97	13.77	4.84	11 365	4 933	2 233	1 292	568
北京	48.25	13.31	18.71	17.31	4.90	15 246	6 615	3 574	2 077	1 115
天津	31.16	11.71	28.41	18.84	4.58	11 608	6 343	3 882	2 462	695
河北	44.63	8.59	12.94	12.35	4.55	9 952	3 942	1 591	825	452
山西	53.96	5.65	6.72	9.26	3.94	14 674	3 237	1 049	674	265
内蒙古	65.70	2.83	4.15	5.92	4.01	13 878	2 821	602	388	241
辽宁	45.08	8.33	14.35	13.58	5.08	10 681	4 399	1 808	1 062	424
吉林	46.40	5.66	9.59	9.65	4.04	10 618	3 570	1 238	663	381
黑龙江	62.25	3.86	6.26	7.82	4.46	13 464	3 715	1 008	656	405
上海	36.80	15.09	33.32	21.72	5.97	12 028	8 345	5 444	3 515	1 321
江苏	32.45	8.66	19.87	12.35	5.33	8 397	5 387	2 419	1 333	535
浙江	33.72	10.53	23.25	14.99	5.96	7 617	5 420	2 521	1 350	589
安徽	35.41	8.56	17.38	12.85	5.07	8 597	4 117	1 802	944	351
福建	40.21	7.84	16.39	12.24	5.43	8 798	4 726	1 906	1 127	482
江西	44.21	7.67	13.62	12.48	4.66	9 224	3 618	1 447	994	296
山东	32.11	8.98	18.51	12.53	5.18	10 651	5 485	2 473	1 315	442
河南	42.52	8.00	12.30	11.65	4.43	11 962	4 193	1 695	983	493
湖北	43.16	9.18	13.67	13.07	4.76	11 497	4 444	1 874	1 044	634
湖南	42.72	9.77	14.83	13.82	5.00	11 498	4 437	1 974	964	518
广东	32.22	7.09	18.63	11.86	5.35	10 086	6 521	2 573	1 466	600
广西	39.48	9.98	19.66	15.25	4.65	11 473	5 943	2 921	1 760	655
海南	41.55	6.50	6.84	7.80	3.13	11 587	3 077	777	206	472
四川	50.32	8.16	11.20	12.23	4.78	13 231	4 478	1 770	985	522
贵州	56.49	16.44	16.20	20.22	4.41	15 802	5 270	2 942	1 409	1 183
云南	44.57	12.22	14.98	16.41	4.07	15 060	5 067	2 549	1 043	1 092
西藏	99.21	-15.87	-2.14	-14.29	1.29	22 882	1 588	-528	59	118
陕西	56.67	7.46	8.21	10.77	4.30	14 830	3 919	1 397	820	388
甘肃	70.16	8.80	9.35	13.93	3.87	15 072	3 705	1 686	1 175	414
青海	62.25	1.25	3.12	5.42	2.38	23 259	4 397	718	539	392
宁夏	60.40	5.96	7.23	10.32	4.15	15 909	3 470	1 260	849	447
新疆	57.07	4.20	6.20	8.23	3.34	15 322	3 862	1 087	828	498

各地区交通运输设备制造业主要经济指标(一)

(1988年)

地　区	工业企业单位数(个)	#亏损企业(个)	年末职工人数(万人)	基本建设投资额(亿元)	更新改造投资额(亿元)	工业总产值(亿元)	工业净产值(亿元)	全员劳动生产率(元/人·年)	机车(台)
全国总计	**10 368**	**971**	**300.99**	**20.02**	**28.09**	**574.45**	**156.84**	**16 734**	**844**
北　京	279	15	11.78	0.50	1.68	39.18	10.50	27 051	55
天　津	172	15	7.01	0.32	1.09	21.05	4.75	24 705	
河　北	471	17	10.29	0.74	0.60	16.99	4.56	13 411	42
山　西	253	22	5.46	0.91	0.17	5.91	1.40	8 720	205
内蒙古	155	18	1.93	0.01	0.05	1.37	0.44	6 393	
辽　宁	788	72	29.89	1.45	3.26	54.91	14.24	15 333	201
吉　林	467	41	18.54	4.40	0.86	45.45	12.64	22 670	
黑龙江	381	64	11.90	0.61	0.47	17.64	5.23	13 214	
上　海	302	14	17.26	0.34	5.27	48.05	13.37	21 617	
江　苏	854	90	21.33	1.57	1.32	42.51	10.84	18 114	8
浙　江	997	88	10.02	0.04	0.15	17.24	4.92	16 638	
安　徽	367	49	7.49	0.09	0.39	8.84	2.26	10 513	6
福　建	226	18	3.80	0.05	0.23	5.66	1.62	13 942	
江　西	379	39	9.25	0.06	0.76	13.85	3.90	12 344	
山　东	512	27	14.90	1.34	0.94	27.55	6.71	16 930	41
河　南	318	36	7.95	0.06	0.46	9.52	2.72	10 662	
湖　北	537	66	26.49	1.97	3.18	65.26	19.50	23 394	
湖　南	590	60	12.13	0.85	1.00	22.43	6.07	16 622	173
广　东	454	34	10.02	0.76	0.95	21.27	6.04	18 204	
广　西	172	16	4.23	0.40	0.34	8.17	2.00	15 997	
海　南	27	4	0.52	0.30	0.03	0.46	0.17	7 990	
四　川	780	83	23.32	1.40	1.83	37.01	9.54	14 671	113
贵　州	160	13	8.11	0.53	0.88	9.36	3.10	10 991	
云　南	146	13	2.65	0.01	0.37	4.82	1.19	14 890	
西　藏	5	2	0.15		…	0.16	0.05	10 429	
陕　西	264	27	16.77	1.04	1.38	20.73	6.52	11 121	
甘　肃	96	6	3.75	0.16	0.22	3.68	1.10	8 123	
青　海	72	8	1.30	0.07	0.09	1.82	0.42	11 405	
宁　夏	35	5	0.31		…	0.37	0.10	10 115	
新　疆	109	9	2.46	0.07	0.05	3.18	0.96	10 816	

各地区交通运输设备制造业主要经济指标(二)

(1988年)

地区	客车(辆)	货车(辆)	汽车(辆)	摩托车(辆)	民用钢质船舶(艘)	机动渔船(艘)	固定资产原值(亿元)	固定资产净值(亿元)
全国总计	1 980	23 323	644 731	1 171 774	9 060	667	406.20	260.46
北京		320	90 377	14 005			16.88	11.15
天津			45 262	12 072	14		10.43	7.35
河北	311		6 989	18 386	12		13.89	10.45
山西		327	661	18 829			6.96	4.22
内蒙古				1 359			1.32	0.92
辽宁		2 991	56 555	5 600	58	34	41.03	24.01
吉林	1 150		98 196	6 912	57		28.86	15.13
黑龙江		8 126	25 682	6 309	29		17.24	10.33
上海			26 080	94 748	237		24.25	14.90
江苏	165	820	40 023	33 061	4 230	51	22.34	15.32
浙江			9 822	21 358	972	75	7.43	5.13
安徽		2	6 385	5 207	779		7.04	4.42
福建			3 225	6 005	55	46	3.08	1.87
江西			11 065	49 816	347	63	10.35	6.90
山东	354		14 528	132 649	484	234	17.73	11.67
河南			3 734	98 400	21		7.36	4.76
湖北		622	127 843	17 751	479		49.40	33.92
湖南		3 882	6 176	26 209	304		14.00	8.68
广东			12 519	1 151	387	102	13.92	9.72
广西			14 409	3 337	253	62	5.54	3.78
海南							0.69	0.43
四川		3 630	27 820	473 289	266		29.43	18.16
贵州		103	330	20 281	39		13.48	8.86
云南			11 364	636	3		2.80	1.85
西藏							0.38	0.22
陕西		2 500	3 428	102 629	34		30.71	20.33
甘肃			18				5.09	3.14
青海			2 240				1.39	0.90
宁夏							0.30	0.18
新疆				1 775			2.88	1.78

各地区交通运输设备制造业主要经济指标(三)

(1988年)

地区	流动资金年末占用数(亿元)	产品销售收入(亿元)	亏损企业亏损总额(亿元)	利润总额(亿元)	利润和税金总额(亿元)	企业留利(亿元)	每百元固定资产原值实现产值(元)	每百元固定资产原值实现利税(元)
全国总计	**361.45**	**567.25**	**1.99**	**53.19**	**75.56**	**23.49**	**141.42**	**18.60**
北京	21.08	43.03	0.03	5.20	7.03	1.41	232.07	41.63
天津	9.32	20.26	0.01	1.93	2.59	0.58	201.87	24.82
河北	9.42	15.94	0.02	1.51	2.05	0.67	122.28	14.73
山西	3.68	5.64	0.17	0.05	0.24	0.17	84.83	3.52
内蒙古	1.10	1.40	0.01	0.06	0.12	0.03	103.93	8.79
辽宁	38.02	54.67	0.07	4.37	6.64	1.31	133.83	16.19
吉林	25.01	45.60	0.07	5.11	7.21	2.03	157.49	24.98
黑龙江	14.16	16.99	0.08	1.19	1.86	0.57	102.30	10.77
上海	37.17	47.28	0.26	4.90	6.73	1.35	198.19	27.74
江苏	21.67	40.59	0.13	3.31	4.73	1.24	190.29	21.17
浙江	9.22	16.43	0.09	1.40	2.05	0.53	232.14	27.66
安徽	6.23	8.48	0.20	0.36	0.67	0.28	125.60	9.47
福建	3.47	5.94	0.01	0.39	0.57	0.14	183.97	18.54
江西	10.69	13.69	0.14	1.14	1.63	0.53	133.81	15.70
山东	16.63	28.33	0.03	1.82	2.73	0.63	155.40	15.38
河南	6.51	9.40	0.03	0.58	0.91	0.36	129.39	12.40
湖北	30.85	65.18	0.15	9.78	13.24	6.85	132.11	26.80
湖南	11.55	21.75	0.03	1.80	2.70	0.63	160.24	19.29
广东	17.38	19.95	0.03	1.62	2.28	0.87	152.80	16.36
广西	4.36	8.14	0.05	0.59	0.88	0.22	147.44	15.85
海南	0.30	0.43	0.01	0.01	0.02	0.03	67.03	2.95
四川	23.88	35.38	0.19	3.06	4.35	1.24	125.74	14.79
贵州	8.86	9.17	0.05	0.62	0.84	0.48	69.44	6.25
云南	2.49	4.88		0.44	0.61	0.14	172.08	21.95
西藏	0.11	0.15		0.01	0.02	0.02	41.07	4.21
陕西	20.97	18.60	0.03	1.53	2.15	0.96	67.51	6.99
甘肃	3.08	3.62	0.05	0.15	0.27	0.11	72.28	5.24
青海	1.61	2.03	0.01	0.05	0.12	0.03	131.18	8.49
宁夏	0.24	0.38	0.01	0.01	0.02	0.01	123.02	6.59
新疆	2.41	3.93	0.02	0.20	0.33	0.11	110.50	11.32

各地区交通运输设备制造业主要经济指标(四)

(1988年)

地　区	每百元工业总产值占用流动资金(元)	每百元销售收入实现利润(元)	资金利税率(%)	产值利税率(%)	固定资产折旧率(%)	平均每一职工占有的固定资产(元)	平均每一职工创造的工业净产值(元)	平均每一职工创造的利税(元)	平均每一职工上交的利税费(元)	平均每一职工占有的企业留利(元)
全国总计	**38.91**	**9.38**	**15.61**	**13.15**	**4.61**	**13 795**	**5 327**	**2 566**	**1 382**	**798**
北　京	26.35	12.07	32.73	17.94	5.55	14 688	9 134	6 114	3 085	1 227
天　津	31.89	9.52	18.41	12.30	4.30	15 247	6 939	3 785	2 335	851
河　北	36.23	9.46	12.33	12.05	3.57	13 869	4 553	2 043	918	671
山　西	42.72	0.97	3.63	4.15	3.46	12 817	2 576	451	89	321
内蒙古	46.45	4.42	17.48	8.46	3.38	6 996	2 311	615	348	142
辽　宁	47.33	7.99	13.29	12.10	4.36	13 835	4 802	2 240	1 182	443
吉　林	26.70	11.20	26.45	15.86	6.04	15 949	6 988	3 985	2 615	1 120
黑龙江	54.15	6.98	9.34	10.53	3.51	14 771	4 476	1 590	947	486
上　海	44.34	10.37	18.58	14.00	4.68	14 441	7 964	4 006	2 304	807
江　苏	33.50	8.16	16.00	11.13	4.53	10 778	5 229	2 282	1 256	596
浙　江	32.20	8.55	19.24	11.91	5.36	7 568	5 015	2 093	1 213	544
安　徽	44.57	4.21	7.97	7.54	4.13	9 503	3 049	900	597	381
福　建	48.40	6.49	12.37	10.08	4.44	8 220	4 331	1 524	856	366
江　西	48.85	8.34	11.89	11.74	3.78	11 391	4 296	1 789	873	582
山　东	37.29	6.42	12.42	9.89	4.70	12 341	4 668	1 898	859	438
河　南	41.51	6.13	10.47	9.58	4.39	9 544	3 530	1 183	606	465
湖　北	28.26	15.01	25.28	20.29	5.52	19 334	7 632	5 181	2 436	2 679
湖　南	32.15	8.29	16.99	12.04	4.90	11 856	5 139	2 287	1 361	532
广　东	43.28	8.11	12.03	10.71	6.81	14 021	6 082	2 294	1 023	871
广　西	35.88	7.29	13.09	10.75	3.84	13 248	4 775	2 100	1 091	524
海　南	47.54	2.52	3.10	4.40	3.94	13 190	3 294	389	254	573
四　川	43.50	8.66	12.71	11.76	4.35	13 000	4 213	1 923	1 060	547
贵　州	67.42	6.78	5.55	8.99	3.58	16 822	3 863	1 051	436	593
云　南	30.73	8.95	18.47	12.75	4.19	10 595	4 492	2 325	1 302	540
西　藏	45.61	8.36	5.53	10.25	2.92	28 319	4 038	1 192	336	1 130
陕　西	67.64	8.25	6.25	10.35	3.49	18 547	3 938	1 296	783	577
甘　肃	55.48	4.21	5.14	7.25	3.36	13 876	3 000	727	589	287
青　海	55.10	2.51	6.19	6.47	3.46	10 731	3 240	911	858	253
宁　夏	47.28	2.32	5.53	5.36	4.09	9 464	3 143	624	574	172
新　疆	47.73	5.02	9.87	10.25	3.96	11 749	3 924	1 330	759	435

各地区电气机械及器材制造业主要经济指标(一)

(1988 年)

地区	工业企业单位数(个)	#亏损企业(个)	年末职工人数(万人)	基本建设投资额(亿元)	更新改造投资额(亿元)	工业总产值(亿元)	工业净产值(亿元)	全员劳动生产率(元/人·年)	发电设备(万千瓦)	交流电动机(万千瓦)	直流电机(万千瓦)
全国总计	**14 118**	**1 471**	**262.72**	**4.81**	**17.54**	**665.76**	**176.28**	**22 897**	**1 109**	**4 511**	**246**
北京	253	18	7.80	0.21	0.71	22.16	6.51	24 605	83	199	2
天津	331	32	8.73	0.01	1.10	23.17	6.46	23 405	24	72	2
河北	553	19	7.52	0.14	0.37	14.87	4.13	16 539		198	
山西	218	16	4.47	0.02	0.28	7.74	2.07	15 325		160	64
内蒙古	106	6	1.94	0.03	0.14	3.15	0.84	12 054		62	2
辽宁	1 073	98	27.73	0.79	1.76	52.34	15.60	16 067		528	7
吉林	372	29	5.51	0.16	0.24	9.92	2.92	15 484		88	1
黑龙江	503	58	11.84	0.36	0.81	19.06	5.67	13 157	307	155	2
上海	739	62	21.09	0.15	1.91	71.57	20.37	29 854	239	302	17
江苏	1 931	268	31.41	0.05	0.81	76.76	17.74	24 551	37	407	12
浙江	2 782	297	21.32	0.08	0.58	61.44	14.71	27 542	43	119	1
安徽	394	34	5.65	0.07	0.76	14.62	4.11	23 821		113	
福建	271	39	4.51	0.08	0.32	12.14	3.51	23 704	6	101	
江西	313	45	4.93	0.11	0.42	8.73	2.61	15 323	3	114	
山东	526	34	11.56	0.08	0.59	31.62	7.76	25 613	40	329	29
河南	470	43	10.45	0.13	0.38	20.47	5.54	15 612	3	199	
湖北	466	61	10.18	0.45	0.67	23.05	5.86	20 303	54	142	1
湖南	583	65	10.53	0.24	0.95	21.08	6.35	16 629	6	245	88
广东	811	109	20.98	1.06	1.64	97.43	23.01	43 591	13	390	
广西	134	13	3.65	0.04	0.51	11.22	2.59	27 535	7	60	
海南	17	3	0.22			0.38	0.09	12 563		3	
四川	563	59	13.52	0.18	0.82	30.76	8.64	20 400	241	204	8
贵州	73	8	1.94	0.09	0.20	3.58	1.13	15 806		12	1
云南	76	4	2.24		0.45	5.09	1.42	17 462	5	56	
西藏	1	0	0.02			0.02	0.01	11 120			
陕西	356	40	7.85	0.22	0.54	14.42	4.09	17 071		159	8
甘肃	116	4	3.43	0.03	0.33	6.56	1.85	15 831		55	
青海	20	2	0.40		0.01	0.50	0.16	10 733		1	
宁夏	23	2	0.55		0.03	0.54	0.16	7 633		26	
新疆	44	3	0.75	0.02	0.14	1.36	0.39	13 933		10	

各地区电气机械及器材制造业主要经济指标(二)

(1988年)

地区	变压器 (万千伏安)	通讯电缆 (公里)	洗衣机 (万台)	电冰箱 (台)	电风扇 (万台)	固定资产原值 (亿元)	固定资产净值 (亿元)
全国总计	**10 039**	**260 270**	**1 047**	**7 576 337**	**4 496**	**252.76**	**174.72**
北京	149	1 301	58	235 677	18	10.67	7.26
天津	148	22 804	34	333 158	19	9.93	6.94
河北	1 047	9 234		14 469	4	6.10	4.25
山西	235	12 427	35		1	4.63	3.20
内蒙古	62		1			2.10	1.56
辽宁	2 306	26 485	87	378 514	30	26.69	18.30
吉林	198	1 779	35	50 000		5.22	3.97
黑龙江	220	9 027	1	90 061	1	12.03	6.78
上海	244	7 339	177	574 506	332	21.34	12.77
江苏	961	21 478	22	669 397	710	21.56	16.30
浙江	265	15 111	119	1 183 253	319	13.09	9.94
安徽	225	50 561	30	209 240	99	5.22	3.90
福建	150	740	1	188 215	32	4.80	3.51
江西	213	1 475		107 000	56	3.88	2.58
山东	501	33 993	68	153 885	129	12.01	8.72
河南	196	2 863		161 456	27	9.21	5.98
湖北	252	3 281	57	207 947	51	9.14	6.00
湖南	482	1 407	4	392 107	62	10.16	6.09
广东	500	8 173	159	1 362 688	2 333	25.99	20.59
广西	87	6 146	3	191 988	133	3.59	2.61
海南	8			24 723		0.18	0.14
四川	223	10 923	63	559 625	93	15.61	10.36
贵州	52		8	220 065	2	2.33	1.63
云南	136	169	7	108 339		2.62	1.78
西藏						0.04	0.03
陕西	1 009	13 528	34	160 024	13	8.76	5.58
甘肃	76	26	43			4.12	2.73
青海	16					0.40	0.29
宁夏	19					0.35	0.28
新疆	47					0.98	0.69

各地区电气机械及器材制造业主要经济指标(三)

(1988年)

地 区	流动资金年末占用数(亿元)	产品销售收入(亿元)	亏损企业亏损总额(亿元)	利润总额(亿元)	利润和税金总额(亿元)	企业留利(亿元)	每百元固定资产原值实现产值(元)	每百元固定资产原值实现利税(元)
全国总计	375.91	641.08	1.97	55.69	93.22	18.19	263.39	36.88
北京	13.52	21.80	0.02	2.89	4.11	0.94	207.73	38.56
天津	13.14	23.12	0.10	2.45	4.02	0.79	233.25	40.42
河北	8.42	14.10	0.04	1.48	2.20	0.54	243.80	36.10
山西	5.13	7.61	0.03	0.52	1.00	0.19	167.24	21.63
内蒙古	2.00	3.03		0.20	0.41	0.08	150.09	19.72
辽宁	33.97	51.74	0.17	4.98	8.50	1.55	196.07	31.84
吉林	6.70	9.82	0.01	0.94	1.53	0.33	190.06	29.32
黑龙江	16.18	17.52	0.06	1.10	2.32	0.33	158.49	19.25
上海	40.31	71.54	0.27	8.33	12.57	2.70	335.41	58.93
江苏	35.44	72.50	0.26	4.69	8.68	1.40	355.96	40.23
浙江	26.67	59.84	0.11	5.07	8.01	1.56	469.51	61.17
安徽	7.77	14.08	0.01	1.57	2.36	0.86	280.26	45.18
福建	7.49	11.41	0.05	1.09	1.73	0.46	253.15	36.08
江西	5.26	8.81	0.09	0.93	1.49	0.22	224.91	38.49
山东	14.80	29.47	0.03	2.20	3.72	0.47	263.23	31.00
河南	12.75	18.95	0.05	1.27	2.56	0.52	222.28	27.75
湖北	13.84	21.53	0.07	1.53	2.79	0.64	252.27	30.56
湖南	11.82	20.18	0.06	1.73	3.08	0.49	207.41	30.32
广东	51.64	92.04	0.20	6.08	11.09	1.33	374.86	42.69
广西	6.10	10.94	0.03	0.70	1.30	0.22	312.57	36.23
海南	0.52	0.45		0.02	0.03	0.02	211.63	17.51
四川	19.80	30.06	0.10	3.08	4.88	1.55	197.05	31.28
贵州	2.45	3.70		0.36	0.58	0.15	153.39	24.96
云南	2.85	5.05	0.02	0.43	0.79	0.14	194.77	30.34
西藏	0.02	0.02					45.15	3.67
陕西	10.88	13.17	0.15	1.21	2.02	0.33	164.57	23.00
甘肃	4.54	6.09		0.63	1.07	0.27	159.06	25.96
青海	0.57	0.50		0.03	0.05	0.02	123.58	13.48
宁夏	0.38	0.58		0.06	0.09	0.02	153.27	25.99
新疆	0.95	1.45	0.01	0.11	0.22	0.04	138.05	21.96

各地区电气机械及器材制造业主要经济指标(四)

(1988 年)

地　区	每百元工业总产值占用流动资金(元)	每百元销售收入实现利润(元)	资金利税率(%)	产值利税率(%)	固定资产折旧率(%)	平均每一职工占有的固定资产(元)	平均每一职工创造的工业净产值(元)	平均每一职工创造的利润和税金(元)	平均每一职工上交的利税费(元)	平均每一职工占有的企业留利(元)
全国总计	31.12	8.69	24.41	14.00	5.48	9 875	6 887	3 642	2 126	711
北　京	39.49	13.23	25.69	18.56	5.21	13 696	8 356	5 281	2 901	1 208
天　津	29.91	10.60	28.96	17.33	5.19	11 534	7 497	4 662	2 539	916
河　北	31.86	10.53	24.50	14.81	5.42	8 349	5 653	3 014	1 436	738
山　西	42.05	6.77	15.51	12.94	4.78	10 497	4 701	2 271	1 615	441
内蒙古	40.27	6.70	14.63	13.14	3.72	11 006	4 378	2 170	1 404	419
辽　宁	35.67	9.62	22.99	16.24	5.43	9 684	5 661	3 083	1 694	563
吉　林	39.60	9.61	19.38	15.43	4.16	9 631	5 388	2 824	1 475	615
黑龙江	49.74	6.27	14.23	12.14	5.34	10 252	4 837	1 973	1 335	285
上　海	29.20	11.65	37.35	17.57	5.67	10 238	9 773	6 033	3 976	1 296
江　苏	26.44	6.46	23.71	11.30	5.51	7 345	6 043	2 955	1 847	478
浙　江	22.27	8.47	33.89	13.03	6.11	6 334	7 119	3 875	1 989	756
安　徽	25.30	11.17	31.00	16.12	6.11	9 507	7 482	4 296	1 647	1 572
福　建	36.06	9.59	21.94	14.25	5.89	11 085	8 102	4 000	2 058	1 073
江　西	34.52	10.58	26.73	17.11	4.95	7 977	5 368	3 070	1 685	462
山　东	28.39	7.47	21.04	11.78	5.94	10 800	6 977	3 348	1 927	424
河　南	34.89	6.72	19.48	12.48	5.53	9 022	5 423	2 503	1 601	512
湖　北	31.61	7.12	21.02	12.11	5.29	9 165	5 874	2 801	1 706	637
湖　南	35.60	8.55	22.67	14.62	5.56	9 833	6 145	2 981	1 730	474
广　东	23.58	6.61	25.47	11.39	6.41	12 567	11 124	5 364	3 251	645
广　西	31.51	6.44	21.17	11.59	4.95	9 955	7 193	3 606	2 373	608
海　南	58.44	4.52	8.73	8.27	3.28	8 487	4 346	1 486	555	842
四　川	39.25	10.26	21.77	15.88	5.46	11 826	6 548	3 699	1 865	1 173
贵　州	45.46	9.62	17.86	16.27	4.48	12 107	5 843	3 022	1 722	785
云　南	37.44	8.56	21.54	15.58	4.52	11 662	6 317	3 538	2 313	614
西　藏	98.97	5.27	3.19	8.13	2.30	24 633	4 247	904	602	301
陕　西	47.69	9.17	16.18	13.98	4.46	12 165	5 683	2 798	1 837	457
甘　肃	42.18	10.33	19.47	16.32	4.35	12 533	5 630	3 254	2 288	813
青　海	59.23	5.14	9.35	10.91	3.96	10 171	3 948	1 371	953	426
宁　夏	49.94	10.80	16.84	16.95	4.17	6 707	2 943	1 743	748	451
新　疆	50.20	7.82	15.80	15.91	4.50	13 363	5 301	2 935	1 929	555

各地区电子及通信设备制造业主要经济指标(一)

(1988年)

地区	工业企业单位数(个)	# 亏损企业(个)	年末职工人数(万人)	基本建设投资额(亿元)	更新改造投资额(亿元)	工业总产值(亿元)	工业净产值(亿元)	全员劳动生产率(元/人·年)	电视机(万台)	# 彩色电视机	录放音机(万台)
全国总计	**4159**	**493**	**151.47**	12.31	**20.99**	**497.45**	**126.66**	38 235	2 505	1038	**2540**
北　京	148	6	9.13	3.87	1.15	28.86	8.51	35 570	93	58	112
天　津	122	17	6.51	0.08	0.78	24.30	6.61	43 666	135	62	18
河　北	122	9	2.74	1.17	0.47	9.08	1.79	37 152	47	22	8
山　西	57	10	2.41	0.13	0.14	2.83	0.70	14 571	14	5	3
内蒙古	23	1	0.74		0.15	3.19	0.75	60 093	28	14	3
辽　宁	243	21	10.62	0.14	1.06	28.42	8.25	28 901	126	41	61
吉　林	68	8	2.52	0.19	0.40	6.57	1.84	29 654	30	15	17
黑龙江	65	17	1.91	0.02	0.33	4.25	1.04	23 691	15	12	6
上　海	356	36	15.74	0.91	2.76	68.15	15.93	47 432	473	109	422
江　苏	802	86	27.24	1.35	2.59	96.01	22.28	41 978	435	91	561
浙　江	628	65	8.88	0.15	0.22	23.02	6.34	31 795	104	16	136
安　徽	70	13	2.20	0.04	0.50	6.60	1.23	36 917	60	9	12
福　建	185	34	4.06	0.10	0.24	23.28	5.30	88 653	114	96	74
江　西	69	5	3.76	0.04	0.58	7.53	2.23	23 964	33	11	37
山　东	146	12	4.93	0.05	1.16	14.72	3.89	39 348	59	27	33
河　南	73	12	2.81	0.09	0.17	6.14	1.63	21 502	23	5	32
湖　北	112	11	5.52	0.47	1.15	12.60	3.50	26 459	38	15	82
湖　南	119	18	3.94	0.03	0.33	9.11	2.43	23 961	46	7	52
广　东	403	72	10.93	0.13	1.29	45.05	11.17	47 978	279	203	783
广　西	36	4	1.72		0.33	4.17	1.04	27 702	18	5	21
海　南	13	4	0.39	0.02	0.05	2.81	0.66	86 736	23	23	2
四　川	144	17	10.45	0.67	2.43	31.39	9.60	32 285	146	85	37
贵　州	27	1	2.64	0.12	0.35	4.82	1.55	23 526	23	8	8
云　南	19	6	0.64	0.03	0.02	2.73	0.72	44 836	11	7	1
西　藏											
陕　西	80	6	6.84	2.37	1.92	23.51	5.80	40 116	94	71	3
甘　肃	18		1.80	0.11	0.32	6.87	1.44	39 391	28	16	14
青　海	3		0.19		…	0.21	0.07	12 701			
宁　夏	2	1	0.05			0.03	0.00	6 776			1
新　疆	6	1	0.19	0.01	0.08	1.17	0.29	74 580	10	5	3

各地区电子及通信设备制造业主要经济指标(二)

(1988年)

地区	固定资产原值(亿元)	固定资产净值(亿元)	流动资金年末占用数(亿元)	产品销售收入(亿元)	亏损企业亏损总额(亿元)	利润总额(亿元)	利润和税金总额(亿元)	企业留利(亿元)	每百元固定资产原值实现产值(元)	每百元固定资产原值实现利税(元)
全国总计	196.32	138.19	301.54	486.22	2.13	44.76	65.93	14.63	253.39	33.58
北京	15.36	8.98	22.21	27.09	0.01	2.63	3.78	0.93	187.96	24.60
天津	9.08	6.47	12.02	22.78	0.06	2.52	3.52	0.84	267.56	38.72
河北	3.93	3.01	4.85	9.23	0.07	0.83	1.25	0.28	231.35	31.73
山西	2.82	1.76	2.86	3.01	0.16	0.04	0.18	0.07	100.60	6.41
内蒙古	0.86	0.61	1.39	3.00	0.00	0.35	0.49	0.08	369.27	56.36
辽宁	11.94	8.94	16.74	28.82	0.27	3.41	4.80	1.21	238.04	40.24
吉林	3.82	2.84	5.45	6.90	0.01	0.71	1.04	0.12	172.19	27.26
黑龙江	2.23	1.75	3.92	4.83	0.04	0.13	0.31	0.04	191.14	14.07
上海	19.07	13.29	45.37	69.61	0.18	6.46	9.35	2.25	357.35	49.02
江苏	30.55	22.18	45.20	92.63	0.12	8.29	12.37	2.55	314.27	40.50
浙江	7.11	5.37	11.61	21.63	0.08	2.17	3.15	0.73	323.77	44.37
安徽	2.56	1.87	4.14	6.90	0.03	0.51	0.84	0.11	257.73	32.63
福建	4.63	3.40	11.83	20.58	0.14	1.09	1.83	0.50	502.70	39.52
江西	4.56	2.93	5.22	7.50	0.01	0.75	1.12	0.33	165.20	24.53
山东	5.36	3.83	7.63	14.29	0.02	1.52	2.21	0.28	274.63	41.15
河南	3.10	2.02	4.33	6.17	0.03	0.43	0.71	0.21	198.00	23.02
湖北	6.51	4.46	7.40	12.28	0.03	1.17	1.74	0.47	193.60	26.67
湖南	6.37	4.93	6.42	9.26	0.02	0.64	1.04	0.15	143.13	16.38
广东	12.38	9.98	30.36	45.88	0.56	2.64	4.27	0.89	363.90	34.47
广西	2.16	1.52	4.07	3.87	0.01	0.23	0.40	0.09	193.03	18.50
海南	0.46	0.40	2.50	3.37	0.05	0.27	0.36	0.06	605.36	78.24
四川	15.94	10.47	19.81	29.18	0.12	4.11	5.72	1.16	196.97	35.87
贵州	5.07	3.70	4.74	4.59	0.00	0.38	0.55	0.14	95.00	10.79
云南	0.96	0.77	1.98	2.30	0.01	0.37	0.52	0.18	284.92	54.09
西藏										
陕西	15.61	10.06	13.86	22.75	0.08	2.49	3.44	0.75	150.60	22.04
甘肃	3.25	2.16	4.58	6.50		0.50	0.77	0.16	211.33	23.71
青海	0.26	0.20	0.20	0.21		0.02	0.02	0.01	81.43	8.38
宁夏	0.05	0.04	0.09	0.03	0.01	-0.01	-0.01		60.20	-14.92
新疆	0.33	0.25	0.77	1.04		0.11	0.17	0.03	354.88	50.96

各地区电子及通信设备制造业主要经济指标(三)

(1988年)

地区	每百元工业总产值占用流动资金(元)	每百元销售收入实现利润(元)	资金利税率(%)	产值利税率(%)	固定资产折旧率(%)	平均每一职工占有的固定资产(元)	平均每一职工创造的工业净产值(元)	平均每一职工创造的利税(元)	平均每一职工上交的利税费(元)	平均每一职工占有的企业留利(元)
全国总计	**31.49**	**9.21**	**22.36**	**13.25**	**5.73**	**13 269**	**8 560**	**4 456**	**2 210**	**989**
北京	45.32	9.69	17.12	13.09	6.09	16 757	9 282	4 122	2 037	1 016
天津	32.25	11.08	24.58	14.47	5.17	14 057	10 226	5 442	2 306	1 307
河北	31.34	9.01	21.26	13.72	4.31	14 713	6 717	4 669	2 363	1 049
山西	65.49	1.47	4.99	6.37	4.12	12 324	3 073	790	815	313
内蒙古	17.68	11.79	41.59	15.26	6.92	12 061	10 452	6 798	3 824	1 122
辽宁	28.49	11.84	28.20	16.90	5.19	11 282	7 794	4 540	1 580	1 145
吉林	43.93	10.24	18.16	15.83	5.30	15 381	7 424	4 193	1 592	478
黑龙江	49.06	2.79	8.17	7.36	4.21	11 810	5 533	1 662	1 165	211
上海	28.31	9.28	28.69	13.72	6.62	12 248	10 232	6 004	3 339	1 446
江苏	24.86	8.95	26.87	12.89	6.52	11 571	8 438	4 687	2 137	966
浙江	27.35	10.02	27.05	13.70	6.42	8 320	7 416	3 692	1 945	852
安徽	34.07	7.38	20.28	12.66	4.59	12 337	5 912	4 025	2 324	513
福建	21.24	5.28	21.94	7.86	7.14	12 556	14 379	4 962	4 459	1 368
江西	37.38	9.98	19.44	14.85	4.76	12 430	6 230	3 049	1 266	900
山东	30.19	10.62	26.65	14.98	5.95	11 006	7 996	4 529	1 980	571
河南	44.08	6.93	15.10	11.63	4.82	11 232	5 916	2 586	1 272	760
湖北	34.26	9.51	19.78	13.78	4.78	11 988	6 448	3 197	1 429	875
湖南	39.95	6.87	12.16	11.44	4.19	16 283	6 202	2 667	1 299	380
广东	31.18	5.76	17.77	9.47	6.49	11 879	10 721	4 095	2 050	856
广西	57.65	6.05	10.18	9.59	4.94	12 797	6 151	2 368	1 561	539
海南	37.77	7.90	24.84	12.92	3.93	13 256	18 765	10 371	4 656	1 825
四川	32.93	14.08	27.47	18.21	5.80	15 616	9 409	5 601	2 610	1 136
贵州	61.03	8.21	8.24	11.36	3.40	19 506	5 961	2 105	955	525
云南	40.92	16.10	27.40	18.99	4.38	14 826	11 094	8 020	4 402	2 719
西藏										
陕西	33.78	10.96	19.12	14.63	5.79	23 404	8 698	5 158	2 973	1 131
甘肃	33.77	7.67	17.21	11.22	5.45	18 184	8 036	4 311	2 471	880
青海	72.24	7.55	6.22	10.29	2.74	13 243	3 771	1 110	372	548
宁夏	95.83	-35.75	-11.23	-24.78	3.70	10 984	1 006	-1 638	327	
新疆	41.85	10.57	22.79	14.36	3.23	18 298	16 266	9 324	4 295	1 393

各地区仪器仪表及其他计量器具制造业主要经济指标(一)

(1988年)

地　区	工业企业单位数(个)	# 亏损企业(个)	年末职工人数(万人)	基本建设投资额(亿元)	更新改造投资额(亿元)	工业总产值(亿元)	工业净产值(亿元)	全员劳动生产率(元/人·年)	电度表(万只)	大型及专用衡器(台)
全国总计	3 460	244	77.56	1.83	4.66	101.05	38.17	12 949	2667.82	558 436
北　京	95	7	4.23	0.09	0.35	5.29	2.06	11 407	19.80	944
天　津	95	3	2.65		0.15	3.47	1.54	12 101	96.32	8 084
河　北	123	12	1.92		0.08	2.31	0.85	11 831	9.00	683
山　西	49		0.98	0.06	…	0.79	0.30	8 004	0.98	592
内蒙古	11		0.20		0.01	0.21	0.09	9 698	8.00	283
辽　宁	278	21	6.36	0.09	0.33	6.41	2.60	9 602	33.53	1 444
吉　林	103	13	2.41	0.10	0.11	2.09	0.82	8 992	155.88	1 030
黑龙江	102	6	3.23	0.01	0.11	3.23	1.22	8 981	105.22	1 471
上　海	319	9	8.51	0.19	0.36	15.51	6.33	18 308	593.02	1 044
江　苏	440	31	9.49	0.17	0.61	12.59	4.54	13 671	172.83	527 356
浙　江	647	45	5.95	0.03	0.18	8.79	3.23	17 149	317.00	2 351
安　徽	147	12	1.60	0.01	0.10	2.21	0.78	14 065	59.87	406
福　建	80	3	1.05	0.01	0.09	1.33	0.51	13 010	7.85	172
江　西	73	5	1.81		0.10	2.09	0.90	11 532	102.57	293
山　东	120	4	3.33	0.01	0.30	4.86	1.60	14 556	279.35	2 722
河　南	79	10	2.27	0.07	0.25	1.94	0.60	8 208	51.31	1 807
湖　北	87	8	3.32	0.03	0.12	2.91	1.14	8 966	47.91	1 218
湖　南	107	13	2.09	0.11	0.06	2.37	0.88	11 430	99.98	1 413
广　东	76	5	1.66	0.09	0.33	3.26	0.95	18 104	52.00	1 690
广　西	19	1	0.73		0.06	1.48	0.50	13 758	117.18	64
海　南	4	1	0.03			0.01	0.00	3 891		
四　川	230	19	5.78	0.22	0.43	8.69	3.22	14 816	120.47	690
贵　州	23	1	1.20	0.02	0.04	1.06	0.41	8 443	74.56	351
云　南	17	2	1.03		0.06	1.00	0.32	10 314	43.93	628
西　藏										
陕　西	93	11	3.73	0.40	0.33	5.22	2.05	13 654	21.53	1 626
甘　肃	18		1.06	0.04	0.04	0.99	0.33	8 523	51.47	74
青　海	5		0.16	0.01	0.01	0.21	0.08	11 075	1.70	
宁　夏	16	2	0.75	0.05	0.04	0.73	0.31	9 201	24.56	
新　疆	4		0.03			0.03	0.01	7 692		

各地区仪器仪表及其他计量器具制造业主要经济指标(二)

(1988年)

地区	固定资产原值(亿元)	固定资产净值(亿元)	流动资金年末占用数(亿元)	产品销售收入(亿元)	亏损企业亏损总数(亿元)	利润总额(亿元)	利润和税金总额(亿元)	企业留利(亿元)	每百元固定资产原值实现产值(元)	每百元固定资产原值实现利税(元)
全国总计	**74.85**	**48.20**	**82.10**	**96.92**	**0.43**	**10.93**	**16.38**	**4.22**	**135.00**	**21.88**
北京	5.42	3.12	5.85	5.22	0.01	0.69	0.98	0.26	97.63	18.10
天津	2.18	1.31	2.90	3.38	0.01	0.47	0.69	0.16	159.35	31.54
河北	1.99	1.48	1.82	2.34	0.01	0.26	0.37	0.15	115.94	18.57
山西	0.91	0.60	0.65	0.76	0.00	0.05	0.09	0.02	86.86	9.91
内蒙古	0.16	0.11	0.19	0.31	0.00	0.02	0.03	0.01	133.03	20.80
辽宁	4.47	2.99	5.63	6.19	0.03	0.62	1.04	0.25	143.58	23.24
吉林	2.13	1.37	2.02	1.94	0.03	0.16	0.27	0.09	98.21	12.83
黑龙江	2.89	1.32	2.91	3.05	0.04	0.17	0.37	0.06	111.75	12.72
上海	6.71	4.13	12.34	16.34	0.02	2.63	3.54	0.99	231.06	52.75
江苏	7.95	5.37	8.73	11.66	0.04	1.26	1.86	0.43	158.28	23.36
浙江	3.14	2.23	5.23	8.20	0.03	1.03	1.50	0.38	280.26	47.78
安徽	1.17	0.76	1.64	1.96	0.01	0.18	0.28	0.06	188.45	23.69
福建	0.67	0.45	1.31	1.23	0.00	0.14	0.20	0.06	199.87	30.61
江西	1.87	1.21	1.90	2.01	0.01	0.22	0.35	0.06	111.38	18.75
山东	2.63	1.76	2.95	4.46	0.02	0.43	0.68	0.10	185.06	25.91
河南	2.62	1.84	1.61	1.83	0.05	0.09	0.19	0.05	74.10	7.24
湖北	3.36	2.27	3.18	2.64	0.02	0.23	0.36	0.14	86.40	10.79
湖南	2.07	1.39	1.66	2.33	0.01	0.22	0.34	0.07	114.59	16.37
广东	1.60	1.16	2.79	3.11	0.01	0.25	0.41	0.07	203.66	25.92
广西	0.98	0.65	1.05	1.41		0.09	0.17	0.01	152.28	17.60
海南	0.01	0.01	0.01	0.01					91.48	1.99
四川	7.50	4.62	6.31	8.08	0.02	0.96	1.43	0.45	115.77	19.07
贵州	1.56	0.96	1.27	1.07		0.06	0.12	0.03	67.85	7.80
云南	1.68	1.03	0.77	0.89	0.01	0.04	0.07	0.02	59.73	4.45
西藏										
陕西	6.65	4.50	5.02	4.61	0.03	0.49	0.75	0.22	78.43	11.28
甘肃	1.20	0.71	1.31	0.94		0.05	0.10	0.03	82.63	8.70
青海	0.20	0.16	0.13	0.19		0.02	0.03	0.01	109.20	16.04
宁夏	1.15	0.66	0.88	0.72		0.09	0.13	0.05	63.45	11.36
新疆	0.02	0.01	0.03	0.05			0.01		153.35	41.22

各地区仪器仪表及其他计量器具制造业主要经济指标(三)

(1988年)

地区	每百元工业总产值占用流动资金(元)	每百元销售收入实现利润(元)	资金利税率(%)	产值利税率(%)	固定资产折旧率(%)	平均每一职工占有的固定资产(元)	平均每一职工创造的工业净产值(元)	平均每一职工创造的利润和税金(元)	平均每一职工上交的利税费(元)	平均每一职工占有的企业留利(元)
全国总计	**53.23**	**11.28**	**16.06**	**16.21**	**4.88**	**9 743**	**4 968**	**2 132**	**1 223**	**549**
北京	81.83	13.27	13.18	18.54	5.00	12 395	4 707	2 244	1 371	602
天津	58.79	13.96	20.49	19.79	4.49	8 235	5 836	2 597	1 707	622
河北	55.82	11.17	13.34	16.02	4.08	10 418	4 469	1 935	941	777
山西	56.74	6.39	8.57	11.41	4.11	9 338	3 084	926	517	172
内蒙古	64.36	6.89	13.21	15.64	4.21	8 236	5 009	1 713	846	402
辽宁	54.37	10.06	16.02	16.18	4.67	7 010	4 086	1 629	970	393
吉林	61.15	8.28	10.30	13.06	3.83	8 997	3 466	1 154	634	363
黑龙江	65.42	5.49	10.69	11.38	5.38	9 001	3 803	1 145	677	182
上海	51.12	16.07	29.36	22.83	5.59	8 001	7 540	4 221	2 565	1184
江苏	44.64	10.77	16.91	14.76	5.09	8 465	4 832	1 978	1 064	459
浙江	35.57	12.52	27.95	17.05	6.37	5 353	5 521	2 557	1 321	653
安徽	46.36	9.31	15.57	12.57	5.22	7 456	4 939	1 766	899	374
福建	57.17	11.08	16.87	15.32	7.28	6 363	4 822	1 948	1 041	548
江西	56.16	11.21	14.74	16.84	3.51	10 459	5 011	1 962	1 107	314
山东	36.85	9.61	19.14	14.00	5.62	8 089	4 919	2 096	999	308
河南	56.56	4.95	6.44	9.77	4.08	11 687	2 670	846	770	228
湖北	69.14	8.87	8.49	12.49	4.37	10 216	3 456	1 103	570	428
湖南	47.04	9.39	13.51	14.29	5.01	9 877	4 214	1 617	834	326
广东	47.18	8.17	15.38	12.73	5.32	9 700	5 778	2 514	1 456	402
广西	47.28	6.20	12.67	11.56	5.18	13 459	6 859	2 369	1 392	189
海南	28.47	0.07	2.03	2.17	3.41	4 283	1 252	85	85	
四川	49.06	11.86	16.11	16.47	5.47	13 316	5 715	2 540	1 233	797
贵州	81.64	5.59	6.68	11.50	4.53	12 996	3 424	1 014	753	217
云南	59.42	4.74	4.58	7.44	4.62	16 689	3 165	742	481	222
西藏										
陕西	65.93	10.73	9.46	14.39	3.77	18 226	5 610	2 056	1 462	607
甘肃	92.40	5.83	6.42	10.53	4.46	11 498	3 169	1 000	620	258
青海	45.52	10.23	12.45	14.69	3.35	12 159	5 234	1 950	904	515
宁夏	82.41	12.19	10.37	17.90	4.08	15 388	4 172	1 748	1 192	661
新疆	94.39	8.52	18.88	26.88	4.62	5 679	3 328	2 341	1 416	715

北京市工业经济主要指标(一)

指　　标	计算单位	1988年	1987年
一、工业企业单位数	个	5 196	5 070
其中：亏损企业	个	438	523
二、年末职工人数	万人	171.01	171.02
三、固定资产投资	亿元	43.41	40.97
四、工业总产值	亿元	495.65	388.42
五、工业净产值	亿元	155.90	128.78
六、全员劳动生产率	元/人·年	23 854	20 282
七、主要产品产量			
铁矿石原矿量	万吨	1 975.23	1 888.22
乳制品	吨	9 721.00	8 221.00
配混合饲料	万吨	102.95	71.95
毛　线	吨	10 393	10 339.00
呢　绒	万米	1 633.5	1 544.80
锯　材	万立方米	37.99	41.10
人造板	万立方米	6.63	6.91
家　具	万元	29 466.90	24 840.18
焦　炭	万吨	339.76	333.62
烧　碱	万吨	11.04	9.61
乙　烯	吨	302 569	270 013
纯　苯	吨	76 822	64 351
精甲醇	吨	43 285	52 694
饲料添加剂	吨	3 301	922
塑　料	吨	380 208	347 631
合成橡胶	吨	56 414	49 026
合成纤维单体	吨	35 144	25 932
磁　带	万米	40 458	50 798.50
中成药	吨	15 319	14 515
塑料制品	吨	119 543	116 136
钢	万吨	368.96	335.54
生　铁	万吨	336.09	329.41
成品钢材	万吨	314.91	283.44
内燃机商品量	万千瓦	990.80	761.40
金属切削机床	台	6 342	5 796
起重机械	吨	31 209	26 166
风　机	万台	5.1	2.96
矿山设备	吨	21 809	24 446
化工设备	吨	10 799	7 984
机动饲料粉碎机	台	16 961	16 318
医疗器械	万元	14 558.4	12 221.30

注：全员劳动生产率按1980年不变价格工业总产值计算(下同)。固定资产投资为全民所有制工业基本建设和更新改造投资额之和，其他指标均为乡以上独立核算工业企业的数字。本表价值指标均按当年价格计算。

北京市工业经济主要指标(二)

指　　　　标	计算单位	1988年	1987年
照相机	万架	15.81	16.47
复印机械	台	606	259
汽车	辆	90 377	73 711
摩托车	辆	14 005	12 070
发电设备	万千瓦	82.6	82.45
交流电动机	万千瓦	199.47	196.43
家用电冰箱	台	235 677	193 789
房间空气调节器	台	11 544	5 007
家用洗衣机	万台	58.03	57.69
电话机	万部	7.32	3.95
电视机	万台	92.88	85.13
其中：彩色电视机	万台	57.91	48.45
录放音机	万台	111.80	50.22
收音机	万台	24.68	26.56
电子计算机	部	0	47
微型电子计算机	部	30 000	8 876
电子元件	万只	139 209.2	92 208.80
电子管	万只	202.51	157.30
半导体集成电路	万块	584.80	710.10
八、主要财务指标			
固定资产原值	亿元	341.28	300.89
固定资产净值	亿元	221.22	194.15
流动资金年末占用数	亿元	237.91	185.84
产品销售收入	亿元	503.20	393.50
亏损企业亏损总额	亿元	1.87	1.53
利润总额	亿元	70.52	57.39
利润和税金总额	亿元	108.50	88.84
企业留利	亿元	27.39	21.92
每百元固定资产原值实现产值	元	145.23	129.09
每百元固定资产原值实现利税	元	31.79	29.53
每百元工业总产值占用流动资金	元	28.15	31.04
每百元销售收入实现利润	元	14.01	14.58
资金利税率	%	30.08	28.23
产值利税率	%	21.89	22.87
固定资产折旧率	%	4.78	4.85
平均每一职工占有的固定资产	元	20 012	17 646
平均每一职工创造的工业净产值	元	9 142	7 552
平均每一职工创造的利润和税金	元	6 362	5 210
平均每一职工上交的利税费	元	3 925	3 485
平均每一职工占有的企业留利	元	1 606	1 285

天津市工业经济主要指标(一)

指　　　　标	计算单位	1988年	1987年
一、工业企业单位数	个	5 112	4 871
其中：亏损企业	个	551	600
二、年末职工人数	万人	158.58	158.89
三、固定资产投资	亿元	36.07	31.97
四、工业总产值	亿元	431.14	352.61
五、工业净产值	亿元	116.84	102.59
六、全员劳动生产率	元/人·年	22 489	20 156
七、主要产品产量			
原　油	万吨	462.79	453.01
天然气	亿立方米	3.91	4.33
原　盐	万吨	195.58	154.18
化学纤维	吨	70 067	66 125
其中：合成纤维	吨	67 789	63 427
针棉织品折用棉纱线量	万吨	4.17	4.30
毛　线	吨	6 003	6 116
呢　绒	万米	1 638.9	1 640.40
丝织品	万米	3 332	3 409.73
服　装	万件	16 196.54	13 145
皮　鞋	万双	2 752.76	2 678.29
烧　碱	万吨	25.18	24.73
纯　碱	万吨	55.21	54.10
化学农药	万吨	1.75	1.67
纯　苯	吨	19 343	17 242
油　漆	吨	46 644	43 739
染　料	吨	17 333	17 006
饲料添加剂	吨	23 096	13 174
塑　料	吨	108 911	112 054
卫生陶瓷	万件	14.83	17.28
钢	万吨	156.44	162.96
生　铁	万吨	97.94	101.54
成品钢材	万吨	180.28	175.02
日用精铝制品	吨	5 131	7 713
起重机械	吨	15 573	10 389
装卸机械	台	122	99
冶炼设备	吨	2 263	76
金属轧制设备	吨	2 599	1 865
大中型拖拉机	台	4 610	2 501
缝纫机	万架	48.29	59.05

天津市工业经济主要指标(二)

指　　　　标	计算单位	1988年	1987年
医疗器械	万元	7 909.4	6 257
电影机械	台	370	240
照相机	万架	42.00	30.00
复印机械	台	5 773	4 231
汽　车	辆	45 262	30 166
自行车	万辆	667.75	640.54
发电设备	万千瓦	23.73	22.30
直流电机	万千瓦	2.24	5.25
通讯电缆	公里	22 804	26 000
家用电冰箱	台	333 158	145 273
电风扇	万台	19.04	23.62
吸尘器	台	32 532	25 663
电话机	万部	36.34	25.79
电视机	万台	135.25	100.02
其中：彩色电视机	万台	62.07	55.46
电子元件	万只	94 951.88	79 547.00
电子管	万只	184.21	116.23
表	万只	493.65	501.42
八、主要财务指标			
固定资产原值	亿元	264.70	229.71
固定资产净值	亿元	174.58	150.86
流动资金年末占用数	亿元	164.83	133.90
产品销售收入	亿元	423.08	347.11
亏损企业亏损总额	亿元	1.87	1.29
利润总额	亿元	37.89	39.15
利润和税金总额	亿元	69.11	67.33
企业留利	亿元	11.94	13.21
每百元固定资产原值实现产值	元	162.88	153.50
每百元固定资产原值实现利税	元	26.11	29.31
每百元工业总产值占用流动资金	元	23.32	25.28
每百元销售收入实现利润	元	8.96	11.28
资金利税率	%	25.12	28.05
产值利税率	%	16.03	19.09
固定资产折旧率	%	4.58	4.55
平均每一职工占有的固定资产	元	16 837	14 556
平均每一职工创造的工业净产值	元	7 432	6 501
平均每一职工创造的利润和税金	元	4 396	4 266
平均每一职工上交的利税费	元	3 004	3 151
平均每一职工占有的企业留利	元	760	837

河北省工业经济主要指标(一)

指标	计算单位	1988年	1987年
一、工业企业单位数	个	19 684	19 270
其中：亏损企业	个	1 143	1 736
二、年末职工人数	万人	348.25	330.11
三、固定资产投资	亿元	79.29	57.99
四、工业总产值	亿元	577.44	456.05
五、工业净产值	亿元	168.11	139.67
六、全员劳动生产率	元/人·年	13 325	12 122
七、主要产品产量			
原　煤	万吨	6 433.79	6 342.60
洗精煤	万吨	1 671.46	1 358.99
原　油	万吨	630.52	795.39
天然气	亿立方米	2.23	2.37
铁矿石原矿量	万吨	2 319.82	2 082.81
耐火粘土成品矿	万吨	37.59	45.74
耐火粘土熟料	万吨	24.14	24.97
原　盐	万吨	254	122.73
发电量	亿千瓦小时	346.34	312.59
其中：火电	亿千瓦小时	340.68	308.50
食用植物油	万吨	22.08	22.64
罐　头	万吨	13.29	8.55
乳制品	吨	10 635	8 343
啤　酒	万吨	43.32	28.47
化纤用浆粕	吨	10 995	10 624
纱	万吨	31.30	27.59
布	亿米	12.73	11.85
服　装	万件	11 263.36	8 524.38
家　具	万元	28 333.28	22 810.01
机制纸及纸板	万吨	78.74	69.27
焦　炭	万吨	370.55	332.32
电　石	万吨	13.94	14.88
合成氨	万吨	168.06	157.18
农用化肥	万吨	136.58	126.41
化学农药	万吨	0.74	0.63
电影胶片	万米	11 612.1	10 556.10
磁　带	万米	52 776.5	22 366.20
化学药品	吨	16 651	15 184
聚烯烃编织袋	万条	10 245.12	10 334.87
水　泥	万吨	1 426.97	1 229.79
砖	亿块	360.53	338.59

河北省工业经济主要指标(二)

指　　标	计算单位	1988年	1987年
平板玻璃	万重量箱	977.85	858.79
卫生陶瓷	万件	493.15	388.11
日用陶瓷	万件	46 225.4	40 933.18
耐火材料制品	万吨	48.33	56.43
钢	万吨	308.74	286.84
生　铁	万吨	399.35	368.92
成品钢材	万吨	248.16	239.37
工业锅炉	台	2 370	1 946
输送机械	吨	39 507	37 302
泵	万台	32.86	26.80
农用水泵	万台	27.69	22.64
风　机	万台	3.4	1.93
矿山设备	吨	11 613	10 719
冶炼设备	吨	8 143	6 854
炼油设备	吨	2 111	2 341
小型拖拉机	台	99 572	75 762
摩托车	辆	18 386	16 096
变压器	万千伏安	1 047.13	875.34
八、主要财务指标			
固定资产原值	亿元	478.23	407.32
固定资产净值	亿元	329.67	277.23
流动资金年末占用数	亿元	254.23	202.93
产品销售收入	亿元	571.20	436.29
亏损企业亏损总额	亿元	7.74	4.99
利润总额	亿元	49.45	38.23
利润和税金总额	亿元	88.94	70.28
企业留利	亿元	21.25	14.41
每百元固定资产原值实现产值	元	120.75	111.96
每百元固定资产原值实现利税	元	18.60	17.29
每百元工业总产值占用流动资金	元	25.56	27.34
每百元销售收入实现利润	元	8.66	8.76
资金利税率	%	18.64	17.49
产值利税率	%	15.40	15.41
固定资产折旧率	%	4.82	4.67
平均每一职工占有的固定资产	元	14 091	12 656
平均每一职工创造的工业净产值	元	4 953	4 340
平均每一职工创造的利润和税金	元	2 621	2 184
平均每一职工上交的利税费	元	1 720	1 575
平均每一职工占有的企业留利	元	626	448

山西省工业经济主要指标(一)

指　　　　标	计算单位	1988年	1987年
一、工业企业单位数	个	11 157	10 987
其中：亏损企业	个	986	1 292
二、年末职工人数	万人	241.28	229.84
三、固定资产投资	亿元	54.63	50.03
四、工业总产值	亿元	315.60	247.91
五、工业净产值	亿元	100.54	81.51
六、全员劳动生产率	元/人·年	10 724	9 847
七、主要产品产量			
原　煤	万吨	24 647.52	23 093.70
洗精煤	万吨	1 821.88	700.13
铁矿石原矿量	万吨	1 127.19	1 032.68
耐火粘土成品矿	万吨	111.01	34.12
硫铁矿生产量	万吨	122.39	101.57
发电量	亿千瓦小时	277.74	263.42
乳制品	吨	13 468	11 992
电　石	万吨	30.86	29.54
精甲醇	吨	21 105	24 484
合成橡胶	吨	6 859	7 329
合成洗涤剂	吨	88 955	66 744
砖	亿块	167.34	141.42
瓦	亿片	24.71	19.97
耐火材料制品	万吨	127.58	46.23
钢	万吨	216.05	203.60
生　铁	万吨	403.61	364.21
成品钢材	万吨	128.32	119.56
输送机械	吨	11 580	7 960

山西省工业经济主要指标(二)

指　　　　标	计算单位	1988年	1987年
矿山设备	吨	16 351	19 109
机动脱粒机	台	8 547	5 852
直流电机	万千瓦	64.34	60.76
通讯电缆	公里	12 427	59 994
煤气表	万只	2.65	2.81
表	万只	147.98	142.25
八、主要财务指标			
固定资产原值	亿元	397.61	335.34
固定资产净值	亿元	267.02	229.02
流动资金年末占用数	亿元	156.68	125.01
产品销售收入	亿元	309.60	244.94
亏损企业亏损总额	亿元	3.33	1.67
利润总额	亿元	24.40	21.61
利润和税金总额	亿元	46.28	39.09
企业留利	亿元	6.77	5.79
每百元固定资产原值实现产值	元	79.37	73.93
每百元固定资产原值实现利税	元	11.64	11.66
每百元工业总产值占用流动资金	元	29.51	32.33
每百元销售收入实现利润	元	7.88	8.82
资金利税率	%	12.85	12.65
产值利税率	%	14.66	15.77
固定资产折旧率	%	4.58	4.68
平均每一职工占有的固定资产	元	17 078	15 103
平均每一职工创造的工业净产值	元	4 318	3 671
平均每一职工创造的利润和税金	元	1 988	1 761
平均每一职工上交的利税费	元	1 466	1 830
平均每一职工占有的企业留利	元	291	261

内蒙古自治区工业经济主要指标（一）

指　　标	计算单位	1988年	1987年
一、工业企业单位数	个	7 204	7 213
其中：亏损企业	个	575	727
二、年末职工人数	万人	138.54	135.64
三、固定资产投资	亿元	28.10	22.42
四、工业总产值	亿元	175.42	138.00
五、工业净产值	亿元	56.12	43.58
六、全员劳动生产率	元/人·年	9 249	8 410
七、主要产品产量			
原煤	万吨	3 734.48	3 410.17
铁矿石原矿量	万吨	800.10	778.46
铁矿石成品矿	万吨	293.64	299.71
原盐	万吨	55.83	67.09
木材(一本帐口径)	万立方米	594.74	596.00
糖	万吨	15.22	17.15
乳制品	吨	21 259	19 231
毛线	吨	5 933	5 707
呢绒	万米	1 107.72	1 036.62
锯材	万立方米	66.83	71.35
焦炭	万吨	228.94	215.10
饲料添加剂	吨	6 506	3 163
钢	万吨	220.76	215.80
生铁	万吨	227.14	257.06
成品钢材	万吨	137.70	130.53

内蒙古自治区工业经济主要指标（二）

指　　标	计算单位	1988年	1987年
机引耕作机械	台	7 967	4 798
种植机械	台	5 639	5 414
八、主要财务指标			
固定资产原值	亿元	226.33	199.26
固定资产净值	亿元	165.10	144.50
流动资金年末占用数	亿元	104.14	79.07
产品销售收入	亿元	177.35	140.79
亏损企业亏损总额	亿元	2.41	2.15
利润总额	亿元	12.74	8.34
利润和税金总额	亿元	26.75	19.61
企业留利	亿元	5.34	3.68
每百元固定资产原值实现产值	元	77.51	69.25
每百元固定资产原值实现利税	元	11.82	9.84
每百元工业总产值占用流动资金	元	34.35	36.28
每百元销售收入实现利润	元	7.18	5.93
资金利税率	%	11.87	10.08
产值利税率	%	15.25	14.21
固定资产折旧率	%	3.80	3.65
平均每一职工占有的固定资产	元	16 911	15 202
平均每一职工创造的工业净产值	元	4 194	3 325
平均每一职工创造的利润和税金	元	1 999	1 496
平均每一职工上交的利税费	元	1 355	1 206
平均每一职工占有的企业留利	元	399	281

辽宁省工业经济主要指标（一）

指　　标	计算单位	1988年	1987年
一、工业企业单位数	个	21 410	21 036
其中：亏损企业	个	2 409	3 093
二、年末职工人数	万人	574.39	562.32
三、固定资产投资	亿元	133.74	106.58
四、工业总产值	亿元	1 080.28	887.10
五、工业净产值	亿元	339.29	295.26
六、全员劳动生产率	元/人·年	14 930	13 584
七、主要产品产量			
原煤	万吨	4 589.01	4 351.60
原油	万吨	1 267.29	1 146.10
天然气	亿立方米	18.97	18.07
铁矿石原矿量	万吨	4 462.23	4 288.82
耐火粘土成品矿	万吨	25.32	31.39
原盐	万吨	205.45	136.81
发电量	亿千瓦小时	413.61	384.38
啤酒	万吨	50.43	44.34
非酒精饮料	吨	308 673	279 533
化学纤维	吨	134 877	142 915
纱	万吨	23.63	23.35
呢绒	万米	1 693.49	1 672.74
丝织品	万米	8 549.55	9 288.63
锯材	万立方米	98.95	83.15
机制纸及纸板	万吨	85.09	81.31
焦炭	万吨	782.86	776.08
硫酸	万吨	81.46	75.27
烧碱	万吨	26.52	25.18
纯碱	万吨	74.27	71.23
乙烯	吨	72 043	75 226
纯苯	吨	114 027	113 069
油漆	吨	68 281	64 802
塑料	吨	125 217	122 821
合成纤维单体	吨	143 992	135 618
化学药品	吨	16 722	11 050
水泥	万吨	1 320.55	1 204.22
平板玻璃	万重量箱	828.31	774.35
钢	万吨	1 207.56	1 130.40
生铁	万吨	1 191.67	1 147.34
成品钢材	万吨	903.98	802.03
工业锅炉	台	4 230	4 211

辽宁省工业经济主要指标（二）

指　　标	计算单位	1988年	1987年
金属切削机床	台	21 225	20 047
起重机械	吨	77 515	72 912
农用水泵	万台	33.84	23.82
风机	万台	5.93	3.74
矿山设备	吨	45 459	35 521
冶炼设备	吨	21 079	17 431
金属轧制设备	吨	3 502	4 440
炼油设备	吨	10 837	7 340
化工设备	吨	28 623	22 914
冶金专用车辆	辆	189	212
汽车	辆	56 555	38 407
机动渔船	艘	34	31
交流电动机	万千瓦	527.79	493.60
变压器	万千伏安	2 306.97	2 075.92
钢芯铝绞线	吨	22 426	29 167
家用洗衣机	万台	87.26	127.80
煤气表	万只	56.1	57.41
表	万只	488.25	439.27
八、主要财务指标			
固定资产原值	亿元	956.29	824.37
固定资产净值	亿元	627.82	530.38
流动资金年末占用数	亿元	493.74	411.15
产品销售收入	亿元	1 057.20	864.26
亏损企业亏损总额	亿元	10.85	9.58
利润总额	亿元	98.18	89.89
利润和税金总额	亿元	185.12	163.69
企业留利	亿元	34.22	27.81
每百元固定资产原值实现产值	元	112.97	107.61
每百元固定资产原值实现利税	元	19.36	19.86
每百元工业总产值占用流动资金	元	26.26	28.15
每百元销售收入实现利润	元	9.29	10.40
资金利税率	%	20.31	20.98
产值利税率	%	17.14	18.45
固定资产折旧率	%	4.53	4.43
平均每一职工占有的固定资产	元	16 877	14 804
平均每一职工创造的工业净产值	元	5 988	5 302
平均每一职工创造的利润和税金	元	3 267	2 939
平均每一职工上交的利税费	元	2 276	2 217
平均每一职工占有的企业留利	元	604	499

吉林省工业经济主要指标（一）

指　　　　标	计算单位	1988年	1987年
一、工业企业单位数	个	12 136	11 910
其中：亏损企业	个	1 336	1 677
二、年末职工人数	万人	245.18	241.0
三、固定资产投资	亿元	44.59	36.12
四、工业总产值	亿元	398.43	320.35
五、工业净产值	亿元	128.19	103.23
六、全员劳动生产率	元/人·年	12 449	10 951
七、主要产品产量			
木材(一本帐口径)	万立方米	639.1	680.74
啤酒	万吨	36.35	29.06
非酒精饮料	吨	157 159	149 322
化纤用浆粕	吨	18 389	19 021
锯材	万立方米	187.91	164.04
人造板	万立方米	33.94	28.33
机制纸及纸板	万吨	58.32	55.07
浓硝酸	万吨	6.01	6.01
电石	万吨	11.37	12.24
酒精	万吨	11.08	11.11
乙烯	吨	107 585	106 643
纯苯	吨	22 938	25 683
精甲醇	吨	33 391	32 041
染料	吨	8 669	7 770
合成橡胶	吨	48 559	54 956
电影胶片	万米	2 487.5	1 305.60
磁带	万米	43 101	31 694.97
中成药	吨	21 424	15 154
工业锅炉	台	2 220	1 806
内燃机商品量	万千瓦	115.36	60.83
装卸机械	台	45	58
石油钻采设备	吨	4 877	5 399
大中型拖拉机	台	1 594	1 371

吉林省工业经济主要指标（二）

指　　标	计算单位	1988年	1987年
大型及专用衡器	台	1 030	1 465
中小农具	万件	2 196.79	2 147.24
小型拖拉机	台	75 362	78 520
种植机械	台	8 373	4 351
联合收割机	台	701	733
汽车	辆	98 196	71 700
其中：载货汽车	辆	76 658	58 529
改装汽车	辆	4 639	4 112
家用洗衣机	万台	35.05	47.55
半导体集成电路	万块	78.00	69.54
九、主要财务指标			
固定资产原值	亿元	358.93	317.08
固定资产净值	亿元	249.78	220.28
流动资金年末占用数	亿元	202.16	165.93
产品销售收入	亿元	380.08	311.16
亏损企业亏损总额	亿元	5.10	5.12
利润总额	亿元	33.81	25.33
利润和税金总额	亿元	63.64	49.41
企业留利	亿元	15.61	10.96
每百元固定资产原值实现产值	元	111.01	101.03
每百元固定资产原值实现利税	元	17.73	15.58
每百元工业总产值占用流动资金	元	26.44	28.66
每百元销售收入实现利润	元	8.89	8.14
资金利税率	%	17.92	15.83
产值利税率	%	15.97	15.42
固定资产折旧率	%	4.33	4.09
平均每一职工占有的固定资产	元	14 985	13 455
平均每一职工创造的工业净产值	元	5 352	4 380
平均每一职工创造的利润和税金	元	2 657	2 097
平均每一职工上交的利税费	元	1 946	1 595
平均每一职工占有的企业留利	元	652	465

黑龙江省工业经济主要指标（一）

指　　　　标	计算单位	1988年	1987年
一、工业企业单位数	个	14 642	14 982
其中：亏损企业	个	1 810	2 408
二、年末职工人数	万人	377.76	372.67
三、固定资产投资	亿元	77.63	66.05
四、工业总产值	亿元	626.30	526.57
五、工业净产值	亿元	237.82	203.86
六、全员劳动生产率	元/人·年	11 868	11 104
七、主要产品产量			
原煤	万吨	7 172.19	6 820.77
洗精煤	万吨	1 053.10	829.36
原油	万吨	5 570.29	5 555.32
天然气	亿立方米	22.26	22.05
木材	万立方米	1 877.71	1 851.35
发电量	亿千瓦小时	246.80	223.46
食用植物油	万吨	31.27	27.16
糖	万吨	35.91	31.66
乳制品	吨	97 463	78 338
饮料酒	万吨	83.81	72.54
其中：啤酒	万吨	53.65	46.04
非酒精饮料	吨	175 274	169 153
化学纤维	吨	49 456	47 560
锯材	万立方米	366.03	397.78
人造板	万立方米	41.56	40.62
酒精	万吨	6.13	5.75
乙烯	吨	203 922	168 474
聚烯烃编织袋	万条	9 996.26	8 946
工业锅炉	台	3 222	3 424
滚动轴承	万套	5 004.65	4 621.44
石油钻采设备	吨	7 879	9 390

黑龙江省工业经济主要指标（二）

指　　标	计算单位	1988年	1987年
小型拖拉机	台	45 659	54 378
机引耕作机械	台	23 806	28 171
机动脱粒机	台	12 387	10 130
电影机械	台	2 131	2 028
发电设备	万千瓦	306.83	265.40
直流电机	万千瓦	2.03	6.34
钢芯铝绞线	吨	7 747	10 948
电度表	万只	105.22	120.26
大型及专用衡器	台	1 471	1 257
八、主要财务指标			
固定资产原值	亿元	652.02	544.92
固定资产净值	亿元	449.73	366.38
流动资金年末占用数	亿元	313.56	261.28
产品销售收入	亿元	561.46	468.45
亏损企业亏损总额	亿元	5.05	5.35
利润总额	亿元	49.94	49.38
利润和税金总额	亿元	96.25	86.67
企业留利	亿元	11.95	12.22
每百元固定资产原值实现产值	元	96.05	96.63
每百元固定资产原值实现利税	元	14.76	15.91
每百元工业总产值占用流动资金	元	27.79	29.33
每百元销售收入实现利润	元	8.89	10.54
资金利税率	%	15.43	16.64
产值利税率	%	15.37	16.46
固定资产折旧率	元	4.31	4.23
平均每一职工占有的固定资产	元	17 679	15 009
平均每一职工创造的工业净产值	元	6 448	5 615
平均每一职工创造的利润和税金	元	2 610	2 387
平均每一职工上交的利税费	元	2 057	1 873
平均每一职工占有的企业留利	元	324	337

上海市工业经济主要指标(一)

指　　标	计算单位	1988年	1987年
一、工业企业单位数	个	9 668	9 059
其中：亏损企业	个	660	674
二、年末职工人数	万人	353.18	348.29
三、固定资产投资	亿元	120.02	89.76
四、工业总产值	亿元	1 180.73	993.16
五、工业净产值	亿元	340.29	293.37
六、全员劳动生产率	元/人·年	28 115	26 393
七、主要产品产量			
发电量	亿千瓦小时	280.59	276.34
乳制品	吨	9 982	11 310
配混合饲料	万吨	165.78	125.83
化纤用浆粕	吨	30 759	30 266
化学纤维	吨	237 148	233 682
纱	万吨	40.67	39.65
布	亿米	16.66	14.85
毛线	吨	25 389	24 261
呢绒	万米	3 373	3 356
丝织品	万米	12 146	11 686
服装	万件	28 220.56	28 891.17
皮鞋	万双	2 414.88	2 510.77
锯材	万立方米	62.87	59.43
人造板	万立方米	14.45	14.89
家具	万元	27 163.22	28 468.24
焦炭	万吨	416.11	415.97
烧碱	万吨	28.00	28.27
化学农药	万吨	0.63	0.62
乙烯	吨	149 856	148 204
纯苯	吨	122 043	127 242
精甲醇	吨	108 526	102 204
油漆	吨	62 226	68 186
染料	吨	13 957	13 220
塑料	吨	180 697	177 643
合成纤维单体	吨	294 519	275 415
电影胶片	万米	3 383.05	3 815.55
合成洗涤剂	吨	100 500	103 071
轮胎外胎	万条	278.59	253.07
塑料制品	吨	220 792	215 895
钢	万吨	859.80	866.92
生铁	万吨	511.62	496.91

上海市工业经济主要指标(二)

指　　标	计算单位	1988年	1987年
成品钢材	万吨	473.40	473.74
日用精铝制品	吨	5 068	6 281
工业锅炉	台	2 648	2 503
金属切削机床	台	14 855	17 040
锻压机械	台	7 002	6 865
起重机械	吨	100 951	89 047
风机	万台	5.84	6.53
滚动轴承	万套	4 123.58	3 721.92
矿山设备	吨	21 449	24 235
大中型拖拉机	台	10 530	10 250
缝纫机	万架	321.32	317.99
医疗器械	万元	27 477.24	25 455.22
照相机	万架	48.25	45.06
自行车	万辆	697.47	655.76
民用钢质船舶	综合万吨	30.49	38.42
发电设备	万千瓦	238.60	225.4
家用洗衣机	台	1 770 400	1 593 278
电视机	万台	472.80	422.43
表	万只	1 362.18	1 249.45
八、主要财务指标			
固定资产原值	亿元	603.34	528.32
固定资产净值	亿元	427.31	377.39
流动资金年末占用数	亿元	515.18	386.01
产品销售收入	亿元	1 191.20	1 000.76
亏损企业亏损总额	亿元	2.28	1.16
利润总额	亿元	140.25	132.34
利润和税金总额	亿元	227.63	208.87
企业留利	亿元	45.13	38.73
每百元固定资产原值实现产值	元	195.70	187.99
每百元固定资产原值实现利税	元	37.73	39.54
每百元工业总产值占用流动资金	元	23.75	23.57
每百元销售收入实现利润	元	11.77	13.22
资金利税率	%	32.16	34.16
产值利税率	%	19.28	21.03
固定资产折旧率	%	4.84	4.50
平均每一职工占有的固定资产	元	17 398	15 419
平均每一职工创造的工业净产值	元	9 812	8 562
平均每一职工创造的利润和税金	元	6 564	6 096
平均每一职工上交的利税费	元	4 701	4 592
平均每一职工占有的企业留利	元	1 301	1 130

江苏省工业经济主要指标(一)

指　　　　标	计算单位	1988年	1987年
一、工业企业单位数	个	38 853	38 985
其中：亏损企业	个	5 809	6 787
二、年末职工人数	万人	755.71	734.13
三、固定资产投资	亿元	99.77	80.54
四、工业总产值	亿元	1 605.76	1 216.24
五、工业净产值	亿元	378.86	303.49
六、全员劳动生产率	元/人·年	19 003	16 146
七、主要产品产量			
原盐	万吨	226.64	200.58
发电量	亿千瓦小时	345.32	301.16
食用植物油	万吨	47.95	49.99
罐头	万吨	12.72	10.18
乳制品	吨	13 268	8 993
饮料酒	万吨	101.96	96.58
非酒精饮料	吨	111 535	143 901
卷烟	万箱	93.10	101.10
配混合饲料	万吨	244.36	191.26
化学纤维	吨	305 804	236 608
纱	万吨	63.33	60.07
布	亿米	27.14	25.52
毛线	吨	56 642	52 675
呢绒	万米	7 036	5 721
麻袋	万条	7 163.00	6 625.89
丝	吨	11 013	11 666
丝织品	万米	40 177.69	38 395.48
服装	万件	26 551.99	26 519.15
皮鞋	万双	3 839.10	3 699.74
鞣制皮革	万张	665.82	699.30
锯材	万立方米	64.71	64.41
家具	万元	57 742.73	47 538.44
机制纸及纸板	万吨	74.21	70.62
硫酸	万吨	107.71	89.53
烧碱	万吨	29.98	28.08
合成氨	万吨	157.91	169.79
农用化肥	万吨	138.48	142.76
酒精	万吨	12.48	11.20
化学农药	万吨	3.61	3.96
油漆	吨	75 490	69 271
染料	吨	20 163	17 300

江苏省工业经济主要指标(二)

指　　标	计算单位	1988年	1987年
塑料	吨	286 088	145 768
合成洗涤剂	吨	121 710	105 678
化学药品	吨	20 304	21 759
塑料制品	吨	438 474	391 219
聚烯烃编织袋	万条	41 766.22	34 314.96
水泥	万吨	1 660.97	1 524.47
砖	亿块	529.98	488.32
工业锅炉	台	5 193	5 048
内燃机商品量	万千瓦	906.14	711.79
金属切削机床	台	21 101	18 924
锻压机械	台	18 089	16 361
起重机械	吨	49 718	45 182
气体压缩机	台	33 868	21 051
化工设备	吨	11 319	17 763
小型拖拉机	台	178 912	153 685
照相机	万架	47.69	41.74
改装汽车	辆	18 197	13 224
电视机	万台	434.99	341.87
录放音机	万台	561.37	417.19
八、主要财务指标			
固定资产原值	亿元	691.39	578.45
固定资产净值	亿元	504.78	422.29
流动资金年末占用数	亿元	618.78	485.46
产品销售收入	亿元	1 447.78	1 089.19
亏损企业亏损总额	亿元	6.82	5.57
利润总额	亿元	96.53	80.50
利润和税金总额	亿元	180.86	147.70
企业留利	亿元	32.98	26.00
每百元固定资产原值实现产值	元	232.25	210.26
每百元固定资产原值实现利税	元	26.16	25.53
每百元工业总产值占用流动资金	元	22.11	23.87
每百元销售收入实现利润	元	6.67	7.39
资金利税率	%	21.03	20.73
产值利税率	%	11.26	12.14
固定资产折旧率	%	5.40	5.04
平均每一职工占有的固定资产	元	9 444	8 119
平均每一职工创造的工业净产值	元	5 175	4 260
平均每一职工创造的利润和税金	元	2 470	2 073
平均每一职工上交的利税费	元	1 537	1 458
平均每一职工占有的企业留利	元	450	365

浙江省工业经济主要指标(一)

指　　标	计算单位	1988年	1987年
一、工业企业单位数	个	42 202	41 857
其中：亏损企业	个	5 641	5 998
二、年末职工人数	万人	419.58	413.71
三、固定资产投资	亿元	40.16	32.46
四、工业总产值	亿元	850.84	647.96
五、工业净产值	亿元	228.90	182.97
六、全员劳动生产率	元/人·年	17 490	14 964
七、主要产品产量			
罐头	万吨	31.62	21.13
乳制品	吨	23 408	26 435
饮料酒	万吨	165.91	156.46
其中：啤酒	万吨	84.37	76.04
卷烟	万箱	92.13	92.36
化纤用浆粕	吨	23 150	21 700
化学纤维	吨	61 310	57 119
纱	万吨	22.62	20.01
布	亿米	12.79	11.32
毛线	吨	20 779	18 965
呢绒	万米	2 305	1 999
麻袋	万条	12 705	11 356
丝	吨	14 793	13 942
丝织品	万米	46 476	40 344
服装	万件	24 568	18 806
皮鞋	万双	2 905	2 616
鞣制皮革	万张	359	348
锯材	万立方米	57.84	51.98
人造板	万立方米	11.13	10.48
家具	万元	35 324	28 279
机制纸及纸板	万吨	72.89	67.87
烧碱	万吨	14.26	13.70
化学农药	万吨	1.66	1.59
中成药	吨	20 710	18 356
塑料制品	吨	376 170	295 845
聚烯烃编织袋	万条	36 343	22 407
水泥	万吨	1 315	1 216
砖	亿块	240	229
日用陶瓷器	万件	23 773	21 074
日用精铝制品	吨	10 890	9 970
内燃机商品量	万千瓦	214.19	188.00

浙江省工业经济主要指标(二)

指　　标	计算单位	1988年	1987年
金属切削机床	台	32 788	29 429
锻压机械	台	22 836	7 906
起重机械	吨	59 066	61 938
泵	万台	47.48	27.78
风机	万台	0.99	5.67
气体压缩机	台	7 511	4 733
滚动轴承	万套	3 459	2 552
机动脱粒机	台	50 412	11 455
缝纫机	万架	59.27	60.78
医疗器械	万元	5 424	8 634
自行车	万辆	234.84	225.57
家用电冰箱	台	1 183 253	588 844
电风扇	万台	318.70	387.58
家用洗衣机	台	1 185 400	1 182 855
电熨斗	万个	305	284
灯泡	亿只	1.36	0.89
电视机	万台	104.04	89.24
录放音机	万台	136.00	110.58
收音机	万台	83.56	104.93
八、主要财务指标			
固定资产原值	亿元	353.89	287.64
固定资产净值	亿元	261.75	215.65
流动资金年末占用数	亿元	355.90	269.96
产品销售收入	亿元	802.95	602.80
亏损企业亏损总额	亿元	3.33	2.81
利润总额	亿元	64.05	53.00
利润和税金总额	亿元	117.39	95.16
企业留利	亿元	22.08	18.12
每百元固定资产原值实现产值	元	240.43	225.27
每百元固定资产原值实现利税	元	33.17	33.08
每百元工业总产值占用流动资金	元	23.54	24.25
每百元销售收入实现利润	元	7.98	8.79
资金利税率	%	25.41	25.53
产值利税率	%	13.80	14.69
固定资产折旧率	%	5.73	5.56
平均每一职工占有的固定资产	元	8 625	7 199
平均每一职工创造的工业净产值	元	5 579	4 579
平均每一职工创造的利润和税金	元	2 861	2 382
平均每一职工上交的利税费	元	1 781	1 665
平均每一职工占有的企业留利	元	538	452

安徽省工业经济主要指标(一)

指　　标	计算单位	1988年	1987年
一、工业企业单位数	个	21 587	20 827
其中：亏损企业	个	2 015	2 280
二、年末职工人数	万人	262.11	246.01
三、固定资产投资	亿元	43.88	38.18
四、工业总产值	亿元	415.02	323.59
五、工业净产值	亿元	117.46	90.54
六、全员劳动生产率	元/人·年	12 336	11 472
七、主要产品产量			
原煤	万吨	3 052.37	2 884.34
洗精煤	万吨	557.72	507.26
铁矿石原矿量	万吨	905.96	882.43
硫铁矿生产量	万吨	158.47	122.00
发电量	亿千瓦小时	177.90	168.84
食用植物油	万吨	35.72	40.83
卷烟	万箱	208.16	206.45
配混合饲料	万吨	159.99	118.02
纱	万吨	17.51	16.75
布	亿米	7.35	6.82
麻袋	万条	7 716.80	7 624.75
焦炭	万吨	248.40	244.98
硫酸	万吨	48.77	47.99
合成氨	万吨	107.09	108.42
农用化肥	万吨	90.67	93.90
酒精	万吨	7.92	7.27
精甲醇	吨	49 264	46 973
聚烯烃编织袋	万条	8 521.14	8 727.89
卫生陶瓷	万件	36.17	103.22
钢	万吨	208.86	211.54

安徽省工业经济主要指标(二)

指　　标	计算单位	1988年	1987年
生铁	万吨	274.75	267.37
成品钢材	万吨	170.03	164.32
输送机械	吨	18 197	19 614
泵	万台	21.95	21.46
气体压缩机	台	1 228	1 114
小型拖拉机	台	59 145	53 690
民用钢质船舶	综合万吨	8.92	9.76
通讯电缆	公里	50 561	2 616
八、主要财务指标			
固定资产原值	亿元	286.63	247.02
固定资产净值	亿元	201.91	174.50
流动资金年末占用数	亿元	174.34	136.15
产品销售收入	亿元	407.43	314.36
亏损企业亏损总额	亿元	2.69	2.71
利润总额	亿元	25.83	19.57
利润和税金总额	亿元	64.09	49.88
企业留利	亿元	9.86	7.91
每百元固定资产原值实现产值	元	144.79	131.00
每百元固定资产原值实现利税	元	22.36	20.19
每百元工业总产值占用流动资金	元	23.24	25.33
每百元销售收入实现利润	元	6.34	6.23
资金利税率	%	21.48	19.45
产值利税率	%	15.44	15.41
固定资产折旧率	%	4.93	4.68
平均每一职工占有的固定资产	元	11 322	10 410
平均每一职工创造的工业净产值	元	4 640	3 815
平均每一职工创造的利润和税金	元	2 532	2 102
平均每一职工上交的利税费	元	1 965	1 803
平均每一职工占有的企业留利	元	389	334

福建省工业经济主要指标(一)

指　　　　标	计算单位	1988年	1987年
一、工业企业单位数	个	11 792	11 349
其中：亏损企业	个	1 222	1 380
二、年末职工人数	万　人	154.65	147.85
三、固定资产投资	亿　元	33.71	32.22
四、工业总产值	亿　元	296.02	205.02
五、工业净产值	亿　元	88.62	62.48
六、全员劳动生产率	元/人·年	15 699	12 762
七、主要产品产量			
原盐	万　吨	92.59	77.61
木材	万立方米	556.70	564.12
糖	万　吨	38.23	44.62
罐头	万　吨	18.72	11.68
锯材	万立方米	64.52	57.15
人造板	万立方米	21.78	17.36
机制纸及纸板	万　吨	50.57	46.84
电石	万　吨	9.77	11.29
酒精	万　吨	1.13	1.45
化学农药	万　吨	0.46	0.36
塑料	吨	46 558	46 050
磁带	万　米	62 928	112 975
塑料制品	吨	144 473	120 817
聚烯烃编织袋	万　条	8 119.05	7 301.84
瓦	亿　片	28.65	22.62
日用陶瓷器	万　件	23 692.57	25 558.39
锻压机械	台	3 257	2 829
风机	万　台	2.09	0.41
机动饲料粉碎机	台	14 230	13 400
机动渔船	艘	46	94
灯泡	亿　只	0.65	0.68

福建省工业经济主要指标(二)

指　　　　标	计算单位	1988年	1987年
电话机	万　部	99.78	96.50
电视机	万　台	114.12	69.01
彩电	万　台	95.99	49.39
录放音机	万　台	74.48	89.53
收音机	万　台	24.61	3.62
微型电子计算机	部	4 300	2 039
电子计算器	万　台	78.61	94.15
电子元件	万　只	156 047.35	120 621.47
水表	万　只	74.80	61.78
八、主要财务指标			
固定资产原值	亿　元	168.05	141.01
固定资产净值	亿　元	122.40	102.73
流动资金年末占用数	亿　元	131.05	97.22
产品销售收入	亿　元	283.94	198.40
亏损企业亏损总额	亿　元	1.18	0.73
利润总额	亿　元	25.38	18.58
利润和税金总额	亿　元	46.14	34.53
企业留利	亿　元	8.26	5.65
每百元固定资产原值实现产值	元	176.15	145.39
每百元固定资产原值实现利税	元	27.46	24.49
每百元工业总产值占用流动资金	元	23.44	26.35
每百元销售收入实现利润	元	8.94	9.36
资金利税率	%	24.06	22.03
产值利税率	%	15.59	16.84
固定资产折旧率	%	5.23	5.01
平均每一职工占有的固定资产	元	11 295	9 968
平均每一职工创造的工业净产值	元	5 957	4 417
平均每一职工创造的利润和税金	元	3 102	2 441
平均每一职工上交的利税费	元	2 186	1 808
平均每一职工占有的企业留利	元	555	399

江西省工业经济主要指标(一)

指　　标	计算单位	1988年	1987年
一、工业企业单位数	个	15 163	14 654
其中：亏损企业	个	1 746	2 225
二、年末职工人数	万人	200.32	193.15
三、固定资产投资	亿元	28.65	22.52
四、工业总产值	亿元	291.91	225.56
五、工业净产值	亿元	81.26	64.12
六、全员劳动生产率	元/人·年	11 259	10 080
七、主要产品产量			
硫铁矿生产量	万吨	96.02	83.08
木材	万立方米	236.82	245.41
糖	万吨	12.23	11.88
配混合饲料	万吨	120.67	101.53
化纤用浆粕	吨	11 320	10 344
化学药品	吨	11 334	9 080
日用陶瓷器	万件	44 092	47 335
农用内燃机	万千瓦	112.32	85.06
照相机	万架	23.83	19.00
摩托车	辆	49 816	33 009
金属切削机床	台	6 875	6 428
录放音机	万台	36.66	47.81
电子计算器	万部	40.12	37.68

江西省工业经济主要指标(二)

指　　　标	计算单位	1988年	1987年
八、主要财务指标			
固定资产原值	亿　元	216.25	193.53
固定资产净值	亿　元	149.40	134.33
流动资金年末占用数	亿　元	138.66	117.29
产品销售收入	亿　元	286.03	221.40
亏损企业亏损总额	亿　元	3.82	2.87
利润总额	亿　元	18.56	14.50
利润和税金总额	亿　元	38.14	29.97
企业留利	亿　元	6.82	5.81
每百元固定资产原值实现产值	元	134.99	116.55
每百元固定资产原值实现利税	元	17.64	15.49
每百元工业总产值占用流动资金	元	27.40	29.87
每百元销售收入实现利润	元	6.49	6.55
资金利税率	%	16.63	14.86
产值利税率	%	13.06	13.29
固定资产折旧率	%	4.58	4.69
平均每一职工占有的固定资产	元	11 093	10 327
平均每一职工创造的工业净产值	元	4 169	3 422
平均每一职工创造的利润和税金	元	1 956	1 599
平均每一职工上交的利税费	元	1 331	1 187
平均每一职工占有的企业留利	元	350	310

山东省工业经济主要指标(一)

指　　　标	计算单位	1988年	1987年
一、工业企业单位数	个	22 530	21 651
其中：亏损企业	个	1 413	2 215
二、年末职工人数	万　人	498.34	461.04
三、固定资产投资	亿　元	112.06	83.08
四、工业总产值	亿　元	1 073.34	800.90
五、工业净产值	亿　元	306.59	252.81
六、全员劳动生产率	元/人·年	18 006	15 221
七、主要产品产量			
原煤	万　吨	5 559.22	5 317.74
洗精煤	万　吨	1 131.87	856.25
原油	万　吨	3 330.26	3 160
天然气	亿立方米	14.19	14.8
耐火粘土成品矿	万　吨	144.26	140.24
原盐	万　吨	361.48	272.93
发电量	亿千瓦小时	379.61	331.81
食用植物油	万　吨	59.42	50.27
罐头	万　吨	26.22	20.13
饮料酒	万　吨	143.80	120.93
白酒	万　吨	59.21	57.60
啤酒	万　吨	69.63	51.75
卷烟	万　箱	245.93	242.20
配混合饲料	万　吨	171.29	125.49
纱	万　吨	50.58	42.23
布	亿　米	19.28	16.27
毛线	吨	16 139	13 969
呢绒	万　米	1 893.78	1 802.74
麻袋	万　条	12 321.00	9 764.08
皮鞋	万　双	4 202.78	2 823.92
鞣制皮革	万　张	394.51	580.38
机制纸及纸板	万　吨	102.74	82.73
烧碱	万　吨	25.82	18.77
纯碱	万　吨	36.77	32.73
合成氨	万　吨	168.16	154.95
农用化肥	万　吨	137.39	123.01
氮肥	万　吨	116.97	107.66
酒精	万　吨	8.89	8.28
化学农药	万　吨	1.10	0.77
油漆	吨	52 203	55 861
合成橡胶	吨	61 287	25 311

山东省工业经济主要指标(二)

指　　　　标	计算单位	1988年	1987年
合成洗涤剂	吨	111 847	100 694
化学药品	吨	18 049	16 774
轮胎外胎	万　条	467.03	361.58
塑料制品	吨	327 870	218 249
聚烯烃编织袋	万　条	13 402.06	13 979.42
水泥	万　吨	1 864.54	1 558.77
砖	亿　块	609.78	543.45
平板玻璃	万重量箱	553.13	435.35
日用精铝制品	吨	7 866	8 690
农用内燃机	万千瓦	572.80	408.71
锻压机械	台	4 823	9 094
输送机械	吨	10 876	7 242
泵	万　台	25.00	24.21
机动饲料粉碎机	台	42 638	38 358
小型拖拉机	台	226 247	153 680
电影机械	台	6 649	4 954
机动渔船	艘	234	123
微型电子计算机	部	8 600	7 298
中小农具	万　件	8 755.06	6 982.27
八、主要财务指标			
固定资产原值	亿　元	752.65	589.83
固定资产净值	亿　元	552.46	416.30
流动资金年末占用数	亿　元	444.93	337.66
产品销售收入	亿　元	1 006.42	723.58
亏损企业亏损总额	亿　元	6.66	3.77
利润总额	亿　元	76.73	66.58
利润和税金总额	亿　元	152.02	125.68
企业留利	亿　元	21.08	17.27
每百元固定资产原值实现产值	元	142.61	135.78
每百元固定资产原值实现利税	元	20.20	21.31
每百元工业总产值占用流动资金	元	22.04	24.41
每百元销售收入实现利润	元	7.62	9.20
资金利税率	%	19.27	20.54
产值利税率	%	14.16	15.69
固定资产折旧率	%	4.54	4.99
平均每一职工占有的固定资产	元	15 782	13 218
平均每一职工创造的工业净产值	元	6 429	5 665
平均每一职工创造的利润和税金	元	3 188	2 816
平均每一职工上交的利税费	元	2 145	2 178
平均每一职工占有的企业留利	元	442	387

河南省工业经济主要指标(一)

指　　标	计算单位	1988年	1987年
一、工业企业单位数	个	16 157	16 202
其中：亏损企业	个	1 687	2 213
二、年末职工人数	万　人	347.58	329.38
三、固定资产投资	亿　元	67.29	46.36
四、工业总产值	亿　元	552.92	429.26
五、工业净产值	亿　元	170.40	138.19
六、全员劳动生产率	元/人·年	12 457	11 195
七、主要产品产量			
原煤	万　吨	8 245.20	8 062.20
原油	万　吨	979.07	932.04
天然气	亿立方米	13.29	10.33
耐火粘土成品矿	万　吨	38.86	63.03
发电量	亿千瓦小时	286.56	259.33
食用植物油	万　吨	31.92	24.43
卷烟	万　箱	323.26	326.34
化纤用浆粕	吨	30 034	25 846
纱	万　吨	30.65	28.46
布	亿　米	11.53	10.67
鞣制皮革	万　张	322.65	315.01
机制纸及纸板	万　吨	134.42	102.48
合成氨	万　吨	151.59	137.62
农用化肥	万　吨	129.28	111.62
酒精	万　吨	14.16	13.40
饲料添加剂	吨	2 850	375
合成洗涤剂	吨	63 378	69 941
中成药	吨	12 874	10 843
轮胎外胎	万　条	169.49	123.68
水泥	万　吨	1 163.85	1 001.26
砖	亿　块	548.83	312.72
平板玻璃	万重量箱	877.52	769.16
卫生陶瓷	万　件	143.14	118.61
耐火材料制品	万　吨	73.44	61.81
农用内燃机	万千瓦	252.41	168.87
给料机械	台	2 563	2 342

河南省工业经济主要指标(二)

指　　标	计算单位	1988年	1987年
机动饲料粉碎机	台	17 723	18 797
机动脱粒机	台	49 679	33 351
照相机	架	220 360	163 195
摩托车	辆	98 400	76 422
自行车	万　辆	169.61	191.14
钢芯铝绞线	吨	7 921	11 092
干电池	亿　只	5.28	5.05
收音机	万　部	27.46	49.90
泵	万　台	20.30	16.62
风机	万　台	2.08	1.57
滚动轴承	万　套	6 308.00	5 503.25
矿山设备	吨	51 195	20 388
石油钻采设备	吨	20 017	14 860
八、主要财务指标			
固定资产原值	亿　元	485.90	421.08
固定资产净值	亿　元	344.00	295.48
流动资金年末占用数	亿　元	267.74	207.87
产品销售收入	亿　元	539.90	414.14
亏损企业亏损总额	亿　元	5.84	2.93
利润总额	亿　元	35.98	30.65
利润和税金总额	亿　元	85.80	71.16
企业留利	亿　元	15.08	12.05
每百元固定资产原值实现产值	元	113.79	101.94
每百元固定资产原值实现利税	元	17.66	16.90
每百元工业总产值占用流动资金	元	26.96	30.02
每百元销售收入实现利润	元	6.66	7.40
资金利税率	%	17.40	16.77
产值利税率	%	15.52	16.58
固定资产折旧率	%	4.46	4.49
平均每一职工占有的固定资产	元	14 468	13 169
平均每一职工创造的工业净产值	元	5 074	4 322
平均每一职工创造的利润和税金	元	2 555	2 225
平均每一职工上交的利税费	元	2 037	1 838
平均每一职工占有的企业留利	元	449	377

湖北省工业经济主要指标(一)

指标	计算单位	1988年	1987年
一、工业企业单位数	个	20 386	20 676
其中：亏损企业	个	3 259	4 205
二、年末职工人数	万人	368.94	352.11
三、固定资产投资	亿元	64.31	49.46
四、工业总产值	亿元	694.76	561.15
五、工业净产值	亿元	201.01	165.33
六、全员劳动生产率	元/人·年	16 402	14 588
七、主要产品产量			
原油	万吨	101.60	101.00
铁矿石原矿量	万吨	709.79	672.84
硫铁矿生产量	万吨	65.32	47.53
磷矿生产量	万吨	706.89	566.07
原盐	万吨	109.57	102.22
木材	万立方米	104.66	118.50
发电量	亿千瓦小时	299.21	268.67
食用植物油	万吨	27.19	32.08
饮料酒	万吨	61.74	55.98
非酒精饮料	吨	260 935	189 114
卷烟	万箱	239.16	229.58
配混合饲料	万吨	189.27	136.69
化纤用浆粕	吨	19 395	19 371
纱	万吨	40.07	38.15
布	亿米	15.51	13.94
毛线	吨	9 254.00	8 600
麻袋	万条	12 175.83	9 752.07
皮鞋	万双	1 004.14	936.32
鞣制皮革	万张	173.18	215.83
家具	万元	58 338.25	37 624.12
焦炭	万吨	323.79	322.02
硫酸	万吨	80.73	71.19
合成氨	万吨	122.94	117.06
农用化肥	万吨	129.34	117.36
油漆	吨	57 322	49 571
磁带	万米	108 057.90	89 188.70
合成洗涤剂	吨	102898	92 007
化学药品	吨	7 852	10 941
中成药	吨	19 611	14 511
塑料制品	吨	131 935	114 391
水泥	万吨	1 080.49	934.79

湖北省工业经济主要指标(二)

指　　标	计算单位	1988年	1987年
砖	亿块	253.34	224.83
钢	万吨	599.65	574.22
生铁	万吨	497.87	500.28
成品钢材	万吨	552.43	515.43
内燃机商品量	万千瓦	170.63	116.49
起重机械	吨	17 784	16 504
输送机械	吨	13 127	13 358
装卸机械	台	38	130
气体压缩机	台	1 328	1 322
石油钻采设备	吨	38 938	34 576
大中型拖拉机	台	8 116	6 520
复印机械	台	4 005	4 000
汽车	辆	127 843	110 985
改装汽车	辆	15 197	11 658
摩托车	辆	17 751	8 454
民用钢质船舶	艘	479	402
家用电冰箱	台	207 947	142 406
房间空气调节器	台	16 082	6 999
电子管	万只	170.54	21.79
八、主要财务指标			
固定资产原值	亿元	535.88	478.80
固定资产净值	亿元	379.32	341.88
流动资金年末占用数	亿元	315.28	259.03
产品销售收入	亿元	654.72	527.27
亏损企业亏损总额	亿元	3.33	3.43
利润总额	亿元	58.85	48.56
利润和税金总额	亿元	117.28	96.19
企业留利	亿元	27.45	20.20
每百元固定资产原值实现产值	元	129.65	117.20
每百元固定资产原值实现利税	元	21.89	20.09
每百元工业总产值占用流动资金	元	25.36	28.26
每百元销售收入实现利润	元	8.99	9.21
资金利税率	%	21.11	19.22
产值利税率	%	16.88	17.14
固定资产折旧率	%	4.80	4.65
平均每一职工占有的固定资产	元	15 035	13 931
平均每一职工创造的工业净产值	元	5 640	4 810
平均每一职工创造的利润和税金	元	3 291	2 799
平均每一职工上交的利税费	元	2 263	1 999
平均每一职工占有的企业留利	元	770	588

湖南省工业经济主要指标(一)

指　　标	计算单位	1988年	1987年
一、工业企业单位数	个	20 991	20 539
其中：亏损企业	个	2 834	3 209
二、年末职工人数	万　人	286.63	283.17
三、固定资产投资	亿　元	45.11	36.64
四、工业总产值	亿　元	489.05	387.28
五、工业净产值	亿　元	147.19	118.06
六、全员劳动生产率	元/人·年	13 070	11 790
七、主要产品产量			
原煤	万　吨	3 561.64	3 360.08
耐火粘土成品矿	万　吨	9.08	6.80
硫铁矿生产量	万　吨	56.39	59.95
磷矿生产量	万　吨	137.71	109.08
木材	万立方米	291.44	300.45
卷烟	万　箱	248.82	238.60
皮鞋	万　双	1 260.38	1 334.84
鞣制皮革	万　张	344.89	363.08
机制纸及纸板	万　吨	58.74	53.81
硫酸	万　吨	71.38	66.60
烧碱	万　吨	13.31	12.69
电石	万　吨	8.49	11.28
合成氨	万　吨	121.14	126.07
农用化肥	万　吨	114.12	116.73
代学农药	万　吨	1.90	1.93
聚烯烃编织袋	万　条	6 894.75	7 200.00
瓦	亿　片	65.91	56.51
平板玻璃	万重量箱	346.59	349.03
日用陶瓷器	万　件	72 201.82	69 610
内燃机商品量	万千瓦	302.65	178.38
农用内燃机	万千瓦	121.72	86.58
起重机械	吨	32 112	27 302
泵	万　台	23.07	16.00

湖南省工业经济主要指标(二)

指　　　　标	计算单位	1988年	1987年
电子管	万　只	341.34	256.57
大型及专用衡器	台	1 413	1 225
中小农具	万　件	3 013.37	3 423
滚动轴承	万　套	1 648.54	1 426.96
矿山设备	吨	12 841	12 551
化工设备	吨	7 697	4 913
工矿电机车	辆	753	789
交流电动机	万千瓦	244.55	231.43
直流电机	万千瓦	88.31	71.30
变压器	万千伏安	482.07	416.03
钢芯铝绞线	吨	9 090	10 228
八、主要财务指标			
固定资产原值	亿　元	357.97	309.01
固定资产净值	亿　元	243.14	208.35
流动资金年末占用数	亿　元	211.64	169.67
产品销售收入	亿　元	481.22	382.17
亏损企业亏损总额	亿　元	4.76	4.11
利润总额	亿　元	36.01	30.48
利润和税金总额	亿　元	80.48	65.81
企业留利	亿　元	12.89	11.08
每百元固定资产原值实现产值	元	136.62	125.33
每百元固定资产原值实现利税	元	22.48	21.30
每百元工业总产值占用流动资金	元	25.97	27.49
每百元销售收入实现利润	元	7.48	7.97
资金利税率	%	21.74	20.90
产值利税率	%	16.46	16.99
固定资产折旧率	%	4.77	4.79
平均每一职工占有的固定资产	元	12 826	11 268
平均每一职工创造的工业净产值	元	5 274	4 305
平均每一职工创造的利润和税金	元	2 883	2 400
平均每一职工上交的利税费	元	2 035	1 813
平均每一职工占有的企业留利	元	462	404

广东省工业经济主要指标(一)

指　　标	计算单位	1988年	1987年
一、工业企业单位数	个	22 095	21 910
其中：亏损企业	个	2 572	2 978
二、年末职工人数	万　人	373.81	366.19
三、固定资产投资	亿　元	97.00	87.15
四、工业总产值	亿　元	963.92	676.64
五、工业净产值	亿　元	264.60	197.76
六、全员劳动生产率	元/人·年	21 104	16 867
七、主要产品产量			
铁矿石原矿量	万　吨	461.43	505.94
硫铁矿生产量	万　吨	228.05	203.03
木材	万立方米	215.76	211.68
糖	万　吨	123.14	156.42
罐头	万　吨	14.48	10.50
乳制品	吨	6 627	16 978
饮料酒	万　吨	71.32	61.10
非酒精饮料	吨	863 900	590 140
卷烟	万　箱	123.21	104.32
化学纤维	吨	73 283	49 652
麻袋	万　条	4 896.49	5 788.00
丝	吨	1 938	3 104
丝织品	万　米	10 487.91	13 154
服装	万　件	54 122.35	36 822.10
家具	万　元	89 991.94	63 798.07
机制纸及纸板	万　吨	81.14	69.78
硫酸	万　吨	92.12	83.64
农用化肥	万　吨	67.29	71.41
酒精	万　吨	8.09	8.54
油漆	吨	66 020	55 581
磁带	万　米	857 787.28	836 737
合成洗涤剂	吨	83 951	72 115
化学药品	吨	20 080	13 915
中成药	吨	43 658	40 425
轮胎外胎	万　条	143.94	107.92
塑料制品	吨	375 060	288 699
水泥	万　吨	1 745.95	1 475.65
瓦	亿　片	49.73	35.26
卫生陶瓷	万　件	142.94	98.84
日用陶瓷	万　件	81 006.00	78 238.69
日用精铝制品	吨	9 212	12 855

注：1987年固定资产投资包括海南省

广东省工业经济主要指标(二)

指　　标	计算单位	1988年	1987年
金属切削机床	台	9 584	7 062
泵	万　台	41.54	35.42
缝纫机	万　架	152.14	161.00
自行车	万　辆	339.85	281.56
交流电动机	万千瓦	390.22	170.79
通讯电缆	公　里	8 173	5 305
干电池	亿　只	11.42	8.83
家用电冰箱	台	1 362 688	796 435
电风扇	万　台	2 363.16	1 511.02
家用洗衣机	台	1 594 300	1 400 294
电话机	万　部	375.53	217.50
电视机	万　台	278.61	192.07
照相机	万　架	39.27	23.70
录放音机	万　台	782.81	470.14
收音机	万　台	352.66	357.79
微型电子计算机	部	6 800	6 828
电子计算器	万　部	343.08	154.28
电子元件	万　只	350 688.45	158 501.77
表	万　只	2 283.50	2 070.65
八、主要财务指标			
固定资产原值	亿　元	489.25	418.15
固定资产净值	亿　元	360.17	304.52
流动资金年末占用数	亿　元	446.86	327.70
产品销售收入	亿　元	917.55	657.52
亏损企业亏损总额	亿　元	4.90	4.08
利润总额	亿　元	64.22	49.55
利润和税金总额	亿　元	128.77	99.85
企业留利	亿　元	22.60	16.28
每百元固定资产原值实现产值	元	197.02	161.82
每百元固定资产原值实现利税	元	26.32	23.88
每百元工业总产值占用流动资金	元	22.06	24.05
每百元销售收入实现利润	元	7.00	7.54
资金利税率	%	22.48	21.37
产值利税率	%	13.36	14.76
固定资产折旧率	%	5.72	5.06
平均每一职工占有的固定资产	元	13 551	11 930
平均每一职工创造的工业净产值	元	7 329	5 642
平均每一职工创造的利润和税金	元	3 567	2 849
平均每一职工上交的利税费	元	2 330	2 006
平均每一职工占有的企业留利	元	626	464

广西壮族自治区工业经济主要指标(一)

指标	计算单位	1988年	1987年
一、工业企业单位数	个	8 883	8 651
其中：亏损企业	个	1 098	1 160
二、年末职工人数	万人	122.33	117.37
三、固定资产投资	亿元	31.34	22.88
四、工业总产值	亿元	231.66	178.95
五、工业净产值	亿元	70.94	57.93
六、全员劳动生产率	元/人·年	14 569	13 338
七、主要产品产量			
木材	万立方米	234.10	364.42
糖	万吨	101.76	105.45
罐头	万吨	16.19	14.65
卷烟	万箱	98.09	93.71
麻袋	万条	5 878.73	5 679.59
酒精	万吨	5.56	5.59
中成药	吨	17 510	15 804
瓦	亿片	28.16	24.12
平板玻璃	万重量箱	114.51	135.73
机动饲料粉碎机	台	27 106	20 932
种植机械	台	487	50
电风扇	万台	133.32	114.86
半导体分立器件	万只	3 332.66	7 306.40
电度表	万只	117.18	126.17

广西壮族自治区工业经济主要指标(二)

指标	计算单位	1988年	1987年
表	万只	70.77	95.22
八、主要财务指标			
固定资产原值	亿元	164.02	144.10
固定资产净值	亿元	118.07	103.43
流动资金年末占用数	亿元	104.55	83.83
产品销售收入	亿元	227.57	176.92
亏损企业亏损总额	亿元	2.50	1.54
利润总额	亿元	18.35	16.57
利润和税金总额	亿元	40.57	34.75
企业留利	亿元	6.08	5.91
每百元固定资产原值实现产值	元	141.24	124.18
每百元固定资产原值实现利税	元	24.74	24.11
每百元工业总产值占用流动资金	元	25.26	27.44
每百元销售收入实现利润	元	8.06	9.37
资金利税率	%	22.98	22.78
产值利税率	%	17.51	19.42
固定资产折旧率	%	4.24	4.26
平均每一职工占有的固定资产	元	13 981	12 843
平均每一职工创造的工业净产值	元	6 047	5 163
平均每一职工创造的利润和税金	元	3 458	3 097
平均每一职工上交的利税费	元	2 582	2 795
平均每一职工占有的企业留利	元	519	527

海南省工业经济主要指标(一)

指　　标	计算单位	1988年	1987年
一、工业企业单位数	个	825	838
其中：亏损企业	个	193	233
二、年末职工人数	万人	14.67	14.52
三、固定资产投资	亿元	5.58	
四、工业总产值	亿元	24.58	17.15
五、工业净产值	亿元	7.66	5.92
六、全员劳动生产率	元/人·年	13 705	11 056
七、主要产品产量			
原煤	万吨	1.38	1.76
发电量	亿千瓦小时	8.70	8.32
铁矿石原矿量	万吨	445.97	433.16
化学纤维	吨	12 855	8 886
其中：合成纤维	吨	12 855	8 886
麻袋	万条	254.31	225.00
原盐	万吨	37.51	33.31
糖	万吨	20.30	30.36
罐头	万吨	1.40	0.85
皮鞋	万双	8.08	7.53
合成洗涤剂	吨	453	359
水泥	万吨	44.91	36.75
木材	万立方米	20.29	20.41
电视机	万台	22.55	6.04
其中：彩色电视机	万台	22.54	5.63
录放音机	万台	1.54	4.02

海南省工业经济主要指标(二)

指　标	计算单位	1988年	1987年
八、主要财务指标			
固定资产原值	亿　元	26.45	22.75
固定资产净值	亿　元	20.20	17.78
流动资金年末占用数	亿　元	14.64	6.01
产品销售收入	亿　元	24.66	17.38
亏损企业亏损总额	亿　元	0.59	0.49
利润总额	亿　元	1.88	0.92
利润和税金总额	亿　元	3.32	2.58
企业留利	亿　元	0.80	0.50
每百元固定资产原值实现产值	元	92.91	75.40
每百元固定资产原值实现利税	元	12.54	11.35
每百元工业总产值占用流动资金	元	29.63	34.48
每百元销售收入实现利润	元	7.63	5.28
资金利税率	%	12.07	10.90
产值利税率	%	13.49	15.05
固定资产折旧率	%	3.94	3.36
平均每一职工占有的固定资产	元	18 841	16 382
平均每一职工创造的工业净产值	元	5 455	4 261
平均每一职工创造的利润和税金	元	2 362	1 859
平均每一职工上交的利税费	元	1 398	1 572
平均每一职工占有的企业留利	元	570	363

四川省工业经济主要指标(一)

指　　标	计算单位	1988年	1987年
一、工业企业单位数	个	37 422	38 338
其中：亏损企业	个	5 743	7 506
二、年末职工人数	万　人	498.82	486.59
三、固定资产投资	亿　元	94.60	75.99
四、工业总产值	亿　元	786.43	599.70
五、工业净产值	亿　元	236.48	182.02
六、全员劳动生产率	元/人·年	12 323	10 758
七、主要产品产量			
原　煤	万　吨	6 707.17	6 132.49
天然气	亿立方米	60.34	59.88
铁矿石原矿量	万　吨	954.61	956.09
磷矿生产量	万　吨	264.47	205.27
原　盐	万　吨	200.97	184.64
木　材	万立方米	450.91	431.56
发电量	亿千瓦小时	297.61	262.87
食用植物油	万　吨	43.54	50.07
罐　头	万　吨	22.37	14.95
饮料酒	万　吨	107.30	106.34
卷　烟	万　箱	167.95	153.05
配混合饲料	万　吨	146.78	111.74
丝	吨	13 467	13 203
机制纸及纸板	万　吨	76.78	70.75
焦　炭	万　吨	382.14	371.15
硫　酸	万　吨	96.00	87.71
合成氨	万　吨	168.52	162.97
农用化肥	万　吨	159.71	152.76
精甲醇	吨	73 780	66 291
饲料添加剂	吨	19 180	15 345
化学药品	吨	20 061	17 974
水　泥	万　吨	1 404.86	1 242.17
瓦	亿　片	99.25	91.92
钢	万　吨	449.20	429.81
生　铁	万　吨	380.07	377.31
成品钢材	万　吨	336.76	311.10
农用内燃机	万千瓦	248.25	188.12
金属切削机床	台	8 815	8 474

四川省工业经济主要指标(二)

指　　　　　标	计算单位	1988年	1987年
医疗器械	万　元	6 646.06	4 379.73
汽　车	辆	27 820	15 853
摩托车	辆	473 289	280 077
发电设备	万千瓦	240.58	175.18
家用电冰箱	台	559 625	310 224
电风扇	万　台	93.32	108.18
家用洗衣机	台	634 100	507 914
电熨斗	万　个	24.97	26.26
电视机	万　台	146.18	107.01
电子元件	万　只	68 715.81	44 425.08
电度表	万　只	120.47	149.29
中小农具	万　件	5 903.81	5 825.24
金属轧制设备	吨	8 480	9 452
化工设备	吨	13 574	14 347
机动饲料粉碎机	台	44 187	27 666
八、主要财务指标			
固定资产原值	亿　元	655.82	597.08
固定资产净值	亿　元	438.95	402.16
流动资金年末占用数	亿　元	409.19	325.07
产品销售收入	亿　元	766.58	588.39
亏损企业亏损总额	亿　元	8.77	7.54
利润总额	亿　元	63.91	50.18
利润和税金总额	亿　元	118.84	94.24
企业留利	亿　元	28.44	21.40
每百元固定资产原值实现产值	元	119.92	100.44
每百元固定资产原值实现利税	元	18.12	15.78
每百元工业总产值占用流动资金	元	30.71	35.08
每百元销售收入实现利润	元	8.34	8.53
资金利税率	%	17.46	15.38
产值利税率	%	15.11	15.71
固定资产折旧率	%	4.90	4.70
平均每一职工占有的固定资产	元	13 553	12 603
平均每一职工创造的工业净产值	元	4 887	3 842
平均每一职工创造的利润和税金	元	2 456	1 989
平均每一职工上交的利税费	元	1 526	1 307
平均每一职工占有的企业留利	元	588	452

贵州省工业经济主要指标(一)

指　　　标	计算单位	1988年	1987年
一、工业企业单位数	个	5 545	5 945
其中：亏损企业	个	685	888
二、年末职工人数	万　人	91.34	90.29
三、固定资产投资	亿　元	22.70	17.72
四、工业总产值	亿　元	143.23	109.07
五、工业净产值	亿　元	54.35	40.56
六、全员劳动生产率	元/人·年	11 861	10 518
七、主要产品产量			
原　煤	万　吨	3 210.04	3 122.36
洗精煤	万　吨	270.03	264.00
耐火粘土成品矿	万　吨	23.61	30.83
耐火粘土熟料	万　吨	15.20	21.69
硫铁矿生产量	万　吨	17.96	33.16
磷矿生产量	万　吨	281.82	248.39
卷　烟	万　箱	188.37	146.38
焦　炭	万　吨	199.53	202.5[illegible]
重型机床	台	93	73
摩托车	辆	20 281	13 988
电子计算器	万　部	40.47	21.68
中小农具	万　件	2 141.23	2 432.46
工矿电机车	辆	364	513
钢芯铝绞线	吨	4 980	7 169
电子元件	万只	16 217.80	7 692.28

贵州省工业经济主要指标(二)

指　　　　　标	计算单位	1988年	1987年
半导体分立器件	万　只	2 024.15	4 299.43
半导体集成电路	万　块	59.99	74.42
八、主要财务指标			
固定资产原值	亿　元	162.65	146.03
固定资产净值	亿　元	111.87	104.26
流动资金年末占用数	亿　元	84.45	66.98
产品销售收入	亿　元	138.61	105.84
亏损企业亏损总额	亿　元	1.82	1.43
利润总额	亿　元	11.73	8.94
利润和税金总额	亿　元	32.98	24.18
企业留利	亿　元	5.65	4.38
每百元固定资产原值实现产值	元	88.06	74.69
每百元固定资产原值实现利税	元	20.28	16.56
每百元工业总产值占用流动资金	元	34.35	36.63
每百元销售收入实现利润	元	8.46	8.45
资金利税率	%	20.48	16.76
产值利税率	%	23.03	22.17
固定资产折旧率	%	3.88	3.78
平均每一职工占有的固定资产	元	18 202	16 625
平均每一职工创造的工业净产值	元	6 083	4 621
平均每一职工创造的利润和税金	元	3 691	2 754
平均每一职工上交的利税费	元	3 120	2 882
平均每一职工占有的企业留利	元	632	499

云南省工业经济主要指标

指　　　　　标	计算单位	1988年	1987年
一、工业企业单位数	个	6 018	7 187
其中：亏损企业	个	875	1 200
二、年末职工人数	万　人	102.98	108.30
三、固定资产投资	亿　元	24.54	19.05
四、工业总产值	亿　元	216.33	165.02
五、工业净产值	亿　元	86.20	62.87
六、全员劳动生产率	元/人·年	15 085	12 673
七、主要产品产量			
磷矿生产量	万　吨	338.64	326.39
木　材	万立方米	331.73	355.99
糖	万　吨	55.52	53.54
卷　烟	万　箱	354.92	300.24
焦　炭	万　吨	224.60	222.39
农用化肥	万　吨	72.61	70.89
磷　肥	万　吨	28.87	28.38
水　泥	万　吨	443.05	393.31
平板玻璃	万重量箱	106.29	92.01
输送机械	吨	5 751	6 196
变压器	万千伏安	136.55	124.90
微型电子计算机	部	1 500	1 023
高精度机床	台	73	66
大型机床	台	249	290
八、主要财务指标			
固定资产原值	亿　元	201.42	175.00
固定资产净值	亿　元	143.28	125.74
流动资金年末占用数	亿　元	98.37	72.71
产品销售收入	亿　元	215.11	162.93
亏损企业亏损总额	亿　元	1.59	1.55
利润总额	亿　元	22.08	14.71
利润和税金总额	亿　元	63.21	42.87
企业留利	亿　元	9.43	6.23
每百元固定资产原值实现产值	元	107.40	94.29
每百元固定资产原值实现利税	元	31.38	24.50
每百元工业总产值占用流动资金	元	26.17	27.18
每百元销售收入实现利润	元	10.26	9.03
资金利税率	%	31.62	25.13
产值利税率	%	29.22	25.98
固定资产折旧率	%	4.33	4.16
平均每一职工占有的固定资产	元	19 915	16 490
平均每一职工创造的工业净产值	元	8 523	5 924
平均每一职工创造的利润和税金	元	6 250	4 039
平均每一职工上交的利税费	元	4 822	3 255
平均每一职工占有的企业留利	元	933	587

西藏自治区工业经济主要指标

指　　标	计算单位	1988年	1987年
一、工业企业单位数	个	114	200
其中：亏损企业	个	17	60
二、年末职工人数	万　人	0.95	2.18
三、固定资产投资	亿　元	0.88	0.89
四、工业总产值	亿　元	1.00	1.53
五、工业净产值	亿　元	0.31	0.64
六、全员劳动生产率	元/人·年	6 684	6 006
七、主要产品产量			
原　煤	万　吨	0.60	0.63
发电量	亿千瓦小时	2.69	2.57
其中：水电	亿千瓦小时	2.56	2.04
水　泥	万　吨	9.49	4.45
木　材	万立方米	25.95	19.68
锯　材	万立方米	9.93	9.62
毛　线	吨	211	186
呢　绒	万　米	12.05	23.67
原　盐	万　吨	0.11	0.11
皮　鞋	万　双	4.29	5.04
食用植物油	万　吨	0.15	0.20
中成药	吨	48	44
八、主要财务指标			
固定资产原值	亿　元	2.44	4.47
固定资产净值	亿　元	1.52	3.00
流动资金年末占用数	亿　元	0.78	1.76
产品销售收入	亿　元	1.08	1.72
亏损企业亏损总额	亿　元	0.06	0.13
利润总额	亿　元	0.12	0.11
利润和税金总额	亿　元	0.15	0.16
企业留利	亿　元	0.05	0.06
每百元固定资产原值实现产值	元	41.05	34.34
每百元固定资产原值实现利税	元	6.12	3.67
每百元工业总产值占用流动资金	元	37.92	79.78
每百元销售收入实现利润	元	10.89	6.52
资金利税率	%	7.84	4.17
产值利税率	%	14.91	10.70
固定资产折旧率	%	6.34	3.86
平均每一职工占有的固定资产	元	27 131	22 858
平均每一职工创造的工业净产值	元	3 393	3 297
平均每一职工创造的利润和税金	元	1 660	840
平均每一职工上交的利税费	元	845	644
平均每一职工占有的企业留利	元	591	293

陕西省工业经济主要指标(一)

指　　标	计算单位	1988　年	1987　年
一、工业企业单位数	个	12 076	11 934
其中：亏损企业	个	1 326	1 601
二、年末职工人数	万人	186.32	187.94
三、固定资产投资	亿元	40.46	32.99
四、工业总产值	亿元	278.90	217.76
五、工业净产值	亿元	84.29	65.63
六、全员劳动生产率	元/人·年	13 039	11 442
七、主要产品产量			
原　煤	万吨	2 765.44	2 855.63
硫铁矿生产量	万吨	27.29	29.34
磷矿生产量	万吨	41.82	20.14
发电量	亿千瓦小时	138.21	143.70
乳制品	吨	18 354	17 065
卷　烟	万箱	102.71	90.41
纱	万吨	17.36	17.33
布	亿米	7.51	7.42
电　石	万吨	11.05	12.58
染　料	吨	7 679	6 727
水　泥	万吨	503.39	469.06
砖	亿块	139.12	150.34
卫生陶瓷	万件	71.03	24.97
高精度机床	台	139	128
冶炼设备	吨	1 833	1 090
金属轧制设备	吨	4 175	4 579
石油钻采设备	吨	15 988	26 041
小型拖拉机	台	25 303	23 100
种植机械	台	500	5 855
机动脱粒机	台	11 317	6 502
缝纫机	万架	68.62	70.48
摩托车	辆	102 629	56 402

陕西省工业经济主要指标(二)

指　　　标	计算单位	1988　年	1987　年
变压器	万千伏安	1 009.55	813.68
通讯电缆	公里	13 528	15 501
房间空气调节器	台	22 005	11 930
电视机	万台	93.75	67.53
彩色电视机	万台	70.58	38.54
微型电子计算机	部	2 300	3 937
电子管	万只	116.90	119.25
半导体集成电路	万块	125.97	263.60
表	万只	156.28	142.97
八、主要财务指标			
固定资产原值	亿元	286.82	254.87
固定资产净值	亿元	197.49	175.13
流动资金年末占用数	亿元	169.36	134.08
产品销售收入	亿元	265.00	210.36
亏损企业亏损总额	亿元	3.49	3.21
利润总额	亿元	20.29	16.04
利润和税金总额	亿元	41.19	32.31
企业留利	亿元	8.27	6.51
每百元固定资产原值实现产值	元	97.24	85.44
每百元固定资产原值实现利税	元	14.36	12.68
每百元工业总产值占用流动资金	元	37.29	40.72
每百元销售收入实现利润	元	7.66	7.63
资金利税率	%	13.66	12.25
产值利税率	%	14.77	14.84
固定资产折旧率	%	4.36	4.09
平均每一职工占有的固定资产	元	15 824	14 443
平均每一职工创造的工业净产值	元	4 651	3 719
平均每一职工创造的利润和税金	元	2 273	1 831
平均每一职工上交的利税费	元	1 683	1 415
平均每一职工占有的企业留利	元	456	369

甘肃省工业经济主要指标

指　　　标	计算单位	1988年	1987年
一、工业企业单位数	个	5 422	5 187
其中：亏损企业	个	338	381
二、年末职工人数	万人	108.17	102.80
三、固定资产投资	亿元	31.12	24.69
四、工业总产值	亿元	186.82	153.77
五、工业净产值	亿元	60.37	50.39
六、全员劳动生产率	元/人·年	13 549	12 840
七、主要产品产量			
原煤	万吨	1 357.73	1 282.40
原油	万吨	148.27	152.82
硫铁矿生产量	万吨	30.57	126.71
发电量	亿千瓦小时	135.08	133.66
毛线	吨	6 514	5 109
呢绒	万米	854.17	913.58
硫酸	万吨	34.65	31.01
浓硝酸	万吨	9.22	9.01
乙烯	吨	46 965	54 971
精甲醇	吨	60 230	60 203
塑料	吨	63 281	72 568
合成橡胶	吨	40 422	42 842
水泥	万吨	339.05	323.36
平板玻璃	万重量箱	220.89	241.53
石油钻采设备	吨	37 387	45 703
炼油设备	吨	11 622	11 899
机引耕作机械	台	17 669	8 805
电影机械	台	1 850	780
照相机	万架	18.02	12.58
家用洗衣机	万台	43.15	40.02
半导体集成电路	万块	1 052.88	887.04
八、主要财务指标			
固定资产原值	亿元	245.51	221.89
固定资产净值	亿元	158.69	141.06
流动资金年末占用数	亿元	96.55	79.57
产品销售收入	亿元	175.66	149.27
亏损企业亏损总额	亿元	1.65	1.08
利润总额	亿元	15.66	14.45
利润和税金总额	亿元	33.30	30.89
企业留利	亿元	5.62	4.86
每百元固定资产原值实现产值	元	76.09	69.30
每百元固定资产原值实现利税	元	13.56	13.92
每百元工业总产值占用流动资金	元	31.97	34.64
每百元销售收入实现利润	元	8.91	9.68
资金利税率	%	15.25	15.89
产值利税率	%	17.83	20.09
固定资产折旧率	%	3.92	3.59
平均每一职工占有的固定资产	元	23 203	22 020
平均每一职工创造的工业净产值	元	5 706	5 000
平均每一职工创造的利润和税金	元	3 147	3 065
平均每一职工上交的利税费	元	2 607	2 731
平均每一职工占有的企业留利	元	531	482

青海省工业经济主要指标

指　　　标	计算单位	1988年	1987年
一、工业企业单位数	个	1 221	1 183
其中：亏损企业	个	167	185
二、年末职工人数	万人	23.65	21.95
三、固定资产投资	亿元	15.53	13.10
四、工业总产值	亿元	39.81	29.38
五、工业净产值	亿元	14.72	10.96
六、全员劳动生产率	元/人·年	12 516	10 701
七、主要产品产量			
原煤	万吨	267.66	274.32
天然气	亿立方米	0.33	0.29
原盐	万吨	110.49	143.56
纱	万吨	0.52	0.47
布	亿米	0.23	0.22
毛线	吨	2 274	2 369
鞣制皮革	万张	44.96	35.86
钾肥	万吨	4.09	2.85
合成洗涤剂	吨	10 400	6 016
优质钢	万吨	28.43	23.10
优质钢型材	万吨	16.08	13.23
日用精铝制品	吨	2 003	1 749
高精度机床	台	214	108
重型机床	台	28	11
滚动轴承	万套	214	205
石油钻采设备	吨	10 500	9 898
汽车	辆	2 240	2 001
载货汽车	辆	1 826	1 896
八、主要财务指标			
固定资产原值	亿元	65.99	55.61
固定资产净值	亿元	51.77	43.41
流动资金年末占用数	亿元	27.05	20.05
产品销售收入	亿元	37.76	25.59
亏损企业亏损总额	亿元	0.49	0.42
利润总额	亿元	4.49	1.50
利润和税金总额	亿元	7.28	3.66
企业留利	亿元	1.78	0.91
每百元固定资产原值实现产值	元	60.33	52.84
每百元固定资产原值实现利税	元	11.03	6.59
每百元工业总产值占用流动资金	元	38.70	43.36
每百元销售收入实现利润	元	11.88	5.85
资金利税率	%	10.84	6.53
产值利税率	%	18.29	12.47
固定资产折旧率	%	3.56	2.48
平均每一职工占有的固定资产	元	29 006	25 090
平均每一职工创造的工业净产值	元	6 469	4 947
平均每一职工创造的利润和税金	元	3 200	1 653
平均每一职工上交的利税费	元	1 937	1 562
平均每一职工占有的企业留利	元	783	409

宁夏回族自治区工业经济主要指标

指　　标	计算单位	1988年	1987年
一、工业企业单位数	个	1 568	1 508
其中：亏损企业	个	122	146
二、年末职工人数	万人	27.89	25.71
三、固定资产投资	亿元	8.73	10.28
四、工业总产值	亿元	40.42	30.69
五、工业净产值	亿元	13.04	9.75
六、全员劳动生产率	元/人·年	11 270	10 620
七、主要产品产量			
原煤	万吨	1 327.68	1 296.67
洗精煤	万吨	302.97	135.87
乳制品	吨	3 518	2 419
毛线	吨	2 131	1 960
硫酸	万吨	3.78	3.17
电石	万吨	2.04	2.90
染料	吨	101	44
饲料添加剂	吨	400	1 142
塑料	吨	4 184	3 525
轮胎外胎	万条	67.08	57.01
塑料制品	吨	9 227	8 422
聚烯烃编织袋	万条	2 443.99	1 768.95
日用陶瓷器	万件	1 889.29	1 790.07
金属切削机床	台	1 747	1 422
起重机械	吨	8 716	6 742
输送机械	吨	24 464	20 306
滚动轴承	套	105.55	79.86
八、主要财务指标			
固定资产原值	亿元	57.09	50.20
固定资产净值	亿元	41.16	36.27
流动资金年末占用数	亿元	23.03	18.54
产品销售收入	亿元	40.67	30.85
亏损企业亏损总额	亿元	0.75	0.54
利润总额	亿元	3.23	1.92
利润和税金总额	亿元	6.62	4.49
企业留利	亿元	1.50	0.97
每百元固定资产原值实现产值	元	70.80	61.13
每百元固定资产原值实现利税	元	11.60	8.94
每百元工业总产值占用流动资金	元	33.32	37.44
每百元销售收入实现利润	元	7.95	6.22
资金利税率	%	12.12	9.40
产值利税率	%	16.38	14.62
固定资产折旧率	%	4.01	3.76
平均每一职工占有的固定资产	元	20 668	20 079
平均每一职工创造的工业净产值	元	4 721	3 901
平均每一职工创造的利润和税金	元	2 396	1 795
平均每一职工上交的利税费	元	1 674	1 529
平均每一职工占有的企业留利	元	544	390

新疆维吾尔自治区工业经济主要指标

指　　标	计算单位	1988年	1987年
一、工业企业单位数	个	3 870	3 885
其中：亏损企业	个	412	506
二、年末职工人数	万人	65.13	63.45
三、固定资产投资	亿元	30.03	20.02
四、工业总产值	亿元	122.74	94.79
五、工业净产值	亿元	45.07	33.43
六、全员劳动生产率	元/人·年	13 779	12 045
七、主要产品产量			
原煤	万吨	1 813.16	1 578.40
原油	万吨	617.00	575.12
天然气	亿立方米	4.60	4.39
铁矿石原矿量	万吨	66.95	51.27
原盐	万吨	200.70	77.30
木材	万立方米	34.89	34.61
食用植物油	万吨	13.57	13.87
糖	万吨	10.77	8.60
乳制品	万吨	6 493	7 113
配混合饲料	万吨	34.63	28.14
纱	万吨	6.39	6.03
布	亿米	2.66	2.59
呢绒	万米	1 012.00	950.01
鞣制皮革	万张	123.32	115.50
锯材	万立方米	20.32	23.08
刨花板	万立方米	0.31	2.22
水泥	万吨	257.41	218.12
联合收割机	台	50	55
钢芯铝绞线	吨	1 972	2 570
八、主要财务指标			
固定资产原值	亿元	156.40	134.51
固定资产净值	亿元	105.74	88.33
流动资金年末占用数	亿元	63.29	49.75
产品销售收入	亿元	106.20	82.76
亏损企业亏损总额	亿元	1.02	0.90
利润总额	亿元	8.86	5.97
利润和税金总额	亿元	18.12	13.51
企业留利	亿元	3.56	2.80
每百元固定资产原值实现产值	元	78.48	70.47
每百元固定资产原值实现利税	元	11.59	10.04
每百元工业总产值占用流动资金	元	28.44	29.93
每百元销售收入实现利润	元	8.34	7.21
资金利税率	%	12.88	11.58
产值利税率	%	14.76	14.25
固定资产折旧率	%	4.26	4.51
平均每一职工占有的固定资产	元	24 655	21 645
平均每一职工创造的工业净产值	元	7 105	5 379
平均每一职工创造的利润和税金	元	2 857	2 174
平均每一职工上交的利税费	元	1 952	1 683
平均每一职工占有的企业留利	元	561	451

全国434个城市工业经济主要指标

（1988年）

指　　　　标	单　位	全国总计	434个城市合计	
			绝 对 数	为全国%
工业企业单位数	万个	50.00	21.39	42.8
工业总产值(按1980年不变价格计算,不包括村及村以下工业)	亿元	12 127.1	8 621.3	71.1
轻工业(按现行价格计算)	亿元	7 329.6	5 467.3	74.6
重工业(按现行价格计算)	亿元	7 961.5	6 411.8	80.5
村及村以下工业总产值	亿元	2 652.10	961.09	36.2
独立核算工业企业净产值(按当年价格计算)	亿元	4 301.43	3 135.18	72.9
全民所有制	亿元	3 062.98	2 406.08	78.6
集体所有制和其他经济类型	亿元	1 238.54	707.52	57.1
全部独立核算工业企业财务				
产品销售收入	亿元	14 001.2	10 150.1	72.5
利税总额	亿元	2 288.8	1 795.7	78.5
全民所有制	亿元	1 774.87	1 453.01	81.9
集体所有制和其他经济类型	亿元	599.00	335.39	56.0
全部资金	亿元	11 148.6	8 153.2	73.1
固定资产原值	亿元	10 641.1	7 776.9	73.0
全民所有制	亿元	8 795.20	6 733.72	76.6
集体所有制和其他经济类型	亿元	1 845.94	1 033.16	56.0
全民所有制独立核算工业企业利润总额	亿元	891.85	718.03	80.5
集体所有制和其他经济类型独立核算工业企业利润总额	亿元	298.05	185.07	62.1
每百元资金实现的利税	元	20.5	22.0	
全民所有制	元	20.6	21.8	
集体所有制和其他经济类型	元		22.6	
全民所有制独立核算工业企业				
每百元固定资产原值提供的产值	元	113.09	116.3	
每百元固定资产原值提供的利税	元	20.18	21.60	
每百元产值提供的利税	元	17.84	18.60	
每一职工拥有的固定资产	元	21 230	22 492	
每一职工人均净产值	元	7 394	8 037	
全员劳动生产率	元/人	18 056	26 161	
年末职工人数	万人	6 158.0	4 347.5	70.6
职工工资总额	亿元	1 062.5	769.9	72.5
职工平均工资	元	1 782	1 815	

注：本表数字不包括市辖县。（下同）

14个沿海城市工业经济主要指标(一)

(1988年，包括市辖县)

指 标	单 位	总 计	大连	秦皇岛	天津	烟台	青岛	连云港	南通
工业总产值(按1980年不变价格计算)(包括村及村以下办工业)	亿元	2 924.87	190.23	23.52	375.43	136.43	218.27	39.58	171.25
工业总产值(按1980年不变价格计算)(不包括村及村以下办工业)	亿元	2 505.30	148.25	19.67	362.56	88.87	160.01	29.46	142.51
轻工业(按现行价格计算)	亿元	1 918.69	91.91	13.14	226.55	87.98	145.12	30.17	127.02
重工业(按现行价格计算)	亿元	1 530.30	139.52	15.97	216.53	70.64	103.04	17.31	63.30
全民所有制独立核算工业企业财务指标									
利税总额	亿元	359.84	23.81	2.97	55.67	8.00	18.32	1.87	6.14
固定资产原值	亿元	1 174.92	98.80	16.05	223.16	40.21	58.53	13.21	25.29
固定资产净值	亿元	812.72	63.05	12.26	144.22	30.70	38.95	9.58	18.09
定额流动资金年平均余额	亿元	466.64	33.31	4.88	76.64	12.10	22.76	4.39	10.73
每百元固定资产原值实现利税	元	30.63	24.10	18.53	24.94	19.90	31.30	14.18	24.28
每百元固定资产原值实现总产值	元	166.17	129.41	107.40	148.20	134.27	183.43	163.23	208.42
每百元资金实现利税	元	28.13	24.71	17.36	25.20	18.69	29.69	13.41	21.30
每百元总产值占用定额流动资金	元	23.90	26.05	28.30	23.17	22.42	21.20	20.37	20.36
年底职工人数	万人	844.93	67.36	12.93	142.42	32.92	56.45	15.53	43.39
职工工资总额	亿元	163.74	12.46	2.17	25.92	5.22	10.34	2.26	6.59

注：1. 全民所有制独立核算工业企业财务指标中的“每百元总产值占用定额流动资金”，其总产值是按当年价格计算的。 2. 烟台、大连市包括了代管的县级市(龙口市、瓦房店市)的资料。

14个沿海城市工业经济主要指标(二)

(1988年)

指 标	单 位	上 海	宁波	温州	福州	广州	湛江	北海
工业总产值(按1980年不变价格计算)(包括村及村以下办工业)	亿元	1 086.46	201.96	72.02	89.13	268.39	44.36	7.82
工业总产值(按1980年不变价格计算)(不包括村及村以下办工业)	亿元	996.77	149.61	50.75	69.51	245.79	35.10	6.44
轻工业(按现行价格计算)	亿元	679.01	130.67	47.22	66.48	225.11	40.73	7.59
重工业(按现行价格计算)	亿元	616.65	89.18	33.50	35.14	116.20	15.90	2.42
全民所有制独立核算工业企业财务指标								
利税总额	亿元	184.23	10.54	1.36	6.30	35.24	4.68	0.70
固定资产原值	亿元	512.94	33.03	6.92	24.07	102.94	16.73	3.05
固定资产净值	亿元	360.46	25.97	5.00	17.37	71.71	13.09	2.28
定额流动资金年平均余额	亿元	215.65	10.02	3.56	12.41	53.02	5.70	1.47
每百元固定资产原值实现利税	元	35.92	31.89	19.66	26.19	34.24	28.00	22.91
每百元固定资产原值实现总产值	元	174.68	165.74	178.60	171.42	199.58	160.65	137.35
每百元资金实现利税	元	31.98	29.27	15.90	21.17	28.26	24.94	18.60
每百元总产值占用定额流动资金	元	24.07	18.31	28.81	30.08	25.81	21.20	35.10
年底职工人数	万人	275.00	36.87	82.27	32.20	78.38	15.50	3.71
职工工资总额	亿元	58.41	6.41	4.68	4.95	21.13	2.66	0.53

4个经济特区城市工业经济主要指标(一)

(1988年)

指标	单位	总计		深圳		珠海	
		包括市辖县	不包括市辖县	包括市辖县	不包括市辖县	包括市辖县	不包括市辖县
工业总产值(按1980年不变价格计算)(包括村及村以下办工业)	亿元	259.73	176.92	90.71	77.31	25.99	20.54
工业总产值(按1980年不变价格计算)(不包括村及村以下办工业)	亿元	225.73	173.33	88.81	77.31	24.46	19.29
轻工业(按现行价格计算)	亿元	225.33	147.43	77.87	65.97	25.75	20.24
重工业(按现行价格计算)	亿元	68.25	51.46	23.41	20.24	6.29	4.50
全民所有制独立核算工业企业财务指标							
利税总额	亿元	14.96	12.21	4.36	3.65	1.89	1.17
固定资产原值	亿元	49.41	35.01	14.47	11.93	6.79	4.47
固定资产净值	亿元	38.98	28.02	12.43	10.27	5.66	3.79
定额流动资金年平均余额	亿元	32.56	26.54	15.45	13.57	3.55	2.91
每百元固定资产原值实现利税	元	30.27	34.88	30.13	30.62	27.80	26.16
每百元固定资产原值实现总产值	元	83.28	195.34	182.12	183.50	200.16	221.92
每百元资金实现利税	元	20.91	22.38	15.65	15.32	20.50	17.48
每百元总产值占用定额流动资金	元	35.96	38.80	58.60	61.98	26.14	29.25
年底职工人数	万人	81.73	36.80	19.87	16.32	4.28	3.24
职工工资总额	亿元	16.19	9.71	5.89	5.14	1.16	0.93

注：1. 轻工业中包括城镇个体工业营业额。 2. 全民所有制独立核算工业企业财务指标中的"每百元总产值占用定额流动资金"，其总产值是按当年价格计算的。 3. 汕头市全市资料中包括代管的县级市(潮州市)的资料。

4个经济特区城市工业经济主要指标(二)

(1988年)

指标	单位	汕头		厦门	
		包括市辖县	不包括市辖县	包括市辖县	不包括市辖县
工业总产值(按1980年不变价格计算)(包括村及村以下办工业)	亿元	95.96	33.37	47.07	45.70
工业总产值(按1980年不变价格计算)(不包括村及村以下办工业)	亿元	66.55	31.60	45.90	45.13
轻工业(按现行价格计算)	亿元	86.22	27.21	35.50	34.01
重工业(按现行价格计算)	亿元	23.05	11.45	15.57	15.27
全民所有制独立核算工业企业财务指标					
利税总额	亿元	3.04	1.83	5.67	5.56
固定资产原值	亿元	16.36	7.57	11.78	11.03
固定资产净值	亿元	12.07	5.78	8.83	8.18
定额流动资金年平均余额	亿元	7.29	4.01	6.27	6.05
每百元固定资产原值实现利税	元	18.57	24.13	48.12	50.39
每百元固定资产原值实现总产值	元	159.90	171.30	207.42	213.83
每百元资金实现利税	元	15.69	18.68	37.55	39.07
每百元总产值占用定额流动资金	元	27.86	30.88	25.66	25.66
年底职工人数	万人	44.94	5.48	12.64	11.76
职工工资总额	亿元	6.41	1.06	2.72	2.59

五、中国工业的规模经济

全国独立核算工业企业按职工人数分组的主要指标(一)

(1988年)

单位：亿元

	企业单位数(个)	利润总额	利税总额	企业留利	固定资产原值	定额流动资金平均余额	工业总产值	职工平均人数(万人)
总计	**420 929**	**1 189.90**	**2 288.76**	**429.90**	**10 641.06**	**3 728.54**	**11 577.78**	**7 311.52**
1万人以上	315	186.12	367.39	66.72	2 751.58	420.14	1 300.07	839.45
5000人—1万人	621	106.69	199.19	37.81	871.84	289.07	792.26	428.86
3000人—5000人	962	87.11	206.11	29.61	777.92	253.49	764.58	364.13
1000人—3000人	8 140	275.12	598.45	95.35	2 346.28	846.53	2 607.40	1 280.19
500人—1000人	15 584	182.93	324.69	60.01	1 326.76	597.97	1 788.66	1 070.50
100人—500人	107 315	269.45	454.80	101.11	1 925.04	1 003.26	3 146.40	2 329.96
50人—100人	73 142	44.61	73.49	20.54	340.15	182.24	633.79	533.69
10人—50人	156 400	32.40	53.11	16.44	252.50	125.18	492.54	428.82
10人以下	58 450	5.47	11.53	2.31	49.00	10.76	52.07	35.90
煤炭采选业	9 230	-12.84	-2.18	2.75	795.87	65.13	216.13	549.02
1万人以上	87	-14.22	-7.35	-1.15	604.86	40.57	130.48	327.63
5000人—1万人	35	-2.31	-1.97	0.18	38.47	3.68	8.22	24.53
3000人—5000人	50	-0.60	-0.29	0.24	26.58	2.05	6.50	19.42
1000人—3000人	322	-0.25	0.55	0.73	51.79	5.77	17.52	50.73
500人—1000人	491	0.38	0.95	0.77	26.65	3.75	12.18	34.09
100人—500人	3 167	3.25	4.61	1.53	38.04	7.39	30.37	69.00
50人—100人	1 998	0.63	0.90	0.31	6.23	1.33	6.87	14.95
10人—50人	2 697	0.26	0.41	0.13	3.06	0.58	3.86	8.43
10人以下	383	0.01	0.01	0.01	0.20	0.02	0.13	0.23
石油和天然气开采业	30	11.22	33.16	1.00	617.89	45.15	182.30	72.00
1万人以上	14	10.35	31.75	0.77	602.50	44.38	179.40	70.24
5000人—1万人	2	0.46	0.94	0.15	7.18	0.36	1.69	1.20
1000人—3000人	2	0.38	0.46	0.06	7.92	0.37	1.17	0.38
100人—500人	8	0.02	0.02	0.02	0.27	0.04	0.04	0.10
50人—100人	1				0.02			0.01
10人—50人	2				0.01			0.01
10人以下	1							…
黑色金属矿采选业	1 264	3.32	4.17	1.35	40.69	7.20	18.92	28.78
1万人以上	3	1.01	1.19	0.57	15.12	1.33	4.27	5.22
5000人—1万人	3	0.15	0.27	0.05	2.75	0.53	1.10	2.12
3000人—5000人	7	0.12	0.19	0.04	3.80	0.67	1.25	2.73
1000人—3000人	27	0.36	0.45	0.15	6.81	1.02	2.13	4.34
500人—1000人	52	0.36	0.43	0.14	3.98	0.88	2.06	3.67
100人—500人	352	0.97	1.16	0.27	6.44	1.96	5.33	7.30
50人—100人	270	0.22	0.28	0.08	1.15	0.57	1.68	1.97
10人—50人	463	0.14	0.18	0.04	0.61	0.22	1.01	1.38
10人以下	87	0.01	0.01		0.03	0.01	0.08	0.06
有色金属矿采选业	2 233	9.87	11.91	4.40	113.41	19.52	47.46	64.20
1万人以上	5	0.51	0.80	0.12	12.31	1.87	3.40	6.51
5000人—1万人	8	1.66	1.95	0.50	18.89	2.83	7.03	5.73
3000人—5000人	24	0.95	1.19	0.56	19.76	2.84	6.42	9.46
1000人—3000人	99	1.97	2.32	1.34	34.73	4.90	10.10	16.95
500人—1000人	109	1.67	1.88	0.62	11.40	2.20	5.18	7.61
100人—500人	545	2.29	2.72	0.86	12.02	3.41	9.59	12.39
50人—100人	414	0.44	0.55	0.20	2.20	0.73	2.58	3.01
10人—50人	853	0.37	0.48	0.19	1.98	0.71	2.85	2.45
10人以下	176	0.01	0.02	0.01	0.12	0.04	0.31	0.11

注：工业总产值按1980年不变价格计算。本表为乡以上独立核算工业企业的数字。(下同)

全国独立核算工业企业按职工人数分组的主要指标(二)

(1988年)　　单位：亿元

	企业单位数(个)	利润总额	利税总额	企业留利	固定资产原值	定额流动资金平均余额	工业总产值	职工平均人数(万人)
建筑材料及其他非金属矿采选业	9 971	6.19	9.08	2.79	65.88	13.46	51.88	90.40
5000人—1万人	5	0.33	0.46	0.21	9.80	0.86	1.62	3.05
3000人—5000人	8	-0.03	0.04	0.05	3.35	0.49	1.03	2.82
1000人—3000人	55	0.57	0.98	0.29	13.11	1.72	4.94	9.42
500人—1000人	175	0.94	1.41	0.54	12.12	2.42	6.42	11.89
100人—500人	1 779	2.65	3.72	1.03	17.85	4.68	18.76	36.11
50人—100人	1 775	0.79	1.12	0.29	4.29	1.53	7.69	12.89
10人—50人	4 706	0.82	1.18	0.32	4.64	1.55	9.81	13.27
10人以下	1 468	0.12	0.17	0.05	0.63	0.19	1.60	0.95
采盐业	605	3.22	5.20	1.36	30.95	5.78	27.10	23.54
1万人以上	1	0.21	0.29	0.10	2.09	0.60	1.99	2.18
5000人—1万人	8	0.71	0.83	0.36	8.81	1.35	6.35	5.81
3000人—5000人	11	0.33	0.37	0.18	4.67	0.71	3.90	4.00
1000人—3000人	24	0.90	1.39	0.26	6.75	1.26	6.77	3.70
500人—1000人	35	0.43	0.83	0.18	3.54	0.74	3.65	2.50
100人—500人	178	0.43	0.88	0.20	3.97	0.88	3.02	3.93
50人—100人	109	0.11	0.23	0.03	0.57	0.10	0.59	0.79
10人—50人	216	0.09	0.37	0.04	0.54	0.15	0.81	0.61
10人以下	23		0.01		0.02		0.02	0.02
其他矿采选业	24	0.01	0.01		0.07	0.02	0.07	0.18
100人—500人	6	0.01	0.01		0.05	0.01	0.04	0.12
50人—100人	3				0.01			0.02
10人—50人	11		0.01		0.01		0.02	0.03
10人以下	4							…
木材及竹材采运业	1 154	14.49	23.95	6.92	129.25	22.28	41.43	112.86
1万人以上	36	3.74	6.75	1.94	54.64	8.14	15.61	48.18
5000人—1万人	43	2.64	4.91	1.36	45.32	6.15	12.48	32.00
3000人—5000人	13	0.43	0.78	0.31	7.17	1.04	1.58	5.31
1000人—3000人	83	2.17	3.49	1.26	12.05	2.98	4.25	13.53
500人—1000人	69	1.40	2.13	0.60	3.52	1.17	2.11	5.08
100人—500人	280	2.70	3.89	0.97	5.06	2.18	3.41	6.47
50人—100人	174	0.61	0.91	0.26	0.71	0.32	0.68	1.26
10人—50人	345	0.71	0.97	0.22	0.70	0.29	1.12	0.96
10人以下	111	0.08	0.11	0.01	0.08	0.02	0.18	0.07
自来水生产和供应业	2 981	5.78	6.81	2.95	113.22	3.58	24.15	22.61
5000人—1万人	1	0.07	0.11	0.09	8.93	0.06	1.39	0.62
3000人—5000人	7	1.05	1.22	0.34	21.59	0.40	3.50	2.74
1000人—3000人	22	0.68	0.87	0.26	22.06	0.44	3.82	3.71
500人—1000人	44	1.25	1.41	0.67	18.47	0.37	4.25	3.12
100人—500人	275	1.33	1.55	0.68	20.91	0.79	5.32	5.40
50人—100人	422	0.66	0.77	0.42	9.15	0.61	2.47	2.98
10人—50人	1 366	0.69	0.80	0.44	10.29	0.80	2.99	3.60
10人以下	844	0.07	0.08	0.04	1.83	0.11	0.41	0.45
食品制造业	42 755	56.69	84.45	22.58	406.27	164.81	730.71	330.19
5000人—1万人	2	0.27	0.32	0.15	0.72	0.96	1.79	1.04
3000人—5000人	19	1.70	2.85	0.36	11.77	4.07	14.50	6.84
1000人—3000人	263	8.39	13.30	2.84	63.49	28.37	95.54	41.68
500人—1000人	602	7.87	14.13	2.80	67.11	24.30	93.08	40.89

全国独立核算工业企业按职工人数分组的主要指标(三)

(1988年)　　单位：亿元

	企业单位数(个)	利润总额	利税总额	企业留利	固定资产原值	定额流动资金平均余额	工业总产值	职工平均人数(万人)
100人—500人	7 014	27.70	38.78	11.19	177.52	70.20	337.87	140.76
50人—100人	6 558	6.26	8.47	2.91	45.47	20.99	99.88	47.39
10人—50人	17 391	4.03	5.92	2.10	35.32	14.55	79.38	45.06
10人以下	10 906	0.47	0.70	0.23	4.86	1.37	8.66	6.52
饮料制造业	14 406	19.87	62.90	6.53	180.83	117.26	203.86	127.62
5000人—1万人	1	0.01	0.03		0.05	0.04	0.05	0.57
3000人—5000人	2	1.24	2.03	0.34	1.25	0.63	0.98	0.72
1000人—3000人	113	6.42	16.36	1.45	30.03	16.69	30.36	16.09
500人—1000人	347	5.01	16.26	1.54	44.04	27.40	45.80	23.39
100人—500人	2 561	5.76	23.01	2.34	81.44	55.10	89.27	56.67
50人—100人	1 863	0.76	2.72	0.44	11.99	9.30	17.63	13.28
10人—50人	5 551	0.59	2.16	0.39	10.47	7.33	16.90	14.69
10人以下	3 968	0.08	0.34	0.04	1.55	0.77	2.88	2.22
烟草加工业	298	5.69	209.90	3.09	53.27	67.27	242.91	26.85
5000人—1万人	2	0.85	17.46	0.55	2.27	2.78	16.32	1.25
3000人—5000人	11	2.08	54.73	1.14	10.82	15.65	54.85	4.12
1000人—3000人	85	2.27	120.07	1.07	30.53	36.50	145.18	15.74
500人—1000人	49	0.07	14.74	0.15	5.81	7.57	20.88	3.44
100人—500人	74	0.38	2.68	0.18	3.48	4.47	4.77	1.95
50人—100人	30	0.01	0.17		0.25	0.21	0.50	0.23
10人—50人	38	0.02	0.06		0.11	0.09	0.41	0.11
10人以下	9				0.01			0.01
饲料工业	3 878	5.38	6.19	3.21	18.44	11.18	68.74	13.47
1000人—3000人	1				0.02	0.01	0.03	0.12
500人—1000人	4	0.09	0.09	0.08	0.68	0.25	1.22	0.26
100人—500人	213	1.72	1.90	1.07	5.41	3.94	19.15	3.48
50人—100人	516	1.52	1.70	0.85	5.36	2.85	20.81	3.57
10人—50人	2 053	1.95	2.36	1.15	6.48	3.91	25.90	5.42
10人以下	1 091	0.10	0.13	0.06	0.49	0.23	1.62	0.62
纺织业	24 017	120.72	193.85	41.22	740.43	424.07	1 475.18	856.52
1万人以上	12	2.98	4.59	1.02	15.51	7.40	26.12	13.75
5000人—1万人	139	22.98	33.54	7.63	96.65	42.93	168.10	95.34
3000人—5000人	215	16.09	25.36	5.37	81.56	43.69	136.55	81.23
1000人—3000人	1 495	38.85	64.21	13.08	249.36	139.76	450.53	237.02
500人—1000人	2 294	18.10	30.04	5.76	126.94	75.17	257.79	159.78
100人—500人	9 328	18.77	31.06	6.88	143.58	96.32	365.21	220.79
50人—100人	4 263	1.92	3.28	0.90	17.00	12.12	45.84	31.55
10人—50人	5 354	0.95	1.66	0.54	9.04	6.29	22.91	16.52
10人以下	917	0.07	0.12	0.04	0.79	0.38	2.13	0.54
缝纫业	18 017	15.43	25.61	5.66	79.94	80.15	278.20	209.54
5000人—1万人	3	0.36	0.47	0.06	0.88	1.75	4.90	1.63
3000人—5000人	8	0.51	0.60	0.22	1.71	1.74	4.85	2.93
1000人—3000人	94	1.96	2.70	0.70	7.65	5.92	22.72	12.54
500人—1000人	464	3.58	5.60	1.17	16.53	14.24	53.52	30.98
100人—500人	5 409	7.33	12.87	2.63	41.44	42.37	147.97	114.72
50人—100人	3 799	1.00	1.90	0.52	6.89	8.89	26.33	27.62
10人—50人	6 256	0.61	1.31	0.34	3.99	4.80	15.93	17.94
10人以下	1 984	0.09	0.14	0.04	0.84	0.46	1.97	1.17
皮革、毛皮及其制品业	7 926	6.97	12.23	2.47	51.95	56.32	117.61	96.60
5000人—1万人	1	0.01	0.01		0.03	0.06	0.11	0.83

全国独立核算工业企业按职工人数分组的主要指标(四)

(1988年)　　单位：亿元

	企业单位数(个)	利润总额	利税总额	企业留利	固定资产原值	定额流动资金平均余额	工业总产值	职工平均人数(万人)
3000人—5000人	2	0.05	0.08		0.24	0.43	0.40	0.83
1000人—3000人	50	1.00	1.53	0.32	6.32	6.35	10.49	7.64
500人—1000人	236	1.59	2.77	0.43	11.98	11.83	23.40	15.66
100人—500人	2 348	3.40	6.12	1.23	26.70	29.47	62.90	50.18
50人—100人	1 670	0.54	1.01	0.27	4.06	4.94	11.86	12.28
10人—50人	3 012	0.36	0.69	0.20	2.48	3.11	7.91	8.78
10人以下	607	0.02	0.04	0.01	0.14	0.13	0.54	0.40
木材加工及竹、藤、棕、草制品业	11 000	7.40	11.72	3.09	60.57	27.49	67.64	81.29
1万人以上	1	−0.01			0.28	0.13	0.10	1.23
5000人—1万人	9	0.19	0.40	0.07	3.11	0.94	1.79	6.40
3000人—5000人	21	0.64	1.03	0.26	7.17	3.02	4.79	7.57
1000人—3000人	66	1.37	2.02	0.53	11.63	5.18	8.49	10.53
500人—1000人	122	1.17	1.77	0.51	9.97	4.89	8.66	8.46
100人—500人	1 172	2.49	3.87	1.04	18.92	8.28	22.35	23.17
50人—100人	1 230	0.50	0.84	0.24	3.86	2.28	7.27	8.83
10人—50人	5 303	0.83	1.42	0.37	4.73	2.46	11.90	13.19
10人以下	3 076	0.21	0.35	0.08	0.92	0.32	2.30	1.91
家具制造业	10 891	3.99	7.16	1.59	33.09	24.80	21.11	65.76
5000人—1万人	1	0.01	0.02	0.01	0.09	0.08	0.06	0.70
3000人—5000人	3		0.01		0.08	0.08	0.36	1.28
1000人—3000人	15	0.22	0.40	0.05	2.16	1.39	3.61	2.34
500人—1000人	72	0.44	0.72	0.16	3.37	2.24	6.15	4.62
100人—500人	1 513	2.08	3.71	0.75	16.86	13.07	36.10	29.03
50人—100人	1 754	0.60	1.14	0.28	5.22	4.18	11.65	12.47
10人—50人	5 418	0.55	1.01	0.30	4.74	3.45	11.74	13.89
10人以下	2 115	0.09	0.14	0.04	0.57	0.31	1.45	1.41
造纸及纸制品业	10 182	26.06	47.47	9.20	170.16	57.24	224.20	151.92
1万人以上	1	0.02	0.03	0.01	0.07	0.02	0.15	1.68
5000人—1万人	6	3.87	5.46	2.00	16.09	2.36	9.83	3.87
3000人—5000人	19	2.91	5.16	0.98	16.32	4.56	13.41	7.36
1000人—3000人	137	5.93	10.81	1.64	34.03	11.61	37.21	21.19
500人—1000人	377	5.21	9.81	1.44	33.97	11.15	44.12	25.85
100人—500人	2 915	6.84	13.38	2.43	52.92	20.78	88.68	62.83
50人—100人	2 402	0.82	1.84	0.44	10.97	4.21	19.20	17.49
10人—50人	3 705	0.46	0.95	0.25	5.52	2.47	11.20	11.27
10人以下	620	0.01	0.03	0.01	0.27	0.09	0.40	0.39
印刷业	10 732	14.09	19.64	5.22	85.23	35.77	115.54	100.31
3000人—5000人	2	0.75	0.76	0.07	1.32	0.23	1.76	0.63
1000人—3000人	63	3.12	3.64	1.03	14.83	4.13	15.64	8.55
500人—1000人	217	3.30	4.40	1.31	20.79	7.51	22.81	14.85
100人—500人	2 339	4.78	7.37	1.78	34.55	16.73	49.79	46.56
50人—100人	2 132	1.18	1.91	0.54	7.84	3.98	13.52	15.39
10人—50人	4 956	0.91	1.50	0.47	5.59	3.05	11.33	13.59
10人以下	1 023	0.05	0.08	0.02	0.30	0.18	0.69	0.72
文教体育用品制造业	3 897	6.62	10.14	2.33	25.03	19.59	60.63	44.94
5000人—1万人	1				0.01		0.06	0.53
3000人—5000人	3	0.07	0.09	0.01	0.36	0.07	1.66	0.99
1000人—3000人	36	1.80	2.66	0.49	4.19	2.87	8.65	5.16
500人—1000人	110	1.59	2.43	0.58	5.66	3.72	13.12	7.46

全国独立核算工业企业按职工人数分组的主要指标(五)

(1988年)

单位：亿元

	企业单位数(个)	利润总额	利税总额	企业留利	固定资产原值	定额流动资金平均余额	工业总产值	职工平均人数(万人)
100人—500人	971	2.57	3.95	0.94	11.27	10.03	27.80	21.08
50人—100人	698	0.30	0.51	0.15	2.05	1.64	5.22	5.12
10人—50人	1584	0.28	0.45	0.15	1.35	1.19	3.79	4.26
10人以下	494	0.02	0.03	0.01	0.15	0.08	0.33	0.33
工艺美术品制造业	10 671	9.06	15.50	3.05	41.16	41.27	128.44	125.71
5000人—1万人	4	0.05	0.07	0.00	0.09	0.12	0.45	3.26
3000人—5000人	4	0.06	0.09	0.02	0.23	0.90	0.86	1.51
1000人—3000人	86	1.05	1.74	0.33	4.29	4.96	11.51	12.21
500人—1000人	313	2.23	3.63	0.65	8.84	9.15	29.44	21.30
100人—500人	2 741	4.49	7.71	1.42	20.81	20.07	64.58	59.30
50人—100人	2 114	0.60	1.15	0.31	3.78	3.36	11.21	15.42
10人—50人	4 178	0.53	0.97	0.28	2.80	2.47	9.11	11.96
10人以下	1 231	0.06	0.12	0.03	0.32	0.25	1.28	0.76
电力、蒸汽、热水生产和供应业	11 293	56.52	130.91	14.59	1 268.59	29.61	342.70	141.07
1万人以上	3	4.42	10.59	0.76	56.13	1.84	14.18	5.86
5000人—1万人	8	1.36	4.80	0.60	59.92	0.99	18.57	4.49
3000人—5000人	33	3.96	14.12	0.59	171.25	3.33	56.34	11.93
1000人—3000人	289	19.90	53.56	6.05	566.08	11.28	175.58	48.96
500人—1000人	237	11.18	21.19	1.52	149.29	3.26	32.67	16.79
100人—500人	1 569	10.67	16.78	3.59	176.74	6.27	31.62	35.28
50人—100人	852	1.34	1.78	0.56	32.77	1.14	4.98	6.09
10人—50人	4 068	1.01	1.25	0.49	32.44	1.11	5.35	9.30
10人以下	4 234	2.68	6.84	0.43	23.96	0.40	3.40	2.36
石油加工业	690	50.12	117.28	5.68	244.57	36.58	287.28	38.54
1万人以上	9	25.87	62.74	2.84	149.21	18.19	148.26	18.93
5000人—1万人	11	15.48	35.45	1.49	62.19	10.06	85.16	8.93
3000人—5000人	6	3.28	8.37	0.27	14.50	2.56	22.88	2.50
1000人—3000人	19	3.49	7.45	0.48	11.11	2.37	19.33	3.05
500人—1000人	21	0.79	1.43	0.20	3.19	1.28	3.85	1.44
100人—500人	92	0.81	1.19	0.24	2.41	1.19	4.08	1.93
50人—100人	105	0.22	0.33	0.08	1.13	0.39	1.51	0.76
10人—50人	345	0.17	0.29	0.08	0.77	0.52	2.10	0.94
10人以下	82	0.01	0.02	0.01	0.06	0.02	0.11	0.06
炼焦、煤气及煤制品业	2 235	0.63	2.59	2.40	57.15	5.46	25.86	21.95
1万人以上	1	-0.05		0.16	5.62	0.31	1.10	1.08
5000人—1万人	2	0.82	1.13	0.38	8.66	0.39	2.75	1.40
3000人—5000人	6	0.02	0.44	0.52	9.05	0.87	3.45	2.38
1000人—3000人	30	-0.23	0.36	0.73	19.97	1.38	5.67	4.84
500人—1000人	29	0.12	0.29	0.16	3.86	0.49	1.88	2.03
100人—500人	274	-0.24		0.25	7.01	1.23	5.76	5.52
50人—100人	268	0.05	0.13	0.08	1.39	0.32	2.25	1.92
10人—50人	906	0.11	0.20	0.10	1.39	0.41	2.54	2.35
10人以下	719	0.03	0.04	0.01	0.21	0.06	0.47	0.43
化学工业	17 864	107.20	202.45	36.76	741.94	216.76	788.43	382.94
1万人以上	12	22.23	42.20	5.13	151.53	21.74	99.29	27.21
5000人—1万人	25	6.60	11.41	2.18	56.31	10.18	32.43	16.63
3000人—5000人	55	8.00	15.50	2.69	68.74	14.88	47.87	20.15
1000人—3000人	528	23.87	46.44	8.79	167.50	48.58	174.12	80.54
500人—1000人	1 401	21.64	38.78	8.06	148.45	48.15	173.06	96.24

全国独立核算工业企业按职工人数分组的主要指标(六)

(1988年)

单位：亿元

	企业单位数(个)	利润总额	利税总额	企业留利	固定资产原值	定额流动资金平均余额	工业总产值	职工平均人数(万人)
100人—500人	4 313	19.82	38.15	7.67	117.95	54.39	192.96	102.21
50人—100人	2 791	2.88	5.78	1.20	17.05	10.22	37.55	20.24
10人—50人	6 763	2.02	3.91	0.98	13.31	8.05	28.84	18.39
10人以下	1 976	0.14	0.27	0.08	1.10	0.57	2.31	1.34
医药工业	2 802	35.48	48.05	13.49	99.15	68.65	269.47	77.56
5000人－1万人	4	3.15	4.03	1.78	5.47	2.43	14.07	3.19
3000人—5000人	9	1.20	1.61	0.33	4.83	2.21	9.06	3.33
1000人—3000人	117	10.22	13.45	3.59	30.18	17.08	71.91	18.51
500人—1000人	260	8.39	11.69	3.07	24.59	17.56	71.10	18.00
100人—500人	1 188	10.96	15.16	4.06	29.59	25.96	91.43	29.35
50人—100人	456	0.98	1.33	0.37	2.96	2.25	7.07	3.34
10人—50人	600	0.35	0.49	0.18	1.03	0.93	3.54	1.73
10人以下	168	0.22	0.28	0.10	0.51	0.25	1.28	0.10
化学纤维工业	494	26.50	37.91	4.71	175.23	39.62	182.40	37.71
1万人以上	4	13.13	18.90	1.77	79.23	11.91	68.69	9.85
5000人—1万人	6	3.55	4.60	0.82	14.38	3.64	16.15	3.77
3000人—5000人	12	1.77	2.69	0.40	18.52	3.81	11.29	4.79
1000人—3000人	61	4.52	6.43	1.03	32.94	10.24	40.91	9.79
500人—1000人	69	2.24	3.30	0.37	19.45	5.43	26.93	4.76
100人—500人	150	1.17	1.80	0.27	9.72	4.08	16.66	3.93
50人—100人	65	0.06	0.10	0.02	0.53	0.35	0.92	0.47
10人—50人	102	0.06	0.09	0.03	0.43	0.15	0.82	0.32
10人以下	25				0.02	0.01	0.04	0.01
橡胶制品业	3 740	9.93	34.50	3.40	80.77	47.21	194.57	84.01
5000人—1万人	1	0.19	1.00	0.02	1.55	0.94	3.85	0.58
3000人—5000人	17	2.46	7.52	0.81	10.62	5.39	29.44	6.34
1000人—3000人	171	3.67	14.96	1.08	32.42	19.39	82.65	27.14
500人—1000人	210	1.00	4.15	0.41	14.12	8.12	30.15	15.00
100人—500人	1 185	2.07	5.68	0.82	17.36	10.40	38.85	26.23
50人—100人	700	0.31	0.72	0.14	2.81	1.83	5.80	5.12
10人—50人	1 182	0.22	0.46	0.11	1.74	1.08	3.59	3.41
10人以下	274	0.02	0.03	0.01	0.13	0.06	0.24	0.17
塑料制品业	14 065	22.06	34.43	6.30	131.97	76.96	255.02	134.48
3000人—5000人	3	0.33	0.53	0.17	4.18	0.68	1.47	1.08
1000人—3000人	63	2.49	3.51	0.59	11.57	5.98	20.08	8.24
500人—1000人	279	4.98	7.43	1.10	26.45	15.08	46.94	18.62
100人—500人	3 316	10.92	17.27	3.02	66.30	39.64	131.17	68.08
50人—100人	2 801	1.92	3.25	0.73	13.68	8.67	30.72	20.31
10人—50人	6 253	1.36	2.30	0.66	9.13	6.23	22.94	17.27
10人以下	1 350	0.06	0.13	0.03	0.67	0.68	1.70	0.89
建筑材料及其他非金属矿物制品业	55 859	65.05	115.99	24.84	648.92	177.09	517.05	753.31
1万人以上	4	0.71	1.20	0.20	6.89	1.37	4.04	4.98
5000人—1万人	15	3.25	4.59	1.32	14.81	3.49	9.68	9.30
3000人—5000人	36	2.98	4.54	0.86	21.59	4.14	11.59	13.23
1000人—3000人	687	17.64	29.77	6.19	157.65	34.34	98.56	102.98
500人—1000人	1 593	11.69	21.06	4.12	121.41	32.10	87.06	107.50
100人—500人	18 149	22.33	43.29	8.93	257.88	75.36	212.76	375.56
50人—100人	11 028	3.64	6.74	1.81	41.38	15.02	48.87	82.46
10人—50人	19 416	2.60	4.49	1.31	25.44	10.64	41.18	53.87
10人以下	4 931	0.20	0.32	0.10	1.86	0.63	3.29	3.42

全国独立核算工业企业按职工人数分组的主要指标(七)

(1988年)

单位：亿元

	企业单位数(个)	利润总额	利税总额	企业留利	固定资产原值	定额流动资金平均余额	工业总产值	职工平均人数(万人)
黑色金属冶炼及压延加工业	3 015	109.06	194.98	48.34	864.13	216.37	575.24	293.38
1万人以上	53	80.76	142.44	37.78	680.56	135.28	355.75	171.15
5000人—1万人	29	5.57	12.06	2.39	51.14	17.50	41.19	21.95
3000人—5000人	41	4.82	9.29	1.77	31.14	13.26	33.32	16.19
1000人—3000人	203	8.47	15.21	3.10	47.29	22.50	69.51	33.50
500人—1000人	245	3.48	6.15	1.12	19.05	11.12	27.84	17.28
100人—500人	1 199	4.99	8.22	1.77	28.44	14.25	43.48	27.18
50人—100人	567	0.78	1.28	0.32	4.65	1.72	6.92	4.23
10人—50人	588	0.19	0.33	0.09	1.75	0.71	2.92	1.84
10人以下	90		0.01		0.11	0.02	0.30	0.06
有色金属冶炼及压延加工业	2 158	29.15	49.33	8.67	251.73	82.31	236.10	91.66
1万人以上	15	10.44	16.98	2.51	99.06	21.91	52.48	29.97
5000人—1万人	19	3.62	6.23	1.02	55.76	16.59	34.61	13.13
3000人—5000人	16	3.71	5.50	1.07	23.66	8.55	24.87	6.28
1000人—3000人	91	5.43	9.93	1.57	38.02	14.62	48.45	15.52
500人—1000人	117	2.54	4.37	0.68	13.46	7.04	20.98	8.25
100人—500人	629	2.80	5.00	0.98	16.96	9.83	40.64	13.50
50人—100人	396	0.48	0.88	0.21	2.71	2.12	7.93	2.87
10人—50人	712	0.32	0.58	0.17	1.58	1.14	5.55	2.03
10人以下	163	0.18	0.14	0.46	0.53	0.49	0.59	0.11
金属制品业	29 841	31.40	50.09	11.38	182.29	119.47	359.56	283.28
5000人—1万人	8	0.48	0.73	0.10	3.30	1.56	3.29	5.41
3000人—5000人	7	0.30	0.46	0.14	1.16	1.08	2.28	2.70
1000人—3000人	192	5.17	8.03	1.57	27.61	16.47	45.63	27.36
500人—1000人	616	6.15	9.67	1.95	34.73	21.61	59.54	41.42
100人—500人	6 282	14.45	23.22	5.36	81.58	56.56	171.98	132.56
50人—100人	5 048	2.74	4.48	1.22	17.29	12.64	40.92	36.41
10人—50人	12 787	1.92	3.21	0.95	14.82	8.97	32.87	34.44
10人以下	4 901	0.18	0.28	0.08	1.79	0.58	3.04	2.97
机械工业	43 059	139.08	213.98	54.44	1 089.27	645.21	1 354.91	958.46
1万人以上	22	4.53	7.06	2.12	78.07	36.19	52.90	34.93
5000人—1万人	124	16.36	26.51	7.42	160.06	82.30	144.96	86.61
3000人—5000人	163	9.92	15.78	3.95	100.15	53.39	95.66	61.38
1000人—3000人	1 441	41.78	63.76	16.43	333.32	188.84	366.29	232.11
500人—1000人	2 259	23.56	35.45	8.08	159.92	100.93	220.58	155.66
100人—500人	13 010	35.22	53.54	12.83	208.54	151.53	374.22	294.23
50人—100人	7 176	4.54	6.98	2.03	28.44	20.15	57.35	52.55
10人—50人	13 697	2.95	4.56	1.47	18.42	11.15	39.18	37.94
10人以下	5 167	0.22	0.34	0.12	2.33	0.73	3.76	3.05
交通运输设备制造业	10 368	53.19	75.56	23.49	406.20	223.54	492.73	294.45
1万人以上	26	17.78	24.32	9.64	122.91	58.92	128.15	51.45
5000人—1万人	48	4.04	5.97	2.15	61.02	33.08	46.94	32.89
3000人—5000人	61	4.42	6.36	1.56	38.91	21.44	41.88	23.72
1000人—3000人	354	11.66	16.38	3.93	84.13	46.45	103.76	56.80
500人—1000人	586	5.74	8.38	2.13	42.00	25.74	62.04	40.33
100人—500人	2 876	7.14	10.62	2.94	44.79	29.88	81.15	63.90
50人—100人	2 021	1.46	2.10	0.66	7.55	5.01	16.26	14.62
10人—50人	3 620	0.92	1.35	0.46	4.55	2.90	11.71	10.26
10人以下	776	0.04	0.07	0.02	0.33	0.12	0.84	0.48
电气机械及器材制造业	14 118	55.69	93.22	18.19	252.76	207.41	586.06	255.96

全国独立核算工业企业按职工人数分组的主要指标(八)

(1988年)

单位：亿元

	企业单位数(个)	利润总额	利税总额	企业留利	固定资产原值	定额流动资金平均余额	工业总产值	职工平均人数(万人)
1万人以上	4	0.74	1.66	0.06	9.43	6.24	9.57	5.13
5000人—1万人	24	5.19	8.24	1.32	26.61	20.52	46.57	15.66
3000人—5000人	20	2.84	4.58	0.97	11.92	9.44	22.45	8.02
1000人—3000人	348	19.08	31.22	6.03	79.50	55.93	170.27	54.89
500人—1000人	683	11.91	19.84	3.61	49.70	41.30	128.37	46.71
100人—500人	4 112	12.44	21.72	4.53	60.47	57.65	158.44	92.00
50人—100人	2 561	1.91	3.36	0.86	9.03	9.28	28.33	18.48
10人—50人	5 187	1.47	2.42	0.76	5.64	6.41	20.16	14.31
10人以下	1 179	0.10	0.17	0.05	0.46	0.64	1.89	0.76
电子及通信设备制造业	4 159	44.76	65.93	14.63	196.32	156.67	565.72	147.96
1万人以上	2	0.96	1.27	0.36	5.57	1.79	4.14	2.30
5000人—1万人	14	3.95	5.84	1.13	21.21	12.63	40.27	8.72
3000人—5000人	39	8.44	12.04	2.91	24.16	23.57	88.50	14.32
1000人—3000人	271	16.31	24.26	5.33	68.57	53.88	206.49	41.48
500人—1000人	470	7.31	10.79	2.08	40.55	31.69	107.12	33.02
100人—500人	1 671	6.54	9.87	2.32	31.81	28.55	103.01	40.83
50人—100人	612	0.66	1.01	0.28	2.62	2.55	9.81	4.52
10人—50人	899	0.51	0.72	0.19	1.46	1.74	5.53	2.67
10人以下	181	0.09	0.12	0.03	0.38	0.28	0.73	0.10
仪器仪表及其他计量器具制造业	3 460	10.93	16.38	4.22	74.85	53.79	99.47	76.82
5000人—1万人	8	0.76	1.26	0.32	9.21	4.90	8.08	5.02
3000人—5000人	7	0.29	0.44	0.11	3.67	1.58	2.48	2.51
1000人—3000人	107	2.37	3.52	0.95	23.49	4.12	20.16	16.49
500人—1000人	259	2.98	4.40	0.99	18.52	13.96	27.32	18.04
100人—500人	1 147	3.49	5.28	1.38	16.71	15.77	32.21	27.45
50人—100人	553	0.57	0.81	0.27	1.99	2.03	4.97	4.05
10人—50人	1 121	0.44	0.62	0.20	1.11	1.31	3.94	3.10
10人以下	258	0.03	0.04	0.02	0.15	0.12	0.32	0.16
其他工业	5 544	3.90	6.35	1.60	21.61	16.46	50.99	43.70
5000人—1万人	1	0.01	0.04	0.01	0.10	0.03	0.32	0.70
3000人—5000人	2	0.01	0.06		0.11	0.03	0.53	0.77
1000人—3000人	30	0.11	0.28	0.04	1.17	0.90	3.37	4.41
500人—1000人	68	0.57	0.87	0.26	2.55	2.06	5.37	4.51
100人—500人	965	1.91	3.05	0.72	11.24	8.54	23.66	18.83
50人—100人	947	0.62	1.00	0.25	3.11	2.45	8.10	6.71
10人—50人	2 693	0.62	0.98	0.30	3.04	2.29	8.88	7.21
10人以下	838	0.05	0.08	0.02	0.28	0.16	0.76	0.53

全国独立核算工业企业按固定资产原值分组的主要指标(一)

(1988年)　　单位：亿元

	企业单位数(个)	利润总额	利税总额	企业留利	固定资产原值	定额流动资金平均余额	工业总产值	职工平均人数(万人)
总计	**420 929**	**1 189.89**	**2 288.76**	**429.90**	**10 641.06**	**3 728.54**	**11 577.78**	**7 311.52**
1亿元以上	1 136	331.04	689.24	112.10	4 628.32	722.15	2 314.78	1 178.70
5000万元—1亿元	1 259	113.41	250.46	40.47	869.47	307.24	955.54	406.44
3000万元—5000万元	1 818	94.06	201.89	32.82	692.91	290.36	870.20	371.14
1000万元—3000万元	9 616	212.57	398.99	72.96	1 561.39	698.07	1 965.78	1 010.26
500万元—1000万元	12 040	115.73	198.11	39.74	846.59	399.39	1 164.33	704.35
100万元—500万元	60 717	202.31	339.23	76.92	1 334.53	790.85	2 448.08	1 704.43
50万元—100万元	45 900	47.55	82.27	20.76	327.38	214.94	710.93	625.18
10万元—50万元	129 043	51.56	89.55	24.47	321.20	237.67	828.60	894.89
10万元以下	159 400	21.66	39.03	9.68	59.27	67.87	319.53	416.13
煤炭采选业	9 230	-12.84	-2.18	2.75	795.87	65.13	216.13	549.02
1亿元以上	100	-15.61	-8.65	-1.12	635.38	42.50	134.06	331.15
5000万元—1亿元	40	-1.01	-0.69	0.22	28.19	2.56	6.91	20.48
3000万元—5000万元	56	-0.20	0.14	0.32	21.80	1.98	7.07	19.34
1000万元—3000万元	227	-0.14	0.41	0.67	37.97	4.28	12.28	36.57
500万元—1000万元	308	-0.24	0.16	0.41	22.23	2.70	8.69	24.45
100万元—500万元	1 471	1.69	2.68	1.07	33.47	6.28	22.03	54.27
50万元—100万元	1 100	1.05	1.49	0.44	7.80	2.03	8.87	19.80
10万元—50万元	3 114	1.20	1.69	0.55	7.89	2.33	12.05	30.48
10万元以下	2 814	0.43	0.59	0.19	1.13	0.48	4.18	12.47
石油和天然气开采业	30	11.22	33.16	1.00	617.89	45.15	182.30	72.00
1亿元以上	18	11.20	33.14	0.98	617.60	45.11	182.26	71.82
500万元—1000万元	2				0.14	0.01	0.02	0.04
100万元—500万元	4	0.02	0.02	0.02	0.13	0.02	0.01	0.10
50万元—100万元	2				0.01			0.02
10万元—50万元	3				0.01			0.02
10万元以下	1							…
黑色金属矿采选业	1 264	3.32	4.17	1.35	40.69	7.20	18.92	28.78
1亿元以上	5	1.15	1.46	0.61	17.80	1.81	5.29	6.50
5000万元—1亿元	5	0.19	0.25	0.05	3.40	0.56	0.99	1.53
3000万元—5000万元	11	0.23	0.28	0.06	4.62	0.49	1.22	2.69
1000万元—3000万元	38	0.32	0.42	0.18	6.13	1.09	2.04	3.46
500万元—1000万元	41	0.41	0.48	0.09	2.97	0.81	1.96	2.80
100万元—500万元	191	0.53	0.67	0.18	4.15	1.45	3.58	4.44
50万元—100万元	111	0.16	0.20	0.06	0.80	0.46	1.14	1.38
10万元—50万元	255	0.20	0.25	0.06	0.64	0.32	1.42	2.46
10万元以下	607	0.13	0.17	0.04	0.17	0.19	1.29	3.53
有色金属矿采选业	2 233	9.87	11.91	4.40	113.41	19.52	47.46	64.20
1亿元以上	20	2.42	3.05	0.67	45.45	6.33	12.84	13.66
5000万元—1亿元	29	1.11	1.28	0.69	19.57	2.38	5.64	9.10
3000万元—5000万元	38	1.12	1.30	0.67	14.13	2.07	4.60	7.78
1000万元—3000万元	88	1.48	1.71	0.90	15.32	2.83	5.94	9.93
500万元—1000万元	98	1.08	1.26	0.36	6.83	1.51	3.89	5.04
100万元—500万元	366	1.42	1.74	0.61	8.78	2.66	6.74	8.72
50万元—100万元	225	0.40	0.49	0.16	1.62	0.78	2.26	2.27
10万元—50万元	583	0.61	0.78	0.24	1.44	0.75	3.61	4.09
10万元以下	786	0.22	0.30	0.11	0.26	0.20	1.96	3.61
建筑材料及其他非金属矿采选业	9 971	6.19	9.08	2.79	65.88	13.46	51.88	90.40
1亿元以上	5	0.43	0.55	0.23	10.40	0.83	1.62	2.59

全国独立核算工业企业按固定资产原值分组的主要指标(二)

(1988年)　　单位：亿元

	企业单位数(个)	利润总额	利税总额	企业留利	固定资产原值	定额流动资金平均余额	工业总产值	职工平均人数(万人)
5000万元—1亿元	10	-0.01	0.13	0.04	7.15	0.87	1.63	3.17
3000万元—5000万元	16	0.28	0.44	0.10	6.09	0.73	1.99	3.10
1000万元—3000万元	68	0.58	0.86	0.48	10.69	1.45	3.43	6.25
500万元—1000万元	91	0.51	0.77	0.21	6.48	1.41	3.56	5.36
100万元—500万元	645	1.71	2.45	0.67	13.52	3.53	11.62	18.47
50万元—100万元	529	0.61	0.86	0.23	3.72	1.16	5.08	7.72
10万元—50万元	2 626	1.15	1.68	0.46	6.05	2.35	11.81	21.02
10万元以下	5 981	0.93	1.33	0.37	1.78	1.12	11.14	22.73
采盐业	605	3.22	5.20	1.36	30.95	5.78	27.10	23.54
1亿元以上	7	0.95	1.10	0.38	10.31	1.71	7.66	6.76
5000万元—1亿元	8	0.48	0.67	0.24	5.09	0.80	3.82	2.49
3000万元—5000万元	11	0.37	0.50	0.16	4.50	0.66	3.99	3.50
1000万元—3000万元	34	0.61	0.98	0.23	5.49	1.13	4.93	3.35
500万元—1000万元	23	0.19	0.35	0.07	1.66	0.37	1.49	1.45
100万元—500万元	115	0.39	0.87	0.18	2.65	0.78	3.21	3.28
50万元—100万元	87	0.08	0.22	0.03	0.61	0.14	0.69	0.88
10万元—50万元	207	0.13	0.42	0.05	0.57	0.17	1.11	1.50
10万元以下	113	0.03	0.08	0.01	0.06	0.03	0.20	0.33
其他矿采选业	24	0.01	0.01		0.07	0.02	0.07	0.18
100万元—500万元	2				0.03		0.01	0.04
50万元—100万元	1				0.01	0.01	0.01	0.01
10万元—50万元	10		0.01		0.02	0.01	0.05	0.11
10万元以下	11						0.01	0.02
木材及竹材采运业	1 154	14.49	23.95	6.92	129.25	22.28	41.43	112.86
1亿元以上	52	5.36	9.51	2.71	80.67	11.28	22.94	58.05
5000万元—1亿元	31	1.41	2.72	0.81	23.98	3.36	5.98	22.92
3000万元—5000万元	10	0.23	0.44	0.23	4.23	0.65	0.92	4.26
1000万元—3000万元	58	1.77	2.83	0.94	10.03	2.09	3.43	9.64
500万元—1000万元	44	0.99	1.52	0.41	3.10	1.10	1.42	4.11
100万元—500万元	229	3.29	4.84	1.30	5.54	2.89	4.02	9.02
50万元—100万元	120	0.67	0.94	0.27	0.85	0.46	0.89	1.57
10万元—50万元	261	0.51	0.76	0.18	0.72	0.36	0.99	1.77
10万元以下	349	0.25	0.39	0.07	0.11	0.08	0.83	1.52
自来水生产和供应业	2 981	5.78	6.81	2.95	113.22	3.58	24.15	22.61
1亿元以上	19	1.51	1.86	0.59	45.16	0.76	7.28	5.69
5000万元—1亿元	24	0.67	0.78	0.41	15.62	0.24	2.83	2.13
3000万元—5000万元	26	0.72	0.81	0.31	10.03	0.25	2.52	1.79
1000万元—3000万元	75	0.81	0.94	0.40	12.38	0.39	3.06	2.56
500万元—1000万元	112	0.48	0.56	0.24	8.01	0.33	1.83	1.92
100万元—500万元	755	1.08	1.25	0.70	15.35	0.91	4.09	4.90
50万元—100万元	565	0.31	0.36	0.18	4.09	0.36	1.31	1.85
10万元—50万元	864	0.18	0.21	0.11	2.34	0.31	1.03	1.45
10万元以下	541	0.02	0.03	0.01	0.25	0.04	0.20	0.32
食品制造业	42 755	56.68	84.44	22.58	406.27	164.81	730.71	330.19
1亿元以上	4	0.25	0.66	0.10	5.03	0.83	2.91	1.44
5000万元—1亿元	27	1.63	3.30	0.43	18.52	4.00	16.09	6.43
3000万元—5000万元	88	4.35	6.69	1.50	32.62	11.27	40.15	14.21
1000万元—3000万元	599	11.16	19.01	3.70	96.57	32.69	120.27	48.47
500万元—1000万元	879	8.56	12.62	3.08	61.55	22.09	97.15	35.97

全国独立核算工业企业按固定资产原值分组的主要指标(三)

(1988年)　　　　单位：亿元

	企业单位数（个）	利润总额	利税总额	企业留利	固定资产原值	定额流动资金平均余额	工业总产值	职工平均人数（万人）
100万元—500万元	5 682	20.43	26.83	8.48	122.66	55.64	260.96	101.29
50万元—100万元	4 423	4.66	6.66	2.30	31.63	16.22	79.55	39.08
10万元—50万元	12 486	4.13	6.33	2.24	30.52	17.45	84.97	55.36
10万元以下	18 567	1.52	2.34	0.75	7.15	4.62	28.67	27.93
饮料制造业	14 406	19.87	62.90	6.53	180.83	117.26	203.86	127.62
1亿元以上	4	1.53	2.88	0.39	4.49	1.43	2.86	0.66
5000万元—1亿元	17	2.41	5.11	0.49	10.69	3.40	8.42	2.38
3000万元—5000万元	51	2.90	7.56	0.74	18.71	7.29	15.97	5.72
1000万元—3000万元	345	5.88	17.93	1.50	51.84	27.39	45.51	23.23
500万元—1000万元	430	2.68	9.98	1.06	30.39	21.15	31.08	18.40
100万元—500万元	1 947	2.87	13.57	1.41	44.12	38.14	58.51	39.97
50万元—100万元	1 193	0.62	2.38	0.36	8.52	7.92	14.41	10.55
10万元—50万元	4 162	0.74	2.57	0.43	9.88	8.30	19.17	17.92
10万元以下	6 257	0.25	0.92	0.15	2.19	2.24	7.92	8.79
烟草加工业	298	5.69	209.90	3.09	53.27	67.27	242.91	26.85
1亿元以上	8	3.20	53.93	1.77	10.30	12.48	50.02	3.36
5000万元—1亿元	22	1.33	60.36	0.40	14.84	17.83	67.34	5.61
3000万元—5000万元	28	0.74	47.11	0.35	11.10	14.11	58.49	6.00
1000万元—3000万元	71	0.09	41.22	0.35	12.92	16.54	55.34	7.97
500万元—1000万元	35	0.21	5.03	0.13	2.50	3.73	7.52	2.07
100万元—500万元	53	0.08	2.09	0.08	1.39	2.30	3.26	1.33
50万元—100万元	15	0.02	0.08		0.11	0.14	0.32	0.18
10万元—50万元	33	0.01	0.04	0.01	0.09	0.09	0.20	0.19
10万元以下	33	0.02	0.04		0.01	0.04	0.42	0.14
饲料工业	3 878	5.38	6.19	3.21	18.44	11.18	68.74	13.47
1000万元—3000万元	12	0.46	0.49	0.33	1.78	0.92	3.75	0.41
500万元—1000万元	27	0.50	0.52	0.30	1.85	1.23	5.25	0.41
100万元—500万元	346	1.59	1.80	0.89	6.53	3.31	21.36	3.55
50万元—100万元	585	1.24	1.44	0.75	4.12	2.44	16.35	3.05
10万元—50万元	1 333	1.30	1.59	0.78	3.63	2.61	17.15	4.23
10万元以下	1 575	0.28	0.36	0.15	0.53	0.68	4.87	1.83
纺织业	24 017	120.72	193.85	41.22	740.43	424.07	1 475.18	856.52
1亿元以上	26	6.79	9.59	2.08	36.03	14.96	47.32	22.90
5000万元—1亿元	172	24.86	37.42	8.53	116.83	53.25	212.12	92.40
3000万元—5000万元	306	19.90	31.79	6.69	116.08	57.72	202.81	87.50
1000万元—3000万元	1 176	30.29	49.78	9.95	201.98	107.32	338.32	177.11
500万元—1000万元	1 206	11.22	19.00	3.59	84.56	48.81	159.63	100.67
100万元—500万元	6 158	21.01	34.30	7.41	139.34	100.50	360.29	239.77
50万元—100万元	3 503	3.38	5.95	1.38	25.40	20.67	76.76	58.77
10万元—50万元	6 830	2.60	4.82	1.26	18.23	17.09	63.22	58.70
10万元以下	4 640	0.67	1.21	0.34	1.97	3.74	14.71	18.69
缝纫业	18 017	15.43	25.61	5.66	79.94	80.15	278.20	209.54
5000万元—1亿元	3	0.33	0.39	0.11	1.71	0.80	3.47	1.05
3000万元—5000万元	5	0.25	0.30	0.09	1.92	0.99	2.88	0.92
1000万元—3000万元	42	1.59	2.17	0.61	6.59	7.17	16.60	6.16
500万元—1000万元	119	1.51	2.65	0.48	7.72	5.49	20.80	9.31
100万元—500万元	1 738	6.68	10.55	2.14	34.68	28.12	110.85	67.95
50万元—100万元	1 595	1.99	3.65	0.71	11.32	12.25	41.79	34.09
10万元—50万元	5 517	2.11	4.11	1.03	13.08	18.43	57.90	58.33

全国独立核算工业企业按固定资产原值分组的主要指标(四)

(1988年)　　　　单位：亿元

	企业单位数(个)	利润总额	利税总额	企业留利	固定资产原值	定额流动资金平均余额	工业总产值	职工平均人数(万人)
10万元以下	8 998	0.96	1.79	0.50	2.93	6.91	23.89	31.76
皮革、毛皮及其制品业	7 929	6.97	12.23	2.47	51.95	56.32	117.61	96.60
3000万元—5000万元	6	0.33	0.40	0.13	2.17	1.80	1.85	1.34
1000万元—3000万元	60	1.01	1.69	0.27	8.48	7.83	11.57	6.08
500万元—1000万元	129	0.98	1.64	0.26	8.77	7.96	13.03	7.63
100万元—500万元	953	2.66	4.62	0.87	20.67	20.82	45.30	31.47
50万元—100万元	697	0.66	1.26	0.29	5.01	5.94	14.90	13.17
10万元—50万元	2 359	0.89	1.76	0.40	5.64	8.47	21.00	23.01
10万元以下	3 725	0.46	0.86	0.24	1.21	3.49	9.95	13.90
木材加工及竹、藤、棕、草制品业	11 000	7.40	11.72	3.09	60.57	27.49	67.64	81.29
1亿元以上	2	0.11	0.18	0.03	2.80	0.47	0.88	0.97
5000万元—1亿元	8	0.55	0.76	0.19	4.80	1.79	3.13	2.63
3000万元—5000万元	17	0.49	0.84	0.27	6.77	2.95	4.60	4.85
1000万元—3000万元	90	1.51	2.40	0.65	14.61	6.39	10.73	15.07
500万元—1000万元	97	0.81	1.18	0.31	6.42	2.72	5.12	7.12
100万元—500万元	603	1.93	2.95	0.80	14.01	6.10	15.30	15.97
50万元—100万元	495	0.52	0.83	0.20	3.49	2.19	5.74	6.31
10万元—50万元	2 453	0.75	1.30	0.33	5.31	3.05	11.39	13.74
10万元以下	7 235	0.73	1.28	0.31	2.36	1.83	10.75	14.62
家具制造业	10 891	3.99	7.16	1.59	33.09	24.80	71.11	65.76
3000万元—5000万元	1	0.03	0.06		0.39	0.16	0.39	0.17
1000万元—3000万元	16	0.25	0.41	0.10	2.22	1.16	2.86	1.72
500万元—1000万元	59	0.38	0.63	0.09	3.91	2.11	5.70	4.04
100万元—500万元	605	1.50	2.61	0.55	12.21	8.62	24.12	16.67
50万元—100万元	667	0.51	0.96	0.22	4.66	3.73	10.19	9.22
10万元—50万元	3 296	0.85	1.65	0.37	7.53	6.71	18.31	20.93
10万元以下	6 247	0.46	0.85	0.24	2.18	2.31	9.55	13.01
造纸及纸制品业	10 182	26.06	47.47	9.20	170.16	57.24	224.20	151.92
1亿元以上	15	6.11	8.98	2.61	28.23	4.91	17.28	7.12
5000万元—1亿元	18	2.41	4.26	0.79	13.32	3.58	11.33	499
3000万元—5000万元	33	1.80	3.56	0.41	12.23	4.12	13.03	6.00
1000万元—3000万元	229	5.49	10.21	1.63	34.88	11.63	41.20	21.42
500万元—1000万元	353	3.42	6.59	0.94	24.20	8.53	33.16	20.13
100万元—500万元	1 699	4.55	9.16	1.70	37.40	14.09	58.36	42.45
50万元—100万元	1 343	0.87	1.87	0.38	9.56	3.84	18.27	16.24
10万元—50万元	3 519	1.11	2.27	0.56	9.03	5.22	24.92	24.66
10万元以下	2 973	0.29	0.58	0.16	1.30	1.32	6.64	8.91
印刷业	10 732	14.09	19.64	5.22	85.23	35.77	115.54	100.31
1亿元以上	1	0.75	0.75	0.07	1.31	0.22	1.74	0.32
5000万元—1亿元	3	0.76	0.79	0.13	1.78	0.32	1.91	0.59
3000万元—5000万元	14	1.19	1.35	0.38	5.22	1.27	4.72	1.81
1000万元—3000万元	154	3.72	4.77	1.57	24.90	7.40	24.59	12.72
500万元—1000万元	159	1.45	2.09	0.49	11.12	4.33	12.35	8.38
100万元—500万元	1 088	3.19	4.78	1.13	21.75	10.79	30.90	27.31
50万元—100万元	1 132	0.97	1.67	0.45	8.03	4.44	13.22	14.74
10万元—50万元	3 808	1.54	2.54	0.73	9.16	5.42	18.94	24.08
10万元以下	4 373	0.52	0.90	0.26	1.95	1.58	7.17	10.35
文教体育用品制造业	3 897	6.62	10.14	2.33	25.03	19.59	60.63	44.94
5000万元—1亿元	1	0.07	0.11	0.04	0.85	0.13	0.89	0.08

全国独立核算工业企业按固定资产原值分组的主要指标(五)

(1988年)　　　　单位：亿元

	企业单位数（个）	利润总额	利税总额	企业留利	固定资产原值	定额流动资金平均余额	工业总产值	职工平均人数（万人）
3000万元—5000万元	5	0.35	0.50	0.12	1.71	0.90	2.19	0.77
1000万元—3000万元	25	1.65	2.36	0.46	3.77	3.16	7.91	2.88
500万元—1000万元	58	1.16	1.67	0.37	3.90	2.70	8.70	4.24
100万元—500万元	426	2.26	3.47	0.83	8.98	6.69	21.89	15.49
50万元—100万元	330	0.41	0.73	0.16	2.35	2.05	6.28	6.05
10万元—50万元	1 186	0.53	0.92	0.24	2.86	2.99	9.04	9.94
10万元以下	1 866	0.21	0.36	0.11	0.62	0.96	3.73	5.47
工艺美术品制造业	10 671	9.06	15.50	3.05	41.16	41.27	128.44	125.71
3000万元—5000万元	1		0.01		0.32	0.06	0.24	0.02
1000万元—3000万元	31	0.77	1.17	0.14	4.30	3.81	8.73	3.30
500万元—1000万元	92	1.33	2.07	0.37	6.30	5.14	14.84	6.89
100万元—500万元	814	4.23	6.90	1.31	16.85	17.18	54.35	36.66
50万元—100万元	696	0.98	1.80	0.38	5.02	5.26	15.34	15.54
10万元—50万元	2 772	1.12	2.33	0.54	6.44	7.19	22.44	32.76
10万元以下	6 265	0.63	1.21	0.31	1.95	2.63	12.50	30.53
电力、蒸汽、热水生产和供应业	11 293	56.52	130.91	14.59	1 268.59	29.61	342.70	141.07
1亿元以上	293	33.84	85.83	7.64	919.43	15.94	259.78	62.83
5000万元—1亿元	134	3.65	10.36	0.85	95.87	3.31	24.89	12.63
3000万元—5000万元	112	1.86	4.36	0.69	44.02	1.40	11.43	7.35
1000万元—3000万元	541	7.52	14.32	1.98	87.50	3.23	16.48	17.56
500万元—1000万元	733	3.37	4.50	1.41	52.23	2.38	10.26	14.54
100万元—500万元	2 029	2.92	3.84	1.28	49.07	2.49	9.31	15.44
50万元—100万元	1 363	0.38	0.47	0.18	9.76	0.38	1.86	3.48
10万元—50万元	3 828	0.37	0.47	0.18	9.67	0.38	2.21	4.73
10万元以下	2 260	2.61	6.75	0.39	1.04	0.10	6.46	2.51
石油加工业	690	50.12	117.28	5.68	244.57	36.58	287.28	38.54
1亿元以上	29	45.95	109.42	4.67	230.74	31.37	263.77	30.80
5000万元—1亿元	8	1.54	3.27	0.23	4.86	1.13	8.20	1.01
3000万元—5000万元	4	0.27	0.74	0.07	1.51	0.22	1.65	0.50
1000万元—3000万元	23	1.15	1.97	0.31	3.86	1.55	5.40	1.79
500万元—1000万元	10	0.25	0.36	0.04	0.67	0.50	1.07	0.81
100万元—500万元	76	0.62	0.92	0.21	1.68	0.93	3.56	1.54
50万元—100万元	66	0.11	0.19	0.04	0.48	0.29	0.98	0.53
10万元—50万元	272	0.17	0.29	0.08	0.67	0.46	1.99	1.07
10万元以下	202	0.06	0.11	0.03	0.10	0.13	0.66	0.47
炼焦、煤气及煤制品业	2 235	0.63	2.59	2.40	57.15	5.46	25.86	21.95
1亿元以上	14	0.27	1.17	1.40	32.33	1.93	8.47	5.82
5000万元—1亿元	8	-0.12	0.04	0.13	5.24	0.40	1.58	1.42
3000万元—5000万元	14	0.36	0.60	0.19	5.14	0.44	2.22	1.74
1000万元—3000万元	35	-0.13	0.08	0.22	6.60	0.70	2.44	2.46
500万元—1000万元	27	-0.21	-0.16	0.04	2.00	0.30	1.02	0.89
100万元—500万元	138	0.04	0.17	0.18	2.89	0.68	3.29	2.77
50万元—100万元	188	0.17	0.26	0.10	1.34	0.39	2.01	1.80
10万元—50万元	493	0.15	0.25	0.10	1.22	0.44	2.60	2.72
10万元以下	1 318	0.11	0.18	0.05	0.40	0.20	2.24	2.33
化学工业	17 864	107.20	202.45	36.76	741.94	216.76	788.43	382.94
1亿元以上	73	35.80	66.04	9.56	279.29	43.57	168.57	54.72
5000万元—1亿元	105	8.94	17.91	2.93	72.09	17.61	62.36	27.28
3000万元—5000万元	107	6.21	12.03	2.24	39.85	13.55	46.11	17.14

全国独立核算工业企业按固定资产原值分组的主要指标(六)

(1988年)　　　　单位：亿元

	企业单位数(个)	利润总额	利税总额	企业留利	固定资产原值	定额流动资金平均余额	工业总产值	职工平均人数(万人)
1000万元—3000万元	1 052	23.75	43.29	8.92	161.61	49.48	178.33	91.49
500万元—1000万元	1 239	13.15	24.07	5.23	90.77	32.43	114.84	65.51
100万元—500万元	3 061	13.65	27.60	5.25	69.37	38.52	137.83	69.87
50万元—100万元	1 984	2.26	4.72	1.04	14.20	8.91	31.45	19.89
10万元—50万元	5 019	2.53	5.12	1.15	12.74	9.84	36.32	26.12
10万元以下	5 224	0.91	1.66	0.43	2.02	2.85	12.63	10.93
医药工业	2 802	35.48	48.05	13.49	99.15	68.65	269.47	77.56
1亿元以上	3	3.05	3.90	1.56	6.38	1.80	11.09	2.32
5000万元—1亿元	18	3.24	4.23	1.36	10.97	4.96	23.01	4.90
3000万元—5000万元	32	4.58	5.88	1.73	12.39	6.39	25.85	5.81
1000万元—3000万元	175	8.62	11.80	2.87	28.24	17.32	69.16	16.21
500万元—1000万元	228	6.16	8.46	2.22	15.85	12.76	50.81	12.48
100万元—500万元	890	7.70	10.77	2.77	20.92	19.78	70.51	25.63
50万元—100万元	366	1.18	1.64	0.55	2.72	3.49	10.78	4.87
10万元—50万元	557	0.73	1.03	0.33	1.48	1.76	6.13	3.84
10万元以下	533	0.24	0.34	0.11	0.20	0.39	2.13	1.50
化学纤维工业	494	26.50	37.91	4.71	175.23	39.62	182.40	37.71
1亿元以上	31	19.27	27.49	3.10	124.75	22.04	105.64	19.63
5000万元—1亿元	31	3.06	4.24	0.66	21.37	5.88	28.06	4.11
3000万元—5000万元	27	1.43	2.11	0.37	11.17	3.52	14.99	3.47
1000万元—3000万元	69	1.73	2.55	0.28	12.40	4.81	19.16	5.55
500万元—1000万元	36	0.50	0.72	0.13	2.52	1.43	5.90	1.57
100万元—500万元	109	0.40	0.62	0.11	2.53	1.57	6.67	2.24
50万元—100万元	37	0.04	0.08	0.02	0.26	0.19	1.05	0.53
10万元—50万元	82	0.06	0.08	0.03	0.21	0.14	0.73	0.43
10万元以下	72	0.02	0.03	0.01	0.03	0.05	0.20	0.17
橡胶制品业	3 740	9.93	34.50	3.40	80.77	47.21	194.57	84.01
1亿元以上	4	0.65	2.85	0.11	5.02	2.27	11.74	1.68
5000万元—1亿元	18	2.35	8.26	0.80	13.17	6.82	29.47	5.57
3000万元—5000万元	18	0.89	3.79	0.26	7.02	3.75	17.76	4.02
1000万元—3000万元	141	2.44	9.21	0.74	23.07	12.54	55.48	19.49
500万元—1000万元	124	0.89	2.79	0.33	8.68	5.97	22.37	10.47
100万元—500万元	760	1.60	5.01	0.67	16.65	10.39	38.92	24.69
50万元—100万元	506	0.47	1.16	0.20	3.66	2.42	8.04	7.00
10万元—50万元	1 177	0.49	1.14	0.23	3.10	2.54	8.76	8.42
10万元以下	992	0.14	0.29	0.06	0.39	0.50	2.04	2.67
塑料制品业	14 065	22.06	34.43	6.30	131.97	76.96	255.02	134.48
1亿元以上	2	0.41	0.63	0.18	5.27	0.95	1.98	0.64
5000万元—1亿元	4	0.62	0.80	0.08	2.59	0.86	3.04	0.41
3000万元—5000万元	14	0.81	1.15	0.12	4.97	1.83	6.54	1.22
1000万元—3000万元	217	5.96	8.56	1.31	33.90	16.43	49.34	14.10
500万元—1000万元	334	3.71	5.67	0.88	23.43	11.83	38.13	13.51
100万元—500万元	1 745	6.21	10.04	1.85	37.16	23.67	79.73	41.20
50万元—100万元	1 496	1.70	2.88	0.66	10.52	8.02	27.40	18.41
10万元—50万元	4 940	2.00	3.53	0.91	12.00	10.32	36.24	31.27
10万元以下	5 313	0.64	1.18	0.32	2.14	2.74	12.62	13.72
建筑材料及其他非金属矿物制品业	55 859	65.05	115.99	24.84	648.92	177.09	517.05	753.31
1亿元以上	29	7.69	10.81	2.77	51.46	7.22	21.72	12.39
5000万元—1亿元	70	6.88	10.38	2.53	50.59	8.58	23.44	17.34

全国独立核算工业企业按固定资产原值分组的主要指标(七)

(1988年)

单位：亿元

	企业单位数(个)	利润总额	利税总额	企业留利	固定资产原值	定额流动资金平均余额	工业总产值	职工平均人数(万人)
3000万元—5000万元	95	3.75	6.38	1.15	36.45	7.13	19.54	17.90
1000万元—3000万元	878	12.32	21.73	3.97	137.27	30.31	80.03	85.50
500万元—1000万元	1 430	9.16	16.47	3.11	100.35	24.37	65.57	79.57
100万元—500万元	7 339	13.02	26.12	5.38	158.92	50.45	133.90	204.73
50万元—100万元	7 713	4.39	9.81	2.12	54.24	20.35	62.05	120.87
10万元—50万元	20 027	6.11	11.36	2.91	52.42	23.17	82.24	166.22
10万元以下	18 278	1.72	2.92	0.89	7.23	5.51	28.57	48.79
黑色金属冶炼及压延加工业	3 015	109.06	194.98	48.34	864.13	216.37	575.24	293.38
1亿元以上	84	87.13	155.80	40.38	739.92	155.58	401.99	192.73
5000万元—1亿元	42	5.29	10.01	1.89	30.15	13.27	36.23	14.94
3000万元—5000万元	49	2.65	5.00	1.18	18.80	8.41	21.69	10.64
1000万元—3000万元	184	5.69	9.96	1.95	31.04	14.63	40.08	23.40
500万元—1000万元	197	2.27	4.03	0.65	13.67	7.28	19.13	12.49
100万元—500万元	1 101	4.88	8.19	1.81	25.41	14.03	42.50	29.49
50万元—100万元	430	0.66	1.11	0.26	3.17	1.85	7.65	4.66
10万元—50万元	638	0.40	0.67	0.18	1.84	1.13	4.92	4.21
10万元以下	290	0.09	0.14	0.04	0.13	0.18	1.05	0.83
有色金属冶炼及压延加工业	2 158	29.15	49.33	8.67	251.73	82.31	236.10	91.66
1亿元以上	45	17.63	28.69	4.48	178.77	45.46	107.73	46.84
5000万元—1亿元	28	2.53	4.23	0.80	19.95	6.77	18.59	7.24
3000万元—5000万元	39	2.40	4.19	0.66	15.25	5.48	19.05	5.68
1000万元—3000万元	95	2.40	4.70	0.67	15.20	8.96	29.34	8.12
500万元—1000万元	111	1.37	2.41	0.36	7.65	4.63	14.56	5.65
100万元—500万元	496	1.67	3.22	1.19	11.33	7.71	30.51	10.97
50万元—100万元	258	0.51	0.82	0.22	1.89	1.31	6.59	2.57
10万元—50万元	581	0.52	0.86	0.23	1.50	1.65	7.43	3.43
10万元以下	505	0.11	0.20	0.05	0.18	0.35	2.30	1.16
金属制品业	29 841	31.40	50.09	11.38	182.29	119.47	359.56	283.28
1亿元以上	2	0.32	0.46	0.08	2.13	0.85	1.75	1.21
5000万元—1亿元	8	1.26	1.63	0.76	5.06	2.47	6.36	1.94
3000万元—5000万元	19	0.77	1.13	0.23	6.85	2.92	5.24	3.01
1000万元—3000万元	174	4.69	7.12	1.43	26.96	14.90	41.95	20.47
500万元—1000万元	388	4.79	7.50	1.51	26.60	15.27	43.17	26.92
100万元—500万元	3 203	11.59	18.70	3.77	66.05	44.97	133.48	98.28
50万元—100万元	2 751	2.99	5.10	1.23	19.42	14.70	45.44	39.33
10万元—50万元	10 051	3.78	6.43	1.78	23.92	18.82	62.02	63.82
10万元以下	13 245	1.20	2.01	0.59	5.20	4.58	20.14	28.29
机械工业	43 059	139.08	213.98	54.44	1 089.27	645.21	1 354.91	958.46
1亿元以上	127	16.12	24.40	8.09	238.05	110.90	165.93	105.41
5000万元—1亿元	209	17.74	28.93	7.67	142.69	73.16	139.03	75.14
3000万元—5000万元	301	13.24	21.06	5.27	115.25	62.90	122.91	66.66
1000万元—3000万元	1 387	31.12	46.55	11.19	229.81	137.12	269.31	169.84
500万元—1000万元	1 613	17.61	26.40	5.64	112.38	70.70	159.30	109.65
100万元—500万元	7 972	29.46	44.73	10.47	175.49	127.86	311.65	241.92
50万元—100万元	5 285	6.36	10.02	2.62	38.06	30.71	81.47	74.14
10万元—50万元	12 856	5.59	8.97	2.58	32.30	26.43	79.52	85.89
10万元以下	13 309	1.84	2.91	0.93	5.25	5.43	25.78	29.82
交通运输设备制造业	10 368	53.19	75.56	23.49	406.20	223.54	492.73	294.45
1亿元以上	72	22.55	31.28	11.78	188.01	93.99	179.14	80.91

全国独立核算工业企业按固定资产原值分组的主要指标(八)

(1988年)　　　　单位：亿元

	企业单位数(个)	利润总额	利税总额	企业留利	固定资产原值	定额流动资金平均余额	工业总产值	职工平均人数(万人)
5000万元—1亿元	68	5.35	7.53	1.53	47.87	21.48	47.55	25.19
3000万元—5000万元	81	3.40	4.66	1.39	30.72	15.15	30.59	17.77
1000万元—3000万元	354	7.48	10.70	2.97	59.79	35.37	74.51	42.24
500万元—1000万元	346	3.70	5.45	1.27	24.18	16.16	39.66	23.69
100万元—500万元	1 647	6.60	9.72	2.62	37.50	26.20	70.80	52.41
50万元—100万元	1 195	1.61	2.45	0.73	8.58	6.70	18.50	18.10
10万元—50万元	3 267	1.74	2.65	0.84	8.25	6.62	22.73	24.15
10万元以下	3 338	0.76	1.11	0.37	1.29	1.86	9.24	10.00
电气机械及器材制造业	14 118	55.69	93.22	18.19	252.76	207.41	586.06	255.96
1亿元以上	22	6.54	10.63	1.58	38.97	24.19	49.28	14.29
5000万元—1亿元	41	5.45	8.62	2.15	27.40	17.42	47.17	13.08
3000万元—5000万元	69	7.99	12.20	2.12	26.13	18.79	59.65	14.54
1000万元—3000万元	360	13.59	22.93	3.89	59.40	44.56	137.56	40.84
500万元—1000万元	409	6.06	10.61	1.90	28.96	23.55	69.14	28.42
100万元—500万元	2 170	9.77	17.33	3.71	48.25	47.60	129.96	71.57
50万元—100万元	1 601	2.54	4.43	1.06	11.47	13.27	37.39	25.05
10万元—50万元	4 146	2.65	4.59	1.24	10.41	13.45	39.35	32.88
10万元以下	5 300	1.11	1.87	0.55	1.78	4.59	16.57	15.31
电子及通信设备制造业	4 159	44.76	65.93	14.63	196.32	156.67	565.72	147.96
1亿元以上	13	6.94	9.56	2.34	27.56	14.03	51.69	9.07
5000万元—1亿元	43	8.30	12.15	2.42	29.49	25.62	101.83	14.35
3000万元—5000万元	85	7.51	11.26	2.27	31.93	23.71	87.54	15.64
1000万元—3000万元	341	11.80	17.15	3.97	57.79	44.13	150.35	36.25
500万元—1000万元	273	3.34	5.09	1.14	19.65	16.31	54.50	16.77
100万元—500万元	997	4.66	7.24	1.63	23.51	23.11	79.18	33.45
50万元—100万元	495	0.91	1.41	0.31	3.54	4.32	19.58	8.83
10万元—50万元	954	1.01	1.58	0.40	2.51	4.13	15.22	9.57
10万元以下	958	0.29	0.50	0.14	0.33	1.33	5.83	4.03
仪器仪表及其他计量器具制造业	3 460	10.93	16.38	4.22	74.85	53.79	99.47	76.82
1亿元以上	7	0.73	1.19	0.27	9.26	4.39	7.54	4.43
5000万元—1亿元	6	0.14	0.25	0.12	3.77	1.63	2.23	1.92
3000万元—5000万元	28	0.82	1.22	0.31	10.48	5.28	7.76	6.26
1000万元—3000万元	134	2.69	3.90	1.08	21.45	14.10	20.41	14.78
500万元—1000万元	138	1.75	2.53	0.55	9.58	7.14	14.32	8.77
100万元—500万元	687	3.13	4.74	1.16	15.11	14.01	29.20	23.40
50万元—100万元	348	0.51	0.81	0.20	2.49	2.90	6.49	6.01
10万元—50万元	932	0.85	1.25	0.38	2.30	3.30	8.18	7.61
10万元以下	1 180	0.31	0.47	0.16	0.40	1.04	3.36	3.64
其他工业	5 544	3.90	6.35	1.60	21.61	16.46	50.99	43.70
3000万元—5000万元	1	0.01	0.01	0.00	0.32	0.03	0.10	0.02
1000万元—3000万元	18	0.47	0.72	0.15	2.64	1.27	3.94	1.85
500万元—1000万元	42	0.24	0.44	0.07	2.73	2.14	3.37	2.17
100万元—500万元	407	1.30	2.11	0.52	8.47	6.07	16.32	11.74
50万元—100万元	404	0.65	1.05	0.28	2.83	2.25	8.83	6.64
10万元—50万元	1 543	0.76	1.25	0.36	3.58	3.15	11.30	11.78
10万元以下	3 129	0.47	0.77	0.23	1.04	1.54	7.13	9.50

全国独立核算工业企业按工业总产值分组的主要指标（一）

（1988年）　　　　单位：亿元

	企业单位数（个）	利润总额	利税总额	企业留利	固定资产原值	定额流动资金平均余额	工业总产值	职工平均人数（万人）
总　计	**420 929**	**1 189.89**	**2 288.76**	**429.90**	**10 641.06**	**3 728.54**	**115 77.78**	**7 311.52**
1亿元以上	1 558	449.70	1 003.08	145.99	4 227.84	941.98	3 421.62	1 223.08
5000万元—1亿元	2 201	132.13	233.20	46.48	1 058.58	379.67	1 191.33	532.47
3000万元—5000万元	3 267	105.88	184.73	36.44	885.76	339.79	985.16	478.66
1000万元—3000万元	17 066	225.97	378.23	78.87	1 749.88	753.04	2 236.43	1 266.58
500万元—1000万元	21 247	107.85	180.44	40.95	880.71	418.27	1 225.30	873.94
100万元—500万元	91 189	128.66	227.56	56.80	1 235.31	624.11	1 782.80	1 688.65
50万元—100万元	57 572	21.46	41.09	11.94	266.23	133.15	373.16	507.83
10万元—50万元	132 980	15.10	31.07	10.15	263.42	115.78	318.31	584.38
10万元以下	93 849	3.13	9.37	2.29	73.33	22.76	43.68	155.94
煤炭采选业	9 230	-12.84	-2.18	2.75	795.87	65.13	216.13	549.02
1亿元以上	55	-6.87	-0.73	-1.16	525.79	35.02	116.68	272.13
5000万元—1亿元	27	-5.07	-4.39	0.07	68.71	5.61	14.70	44.08
3000万元—5000万元	27	-2.24	-1.88	0.19	40.13	2.89	7.30	23.35
1000万元—3000万元	148	-1.53	-0.78	0.72	57.76	5.02	15.67	45.17
500万元—1 000万元	262	0.48	1.04	0.63	27.74	3.72	11.97	31.41
100万元—500万元	2 065	1.53	2.99	1.62	53.97	8.82	32.10	80.05
50万元—100万元	1 505	0.55	0.92	0.38	10.91	2.11	9.01	23.08
10万元—50万元	3 187	0.35	0.63	0.27	8.71	1.67	7.74	23.83
10万元以下	1 954	-0.03	0.01	0.04	2.15	0.29	0.96	5.92
石油和天然气开采业	30	11.22	33.16	1.00	617.89	45.15	182.30	72.00
1亿元以上	17	10.83	32.77	0.92	614.80	45.04	182.07	71.72
5000万元—1亿元	1	0.36	0.37	0.05	2.80	0.08	0.19	0.10
100万元—500万元	4	0.03	0.04	0.02	0.16	0.01	0.03	0.08
50万元—100万元	2	-0.01	-0.01		0.03	0.02		0.05
10万元—50万元	4	-0.01	-0.01		0.10	0.01		0.05
10万元以下	2							0.01
黑色金属矿采选业	1 264	3.32	4.17	1.35	40.69	7.20	18.92	28.78
1亿元以上	4	1.01	1.29	0.57	16.31	1.65	4.87	5.94
5000万元—1亿元	3	0.33	0.40	0.06	2.43	0.46	0.97	1.05
3000万元—5000万元	1	0.10	0.11	0.02	0.80	0.09	0.33	0.45
1000万元—3000万元	28	0.67	0.81	0.18	7.52	1.31	3.13	4.64
500万元—1000万元	46	0.38	0.48	0.16	4.37	1.06	2.37	3.84
100万元—500万元	280	0.62	0.78	0.26	6.58	1.88	4.96	7.02
50万元—100万元	197	0.16	0.20	0.06	1.51	0.37	1.22	2.29
10万元—50万元	438	0.09	0.13	0.04	0.81	0.31	0.95	2.77
10万元以下	267	-0.03	-0.02	0.01	0.35	0.06	0.11	0.79
有色金属矿采选业	2 233	9.87	11.91	4.40	113.41	19.52	47.46	64.20
1亿元以上	6	1.82	2.17	0.34	20.54	3.41	7.60	5.04
5000万元—1亿元	11	0.97	1.27	0.46	16.66	2.45	5.37	7.71
3000万元—5000万元	26	1.56	1.77	0.70	18.01	2.45	6.29	7.87
1000万元—3000万元	113	2.48	2.93	1.39	28.48	4.69	11.03	15.29
500万元—1000万元	122	1.27	1.53	0.58	12.51	2.41	5.48	8.32
100万元—500万元	510	1.51	1.82	0.70	12.64	3.02	8.18	11.49
50万元—100万元	327	0.15	0.22	0.12	2.07	0.56	1.80	3.58
10万元—50万元	726	0.14	0.21	0.10	2.18	0.48	1.54	3.76
10万元以下	392	-0.02	-0.02	0.01	0.32	0.06	0.16	1.13
建筑材料及其他非金属矿采选业	9 971	6.19	9.08	2.79	65.88	13.46	51.88	90.40
5000万元—1亿元	3	0.23	0.33	0.12	6.23	0.50	1.32	1.55
3000万元—5000万元	4	0.26	0.35	0.14	5.02	0.54	0.95	1.40

全国独立核算工业企业按工业总产值分组的主要指标（二）

（1988年）　　　　单位：亿元

	企业单位数（个）	利润总额	利税总额	企业留利	固定资产原值	定额流动资金平均余额	工业总产值	职工平均人数（万人）
1000万元—3000万元	54	0.82	1.30	0.50	13.77	2.24	6.10	9.34
500万元—1000万元	115	0.93	1.33	0.36	9.22	1.69	5.58	7.65
100万元—500万元	1 129	2.43	3.41	1.01	18.75	4.45	18.89	27.36
50万元—100万元	1 176	0.71	1.05	0.28	5.42	1.53	7.42	13.00
10万元—50万元	4 279	0.72	1.14	0.33	5.88	2.06	10.06	23.11
10万元以下	3 211	0.09	0.16	0.06	1.59	0.44	1.55	7.00
采盐业	605	3.22	5.20	1.36	30.95	5.78	27.10	23.54
1亿元以上	4	0.76	0.88	0.33	6.70	1.28	5.27	4.81
5000万元—1亿元	9	0.54	0.76	0.21	6.73	1.10	6.03	4.53
3000万元—5000万元	18	0.70	1.03	0.31	6.06	1.17	6.50	4.50
1000万元—3000万元	27	0.56	0.94	0.19	4.47	0.92	4.13	2.83
500万元—1000万元	27	0.20	0.34	0.09	2.22	0.35	1.46	1.55
100万元—500万元	156	0.33	0.84	0.16	3.33	0.74	2.68	3.47
50万元—100万元	99	0.06	0.22	0.03	0.66	0.09	0.53	1.00
10万元—50万元	199	0.06	0.18	0.03	0.64	0.11	0.46	1.00
10万元以下	66	0.01	0.01	0.01	0.13	0.02	0.04	0.19
其他矿采选业	24	0.01	0.01		0.07	0.02	0.07	0.18
100万元—500万元	2						0.02	0.04
50万元—100万元	4		0.01		0.03	0.01	0.02	0.07
10万元—50万元	12				0.03	0.01	0.02	0.06
10万元以下	6							0.01
木材及竹材采运业	1 154	14.49	23.95	6.92	129.25	22.28	41.43	112.86
1亿元以上	16	2.03	3.71	1.01	33.29	4.92	10.59	21.64
5000万元—1亿元	47	4.24	7.38	2.02	51.44	7.43	14.45	42.17
3000万元—5000万元	33	1.73	3.14	0.84	10.12	3.05	5.13	18.00
1000万元—3000万元	103	3.00	4.50	1.44	13.99	3.63	5.28	15.10
500万元—1000万元	109	1.70	2.55	0.81	5.48	1.20	2.43	6.62
100万元—500万元	295	1.45	2.15	0.62	4.60	1.68	2.59	6.24
50万元—100万元	138	0.18	0.28	0.08	0.55	0.15	0.47	1.13
10万元—50万元	295	0.15	0.22	0.08	0.55	0.13	0.45	1.50
10万元以下	118	0.01	0.02	0.01	0.23	0.10	0.04	0.45
自来水生产和供应业	2 981	5.78	6.81	2.95	113.22	3.58	24.15	22.61
1亿元以上	4	0.73	0.88	0.34	21.41	0.25	3.69	1.86
5000万元—1亿元	2	0.60	0.65	0.07	4.45	0.09	0.79	0.77
3000万元—5000万元	7	0.63	0.75	0.31	8.32	0.24	1.92	1.37
1000万元—3000万元	50	1.10	1.34	0.64	32.40	0.65	6.13	5.31
500万元—1000万元	42	0.60	0.69	0.24	10.61	0.28	2.35	1.86
100万元—500万元	287	1.00	1.28	0.68	16.81	0.72	4.47	4.19
50万元—100万元	347	0.47	0.54	0.30	7.12	0.48	2.00	2.38
10万元—50万元	1 167	0.51	0.62	0.33	9.79	0.72	2.41	3.90
10万元以下	1 075	0.04	0.06	0.04	2.31	0.16	0.40	0.96
食品制造业	42 755	56.68	84.44	22.58	406.27	164.81	730.71	330.19
1亿元以上	43	3.84	5.44	1.34	19.12	9.44	37.28	10.22
5000万元—1亿元	170	6.53	9.36	2.17	38.98	17.20	74.33	22.73
3000万元—5000万元	271	6.91	10.01	2.18	36.98	14.78	69.97	20.78
1000万元—3000万元	1 779	18.19	26.23	6.37	104.23	38.45	202.44	63.63
500万元—1000万元	2 374	9.58	14.35	3.97	69.11	25.67	122.29	49.15
100万元—500万元	8 977	9.28	14.52	4.84	91.28	40.20	163.65	90.83
50万元—100万元	5 012	1.20	2.27	0.84	20.12	9.46	29.72	26.71
10万元—50万元	12 030	0.96	1.91	0.72	19.47	8.09	26.42	33.43
10万元以下	12 069	0.19	0.36	0.16	6.96	1.52	4.61	12.70

全国独立核算工业企业按工业总产值分组的主要指标（三）

（1988年）

单位：亿元

	企业单位数（个）	利润总额	利税总额	企业留利	固定资产原值	定额流动资金平均余额	工业总产值	职工平均人数（万人）
饮料制造业	14 406	19.87	62.90	6.53	180.83	117.26	203.86	127.62
1亿元以上	17	3.45	7.45	0.85	9.74	5.36	13.89	2.70
5000万元--1亿元	45	3.83	8.63	0.91	13.15	7.44	18.12	5.33
3000万元--5000万元	96	3.34	8.94	0.90	19.65	11.25	22.76	8.44
1000万元--3000万元	497	5.10	17.39	1.51	47.30	31.87	50.71	26.51
500万元--1000万元	668	1.98	8.84	0.80	32.04	20.44	32.10	21.63
100万元--500万元	2 501	1.78	8.98	1.07	40.05	28.66	45.02	35.33
50万元--100万元	1 502	0.32	1.35	0.24	7.55	5.65	9.37	8.92
10万元—50万元	4 484	0.10	1.12	0.22	8.97	5.55	10.02	13.93
10万元以下	4 596	-0.02	0.19	0.04	2.39	1.05	1.86	4.82
烟草加工业	298	5.69	209.90	3.09	53.27	67.27	242.91	26.85
1亿元以上	92	5.17	193.52	2.67	43.23	54.01	216.68	19.70
5000万元—1亿元	29	0.03	10.34	0.08	3.79	4.90	15.29	2.64
3000万元—5000万元	21	-0.04	3.20	0.09	2.29	3.44	5.75	1.54
1000万元—3000万元	31	0.19	2.06	0.13	2.04	2.46	3.84	1.32
500万元—1000万元	14	0.15	0.30	0.06	0.57	1.01	0.46	0.39
100万元—500万元	38	0.12	0.34	0.04	0.69	1.01	0.67	0.69
50万元—100万元	23	0.07	0.13	0.02	0.41	0.38	0.14	0.34
10万元—50万元	37		0.02		0.22	0.06	0.09	0.18
10万元以下	13				0.03			0.04
饲料工业	3 878	5.38	6.19	3.21	18.44	11.18	68.74	13.47
1亿元以上	5	0.45	0.45	0.35	0.71	0.58	3.90	0.14
5000万元—1亿元	7	0.12	0.15	0.07	0.43	0.50	1.99	0.14
3000万元—5000万元	13	0.30	0.30	0.15	0.85	0.74	3.04	0.24
1000万元—3000万元	118	0.98	1.06	0.58	3.16	2.17	13.94	1.55
500万元—1000万元	260	0.98	1.13	0.55	3.18	1.56	14.44	1.95
100万元—500万元	1 273	2.06	2.46	1.22	7.35	4.35	25.70	5.81
50万元—100万元	515	0.30	0.38	0.17	1.31	0.67	3.37	1.45
10万元—50万元	875	0.18	0.23	0.10	1.11	0.50	2.06	1.60
10万元以下	812	0.02	0.03	0.01	0.34	0.10	0.31	0.59
纺织业	24 017	120.72	193.85	41.22	740.43	424.07	1 475.18	856.52
1亿元以上	236	35.76	52.42	12.54	154.20	72.70	322.47	121.32
5000万元—1亿元	436	25.83	41.50	8.09	134.09	73.68	263.01	110.56
3000万元—5000万元	559	15.87	25.52	5.32	98.54	54.44	176.88	87.20
1000万元—3000万元	2 468	24.45	40.46	7.67	167.80	102.92	346.76	198.30
500万元—1000万元	2 647	10.56	17.57	3.67	74.69	49.00	162.63	120.74
100万元—500万元	7 551	7.55	14.31	3.17	85.39	56.23	168.70	155.99
50万元—100万元	2 943	0.56	1.33	0.43	12.58	7.94	20.53	28.72
10万元—50万元	4 931	0.17	0.72	0.29	10.55	5.97	12.90	27.15
10万元以下	2 246	-0.04	0.02	0.04	2.59	1.19	1.28	6.54
缝纫业	18 017	15.43	25.61	5.66	79.94	80.15	278.20	209.54
1亿元以上	4	0.64	0.78	0.17	1.83	2.69	7.65	1.85
5000万元—1亿元	11	0.80	0.97	0.36	2.08	2.01	6.94	2.39
3000万元—5000万元	36	1.13	1.86	0.36	3.71	3.85	11.96	3.97
1000万元—3000万元	462	5.02	7.59	1.63	17.48	16.29	69.53	27.92
500万元—1000万元	781	3.07	4.97	0.94	14.27	13.41	53.24	31.68
100万元—500万元	4 180	3.93	7.20	1.56	26.90	27.32	91.75	78.88
50万元—100万元	2 719	0.58	1.29	0.34	6.28	7.21	19.93	25.71
10万元—50万元	5 693	0.30	0.87	0.27	5.84	6.24	15.25	29.06
10万元—以下	4 131	-0.03	0.06	0.04	1.55	1.13	1.94	8.09

全国独立核算工业企业按工业总产值分组的主要指标（四）

（1988年）　　单位：亿元

	企业单位数（个）	利润总额	利税总额	企业留利	固定资产原值	定额流动资金平均余额	工业总产值	职工平均人数（万人）
皮革、毛皮及其制品业	7 929	6.97	12.23	2.47	51.95	56.32	117.61	96.60
1亿元以上	1	0.01	0.01	0.00	0.05	0.57	0.43	0.01
5000万元—1亿元	10	0.41	0.63	0.10	1.94	2.37	3.91	1.91
3000万元—5000万元	32	0.88	1.28	0.28	5.07	4.93	7.36	3.57
1000万元—3000万元	261	2.35	3.78	0.61	13.79	14.10	30.85	15.39
500万元—1000万元	391	1.38	2.31	0.46	9.29	9.15	23.19	14.75
100万元—500万元	1 850	1.57	3.14	0.68	15.17	16.89	36.60	33.87
50万元—100万元	1 217	0.25	0.61	0.17	3.16	4.13	8.03	10.94
10万元—50万元	2 691	0.15	0.45	0.15	2.90	3.62	6.56	13.14
10万元以下	1 476	-0.01	0.03	0.02	0.59	0.56	0.68	3.02
木材加工及竹、藤、棕、草制品业	11000	7.40	11.72	3.09	60.57	27.49	67.64	81.29
1亿元以上	1	0.09	0.16	0.03	1.39	0.26	0.76	0.79
5000万元—1亿元	21	1.06	1.61	0.47	7.70	3.95	7.87	5.48
3000万元—5000万元	21	0.59	0.93	0.23	5.33	2.34	4.38	3.17
1000万元—3000万元	110	1.73	2.54	0.75	15.01	6.51	10.18	15.61
500万元—1000万元	179	0.97	1.51	0.34	7.03	3.26	8.32	9.50
100万元—500万元	1 134	1.83	2.89	0.75	14.70	6.25	18.52	19.83
50万元—100万元	1 102	0.41	0.74	0.18	3.28	1.96	6.50	7.54
10万元—50万元	4 300	0.62	1.13	0.29	4.54	2.31	9.22	13.57
10万元以下	4 132	0.09	0.20	0.06	1.60	0.67	1.90	5.80
家具制造业	10 891	3.99	7.16	1.59	33.09	24.80	71.11	65.76
5000万元—1亿元	3	0.11	0.18	0.02	0.72	0.57	1.64	0.59
3000万元—5000万元	4	0.10	0.15	0.02	0.49	0.31	1.10	0.41
1000万元—3000万元	88	0.89	1.37	0.32	4.11	3.09	11.08	6.11
500万元—100万元	185	0.81	1.35	0.24	5.30	3.65	11.98	6.94
100万元—500万元	1 308	1.24	2.34	0.51	11.83	9.04	24.52	20.67
50万元—100万元	1 296	0.39	0.77	0.18	4.02	3.38	8.68	9.92
10万元—50万元	4 558	0.41	0.86	0.25	5.29	4.04	10.50	16.18
10万元以下	3 449	0.06	0.14	0.05	1.33	0.72	1.62	4.94
造纸及纸制品业	10 182	26.06	47.47	9.20	170.16	57.24	224.20	151.92
1亿元以上	23	7.34	11.42	3.11	32.94	7.09	23.82	9.77
5000万元—1亿元	48	3.69	6.49	0.90	19.73	6.28	21.81	9.06
3000万元—5000万元	71	2.55	4.69	0.73	13.59	5.09	18.85	8.04
1000万元—3000万元	497	6.72	12.45	1.93	40.30	14.12	58.33	32.45
500万元—1000万元	576	2.66	5.15	0.98	19.33	7.39	30.58	20.26
100万元—500万元	2 573	2.66	5.80	1.12	29.14	11.67	50.21	41.46
50万元—100万元	1 691	0.31	0.88	0.22	6.92	2.75	11.57	13.41
10元万—50万元	3 216	0.14	0.55	0.18	6.82	2.50	8.34	14.32
10万元以下	1 487	-0.01	0.03	0.02	1.38	0.35	0.69	3.15
印刷业	10 732	14.09	19.64	5.22	85.23	35.77	115.54	100.31
1亿元以上	2	0.80	0.83	0.09	1.64	0.38	2.44	0.46
5000万元—1亿元	7	1.31	1.44	0.28	2.29	0.98	3.55	0.99
3000万元—5000万元	25	1.29	1.53	0.45	7.23	1.68	7.57	3.23
1000万元—3000万元	207	4.13	5.40	1.61	24.97	8.53	27.38	14.82
500万元—1000万元	297	1.90	2.74	0.71	13.24	5.62	17.16	12.03
100万元—500万元	1 896	2.86	4.61	1.15	21.89	11.41	34.01	33.61
50万元—100万元	1 766	0.95	1.59	0.46	6.89	3.51	11.58	15.03
10万元—50万元	4 477	0.79	1.38	0.43	6.23	3.28	10.76	17.17
10万元以下	2 055	0.06	0.12	0.04	0.84	0.37	1.09	2.97

全国独立核算工业企业按工业总产值分组的主要指标（五）

（1988年）　　单位：亿元

	企业单位数（个）	利润总额	利税总额	企业留利	固定资产原值	定额流动资金平均余额	工业总产值	职工平均人数（万人）
文教体育用品制造业	3 897	6.62	10.14	2.33	25.03	19.59	60.63	44.94
1亿元以上	1	0.01	0.02		0.17	0.03	1.07	0.33
5000万元—1亿元	9	1.20	1.72	0.39	2.49	1.48	6.06	1.23
3000万元—5000万元	12	0.81	1.16	0.19	1.77	2.17	4.25	1.54
1000万元—3000万元	100	2.12	3.11	0.74	5.91	4.26	15.25	6.57
500万元—1000万元	169	0.99	1.54	0.36	4.21	3.37	10.57	7.80
100万元—500万元	782	1.14	1.89	0.43	6.89	5.42	16.06	15.18
50万元—100万元	545	0.19	0.37	0.11	1.49	1.35	3.70	4.81
10万元—50万元	1 324	0.14	0.29	0.10	1.68	1.25	3.21	5.81
10万元以下	955	0.01	0.04	0.01	0.41	0.27	0.46	1.66
工艺美术品制造业	10 671	9.06	15.50	3.05	41.16	41.27	128.44	125.71
1亿元以上	2	0.14	0.18	0.09	0.20	0.74	2.33	0.30
5000万元—1亿元	8	0.34	0.47	0.08	0.68	1.23	3.90	0.79
3000万元—5000万元	20	0.71	0.95	0.18	1.43	1.94	6.71	2.42
1000万元—3000万元	248	3.17	5.00	0.91	10.96	11.76	37.77	16.61
500万元—1000万元	346	1.82	2.97	0.52	7.21	7.12	23.19	14.91
100万元—500万元	1 638	2.07	3.97	0.80	12.25	11.58	35.05	40.19
50万元—100万元	1 242	0.40	0.92	0.21	3.19	2.98	8.72	14.77
10万元—50万元	3 730	0.38	0.91	0.22	3.92	3.16	8.98	24.68
10万元以下	3 437	0.03	0.13	0.04	1.32	0.75	1.78	11.05
电力、蒸汽、热水生产和供应业	11 293	56.52	130.91	14.59	1 268.59	29.61	342.70	141.07
1亿元以上	101	23.93	60.74	5.55	522.62	10.86	180.02	29.42
5000万元—1亿元	85	4.74	12.27	1.09	173.64	2.83	50.98	16.61
3000万元—5000万元	116	5.32	13.63	0.94	155.69	2.73	35.39	15.58
1000万元—3000万元	249	9.52	22.34	2.16	179.23	4.69	34.58	21.09
500万元—1000万元	239	2.27	3.91	0.79	50.50	1.67	9.92	10.10
100万元—500万元	1 273	6.27	8.78	2.68	113.77	4.50	19.53	27.29
50万元—100万元	660	0.90	1.23	0.46	24.68	0.90	3.58	6.01
10万元—50万元	2 770	0.88	1.14	0.46	32.93	1.00	5.06	8.96
10万元以下	5 800	2.69	6.86	0.46	15.52	0.42	3.66	6.00
石油加工业	690	50.12	117.28	5.68	244.57	36.58	287.28	38.54
1亿元以上	38	47.79	113.50	4.96	235.59	32.67	273.67	32.20
5000万元—1亿元	6	0.33	0.65	0.11	1.63	0.51	2.01	0.50
3000万元—5000万元	10	0.39	0.71	0.14	1.99	0.80	2.48	0.84
1000万元—3000万元	29	0.84	1.21	0.18	2.34	1.08	3.51	1.74
500万元—1000万元	28	0.27	0.41	0.08	0.96	0.36	1.23	0.64
100万元—500万元	167	0.39	0.61	0.15	1.33	0.75	3.06	1.37
50万元—100万元	118	0.07	0.11	0.03	0.33	0.23	0.73	0.53
10万元—50万元	210	0.04	0.07	0.02	0.32	0.16	0.54	0.58
10万元以下	84		0.01		0.08	0.02	0.04	0.14
炼焦、煤气及煤制品业	2 235	0.63	2.59	2.40	57.15	5.46	25.86	21.95
1亿元以上	5	1.73	2.50	1.02	15.11	1.19	6.60	3.07
5000万元—1亿元	10	0.35	0.69	0.18	6.53	0.72	3.10	1.67
3000万元—5000万元	7	-0.32	-0.16	0.16	7.66	0.37	1.71	2.02
1000万元—3000万元	31	-0.69	-0.42	0.52	12.67	0.94	3.07	3.46
500万元—1000万元	40	-0.43	-0.35	0.11	4.86	0.44	2.20	1.63
100万元—500万元	330	-0.02	0.19	0.27	6.98	1.16	5.69	5.42
50万元—100万元	256	0.02	0.07	0.06	1.52	0.28	1.49	1.48
10万元—50万元	745		0.06	0.05	1.25	0.28	1.63	2.23
10万元以下	811		0.01	0.01	0.55	0.08	0.37	0.97

全国独立核算工业企业按工业总产值分组的主要指标（六）

（1988年）　　　　单位：亿元

	企业单位数（个）	利润总额	利税总额	企业留利	固定资产原值	定额流动资金平均余额	工业总产值	职工平均人数（万人）
化学工业	17 864	107.20	202.45	36.76	741.94	216.76	788.43	382.94
1亿元以上	118	42.94	83.06	11.59	288.96	56.29	228.80	64.21
5000万元—1亿元	203	14.37	27.79	5.68	77.40	25.56	96.04	33.51
3000万元—5000万元	300	10.11	20.39	3.55	64.60	22.71	78.73	31.62
1000万元—3000万元	1 687	23.69	40.72	8.79	161.54	52.22	196.17	105.43
500万元—1000万元	1 486	8.51	14.41	3.40	72.81	23.24	78.29	55.26
100万元—500万元	4 240	6.32	12.90	2.84	53.84	25.68	81.94	58.59
50万元—100万元	2 335	0.84	1.92	0.48	9.78	5.32	15.19	13.80
10万元—50万元	4 899	0.45	1.21	0.38	10.36	4.85	12.05	16.32
10万元以下	2 596	-0.02	0.06	0.04	2.66	0.88	1.22	4.21
医药工业	2 802	35.48	48.05	13.49	99.15	68.65	269.47	77.56
1亿元以上	27	7.71	10.07	3.22	18.22	9.16	44.68	8.49
5000万元—1亿元	84	8.25	10.72	3.21	19.34	12.30	55.34	10.73
3000万元—5000万元	129	5.65	7.79	1.95	16.06	11.57	46.44	10.79
1000万元—3000万元	488	8.93	12.38	3.08	26.47	20.44	77.24	22.59
500万元—1000万元	393	2.73	3.88	0.97	9.23	7.71	24.64	10.98
100万元—500万元	785	1.93	2.78	0.88	7.87	6.30	18.05	10.41
50万元—100万元	267	0.16	0.24	0.10	0.98	0.66	1.88	1.75
10万元—50万元	413	0.11	0.17	0.07	0.77	0.45	1.11	1.45
10万元以下	216		0.01	0.01	0.19	0.08	0.10	0.37
化学纤维工业	494	26.50	37.91	4.71	175.23	39.62	182.40	37.71
1亿元以上	26	19.93	28.10	3.23	113.79	20.97	109.38	17.86
5000万元—1亿元	43	3.55	5.13	0.74	28.69	8.07	32.43	6.88
3000万元—5000万元	47	1.55	2.37	0.36	16.97	4.70	19.30	4.84
1000万元—3000万元	83	1.11	1.73	0.24	11.90	4.20	15.18	4.95
500万元—1000万元	45	0.23	0.34	0.07	1.78	0.78	3.19	1.22
100万元—500万元	98	0.12	0.20	0.05	1.62	0.67	2.37	1.25
50万元—100万元	44	0.02	0.03	0.01	0.18	0.09	0.31	0.32
10万元—50万元	81	0.01	0.02	0.01	0.27	0.14	0.23	0.37
10万元以下	27				0.03	0.01	0.01	0.04
橡胶制品业	3 740	9.93	34.50	3.40	80.77	47.21	194.57	84.01
1亿元以上	34	4.16	14.74	1.19	20.79	11.28	57.83	9.90
5000万元—1亿元	46	1.24	5.19	0.32	11.34	6.54	28.44	8.37
3000万元—5000万元	75	1.02	3.97	0.38	10.79	6.30	26.01	10.41
1000万元—3000万元	225	1.51	4.77	0.54	15.42	9.52	36.64	17.05
500万元—1000万元	227	0.65	2.04	0.28	6.22	3.93	15.45	9.13
100万元—500万元	1 005	1.06	2.97	0.50	11.09	6.72	23.04	18.72
50万元—100万元	547	0.17	0.47	0.10	2.69	1.55	3.98	4.78
10万元—50万元	1 081	0.11	0.32	0.08	2.02	1.19	2.94	4.71
10万元以下	500	0.01	0.03	0.01	0.41	0.18	0.25	0.95
塑料制品业	14 065	22.06	34.43	6.30	131.97	76.96	255.02	134.48
1亿元以上	7	1.11	1.60	0.29	7.68	2.13	7.05	1.18
5000万元—1亿元	51	3.38	4.51	0.71	11.71	7.03	23.71	4.67
3000万元—5000万元	80	2.13	3.15	0.41	10.25	6.20	19.35	5.33
1000万元—3000万元	567	6.79	10.40	1.68	38.64	20.57	70.51	23.84
500万元—1000万元	746	3.40	5.37	1.05	20.76	11.72	41.81	19.82
100万元—500万元	3 343	4.11	7.07	1.48	28.53	19.40	65.22	44.63
50万元—100万元	2 072	0.67	1.27	0.32	6.50	4.84	14.13	13.44
10万元—50万元	4 733	0.48	0.99	0.32	6.37	4.30	12.01	17.27
10万元以下	2 466	0.01	0.07	0.03	1.53	0.75	1.25	4.30

全国独立核算工业企业按工业总产值分组的主要指标（七）

（1988年）　　　　单位：亿元

	企业单位数（个）	利润总额	利税总额	企业留利	固定资产原值	定额流动资金平均余额	工业总产值	职工平均人数（万人）
建筑材料及其他非金属矿物制品业	55 859	65.05	115.99	24.84	648.92	177.09	517.05	753.31
1亿元以上	17	6.03	8.42	2.01	33.56	5.37	16.11	9.41
5000万元—1亿元	67	8.21	12.46	2.98	49.45	9.03	30.22	17.61
3000万元—5000万元	119	5.29	8.99	1.83	42.93	9.10	27.30	21.42
1000万元—3000万元	1 002	15.50	26.80	4.99	137.42	34.20	99.09	96.46
500万元—1000万元	1 620	9.46	16.82	3.24	95.81	25.10	71.41	86.89
100万元—500万元	10 862	14.31	28.85	6.02	179.30	57.84	163.07	257.31
50万元—100万元	9 944	3.60	7.83	2.01	53.68	18.43	56.80	118.65
10万元—50万元	21 175	2.50	5.42	1.59	48.50	15.77	48.05	122.81
10万元以下	11 053	0.14	0.40	0.17	8.27	2.25	5.00	22.75
黑色金属冶炼及压延加工业	3 015	109.06	194.98	48.34	864.13	216.37	575.24	293.38
1亿元以上	134	94.73	169.89	42.87	765.07	170.30	455.28	206.64
5000万元—1亿元	65	3.38	5.92	1.34	22.97	10.20	24.54	14.15
3000万元—5000万元	87	2.29	4.13	0.81	15.08	7.21	19.00	11.18
1000万元—3000万元	391	4.65	8.11	1.71	30.09	14.94	38.22	28.25
500万元—1000万元	379	1.94	3.32	0.71	12.49	6.41	17.03	12.35
100万元—500万元	1 066	1.91	3.28	0.78	14.58	6.03	18.12	16.20
50万元—100万元	332	0.14	0.25	0.08	1.94	0.72	1.99	2.40
10万元—50万元	417	0.03	0.08	0.04	1.57	0.50	1.00	1.88
10万元以下	144		0.01	0.01	0.34	0.07	0.06	0.34
有色金属冶炼及压延加工业	2 158	29.15	49.33	8.67	251.73	82.31	236.10	91.63
1亿元以上	68	20.31	33.14	5.05	183.09	49.95	139.38	50.36
5000万元—1亿元	46	2.75	4.89	0.70	19.40	8.28	22.39	7.05
3000万元—5000万元	61	1.65	3.05	0.60	11.44	5.24	15.99	5.36
1000万元—3000万元	232	2.71	4.78	0.94	20.78	9.41	30.39	12.46
500万元—1000万元	228	0.92	1.72	0.37	7.33	4.01	12.07	5.43
100万元—500万元	638	0.87	1.64	0.43	7.49	3.92	12.89	7.67
50万元—100万元	291	0.11	0.21	0.07	1.12	0.67	1.83	1.64
10万元—50万元	429	0.05	0.10	0.03	0.83	0.43	1.09	1.36
10万元以下	165	-0.22	-0.21	0.46	0.25	0.41	0.07	0.32
金属制品业	29 841	31.40	50.09	11.38	182.29	119.47	359.56	283.28
1亿元以上	7	1.38	1.89	0.77	4.43	2.47	8.56	2.41
5000万元—1亿元	26	1.73	2.48	0.55	7.00	4.56	13.96	4.37
3000万元—5000万元	73	2.68	3.94	0.84	10.82	6.65	22.12	9.63
1000万元—3000万元	621	8.87	13.66	2.60	42.25	27.74	82.06	43.14
500万元—1000万元	1 028	5.80	9.10	1.89	28.96	19.90	61.54	40.13
100万元—500万元	5 808	8.48	14.22	3.29	56.84	38.81	117.59	101.62
50万元—100万元	3 871	1.37	2.56	0.71	13.24	9.28	26.56	30.93
10万元—50万元	9 751	0.99	2.00	0.63	14.27	8.44	23.60	38.37
10万元以下	8 656	0.08	0.24	0.11	4.47	1.62	3.56	12.68
机械工业	43 059	139.08	213.98	54.44	1 089.27	645.21	1 354.91	958.46
1亿元以上	161	32.10	49.04	13.17	211.52	119.20	254.81	103.32
5000万元—1亿元	273	17.63	26.57	7.07	150.02	80.76	159.93	83.38
3000万元—5000万元	385	14.06	21.53	5.03	117.80	67.25	127.66	75.94
1000万元—3000万元	2 099	32.99	49.81	11.82	261.97	153.50	308.72	203.29
500万元—1000万元	2 786	17.59	26.84	6.64	136.89	83.41	179.20	142.67
100万元—500万元	11 465	20.48	32.61	8.24	157.29	109.03	248.99	238.39
50万元—100万元	5 884	2.63	4.45	1.32	25.27	17.40	40.71	50.73
10万元—50万元	12 193	1.54	2.92	1.03	22.11	12.74	31.12	49.92
10万元以下	7 813	0.06	0.23	0.14	6.40	1.93	3.77	10.84

全国独立核算工业企业按工业总产值分组的主要指标（八）

（1988年）　　单位：亿元

	企业单位数（个）	利润总额	利税总额	企业留利	固定资产原值	定额流动资金平均余额	工业总产值	职工平均人数（万人）
交通运输设备制造业	10 368	53.19	75.56	23.49	406.20	223.54	492.73	294.45
1亿元以上	79	29.09	39.72	12.45	174.68	94.88	212.88	76.63
5000万元—1亿元	76	3.72	5.42	1.76	38.03	21.19	42.75	23.60
3000万元—5000万元	136	4.66	6.58	2.10	46.81	22.55	45.91	29.03
1000万元—3000万元	513	6.81	9.93	2.92	67.26	37.22	76.71	50.35
500万元—1000万元	618	3.29	5.04	1.55	31.69	18.04	39.61	31.28
100万元—500万元	2 550	4.31	6.63	1.96	34.84	21.88	53.79	52.38
50万元—100万元	1 669	0.79	1.29	0.44	6.50	4.06	11.58	14.33
10万元—50万元	3 332	0.51	0.88	0.29	5.46	3.36	8.78	14.52
10万元以下	1 395	0.02	0.06	0.03	0.93	0.36	0.73	2.34
电气机械及器材制造业	14 118	55.69	93.22	18.19	252.76	207.41	586.06	255.96
1亿元以上	102	22.95	34.99	6.98	66.17	50.39	179.15	30.47
5000万元—1亿元	117	5.43	10.44	1.40	30.10	23.75	67.82	19.11
3000万元—5000万元	186	6.64	10.90	1.98	29.30	23.24	62.00	20.30
1000万元—3000万元	759	9.67	16.63	3.01	51.78	39.28	108.65	50.49
500万元—1000万元	916	4.26	7.67	1.56	27.63	22.25	57.56	34.14
100万元—500万元	3 890	5.50	10.01	2.39	35.14	34.39	84.46	66.22
50万元—100万元	2 063	0.85	1.58	0.46	5.72	6.05	14.53	15.66
10万元—50万元	4 171	0.50	1.06	0.35	4.83	5.16	10.88	15.89
10万元以下	1 914	-0.11	-0.06	0.07	2.09	2.91	1.00	3.69
电子及通信设备制造业	4 159	44.76	65.93	14.63	196.32	156.67	565.72	147.96
1亿元以上	96	24.93	36.70	7.73	56.70	55.90	276.98	24.40
5000万元—1亿元	85	4.91	6.78	1.37	19.69	15.40	59.61	12.37
3000万元—5000万元	124	4.10	5.80	1.21	23.28	18.85	55.05	15.37
1000万元—3000万元	436	6.65	9.55	2.32	47.88	29.70	86.91	33.74
500万元—1000万元	461	1.95	3.22	0.88	23.68	15.41	41.40	20.99
100万元—500万元	1 278	1.97	3.34	0.89	20.72	17.10	38.46	30.06
50万元—100万元	545	0.22	0.40	0.14	2.43	2.15	4.49	5.92
10万元—50万元	817	0.04	0.15	0.08	1.64	1.74	2.62	4.34
10万元以下	317	-0.01		0.01	0.30	0.42	0.20	0.77
仪器仪表及其他计量器具制造业	3 460	10.93	16.38	4.22	74.85	53.79	99.47	76.82
1亿元以上	4	0.69	1.12	0.24	5.62	3.49	6.15	2.64
5000万元—1亿元	10	0.70	0.99	0.27	3.98	2.29	5.55	2.00
3000万元—5000万元	25	1.29	1.79	0.50	8.85	5.81	9.33	6.05
1000万元—3000万元	187	3.63	5.21	1.32	23.69	15.81	29.47	18.31
500万元—1000万元	262	1.91	2.91	0.66	13.81	10.01	18.55	13.92
100万元—500万元	1 023	2.17	3.49	0.93	15.53	12.61	23.76	24.10
50万元—100万元	524	0.29	0.48	0.15	1.92	2.11	3.79	4.79
10万元—50万元	990	0.22	0.36	0.13	1.28	1.43	2.66	4.21
10万元以下	435	0.02	0.03	0.01	0.16	0.21	0.22	0.79
其他工业	5 544	3.90	6.35	1.60	21.61	16.46	50.99	43.70
1亿元以上	1	0.19	0.23	0.09	0.14	0.07	0.77	0.06
5000万元—1亿元	1	0.02	0.03	0.01	0.15	0.35	0.27	0.11
3000万元—5000万元	10	0.21	0.38	0.06	1.02	1.11	2.38	1.45
1000万元—3000万元	78	0.67	1.15	0.22	3.09	2.62	9.79	5.47
500万元—1000万元	135	0.69	1.09	0.21	3.64	2.52	8.41	4.40
100万元—500万元	939	1.40	2.25	0.62	8.15	5.99	18.38	14.76
50万元—100万元	782	0.40	0.62	0.20	2.25	1.71	5.30	5.82
10万元—50万元	2 087	0.28	0.53	0.17	2.43	1.76	5.00	8.99
10万元以下	1 511	0.03	0.07	0.03	0.72	0.34	0.69	2.63

全国独立核算工业企业按利税总额分组的主要指标(一)

（1988年）　　　　单位：亿元

	企业单位数（个）	利润总额	利税总额	企业留利	固定资产原值	定额流动资金平均余额	工业总产值	职工平均人数（万人）
总计	**420 929**	**1 189.89**	**2 288.76**	**429.90**	**10 641.06**	**3 728.54**	**11 577.78**	**7 311.52**
1亿元以上	210	262.10	640.43	75.78	1 768.13	308.10	1 371.92	327.26
5000万元—1亿元	229	81.11	165.73	23.39	681.37	140.51	538.31	167.57
3000万元—5000万元	351	74.69	133.22	23.69	554.31	150.85	495.79	191.73
1000万元—3000万元	2 100	199.83	341.56	67.77	1 328.71	472.46	1 449.14	606.39
500万元—1000万元	3 235	137.70	222.78	45.08	893.27	378.30	1 076.32	495.57
100万元—500万元	22 764	296.95	469.21	100.12	1 951.47	905.06	2 648.15	1 509.56
50万元—100万元	20 010	87.73	141.28	32.43	647.66	330.48	1 006.29	690.52
10万元—50万元	79 113	105.84	181.15	43.71	975.11	527.50	1 614.23	1 399.62
10万元以下	292 917	-56.06	-6.59	17.94	1 841.02	515.18	1 377.63	1 923.29
煤炭采选业	9 230	-12.84	-2.18	2.75	795.87	65.13	216.13	549.02
1亿元以上	1	1.28	1.56		20.58	1.07	5.15	9.41
5000万元—1亿元	7	3.69	5.00	-0.76	107.34	6.65	25.45	38.88
3000万元—5000万元	6	1.62	2.41	0.09	62.25	4.00	14.63	30.94
1000万元—3000万元	6	0.51	1.00	0.11	27.78	2.33	9.87	17.42
500万元—1000万元	21	0.75	1.39	0.27	49.31	3.99	12.92	25.80
100万元—500万元	191	2.50	3.49	1.01	52.02	5.21	17.88	42.56
50万元—100万元	316	1.64	2.17	0.66	16.41	2.38	10.11	21.41
10万元—50万元	1 679	2.60	3.69	1.12	34.78	6.13	22.91	52.75
10万元以下	7 003	-27.44	-22.89	0.25	425.40	33.37	97.21	309.86
石油和天然气开采业	30	11.22	33.16	1.00	617.89	45.15	182.30	72.00
1亿元以上	3	16.96	31.51	-0.24	304.60	19.43	116.71	32.19
5000万元—1亿元	4	-0.47	3.06	0.38	109.58	8.63	27.73	11.70
3000万元—5000万元	2	-0.56	0.77	0.05	62.40	3.47	9.06	7.12
1000万元—3000万元	4	-0.55	0.75	0.35	61.26	7.91	13.88	10.71
500万元—1000万元	1	0.02	0.08	0.01	5.12	0.29	0.98	0.28
100万元—500万元	2	0.02	0.03	0.01	0.09		0.01	0.03
50万元—100万元	1	0.01	0.01		0.06		0.02	0.02
10万元—50万元	2	0.00			0.02			0.02
10万元以下	11	-4.21	-3.05	0.44	74.75	5.42	13.90	9.91
黑色金属矿采选业	1 264	3.32	4.17	1.35	40.69	7.20	18.92	28.78
5000万元—1亿元	2	1.00	1.14	0.57	11.43	0.76	3.11	3.29
1000万元—3000万元	3	0.38	0.42	0.07	2.35	0.28	1.04	1.03
500万元—1000万元	8	0.45	0.63	0.11	3.90	0.79	1.54	2.06
100万元—500万元	54	0.89	1.08	0.26	9.60	1.93	4.55	5.79
50万元—100万元	56	0.29	0.37	0.12	2.66	0.80	1.72	2.34
10万元—50万元	265	0.44	0.58	0.15	4.90	1.40	3.78	6.12
10万元以下	876	-0.14	-0.05	0.08	5.86	1.23	3.18	8.16
有色金属矿采选业	2 233	9.87	11.91	4.40	113.41	19.52	47.46	64.20
1亿元以上	1	1.11	1.19	0.28	2.68	0.30	1.65	0.54
3000万元—5000万元	2	0.70	0.88	0.04	7.70	1.35	2.87	2.10
1000万元—3000万元	12	1.86	2.11	0.72	11.67	1.78	4.07	4.15
500万元—1000万元	31	1.78	2.10	0.82	18.11	2.74	7.08	9.68
100万元—500万元	191	3.61	4.24	1.60	32.98	5.86	14.43	17.69
50万元—100万元	135	0.82	0.95	0.34	6.99	1.41	3.74	4.98
10万元—50万元	458	0.82	1.07	0.42	10.75	2.28	6.25	8.75
10万元以下	1 403	-0.83	-0.63	0.18	22.53	3.80	7.38	16.29
建筑材料及其他非金属矿采选业	9 971	6.19	9.08	2.79	65.88	13.46	51.88	90.40
1000万元—3000万元	3	0.33	0.42	0.16	7.75	0.67	1.23	1.86
500万元—1000万元	12	0.60	0.82	0.32	5.22	0.74	2.20	2.85
100万元—500万元	152	2.13	2.78	0.81	13.40	2.44	7.73	9.36

全国独立核算工业企业按利税总额分组的主要指标(二)

(1988年)

单位：亿元

	企业单位数(个)	利润总额	利税总额	企业留利	固定资产原值	定额流动资金平均余额	工业总产值	职工平均人数(万人)
50万元—100万元	190	0.92	1.31	0.33	7.79	1.48	5.06	8.02
10万元—50万元	1 196	1.74	2.51	0.67	12.12	3.29	14.61	22.06
10万元以下	8 418	0.47	1.25	0.49	19.60	4.84	21.04	46.25
采盐业	605	3.22	5.20	1.36	30.95	5.78	27.10	23.54
1000万元—3000万元	12	1.44	2.00	0.59	11.42	2.10	9.66	6.99
500万元—1000万元	16	0.62	1.03	0.22	4.40	0.98	5.11	3.10
100万元—500万元	59	0.82	1.30	0.35	8.14	1.57	6.81	5.48
50万元—100万元	58	0.16	0.40	0.07	1.43	0.27	1.05	1.19
10万元—50万元	202	0.24	0.49	0.11	2.44	0.44	2.28	3.38
10万元以下	258	-0.07	-0.02	0.03	3.11	0.48	2.20	3.40
其它矿采选业	24	0.01	0.01		0.07	0.02	0.07	0.18
10万元—50万元	4	0.01	0.01		0.01	0.01	0.04	0.05
10万元以下	20				0.06	0.01	0.04	0.13
木材及竹材采运业	1 154	14.49	23.95	6.92	129.25	22.28	41.43	112.86
3000万元—5000万元	4	0.85	1.27	0.35	5.50	0.84	1.98	4.81
1000万元—3000万元	74	7.52	2.56	3.20	77.45	11.22	22.39	58.69
500万元—1000万元	54	2.20	3.74	1.17	21.06	3.84	6.69	17.59
100万元—500万元	203	3.19	4.83	1.53	14.64	3.70	5.83	16.32
50万元—100万元	127	0.54	0.91	0.30	3.58	0.98	1.65	4.68
10万元—50万元	299	0.43	0.74	0.21	2.21	0.88	1.57	4.84
10万元以下	393	-0.25	-0.09	0.16	4.82	0.82	1.32	5.93
自来水生产和供应业	2 981	5.78	6.81	2.95	113.22	3.58	24.15	22.61
5000万元—1亿元	2	1.24	1.31	0.15	4.41	0.11	1.23	0.81
1000万元—3000万元	7	0.75	0.87	0.38	16.79	0.20	3.30	1.88
500万元—1000万元	15	0.86	1.00	0.35	12.52	0.26	2.72	1.62
100万元—500万元	86	1.61	1.83	0.77	25.60	0.60	5.76	4.47
50万元—100万元	88	0.51	0.60	0.27	7.81	0.25	1.86	1.63
10万元—50万元	592	1.12	1.30	0.68	16.05	0.93	4.30	4.66
10万元以下	2 191	-0.30	-0.11	0.35	30.03	1.23	4.99	7.54
食品制造业	42 755	56.68	84.44	22.58	406.27	164.81	730.71	330.19
5000万元—1亿元	1	0.25	0.52	0.07	0.92	0.11	1.34	0.42
3000万元—5000万元	3	0.96	1.03	0.32	1.05	0.37	3.96	0.77
1000万元—3000万元	64	5.65	9.37	1.80	27.00	8.15	37.53	11.68
500万元—1000万元	200	8.85	13.36	2.73	38.39	12.92	65.05	19.49
100万元—500万元	1 597	22.48	31.45	7.65	117.89	44.45	209.03	71.03
50万元—100万元	1 643	8.76	11.60	3.32	50.28	21.89	107.09	38.43
10万元—50万元	6 687	11.04	15.36	4.81	78.93	37.38	173.41	78.56
10万元以下	32 560	1.31	1.75	1.88	91.81	39.53	133.29	109.82
饮料制造业	14 406	19.87	62.90	6.53	180.83	117.26	203.86	127.62
1亿元以上	1	1.24	2.01	0.34	1.10	0.62	0.94	0.34
5000万元—1亿元	7	1.90	4.07	0.31	4.99	2.53	6.20	1.30
3000万元—5000万元	6	1.10	2.37	0.30	3.00	1.65	3.60	1.14
1000万元—3000万元	86	5.56	13.65	1.31	23.83	11.41	25.37	9.26
500万元—1000万元	151	3.56	10.45	1.22	23.35	13.12	26.71	10.64
100万元—500万元	927	5.29	19.88	1.62	56.35	37.05	59.92	35.62
50万元—100万元	674	1.19	4.80	0.46	18.34	13.75	21.25	14.80
10万元—50万元	2 116	1.32	4.87	0.68	23.10	19.75	31.68	23.30
10万元以下	10 438	-1.29	0.78	0.30	26.75	17.38	28.19	31.24
烟草加工业	298	5.69	209.90	3.09	53.27	67.27	242.91	26.85
1亿元以上	64	5.13	173.01	2.54	36.33	45.44	188.76	15.94
5000万元—1亿元	28	0.05	20.68	0.12	6.77	8.47	27.65	3.69

全国独立核算工业企业按利税总额分组的主要指标(三)

(1988年)　　　　单位：亿元

	企业单位数(个)	利润总额	利税总额	企业留利	固定资产原值	定额流动资金平均余额	工业总产值	职工平均人数(万人)
3000万元—5000万元	22	-0.01	8.37	0.08	2.90	4.11	12.60	2.08
1000万元—3000万元	31	-0.14	5.63	0.08	3.12	3.62	9.30	2.23
500万元—1000万元	16	0.23	1.19	0.09	1.21	2.00	1.89	0.88
100万元—500万元	40	0.45	0.94	0.16	2.18	3.22	1.82	1.22
50万元—100万元	2	0.01	0.02		0.04	0.04	0.01	0.02
10万元—50万元	36	0.02	0.08	0.02	0.34	0.21	0.45	0.41
10万元以下	59	-0.04	-0.01		0.38	0.15	0.43	0.38
饲料工业	3 878	5.38	6.19	3.21	18.44	11.18	68.74	13.47
1000万元—3000万元	2	0.30	0.31	0.30	0.22	0.36	2.62	0.04
500万元—1000万元	3	0.18	0.18	0.06	0.29	0.14	0.97	0.06
100万元—500万元	76	1.19	1.36	0.66	3.30	2.41	11.46	1.35
50万元—100万元	160	0.91	1.07	0.49	2.42	1.22	9.58	1.50
10万元—50万元	1 195	2.34	2.71	1.38	7.97	4.76	31.74	5.75
10万元以下	2 442	0.46	0.56	0.30	4.24	2.30	12.38	4.77
纺织业	24 017	120.72	193.85	41.22	740.43	424.07	1 475.18	856.52
5000万元—1亿元	7	2.85	4.04	0.87	8.97	6.46	16.69	7.46
3000万元—5000万元	52	13.48	19.36	5.26	43.34	19.22	76.78	36.41
1000万元—3000万元	360	37.74	58.06	12.69	163.36	83.50	313.40	136.70
500万元—1000万元	472	20.83	32.74	6.69	112.44	50.26	203.50	91.30
100万元—500万元	2 458	32.21	51.59	9.41	194.07	111.19	387.49	215.54
50万元—100万元	1 965	8.58	13.92	2.72	62.95	43.97	149.97	94.88
10万元—50万元	5 935	8.13	14.36	2.94	82.33	56.77	207.61	147.48
10万元以下	12 768	-3.09	-0.22	0.65	72.97	43.69	119.72	126.75
缝纫业	18 017	15.43	25.61	5.66	79.94	80.15	278.20	209.54
3000万元—5000万元	1		0.37			0.07	0.39	0.01
1000万元—3000万元	10	1.15	1.61	0.38	2.79	4.63	10.79	2.77
500万元—1000万元	25	1.36	1.66	0.43	2.75	3.19	9.25	3.50
100万元—500万元	509	6.42	9.09	1.99	18.02	17.06	68.91	29.08
50万元—100万元	628	2.80	4.41	0.94	10.38	9.82	39.28	22.79
10万元—50万元	3 002	3.73	6.68	1.38	22.76	22.68	81.05	62.77
10万元以下	13 842	-0.04	1.79	0.55	23.15	22.71	68.53	88.62
皮革、毛皮及其制品业	7 929	6.97	12.23	2.47	51.95	56.32	117.61	96.60
1000万元—3000万元	3	0.25	0.33	0.09	0.89	0.82	1.23	0.65
500万元—1000万元	18	0.92	1.22	0.26	2.88	3.18	5.01	2.49
100万元—500万元	249	3.10	4.74	0.82	13.51	14.48	28.70	14.51
50万元—100万元	295	1.31	2.11	0.39	7.44	7.98	18.57	10.63
10万元—50万元	1 452	1.83	3.29	0.65	13.62	15.29	35.18	28.65
10万元以下	5 912	-0.44	0.54	0.27	13.61	14.58	28.92	39.66
木材加工及竹、藤、棕、草制品业	11 000	7.40	11.72	3.09	60.57	27.49	67.64	81.29
1000万元—3000万元	6	0.76	0.97	0.21	4.10	1.98	3.24	2.35
500万元—1000万元	26	1.24	1.76	0.49	6.78	3.62	6.37	4.50
100万元—500万元	197	2.76	4.09	1.11	19.90	8.14	15.55	20.39
50万元—100万元	209	1.00	1.48	0.33	5.65	2.29	6.59	6.50
10万元—50万元	1 056	1.35	2.22	0.54	10.42	5.03	14.57	15.65
10万元以下	9 506	0.29	1.21	0.42	13.73	6.44	21.32	31.90
家具制造业	10 891	3.99	7.16	1.59	33.09	24.80	71.11	65.76
500万元—1000万元	4	0.19	0.26	0.06	0.74	0.39	1.30	0.46
100万元—500万元	104	1.27	1.87	0.42	4.65	3.28	11.63	5.64
50万元—100万元	171	0.71	1.21	0.23	4.10	3.27	10.48	5.96
10万元—50万元	1 070	1.28	2.26	0.48	10.02	7.46	20.92	17.63
10万元以下	9 542	0.54	1.54	0.40	13.58	10.40	26.79	36.06

全国独立核算工业企业按利税总额分组的主要指标(四)

(1988年)

单位：亿元

	企业单位数(个)	利润总额	利税总额	企业留利	固定资产原值	定额流动资金平均余额	工业总产值	职工平均人数(万人)
造纸及纸制品业	10 182	26.06	47.47	9.20	170.16	57.24	224.20	151.92
1亿元以上	2	2.58	3.47	1.54	8.14	0.79	4.98	1.43
5000万元—1亿元	4	2.22	3.08	0.68	5.97	1.24	4.38	1.70
3000万元—5000万元	6	1.36	2.44	0.40	9.10	2.76	6.82	2.81
1000万元—3000万元	56	5.39	9.41	1.48	27.32	7.56	27.13	11.47
500万元—1000万元	89	3.35	6.07	1.00	15.91	5.67	21.68	9.48
100万元—500万元	675	7.56	13.98	2.28	44.73	15.83	64.03	37.74
50万元—100万元	508	1.85	3.62	0.65	14.72	5.72	23.82	16.00
10万元—50万元	1 979	2.10	4.41	0.82	20.56	8.83	39.63	31.16
10万元以下	6 863	-0.36	0.98	0.33	23.71	8.83	31.72	40.13
印刷业	10 732	14.09	19.64	5.22	85.23	35.77	115.54	100.31
5000万元—1亿元	2	1.39	1.40	0.15	1.88	0.39	2.72	0.56
1000万元—3000万元	9	1.19	1.36	0.30	2.78	1.00	2.82	0.90
500万元—1000万元	27	1.51	1.83	0.62	7.07	2.30	8.30	3.19
100万元—500万元	304	4.95	6.47	1.85	28.07	9.71	31.92	17.93
50万元—100万元	313	1.45	2.17	0.53	9.79	4.42	13.73	10.41
10万元—50万元	2 121	2.73	4.35	1.16	20.28	10.18	31.45	31.68
10万元以下	7 956	0.87	2.05	0.61	15.36	7.77	24.60	35.64
文教体育用品制造业	3 897	6.62	10.14	2.33	25.03	19.59	60.63	44.94
3000万元—5000万元	2	0.53	0.79	0.18	0.25	0.34	1.53	0.32
1000万元—3000万元	14	1.39	2.00	0.41	3.50	2.89	6.50	1.62
500万元—1000万元	19	0.88	1.27	0.33	1.68	1.41	3.96	1.63
100万元—500万元	144	2.14	3.06	0.69	6.15	4.75	16.41	8.20
50万元—100万元	143	0.65	0.97	0.22	2.37	2.19	7.50	5.18
10万元—50万元	719	0.97	1.59	0.36	6.08	4.23	14.44	13.56
10万元以下	2 856	0.08	0.45	0.15	5.00	3.78	10.28	14.43
工艺美术品制造业	10 671	9.06	15.50	3.05	41.16	41.27	128.44	125.71
1000万元—3000万元	2	0.22	0.29	0.13	0.11	0.24	2.47	0.15
500万元—1000万元	24	1.19	1.61	0.30	2.29	3.05	8.06	2.41
100万元—500万元	345	4.26	6.51	1.21	12.58	14.16	42.90	20.92
50万元—100万元	326	1.26	2.28	0.41	5.69	5.79	19.76	13.25
10万元—50万元	1 539	1.78	3.46	0.68	10.24	10.01	30.60	34.42
10万元以下	8 435	0.35	1.36	0.33	10.24	8.03	24.65	54.56
电力、蒸汽、热水生产和供应业	11 293	56.52	130.91	14.59	1 268.59	29.61	342.70	141.07
1亿元以上	18	21.27	45.14	4.91	167.30	3.28	48.14	9.61
5000万元—1亿元	29	11.73	28.46	1.22	151.06	2.58	45.53	6.90
3000万元—5000万元	37	7.30	14.49	0.67	107.53	2.13	34.70	7.24
1000万元—3000万元	124	7.00	21.80	1.20	193.43	3.75	56.40	18.89
500万元—1000万元	96	2.81	6.93	0.68	77.77	1.88	18.18	8.59
100万元—500万元	520	6.97	10.84	2.92	113.92	4.70	24.50	20.68
50万元—100万元	511	2.62	3.69	1.48	43.80	1.84	8.94	11.20
10万元—50万元	1 227	2.08	2.94	0.93	53.19	2.14	8.85	14.12
10万元以下	8 731	-5.26	3.39	0.58	360.60	7.32	97.48	43.85
石油加工业	690	50.12	117.28	5.68	244.57	36.58	287.28	38.54
1亿元以上	26	45.15	107.57	4.61	227.06	30.94	258.42	30.15
5000万元—1亿元	4	1.48	3.19	0.03	4.06	0.56	8.55	0.80
3000万元—5000万元	6	0.90	2.20	0.22	3.54	0.79	5.56	1.01
1000万元—3000万元	9	0.77	1.45	0.27	2.58	0.84	3.07	0.81
500万元—1000万元	15	0.68	1.05	0.15	2.84	0.75	2.77	1.48
100万元—500万元	53	0.72	1.13	0.21	2.47	1.52	4.35	1.69
50万元—100万元	37	0.17	0.26	0.07	0.55	0.21	1.18	0.44

全国独立核算工业企业按利税总额分组的主要指标(五)

(1988年) 单位：亿元

	企业单位数(个)	利润总额	利税总额	企业留利	固定资产原值	定额流动资金平均余额	工业总产值	职工平均人数(万人)
10万元—50万元	142	0.20	0.32	0.09	0.73	0.55	1.87	0.96
10万元以下	398	0.05	0.11	0.03	0.74	0.43	1.51	1.21
炼焦、煤气及煤制品业	2 235	0.63	2.59	2.40	57.15	5.46	25.86	21.95
1亿元以上	1	0.97	1.27	0.38	4.78	0.28	2.33	0.72
5000万元—1亿元	1	0.45	0.69	0.27	1.90	0.24	1.83	0.48
1000万元—3000万元	6	0.72	1.04	0.37	5.07	0.66	2.67	1.46
500万元—1000万元	9	0.46	0.63	0.13	2.40	0.35	1.62	1.20
100万元—500万元	32	0.40	0.68	0.20	4.85	0.69	2.81	1.93
50万元—100万元	40	0.17	0.27	0.08	1.31	0.28	1.34	1.10
10万元—50万元	243	0.38	0.53	0.20	3.33	0.70	3.52	3.24
10万元以下	1 903	-2.90	-2.52	0.77	33.50	2.25	9.74	11.81
化学工业	17 864	107.20	202.45	36.76	741.94	216.76	788.43	382.94
1亿元以上	11	23.91	44.15	4.91	141.90	19.42	95.85	21.61
5000万元—1亿元	29	9.74	19.04	3.72	65.05	13.50	53.57	16.43
3000万元—5000万元	34	5.72	12.31	1.91	36.93	10.25	37.56	10.88
1000万元—3000万元	244	19.42	38.84	7.03	108.25	34.07	127.01	43.58
500万元—1000万元	329	12.16	22.61	4.28	64.70	22.62	79.88	31.72
100万元—500万元	2 174	28.01	46.80	10.16	173.57	59.35	216.34	115.46
50万元—100万元	1 357	5.60	9.73	2.17	47.71	17.63	60.44	38.11
10万元—50万元	3 778	4.58	8.95	1.96	47.94	21.10	69.52	50.79
10万元以下	9 908	-1.95	0.02	0.62	55.90	18.83	48.28	54.36
医药工业	2 802	35.48	48.05	13.49	99.15	68.65	269.47	77.56
1亿元以上	1	2.23	2.76	1.26	2.91	0.66	4.46	0.92
5000万元—1亿元	3	1.26	1.74	0.64	4.00	2.14	11.50	2.09
3000万元—5000万元	7	2.05	2.49	0.95	3.89	1.84	8.01	1.63
1000万元—3000万元	84	10.31	13.43	0.57	23.90	14.38	64.24	12.08
500万元—1000万元	131	6.64	8.97	2.32	16.34	11.69	48.58	10.64
100万元—500万元	650	10.20	14.29	3.50	31.03	24.93	93.13	28.75
50万元—100万元	358	1.76	2.56	0.69	6.63	5.81	18.37	8.12
10万元—50万元	659	1.09	1.73	0.47	6.48	5.12	15.41	8.81
10万元以下	909	-0.07	0.09	0.09	3.96	2.08	5.76	4.57
化学纤维工业	494	26.50	37.91	4.71	175.23	39.62	182.40	37.71
1亿元以上	4	14.31	20.13	1.78	74.74	11.69	71.12	9.32
5000万元—1亿元	3	1.78	2.36	0.68	7.69	1.80	6.36	2.19
3000万元—5000万元	9	2.49	3.61	0.43	20.26	5.13	18.35	3.60
1000万元—3000万元	34	4.11	5.83	0.90	27.56	6.66	34.36	6.45
500万元—1000万元	42	2.01	3.03	0.40	20.63	5.97	21.36	5.45
100万元—500万元	99	1.59	2.46	0.43	17.71	5.73	21.86	6.17
50万元—100万元	41	0.16	0.29	0.03	2.71	1.26	4.17	1.54
10万元—50万元	81	0.12	0.21	0.04	1.41	0.72	2.71	1.39
10万元以下	181	-0.06	-0.01	0.01	2.51	0.66	2.10	1.60
橡胶制品业	3 740	9.93	34.50	3.40	80.77	47.21	194.57	84.01
1亿元以上	3	1.54	3.92	0.52	2.70	1.57	10.92	1.22
5000万元—1亿元	4	0.74	3.17	0.15	4.87	2.47	11.92	1.60
3000万元—5000万元	10	0.96	3.90	0.23	5.98	3.49	15.36	2.76
1000万元—3000万元	53	2.27	8.57	0.67	16.79	8.71	41.16	10.52
500万元—1000万元	60	1.17	4.23	0.38	8.96	4.72	21.54	7.40
100万元—500万元	312	2.27	6.59	0.73	17.60	10.94	45.10	20.05
50万元—100万元	265	0.66	1.84	0.26	5.60	3.95	14.73	9.48
10万元—50万元	929	0.81	2.22	0.36	8.65	5.91	20.51	15.57
10万元以下	2 104	-0.50	0.07	0.10	9.60	5.46	13.34	15.40

全国独立核算工业企业按利税总额分组的主要指标(六)

(1988年)

单位：亿元

	企业单位数(个)	利润总额	利税总额	企业留利	固定资产原值	定额流动资金平均余额	工业总产值	职工平均人数(万人)
塑料制品业	14 065	22.06	34.43	6.30	131.97	76.96	255.02	134.48
5000万元—1亿元	1	0.33	0.53	0.17	4.15	0.65	1.37	0.37
3000万元—5000万元	1	0.26	0.33	0.07	0.92	0.29	1.77	0.21
1000万元—3000万元	22	2.14	2.83	0.34	7.38	4.23	12.72	2.24
500万元—1000万元	61	3.14	4.32	0.70	10.68	5.51	20.01	4.56
100万元—500万元	686	9.40	13.76	2.37	44.25	24.61	81.63	27.11
50万元—100万元	623	2.76	4.39	0.84	16.05	9.59	33.58	16.10
10万元—50万元	2 820	3.71	6.46	1.30	25.77	17.72	61.10	38.84
10万元以下	9 851	0.31	1.81	0.52	22.78	14.36	42.83	45.05
建筑材料及其他非金属矿物制品业	55 859	65.05	115.99	24.84	648.92	177.09	517.05	753.31
1亿元以上	2	1.87	2.37	0.69	5.88	0.82	2.06	1.05
5000万元—1亿元	5	2.30	3.26	0.74	9.14	1.43	6.48	3.03
3000万元—5000万元	11	3.06	4.23	0.94	16.11	2.73	7.42	5.16
1000万元—3000万元	93	10.39	15.69	3.58	61.85	9.98	33.58	21.27
500万元—1000万元	150	5.99	9.87	1.87	38.92	9.02	27.73	21.67
100万元—500万元	1 844	21.94	36.68	6.96	167.47	41.53	123.70	129.05
50万元—100万元	1 988	7.90	13.91	2.80	73.00	20.59	58.54	75.36
10万元—50万元	10 998	12.55	23.89	4.99	134.21	44.87	132.02	222.16
10万元以下	40 768	-0.95	6.09	2.26	142.35	46.12	125.52	274.56
黑色金属冶炼及压延加工业	3 015	109.06	194.98	48.34	864.13	216.37	575.24	293.38
1亿元以上	37	78.12	136.01	36.74	606.47	117.92	331.41	140.30
5000万元—1亿元	19	6.56	13.69	2.54	52.03	17.00	40.14	20.85
3000万元—5000万元	28	5.45	10.90	2.01	60.01	16.21	36.98	23.59
1000万元—3000万元	74	7.13	13.12	2.52	52.11	22.53	55.26	25.52
500万元—1000万元	90	3.87	6.33	1.30	18.69	8.41	23.35	14.07
100万元—500万元	501	6.12	10.71	2.29	41.56	18.98	46.18	35.14
50万元—100万元	353	1.50	2.53	0.51	9.69	4.88	14.31	10.34
10万元—50万元	799	1.06	2.04	0.40	11.84	5.70	17.80	13.14
10万元以下	1 114	-0.74	-0.35	0.02	11.73	4.74	9.81	10.44
有色金属冶炼及压延加工业	2 158	29.15	49.33	8.67	251.73	82.31	236.10	91.66
1亿元以上	11	10.61	16.15	2.32	67.58	12.92	38.04	17.51
5000万元—1亿元	12	4.84	8.41	1.45	53.85	16.11	40.50	15.75
3000万元—5000万元	9	1.84	3.23	0.36	13.01	5.48	17.87	4.36
1000万元—3000万元	61	5.86	10.12	1.57	36.87	14.01	48.09	14.21
500万元—1000万元	48	1.94	3.24	0.63	23.76	6.16	18.01	5.90
100万元—500万元	277	3.18	5.80	1.15	23.04	11.03	36.06	14.50
50万元—100万元	195	0.82	1.40	0.30	4.63	2.73	11.94	4.39
10万元—50万元	546	0.72	1.35	0.31	19.60	7.44	17.64	8.46
10万元以下	999	-0.65	-0.39	0.56	9.40	6.44	7.92	6.57
金属制品业	29 841	31.40	50.09	11.38	182.29	119.47	359.56	283.28
5000万元—1亿元	1	0.58	0.69	0.58	0.60	0.23	2.52	0.03
3000万元—5000万元	1	0.20	0.32	0.02	0.24	0.52	1.60	0.20
1000万元—3000万元	19	2.34	3.08	0.63	7.71	4.04	10.68	4.03
500万元—1000万元	90	4.25	6.12	1.40	12.92	8.06	24.93	10.75
100万元—500万元	936	12.01	17.87	3.57	48.53	32.68	98.94	54.07
50万元—100万元	1 060	4.71	7.39	1.59	23.35	15.95	50.57	33.03
10万元—50万元	5 012	6.66	11.34	2.56	45.79	31.90	98.24	82.97
10万元以下	22 722	0.64	3.28	1.03	43.14	26.10	72.08	98.18
机械工业	43 059	139.08	213.98	54.44	1 089.27	645.21	1 354.91	958.46
1亿元以上	8	7.04	11.34	2.34	15.88	8.19	37.14	8.48
5000万元—1亿元	15	6.46	9.87	3.15	23.50	14.30	41.63	12.92

全国独立核算工业企业按利税总额分组的主要指标(七)

(1988年)　　　　单位：亿元

	企业单位数(个)	利润总额	利税总额	企业留利	固定资产原值	定额流动资金平均余额	工业总产值	职工平均人数(万人)
3000万元—5000万元	34	9.04	13.02	3.45	39.08	26.56	51.22	19.54
1000万元—3000万元	247	26.99	39.73	10.85	172.17	99.51	183.17	86.86
500万元—1000万元	423	19.94	29.01	6.47	139.35	79.20	156.45	84.89
100万元—500万元	3 296	46.46	67.75	16.04	326.72	193.46	411.91	264.43
50万元—100万元	2 793	12.91	19.80	4.77	97.26	62.15	139.43	109.69
10万元—50万元	9 637	13.97	22.89	5.80	129.89	88.13	202.42	191.24
10万元以下	26 606	-3.73	0.57	1.58	145.42	73.70	131.54	180.41
交通运输设备制造业	10 368	53.19	75.56	23.49	406.20	223.54	492.73	294.45
1亿元以上	7	17.75	23.76	8.37	56.48	19.64	87.80	20.40
5000万元—1亿元	4	1.83	2.54	0.30	7.96	3.03	15.03	2.98
3000万元—5000万元	14	4.14	5.34	1.36	22.14	14.79	27.30	10.66
1000万元—3000万元	63	7.34	10.29	3.14	63.64	36.46	72.27	35.33
500万元—1000万元	122	6.09	8.54	2.68	56.56	38.85	59.11	32.04
100万元—500万元	718	10.79	15.32	4.45	101.07	52.63	111.37	71.82
50万元—100万元	573	2.77	4.11	1.11	24.30	13.52	32.37	23.94
10万元—50万元	2 350	3.44	5.46	1.51	35.47	22.63	50.86	47.34
10万元以下	6 517	-0.96	0.20	0.59	38.59	21.98	36.63	49.95
电气机械及器材制造业	14 118	55.69	93.22	18.19	252.76	207.41	586.06	255.96
1亿元以上	3	3.19	4.90	0.60	7.28	4.46	19.91	2.54
5000万元—1亿元	16	7.80	10.16	2.55	11.05	9.44	34.60	4.46
3000万元—5000万元	24	5.83	9.22	2.17	17.05	11.97	44.44	7.54
1000万元—3000万元	113	11.28	18.50	3.24	45.49	35.44	102.48	24.89
500万元—1000万元	187	7.35	12.91	1.84	33.43	27.10	79.22	22.20
100万元—500万元	1 068	12.98	22.10	4.09	64.18	50.64	141.67	62.73
50万元—100万元	910	3.63	6.33	1.36	19.47	17.37	47.14	27.78
10万元—50万元	3 463	4.35	8.09	1.80	28.99	28.44	73.87	54.46
10万元以下	5 334	-0.72	1.00	0.53	25.81	22.55	42.73	49.34
电子及通信设备制造业	4 159	44.76	65.93	14.63	196.32	156.67	565.72	147.96
1亿元以上	6	5.83	8.19	1.90	13.72	8.65	46.13	3.58
5000万元—1亿元	18	8.81	13.09	2.52	16.52	18.34	97.61	6.02
3000万元—5000万元	19	5.19	7.26	1.74	8.99	10.01	52.00	4.33
1000万元—3000万元	74	8.47	12.03	2.50	22.12	20.05	85.97	12.59
500万元—1000万元	114	5.86	8.19	1.70	23.59	18.84	61.68	15.43
100万元—500万元	605	8.96	12.95	2.81	59.20	41.07	126.90	43.48
50万元—100万元	410	1.98	2.94	0.74	17.21	12.39	33.70	16.77
10万元—50万元	1 030	1.52	2.54	0.63	15.35	12.79	37.16	23.13
10万元以下	1 883	-1.84	-1.26	0.10	19.63	14.52	24.57	22.63
仪器仪表及其他计量器具制造业	3 460	10.93	16.38	4.22	74.85	53.79	99.47	76.82
5000万元—1亿元	1	0.32	0.52	0.13	1.66	1.33	2.67	0.87
3000万元—5000万元	1	0.21	0.32	0.08	1.05	0.50	1.42	0.53
1000万元—3000万元	15	1.39	1.89	0.54	6.17	4.42	7.39	3.09
500万元—1000万元	30	1.48	2.00	0.56	5.65	4.86	9.36	4.33
100万元—500万元	330	4.85	6.99	1.62	32.33	20.32	38.42	25.80
50万元—100万元	304	1.43	2.18	0.55	9.87	7.40	13.75	11.87
10万元—50万元	940	1.37	2.25	0.59	10.52	9.04	17.36	17.16
10万元以下	1 839	-0.12	0.21	0.16	7.59	5.93	9.10	13.17
其他工业	5 544	3.90	6.35	1.60	21.61	16.46	50.99	43.70
1000万元—3000万元	1	0.19	0.23	0.09	0.14	0.07	0.77	0.06
500万元—1000万元	6	0.30	0.39	0.06	0.65	0.48	1.26	0.23
100万元—500万元	100	1.24	1.89	0.40	4.11	3.24	10.49	5.82
50万元—100万元	184	0.80	1.28	0.30	3.62	3.01	8.95	6.64
10万元—50万元	852	1.21	1.89	0.52	6.01	4.74	14.89	12.18
10万元以下	4 401	0.15	0.68	0.23	7.07	4.93	14.62	18.77

大中小型工业企业工业经济主要指标

指　　标	计算单位	大型企业		中型企业		小型企业	
		1988年	1987年	1988年	1987年	1988年	1987年
一、工业企业单位数	个	3 178	2 888	7 498	6 862	410 253	408 154
二、工业总产值（按1980年不变价格计算）	亿元	3 445.06	2 950.49	2 206.05	1 913.36	5 926.74	5 043.22
三、工业净产值（按现行价格计算）	亿元	1 543.08	1 283.99	826.88	657.16	1 931.47	1 546.56
四、全员劳动生产率	元/人·年	23 763	21 855	19 792	17 995	12 484	10 769
全民所有制工业全员劳动生产率	元/人·年	23 118	21 509	18 657	17 255	13 427	12 510
五、主要财务成本指标							
固定资产原值	亿元	4 856.16	4 107.86	2 124.83	1 884.86	3 660.15	3 165.51
固定资产净值	亿元	3 272.31	2 737.69	1 463.75	1 295.38	2 684.23	2 313.70
流动资金年末占用数	亿元	1 897.40	1 441.36	1 299.35	1 005.36	3 442.14	2 775.67
其中：定额流动资金	亿元	1 240.28	965.21	846.16	676.28	2 097.87	1 710.12
产品销售收入	亿元	4 431.29	3 500.90	2 808.22	2 177.40	6 761.72	5 211.78
利润和税金总额	亿元	971.32	830.47	477.15	401.29	840.32	661.60
其中：利润总额	亿元	461.10	416.03	237.51	204.23	491.29	384.69
企业留利	亿元	157.21	124.08	80.54	69.28	192.17	150.27
每百元固定资产原值实现产值	元	92.35	85.89	135.20	117.93	197.51	177.87
每百元固定资产原值实现利税	元	20.00	20.22	22.46	21.29	22.96	20.90
资金利税率	%	22.12	22.60	21.55	20.78	18.50	17.03
产值利税率	%	21.66	23.54	16.61	18.05	11.62	11.75
平均每一职工占有的固定资产	元	33 497	30 428	19 063	17 727	7 710	6 759
平均每一职工创造的利税	元	6 700	6 152	4 281	3 774	1 770	1 413
平均每一职工上交的利税费	元	5 173	5 085	3 010	2 904	1 058	937
平均每一职工创造的工业净产值	元	10 644	9 511	7 418	6 180	4 069	3 302
平均每一职工占有的企业留利	元	1 084	919	723	652	405	321

注：本表指标均是独立核算工业企业的数字。

六、中国农村工业经济

乡办工业分行业主要指标

行　　业	工业企业单位数(个)		工业总产值(亿元)		年末从业人数(万人)	
	1988年	1987年	1988年	1987年	1988年	1987年
全 国 总 计	**221 705**	**219 058**	**1 871.79**	**1 282.19**	**1 495.47**	**1 433.13**
轻 工 业	112 295	111 714	969.46	657.66	695.78	667.33
重 工 业	109 410	107 344	902.32	624.53	799.69	765.80
煤炭采选业	6 784	6 967	40.72	31.87	74.51	75.75
石油和天然气开采业	1	3	…	…	0.01	0.02
黑色金属矿采选业	970	983	6.13	4.72	8.83	9.07
有色金属矿采选业	1 403	1 239	11.08	7.73	11.21	10.07
建筑材料及其他非金属矿采选业	8 126	8 180	33.15	24.95	52.76	52.72
采 盐 业	377	386	2.82	1.67	3.16	3.13
木材及竹材采运业	401	426	2.22	1.83	1.88	1.82
自来水生产和供应业	1 052	941	1.35	0.91	1.18	0.97
食品制造业	22 180	22 814	108.48	75.38	62.06	62.39
饮料制造业	8 638	8 952	39.05	29.10	25.67	26.11
烟草加工业	24	28	0.21	0.48	0.11	0.40
饲料工业	1 649	1 577	8.80	4.57	2.96	2.41
纺 织 业	11 786	11 138	300.07	205.95	185.06	168 64
缝 纫 业	6 971	7 475	67.97	45.58	62.64	61.19
皮革、毛皮及其制品业	3 235	3 282	32.24	20.97	24.76	24.46
木材加工及竹、藤、棕、草制品业	7 270	7 083	21.80	15.43	20.90	20.38
家具制造业	5 706	5 983	19.12	14.77	18.24	19.44
造纸及纸制品业	5 141	4 767	45.00	30.78	35.28	32.45
印 刷 业	2 958	2 898	13.03	9.43	11.70	11.69
文教体育用品制造业	1 581	1 606	12.91	9.93	14.25	14.60
工艺美术品制造业	6 542	6 224	35.70	25.39	59.53	59.68
电力、蒸汽、热水生产和供应业	7 390	7 508	7.84	5.71	10.66	10.31
石油加工业	366	330	3.99	3.07	1.42	1.31
炼焦、煤气及煤制品业	1 263	1 100	4.61	2.87	4.05	3.37
化学工业	8 631	7 396	101.59	59.41	47.70	40.07
医药工业	653	590	11.58	7.19	4.92	4.32
化学纤维工业	226	184	9.98	5.74	3.12	2.66
橡胶制品业	1 460	1 337	19.55	11.05	13.98	10.68
塑料制品业	7 004	6 425	68.25	41.21	41.86	39.26
建筑材料及其他非金属矿物制品业	39 581	39 322	257.95	191.23	340.91	333.28
黑色金属冶炼及压延加工业	1 427	1 246	50.63	31.34	17.82	14.97
有色金属冶炼及压延加工业	1 117	943	37.54	20.66	8.76	6.96
金属制品业	16 602	16 973	114.37	83.80	86.21	84.91
机械工业	20 514	20 086	202.27	141.66	143.21	132.80
交通运输设备制造业	3 135	3 054	36.78	23.21	21.93	19.92
电气机械及器材制造业	5 265	5 335	89.56	58.23	41.27	39.57
电子及通信设备制造业	1 127	1 031	27.55	15.26	12.94	12.55
仪器仪表及其他计量器具制造业	821	802	7.39	5.53	5.30	5.32

注：本表为独立核算乡办工业企业的数字，工业总产值按当年价格计算。(下同)

各地区乡办工业主要指标

地　　区	工业企业单位数(个)		工业总产值(亿元)		年末从业人数(万人)	
	1988年	1987年	1988年	1987年	1988年	1987年
全国总计	**221 705**	**219 058**	1 871.79	1 282.19	1 495.47	1 433.13
北　京	2 482	2 331	44.58	28.78	24.86	23.75
天　津	1 794	1 474	31.59	16.77	18.55	15.74
河　北	11 090	10 868	60.35	42.48	56.88	54.52
山　西	5 332	5 296	28.36	21.68	32.83	32.34
内蒙古	2 153	2 163	4.88	3.53	8.57	8.80
辽　宁	8 142	8 111	67.92	50.16	58.82	57.41
吉　林	3 463	3 344	15.44	11.19	16.46	15.24
黑龙江	3 982	3 953	20.17	15.08	18.29	18.42
上　海	3 698	3 410	122.06	85.50	71.69	66.00
江　苏	26 372	26 313	507.32	343.37	315.64	303.08
浙　江	26 668	26 791	260.98	189.35	177.32	176.23
安　徽	13 189	12 279	44.77	13.34	64.82	56.35
福　建	5 317	4 920	25.20	15.98	27.71	26.69
江　西	8 310	7 809	23.49	16.42	33.78	31.55
山　东	14 849	14 067	185.40	115.17	128.80	117.64
河　南	7 797	7 731	40.00	27.69	51.59	47.94
湖　北	10 989	11 190	60.83	43.81	66.41	64.36
湖　南	12 244	11 849	51.03	38.98	64.66	63.46
广　东	11 343	10 913	139.21	83.07	86.41	82.39
广　西	4 072	3 247	11.02	7.58	14.87	13.56
海　南	166	167	0.40	0.31	0.55	0.56
四　川	23 595	24 209	86.19	60.52	96.83	90.72
贵　州	2 127	2 416	5.58	9.13	9.97	10.31
云　南	1 743	2 875	6.68	4.11	9.19	16.24
西　藏	3	…	…	…	…	…
陕　西	6 159	6 230	15.07	11.63	21.26	21.34
甘　肃	2 614	2 442	7.72	5.56	11.32	11.27
青　海	241	239	0.58	0.43	0.97	0.81
宁　夏	724	681	2.27	1.39	2.49	2.35
新　疆	1 047	1 039	2.67	1.85	3.94	3.66

村办工业分行业主要指标

行业	工业企业单位数(个)		工业总产值(亿元)		年末全部从业人数(万人)	
	1988 年	1987 年	1988 年	1987 年	1988 年	1987 年
全国总计	**733 773**	**708 034**	**1 703.63**	**1 165.35**	**1 841.61**	**1 735.21**
轻工业	421 346	408 734	849.23	581.51	844.14	787.47
重工业	312 427	299 300	854.40	583.84	997.47	947.74
煤炭采选业	13 998	13 436	36.71	25.97	68.56	65.29
石油和天然气开采业	5	3	0.01	…	0.01	0.01
黑色金属矿采选业	2 221	2 370	5.41	3.88	9.74	9.47
有色金属矿采选业	2 711	2 171	6.27	3.67	9.07	6.98
建筑材料及其他非金属矿采选业	34 126	31 900	56.42	40.84	95.55	93.21
采盐业	814	493	1.22	0.73	2.76	2.69
木材及竹材采运业	4 050	3 023	3.59	2.66	6.73	5.21
自来水生产和供应业	539	388	0.25	0.10	0.22	0.12
食品制造业	196 401	201 589	124.52	86.62	119.62	116.72
饮料制造业	13 462	12 359	24.25	16.90	22.41	20.17
烟草加工业	64	30	0.10	0.06	0.12	0.27
饲料工业	4 728	4 146	8.59	4.49	4.23	3.56
纺织业	18 889	17 710	159.23	109.95	113.81	104.88
缝纫业	16 949	15 677	51.38	37.13	70.15	65.94
皮革、毛皮及其制品业	6 257	6 467	29.98	21.83	27.50	29.98
木材加工及竹、藤、棕、草制品业	18 973	18 084	24.78	17.35	30.39	29.30
家具制造业	12 167	12 037	21.41	14.48	20.15	19.04
造纸及纸制品业	11 675	9 899	48.73	32.21	47.87	42.45
印刷业	5 778	5 579	18.88	13.61	18.98	18.58
文教体育用品制造业	2 692	2 294	11.31	8.18	12.67	13.20
工艺美术品制造业	17 642	16 759	33.99	23.67	77.79	73.13
电力、蒸汽、热水生产和供应业	8 391	8 219	1.86	1.27	3.22	2.99
石油加工业	533	475	3.30	2.21	1.55	1.22
炼焦、煤气及煤制品业	2 473	1 886	5.09	2.64	3.92	3.10
化学工业	14 657	11 432	76.92	42.60	49.24	37.00
医药工业	588	448	5.24	2.32	3.15	2.02
化学纤维工业	302	283	2.55	1.97	1.51	1.36
橡胶制品业	2 986	2 939	14.77	9.56	11.96	10.73
塑料制品业	19 464	16 816	72.92	46.35	68.04	61.75
建筑材料及其他非金属矿物制品业	151 330	147 985	284.01	209.10	480.21	478.80
黑色金属冶炼及压延加工业	3 877	3 147	34.85	19.49	18.35	13.92
有色金属冶炼及压延加工业	2 251	1 974	22.02	12.73	8.58	7.76
金属制品业	32 157	29 686	120.52	85.14	102.08	94.91
机械工业	41 589	37 954	184.21	123.08	144.16	128.16
交通运输设备制造业	4 126	3 928	19.37	12.11	14.12	13.13
电气机械及器材制造业	6 371	6 168	51.49	32.54	30.58	28.91
电子及通信设备制造业	1 819	1 791	15.76	11.67	13.19	11.56
仪器仪表及其他计量器具制造业	1 286	1 029	6.14	3.64	4.99	4.06

注：工业总产值按当年价格计算（下同）

各地区村办工业主要指标

地　　区	工业企业单位数(个)		工业总产值(亿元)		年末全部从业人数(万人)	
	1988年	1987年	1988年	1987年	1988年	1987年
全国总计	**733 773**	**708 034**	**1 703.63**	**1 165.35**	**1 841.61**	**1 735.21**
北　京	10 789	9 942	52.91	33.82	41.92	39.95
天　津	43 813	6 906	92.08	43.28	118.10	42.03
河　北	8 154	43 431	75.52	64.05	47.39	114.22
山　西	32 758	34 089	41.07	31.90	67.61	67.25
内蒙古	3 057	3 040	3.30	2.53	7.51	7.09
辽　宁	31 720	29 902	102.82	71.40	89.49	81.72
吉　林	9 087	8 545	17.41	11.53	22.68	19.72
黑龙江	11 883	10 953	17.09	13.41	19.11	18.33
上　海	8 671	7 363	80.51	52.70	66.81	64.82
江　苏	73 207	72 764	376.99	268.25	303.91	295.17
浙　江	52 211	52 836	170.84	126.33	152.28	156.75
安　徽	23 473	21 912	25.09	17.51	44.87	40.27
福　建	26 486	25 430	36.31	23.46	49.50	45.04
江　西	27 965	25 823	18.46	12.69	32.13	28.54
山　东	83 349	80 779	240.74	147.66	239.97	228.15
河　南	36 612	34 962	75.48	54.62	114.73	104.52
湖　北	52 762	50 865	53.60	37.78	66.50	63.54
湖　南	38 762	41 039	33.76	27.03	56.29	55.75
广　东	65 281	56 921	104.31	69.16	152.11	130.94
广　西	5 977	5 955	4.78	3.64	10.85	10.73
海　南	270	480	0.27	0.21	0.49	0.51
四　川	44 546	42 719	36.87	25.96	58.27	56.41
贵　州	2 246	2 348	1.86	1.18	3.95	3.95
云　南	15 089	11 857	11.43	2.59	21.99	8.25
西　藏	13	10	0.02	0.01	0.04	0.04
陕　西	19 833	21 118	22.98	17.40	38.30	38.29
甘　肃	3 398	3 234	4.58	3.13	9.32	8.92
青　海	455	465	0.55	0.48	1.52	1.61
宁　夏	660	626	0.56	0.44	1.30	0.90
新　疆	1 246	1 720	1.46	1.21	2.68	2.71

各地区农村合作经营、个体工业主要指标

（1988年）

地　　区	农村合作经营工业			农村个体工业		
	户　数（个）	工业总产值（亿元）	从业人数（万人）	户　数（个）	工业总产值（亿元）	从业人数（万人）
全国总计	**686 600**	**400.11**	**573.01**	**5 695 240**	**722.00**	**1 482.63**
北　京	396	2.36	1.50	11 944	4.20	3.45
天　津	108 650	67.89	85.57	434 993	71.74	120.27
河　北	2 447	3.25	3.09	6 886	1.65	1.40
山　西	6 747	6.28	9.23	85 149	16.72	34.72
内蒙古	2 116	1.13	2.82	53 467	4.10	14.77
辽　宁	7 406	13.12	7.96	182 664	65.53	49.97
吉　林	3 633	1.89	2.02	125 068	19.22	28.05
黑龙江	2 129	1.31	1.38	85 874	10.89	19.20
上　海	3 503	7.48	8.07	7 624	1.49	2.08
江　苏	41 439	22.03	26.17	471 661	66.23	108.36
浙　江	52 405	50.69	55.78	159 466	39.87	52.67
安　徽	42 700	17.23	31.52	460 871	39.37	108.48
福　建	24 308	22.69	28.63	99 163	15.00	31.50
江　西	34 142	9.03	21.77	254 075	15.45	49.40
山　东	50 574	29.63	38.66	407 879	75.08	127.61
河　南	75 012	48.11	76.22	655 586	68.61	200.37
湖　北	14 466	7.17	9.77	292 040	28.12	60.76
湖　南	21 081	9.16	16.60	315 647	29.48	74.07
广　东	39 196	31.90	42.25	268 075	48.08	95.07
广　西	18 682	5.41	13.73	179 888	10.35	43.53
海　南	1 483	1.01	1.12	12 864	1.41	2.61
四　川	90 747	25.54	55.26	559 640	48.48	123.39
贵　州	14 152	2.16	7.62	181 954	10.60	44.97
云　南	11 402	2.07	8.68	123 232	5.18	24.39
西　藏	21	0.01	0.05	3 400	0.04	0.66
陕　西	9 963	7.64	8.01	144 495	15.79	31.91
甘　肃	6 810	3.33	8.42	56 616	5.17	17.52
青　海	174	0.21	0.22	13 203	0.62	2.20
宁　夏	557	0.21	0.56	19 432	1.39	4.05
新　疆	259	0.17	0.35	22 384	2.15	5.19

注：工业总产值按当年价格计算

七、中国知名工业企业名录

全国主要工业行业产值物耗率最低的10家大中型工业企业(一)

(1987年)

名次	企业名称	产值物耗率(%)
	煤炭采选业	
1	小龙潭煤矿	33.56
2	乌鲁木齐矿务局	48.81
3	霍县矿务局	48.93
4	大同矿务局	49.54
5	内蒙乌达矿务局	50.37
6	徐州矿务局	50.76
7	煤炭部大屯煤电公司	51.71
8	七台河矿务局	51.92
9	枣庄矿务局	52.23
10	攀枝花矿务局	52.37
	石油和天然气开采业	
1	江苏油田	26.07
2	青海石油管理局	28.38
3	大庆石油管理局	30.31
4	胜利油田会战指挥部	32.84
5	吉林省油田管理局	32.91
6	中原石油勘探局	43.23
7	四川石油管理局	50.28
8	石油工业部河南石油勘探局	52.41
9	华北石油管理局	53.48
10	辽河石油勘探局	56.07
	食品制造业	
1	上海油脂二厂	18.93
2	沈阳市第一冷冻厂	25.99
3	赤峰市糖厂	31.88
4	上海冷冻三厂	32.41
5	上海江湾冷冻厂	32.50
6	宁波食品冷冻厂	32.70
7	大连台山冷冻厂	40.38
8	天津市冷冻厂	41.25
9	勐岗糖厂	43.52
10	上海供销公司第三批发部冷冻厂	43.58
	饮料制造业	
1	山西省杏花村汾酒厂	30.65
2	樟树四特酒厂	33.28
3	陕西省西凤酒厂	34.29
4	泸州古蔺郎酒厂	35.58
5	宜宾五粮液酒厂	37.19
6	青岛啤酒厂	43.34
7	邢台市啤酒厂	44.23
8	阳谷酿酒厂	44.33
9	鞍山啤酒厂	44.35
10	大连啤酒厂	45.02
	烟草加工业	
1	山东省烟草公司潍坊烟叶复烤厂	26.72
2	杭州卷烟厂	30.55
3	宁波卷烟厂	30.94
4	新疆卷烟厂	31.38
5	国营许昌烤烟厂	32.19
6	下关雪茄烟厂	32.29
7	青岛卷烟厂	32.42
8	上海卷烟厂	32.55
9	玉溪卷烟厂	32.87
10	北京卷烟厂	32.90
	纺织业	
1	集宁市绒毛厂	16.88
2	上海第一毛纺织厂东沟分厂	26.02
3	常州市制绒厂	27.27
4	上海益联纺织厂	29.96
5	上海被单漂印一厂	46.32
6	上海工业用呢厂	46.65
7	济南针织厂	47.70
8	石家庄市化纤织物厂	47.77
9	河南第二毛纺厂	49.43
10	天津市羊毛衫厂	52.40
	皮革、毛皮及其制品业	
1	上海市畜产分公司皮张总厂	23.90
2	天津畜产进出口公司皮毛加工厂	33.26
3	张家口市第一制革厂	46.23

全国主要工业行业产值物耗率最低的10家大中型工业企业(二)

(1987年)

名次	企业名称	产值物耗率(%)
4	湖州德泰顺制革厂	63.08
5	新疆皮革毛皮工业公司	64.72
6	辛集市皮毛制革厂	65.80
7	农六师王家渠皮革厂	66.12
8	沈阳市皮革装具厂	67.49
9	沈阳市皮鞋一厂	68.67
10	雅安皮革总厂	68.85
	缝纫业	
1	花县纺织联合拓展公司	47.30
2	石家庄市新华服装厂	62.91
3	天津新华制衣总厂	63.70
4	青岛西装厂	64.28
5	天津市凤凰制衣总厂	66.65
6	江西共青羽绒厂	72.54
7	扬州服装厂	73.87
8	北京衬衫厂	74.21
9	国营南京装具厂	75.59
10	无锡市光明内衣厂	75.91
	造纸及纸制品业	
1	天章记录纸厂	44.34
2	河北国营6042工厂	50.84
3	太原汾河造纸厂	52.02
4	北京造纸五厂	53.33
5	华丰造纸厂	54.65
6	民丰造纸厂	55.51
7	新疆农八师造纸厂	57.61
8	吉林造纸厂	58.91
9	漯河市第一造纸厂	58.94
10	天津市第三人民造纸厂	59.50
	电力、蒸气、热水生产和供应业	
1	顺德供电局	3.73
2	上海市北供电公司	6.22
3	十堰供电局	7.99
4	上海市中供电公司	10.11
5	天津电力局市区供电公司	10.82
6	丰满发电厂	11.46
7	天津电力局汉沽供电局	12.00
8	淄博电业局	12.39
9	广西西津发电厂	12.89
10	盐锅峡水电厂	13.37
	石油加工业	
1	沧州炼油厂	41.94
2	锦州炼油厂	41.99
3	锦西炼油厂	42.57
4	哈尔滨炼油厂	43.23
5	南京栖霞化工厂	46.05
6	大连石油七厂	49.83
7	鞍山炼油厂	49.83
8	天津石油化工公司炼油厂	50.39
9	齐鲁石化公司	51.43
10	抚顺石油二厂	53.74
	化学工业	
1	北京市氧气厂	32.18
2	安徽省红星机械厂	40.96
3	湖北荆门市化工厂	41.14
4	国营江西省钢丝厂	43.08
5	辽宁国营红光电器厂	45.59
6	浙江光华器材厂	46.91
7	山西音响材料厂	48.09
8	上海染料化工三厂	49.25
9	北京燕山石化公司	50.00
10	福建峰材机器厂	50.65
	医药工业	
1	上海生物制品研究所	35.63
2	卫生部北京生物制品研究所	39.36
3	长春生物制品研究所	43.79
4	华北制药厂	44.92
5	成都生物制品研究所	45.19
6	兰州生物制品研究所	47.08
7	天津市第六中药厂	50.66

全国主要工业行业产值物耗率最低的10家大中型工业企业(三)

(1987年)

名次	企 业 名 称	产值物耗率(%)
8	卫生部武汉生物制品研究所	53.93
9	本溪市第三制药厂	54.84
10	常州市第二制药厂	56.94
	化学纤维工业	
1	上海石油化工总厂	55.53
2	保定化学纤维联合厂	56.19
3	南通合成纤维厂	56.55
4	仪征化纤工业联合公司	61.76
5	成都涤纶厂	62.63
6	天津石油化工公司化纤厂	62.80
7	开山屯化学纤维浆厂	63.14
8	广州合成纤维厂	64.05
9	江西涤纶厂	64.10
10	杭州化学纤维厂	64.80
	橡胶制品业	
1	国营无锡市第二橡胶厂	46.96
2	沈阳橡胶制品厂	49.88
3	贵州橡胶配件厂	52.14
4	上海正泰橡胶厂	56.62
5	上海橡胶制品一厂	57.09
6	北京橡胶六厂	58.29
7	湖北东风轮胎厂	60.78
8	南京橡胶厂	60.93
9	上海大中华橡胶厂	61.69
10	广东江南橡胶厂	62.33
	塑料制品业	
1	济南市塑料五厂	38.73
2	本溪市塑料厂	60.61
3	广州石油化工总厂塑料包装材料厂	61.59
4	无锡市塑料铺地材料厂	64.76
5	烟台合成革厂	65.24
6	成都市塑料三厂	65.27
7	济南市塑料四厂	65.85
8	盘锦市塑料厂	67.29
9	武汉市亚光塑料制品厂	68.10
10	柳州市塑料制品工厂	68.26
	建筑材料及其他非金属矿物制品业	
1	辽宁镁矿公司大石桥耐火材料厂劳动服务公司	32.87
2	张掖地区平原堡砖瓦厂	34.54
3	石咀山钢铁厂	36.20
4	成都国营157厂	36.63
5	营口市玻璃纤维二厂	36.94
6	唐山陶瓷厂	37.66
7	景德镇光明瓷厂	38.54
8	河北马家沟耐火材料厂	39.73
9	内蒙古西卓子山水泥厂	42.31
10	天津国营232厂	42.78
	黑色金属冶炼及压延加工业	
1	首都钢铁公司	47.29
2	鞍山钢铁公司	50.11
3	昆明钢铁公司	54.60
4	新疆八一钢铁总厂	55.47
5	长治钢铁厂	59.43
6	武汉钢铁公司	59.77
7	广西灵川铁合金厂	59.78
8	西北铁合金厂	60.76
9	本溪钢铁公司	61.68
10	马鞍山钢铁公司	61.80
	有色金属冶炼及压延加工业	
1	湖南锡矿山矿务局	46.09
2	甘肃金川有色金属公司	46.75
3	上海有色金属研究所	52.05
4	大厂矿务局	52.78
5	湘西金矿	54.59
6	山东铝厂	54.74
7	贵州汞矿	56.16
8	郑州铝厂	56.82
9	云南会泽铅锌矿	57.28
10	甘肃稀土公司	57.31

全国主要工业行业产值物耗率最低的10家大中型工业企业(四)

(1987年)

名次	企业名称	产值物耗率(%)	名次	企业名称	产值物耗率(%)
	金属制品业			**电气机械及器材制造业**	
1	宝山钢管镀锌厂	38.25	1	贵州国营南风车辆改装厂	42.41
2	贵阳工具厂	43.10	2	上海机床电器厂	44.66
3	上海星火模具总厂	46.58	3	重庆电冰箱总厂	49.47
4	西安造纸网厂	47.52	4	西南无线电专用材料厂	50.50
5	上海劳动机械厂	49.54	5	上海华通开关厂	51.02
6	国营渭河工具厂	52.34	6	长春市电炉厂	51.15
7	天津市组合夹具厂	53.19	7	沈阳市电扇总厂	51.21
8	上海工具厂	53.57	8	上海先锋电机厂	51.46
9	上海锻压机床三厂	53.82	9	上海继电器厂	53.27
10	湖州制锁总厂	54.92	10	天津市电炉厂	53.50
	机械工业			**电子及通信设备制造业**	
1	上海电梯厂	1.71	1	深圳华明计算机有限公司	5.81
2	国营新苏机械厂	11.18	2	阳江汽车电子总厂	7.49
3	航天工业部桂林电机厂	28.28	3	天津市无线电二厂	28.62
4	上海针织一厂	28.73	4	上海黄浦仪器厂	30.27
5	上海微型轴承厂	31.72	5	广西建南机器厂	32.09
6	广西第一机床厂	31.76	6	长春市无线电一厂	32.33
7	国营宜春第一机械厂	32.71	7	贵州永江电工厂	32.57
8	许昌烟草工业机械厂	34.63	8	锦州电子计算机厂	33.45
9	沈阳针织器材厂	38.67	9	常州市无线电元件六厂	35.92
10	浙江丽水油嘴油泵厂	38.79	10	上海822厂	37.38
	交通运输设备制造业			**仪器仪表及其他计量器具制造业**	
1	陕西国营长空精密机械制造公司	25.16	1	重庆无线测试仪器厂	38.11
2	陕西国营巴山机械厂	32.07	2	天津市无线电一厂	39.88
3	民航103厂	38.10	3	国营庆华机械厂	40.19
4	广州标致汽车公司	38.23	4	北京无线电仪器厂	41.22
5	贵州国营华阳电工厂	39.66	5	辽阳精密仪表厂	41.35
6	贵阳航空液压件厂	41.62	6	国家计量局北京计量仪器厂	41.55
7	宜宾地区三江机械厂	42.31	7	山东掖县材料试验机厂	41.84
8	陕西国营中原电测仪器厂	42.42	8	天津市光学仪器厂	41.92
9	国营金陵光学仪器厂	43.47	9	四川长平机械厂	42.03
10	贵州红林机械厂	44.20	10	常州市第二纺织机械厂	43.71

全国主要工业行业资金利税率最佳的10家大中型工业企业(一)

(1987年)

名次	企业名称	资金利税率(%)
	煤炭采选业	
1	株州洗煤厂	72.15
2	小龙潭煤矿	35.71
3	晋城矿务局	12.19
4	大同矿务局	11.17
5	潞安矿务局	10.02
6	抚顺矿务局	9.01
7	煤炭部大屯煤电公司	6.62
8	黑龙江省七台河矿务局	6.29
9	肥城矿务局	5.80
10	平顶山矿务局	5.58
	石油和天然气开采业	
1	大庆石油管理局	34.51
2	胜利油田会战指挥部	17.52
3	玉门石油管理局	13.79
4	石油工业部河南石油勘探局	12.11
5	新疆石油管理局	8.65
6	大港石油管理局	8.00
7	辽河石油勘探局	7.14
8	青山机械厂	5.49
9	长庆石油勘探局第三采油厂	4.40
10	中原石油勘探局	3.85
	食品制造业	
1	福建福安赛江糖厂	186.54
2	天津市第一面粉厂	165.12
3	元江糖厂	122.04
4	北京市肉类联合加工厂	114.34
5	武鸣华侨糖厂	113.41
6	上海市面粉公司	106.61
7	哈尔滨粮油综合加工厂	93.43
8	北京市第三肉类联合加工厂	92.55
9	南靖第一糖厂	92.26
10	杭州味精厂	89.76
	饮料制造业	
1	天津酒精厂	201.90
2	鞍山啤酒厂	150.16
3	哈尔滨酿酒总厂	96.46
4	陕西省西凤酒厂	95.62
5	武汉市武汉酒厂	94.20
6	泸州曲酒厂	91.08
7	天津酿酒厂	81.63
8	金山机械厂	77.06
9	江苏省地方国营泗阳洋河酒厂	73.57
10	大连酿酒厂	72.05
	烟草加工业	
1	上海卷烟厂	685.03
2	中国烟草总公司南京卷烟厂	669.19
3	中国烟草总公司淮阴卷烟厂	569.09
4	湖南凤凰雪茄烟厂	373.89
5	广西钟山卷烟厂	364.51
6	宁波卷烟厂	357.82
7	中国烟草总公司徐州卷烟厂	353.44
8	重庆卷烟厂	351.13
9	安阳卷烟厂	345.18
10	杭州卷烟厂	336.97
	纺织业	
1	湖北省襄樊市棉织厂	219.47
2	石家庄第四棉纺织厂	150.96
3	上海第十九毛纺织厂	150.16
4	上海工业用呢厂	119.86
5	上海第十七毛纺织厂	111.06
6	新疆七一第二棉纺织厂	103.96
7	天津市东亚毛纺厂	103.38
8	南通市棉织四厂	103.01
9	上海第十一化学纤维厂	92.30
10	上海华丰毛纺厂	85.74
	缝纫业	
1	广东花县纺织联合拓展公司	221.47
2	北京市大华衬衫厂	45.41
3	北京长城风雨衣公司	44.86

全国主要工业行业资金利税率最佳的10家大中型工业企业(二)

(1987年)

名次	企业名称	资金利税率(%)	名次	企业名称	资金利税率(%)
4	许昌市鞋厂	39.33	6	黄石供电局	168.32
5	北京衬衫厂	37.74	7	娄底电业局	159.44
6	天津市凤凰制衣总厂	32.71	8	广西柳州供电局	158.49
7	天津市衬衣厂	28.21	9	绵阳供电局	156.94
8	无锡市光明内衣厂	28.09	10	吉林电业局	148.04
9	扬州服装厂	27.50		**石油加工业**	
10	青岛西装厂	27.10	1	鞍山炼油厂	276.71
	皮革、毛皮及其制品业		2	大连石油七厂	221.41
1	上海畜产分公司皮张总厂	65.91	3	天津石化公司第一石油化工厂	216.58
2	上海皮鞋厂	63.94	4	抚顺石油二厂	193.40
3	上海第二皮鞋厂	61.75	5	沧州炼油厂	151.88
4	益民制革厂	51.14	6	锦西炼油厂	146.98
5	上海红光制革厂	46.56	7	长岭炼油厂	139.69
6	天津市天津制鞋厂	46.01	8	上海高桥石油化工公司	136.79
7	湖州德泰顺制革厂	37.48	9	兰州炼油厂	128.96
8	北京市制革厂	36.22	10	天津石油化工公司炼油厂	126.12
9	上海东方制革厂	34.57		**化学工业**	
10	浙江海宁制革厂	31.34	1	天津染料化学第三厂	170.46
	造纸及纸制品业		2	上海家用化学品厂	162.57
1	上海新安造纸厂	183.77	3	上海塑料厂	160.17
2	上海中国版纸厂	167.07	4	上海制皂厂	141.89
3	北京造纸五厂	140.08	5	上海振华造漆厂	140.48
4	上海天章记录纸厂	127.46	6	上海新华树脂厂	133.27
5	上海华丽铜板纸厂	104.87	7	上海牙膏厂	132.82
6	上海神州造纸厂	97.52	8	山东省济宁市染料厂	131.51
7	上海新风铜网造纸厂	89.26	9	上海开林造漆厂	130.95
8	上海长征造纸厂	83.43	10	上海皮革化工厂	121.89
9	上海长江造纸厂	77.68		**医药工业**	
10	北京造纸七厂	73.90	1	上海仪谊药厂	124.59
	电力、蒸汽、热水生产和供应业		2	岳阳市制药一厂	111.51
1	上海杨树浦发电厂	423.58	3	华北制药厂	109.66
2	广西南宁供电局	266.56	4	上海第十二制药厂	102.36
3	大庆电业局	259.26	5	广州群星制药厂	93.80
4	济宁市电业局	253.46	6	广州市侨光制药厂	84.28
5	株州电业局	183.47	7	天津市达仁堂制药厂	84.00

全国主要工业行业资金利税率最佳的10家大中型工业企业(三)

(1987年)

名次	企业名称	资金利税率(%)
8	天津市第六制药厂	81.21
9	成都生物制品研究所	77.71
10	上海中药制药二厂	75.33
	化学纤维工业	
1	广东海德涤纶厂	81.68
2	南通合成纤维厂	67.13
3	上海第五化学纤维厂	47.65
4	浙江涤纶厂	45.27
5	保定化学纤维联合厂	40.97
6	丹东化纤工业公司	40.06
7	常州合成纤维厂	39.91
8	杭州化学纤维厂	38.91
9	国营新乡化学纤维厂	37.22
10	广东新会涤纶厂	34.81
	橡胶制品业	
1	上海中南橡胶厂	165.10
2	上海正泰橡胶厂	156.62
3	天津胶鞋厂	149.18
4	国营青岛第二橡胶厂	133.75
5	上海大中华橡胶厂	131.72
6	天津橡胶制品一厂	118.32
7	贵州轮胎厂	102.49
8	广州第一橡胶厂	88.86
9	上海橡胶制品四厂	86.99
10	上海大孚橡胶总厂	84.81
	塑料制品业	
1	杭州新风塑料厂	81.06
2	河南省新乡市第二塑料厂	75.51
3	镇江塑料五厂	70.51
4	沧州市东风塑料厂	66.36
5	河南省塑料地膜厂	62.06
6	天津市第五塑料制品厂	54.85
7	北京市塑料八厂	54.19
8	沧州第一塑料厂	51.01
9	济南市塑料三厂	46.15
10	佛山塑料二厂	44.75
	建筑材料及其他非金属矿物制品业	
1	上海炭素厂	130.13
2	上海玻璃厂	92.50
3	浙江江山水泥厂	87.47
4	沈阳药用玻璃厂	86.58
5	上海玻璃仪器一厂	78.00
6	武山水泥厂	72.37
7	北京市油毡厂	72.03
8	湘乡水泥厂	71.76
9	湖北华新水泥厂	71.76
10	永登水泥厂	70.81
	黑色金属冶炼及压延加工业	
1	上海第八钢铁厂	132.65
2	上海矽钢片厂	113.67
3	上海第二钢铁厂	105.66
4	上海新沪钢铁厂	104.62
5	上海铁合金厂	71.22
6	天津市轧钢三厂	67.53
7	天津市冶金实验厂	67.05
8	天津市无缝钢管厂	65.98
9	上海钢管厂	64.04
10	上海第十钢铁厂	62.58
	有色金属冶炼及压延加工业	
1	上海第一铜棒厂	135.30
2	上海东风有色合金厂	106.45
3	上海有色合金线材厂	87.01
4	上海沪江铜厂	76.45
5	上海合金厂	59.01
6	柳州锌品厂	55.68
7	宁波铝制品总厂	47.88
8	焦作市铝厂	46.72
9	上海铝材厂	46.70
10	上海铜厂	45.82

全国主要工业行业资金利税率最佳的10家大中型工业企业(四)

(1987年)

名次	企业名称	资金利税率(%)	名次	企业名称	资金利税率(%)
	金属制品业			**电气机械及器材制造业**	
1	上海宝山钢管镀锌厂	155.03	1	重庆洗衣机二厂	132.25
2	天津市第六金属制品厂	111.06	2	中山洗衣机厂	125.98
3	天津市电焊条厂	90.44	3	重庆电冰箱总厂	115.13
4	上海华丰搪瓷厂	83.24	4	上海铜材厂	96.64
5	上海铝制品一厂	78.29	5	华东电焊机厂	87.99
6	上海电焊条总厂	68.95	6	上海中国电工厂	84.75
7	上海劳动机械厂	67.96	7	长沙电冰箱厂	79.53
8	西安人民搪瓷厂	67.65	8	苏州电扇总厂	75.83
9	重庆搪瓷厂	65.48	9	广州冰箱电器工业公司	74.30
10	国营六一四厂	64.58	10	天津市电冰箱压缩机厂	73.07
	机械工业			**电子及通信设备制造业**	
1	陕西第二纺织机械厂	658.32	1	上海电视十一厂	99.12
2	上海高压容器厂	301.65	2	天津无线电元件四厂	96.37
3	上海国营机械刀片厂	72.81	3	广东华生音响器材有限公司	95.88
4	天津市减速机厂	69.98	4	常州市无线电元件六厂	94.12
5	国营新民机械厂	63.79	5	武汉市无线电厂	84.72
6	上海冷气机厂	63.53	6	国营青岛电视机厂	73.85
7	湖南建华机械厂	62.03	7	京华电子有限公司	70.38
8	上海标准件三厂	61.53	8	上海金陵无线电厂	68.54
9	上海工业锅炉厂	61.12	9	常熟市无线电元件厂	64.43
10	上海新中华机器厂	60.90	10	上海无线电四厂	63.28
	交通运输设备制造业			**仪器仪表及其他计量器具制造业**	
1	上海大众汽车有限公司	164.34	1	上海量具刃具厂	67.98
2	北京第二汽车制造厂	77.00	2	上海自动化仪表厂	66.38
3	北京市汽车靠垫厂	75.53	3	大连仪表厂	49.52
4	上海第二汽车底盘厂	64.62	4	上海自动化仪表一厂	48.72
5	北京市汽车制造厂	61.61	5	无锡市建筑材料仪器机械厂	47.05
6	北京市旅行车股份有限公司	55.34	6	上海分析仪器厂	45.37
7	上海汽车传动轴厂	52.94	7	上海调节器厂	43.08
8	上海客车厂	51.85	8	天津自动化仪表厂	41.30
9	成都汽车制造厂	50.69	9	常州市第二纺织机械厂	39.74
10	上海汽车电机厂	48.30	10	北京电表厂	37.92

全国主要工业行业产值利税率最佳的10家大中型工业企业(一)

(1987年)

名次	企业名称	产值利税率(%)
	煤炭采选业	
1	云南小龙潭煤矿	49.84
2	徐州矿务局	27.80
3	晋城矿务局	24.97
4	潞安矿务局	21.08
5	大同矿务局	19.67
6	抚顺矿务局	19.00
7	株州洗煤厂	18.34
8	黑龙江七台河矿务局	14.51
9	平顶山矿务局	12.96
10	肥城矿务局	10.14
	石油和天然气开采业	
1	大庆石油管理局	28.07
2	大港石油管理局	18.58
3	胜利油田会战指挥部	18.35
4	甘肃靖远矿务局	14.40
5	长庆石油勘探局第三采油厂	13.82
6	辽河石油勘探局	12.14
7	新疆石油管理局	10.75
8	中原石油勘探局	10.74
9	石油工业部河南石油勘探局	9.66
10	四川石油管理局	6.93
	食品制造业	
1	天津食品进出口分公司冷冻厂	311.48
2	云南景真糖厂	173.86
3	大连海洋渔业公司冷冻厂	127.24
4	沈阳市第一冷冻厂	57.52
5	上海储炼厂	56.32
6	上海冷冻三厂	53.08
7	宁波食品冷冻厂	51.75
8	大连台山冷冻厂	48.54
9	上海油脂二厂	47.19
10	天津市冷冻厂	46.17
	饮料制造业	
1	江苏省泗洪双沟酒厂	88.94

名次	企业名称	产值利税率(%)
2	四川宜宾五粮液酒厂	65.72
3	贵州茅台酒厂	64.53
4	青岛啤酒厂	61.90
5	四川万县地区太白酒厂	50.00
6	陕西省西凤酒厂	49.74
7	绍兴市酿酒总公司	49.37
8	地方国营泗阳洋河酒厂	49.35
9	长沙啤酒厂	48.52
10	北京啤酒厂	48.33
	烟草加工业	
1	蚌埠市烟叶复烤厂	73.39
2	呼和浩特卷烟厂	68.98
3	杭州卷烟厂	67.06
4	宁波卷烟厂	67.81
5	兰州卷烟厂	66.44
6	上海卷烟厂	65.14
7	新疆卷烟厂	64.96
8	云南玉溪卷烟厂	64.50
9	南京卷烟厂	64.36
10	青岛卷烟厂	64.27
	纺织业	
1	湖北省襄樊市棉织厂	90.29
2	上海工业用呢厂	52.25
3	营口市第一织布厂	49.05
4	上海第二毛纺织厂东沟分厂	47.45
5	上海大沿河毛纺厂	40.66
6	哈尔滨亚麻纺织厂	39.83
7	甘肃绒线厂	38.07
8	常州市割绒厂	36.51
9	河南第二毛纺厂	35.89
10	青海省第三毛纺织厂	35.72
	缝纫业	
1	上海市畜产分公司羽绒厂	37.80
2	花县纺织联合拓展公司	31.74
3	天津市衬衣厂	18.78

全国主要工业行业产值利税率最佳的10家大中型工业企业(二)

(1987年)

名次	企业名称	产值利税率(%)	名次	企业名称	产值利税率(%)
4	天津市新华制衣总厂	16.27	6	北安电业局	375.36
5	北京衬衫厂	15.90	7	南阳地区电业局	361.51
6	北京市大华衬衫厂	15.71	8	娄底电业局	360.47
7	天津市凤凰制衣总厂	14.86	9	株州电业局	330.60
8	北京长城风雨衣公司	14.73	10	忻州地区电业局	324.02
9	无锡市光明内衣厂	13.23		**石油加工业**	
10	许昌市鞋厂	12.85	1	抚顺石油二厂	48.15
	皮革、毛皮及其制品业		2	大连石油七厂	45.89
1	湖州德泰顺制革厂	31.63	3	锦西炼油厂	42.05
2	天津畜产进出口公司皮毛加工厂	24.13	4	锦州炼油厂	41.90
3	沈阳市皮革装具厂	23.81	5	上海高桥石油化工公司	41.13
4	张家口市第一制革厂	23.49	6	齐鲁石化公司	40.39
5	北京市制革厂	20.51	7	济南炼油厂	39.37
6	新疆皮革毛皮工业公司	20.48	8	天津石化公司第一石油化工厂	38.90
7	辛集市皮毛制革厂	19.29	9	天津石化公司炼油厂	38.46
8	上海市第二皮鞋厂	19.07	10	南京栖霞化工厂	37.16
9	上海皮鞋厂	18.68		**化学工业**	
10	益民制革厂	18.35	1	北京市氧气厂	56.78
	造纸及纸制品业		2	湖北省荆门市化工厂	52.08
1	上海天章记录纸厂	41.09	3	上海染料化工三厂	47.25
2	国营六〇四工厂	38.39	4	北京燕山石化公司	45.29
3	介休造纸厂	36.33	5	辽阳石油化纤公司	40.81
4	北京造纸五厂	36.05	6	华北氧气厂	40.13
5	佳木斯造纸厂	35.01	7	上海炭黑厂	39.74
6	华丰造纸厂	34.90	8	吉林市第三化工厂	39.58
7	青州造纸厂	33.84	9	山东省济宁市染料厂	38.20
8	冷水滩造纸厂	32.69	10	辽河化肥厂	38.03
9	中国版纸厂	32.65		**医药工业**	
10	滑县造纸厂	32.62	1	上海生物制品研究所	58.70
	电力、蒸汽、热水生产和供应业		2	成都生物制品研究所	51.86
1	上海市电力工业局局机关	5 653.76	3	北京生物制品研究所	51.31
2	广西柳州供电局	524.70	4	华北制药厂	48.41
3	广西南宁供电局	508.09	5	长春生物制品研究所	47.07
4	大庆电业局	505.34	6	卫生部武汉生物制品研究所	45.21
5	哈尔滨电业局	444.15	7	兰州生物制品研究所	41.44

全国主要工业行业产值利税率最佳的10家大中型工业企业(三)

(1987年)

名次	企业名称	产值利税率(%)	名次	企业名称	产值利税率(%)
8	天津市第六中药厂	35.20	10	北京市塑料十一厂	23.01
9	福州抗菌素厂	34.02		**建筑材料及其他非金属矿物制品业**	
10	江西国药厂	32.86	1	武山水泥厂	199.54
	化学纤维工业		2	山东王村耐火材料厂	54.94
1	上海石油化工总厂	40.10	3	冀东水泥厂	54.67
2	南通合成纤维厂	39.87	4	上海碳素厂	51.13
3	浙江涤纶厂	35.79	5	内蒙古西卓子山水泥厂	50.52
4	仪征化纤工业联合公司	35.46	6	抚顺碳素厂	49.93
5	杭州化纤厂	30.56	7	南通碳素厂	49.56
6	常州合成纤维厂	29.03	8	永登水泥厂	47.90
7	保定化学纤维联合厂	28.58	9	兰州碳素厂	46.29
8	广州合成纤维厂	27.40	10	浙江古方砖瓦厂	45.30
9	山西涤纶厂	26.98		**黑色金属冶炼及压延加工业**	
10	平顶山锦纶帘子布厂	26.14	1	首都钢铁公司	48.61
	橡胶制品业		2	鞍山钢铁公司	36.61
1	上海正泰橡胶厂	36.49	3	马鞍山钢铁公司	33.98
2	东风轮胎厂	35.15	4	武汉钢铁公司	33.11
3	北京橡胶六厂	34.95	5	浙江横山铁合金厂	31.56
4	国营无锡第二橡胶厂	34.01	6	济南钢铁厂	31.18
5	国营青岛第二橡胶厂	33.09	7	广西灵川铁合金厂	31.12
6	上海大中华橡胶厂	32.98	8	天津市无缝钢管厂	30.89
7	贵州橡胶配件厂	31.03	9	昆明钢铁公司	30.58
8	沈阳橡胶制品厂	30.76	10	上海铁合金厂	29.59
9	上海橡胶制品一厂	30.74		**有色金属冶炼及压延加工业**	
10	桂林轮胎厂	30.58	1	金川有色金属公司	40.12
	塑料制品业		2	合肥铝厂	34.14
1	杭州新丰塑料厂	51.69	3	山东铝厂	33.09
2	广州石油化工总厂塑料包装材料厂	40.05	4	郑州铝厂	31.27
3	河南省塑料地膜厂	31.54	5	忻州地区钨丝厂	30.04
4	沧州第一塑料厂	28.01	6	青岛铝加工厂	30.00
5	烟台合成革厂	27.59	7	湖南锡矿山矿务局	28.34
6	北京塑料八厂	24.32	8	柳州锌品厂	28.33
7	济南塑料四厂	24.15	9	常熟市江南稀土材料总厂	28.18
8	沧州市东风塑料厂	23.75	10	邵关冶炼厂	27.38
9	天津市聚氨酯制品厂	23.12			

全国主要工业行业产值利税率最佳的10家大中型工业企业(四)

(1987年)

名次	企业名称	产值利税率(%)	名次	企业名称	产值利税率(%)
	金属制品业			电气机械及器材制造业	
1	宝山钢管镀锌厂	50.31	1	重庆电冰箱总厂	40.95
2	上海劳动机械厂	42.12	2	北京椿树整流器厂	38.84
3	西安造纸四厂	39.70	3	上海机床电器厂	38.63
4	国营六一四厂	39.50	4	上海电器成套厂	36.51
5	上海锻压机床三厂	35.70	5	华东电焊机厂	35.10
6	上海刀片厂	35.51	6	桂林电力电容器厂	34.89
7	上海工具厂	33.99	7	上海华通开关厂	33.11
8	国营六一五厂	32.46	8	景德镇市制冷设备总厂	32.94
9	天津市工具厂	32.14	9	长沙电冰箱厂	32.59
10	新中华刀剪厂	31.51	10	锦州市新光灯泡厂	32.16
	机械工业			电子及通信设备制造业	
1	陕西第二纺织机械厂	853.28	1	南方信息企业有限公司	103.16
2	常州喷丝板厂	47.86	2	广东华强三洋电子工业公司	82.46
3	浙江五一机械厂	46.09	3	苏北电机厂	56.78
4	上海光学机械厂	46.07	4	山西建山机器厂	53.64
5	北京光华无线电厂	45.78	5	常州市无线电元件六厂	48.76
6	上海织针一厂	44.57	6	天津市无线电元件六厂	43.51
7	江苏省国营徐州锻压机床厂	42.63	7	北京市无线电元件十厂	41.44
8	湖南建华机械厂	42.60	8	天津市无线电元件四厂	40.87
9	上海微型轴承厂	41.93	9	鞍山市电子陶瓷公司无线电二厂	39.35
10	无锡船用减震器厂	41.83	10	云南无线电厂	37.90
	交通运输设备制造业			仪器仪表及其他计量器具制造业	
1	民航一〇三厂	42.34	1	上海自动化仪表公司	44.63
2	上海汽车齿轮厂	42.22	2	上海自动化仪表三厂	43.84
3	航空工业部第六三三研究所	41.21	3	大连仪表厂	42.16
4	国营长空精密机械制造公司	38.45	4	上海量具刃具厂	41.33
5	上海汽车传动轴厂	37.96	5	天津市无线电一厂	40.03
6	清阳机械厂	37.45	6	重庆无线电测试仪器厂	39.63
7	北京齿轮总厂	35.37	7	上海调节器厂	38.91
8	中国民航一〇二厂	33.33	8	无锡市建筑材料仪器机械厂	38.57
9	贵州华阳电工厂	32.68	9	江西光学仪器厂	38.46
10	海运局城安围船厂	32.41	10	上海自动化仪表一厂	38.06

全国主要工业行业人均创利税最多的10家大中型工业企业(一)

(1987年)

名次	企业名称	人均利税(元/人)
	煤炭采选业	
1	云南小龙潭煤矿	12 191
2	湖南省株洲洗煤厂	10 399
3	晋城矿务局	3 519
4	潞安矿务局	2 560
5	大同矿务局	2 201
6	煤炭部大屯煤电公司	1 864
7	抚顺矿务局	1 157
8	七台河矿务局	994
9	平顶山矿务局	863
10	西山矿务局	687
	石油和天然气开采业	
1	大庆石油管理局	26 353
2	胜利油田会战指挥部	8 853
3	大港石油管理局	4 823
4	辽河石油勘探局	4 675
5	新疆石油管理局	3 932
6	青海石油管理局	3 640
7	河南石油勘探局	3 108
8	玉门石油管理局	2 489
9	长庆石油勘探局第三采油厂	2 226
10	中原石油勘探局	2 171
	食品制造业	
1	天津第一面粉厂	35 445
2	大连油脂工业总厂	24 669
3	上海储炼厂	22 809
4	深圳市罐头食品公司	21 302
5	云南景真糖厂	20 950
6	邕宁县明阳糖厂	19 611
7	邕宁县伶俐糖厂	17 960
8	上海油脂二厂	17 181
9	邕宁县浦庙糖厂	17 175
10	上海市面粉公司	17 095
	饮料制造业	
1	深圳市饮乐汽水厂	78 089
2	广州可口可乐装瓶厂	50 112
3	山西省杏花村汾酒厂	36 203
4	厦门饮料厂	32 134
5	烟台张裕葡萄酿酒公司	24 951
6	泸州曲酒厂	24 179
7	中国酿酒厂	20 680
8	山东酒精总厂	19 779
9	青岛啤酒厂	19 624
10	陕西省西凤酒厂	19 186
	烟草加工业	
1	玉溪卷烟厂	204 219
2	昆明卷烟厂	165 691
3	杭州卷烟厂	154 658
4	宁波卷烟厂	138 709
5	广州卷烟二厂	135 278
6	上海卷烟厂	130 618
7	蚌埠卷烟厂	127 423
8	合肥卷烟厂	118 679
9	南京卷烟厂	114 764
10	广州卷烟一厂	114 743
	纺织业	
1	上海工业用呢厂	26 599
2	上海联合毛纺织有限公司	20 690
3	上海第十九毛纺织厂	20 125
4	上海第一绸锻炼染厂	19 147
5	南通新生织布厂	19 127
6	苏州绸锻炼染一厂	18 956
7	天津市针织运动衣厂	17 454
8	湖北襄樊市人造毛皮厂	16 744
9	鹤山毛纺织总厂	15 273
10	上海第十七毛纺织厂	15 250
	缝纫业	
1	花县纺织联合拓展公司	14 735
2	上海蓄产分公司羽绒厂	14 014
3	北京长城风雨衣公司	10 634

全国主要工业行业人均创利税最多的10家大中型工业企业(二)

(1987年)

名次	企业名称	人均利税(元/人)	名次	企业名称	人均利税(元/人)
4	北京大华衬衫厂	4 816	6	佛山市发电厂	130 172
5	江西共青羽绒厂	4 580	7	葛州坝水力发电厂	113 064
6	北京衬衫厂	3 263	8	株洲电业局	94 558
7	许昌市鞋厂	3 144	9	黄石供电局	85 554
8	天津市衬衣厂	3 024	10	广西合山发电厂	85 420
9	常州市服装一厂	2 978		**石油加工业**	
10	扬州服装厂	2 914			
	皮革、毛皮及其制品业		1	大连石油化工公司	98 735
			2	鞍山炼油厂	92 986
1	湖州德泰顺制革厂	13 850	3	天津石油化工公司炼油厂	78 199
2	天津市第一制革厂	11 181	4	抚顺石油二厂	68 072
3	浙江海宁制革厂	10 129	5	金陵石油化工公司南京炼油厂	62 309
4	上海益民制革厂	9 417	6	锦西炼油厂	55 266
5	上海皮鞋厂	9 254	7	天津石油化工公司第一石油化工厂	51 510
6	上海第二皮鞋厂	8 982	8	长岭炼油厂	49 929
7	北京市制革厂	8 137	9	上海高桥石油化工公司	48 605
8	上海红光制革厂	7 889	10	锦州炼油厂	48 268
9	上海畜产分公司皮张总厂	7 507		**化学工业**	
10	天津制鞋厂	7 281			
	造纸及纸制品业		1	北京有机化工厂	134 363
			2	保定第一胶片厂	90 022
1	福建青州造纸厂	27 154	3	上海家用化学品厂	61 963
2	上海天章记录纸厂	22 832	4	北京燕山石化公司	42 132
3	上海华丽铜板纸厂	20 693	5	上海牙膏厂	40 993
4	佳木斯造纸厂	19 111	6	上海制皂厂	31 906
5	潍坊铜板纸厂	18 342	7	上海油墨厂	30 863
6	上海中国板纸厂	15 207	8	上海开林造漆厂	30 000
7	上海新安造纸厂	14 802	9	上海炭黑厂	29 796
8	河北国营604工厂	14 418	10	上海试剂一厂	28 024
9	漯河市第一造纸厂	14 223		**医药工业**	
10	上海江南造纸厂	13 416			
	电力、蒸汽、热水生产和供应业		1	广州群星制药厂	36 442
			2	天津市第六中药厂	28 014
1	大庆电业局	308 753	3	华北制药厂	23 007
2	上海市电力工业局局机关	267 380	4	天津市达仁堂制药厂	21 182
3	吉林电业局	151 844	5	上海中药制药一厂	20 851
4	广西南宁供电局	149 884	6	广州市侨光制药厂	19 581
5	广西柳州供电局	140 293	7	中国大冢制药有限公司	19 181

全国主要工业行业人均创利税最多的10家大中型工业企业(三)

(1987年)

名次	企业名称	人均利税(元/人)
8	苏州第四制药厂	19 160
9	上海生物制品研究所	19 087
10	成都生物制品研究所	18 770
	化学纤维工业	
1	南通合成纤维厂	37 391
2	广东新会涤纶厂	36 881
3	浙江涤纶厂	32 901
4	广州合成纤维厂	28 908
5	仪征化纤工业联合公司	26 834
6	上海石油化工总厂	22 063
7	广东海德涤纶厂	2 0152
8	开平涤纶厂	17 981
9	新会合成纤维纺织厂	17 333
10	平顶山锦纶帘子布厂	17 039
	橡胶制品业	
1	上海正泰橡胶厂	36 482
2	上海大中华橡胶厂	33 758
3	国营青岛第二橡胶厂	29 195
4	湖北东风轮胎厂	22 642
5	贵州轮胎厂	21 081
6	河南轮胎厂	20 461
7	上海中南橡胶厂	18 973
8	宁夏银川橡胶厂	17 960
9	广州第一橡胶厂	16 303
10	桂林轮胎厂	16 165
	塑料制品业	
1	广州石油化工总厂塑料包装材料厂	45 091
2	河南塑料地膜厂	21 675
3	佛山塑料二厂	19 984
4	杭州新风塑料厂	18 509
5	佛山塑料一厂	18 371
6	上海塑料制品六厂	16 902
7	天津聚氨酯制品厂	15 108
8	上海化工厂	14 869
9	河南新乡第二塑料厂	14 057

名次	企业名称	人均利税(元/人)
10	工贸合营常州市光明塑料厂	13 562
	建筑材料及其他非金属矿物制品业	
1	冀东水泥厂	45 236
2	武山水泥厂	37 199
3	上海炭素厂	22 769
4	广东三鹿水泥厂	21 675
5	广东三水埠街水泥厂	21 418
6	邯郸水泥厂	18 426
7	湘乡水泥厂	18 139
8	北京市油毡厂	16 530
9	内蒙古西卓子山水泥厂	15 061
10	广西柳州水泥厂	14 697
	黑色金属冶炼及压延加工业	
1	天津市中板厂	27 672
2	上海第八钢铁厂	25 316
3	天津市轧钢三厂	21 655
4	上海矽钢片厂	20 261
5	营口中板厂	20 035
6	天津市无缝钢管厂	19 934
7	上海新沪钢铁厂	19 861
8	天津市轧钢二厂	19 214
9	上海第二钢铁厂	18 096
10	天津市冶金试验厂	16 891
	有色金属冶炼及压延加工业	
1	上海有色合金线材厂	22 259
2	上海第一铜棒厂	20 171
3	云南冶炼厂	19 165
4	渤海铝业有限公司	17 773
5	兰州连成铝厂	16 865
6	上海东风有色合金厂	16 821
7	常熟市江南稀土材料总厂	14 796
8	上海铜带厂	14 787
9	上海铜厂	14 281
10	韶关冶炼厂	14 124

全国主要工业行业人均创利税最多的10家大中型工业企业(四)

(1987年)

名次	企 业 名 称	人均利税（元/人）	名次	企 业 名 称	人均利税（元/人）
	金属制品业			**电气机械及器材制造业**	
1	天津市电焊条厂	33 055	1	中山洗衣机厂	54 793
2	宝山钢管镀锌厂	23 101	2	重庆电冰箱总厂	51 012
3	上海刀片厂	19 751	3	长沙电冰箱厂	46 113
4	上海电焊条总厂	18 871	4	上海铜材厂	37 500
5	广东三水饮料罐制造厂	15 328	5	重庆洗衣机二厂	35 032
6	天津市第六金属制品厂	14 000	6	景德镇市制冷设备总厂	31 308
7	辽宁国营六一五厂	13 633	7	新乡电冰箱厂	25 764
8	上海劳动机械厂	12 516	8	沈阳电冰箱厂	25 021
9	北京市印铁制罐厂	11 835	9	杭州洗衣机总厂	24 937
10	株洲市电焊条厂	9 902	10	上海电缆厂	23 690
	机械工业			**电子及通信设备制造业**	
1	陕西第二机械厂	61 155	1	南方信息企业有限公司	35 154
2	徐州锻压机床厂	30 734	2	广东金海电子联合公司	28 158
3	内蒙第一机械制造厂	26 146	3	大连显象管厂	27 167
4	上海高压容器厂	22 323	4	国营青岛电视机厂	27 040
5	上海工业锅炉厂	18 530	5	广东华声音响器材有限公司	26 708
6	上海冷气机厂	16 230	6	上海电视一厂	26 161
7	中国天津奥的斯电梯有限公司	16 057	7	上海无线电四厂	23 605
8	无锡锅炉厂	15 072	8	无锡市电视机厂	22 607
9	常州塑料机械厂	14 937	9	上海电视十一厂	22 446
10	商丘低温设备厂	14 791	10	深圳华匀电子公司	21 174
	交通运输设备制造业			**仪器仪表及其他计量器具制造业**	
1	上海大众汽车有限公司	41 536	1	上海福克斯波罗有限公司	30 152
2	天津市汽车制造厂	20 783	2	上海调节器厂	15 524
3	上海汽车厂	20 206	3	上海自动化仪表三厂	14 372
4	北京吉普汽车有限公司	20 052	4	天津市自动化仪表厂	12 419
5	北京旅行车股份有限公司	16 502	5	大连仪表厂	11 141
6	北京第二汽车制造厂	15 158	6	上海自动化仪表公司	10 555
7	第二汽车制造厂深圳联合公司	12 685	7	上海分析仪器厂	9 410
8	第二汽车制造厂	12 536	8	重庆无线电测试仪器厂	8 796
9	北京市汽车靠垫厂	11 756	9	上海自动化仪表一厂	8 554
10	北京汽车制造厂	11 668	10	广州航海仪器厂	8 358

1987年年末职工人数最多的50家工业企业

名次	企业名称	年末职工人数（人）	名次	企业名称	年末职工人数（人）
1	鞍山钢铁公司	213 277	26	阳泉矿务局	67 329
2	胜利油田会战指挥部	152 856	27	铜川矿务局	64 366
3	武汉钢铁公司	135 741	28	第一汽车制造厂	62 867
4	开滦矿务局	118 427	29	西山矿务局	62 237
5	大庆石油管理局	110 875	30	太原钢铁公司	61 265
6	淮北矿务局	107 574	31	吉林化学工业公司	59 214
7	鹤岗矿务局	105 656	32	江苏省电力工业局	59 184
8	大同矿务局	105 309	33	黑龙江省电力工业局	55 689
9	中原石油勘探局	98 990	34	辽河石油勘探局	54 729
10	鸡西矿务局	97 580	35	攀枝花钢铁公司	54 579
11	东北电业管理局	97 037	36	新疆石油管理局	54 458
12	首都钢铁公司	96 164	37	淄博矿务局	53 429
13	平顶山矿务局	95 716	38	西南电业管理局	53 391
14	徐州矿务局	93 299	39	沈阳矿务局	52 737
15	淮南矿务局	89 192	40	义马矿务局	51 186
16	峰峰矿务局	86 358	41	北京矿务局	50 628
17	抚顺矿务局	82 154	42	上海石油化工总厂	50 618
18	本溪钢铁公司	79 504	43	安徽省电力工业局	49 870
19	新汶矿务局	78 270	44	四川石油管理局	49 147
20	阜新矿务局	76 897	45	湖北省电力工业局	48 432
21	包头钢铁公司	73 291	46	七台河矿务局	48 017
22	马鞍山钢铁公司	72 361	47	通化矿务局	47 909
23	双鸭山矿务局	70 981	48	重庆钢铁公司	47 169
24	第二汽车制造厂	70 798	49	焦作矿务局	45 701
25	枣庄矿务局	67 693	50	辽源矿务局	45 120

1987年年末固定资产原值最高的50家工业企业

名次	企 业 名 称	固定资产原值（万元）	名次	企 业 名 称	固定资产原值（万元）
1	大庆石油管理局	1 076 461	26	吉林省电力工业局	302 407
2	上海宝山钢铁总厂	1 012 280	27	开滦矿务局	301 388
3	胜利油田会战指挥部	1 003 423	28	吉林化学工业公司	297 311
4	东北电业管理局	983 200	29	大同矿务局	296 839
5	鞍山钢铁公司	886 973	30	华北石油管理局	291 905
6	武汉钢铁公司	672 115	31	甘肃省电力工业局	291 087
7	辽河石油勘探局	503 672	32	包头钢铁公司	290 522
8	西南电业管理局	484 409	33	四川石油管理局	282 347
9	山东省电力工业局	442 762	34	安徽省电力工业局	281 975
10	中原石油勘探局	442 759	35	浙江省电力工业局	279 064
11	山西省电力工业局	440 018	36	湖南省电力工业局	268 424
12	新疆石油管理局	430 816	37	辽阳石油化纤公司	261 152
13	上海石油化工总厂	413 362	38	大港石油管理局	246 871
14	河南省电力工业局	400 160	39	第二汽车制造厂	241 370
15	江苏省电力工业局	390 760	40	华北电业管理局	219 829
16	广东省电力工业局	379 950	41	云南省电力工业局	211 106
17	淮北市发电厂	361 690	42	太原钢铁公司	207 006
18	首都钢铁公司	358 470	43	上海市电力工业局	205 442
19	黑龙江省电力工业局	355 548	44	鹤岗矿务局	204 444
20	湖北省电力工业局	325 039	45	平顶山矿务局	202 842
21	葛洲坝水力发电厂	323 346	46	马鞍山钢铁公司	189 319
22	北京燕山石化公司	320 707	47	淮北矿务局	186 919
23	河北省电力工业局	305 431	48	鸡西矿务局	185 213
24	西北电业管理局	304 409	49	攀枝花钢铁公司	184 834
25	本溪钢铁公司	302 732	50	江西省电力工业局	182 189

1987年工业总产值(现价)最高的50家工业企业

名次	企业名称	工业总产值(现价)(万元)	名次	企业名称	工业总产值(现价)(万元)
1	大庆石油管理局	1 003 070	26	包头钢铁公司	152 827
2	胜利油田会战指挥部	712 310	27	上海第三钢铁厂	149 071
3	鞍山钢铁公司	600 641	28	抚顺石油二厂	144 840
4	武汉钢铁公司	458 001	29	华北石油管理局	144 031
5	北京燕山石化公司	342 942	30	河南省电力工业局	140 040
6	东北电业管理局	327 359	31	山西省电力工业局	139 482
7	首都钢铁公司	322 490	32	广东省电力工业局	138 602
8	第二汽车制造厂	312 294	33	攀枝花钢铁公司	137 166
9	上海石油化工总厂	275 490	34	黑龙江省电力工业局	136 397
10	大庆石油化工总厂	255 373	35	兰州炼油厂	135 814
11	吉林化学工业公司	253 224	36	马鞍山钢铁公司	133 209
12	上海宝山钢铁总厂	246 279	37	中原石油勘探局	133 157
13	茂名石油工业公司	234 701	38	上海第一钢铁厂	129 210
14	山东省电力工业局	224 877	39	辽阳石油化纤公司	127 327
15	齐鲁石化公司	207 512	40	上海第五钢铁厂	126 986
16	新疆石油管理局	207 507	41	长岭炼油厂	125 921
17	辽河石油勘探局	205 532	42	上海市电力工业局	124 054
18	第一汽车制造厂	202 725	43	锦西炼油厂	123 143
19	上海高桥石油化工公司	202 712	44	河北省电力工业局	120 504
20	金陵石油化工公司南京炼油厂	202 408	45	仪征化纤工业联合公司	119 618
21	大连石油七厂	173 455	46	玉溪卷烟厂	118 192
22	江苏省电力工业局	171 340	47	上海卷烟厂	117 844
23	本溪钢铁公司	165 715	48	安庆石油化工总厂	117 188
24	太原钢铁公司	161 465	49	镇海石油化工总厂	115 978
25	西南电业管理局	161 337	50	大同矿务局	115 663

1987年销售收入最高的50家工业企业

名次	企业名称	销售收入（万元）	名次	企业名称	销售收入（万元）
1	大庆石油管理局	634 239	26	西南电业管理局	161 337
2	鞍山钢铁公司	616 121	27	山西省电力工业局	157 317
3	武汉钢铁公司	495 460	28	湖北省电力工业局	155 500
4	上海石油化工总厂	416 049	29	广东省电力工业局	153 567
5	北京燕山石化公司	409 927	30	辽河石油勘探局	151 452
6	首都钢铁公司	368 222	31	河南省电力工业局	149 427
7	胜利油田会战指挥部	322 093	32	抚顺石油二厂	147 640
8	第二汽车制造厂	287 303	33	上海第三钢铁厂	147 462
9	东北电业管理局	266 290	34	马鞍山钢铁公司	141 553
10	吉林化学工业公司	253 004	35	兰州炼油厂	141 362
11	上海宝山钢铁总厂	244 230	36	河北省电力工业局	140 324
12	茂名石油工业公司	232 134	37	黑龙江省电力工业局	136 867
13	第一汽车制造厂	219 504	38	攀枝花钢铁公司	136 641
14	山东省电力工业局	219 428	39	辽阳石油化纤公司	135 141
15	江苏省电力工业局	215 874	40	上海第一钢铁厂	131 419
16	上海高桥石油化工公司	203 282	41	镇海石油化工总厂	124 219
17	齐鲁石化公司	198 969	42	锦西炼油厂	123 465
18	金陵石油化工公司南京炼油厂	196 605	43	上海第五钢铁厂	123 424
19	大庆石油化工总厂	192 048	44	仪征化纤工业联合公司	123 139
20	本溪钢铁公司	173 712	45	长岭炼油厂	122 303
21	大连石油七厂	169 395	46	浙江省电力工业局	120 892
22	包头钢铁公司	168 553	47	华北电业管理局	118 971
23	太原钢铁公司	167 685	48	玉溪卷烟厂	118 159
24	上海市电力工业局	166 630	49	上海卷烟厂	117 610
25	上海市电力工业局局机关	161 659	50	四川石油管理局	117 087

1987年利税总额最高的50家工业企业

名次	企 业 名 称	利税总额（万元）	名次	企 业 名 称	利税总额（万元）
1	大庆石油管理局	281 541	26	锦西炼油厂	51 779
2	鞍山钢铁公司	219 901	27	河南省电力工业局	50 789
3	首都钢铁公司	156 753	28	上海市电力工业局	50 574
4	北京燕山石化公司	155 329	29	山西省电力工业局	49 678
5	武汉钢铁公司	151 648	30	广东省电力工业局	48 556
6	胜利油田会战指挥部	130 713	31	马鞍山钢铁公司	45 270
7	上海石油化工总厂	110 478	32	兰州炼油厂	45 169
8	第二汽车制造厂	86 454	33	河北省电力工业局	44 862
9	齐鲁石化公司	83 808	34	长岭炼油厂	44 751
10	上海高桥石油化工公司	83 382	35	湖北省电力工业局	43 901
11	大庆石油化工总厂	82 263	36	仪征化纤工业联合公司	42 411
12	山东省电力工业局	80 993	37	大庆电业局	41 342
13	大连石油七厂	79 590	38	锦州炼油厂	41 095
14	上海卷烟厂	76 764	39	常德卷烟厂	40 665
15	玉溪卷烟厂	76 235	40	攀枝花钢铁公司	40 459
16	吉林化学工业公司	73 584	41	抚顺石油一厂	39 691
17	西南电业管理局	69 755	42	西北电业管理局	39 314
18	抚顺石油二厂	69 747	43	蚌埠卷烟厂	38 708
19	江苏省电力工业局	63 568	44	太原钢铁公司	38 200
20	茂名石油工业公司	61 016	45	芜湖卷烟厂	37 832
21	昆明卷烟厂	53 601	46	荆门炼油厂	37 573
22	金陵石油化工公司南京炼油厂	52 726	47	本溪钢铁公司	36 457
23	辽阳石油化纤公司	51 958	48	青岛卷烟厂	36 132
24	甘肃省电力工业局	51 918	49	天津卷烟厂	35 425
25	上海市电力工业局局机关	51 845	50	杭州卷烟厂	34 860

附录一

国外主要工业经济指标

工业生产指数

（1980年＝100）

国家和地区	1981年	1982年	1983年	1984年	1985年	1986年	1987年	1988年
世界总计	**99.3**	**96.8**	**99.5**	**105.5**	**108.7**	112.1	116.7	
中　　国①	104	112	125	145	176	197	232	280
美　　国	102	95	101	112	114	115	120	126
日　　本	101	101	104	114	118	118	122	134
联邦德国②	98	95	96	99	105	107	107	111
英　　国②	96	98	102	103	108	110	115	119
法　　国②	98	98	98	99	99	102	102	108
意 大 利	98	95	92	95	97	99	103	108
加 拿 大②	101	91	97	111	116	119	124	131
澳大利亚	101	90	94	98	94	101		
苏　　联	103	106	111	115	120	126	130	
民主德国	105	108	112	117	122	127	131	134
捷克斯洛伐克	102	104	107	111	115	118	121	124
波　　兰	86	85	90	95	99	103	106	112
匈 牙 利	103	105	106	109	110	112	116	115
罗马尼亚	103	104	108	116	122	131		
保加利亚	105	110	115	120	124	129	134	
南斯拉夫	104	104	105	111	114	119	117	
印　　度	109	113	120	131	142	159	172	
印度尼西亚③	109	110	113	123	132	141	145	
马来西亚	103	109	122	142	137	151	164	187
新 加 坡③	110	104	106	116	107	116	136	
巴基斯坦③	116	123	136	144	154	164		
孟加拉国	101	96	101	105	103	112	110	
南 朝 鲜	113	118	137	158	164	198	234	268
墨 西 哥②	109	106	96	102	108	103	107	109
巴　　西	90	90	85	91	99	110	111	107
阿 根 廷②	85	81	90	92	84	94	93	

注：① 工业总产值指数。 ② 包括建筑业。 ③ 制造业生产指数。
国外资料来源：联合国《统计月报》1989年 4 月。

1938—1985年世界工业①生产指数

（1980年＝100）

年份	世界总计②	按国家类型		按部门			其中：	
		发达国家③	发展中国家④	矿业	水、电、煤气⑤	制造业	重工业	轻工业
1938	14	15	9	22	5	12	8	23
1948	21	22	13	28	10	18	14	28
1949	21	23	13	27	11	18	14	29
1950	24	26	14	30	12	21	16	31
1951	26	28	15	32	13	23	19	32
1952	27	29	16	33	14	23	19	33
1953	29	31	17	34	16	25	21	34
1954	29	31	18	35	11	25	21	35
1955	32	34	20	38	19	25	24	38
1956	33	36	22	40	20	29	25	39
1957	34	37	23	41	22	30	26	40
1958	34	36	25	40	23	29	25	40
1959	37	40	26	42	25	33	28	44
1960	40	42	29	44	27	35	30	46
1961	41	43	32	46	29	36	31	47
1962	43	46	34	49	31	39	34	49
1963	42	49	36	52	34	41	36	51
1964	48	53	39	55	37	45	40	55
1965	50	57	42	58	40	48	44	58
1966	53	61	45	61	43	52	48	61
1967	56	62	48	64	46	55	51	64
1968	59	67	51	68	51	59	55	67
1969	64	72	55	70	56	64	60	71
1970	66	74	59	75	60	66	63	73
1971	69	75	63	77	64	69	65	76
1972	76	81	75	87	69	73	72	79
1973	82	88	84	93	74	80	79	83
1974	84	89	86	93	77	83	82	85
1975	81	82	84	90	77	79	78	83
1976	88	89	91	98	85	86	85	90
1977	92	92	97	101	88	90	89	93
1978	96	96	99	101	93	95	95	96
1979	100	101	104	106	97	100	100	100
1981	99	100	94	92	102	100	101	100
1982	97	96	90	86	104	98	90	100
1983	100	99	91	85	107	102	101	103
1984	105	106	96	86	113	109	110	107
1985	109	109	98	85	118	113	114	110

注：① 包括矿业、制造业、水、电、煤气

② 1938年、1948—1960年数字不包括苏联和东欧国家。1961—1985年数字不包括阿尔巴尼亚、中国、朝鲜民主主义人民共和国、越南。

③ 1961—1984年包括北美洲、欧洲（不包括计划经济国家）、澳大利亚、新西兰、日本、以色列。1938年、1948—1960年指工业化国家。

④ 1961—1984年指加勒比地区、中美洲、南美洲、非洲（南非在外）、东亚、西亚、东南亚（日本、以色列在外）。1938年、1948－1960年指发展中国家。

⑤ 1938年、1948—1960年不包括水业。

主要工业产品产量（一）

（1987年）

钢		煤炭①		原油	
国家	产量（万吨）	国家	产量（万吨）	国家	产量（万吨）
苏联	16 187	中国	92 800	苏联	62 400
日本	9 192	美国	82 992	美国	40 991
美国	8 846	苏联	76 000	沙特阿拉伯	21 113
中国	5 628	民主德国	30 898	墨西哥	13 480
联邦德国	3 625	波兰	26 621	中国	13 414
意大利	2 366⑤	澳大利亚	19 316	英国	11 754
巴西	2 222	联邦德国	19 121	伊朗	11 551
法国	1 772	印度	18 512	委内瑞拉	9 545
英国	1 742	南非	17 488	加拿大	7 518
波兰	1 715	捷克斯洛伐克	12 761	尼日利亚	6 204
世界总计	**70 700**	世界总计	**447 800**	**世界总计**	**277 600**

电		载重汽车		水泥	
国家	产量（亿千瓦小时）	国家	产量（万辆）	国家	产量（万吨）
美国	26 856	日本	423	中国	18 625
苏联	16 680	美国	382	苏联	13 600
日本	6 362	苏联	90③	日本	7 160
中国	4 973	加拿大	83	美国	6 738
加拿大	4 963	巴西	57	印度	3 700
联邦德国	4 185	法国	51	意大利	3 575
法国	3 526	中国	30	巴西	2 548
英国	3 019	英国	25	联邦德国	2 525
巴西	2 023	联邦德国	18	法国	2 356
意大利	2 010	意大利	20	西班牙	2 302
世界总计	100 830			**世界总计**	**93 000**

化肥②		硫酸		烧碱	
国家	产量（万吨）	国家	产量（万吨）	国家	产量（万吨）
苏联	3 370	美国	3 340②	美国	993②
美国	1 889	苏联	2 850	联邦德国	363
中国	1 672	中国	983	苏联	330
加拿大	999	日本	654	日本	323
印度	711	联邦德国	370	中国	274
民主德国	505④	法国	359	加拿大	177
法国	408	加拿大	344	法国	152②
联邦德国	346	西班牙	340②	意大利	122
罗马尼亚	269	波兰	315	巴西	95③
波兰	239	英国	218	罗马尼亚	85②
世界总计	**14 080**				

主要工业产品产量（二）

（1987年）

塑料和树脂 国家	产量（万吨）	化学纤维 国家	产量（万吨）	布 国家	产量（亿米）
美国		美国	337	中国	173.0
联邦德国		日本	173	苏联	79.4
日本		苏联		印度	102.3
苏联		中国	118	美国	
法国		联邦德国	99	日本	18.4
荷兰		意大利	70	联邦德国	
比利时		英国	28	法国	1.4
意大利		法国	20	波兰	7.5
英国				捷克斯洛伐克	
中国	153			埃及	5.8

糖 国家	产量（万吨）	纸和纸板 国家	产量（万吨）	电视机 国家和地区	产量（万部）
苏联	957	美国		中国	1 934
印度	853	日本		美国	1 500
巴西	846	苏联		日本	1 500
古巴	723	中国	1 141	南朝鲜	1 130
美国	665	联邦德国		苏联	910
中国	506	加拿大		联邦德国	400
墨西哥	399	芬兰		英国	290
法国	397	瑞典		意大利	230
澳大利亚	344	法国		巴西	220
联邦德国	296	意大利		法国	190
世界总计	10 280				

注：① 中国为原煤数字，国外为商品煤。② 1986年数字。③ 1985年数字。④ 不含钾肥。⑤ 1988年数字。
国外资料来源：联合国《统计月报》1988年8月，1989年3月、4月；联合国粮农组织《肥料年鉴》1987年。

制造业增加值的部门构成

（1986年）　　　　　　　　　　　　　　　　单位：%

	美国	日本①	联邦德国②	英国②	法国	苏联②③	匈牙利	南斯拉夫	印度④	南朝鲜②	墨西哥②
制造业总计	100	100	100	100	100	100	100	100	100	100	100
食　　品	8.8	8.0	6.7	9.9	13.6	16.9	5.3	8.5	8.5	6.7	15.1
饮　　料	1.6	1.6	2.4	3.1	2.7		2.0	2.1	0.7	2.5	6.0
烟　　草	1.2		2.7	1.2	1.2	0.7	0.5	1.3	1.2	5.2	1.6
纺　　织	2.7	4.3	2.3	3.2	3.3	10.8	6.1	8.3	14.5	10.6	6.5
服　　装	2.2	1.5	1.6	2.0	2.2	4.7	2.9	4.2	0.5	4.5	2.4
皮革制品	0.2	0.3	0.6	0.3	0.4	0.6	0.7	1.3	0.3	0.8	0.9
制　　鞋	0.2	0.2		0.6	0.7	0.9	1.6	2.9	0.3	0.7	1.5
木材制品	1.5	2.2	3.2	1.3	0.7	3.6	0.8	3.1	0.5	0.9	1.7
家具、装饰	1.3	1.0		1.5	0.7		1.7	2.6	0.1	0.7	1.1
纸及纸制品	4.1	2.7	2.1	3.0	0.7		2.0	2.3	1.4	2.2	2.6
印刷、出版	7.3	5.2	2.3	6.9	2.7		1.7	2.7	2.2	2.4	2.7
基本化学	4.4	4.0	10.4	6.1	5.6	12.1	6.0	3.7	7.5	4.2	6.7
石油提炼	1.4	1.4	4.9	1.5	7.6		3.6	2.4	3.0	3.7	9.6
橡胶制品	1.1	1.2	1.2	1.1	1.4		1.3	1.6	2.2	2.7	2.4
塑料制品	2.5	3.1	2.5	2.5	1.9		1.5	1.5	0.7	2.1	1.7
陶　　瓷	0.1	0.4	0.4	0.6	0.3	0.5	0.9	0.4	0.4	0.3	0.9
玻璃及其制品	0.8	0.9	0.8	0.8	1.0		1.3	0.7	0.5	1.0	1.2
非金属制品	2.0	3.3	2.7	3.6	1.7	3.9	3.0	3.0	4.4	3.5	2.9
钢　　铁	2.4	5.5	6.2	3.5	4.8		3.7	5.8	11.8	7.0	5.5
有色金属	1.1	1.5	1.0	1.3	1.6		1.0	3.0	1.1	1.1	6.1
金属制品	6.2	6.4	5.2	6.0	4.4	30.1	4.0	9.2	2.7	3.9	3.8
一般机械	11.6	12.1	13.0	11.7	13.4		10.6	8.5	8.5	4.5	3.3
电气机械	11.2	14.0	12.0	10.4	7.6		14.2	9.0	8.6	11.9	3.5
运输设备	12.9	10.4	13.0	10.1	12.0		9.5	7.4	9.4	8.5	5.8
其　　他	11.2		2.8	7.8	5.8	15.2	14.1	4.5	9.0	8.4	9.5

注：①　1983年数字。　②　1984年数字。　③　制造业总产值。　④　1982年数字。
国外资料来源：联合国《工业统计年鉴》1984、1985年。

17个国家和地区每百美元制造业产值构成

	中间投入①(美元)			工资支出②(美元)			经营盈余③(美元)		
	1975年	1980年	1983年	1975年	1980年	1983年	1975年	1980年	1983年
美国	57	59		18	17		24	24	
日本	64	65	64	15	12	13	21	23	23
联邦德国	50	58		24	21		25	21	
英国	60	61		21	19		20	20	
意大利	58	61		16	15		25	24	
澳大利亚	57	61	62	24	20	21	19	18	17
瑞典	54	58		22	18		25	24	
波兰	54	59		11	12		35	30	
匈牙利	62	76	76	9	8	8	29	16	16
捷克斯洛伐克	67	58	69	14	13	13	19	28	18
南斯拉夫	71	70		10	10		19	20	
印度	77	82		11	9		12	9	
印度尼西亚	68	69		8	7		24	25	
南朝鲜	66	67		8	10		26	23	
新加坡	74	74	74	9	8	10	17	18	17
巴西	61	59		8	7		32	34	
墨西哥	62	59	57	16	15	13	22	26	30

注：① “中间投入”的计算方法是：$\frac{(\text{总产值}-\text{增加值})}{\text{总产值}}\times 100$

② “工资支出”的计算方法是：$\frac{(\text{工资}+\text{薪水})}{\text{总产值}}\times 100$

③ “经营盈余”的计算方法是：$\frac{(\text{增加值}-\text{工资和薪水})}{\text{总产值}}\times 100$

1983、1985年23个国家和地区制造业增加值的增长

	制造业增加值（现价，亿美元）		制造业增加值增长率（1980年价格，%）		人均制造业增加值（现价，美元）		人均制造业增加值增长率（1980年价格，%）	
	1983年	1985年	1979—1984年	1980—1985年	1983年	1985年	1979—1984年	1980—1985年
美国	7 045.8	8 034.0	0.8	3.7	3 063	3 375	—0.2	2.8
日本	3 526.5	3 951.4	8.1	7.8	2 970	3 273	7.4	7.1
联邦德国	2 152.5	2 016.4	—0.5	0.8	3 561	3 312	—0.3	1.1
英国	1 077.9	1 025.6	—1.5	1.2	1 934	1 821	—1.5	1.1
法国	1 425.6	1 311.8	0.2	0.1	2 641	2 402	…	—0.3
意大利	910.3	939.8	—1.2	—0.2	1 584	1 640	—1.5	—0.2
加拿大	524.4	642.2	—0.9	3.0	2 048	2 526	—2.3	1.8
澳大利亚	292.4	276.6	—0.5	0.2	1 949	1 762	—1.7	—1.1
奥地利	180.1	183.0	1.7	2.1	2 413	2 439	1.7	2.2
荷兰	346.7	230.7	—0.8	1.8	2 430	1 591	—1.3	1.3
瑞典	219.1	208.8	1.4	2.3	2 648	2 500	1.4	2.3
瑞士	340.1		—0.4	0.2	5 252		—0.5	0.1
南斯拉夫	130.4	151.4	3.5	2.5	572	654	2.8	1.7
印度	297.6	289.4	3.4	5.9	41	38	1.4	3.8
印度尼西亚	98.1	124.3	7.9	7.6	63	75	6.1	5.5
泰国	75.1	77.0	5.9	5.3	149	150	3.6	3.2
马来西亚	60.0	92.8	7.2	6.1	396	597	4.6	3.5
南朝鲜	214.0	242.2	7.0	9.0	529	587	5.2	7.3
埃及	64.2	83.1	8.7	8.2	142	177	6.1	5.6
尼日利亚	44.8	30.2	1.7	—5.6	52	32	—1.7	—8.7
巴西	679.3	580.9	—1.1	…	530	428	—3.3	—2.2
阿根廷	208.7	179.5	—2.8	—1.6	745	587	—4.0	—3.2
墨西哥	321.3	195.3	0.7	0.2	422	247	—2.2	—2.3

美国工业各部门基本指标

部　　门	1985年工业总产值（亿美元）	1985年工业增加值（亿美元）	1976—1985年工业生产年均增长率（%）	1985年工业从业人数（万人）	1984年工业固定资产投资（亿美元）
工业部门总计			3.3		
采矿业小计			1.2		
其中：					
煤　　炭			3.2		
石油、天然气			0.6		
金属矿			--3.4		
制造业小计	22 669	9 963.8	3.6	1 742.2	827.9
其中：					
食　　品	2 630	879.6	2.6	124.9	57.8
饮　　料	313	161.6	3.1	17.1	12.7
烟　　草	185	118.9	—0.2	4.9	6.7
纺　　织	673	269.1	0.3	84.0	21.4
服　　装	437	221.5	—0.2	88.7	4.5
皮革制品	36	15.7	—3.0	5.2	0.5
制　　鞋	47	24.7	—4.9	9.2	0.6
木材制品	392	153.9	2.2	44.6	12.0
家具装饰	255	132.5	4.0	42.3	5.6
纸及纸制品	934	403.9	3.1	60.4	62.8
印刷、出版	1 122	730.5	4.1	136.0	45.8
基本化学	1 099	433.6	3.3	40.1	52.0
石油提炼	1 670	138.9	—0.8	8.6	30.4
橡胶制品	216	109.7	2.1	20.1	8.7
塑料制品	498	247.4	8.0	54.1	25.6
玻璃及其制品	139	76.6	1.0	13.8	8.4
非金属制品	392	198.8	2.4	34.8	18.4
钢　　铁	609	240.7	—3.4	44.9	28.6
有色金属	401	114.4	—0.1	24.4	16.5
金属制品	1 254	618.1	1.7	136.0	35.9
一般机械	2 246	1 155.5	3.6	209.3	85.5
电气机械	1 961	1 112.2	5.2	203.0	106.4
运输设备	3 183	1 282.3	3.2	189.9	112.4
电、煤气、水小计					
其中：					
电、煤气			1.6		
自来水					

日本工业各部门基本指标

部门	1984年工业总产值（亿日元）	1984年工业增加值（亿日元）	1976—1985年工业生产年均增长率（%）	1984年工业从业人数（万人）	1983年工业电力消耗（亿度）	1984年工业固定资产投资（亿日元）
工业部门总计			4.8			
采矿业小计	6 860	3 400	－0.7		28.1	
其中：						
煤炭	2 740	1 440	－1.3		14.1	
石油、天然气	1 250	770	－1.1		3.1	
金属矿	790	370	－1.2		4.7	
制造业小计	2 540 600①	547 850①	4.8③	1 049.8①	2 473.9①	253 060①
其中：						
食品	224 260	72 270	1.3	100.6	99.2	4 970
饮料	48 410	14 080		8.9	13.0	1 020
烟草			0.6			
纺织	91 300	35 630	－0.2	67.3	81.6	1 950
服装	26 020	12 900	－0.1②	43.6	4.4	330
皮革制品	5 570	2 010	－0.5②	3.7	0.9	30
制鞋	4 100	1 490	0.1②	3.0	0.5	30
木材制品	45 500	16 570	－3.1	32.5	16.0	460
家具装饰	19 440	8 430		14.8	5.0	310
纸及纸制品	74 020	24 730	3.3	27.0	244.1	3 330
印刷、出版	84 900	45 690		49.3	19.1	2 510
基本化学	118 980	40 210	2.1	19.0	380.7	5 570
石油提炼	125 260	11 690	－2.2	2.5	58.4	1 970
橡胶制品	25 960	11 000	4.1	13.5	25.9	1 230
塑料制品	78 040	30 250	3.7	38.2	62.7	3 180
玻璃及其制品	16 510	1 150	1.6④	6.4	35.3	2 130
非金属制品	63 620	1 470		32.0	141.8	4 580
钢铁	173 670	9 000	1.4	39.5	635.7	25 060
有色金属	54 670	2 160	1.8	13.4	146.1	8 230
金属制品	126 250	2 400	1.6	77.0	48.4	11 770
一般机械	268 070	7 610	8.1	123.1	92.3	42 600
电气机械	375 310	16 650	14.1	170.9	131.6	37 510
运输设备	319 210	10 260	3.5	90.5	145.4	28 460
电、煤气、水小计						
其中：						
电、煤气						
自来水						

注：(1) 不包括烟草。(2) 指1976—1984年年均增长率。(3) 不包括印刷、出版。(4) 包括陶瓷制品。

联邦德国工业各部门基本指标

部门	1985年工业总产值(亿马克)	1984年工业增加值(亿马克)	1976—1985年工业生产年均增长率(%)	1985年工业从业人数(万人)	1985年工业电力消耗(亿度)	1984年工业固定资产投资(亿马克)
工业部门总计		6 123	1.5			732.2
采矿业小计	399		−1.4	23.5	159.9	32.9
其中：						
煤 炭	292	145	−1.6	18.9	134.0	
石油、天然气	41	30①	−5.4	0.7	4.9	
金属矿			0.4	0.2	1.5	
制造业小计	14 427	5 470	1.5	661.4	1 565.7	516.9
其中：						
食 品	1 270	366	2.7	33.5	64.7	32.6
饮 料	275	129	−0.3	9.2	14.4	17.8
烟 草	211	150	1.0	1.9	2.3	3.2
纺 织	387	127	−1.0	24.6	43.0	13.9
服 装	196	89	−3.0	17.0	2.8	3.2
皮革制品	39	35	−3.9	2.5	1.3	0.9
制 鞋	63		−1.8	4.5	7.2	1.0
木材制品	348	176		23.0	26.0	6.5
家具装饰			−1.8			5.1
纸及纸制品	363	115	3.8	15.0	111.0	13.8
印刷、出版	243	128	2.0	16.2	14.3	11.4
基本化学	1 785	570	1.5	55.9	384.4	
石油提炼	1 118	268	−2.4	2.9	54.3②	12.6
橡胶制品	161	68	0.5	9.5	17.6	6.5
塑料制品	344	136	4.0	20.9	43.8	16.9
玻璃及其制品	102	43	2.1	6.5	24.6	6.6
非金属制品	258	148	−1.1	14.6	56.1	16.5
钢 铁	648	338	−0.5	29.6	218.2	28.1
有色金属	302	55	2.3	10.6	179.4	
金属制品	850	285	0.9	57.1	55.2	
一般机械	1 771	710	2.6	104.4	71.1	66.8
电气机械	1 511	659	3.4	92.5	61.9	61.6
运输设备	1 909	709	3.9	87.0	106.8	
电、煤气、水小计		478				182.4
其中：						
电、煤气		442	2.8			172.5
自来水		35				9.9

注：(1) 包括其他采矿业。(2) 包括煤炭和石油制品。

英国工业各部门基本指标

部门	1984年工业总产值（亿英镑）	1984年工业增加值（亿英镑）	1976—1985年工业生产年均增长率(%)	1984年工业从业人数（万人）	1984年工业电力消耗（亿度）	1984年工业固定资产投资（亿英镑）
工业部门总计	**26 433**		**1.4**	**561.9**	**1 138**	**150.0**
采矿业小计	246.7		13.6	26.1	58	35.3
其中：						
煤炭	14.6	9.7	−5.4	21.6	39	3.3
石油、天然气	225.4		28.2	3.3		31.6
金属矿	0.4	0.3	−4.2	0.1	19①	
制造业小计	2 199.9	891.5	−0.3	506.7	832	80.8
其中：						
食品	303.2	88.4	0.9	50.6		9.1
饮料	59.6	27.3	−0.3	77.9	61（食品、饮料、烟草合计）	2.9
烟草	16.9	10.7	−1.1	2.2		0.6
纺织	69.1	28.2	−3.1	26.6		2.1
服装	36.7	18.1	0.3	22.8		1.1
皮革制品	8.0	2.5	−6.0	2.4	43（纺织、服装、皮革制品、制鞋合计）	0.1
制鞋	9.8	5.2	−2.1	5.1		0.2
木材制品	32.9	11.7	−2.8	8.6		1.0
家具装饰	28.9	13.6		10.0	63②（木材制品、家具装饰、纸及纸制品合计）	0.9
纸及纸制品	65.6	26.8	−2.7	15.8		3.0
印刷、出版	97.9	61.9	0.9	29.9		4.1
基本化学	160.8	54.1	1.3	15.1	184③	8.6
石油提炼	160.9	13.1	−1.1	1.2	25	1.8
橡胶制品	21.3	10.2	−4.3	6.9	13	0.7
塑料制品	49.2	22.2	3.1	13.4		2.9
玻璃及其制品	13.3	7.1	−0.8	4.0	30④	0.7
非金属制品	60.4	32.1	−2.4	12.3	20	3.8
钢铁	86.2	30.9	−3.5	18.0	102	2.7
有色金属	43.8	11.7	−0.8	6.5	66	0.8
金属制品	111.4	53.5	−0.9	34.9		3.6
一般机械	211.7	103.9	−0.3	59.7		6.6
电气机械	187.7	92.8	1.6	56.0	165（金属制品、一般机械、电气机械、运输设备合计）	8.5
运输设备	214.9	90.3	−2.4	59.2		9.0
电、煤气、水小计	196.7	74.9	1.6	29.1	248	33.9
其中：						
电、煤气	180.0	62.2	1.7	24.6	205	29.0
自来水	16.1	12.7	1.0	4.5	43	4.9

注：(1) 包括其他采矿业。(2) 包括印刷、出版业。(3) 包括塑料制品。(4) 包括陶瓷制品。

法国工业各部门基本指标

部门	1984年工业总产值（亿法郎）	1985年工业增加值（亿法郎）	1976—1985年工业生产年均增长率（%）	1985年工业从业人数（万人）	1983年工业电力消耗（亿度）	1985年工业固定资产投资（亿法郎）
工业部门总计	30 747	13 289	0.7	475.3		2 173
采矿业小计	576	322	−2.6	11.1	45.7	
其中：						
煤炭	207	108	−4.6	4.7	20.7	23①
石油、天然气	137	101	−0.6	0.8		
金属矿	23	15	−6.0	0.7	25.0②	
制造业小计	27 990	11 762	0.2	443.0	904.6	1 598
其中：						
食品	4 655	1 605	1.8	45.8		
饮料	565	312	1.2	5.3	99.8	235
烟草	209	147	−3.1	0.8		
纺织	935	391	−2.0	23.3	29.0	58
服装	578	264		19.9		
皮革制品	110	52	−5.7	2.7		9
制鞋	158	80	−0.9	5.8	55.4③	
木材制品	283	80	−5.0	8.5		96④
家具装饰	281	87		9.1		
纸及纸制品	800	312	1.8	10.5	50.9	59
印刷、出版	803	316	3.0	19.6		26
基本化学	1 653	661	3.3	12.5	184.0	97⑤
石油提炼	2 887	891	−5.1	2.6	42.7	104
橡胶制品	307	168	−0.9	8.8	17.5	55
塑料制品	591	225	3.2	10.3		
玻璃及其制品	218	120	3.2	5.7	18.4	17
非金属制品	411	197	−3.0	7.6	38.5	63⑥
钢铁	1 289	568	−2.4	20.1	91.5	51⑦
有色金属	568	193	0.7	6.8	101.3	100⑧
金属制品	890	521	−0.1	22.7	69.1	85
一般机械	2 869	1 577	0.5	53.4	11.0	99
电气机械	1 808	893	3.0	47.4	27.8	216
运输设备	3 121	1 412	−1.1	55.8	58.8	178
电、煤气、水小计	2 181	1 205		21.2	222.8	552
其中：						
电、煤气			5.9	18.2	200.0	
自来水						

注：(1) 包括石油、煤制品。(2) 包括其他采矿业。(3) 包括印刷、出版。(4) 包括其他工业。(5) 包括石油、天然气。(6) 包括陶瓷、其他矿产品。(7) 包括铁矿。(8) 包括有色金属矿。

意大利工业各部门基本指标

部门	1982年工业总产值（亿里拉）	1982年工业增加值（亿里拉）	1975—1984年工业生产年均增长率（%）	1982年工业从业人数（万人）	1983年工业电力消耗量（亿度）	1982年工业固定资产投资（亿里拉）
工业部门总计	3 038 430	1 147 340	2.4	321.5	924.3	179 910
采矿业小计	45 030	35 070	0.1	2.9	14.2	8 360
其中：						
煤　炭			−1.2		0.5	
石油、天然气	34 200	28 560	0.2	0.8	1.7	6 090
金属矿	2 170	1 310	−13.0	0.6	1.7	1 260
制造业小计	2 730 850	1 015 430	2.5	302.5	872.7	122 900
其中：						
食　品	291 080	33 080	2.8	16.7		9 140
饮　料	45 580	20 000		3.2	54.0	2 430
烟　草	14 580	4 750	1.8	1.9		430
纺　织	161 470	67 970	2.5	24.7	54.0	7 160
服　装	80 260	36 780		15.4	5.7	1 870
皮革制品	23 840	6 680	2.1	2.4	5.0	880
制　鞋	38 790	16 430	0.1	7.2	3.6	870
木材制品	28 960	12 080	1.9	4.4	12.5	1 270
家具装饰	41 620	19 990	5.1	6.6	8.4	1 470
纸及纸制品	65 130	24 430	4.0	6.6	46.1	3 650
印刷、出版	60 590	34 000		7.9	6.6	2 460
基本化学	298 990	109 820	0.9	21.1	169.7	1 260
石油提炼	190 980①	14 510①	−2.9①	2.0①	24.2	4 380①
橡胶制品	37 530	18 550	0.8	5.8	9.0	2 050
塑料制品	55 690	24 470		6.9	27.4	3 000
玻璃及其制品	150 240②	75 150②	1.9②	19.8②	28.6②	12 250②
非金属制品					68.8	
钢　铁	238 780	73 210	1.4	22.3	164.2	12 840
有色金属	25 680	12 660	2.1	4.5	50.9	1 260
金属制品	128 390	61 320		17.6	79.3	6 320
一般机械	218 380	105 580	2.4	28.3		8 180
电气机械	196 120	93 980	3.8	29.5	19.0	7 440
运输设备	267 610	116 870	3.8	38.7	29.7	18 800
电、煤气、水小计	262 550	96 840	2.5	16.1	37.4	48 650
其中：						
电、煤气	254 140	92 850		14.9	5.3	45 760
自来水	8 410	3 990		1.2	32.0	2 890

注：① 包括石油、煤炭制品。② 包括陶瓷制品。

苏联工业各部门基本指标

部　门	1984年工业总产值(亿卢布)	1976—1985年工业生产年均增长率(%)	1984年工业从业人数(万人)	1985年工业固定资产投资(亿卢布)
工业部门总计	**7 590**	**3.9**		**654.5**
采矿业小计	513	1.6		
其中:				
煤　炭	350	0.4	129.8	29.1
石油、天然气		3.0		155.0②
金属矿	163①	0.6		
制造业小计	6 804	4.3		
其中:				
食　品	1 152	3.3		
饮　料		3.7	315.6	40.9
烟　草	49	5.8		
纺　织	735	1.8	218.9	14.1
服　装	318	3.3	220.9	1.8
皮革制品	39	0.2	68.7	2.9
制　鞋	59	3.8		
木材制品		2.0	79.7	15.5
家具装饰	243	5.1	54.4	
纸及纸制品		2.9	29.7	5.5
印刷、出版				2.6
基本化学		5.4		
石油提炼	820		220.3	51.5
橡胶制品		3.5		
塑料制品		7.6		
玻璃及其制品	36③	5.8	37.4③	1.4③
非金属制品	263	2.1	212.4	24.0
钢　铁		2.0	105.2④	31.5④
有色金属				
金属制品	2 050⑤	6.8⑤	1 535.3⑤	159.7⑤
一般机械				
电气机械				
运输设备				
电、煤气、水小计	273		85.1	66.6
其中:				
电、煤气	273	4.0	85.1	66.6
自来水				

注:(1) 包括其他采矿业。(2) 包括石油提炼、石油制品和煤炭制品。(3) 包括陶瓷。(4) 包括金属矿。(5) 包括电气机械、运输设备。

印度工业各部门基本指标

部　　门	1982年工业总产值（亿卢比）	1982年工业增加值（亿卢比）	1975—1984年工业生产年均增长率(%)	1983年工业从业人数（万人）	1982年工业固定资产投资（亿卢比）
工业部门总计			5.5		1 046.1
采矿业小计	764①	593①	6.7		276.4②
其中：					
煤　炭	314①	205①	4.9		
石油、天然气	344①	302①	14.4	3.8	
金属矿	46①	36①	2.6		
制造业小计	7 845	1 398	4.9	715.5	499.2
其中：					
食　品	1 188	119	4.5	126.6	30.5
饮　料	40	9	6.4	4.0	2.6
烟　草	102	17		41.5	1.0
纺　织	1 032	203	1.0	163.1	70.2
服　装	48	7	0.1	5.2	1.6
皮革制品	42	4	4.5	3.4	1.9
制　鞋	19	4		2.8	0.8
木材制品	35	7	7.9	7.5	1.2
家具装饰	39	1		0.9	0.1
纸及纸制品	125	19	5.2	14.3	22.2
印刷、出版	93	30		16.5	
基本化学	576	105	9.0	18.7	42.0
石油提炼	690	41	5.3	3.9	29.7
橡胶制品	185	30	4.8	8.5	7.4
塑料制品	57	10		4.8	4.3
玻璃及其制品	31	7	6.8	6.7	4.2
非金属制品	229	62	5.2	31.9	23.2
钢　铁	948	165	3.5	55.8	116.0
有色金属	119	15	7.5	5.4	9.5
金属制品	176	38	3.2	20.3	7.5
一般机械	481	119	6.3	44.2	25.1
电气机械	474	120	5.1	34.0	25.1
运输设备	477	131	6.1	50.9	47.9
电、煤气、水小计	672	244		43.3	280.9
其中：					
电、煤气	664	243		24.0	279.7

注：① 1984年数字。② 1983年数字。

南朝鲜工业各部门基本指标

部　　门	1984年工业总产值（亿圆）	1984年工业增加值（亿圆）	1976—1985年工业生产年均增长率（%）	1984年工业从业人数（万人）	1985年工业电力消耗（亿度）	1984年工业固定资产投资（亿圆）
工业部门总计			11.4		340.7	
采矿业小计	9 920	7 070	2.6	8.6	9.1	1 291
其中：						
煤　　炭	6 510	4 990	2.6	6.0	6.2	908
石油、天然气						
金 属 矿	660	420	−0.8	0.5	1.7	55
制造业小计	713 080	246 560	11.8	230.3	11.9	50 887
其中：						
食　　品	59 660	16 510	13.0	15.0	17.3	3 642
饮　　料	12 720	6 190	9.6	2.6	2.4	1 111
烟　　草	16 760	12 770	5.5	1.2	0.6	337
纺　　织	69 780	26 250	7.3	36.9	59.8	5 529
服　　装	27 040	11 110	8.6	23.7	1.9	809
皮革制品	7 610	1 920	7.8	2.7	1.2	273
制　　鞋	4 470	1 760	6.2	3.0	1.0	137
木材制品	8 700	2 330	−0.4	3.8	2.5	447
家具装饰	3 990	1 620	18.7	2.6	1.0	255
纸及纸制品	18 190	5 510	11.1	4.9	18.9	1 245
印刷、出版	10 880	5 880	7.0	5.2	1.6	1 425
基本化学	39 360	10 380	8.9	3.7	34.5	3 193
石油提炼	65 940	9 030	5.9	0.4	2.8	325
橡胶制品	18 200	6 690	13.4	12.9	5.7	802
塑料制品	15 050	5 200	11.5	5.2	4.5	1 814
玻璃及其制品	5 250	2 480	11.9	2.1	3.2	539
非金属制品	22 570	8 620	9.6	6.8	30.8	2 448
钢　　铁	55 680	17 140	16.3	7.4	45.4	3 540
有色金属	11 210	2 760	22.6	2.5	15.4	580
金属制品	23 370	9 530	15.0	11.9	10.0	1 815
一般机械	26 640	11 020	15.0	11.2	5.2	2 598
电气机械	78 660	29 430	18.3	27.4	18.0	9 143
运输设备	59 210	21 050	19.6	16.1	14.2	5 764
电、煤气、水小计					19.7	
其中：						
电、煤气				2.3		
自 来 水				17.5		

巴西工业各部门基本指标

部门	1980年工业总产值(亿克鲁赛罗)	1980年工业增加值(亿克鲁赛罗)	1975—1984年工业生产年均增长率(%)	1980年工业从业人数(万人)	1980年工业固定资产投资(亿克鲁赛罗)
工业部门总计			1.6		
采矿业小计	1 364	873	8.1	8.4	145.1
其中：					
煤炭	287	182		1.4	
石油、天然气					
金属矿	793	459		3.1	
制造业小计	94 817	38 614	1.5	472.7	3 117.8
其中：					
食品	15 367	4 475	3.6	62.5	448.5
饮料	1 720	777	1.8	7.1	75.5
烟草	524	269	2.7	2.5	9.7
纺织	5 680	2 312	0.3	36.4	203.4
服装	3 084	1 498	2.8	31.4	93.4
皮革制品	468	183		4.2	18.0
制鞋	1 053	584		14.6	
木材制品	1 948	1 057		25.3	119.9
家具装饰	1 202	598		15.3	41.0
纸及纸制品	2 581	1 190	6.9	10.6	164.1
印刷、出版	1 547	1 021		13.9	76.1
基本化学	4 986	1 842	5.2	6.2	737.6
石油提炼	8 022	2 084	2.8	1.6	
橡胶制品	1 437	498	2.4	5.6	48.0
塑料制品	2 020	995		12.5	118.1
玻璃及其制品	489	295	1.1	3.5	238.1
非金属制品	3 212	1 752		35.4	
钢铁	7 518	2 203		18.1	
有色金属	2 126	590	4.9	5.2	789.6
金属制品	3 717	1 822		30.5	
一般机械	7 212	3 940	−1.5	52.6	298.5
电气机械	4 983	2 498	3.1	23.9	155.7
运输设备	7 527	2 972	−0.5	27.6	239.0

1958—1985年美国制造业经营指标

	计算单位	1958年	1967年	1977年	1980年	1981年	1982年	1983年	1984年	1985年
就业与工资										
制造业从业人员合计	万　人	1 600	1 930	1 960	2 060	2 030	1 910	1 870	1 910	1 880
生产工人合计	万　人	1 170	1 400	1 370	1 390	1 350	1 240	1 220	1 260	1 220
生产工人占从业人员的比重	%	73.1	72.2	69.9	67.3	66.8	64.9	65.2	70.4	64.9
制造业工资总额	亿美元	780	1 320	2 640	3 500	3 790	3 800	3 950	4 290	4 430
平均工资	美　元	4 900	6 800	13 500	17 000	18 700	19 900	21 100	24 000	23 600
生产工人工资总额	亿美元	500	810	1 570	1 980	2 120	2 050	2 120	2 320	2 360
生产工人平均工资	美　元	4 300	5 800	11 500	14 300	15 700	16 500	17 400	18 400	19 300
生产工人小时平均工资	美　元	2.2	2.9	5.9	7.4	8.1	8.7	9.0	9.4	9.9
生产工人工资占从业人员工资比重	%	64.1	61.6	59.5	56.6	56.0	53.9	53.8	54.1	53.0
制造业增加值	亿美元	1 420	2 620	5 850	7 740	8 380	8 240	8 820	9 840	9 990
生产工人人均增加值	美　元	12 100	18 800	42 700	55 700	61 800	66 500	72 400	78 200	81 900
生产工人小时增加值	美　元	6.3	9.4	21.9	29.0	32.0	35.0	37.4	40.0	42.1
每一美元工资平均增加值	美　元	2.8	3.2	3.7	3.9	4.0	4.0	4.2	4.2	4.3
几个比率										
增加值占发货额	%		47.0	42.9	41.8	41.5	42.0	42.9	43.7	43.8
库存占发货额	%		15.0	13.8	14.1	13.8	15.7	15.0	14.6	14.1
工资占增加值	%		50.3	45.2	45.3	45.2	46.1	44.8	43.6	44.3
年末库存	亿美元	490	840	1 880	2 620	2 790	3 070	3 080	3 300	3 220
新的资本支出	亿美元	95	215	475	701	786	750	619	753	833
机器和设备价值	亿美元		1 570	3 280	4 340	4 790	5 270	5 590		
折旧资产原值	亿美元		2 180	4 390	5 740	6 300	6 920	7 310		
制造业人均资产	美　元		11 300	22 400	27 800	31 100	36 200	39 100		
生产工人全年工作小时数	亿小时	227	278	267	267	262	235	236	246	
生产工人平均每人全年工作小时数	小　时	1 900	2 000	1 900	1 900	1 900	1 900	1 900	2 000	

1980、1986年日本工业企业经营指标(一)

部门	流动资产率(%)	固定资产率(%)	净资产率(%)	总资本营业盈利率(%)	总资本周转率（次）	借入资金利率(%)	折旧率(%)
工业部门总计							
1980年	109.4	233.4	15.3	6.0	1.70	8.9	12.6
1986年	110.3	218.9	18.3	3.8	1.45	6.2	12.8
制造业							
1980年	115.0	169.8	20.6	7.5	1.47	9.6	14.3
1986年	122.8	141.5	27.1	4.2	1.29	6.2	15.3
食品							
1980年	113.8	165.9	24.2	6.9	1.90	9.1	13.5
1986年	123.9	128.0	31.0	6.1	1.72	6.6	12.9
纺织							
1980年	115.7	207.1	15.8	5.0	1.42	8.4	12.0
1986年	119.5	164.5	20.9	3.5	1.31	6.0	13.3
钢铁							
1980年	100.8	339.3	14.3	8.2	1.03	10.6	11.6
1986年	99.4	314.2	15.9	0.8	0.78	6.5	11.9
电气机械							
1980年	122.6	109.1	28.5	9.1	1.53	10.4	19.1
1986年	137.0	104.8	33.6	3.5	1.30	6.7	20.4
批发商业							
1980年	108.9	162.2	10.7	4.2	2.79	9.1	12.7
1986年	109.3	158.3	13.6	2.6	2.55	6.1	11.7
零售商业							
1980年	101.5	261.6	15.6	4.5	2.11	8.4	10.6
1986年	94.6	273.3	16.2	3.2	2.05	6.0	9.8
不动产							
1980年	119.4	455.7	10.0	5.3	0.55	7.2	6.0
1986年	110.0	534.6	8.5	4.1	0.40	5.5	5.9
建筑业							
1980年	108.4	153.4	13.3	4.4	1.57	8.8	17.3
1986年	114.6	133.8	15.7	3.2	1.44	6.3	14.8

1980、1986年日本工业企业经营指标(二)

部　门	投资回收率①(%)	增加值率(%)	每一就业人员创造增加值率(%)	销售营业盈利率(%)	净利润率(%)	劳动力装备率(%)	设备投资利用率(%)
工业部门总计							
1980年	25.8	16.3	477	3.5	68.3	438	108.8
1986年	34.6	16.8	559	2.6	59.2	654	85.4
制造业							
1980年	23.4	20.9	409	5.1	72.5	401	122.3
1986年	37.7	21.1	522	5.2	57.4	553	100.6
食品							
1980年	30.3	17.6	406	3.6	63.6	374	108.5
1986年	28.2	17.2	506	3.6	68.7	518	97.6
纺织							
1980年	32.2	20.3	343	3.5	58.7	280	122.6
1986年	32.4	20.4	436	2.6	61.5	396	109.9
钢铁							
1980年	30.3	23.0	814	8.0	67.5	1 355	60.0
1986年		21.0	660	1.0		1 578	41.8
电气机械							
1980年	23.8	23.6	471	6.0	74.2	223	211.6
1986年	49.9	21.2	503	2.7	46.4	385	130.5
批发商业							
1980年	22.7	6.3	519	1.5	68.1	306	169.8
1986年	30.1	6.4	583	1.0	59.6	420	139.0
零售商业							
1980年	24.4	17.7	364	2.1	66.4	265	137.6
1986年	29.1	16.5	436	1.6	62.4	373	116.8
不动产							
1980年	22.4	24.9	889	9.7	70.8	2 239	39.7
1986年	15.9	26.3	1 221	10.2	80.6	4 242	28.8
建筑业							
1980年	29.2	19.6	409	2.8	62.2	409	206.2
1986年	28.7	19.4	522	2.2	62.9	522	185.5

注：(1) 指期中与期末的红利与当期净利润的比率。

1985年联邦德国工业企业经营指标

部门	企业数（个）	职工人数（万人）	销售额（亿西德马克）	投资额（亿西德马克）
工业部门总计	51 757	817.3	17 666.6	856.6
电力、煤气、供热、供水	755	27.6	1 627.2	178.0
电力	461	23.2	1 183.9	152.0
煤气	115	2.4	391.7	15.7
供热	16	0.2	11.9	1.7
供水	163	1.8	39.9	8.6
矿业	78	21.7	359.2	30.3
其中：硬煤及炼焦	11	17.8	280.1	13.6
褐煤	4			
石油及天然气	7	0.4	18.2	
制造业	35 904	672.6	14 661.4	616.2
基本材料和生产资料	6 589	140.0	4 687.3	180.1
矿油加工	48	3.4	1 150.2	13.2
钢铁	107	22.8	553.7	36.0
非金属材料	146	7.0	253.0	8.9
铸造	415	9.9	133.6	5.8
冷轧	61	1.0	30.4	1.3
拉丝	152	2.3	51.9	1.6
机械	195	0.8	9.1	0.5
化工	1 155	57.4	1 789.7	73.4
热处理	1 893	4.4	87.0	2.9
造纸、纸浆	130	5.0	164.3	10.5
橡胶加工	202	10.3	171.6	8.2
投资用品	14 364	358.8	6 347.6	304.8
铸锻	247	3.6	54.4	3.2
轧钢	817	7.6	99.1	5.8
金属构件	1 243	14.5	214.9	5.3
机械制造	4 538	95.2	1 600.0	58.6
运输机械	1 765	80.8	1 840.7	94.2
船舶	107	4.4	69.3	1.7
飞行器	40	5.4	89.2	4.3
电子元器件	2 346	97.7	1 532.6	86.3
精密仪器	1 177	13.5	170.6	8.5
办公用设备	96	8.4	266.0	17.6
消费资料	11 164	127.2	1 876.9	81.4
乐器	565	5.3	65.5	2.9
陶瓷	149	4.7	39.7	2.2
玻璃制品	272	6.5	102.3	6.6
木制品	2 107	19.0	267.9	7.7
纸	707	9.9	188.4	8.4
印刷、出版	1 737	14.1	206.7	13.3
工艺品	1 671	19.7	340.5	19.5
皮革	64	0.6	157	0.6
纺织	1 381	23.2	365.9	15.7
服装	2 044	18.6	218.8	3.1
日用品	6	…	0.2	…
食品和嗜好品	3 787	46.7	1 749.7	50.0
食品	3 750	44.8	1 541.3	46.8
其中：奶制品	254	3.2	217.2	4.2
酿造	460	6.0	139.9	11.9
卷烟	37	1.9	208.4	3.2
建筑业	15 020	95.4	1 018.8	32.1

1959、1971年、1979—1980年、1983—1984年印度工业企业经营指标

单位：亿卢比

	1959年	1971年	1979—1980年	1983—1984年
工厂数（个）	8 607	16 923	18 221	96 706
生产资本	173.7	1 198.2	3 506.9	67 109
固定资本	113.4	880.0	2 536.0	48 605
流动资本	60.3	318.2	970.9	18 504
从业人员（万人）	287	460	607	799
总产值	269.1	1 306.6	4 261.3	9 353.7
增加值	75.9	312.4	956.9	2 013.7
工资	30.0	111.5	314.5	592.1
薪水	10.1	55.4	167.1	329.8
福利	3.7	12.4	61.7	121.8
燃料、动力	12.1	66.2	309.9	784.6
原材料	161.3	773.3	2 414.7	5 532.9
外加工	2.4	17.0		
折旧	8.7	63.7	152.8	338.3
其他投入	8.8	74.0	427.1	

1986年世界26个最大的工业企业经营情况

名　次	公 司 名 称	所属行业	年营业额（亿美元）	年末资产总值（亿美元）	年末职工人数（万人）
合计			9 303.31	9 411.59	616.54
1	通用汽车（美国）	汽　车	1 028.14	725.93	87.60
2	埃克森（美国）	石　油	698.88	694.84	10.20
3	皇家荷兰壳牌集团（荷兰/英国）	石　油	648.42	764.62	13.80
4	福特汽车（美国）	汽　车	627.16	379.33	38.23
5	国际商用机器（美国）	机器制造	512.50	578.14	40.35
6	莫比尔（美国）	石　油	448.66	694.12	12.74
7	英国石油（英国）	石　油	398.56	420.66	12.67
8	通用电器（美国）	电　器	352.11	345.91	35.90
9	美国电话电报（美国）	通　讯	340.87	388.83	31.69
10	德士古（美国）	石　油	316.13	349.40	5.20
11	工业复兴（意大利）	联合企业	315.62	746.83	47.13
12	丰田汽车（日本）	汽　车	315.54	265.45	8.26
13	戴姆勒—奔驰（联邦德国）	汽　车	301.96	244.40	32.00
14	杜邦（美国）	化　学	271.48	267.33	14.13
15	松下电器产业（日本）	电　子	264.60	268.68	13.59
16	尤尼莱佛（荷兰/英国）	食品、肥皂	251.42	204.48	30.20
17	切夫朗（美国）	石　油	243.51	345.83	5.11
18	大众汽车（联邦德国）	汽　车	243.17	211.93	28.17
19	日立（日本）	电　子	226.68	290.78	16.41
20	国家碳化氢公司（意大利）	石油、天然气	225.50	324.74	12.99
21	克莱斯勒（美国）	汽　车	225.14	144.63	11.51
22	飞利蒲（荷兰）	电器电子	224.71	233.05	34.42
23	雀巢（瑞士）	食品加工	211.53	155.48	16.21
24	飞利浦，莫里斯（美国）	烟　草	206.81	176.42	11.10
25	西门子（联邦德国）	电力设备	203.07	287.74	36.30
26	日产汽车（日本）	汽　车	201.41	202.04	10.63

能源生产和消费

单位：标准煤万吨

国家和地区	生产量				消费量			
	1980年	1983年	1985年	1986年	1980年	1983年	1985年	1986年
世界总计	**926 462**	**891 745**	**945 517**	**983 933**	**854 434**	**859 033**	**914 233**	**932 186**
中国	63 735	71 270	85 546	88 124	60 275	66 040	77 020	81 665
美国	204 568	189 781	201 921	199 340	236 446	217 739	228 279	227 810
日本	4 226	4 377	4 908	4 933	43 483	42 152	46 025	44 017
联邦德国	16 342	15 870	16 295	15 507	35 941	33 976	35 040	34 454
英国	28 016	32 535	32 440	35 751	27 099	26 821	27 556	30 225
法国①	5 030	5 896	6 398	6 533	23 725	22 293	22 189	21 278
意大利②	2 627	2 667	2 856	2 898	17 486	18 125	19 620	18 416
加拿大	28 088	27 943	32 418	31 508	25 416	23 602	25 170	24 907
澳大利亚	11 297	13 496	16 512	18 001	9 119	9 549	10 526	10 652
苏联	193 591	205 294	215 973	225 871	147 313	161 826	171 608	179 716
民主德国	8 363	9 157	10 082	10 018	12 178	12 012	13 062	13 334
捷克斯洛伐克	6 644	6 688	6 680	6 732	9 745	9 503	9 736	9 778
波兰	17 384	17 091	17 535	17 805	17 676	16 139	17 244	17 615
匈牙利	2 198	2 122	2 223	2 162	4 056	3 856	4 071	3 992
罗马尼亚	8 571	9 092	9 065	9 001	10 001	10 211	10 389	10 389
保加利亚	1 706	1 888	1 804	2 012	4 732	5 044	5 167	5 266
南斯拉夫	2 858	3 154	3 463	3 530	4 804	4 940	5 360	5 687
印度	11 353	16 032	18 125	19 940	13 938	17 056	19 200	21 019
印度尼西亚	13 404	12 203	13 098	14 226	3 466	4 346	4 482	4 748
菲律宾	169	251	270	264	1 672	1 568	1 354	1 374
泰国	64	422	952	1 037	1 729	1 901	2 189	2 356
马来西亚	1 978	3 084	4 149	4 854	1 223	1 424	1 634	1 668
新加波					899	1 144	1 082	1 074
巴基斯坦	1 126	1 350	1 563	1 688	1 665	2 135	2 421	2 562
缅甸	284	291	349	368	217	232	289	323
孟加拉国	162	254	374	418	385	439	574	640
土耳其	1 440	1 776	2 292	2 662	3 193	3 856	4 510	4 902
蒙古	171	192	247	232	261	281	344	327
南朝鲜	1 291	1 449	1 732	1 991	5 234	5 737	6 544	6 817
越南	535	643	553	575	656	736	704	730
埃及	4 597	5 629	7 054	6 574	2 014	2 637	3 224	3 370
尼日利亚	15 377	9 499	11 216	10 859	1 098	2 181	1 876	1 689
墨西哥	19 810	25 910	24 972	23 432	11 861	12 839	13 281	12 985
巴西	3 450	4 962	7 117	7 343	9 249	8 709	9 616	10 535
阿根廷	5 113	5 612	5 621	5 585	4 930	5 163	5 002	5 391

注：① 包括摩纳哥。② 包括圣马力诺。

国外资料来源：联合国《能源统计年鉴》1986年。

能 源 生 产 构 成

单位：标准煤万吨

国家和地区	1985 年					1986 年				
	总 计	固 体	液 体	气 体	水电、核 电	总 计	固 体	液 体	气 体	水电、核 电
世界总计	945 517	296 479	401 077	205 206	42 755	983 933	307 101	422 181	210 270	44 381
中 国	85 546	62 277	17 879	1 711	3 678	88 124	63 802	18 682	1 851	3 789
美 国	201 921	66 640	71 091	55 839	8 351	199 340	66 951	68 874	54 660	8 855
日 本	4 908	1 446	79	325	3 058	4 933	1 407	92	284	3 150
联邦德国	16 295	11 756	808	1 993	1 738	15 507	11 444	802	1 587	1 674
英 国	32 440	7 681	18 290	5 680	789	35 751	10 809	18 204	5 962	776
法 国①	6 398	1 822	470	740	3 366	6 533	1 760	498	562	3 713
意大利②	2 856	46	345	1 841	624	2 898	38	366	1 847	647
加拿大	32 418	5 074	11 990	10 879	4 474	31 508	4 716	11 968	10 132	4 692
澳大利亚	16 512	10 703	3 832	1 784	193	18 001	11 907	3 944	1 949	201
苏 联	215 973	50 553	85 152	75 576	4 619	225 871	52 374	88 012	80 860	4 625
民主德国	10 082	9 405	157	342	178	10 018	9 365	171	326	156
捷克斯洛伐克	6 680	6 385	18	79	198	6 732	6 361	21	81	269
波 兰	17 535	16 899	34	554	48	17 805	17 192	30	536	47
匈牙利	2 223	896	412	833	82	2 162	862	411	795	94
罗马尼亚	9 065	2 117	1 608	5 193	146	9 001	2 124	1 577	5 152	148
保加利亚	1 804	1 555	43	17	189	2 012	1 771	43	21	177
南斯拉夫	3 463	2 224	608	262	369	3 530	2 252	608	259	411
印 度	18 125	12 661	4 277	499	688	19 940	14 026	4 477	715	722
印度尼西亚	13 098	149	9 672	3 198	79	14 226	173	10 144	3 820	89
菲律宾	270	85	56		129	264	84	49		131
泰 国	952	193	319	395	45	1 037	204	320	445	68
马来西亚	4 149		3 060	1 043	46	4 854		3 543	1 261	50
巴基斯坦	1 563	151	184	1 073	155	1 688	141	274	1 099	174
缅 甸	349	6	207	124	12	368	7	204	144	13
孟加拉国	374		12	353	9	418		14	398	6
土耳其	2 292	1 834	301	9	148	2 662	2 115	342	59	146
蒙 古	247	247				232	232			
南朝鲜	1 732	1 481			251	1 991	1 594			397
越 南	553	530			23	575	550			25
埃 及	7 054		6 446	477	131	6 574		5 885	558	131
尼日利亚	11 216	14	10 595	580	27	10 860	14	10 399	419	27
墨西哥	24 973	600	21 822	2 208	343	23 431	604	20 375	2 094	359
巴 西	7 117	528	4 016	330	2 233	7 343	515	4 207	376	2 245
阿根廷	5 620	34	3 526	1 736	325	5 585	31	3 340	1 886	328

注：① 包括摩纳哥。② 包括圣马力诺。

国外资料来源：联合国《能源统计年鉴》1986年。

附录二

主 要 统 计 指 标 解 释

工业 我国的工业包括以下四个方面的生产活动：① 对自然资源的开采，如采矿、晒盐、森林采伐等(但不包括禽兽捕猎和水产捕捞)；② 对农副产品的加工、再加工，如粮油加工、食品加工、轧花、缫丝、纺织、制革等；③ 对采掘品的加工、再加工，如炼铁、炼钢、轧钢、化工生产、石油加工、机器制造、木材加工等，以及电力、自来水、煤气的生产和供应等；④ 对工业品的修理、翻新，如机器设备的修理、交通运输工具（包括小卧车）的修理等。

1984 年以前农村的村及村以下办工业归属农业，1984 年及以后划归工业

独立核算工业企业和非独立核算工业生产单位 从核算形式的角度，按其行政和财务核算是否独立，工业分为独立核算工业企业和非独立核算工业生产单位。

独立核算工业企业，应同时具备下列三个条件：① 行政上有独立的组织形式；② 经济上独立核算，自负盈亏，编制独立的资金平衡表（或资产负债表)；③ 有权与其他单位签订合同，并在银行设有独立户头。独立核算工业企业不论是单一性生产或联合性生产的企业，均以整个企业作为一个基本填报单位。

非独立核算工业生产单位，是指不具备独立核算工业企业三个条件，附设于其他企业、事业、机关、团体、学校、科研机构、部队等单位的工业生产单位。但必须同时具备下列三个条件：① 有固定的生产场所和生产设备；② 有固定的生产工人和学徒在十人以上；③ 一般单位常年生产，季节性生产的单位全年开工时间在三个月以上。

全民所有制工业(即国营工业) 指生产资料和产品或收入归全民所有的工业企业（单位)。包括中央和地方各级国家机关、部队、科研机构、学校、人民团体和国营企事业单位等举办的全民所有制工业。1957年以前的公私合营和私营工业，后均改造为国营工业，这部分工业的资料不单独分列时，均包括在全民所有制工业内。

集体所有制工业 指生产资料和产品或收入归劳动群众集体所有的工业企业（单位)。包括城市、县、镇（建制镇）以及城（镇）市街道举办的集体所有制工业和农村乡镇办工业、村办工业等。

其他类型工业 指除全民所有制工业、集体所有制工业和个体工业以外的其他经济类型工业企业（单位)。包括全民与集体合营、全民与私人合营、集体与私人合营、中外合营、华侨或港澳工商业者经营、外资经营等工业。

个体工业 指个人参加生产劳动，生产资料和产品或收入归个人所有的一种经济形式。包括城镇个体经营工业和农村个体经营工业。多人合股经营仍领取个体营业执照的也包括在个体经营工业内。

村及村以下工业 包括农村村办工业、农村合作经营工业、农村个体工业。

轻工业 指提供生活消费品和制作手工工具的工业，是为满足人们吃、穿、用需要的工业。按其所使用的原料不同，可分为两大类：① 以农产品为原料的轻工业，是指直接或间接以农产品为基本原料的轻工业。主要包括食品制造、饮料制造、烟草加工、纺织、缝纫、皮革和毛皮制作、造纸以及印刷等工业。② 以非农产品为原料的轻工业，是指以工业品为原料的轻工业。主要包括文教体育用品、化学药品制造、合成纤维制造、日用化学制品、日用玻璃制品、日用金属制品、手工工具制造、医疗器械制造、文化和办公用机械制造等工业。

重工业 指生产生产资料的工业，是为国民经济各部门提供物质技术基础的工业。按其生产和产品用途，可以分为下列三类：① 采掘（伐）工业，是指对自然资源的开采，包括石油开采、煤炭开采、金属矿

开采、非金属矿开采和木材采伐等工业；② 原材料工业，是指提供国民经济各部门使用的原料、动力和燃料的工业。包括金属冶炼及加工、炼焦及焦炭化学、化工原料、水泥、人造板以及电力、石油和煤炭加工等工业；③ 加工工业，是指对原材料进行加工制造的工业。包括装备国民经济各部门的机械设备制造工业、金属结构、水泥制品等工业，以及为农业提供的生产资料和化肥、农药等工业。

根据上述划分原则，修理业中修理作业对象是重工业的划为重工业，否则划为轻工业。

大、中、小型企业 大、中、小型企业的划分标准有下列两类：

(1) 按企业产品的年生产能力划分。凡产品比较单一的行业，如电力、原煤、石油、钢铁、有色金属、硫酸、烧碱、纯碱、合成氨、汽车、拖拉机、水泥、平板玻璃、纺织、造纸、制糖、手表、缝纫机、自行车等均以产品生产能力作为划分大、中、小型的标准（生产多种产品的企业，以其主要产品的生产能力来划分）。

(2) 按企业拥有的固定资产原值划分。凡产品种类繁多，难以按生产能力划分的，则以企业的固定资产原值作为划分大、中、小型的标准。

工业总产值 是以货币表现的工业企业在一定时期内生产的工业产品总量，它反映工业生产的总规模和总水平。它包括：在本企业内不再进行加工，经检验、包装入库的成品价值，工业性作业价值，自制半成品、在制品期末期初差额价值（生产周期较长的企业计算）。工业总产值采用“工厂法”计算，即以工业企业作为一个整体，按企业工业生产活动的最终成果来计算，企业内部不允许重复计算，不能把企业内部各个车间（分厂）生产的成果相加。但在企业之间、行业之间、地区之间存在着重复计算。

轻重工业总产值的划分也是按“工厂法”计算的，即一个工业企业在正常情况下生产的主要产品的性质属于轻工业，则该企业的全部总产值作为轻工业总产值；一个工业企业生产的主要产品的性质属于重工业，则该企业的全部总产值作为重工业总产值。

工业企业主要财务指标

(1) 固定资产原值，是指工业企业购买和建筑各种固定资产时，所实际支付的金额，以及以后改建或扩建所追加投资金额的合计。固定资产的来源包括解放后接收的原有固定资产，通过基本建设完成交付使用的固定资产，通过更新改造措施而增加的固定资产等等。

(2) 固定资产净值，是指固定资产原值减去历年已提折旧额后的净额。

(3) 定额流动资金，是指工业企业的储备资金、生产资金、成品资金以及超储积压物资和待处理流动资产损失五项之和。由于对这几项资金实行定额管理，所以称为定额流动资金。

(4) 资金总额，是固定资产净值加定额流动资金之和。

(5) 可比产品成本降低率

可比产品指上年正式生产过、本年继续生产的产品，产品的可比性是按产品的牌号、规格和性能决定的。某些产品经过改革，虽然工艺操作、技术条件比过去有所改变，但其牌号、规格和性能相同，则仍算为可比产品。可比产品总成本就是企业为生产可比产品所支出的成本总额，它是企业产品总成本的一个组成部分，计算可比产品成本降低率，一般是将本年可比产品总成本和本年可比产品产量按上年实际单位成本计算的总成本相对比求得。即

$$\text{可比产品成本降低率}(\%)=\left(1-\frac{\text{本年可比产品总成本}}{\text{本年可比产品按上年实际平均单位成本计算的总成本}}\right)\times 100$$

如果所得结果为正数，表示可比产品成本降低，如结果为负数，则表示可比产品成本升高。

全员劳动生产率 指根据产品的价值量指标计算的平均每一个职工在单位时间内的产品生产量。目前我国的全员劳动生产率是将工业企业的工业总产值除以同一时期全部职工的平均人数来计算的。其公式为

$$\text{全员劳动生产率}=\frac{\text{工业总产值}}{\text{全部职工平均人数}}$$

为了使各年度的全员劳动生产率数字可以比较，1981年以前各年的全员劳动生产率均按指数换算成

1980年不变价格。

实物劳动生产率 指根据某种产品实物量计算的平均每个职工（或工人）在单位时间内生产的产品数量。这是通过产品实物来反映劳动者在生产中的劳动效率指标。我国目前有全员实物劳动生产率（通常简称全员效率）和工人实物劳动生产率两个指标。其计算公式分别如下：

$$全员实物劳动生产率(全员效率)=\frac{产品产量}{全部职工平均人数}$$

$$工人实物劳动生产率=\frac{产品产量}{生产工人(包括学徒)平均人数}$$

计算实物劳动生产率的产品产量，是指报告期生产的，并经检验符合质量标准或合同规定的技术要求的合格产品产量。不包括不合格品和废品的数量。